博物馆与世界文明系列

上海博物馆 编

博物馆与世界文明系列

博物馆与
古希腊文明

Museum
and
Ancient Greek
Civilization

北京大学出版社
PEKING UNIVERSITY PRESS

目录

001
古代希腊文明
黄洋

023
考古学与古希腊文明研究
——考古学对早期希腊文明的发现及其研究
晏绍祥

035
克里特艺术的文化启迪
胡江

063
黄金迈锡尼
陈凌

079
公民与自治
——由阿哥拉遗址看古代雅典的民主制
赵佳

093
奥林匹亚
莱茵哈德·森弗

131
帕台农神庙上的神话与仪式
张巍

143
希腊英雄文化的精神意蕴
朱孝远

153
希腊民主政治与古典艺术发展
朱龙华

165
希腊戏剧千年史
伊迪丝·霍尔

177
作为"古代图书馆"之楷模的荷马
——著作与世界的隐喻
格雷戈里·纳吉

185
从雅典国家考古博物馆与钱币博物馆的藏品看希腊化时期之希腊与地中海东部地区
乔治·卡卡瓦斯
玛丽亚·柴迪罗戈卢
斯泰拉·德莱尼

◎ **235**
雅典卫城博物馆
陈曾路

◎ **279**
基克拉泽斯艺术博物馆与基克拉泽斯文化
尼古拉·斯坦波利迪斯
佩吉

◎ **305**
雅典国家考古博物馆
——古希腊历史及艺术之鸟瞰
亚历山德拉·赫利斯托布鲁

◎ **341**
柏林的卫城
——柏林博物馆岛与古典文明
陈超

◎ **369**
阿什莫林博物馆所藏古希腊文物
郭小凌

◎ **379**
大英博物馆藏古希腊文物
高谨

◎ **445**
菲茨威廉博物馆里的"时间胶囊"
袁雁悦

◎ **467**
慕尼黑古代雕像博物馆中的希腊雕像
弗洛里安·S.克瑙斯

◎ **547**
埃及亚历山大里亚希腊罗马博物馆与希腊罗马时代的亚历山大里亚城
邢颖

◎ **557**
以色列博物馆的希腊藏品
西尔维娅·劳森伯格
大卫·梅沃拉赫
拉塞尔·凯恩·克雷宁

◎ **591**
卢浮宫与古希腊文明
郭小凌

◎ **631**
纽约大都会博物馆的古希腊艺术藏品
肖恩·海明威
克里斯多夫·莱特福特

◎ **683**
埃尔米塔什博物馆与古希腊文明
安娜·特罗夫莫娃

◎ **727**
梵蒂冈博物馆中的古希腊艺术
詹多梅尼科·斯皮诺拉

古代希腊文明

希腊文明是人类创造的最辉煌、影响最为广泛和深远的古代文明之一。就对人类影响的深远度和广度而言，欧亚大陆西部的希腊文明、犹太文明和欧亚大陆东部的中国文明、印度文明在诸多古代文明中是最为突出的，因此它们连同波斯文明一道被西方学者称为"轴心文明"。在欧亚大陆西部，犹太文明创立的精神和宗教传统直接或间接影响了基督教和伊斯兰教精神体系的创立，进而影响到历史上乃至当今的广大地区和广大人群；希腊文明创造的自然观念、社会秩序、伦理与价值观念，乃至思维方式和审美情趣都深刻影响到后世的欧洲和现代世界。在欧亚大陆东部，印度文明创立的精神体系渐次传播到中亚、东南亚和东亚世界，为这里的人类提供了精神指引；中国文明创造的社会思想和伦理体系深刻影响了东亚世界的人类，几千年来指导了这里的社会秩序构建。从这个意义上说，希腊文明和中国文明具有相似的特性，它们不同于犹太文明和印度文明，对后世的影响不在于超验的精神体系。实际上这两个文明都没有创造主导性的超验精神体系。古代中国人并未十分关注超验的精神世界。希腊人尽管虔诚地崇拜神明，但他们的神明并非一个超验精神世界的缔造者和统治者，而是此世世界秩序的维护者，是和他们自己相似的存在。希腊文明和中国文明的影响来自它们创造的具有普适性特征的社会秩序、伦理和价值体系。它们的另一个相似之处在于，在诸古代文明之中，它们留下了最为丰富的文献记载，使我们得以窥见它们的创造者的思想、观念直至生活状况和生活方式。中国古代的文献记载从《诗经》以降，源远流长，从未有长时间的中断。古代希腊的文献记载从公元前8至前7世纪创作的"荷马史诗"开始，绵延至罗马帝国和拜占庭时期，蔚为大观，还有它们遗留下的考古遗迹、器物、碑铭等。可以说，几乎没有其他古代文明留下如此丰富的资料，可以让我们对其有如此充分的了解。

然而即使如此，作为中国学者来说，独立撰写希腊文明史仍是十分不易的事。这在很大程度上是因为，以希腊罗马文明为研究对象的古典学作为一门学问是西方人在18世纪创立的，经历了两个多世纪的积累，业已建立起完备的知识体系和框架。其间融入了西方人的价值、关怀、情感甚至期望。尤其是，18世纪的欧洲正值现代性确立的关键时期，西方知识分子试图在古代希腊寻找现代性的根源，从而赋予了它种种想象和期望。古代希腊由此成为现代性的"奠基神话"。当19世纪末20世纪初我国知识分子开始对古希腊文明有所系统了解的时候，以及20世纪希腊文明研究进入中国的时候，我们依靠的都是西方学者的介绍和研究，接受的是他们建立起来的知识框架和基本认识与判断。由于从事一手研究的困难与不足，时至今日，这种状况并未从根本上改观。本文试图追溯和介绍希腊文明史知识框架建构过程中的一些关键节点，以及研究的一些新动向，与此同时勾勒出笔者理解的希腊文明史。

早期希腊文明

早期希腊文明的历史是现代考古学家发现的。对于希腊人自己而言，他们的神话与传说就是他们的早期历史。他们以吟唱诗歌的方式，将早期的历史流传下来。其中最为重要、他们记忆最为深刻的事件是特洛伊战争，因为大部分的吟唱诗歌讲述的都是和特洛伊战争相关的故事。现代学者把这些讲述传说故事的吟唱诗歌统称为"史诗"。其中两部讲述特洛伊战争的长诗流传了下来，希腊人将它们归于来自爱琴海上克俄斯岛（Chios）的一位盲诗人荷马，因而这两部长诗以《荷马史诗》著称于世。它们是希腊最早的文献记载，其中的一部《伊利亚特》讲述希腊盟军远征特洛伊的战争最后一年中发生的战事，另一部《奥德赛》则讲述战争结束后，希腊英雄奥德修斯历经种种冒险返回故里的事迹。特洛伊战争的传说成为现代人发现早期希腊文明的突破口。1871年，德国富商海因里希·谢里曼（Heinrich Schliemann）按照《荷马史诗》描述的特洛伊城的地貌特征，在土耳其西北部距爱琴海6.5公里、一个叫作希撒里克（Hisarlik，土耳其语意思为"城堡之地"）的地方开始发掘，试图寻找到《荷马史诗》记叙的那座坚不可破的特洛伊城。1873年，他向世人宣布找到了荷马记载的特洛伊，并且发现了"普里阿摩斯宝藏"。由此谢里曼开创了古希腊考古学。他的成功源自他对《荷马史诗》的真实性深信不疑。谢里曼从小便熟知特洛伊战争的故事，梦想有一天能找到荷马笔下的特洛伊，在经商发家之后着手去实现儿时的梦想。但19世纪之时，西方学者深受科学主义的浸润，严格将历史和传说区分开来，不相信像《荷马史诗》这样的文学作品能够反映真实的历史。和当时主流的学者不同，谢里曼深信荷马记载的特洛伊战争是真实发生过的事件。正是出于这样的原因，被后世学者讥为考古学外行的谢里曼才得以取得惊人的突破。虽然后来的学者修正了谢里曼的结论，证实荷马笔下的特洛伊应该属于遗址的第VIIa考古层，而谢里曼所发掘出的特洛伊属于第II考古层，比荷马的特洛伊早了约1000年，但没有人怀疑，特洛伊是在谢里曼发现的遗址上。在发现特洛伊之后，谢里曼又先后三次对该遗址进行了发掘，并于1876年发掘了迈锡尼，发现了一系列黄金制品，包括所谓"阿伽门农的金面具"（图1-1—图1-4）。今天我们知道，"阿伽门农的金面具"也要比阿伽门农所处的时代至少早300年，但谢里曼的发掘不仅开创了古希腊考古学，而且将希腊文明史一个不为人所知的时代展现在世人面前，这就是迈锡尼时代，或者学者们所说的迈锡尼文明（图2）。1900年，英国学者阿瑟·伊文思（Arthur Evans）在克里特岛上发现了克诺索斯的巨大宫殿，又将一个更为古老的文明展现在世人面前，让人们认识到希腊的文明兴起于更早的时期。伊文思以传说中克里特岛的著名国王、宙斯之子米诺斯的名字，把他发现的文明称作米诺斯文明（图3）。在此之前，希腊考古学家宗塔斯（Christos Tsountas）于1898—1899年对基克拉泽斯群岛上的一系列墓葬进行了调查与发掘，他发现该地区存在一个史前文化，即把它命名为"基克拉泽斯文明"（图4）。其标志性遗物是富于现代感的大理石人像雕像，刻画手法简洁抽象，但却栩栩如生。考古资料显示，这是一个以农业为主的定居群体创造的青铜文化。

图 1-1

图 1-2

图 1-3

图 1-1、图 1-2、图 1-3、图 1-4
阿伽门农的金面具，藏于雅典国家考古博物馆

图 1-4

图 2
迈锡尼文明遗址

图 3
克诺索斯宫殿遗址及牛角雕像

早期考古学家的这些发现以及后来考古学家的进一步发掘与研究，大体勾画出了早期希腊文明的面貌。最先是在公元前 3000 年左右，在基克拉泽斯群岛兴起了一个早期的青铜文明，对此我们知之甚少。公元前 2000 年左右，克里特岛上出现一系列大型宫殿，除克诺索斯外尚有菲斯托斯（Phaistos）和马利亚（Malia），表明克里特进入复杂社会阶段。在其全盛时期，克诺索斯宫殿占地 10000 平方米，据估计有约 1000 个大小厅室。整个建筑群环绕中央庭院而建，除居室之外尚有作坊和许多大型储藏室。巨大的宫殿说明以克诺索斯为中心形成了某种权力和权威机制，可以组织和调动社会的大量资源，建造和维持一个大型权力中心的运作。也就是说，此时的克里特业已进入复杂的国家阶段。宫殿中央庭院西侧更有仪式厅，面对正门靠墙中央是一个高靠背的雪花石膏宝座，两侧和周边靠墙是没有靠背的石头长凳。仪式厅墙壁以鲜艳的壁画装饰，宝座背后的墙上描绘两只狮身鹰头像，从两侧拱卫宝座。这进一步说明，克诺索斯宫殿是由一个地位超群的统领为首的，很可能就是一位王。同时宫殿之中还有举行宗教崇拜仪式的遗迹，说明宗教崇拜成为统治者建立权威的手段。

兴盛的米诺斯文明很快扩张到基克拉泽斯群岛和希腊本土南部，并同埃及、黎凡特地区和安那托利亚建立了贸易联系。公元前 1600 年左右，希腊本土南部以伯罗奔尼撒半岛为中心兴起一系列王国，以巨大的城堡和王宫为标志。公元前 15 世纪早期，其势力扩张到克里特岛，取代了那里原有的王国。因其中势力最大的王国是迈锡尼，学者们将这些王国兴盛的时期称为迈锡尼文明。早在 1900 年，伊文思就在克诺索斯遗址上发现了米诺斯文明和迈锡尼文明所使用的文字遗迹，并分别将它们命名为线形文字 A 和线形文字 B。后来的考古学家又在迈锡尼文明的王宫遗址上发现了大量线形文字 B 的泥板文书，它们是因为迈锡尼文明末年王宫为大火烧毁时被烧成陶片而偶然保留下来的。1953 年，英国建筑师文特里斯（Michael Ventris）宣布成功译读出线形文字 B，发现它书写的是古希腊语。虽然这些泥板文书都是属于迈锡尼文明末期的，但也使我们得以窥见当时社会的一些情况。迈锡尼社会以国王（wanax）和王宫为主导，王宫在经济生活中似乎扮演了重要角色，通过实物税收或者贡赋以及提供俸禄和劳动报酬的方式，进行物质的再分配。通常与王宫和城堡联系在一起的巨大穹顶

图 4
基克拉泽斯文明，人像头部，藏于卢浮宫博物馆

墓（tholos），可能是王族墓葬。国王以下还有一系列官员，包括"巴昔琉斯"。后者在荷马史诗及其后的希腊社会通常用来表示"王"。王宫之外，似乎还形成了行政与社会组织网络。线形文字 B 中出现了"damos"一词的最初形式，在后来的希腊，这个词用于表示作为一个共同体的"人民"或者"村社"。在迈锡尼社会中，它也许用来表示地方行政或者社会组织。[1]

传说就是在这个时期末，即公元前 13 世纪后期，希腊诸王国以迈锡尼为首组织联军，远征小亚细亚的特洛伊。此后不久，迈锡尼文明陷入衰落。这之后直至公元前 8 世纪后期文献记载开始出现之前，尚有大约 4 个世纪的历史不为人们所知。大体上是出于这个原因，在 19 世纪 90 年代，学者们开始把这个时期称为"黑暗时代"。到 20 世纪 60 至 70 年代，古典考古学家们通过对这一时期考古材料的综合分析，力图证实迈锡尼文明崩溃之后，希腊的文明消失了。原先的大型居民点遭遗弃，人口减少，文字消失，迈锡尼时代彩陶的图像装饰消失，代之而起的是单调几何纹装饰的陶器。希腊衰退到了所谓的"村落文化"阶段。

图5
优卑亚岛上的勒夫坎地

学者们又将迈锡尼文明的衰落和赫梯帝国的瓦解（约公元前1180）以及埃及新王国在叙利亚至巴勒斯坦统治的瓦解相联系起来，认为在从伯罗奔尼撒半岛到巴勒斯坦的这一广大地区，发生了所谓的"青铜时代晚期的崩溃"（Late Bronze Age Collapse）或是"文化解体"（Cultural Collapse）。这样一来，"黑暗时代"的概念悄然改变，从最初表示不为人所知的一个时期变成了文明衰落的真正黑暗的时代。[2] 之后，证明"黑暗时代"的实然性的主要学者之一，英国著名古典考古学家斯诺德格拉斯又力图进一步证明，城邦兴起于公元前8世纪中期。这一论断得到广泛接受，一时间成为希腊史学界的共识，更有学者将其提炼到"公元前8世纪革命"的高度，早期希腊史的框架就此确立下来。它包含着两个重要的意味，其一是迈锡尼的专制王权社会彻底衰落了，公元前8世纪中期城邦的兴起标志着希腊文明的一个新开端，它同迈锡尼文明不存在承继关系，因为一个长达几个世纪的"黑暗时代"将它们隔断开来了。其二是说，城邦文明在根本上是一个新生文明，城邦是一种原生国家形态。希腊城邦文明从一开始就是世界历史上的一个全新创造，因而具有独特地位。[3]

然而这个早期希腊史框架在诸多方面值得质疑。首先，学者们至今无法确定所谓"青铜时代晚期的崩溃"的原因，包括迈锡尼文明衰落的原因。如果说迈锡尼文明彻底衰亡了，一定得有足够大的力量给它带来毁灭，对此至今没有令人信服的解释。最为通常的说法是所谓多里斯人入侵摧毁了迈锡尼文明，但多里斯人从何而来，如何入侵，在很大程度上仍然是假说，并没有得到任何考古材料的证实。退一步说，即便迈锡尼文明确系毁于入侵的多里斯人之手，难道这些入侵者和历史上其他落后的入侵者大为不同，对先进的文明和文化无动于衷，丝毫没有吸收迈锡尼的文明生活方式，而甘于固守其"村落文化"吗？其次，在迈锡尼文明和后来的城邦文明之间实际上存在着诸多联系和延续性。线形文字B的成功译读让学者们发现，虽然使用的文字不同，但迈锡尼文明的居民和后来的希腊人使用同样的语言即希腊语，说明它们同为希腊语民族。一个显见的例子是迈锡尼时代的大量地名保留了下来。不仅如此，一些重要的具有政治意味的概念如"王"、"巴昔琉斯"和"人民"等均流传了下来，其中的一些还成为城邦时代的重要政治术语。这很有可能说明，在迈锡尼时代到城邦时代的政治演化中，存在某种关联。此外学者们还注意到，迈锡尼文明的宗教崇拜、艺术表现的主题和手法都对后世城邦文明产生了直接的影响。再次，所谓"黑暗时代"也并非如同学者们所说的那样是文明衰落后的一片黑暗。考古学家们注意到的情况如大型建筑遭到破坏和遗弃，居民点减少可能是真实的，但实际上不同地区的情况并不尽然相同。在一些地方如阿提卡并没有明显破坏和中断的痕迹，在另一些地方甚至出现了繁荣的定居点和远程贸易联系的迹象。[4]最突出的是优卑亚岛上的勒夫坎地（Lefkandi）（图5）。英国考古学家在1964年发现的这个遗址贯穿了整个"黑暗时代"，其中1980年发现的一座大型墓葬建筑长50米，宽13.8米，建于公元前950年左右，是后来典型神庙建筑的一个雏形。遗址中还发现了出自西亚的手工艺品，表明这里的居民和西亚有着贸易联系。[5]还有，强调中断或者断裂的框架难以对《荷马史诗》做出合理的历史解释。学者们普遍认为，《荷马史诗》成型于公元前8世纪后期至前7世纪初期。1954年，摩西·芬利出版《奥德修斯的世界》，首次从历史学的角度，系统勾勒出了《荷马史诗》所描述的社会的面貌。[6]芬利的开创性研究，扩大了历史学的视野，使学者们注意到原先被视为文学作品的文献的史料价值。从此以后《荷马史诗》被广泛看成是反映希腊早期社会的史料，然而对于它到底反映哪个时期的社会状况，学者们却莫衷一是。芬利本人相信，它展现的是公元前10—前9世纪的社会面貌。果真如此的话，后来学者们论证的"黑暗时代"就站不住脚了。因此，相信存在"黑暗时代"的学者不能接受芬利的说法，乃提出《荷马史诗》反映公元前8—前7世纪的希腊社会。但早在20世纪上半期，米尔曼·帕里（Milman Parry）和阿尔伯特·洛德（Albert Lord）就已令人信服地证明，"荷马史诗"是一代代游吟诗人集体口头创作的结果。[7]即是说，早在公元前8—前7世纪成型之前，它的许多部分即已存在，为一代代游吟诗人传唱。也就是说，《荷马史诗》更可能反映它成型以前的希腊社会面貌。芬利的观点或许仍然是应当予以重视的。

所有这些似乎都表明，迈锡尼文明和后来城邦文明之间的关系并非西方学者所说的那样是完全中断的，而是存在着一定的内在关联性。果真如此的话，西方学者为何要一味强调"黑暗时代"的中断以及城邦文明的原生性，就成了一个需要解释的问题。笔者以为，这和现代西方社会所推崇的价值有关。18世纪以降，在型塑现代性的复杂思想运动中起到重要作用的一批欧洲知识分子，纷纷回溯到古代希腊亦即城邦时代的希腊，寻求现代性的根基和出路，通过表述和歌颂一个理想的希腊，来抒发对现代性的向往和追求。古代希腊一面成为现代性的表述方式，一面又成为现代性的"奠基神话"。由此在古代希腊和现代西方之间建立起了一个系谱，希腊成为现代西方的精神和思想源泉。这样一来，现代性和古代希腊之间就形成了双向互动的关系。现代性崇尚的是民主、自由和理性，作为其源头的希腊必然也具备这些特质。在这个思想运动中形成的西方古典学这门学问自然而然打下了现代性的烙印，对希腊文明的研究趋向于强调其民主、自由和理性的特征。对城邦文明的重视即与此有关，因为对西方学者来说，城邦文明缔造了一个以民主和自由为核心的全新社会与政治体制，是理性得以取得主导地位的结果。[8]自从19世纪末20世纪初布克哈特"发现"城邦的重要性之后，它就统治了古希腊文明研究。但米诺斯和迈锡尼文明展现的却是王权占据主导地位的不同世界，这令西方学者感到困惑。作为现代西方文明奠基的希腊城邦文明，其源头怎么可能是王权社会呢？两者毕竟有着殊为不同的特质。凑巧的是，在迈锡尼的诸王国崩溃之后，有一个衰落的时期，这正好可以用来分割迈锡尼的王权社会和后起的城邦文明。于是"黑暗时代"的概念不断得到强化，迈锡尼文明和城邦文明之间的关系也是完全断裂的了。

不难看出，早期希腊文明史框架带着明显的现代西方价值痕迹。笔者以为，尽管对迈锡尼王国崩溃之后，希腊社会的演化过程我们仍不十分清楚，但理清现代西方价值的成分，有助于我们重新解读这段历史。在笔者看来，迈锡尼文明尽管衰落了，但也许不像西方学者所强调的那样，是彻底的衰亡，没有留下什么文明的痕迹，或者是没有对后来的城邦文明产生什么影响。更有可能的情况是，迈锡尼文明的王国崩溃了，王权衰落了，但其传统与文化并未消失得无影无踪，更未退步到原始的状态。只不过曾经强大的王国陷入分裂与地方割据的局面。地方贵族把持了社会的权力，但再也未能重建强大的王权，希腊社会进入一个贵族阶级占据统治地位的阶段。"荷马史诗"所反映的似乎就是这样一个社会的面貌，而希腊城邦制度也正是从这样一个社会中进一步演化而来的。

古风时代

公元前8世纪，希腊进入城邦文明的时代。城邦的兴起，也许并非革命性变化的产物，而是希腊社会长期渐次演进的结果。但在学者们说的"古风时代"，城邦在希腊各地兴起，并形成和确立比较成熟的城邦制度，则是不争的事实。所谓城邦，是以单个城市为中心、包括周围农村地区的小型国家。成熟的城邦制度以公民共同体为基础，城邦的正式成员称为"公民"，享有一些特定的权利，包括政治参与的权利。城邦的管理是制度性的，不以专权的个人为统治者，而设立议事会和公民大会，以讨论和投票的方式，决定城邦事务。在古代世界，这种社会普通成员广泛参与国家管理的制度化政治方式无疑是开创性的和独到的，但却是经历了一系列的社会变革逐渐确立起来的。这一社会变革的起点至迟可追溯到"荷马社会"，也许仍然是迈锡尼文明诸王国崩溃的后果。虽然在"荷马社会"中，贵族阶级仍然占据统治地位，但他们显然已形成割据势力，不能接受凌驾于他们之上的集权统治者。贵族之间的权力竞争迫使他们获得普通民众的支持，从而开始将普通民众纳入到政治决策的过程中来。《伊利亚特》中描绘的希腊盟军军士大会和《奥德赛》中记叙的伊大卡岛上的民众大会，都是社会普通成员参与的明证。虽然他们并没有任何决定权，但掌握决定权的贵族集团显然觉得他们在做出重大决策之时，需要听取民众的意见。实际上，在"荷马社会"中，城邦制度的雏形业已显现，史诗记载的长老会和军士大会或民众大会便是城邦主要政治机制议事会和公民大会的前身。古风时代的一系列事件与变革进一步推动了这种政治方式的发展，使得贵族集团把持的权利进一步向社会普通成员开放。公元前750年之后，希腊人开始大规模向外扩张，在地中海世界各地建立起为数众多的殖民地和贸易据点。大规模的殖民运动持续了近两个世纪，到公元前580年左右，希腊文明的地域范围已经扩大到西起今西班牙东部和法国南部、东至黑海东岸、南抵今利比亚沿岸、北达爱琴海、博斯普鲁斯以及黑海北部沿海，包括西西里岛、意大利南部和亚得里亚海沿岸的广大地区。这是世界历史上有记载的第一次大规模海外殖民运动，大大扩展了希腊文明的生存空间，也体现了它的开拓精神。至于希腊人大规模殖民海外的动因，传统说法认为是出自希腊人很早就表现出的商业与贸易兴趣，另一种说法则认为是古风时代早期人口快速增长导致的土地缺乏。在笔者看来，这两者都不能令人信服，根本的动因可能在于财产私有制的确立以及希腊人的开拓精神。古风时代是希腊社会产生根本性变革的时期，其中一个不太显见但却非常关键的变化是财产私有制观念逐渐确立起来。这可能是一个漫长的过程，但从荷马社会中已可看出私有财产已经占据了主导地位。种种迹象表明，殖民运动兴起之时，殖民者已经十分明确，他们在殖民地获得的土地将成为自己的财产，这极大地刺激了希腊人殖民的热情。至于是为了商业贸易还是寻求土地，则只是建立特定殖民地时的选择，而不是整个殖民运动的根本动因。

古风时代希腊人的殖民运动，一个不同于近代西欧人海外殖民运动的特征在于，新建立的殖民地并不从属于母邦，而是从一开始就是独立的城邦。也就是说，建立殖民地的过程也是建立新的国家的过程。这给希腊人提供了进行新的尝试的可能。不同于传统的社会结构，新建立的殖民城邦，社会成员分化不大，相对较为平等。反映在殖民地的社会与政治制度中，殖民者的经济与政治权利也是相对平等的。有迹象表明，最初的殖民者可能是平均分配殖民地的土地的。在政治上，殖民者也以较为平等的方式，共同参与新国家的管理。这种新的实践很可能刺激和影响了希腊本土城邦的社会变革，使之朝着更为平等和民主的方向发展，这和近代世界美国革命在欧洲旧大陆产生的震动与影响类似。推动希腊社会民主化的另一个因素可能是以重装步兵为主的方阵作战方式。古代希腊人作战的主要方式是，由全副武装的步兵排列成整齐的纵深方阵，向敌方阵营推进。方阵中的每名军士身穿盔甲和头盔，左手持盾，护卫自己和队列中左侧的同伴，右手持长矛，用于进攻敌人。腰间佩短剑，用于短兵相接的战斗。考古学的材料表明，这种重装步兵方阵的作战方式，至少可以追溯到公元前7世纪中期。学者们据此推断，因为《荷马史诗》中描绘的是英雄武士决斗式的作战方式，所以在荷马社会和公元前7世纪中期之间，发生了作战方式的变化，把它称为"重装步兵改革"，并进而试图揭示其社会与政治意味。由于城邦并不负责提供武器装备，参加作战的重装步兵需要有能力提供自己的武器和盔甲，因而需要具有稳定的经济基础。另一方面，方阵的作战方式依赖长期的严格训练、严明的纪律和相互支持与配合，而不是个人勇猛的冲锋陷阵或者身先士卒。也就是说，胜负的关键在于集体的配合与协作，个人英雄主义并无用武之地。这意味着，重装步兵群体需要一个团结协作的共同体，其间每个人都发挥着同等重要的作用。学者们进一步推测，这样的作战方式强化了社会成员的共同体意识和平等观念，因而推动了希腊城邦社会进一步走向民主化。这一解读很好地解释了城邦制度形成与确立的一个环节，因而曾受到学者们普遍接受。然而晚近的研究对《荷马史诗》进行了重新解读，提出史诗中对英雄武士决斗的突出描写并非历史现实，而是文学的夸张与虚构，实际上在荷马社会的战争中，起决定作用的并非英雄武士的决斗，而是普通士兵队伍战斗力。这一新的解读具有合理性，因为《荷马史诗》确如《三国演义》一般，过于夸大英雄人物在战争中的作用，仿佛是他们决定了战斗的胜负。真实社会中可能并不存在这样的情况。但如此一来，所谓"重装步兵改革"的说法就站不住脚了。不过即便公元前7世纪并没有出现军事变革，即便方阵作战方式可以追溯到荷马社会，它的政治意味依然是存在的。仍然可以认为，重装步兵方阵的作战方式所强调的集体主义和平等作用，对希腊人的政治观念产生了潜移默化的影响，是希腊社会走向民主化的一个不可忽视的因素。

殖民运动和重装步兵方阵的作战方式所孕育的平等观念，最终可能和希腊社会的矛盾一道，导致了希腊古风时代深刻的社会变革。传统贵族社会受到平等观念的冲击，社会普通成员再也不能忍受贵族集团对社会经济与政治权利的垄断式占有，要求改善经济状况和分享政治权利。贵族统治阶级和社会普通成员之间的矛盾为僭主政治的兴起创造了条件。在古希腊文中，"僭主政治"（tyrannis）指个人统治，是和贵族政治相对立的。僭主通常是贵族集团的一员，出于种种原因起而反对并推翻贵族统治集团，建立起自己的统治。僭主政治的成功，在很大程度上是依靠了社会普通成员的力量。公元前650年左右，希腊诸多城邦纷纷建立起僭主统治，一时间成为风气，直至公元前6世纪后期，僭主政治才在希腊退潮。传统看法认为，僭主政治通常被看成是用暴力推翻合法政权的个人专制，是"违背城邦政体的"（unconstitutional）。但这一看法实际上是站不住脚的，带有时代倒错的嫌疑。在公元前7至前6世纪，城邦政体尚处于形成期，并未确立下来。僭主推翻的贵族统治集团是传统的统治势力，但其统治也很难说是合乎政体的。之所以出现这样片面的解释，是因为对古风时代希腊僭主政治的理解常常受到来自两个方面的困扰：一是因为在公元前508/7年雅典建立起民主政体之后，就把僭主与僭主政治看成是民主政治的敌人，僭主开始和个人专权等同起来，形成了一个反僭主政治的传统。二是因为在现代更倾向于民主的政治观念中，僭主等同于暴君，"僭主政治"一词通常被理解为暴政。这两个意识形态的传统相互叠加，致使学者们很难不在理解古风时代僭主政治时带有偏见。事实上，在较早的希腊文献中，"僭主"（tyrannos）也许并不带有后世的贬伐之意，因为它经常和用于表示王的"巴昔琉斯"一词混用，直至希罗多德的《历史》都是如此。如果我们抛弃现代社会意识形态导致的偏见，将僭主政治放到古风时代希腊社会的背景中考察，就会发现，僭主政治是作为传统贵族政治的反对派出现的，是一种革新的力量，具有积极的意义。僭主之所以能够成功推翻贵族政治，依靠的是社会普通成员的力量。为取得他们的支持，僭主通常采取提高他们社会地位、改善其经济状况的举措。这有助于削弱贵族阶级的势力，缩小贵族和普通成员之间的差别。事实上，早期的僭主常常是社会改革家乃至政治改革家和立法者。公元前650年左右，科林斯的居普色诺斯推翻了封闭的贵族统治集团巴基斯家族（Bacchiadai），建立起希腊最早的僭主政治。希罗多德记载的德尔斐神谕预言说，科林斯的居普色诺斯（Cypselus）"将推翻独裁统治的诸人，给科林斯带来正义"（《历史》，5.92b.2）。他记载的另一则德尔斐预言则称居普色诺斯为"王"（巴昔琉斯，《历史》，5.92e.2）。在早期的文献中，居普色诺斯显然不是一个独裁者或者暴君的形象，而是作为一个革新者出现的，带给科林斯人的是他们渴望的"正义"。他成功地统治了科林斯，并将僭主之位传给其子佩里安德罗斯（Periandros）。后者得以位列希腊"七贤"，和雅典改革家梭伦及米利都哲人泰勒斯齐名，说明他亦非单纯的专权者。被希腊人列入"七贤"的还有公元前6世纪的米提林僭主皮塔科斯，据说他以警句格言闻名，其有名的格言之一是"己所不欲，勿施于人"。亚里士多德把他归为立法者之列，并且提到了他制定的法律（《政治学》，1274b）。米提林的贵族诗人阿尔凯俄斯（Alcaeus）是皮塔科斯坚定的反对者之一，把他斥为"出生低贱者"，但也不得不承认，是米提林人推举他为僭主的，并且"他们都对他大加赞美"（残篇348LP）。如果文献传统可靠的话，他也没有恋权，十年后即放弃了僭主之位。另一个进行改革的是西居昂僭主克里斯提尼。对于其改革的详细情况，我们已无从得知。但希罗多德在记述其外孙、雅典民主派政治家克里斯提尼的改革时，指出他重新划分部落的改革是借鉴了其外祖父的改革举措（《历史》，5.68）。如果我们把上述事例和古风时代希腊的社会变革与立法联系起来看，就会发现它们其实属于一个大趋势的一部分，作为变革者出现的僭主和古风时代的另一个群体即立法者群体扮演的角色是十分相似的。[9]

然而僭主政治虽然起到了打击和削弱传统贵族势力的作用，但事实证明却并不是古风时代希腊社会变革的终极结果。最早的僭主扮演是社会革新者的角色，但一旦僭主政治成为世袭的，后代的僭主就难以继承这一角色了，而势必沦为纯粹的个人统治。因此，僭主政治最多在维持两代或者三代之后，就纷纷被希腊人所抛弃了。古风时代希腊社会变革的终极结果是建立起更为民主化和制度化的城邦制度，这是通过改革与立法来实现的。我们知道得比较多的是斯巴达的莱库古立法以及雅典的梭伦立法，但实际上古风时代的希腊城邦都经历一个立法的过程。亚里士多德已经注意到立法是古风时代城邦政体确立的一个关键环节，因此特别关注立法者的作用。他提到古风时代一批有名的立法者，除莱库古和梭伦外，还包括为洛克利亚·埃皮泽弗里立法的扎琉科斯（Zaleukos）、西西里卡塔拉的喀荣达斯（Charondas）、为底庇斯立法的科林斯人菲洛劳斯（Philolaos）等[10]。实际上我们可以把这些立法看成是一场立法运动，它可能遍及了希腊所有的城邦。虽然因其具体情况不同和选择的政体也不同，每个城邦的具体改革和立法不尽相同，但却存在共同之处，这就是它们都旨在确立公民权，保障公民群体的基本权利，改善其经济状况，同时确立城邦基本的政治体制。雅典的梭伦立法废除了债务奴隶制，保障了公民的人身自由，同时也努力减轻贫穷公民的经济负担，保障其土地所有权，在此基础上规定了公民基本的政治权利，即所有公民皆有权参加公民大会。斯巴达的莱库古立法除了规定议事会（即斯巴达的长老会议）和公民大会的权力外，还向所有公民分配平等份地，以确保整个公民群体具有基本的经济保障，从而建构了一个公民以"平等的人"（homoioi）自居的公民社会。同时一些城邦的改革和立法并非一次性完成的，而是经历了多次改革和立法，雅典就是一个例子，其政治改革要到公元前508/7年的克里斯提尼立法和公元前462/1年埃菲阿尔特斯的改革才最终完成。斯巴达也很有可能经历了两次立法，只不过文献并没有详细记载罢了。

通过立法确立起来的城邦制度是世界古代史上一个新的创造，它确立了以公民权为基础的制度化政治方式，参与的权利不再局限于某个统治者或者狭小统治群体，而是扩大到包括社会普通成员在内。希腊不同城邦所采取的政体并不相同，一些确立的是贵族政体，最高政治决策权掌握在贵族群体手中，一些采取更为民主的政体，将最高政治决策权赋予所有成年男性公民参加公民大会。而且许多城邦的政体仍会经历更迭和反复，但整个希腊世界似乎都接受了上述的基本原则。政治与社会激荡的时代也是思想和文化勃兴的时期。古风时代希腊的思想和文化进入了一个创造性迸发的阶段。"荷马史诗"和赫西俄德的诗歌奠定了希腊人的观念和宗教体系，成为思想的源泉，却并没有桎梏希腊思想的发展。乃是因为，它们本身并不是宗教圣书，希腊人观念中的神明也不是创造和主宰一切的万能神，而是兼具人性的特征和弱点。同时它们所确立的希腊宗教体系不是封闭的，而是开放的。另一个原因在于，城邦社会的变革唤起了个人的权利和独立意识，成为独立思想的土壤。这些因素使得希腊人比较容易地突破了神话世界观的束缚，转而从人的角度观察和理解世界。由此开启了从根本上说是人本主义的理性思维的方式。用韦尔南的话说，希腊思想由"神话思维"转向"理性思维"，其标志就是哲学的兴起。[11] 当然，启发希腊哲学的还有和古老西亚和埃及文明的接触和交流，这是为什么早期希腊哲学家都出自比邻西亚古老文明地区的小亚细亚的缘故。

实际上，西亚和埃及文明在希腊文明生长过程中所起的作用远不仅仅限于思想的启迪，而是弥漫到希腊文明的各个方面。18和19世纪现代性建构过程中对古代希腊理想化的另一个层面是将它想象为纯粹雅利安人的创造，而系统地忽视了东方文明的影响。[12] 希腊艺术史家早就注意到，古风时代的希腊艺术从主题到表现手法都受到东方的深刻影响，因而把这个时期的希腊艺术归纳为"东方化风格"。但直至20世纪80年代，学者们对来自东方的影响的认可仅仅限于艺术和文字等少数领域。只是在西方知识界对现代性进行深刻反思之后，东方的影响才越来越受到关注。[13] 现在学者们认识到，我们"应该放弃或至少大大减少对于早期希腊文化独立性（autonomy）所抱有的任何幻想。我们不能把'近东'的影响贬低为边缘现象，只是在解释孤立的不正常现象时才偶尔援引。它在许多层面、在绝大多数时期都无处不在"[14]。即便如此，仍有学者坚信，即使希腊文化的许多方面都受到东方影响，但和西方价值最直接相关的希腊政治思想，却是希腊人的独创。其言下之意仍然是要清楚区分出东西方政治传统的不同。然而将一个社会的某一方面和其他方面完全区分开来，辟为"净土"似的分析方法明显是站不住脚的。如果希腊社会诸多方面都受到西亚和埃及文明的深刻影响，就难以否认希腊政治思想也受到过外来启发。

城邦文明的发展以及对外接触与交流的频繁，促使了希腊人民族认同的形成。"荷马史诗"和赫西俄德的史诗文本及其记载的神话传说是希腊人共同的精神纽带。同时公元前8至前7世纪，泛希腊的神明崇拜中心兴起，其中最为重要的是奥林匹亚的宙斯崇拜圣地和德尔斐的阿波罗崇拜中心。希腊人定期在这些圣地举行全体希腊人均可参加的盛大祭神仪式，包括各种竞技活动。这些泛希腊的崇拜活动界定了希腊民族的范围。另一方面，城邦的生活方式为希腊人所普遍接受，也成为希腊人认同的一个重要侧面。希罗多德明确将希腊民族认同定义为"共同的血缘和语言、共同的祭坛和宗教崇拜，以及共同的生活方式"（《历史》，8.144）。因此，尽管希腊分成成百上千个独立的政治实体，在希腊化时代之前并未形成过统一的国家，但其民族认同则是十分明确的，它在根本上以文化和生活方式的认同为基础，而非政治认同为基础。这一认同的另一面在于，希腊人把和他们文化相异的其他民族统统看做是"蛮族人"，而将他们所认知的世界划分为两个相异甚至对立的部分，即世界是由希腊人和蛮族人构成的。在公元前6世纪后期和前5世纪前期，随着波斯帝国向西扩张进入希腊人的世界，这种观念逐渐凸显出来。[15]

◉ 古典时代

希腊城邦文明通常被划分为古风时期（公元前8世纪—前479）和古典时期（公元前478—前338），其中古典时期历来被看成是希腊文明的高峰。划分古风时期和古典时期的分界，是公元前479年希腊人对入侵的波斯人的胜利。公元前559年波斯国王居鲁士二世继位后，推翻了统治波斯的米底帝国，并快速向外扩张，建立起一个强大的帝国，于公元前540年前后征服了小亚细亚的希腊诸邦。公元前5世纪初，小亚细亚诸邦联合发动反对波斯统治的起义，但最终起义失败，遭到波斯军队镇压。公元前490年，一支波斯舰队横穿爱琴海，企图攻占雅典。雅典公民组成的军队在马拉松迎敌，以少胜多，击败来犯的波斯军队，缓解了迫在眉睫的军事危机。公元前480年，波斯国王薛西斯亲率大军，从水陆两路进犯，意图兼并希腊。以雅典舰队为主的希腊联军在撒拉米斯海战中击溃波斯舰队，薛西斯大失所望，将军队统帅权交予手下大将马尔多纽斯，率先撤回波斯。公元前479年，希腊联军又在普拉特亚之战中击败波斯主力军队，迫使其撤退。希腊人取得了决定性的胜利。毫无疑问，这场战争的胜利对希腊人来说攸关生死存亡，是希腊历史上的重大事件，以此划分历史分期本无可厚非。然而后世的西方学者赋予了这个时间太多希腊史之外的意义，不仅把它看成是希腊文明历程中的一个里程碑，而且把它说成是现代西方文明历史上的决定性事件，是"连骆驼也要穿过的针眼"。正是因为这次胜利，才有了雅典民主政治的兴盛，才有了希腊思想与方式的繁荣，也才有了近世西方文明的崛起。早在1846年，约翰·斯图亚特·密尔就曾说道："即使是作为英国历史上的事件来说，马拉松之战也比黑斯廷斯之战更为重要。如果那天的结果相反，不列颠人和撒克逊人可能还在丛林里徘徊呢。"[16] 时至今日，仍然持此观点的古希腊史家不在少数。

如果不考虑希腊世界和外部世界的关系，城邦世界内部构成了一个完整的国际体系，有着共同遵守的一些原则和做法。城邦之间的相互联系密切，贸易和人员往来频繁，甚至建立了类似于现代的领事制度，做法是城邦通常指定另一城邦的友好公民为亲善大使（proxenos），负责接待和照顾己方人员。同时城邦之间又处于经常性的竞争之中，战争频仍。这一竞争性的国际体系是希腊文明充满活力与创造力的一个重要因素，也是刺激希腊制度与思想创新的外在环境。为数众多的城邦及其相互之间的竞争，给予了希腊人尝试不同政治制度的机会。每个城邦都试图建立适合自身、同时又使自身具有竞争力的制度。斯巴达是最为成功的例子之一。它所建立的城邦制度独具特色，城邦事务均须经男性公民参加的公民大会讨论和表决。但公民大会并非最高决策机关，一个由两名世袭国王和28名年满60岁的公民组成的议事会（称"长老会议"）有权推翻公民大会的决议。斯巴达的两名国王并非专权王制之下的国王，其主要职能是在战时率领斯巴达人作战，正式的政治权力则限于其作为"长老会议"成员的角色。"长老会议"的其他成员由公民大会选出，终身任职。另由公民大会每年选举5名监察官，作为城邦的最高行政长官，但他们任期一年，不能连任。在这个权力机制之外，斯巴达城邦强调公民的平等和军事作用，以黑劳士制度保障城邦的农业生产和供给，通过公民共餐制培育平等观念和城邦的集体观念，并通过一套严格的身体和军事训练制度保障公民的作战能力。这套制度使得斯巴达成为希腊世界最为强大的城邦，并稳定地维持达四个多世纪。与此同时，雅典城邦却发展出一套具有创新的城邦制度。其激进之处在于将所有成年男性均有权参加的公民大会确立为城邦最高决策机关，同时最大限度地削减个体官员的决策权。为此城邦规定除需要专门技能的少数官职如十将军外，所有其他官职均以抽签方式从年满30岁的男性公民中选出，任期一年，不得连任。另外，包括选举任命的官员在内，所有官职均非一人充任，而是以多人充任，通常是10人充任一个官职。即是说，即连有限的行政权力，也需要由担任同一官职的公民集体行使。这样的国家管理实践在历史上可以说是十分独特的，但却异常地成功。公元前508—公元前507年克里斯提尼改革初步建立起这套制度后，它稳固推行了近两个世纪。其间在伯罗奔尼撒战争后期雅典处于十分被动和战败的时期，曾两次短暂被推翻，但都很快得以恢复。恰恰说明这套制度在雅典深入人心，具有很强的生命力。还必须注意到的是，正是在这套制度之下，雅典一跃而成为希腊世界最强盛的城邦之一，并且成为希腊世界的知识、思想和文化中心。在整个古代史上，雅典一直保持了这一地位，正如它保持其城邦制度，即使在因马其顿征服而丧失独立地位后也是如此。在现代人眼中，雅典和斯巴达的城邦制度常常被作为对立的两极而加以放大，但实际上它们的共性也许更为突出，两者都给予全体公民参与政治讨论和决策过程的权利，也均以公民大会投票的形式进行决策。只不过雅典将最高决策权赋予公民大会，而斯巴达则让贵族"长老会议"保留了否决公民大会决议的权力。希腊各邦的制度千差万别，但大体都认可公民具有参与权和不同程度的决策权。当然，公民群体和公民权的观念就意味着，还有一部分人没有公民权，这就是为数众多的奴隶和占人口少部分的外邦人。后者属于自由人，但却和奴隶一样，没有任何政治权利。另一个群体是妇女。她们可能拥有公民权，但即使是公民妇女，也被排除在实际的政治参与之外，乃是因为从根本上说，希腊城邦是男性公民的共同体。这是希腊城邦民主政治的局限，同时也是那个时代人类的局限。但若因此就像国内知识界通常所做的那样，否定以雅典为代表的希腊民主制的创造性和积极意义，则不是历史地看问题的态度。我们需要以历史主义的态度，予以"同情的理解"。诚然，即连雅典这样的民主政体也不是全民的民主，而是成年男性公民群体内部的民主，但我们需要考虑到这是2600多年前开始推行的民主政治。在那个时代，世界上的主要文明中都将专制君主奉为高高在上乃至神圣的统治者，社会普通成员只能是匍匐在下的臣民。而希腊城邦让为数众多的全权公民参与城邦政治决策，甚至以投票方式直接对城邦事务进行最终决策，以抽签方式选拔绝大部分官职，通过严格限定任期使普通公民轮流任职，都是创造性的，甚至是革命性的。我们不要忘了，即使在现代世界，也仅仅是到了20世纪世人的观念发生根本性转变之后，妇女才真正获得和男性平等的政治参与权。"外邦人"即外国人也仍然被排除在正式的政治参与之外。[17]

竞争性的国际体系还刺激了希腊思想的繁荣。城邦生活培育了人们独立而自主的精神。参与各种城邦事务的公民常常需要做出独立的判断和选择，甚或提出自己的观点并与反对者展开针锋相对的辩论。这种公共生活方式在荷马社会中即已初现端倪，并在之后的城邦生活中日益普及和常态化。独立的观点和独立的思想成为希腊人的思维习惯，对希腊人来说没有什么思想和精神的权威。即连荷马和赫西俄德也会受到质疑。公元前6世纪的思想家色诺芬尼就质疑希腊的神明是否真正存在："荷马和赫西俄德将人类的所有可耻之事（oneidea）和过错（psogos）归于神明"，又说"假如牛、马或是狮子有手，并能够像人类那样，用它们的手绘画和制作作品，那么马会把神的形象描绘成马，牛会描绘成牛，把神的身体塑造成和它们自己一样"。[18] 希腊哲学和思想正是在这种质疑和辩驳的过程中不断发展的。对希腊人来说，亚里士多德所言"吾爱吾师，吾更爱真理"并非一句空洞的口号，而是融入他们的生活和思维方式之中。竞争性国际体系对希腊思想的推动还在于，城邦之间制度的多样化和人员较为自由的流动为知识和思想提供了广阔的空间。希腊政治学的开端即在于对现存城邦制度的比较，试图找出更为完善的制度，或者试图设计出比现实更为完善的制度。无论是柏拉图还是亚里士多德的政治学思考都是从现实制度的考察出发的。与此同时，受到打击或者迫害的知识分子总能在其他城邦寻求庇护，并寻找到对话和交流的对象。公元前5世纪，所谓"智者派"知识分子一时云集雅典，便是一个最为典型的例子。如同柏拉图的著作中所反映出来的，苏格拉底和他本人的思想就是在和这些知识分子的对话和辩驳中发展起来的。

当然，希腊城邦世界这个竞争性国际体系也带来了巨大的风险与灾难。城邦之间的竞争常常以战争的极端形式表现出来，以至于战争成为城邦生活的常态。希腊城邦没有常备军队，城邦的保卫者就是城邦的公民群体，因此成年男性公民均有打仗的义务，这也成为公民生活中的一个重要部分。战争的频仍，还有一个根本性的因素在于，对希腊人而言，城邦是天然的和唯一可以想象和接受的国家形态，因此无论一个城邦多么弱小，无论战争胜负如何，尊重和接受个体城邦的独立是自然而然的事。出于这样的缘故，希腊城邦文明的历史上并没有像中国古代那样，出现大规模的征服和兼并，希腊人也没有统一或者建立大一统国家的思想。由于不存在职业军队，战争通常是小规模的和季节性的。但时而也会引发大规模的战争，例如雅典领导的提洛同盟和斯巴达主导的伯罗奔尼撒同盟之间长达27年的伯罗奔尼撒战争。提洛同盟本是抗击波斯入侵的军事同盟。公元前478年，亦即在普拉特亚之战击败波斯军队之后的次年，希腊诸邦组建继续抗击波斯的军事同盟。由于波斯的威胁业已远离本土，作为希波战争希腊联军统帅方的斯巴达选择退出同盟，其传统盟邦伯罗奔尼撒半岛诸邦也如此。雅典成为主要由爱琴海周围诸邦组成的这一新军事同盟的领导者。因同盟总部最初设立在提洛岛而被称为"提洛同盟"（图6）。随着公元前460年代同盟军队在小亚细亚取得对波斯军队的胜利，波斯的威胁日渐消失，同盟逐渐成为雅典建立霸权的工具。雅典力量的扩张与膨胀引起斯巴达及其领导的伯罗奔尼撒同盟的担心，终于导致公元前431年两大阵营爆发全面战争，在断断续续持续了27年之后，以公元前404年雅典彻底战败而告终。这两大阵营的对立和战争常常被西方人用来比喻20世纪西方阵营和苏联主导的社会主义阵营之间的冷战，以至于1947年时任美国国务卿的乔治·马歇尔说道："如果一个人至少在他心里没有回顾过伯罗奔尼撒战争这个时期以及雅典的失败，我真的怀疑他是否能够用完全的智慧和深刻的洞见思考当今基本国际事务中的某些东西。"[19] 时隔两千多年，希腊世界和现代世界的历史情形十分不同，雅典和斯巴达的对立远远没有冷战时代那么浓烈的意识形态色彩，但希腊城邦世界创造的国际体系对现代西方人思维的影响，则是可以明证的。战争的爆发，也说明希腊人没有能找到维系或者改变这个国际体系的良好方式，即连战后也是如此，以至于公元前4世纪，城邦或者城邦联盟之间的战争频发，各邦力量进一步削弱，社会的发展也因此受到严重影响。这不能不说是希腊城邦文明走向衰落的一个关键原因。

⦿ 希腊化时代

公元前4世纪中期开始，希腊世界北部边陲的马其顿王国逐渐强大起来，其雄心勃勃的国王菲利普二世统领军队不断南侵，终于于公元前338年以武力征服了希腊本土诸邦，标志着城邦时代结束。菲利普之子亚历山大年少继位，其雄才大略却丝毫不输于乃父，于公元前334年举兵东征，短短数年间一举消灭了希腊人的宿敌波斯帝国，征服了从埃及至两河流域、波斯，直至印度西部和中亚的广大地区，马其顿人和希腊人从此开始了对这些地区长达数个世纪的统治，直至后来罗马人征服为止。西方学者认为亚历山大的征服开启了希腊文明对外扩张的时期，因此称之为"希腊化时代"。但对于这个时期的希腊文明，西方学者的态度又十分暧昧。一方面，"希腊化时代"这个概念本身就旨在突出希腊文明的作用，一些学者甚至美化亚历山大的征服，宣称他的目的是建立一个各民族亲如兄弟的大同社会；[20] 另一方面，它又被看成是经历高峰之后的衰落时期，因而需要和古典时期区分开来。更有部分学者认为，希腊化文明受到了东方观

图6
提洛岛遗址

念与习俗的不良影响。希腊化时代的专制王权历来被认为是受到东方文明影响的结果，便是一例。出于这些原因，希腊化文明的历史从未受到过像古典时代那样的重视。然而上述种种观点都映透着西方人的偏向性。首先，"希腊化时代"不是个中立的概念。亚历山大率领马其顿人和希腊人征服了从埃及直至印度河流域的广大地区，它们各自都具有悠久而深厚的本土文化传统。亚历山大死后，其继任者们在这些地方成功地建立起马其顿人和希腊人的统治。但这并不意味着，它们的社会和文化都"希腊化"了。实际上在很大程度上，希腊生活方式和希腊文化仅仅局限在马其顿人和希腊人的统治集团内部，本土居民则固守着他们原来的文化和传统。早在1957年，我国学者吴于廑即已指出："'希腊化'这个名词是有问题的，因为它只标示影响这个时期的希腊因素，抹去了埃及、西亚因素。亚历山大帝国在亚洲和非洲的属土，不论在社会、经济和政治上都是基本上承袭波斯和埃及的传统；托勒密埃及和塞琉古叙利亚都不过是在希腊外族王朝统治下的非希腊国家，绝非'希腊化'词所可概括。称它们为'希腊化国家'或把它们的历史称为'希腊化时期'的历史都是不恰当的。"[21]

与强调"希腊化"一脉相承的另一种看法通常认为,"希腊化时代"是一个文化融合的时代,其实也缺乏足够的史实依据。希腊化文明基本上还是一个不同文明传统的拼盘。文化之间无疑存在着交集,但文化的融合远不如学者们想象的那样充分。其次,希腊化时代也不能简单地看成是一个衰落的时期。相比古典时代而言,希腊文明的格局发生了很大变化,文化的中心从希腊本土扩大到包括埃及的亚历山大里亚和小亚细亚的帕伽马在内,开阔了希腊人的视野,也滋生出了新的文化因素,如学术研究传统的形成,科学研究的繁荣和对现实世界的哲学思考等。可以说,希腊化文明是希腊文明适应新的环境的产物。

公共空间与公共生活

希腊文化史的书写常常被划分为文学、艺术、宗教等专门类别,然而这些都是现代人的概念框架。希腊人没有这些划分,也没有近似"艺术"或者"宗教"之类的字眼。绝大部分所谓的"艺术作品"都和神明崇拜活动或者公共生活有关,置放于人们进行这些活动的公共空间之中。公共生活也许是古代希腊社会最为显著的一个特征,也是希腊人最为重要的日常活动。因此,公共生活也许是从希腊人的角度出发,理解古代希腊文明的一把钥匙。

对希腊人而言,最为重要、也最经常的活动是神明崇拜活动。希腊人信奉为数众多的神明,其中地位最高的是以宙斯为首的奥林波斯神族。但不同于后世一神崇拜的宗教,希腊人的神明崇拜不是基于圣书和教条的信仰,而是通过一系列的神话和传说,来了解神明的力量、好恶,以及他们如何规范和影响人类的活动,甚至人的命运。"荷马史诗"和赫西俄德的《神谱》是传承这些神话和传说的最重要的文献,但绝大部分希腊人了解神话传说的方式却不是阅读诗歌文本,而是在公共节日或者聚会上聆听诗歌的唱诵或者吟诵表演。这类是表演常常是祭祀神明的节日和仪式的一部分。实际上,祭神仪式是希腊人神明崇拜的最主要方式。一般的日常活动都是从祭神仪式开始的,更为隆重的祭神仪式则在神明崇拜圣地举行。至迟到公元前10至前9世纪,希腊各地都已形成大量的神明崇拜圣地,周围的人们定期聚集在这里崇拜,举行祭神仪式,形成了公共的祭神节日。到公元前8世纪,奥林匹亚和德尔斐等地成为泛希腊的神明崇拜圣地,来自希腊各地的人们定期聚集在这里,祭祀他们最重要的神明宙斯和阿波罗。因为奉行多神崇拜,他们同时也祭祀其他神明。然而泛希腊的崇拜圣地尽管十分重要,却为数不多。大多数的神明崇拜圣地是地方性的,通常局限在一个城邦地域之内。每个圣地都举行一年一度的盛大祭神活动,向社会普通成员开放,形成许多宗教崇拜的公共节日。据不完全统计,古代希腊共有300个以上节日,祭祀的神明则超过400位。仅在雅典城邦,一年就有144天为公共的宗教节日。[22]

因此供奉和祭祀神明的是圣地城邦最重要的公共空间。圣地的主要建筑是神庙,庙中供奉祭祀的主神神像。古代希腊最著名的神像包括帕台农神庙中供奉的黄金和象牙雕刻的雅典娜女神立像和奥林匹亚宙斯神庙中的宙斯坐像,两者都是公元前5世纪著名雕塑家菲迪亚斯(Pheidias)的作品。神庙通常是城邦最为宏伟的、也最精美的建筑,用大理石或者石灰石建造。正面和北面三角墙以雕像装饰,柱廊上方的柱间壁和雕带则分别以雕像和浮雕装饰。因此,建筑、雕像和浮雕常常是融为一体的。古代希腊最为著名的神庙是雅典卫城上的雅典娜女神的神庙,全部用上等大理石建造,因雅典娜别号为"处女神"(parthenos)而得名帕台农神庙(图7)。其三角墙雕像、柱廊上方的雕带浮雕是古典雕带雕塑艺术的杰作。然而它们的主要功能并非纯粹装饰性或者审美情趣表达,更重要的是,它们可能向当时的雅典人和希腊人传递了某些观念。神庙正面(东面)三角墙上的雕像描绘雅典娜从宙斯头上诞生而出的情景,背面(西面)三角墙刻画雅典娜和海神波塞冬争夺雅典保护权的传说。这突出的显然是雅典娜崇拜以及雅典的城邦意识,对雅典人来说,雅典娜女神就是雅典城邦的象征。神庙上方的柱间壁雕像和雕带浮雕则更耐人寻味。东面柱间壁刻画传说中奥林波斯神族和巨人族之间的战争(Gigantomachy),它确立了奥林波斯神族的统治地位;南面柱间壁描绘希腊人和半人半马族的战争(Centauromachy),西面柱间壁的主题是雅典人在英雄忒修斯带领下和阿玛宗女人族之间的战争(Amazonomachy),北面则描绘特洛伊战争。这些都是神话传说中的战争,但却有一个共同特征,那就是它们都是希腊人及其神明同敌人和外族的战争。为进一步了解雅典人的意识与观念,我们需要清楚建造帕台农神庙的背景。公元前480年波斯入侵者烧毁了卫城圣地,战后雅典人决定在原先神庙的遗址上建造新的帕台农神庙,仅用9年时间即

图 7
正在进行维修的帕台农神庙

竣工（公元前447—前438），全部雕像装饰则要到公元前432年方完工。因此帕台农神庙上描绘的这些战争有着明显的象征意味，它们象征着希腊人和波斯人的战争，希腊人对波斯人的胜利，以及更抽象意义上希腊人和蛮族之间的战争与对立。对于习惯于以神话和传说讨论现实问题、表达现实关怀的希腊人和雅典人来说，这象征意味再明显不过了。它们的关联性还在于，位于帕台农神庙西面、同样是在公元前5世纪后期修建的胜利女神雅典娜的小神庙，上面的雕带浮雕描绘的正是希波战争的场景。环绕帕台农神庙的雕带浮雕则刻画了泛雅典人节（Panathenaia）浩大的游行式和祭神仪式。泛雅典人节是雅典一年一度最为隆重的节日，标志着雅典新年的开始。它祭祀的正是城邦的守护神雅典娜女神。节日一连持续5天，其中最隆重的仪式是城邦的男女老少组成浩浩荡荡的队伍，从城外迎接雅典娜的神像，通过市政广场上的泛雅典人节大道，一直迎送到卫城圣地里。之后举行百牛大祭，宰杀上百头甚至几百头公牛祭祀雅典娜，然后举行盛大的集体祭餐，分享牛肉。节日期间还在卫城东南面的泛雅典娜节运动场举行体育竞技比赛，以此向雅典娜女神致敬。正如节日将雅典娜和城邦共同体紧密联系在一起那样，帕台农神庙上的浮雕也将雅典娜女神和城邦象征城邦共同体的游行队伍永恒地联系在了一起。[23] 由此我们可以看到，对雅典人和希腊人来说，帕台农神庙上的雕像和浮雕表现的是关于城邦共同体、关于"自我"和"他者"的叙述。它们连同象征雅典繁荣富强的宏伟神庙本身，传递给雅典人的是强烈的城邦意识，希腊民族认同的观念。[24]

帕台农神庙及其雕像给我们提供了一个理解希腊建筑与雕塑艺术的一个绝好例子。建筑、雕像与浮雕构成了公共生活空间的图景，它们和人们的公共活动交织在一起，传递着关于城邦及其历史的言说。古代希腊人祭祀神明的众多节日也都和雅典的泛雅典人节一样，传递着这样或那样的言说。城市狄奥尼索斯节（又称"大狄奥尼索斯节"）是雅典另一个重要的节日，同样一连庆祝5天。节日的主要活动是祭祀狄奥尼索斯神。在第一天，公民、外邦人和同盟国使节组成的游行队伍将狄奥尼索斯的神像迎送到卫城南坡上的狄奥尼索斯圣地，圣地的主要建筑是以多尊神像装点的狄奥尼索斯大剧场。之后举行歌颂狄奥尼索斯神的歌唱比赛，同时城邦官员在舞台上向年满18岁的战争遗孤赠送一套重装步兵的武器和盔甲，以激励他们像牺牲的父亲那样，为城邦战斗。在公元前5世纪，提洛同盟成员国使节还要在舞台上象征性地向雅典缴纳贡金。祭祀活动的高潮是百牛大祭和祭餐，接下来的一连4天，在剧场里举行悲剧和喜剧比赛。人们通过戏剧的形式，表达对狄奥尼索斯神的崇拜，同时也对城邦的事务和精神进行反思。在此，戏剧这种被我们现代人看成是文学艺术的活动，对古希腊人而言却有着特定的意义。它是神明崇拜的公共活动的一部分，是人们思考城邦的方式。[25]

除了雅典娜和狄奥尼索斯的圣地，雅典的主要圣地和神庙还有位于卫城东南面的奥林波斯宙斯神庙、市政广场（Agora）上的自由守护神宙斯神殿、广场西北面的工匠之神赫菲斯特斯神庙、位于埃琉西斯的德墨忒耳和科瑞（Kore）圣地、苏尼翁（Sounion）的阿波罗神庙、布劳隆（Brauron）的阿尔忒弥斯圣地等。在圣地和神庙外，城邦市政广场通常是公共生活的心脏，人们在这里祭祀神明、举行集会、从事买卖或是坐而论道。雅典市政广场上的十二主神祭坛用于祭祀奥林波斯神族，自由之神宙斯神殿上的壁画描绘传说中雅典城邦的缔造者忒修斯以及"人民"和"民主"的拟人形象，无声地向人们叙说着雅典民主的政治制度及其历史。广场另一侧被称为"绘画柱廊"的公共建筑上的著名壁画描绘雅典人和阿玛宗女人族的战争、特洛伊战争和马拉松之战的场景，和帕台农神庙上的浮雕相呼应，歌颂的同样是雅典和希腊的胜利。广场上竖立的"刺杀僭主者"（Tyrannicides）雕像纪念公元前514年刺杀僭主兄弟的阿里斯托格通和哈莫狄俄斯，他们被看成是民主政治的英雄和先行者。"纪名英雄墙"（Wall of Eponymous Heroes）是城邦的公告栏，一切重大事务和政治活动都在这里发布。墙上竖立着用于命名雅典10个部落的英雄的青铜像等著名雕像，是雅典城邦的象征。广场西侧的议事会大厅是500人议事会经常性开会的地方，议事会的500名成员从年满30岁的公民中抽签选出，任期一年，不得连任。他们在这里通过讨论的方式管理城邦日常事务，并拟定城邦事务的议程和法律及决议草案，供公民大会讨论之用。一生之中一个雅典公民有很大机会担任议事会成员，直接参与城邦的管理。议事会大厅里竖立"人民"雕像，似乎在告诫议事会成员人民是城邦的主人。广场北侧的法庭是另一个民主政治的主要机构。法庭不设法官，由从年满30岁的公民志愿者中抽签选出陪审团以投票方式审理和判决案件。市政广场西南面的普尼克斯（Pnyx）山丘是公民大会会场，每年40次，雅典人在这里举行由年满20岁以上的男性公民参加的公民大会，对城邦所有重大事务进行讨论和投票决策。

城邦的空间结构实际上是我们理解希腊城邦社会的一个关键侧面。主导城邦风景线的是圣地、神庙、祭坛、市政广场及其公共建筑、运动场等公共建筑，而非宫殿、衙门和私宅大院，它们形成的公共空间向所有人开放，是希腊人社会生活的主要场所。其中点缀的雕像、浮雕和绘画现在成为世界各大博物馆竞相收藏的珍品，但在其原来的环境之中，却不仅仅是观赏的对象，更重要的是，它们是传递与城邦社会相关的核心观念和价值、构建思想与观念认同的重要方式。因此，以神明崇拜和政治参与为轴心的公共生活是城邦社会的灵魂，是城邦制度赖以生存和激发其活力的基础。以此而言，对我们来说纯粹是艺术杰作的希腊雕像、浮雕和绘画实际上具有特定的历史和文化内涵。当代的艺术史研究也越来越注重发掘这些艺术作品的历史和文化内涵，作为我们通向希腊社会的一把钥匙。

◉ 希腊文明的遗产

公元前30年，希腊化时代的最后一个王国——埃及的托勒密王国——为罗马人吞并，希腊人曾经统治的地中海东部世界成为罗马帝国的一部分。然而希腊文化并未因此而消失，在帝国东部一直占据统治地位，希腊语也一直是帝国东部的通用语言，以至于学者们通常把罗马帝国分成拉丁化的西部和希腊化的东部。公元324年，罗马帝国皇帝君士坦丁迁都至帝国东部，定名君士坦丁堡，希腊文化在帝国的影响进一步提高。公元395年罗马帝国分裂之后，东部帝国愈益成为一个希腊文化主导的帝国。也许是这个缘故，学者们更愿意称它为拜占庭帝国。它作为希腊文明的一个载体继续存在了千年之久，直至1453年为奥斯曼土耳其人所灭。与此同时，在曾经的罗马帝国西部版图上，意大利和西欧业已开始文艺复兴运动，站在时代前列的知识分子致力于重新发现希腊文化的意义和价值，由此开启了近现代世界的大门。之后在现代西方文明的建构过程中，希腊文化就一直起着关键的作用。其在一些民族如德意志的影响如此之大，以至于一位研究者称之为"希腊对德意志的独裁"。[26]

15、16世纪以降，现代西方文明迅速发展成为主导世界的文明。随着它的全球性扩张，希腊文明的影响也逐渐遍及世界各地。它最为深刻的影响之一是以公民和公民权为基础的国家制度及其观念。1911年的辛亥革命推翻了两千多年的帝制，1912年1月1日，中华民国正式成立。1912年3月11日，《中华民国临时约法》正式颁布，它规定中华民国是全体国民的国家，国民享有政治参与权及其他一切相应的权利。这是中国历史上前所未有的变革。"国民"和"国民权"不是中国历史上滋生出来的概念和思想，是从西方传播来的。它的源头则要追溯到古代希腊的公民和公民权概念。在时隔2500多年之后，古希腊人创造的以公民和公民权立国的基本观念开始在遥远东方有着悠久政治传统的另一个古老国度生根发芽。这个例子最有力地说明了希腊文明是如何广泛而深刻地影响到现代世界。实际上，不仅现代国家观念直接源出于希腊，即连我们使用的一系列基本概念如"政治"（politike）、"民主"（demokratia）等也都是希腊人的发明。在近代西方，民主思想逐渐占据了人们的心灵，民主的政治制度也终于在18世纪率先建立起来，并逐渐传播开来。诚然，现代形形色色的民主制和古希腊的民主制有着根本性不同，前者以定期投票选举的方式选拔立法议会代表和国家行政首脑，由他们代为行使权力，管理国家并进行重大决策，普通公民并不直接参与国家的管理与决策。而在雅典这样的古希腊民主制中，普通公民直接参与城邦的最高决策，并以抽签方式获任城邦官职。然而，现代民主制的根源仍然是在古代希腊。民主和自由的观念是希腊人创造的，它们成为现代民主制赖以建立的思想源泉，即连一些制度如陪审法庭也直接来源于古代希腊。时至今日，不仅以公民和公民权为基础立国的观念和做法业已成为普世性标准，而且民主政治的思想也受到广泛接受，以至于没有任何国家能够公开宣称反对或者不采纳民主的政治制度了。

希腊人创造的科学和理性思想的影响同样广泛而深远。当公元前6世纪希腊哲学从神话思维中脱胎出来之时，当泰勒斯提出世界是由水构成的时候，他采用的基本方法是以人和人的认知能力为标准，对事物进行观察和分析，观察的对象是自然世界。在现代人看来，这似乎已是常识性的，但在当时却是突破性的一步，意味着人从以神明为代表的神秘性力量的笼罩之下解放出来，不再以神力解释自然，人本身获得了前所未有的力量。奠定希腊早期哲学的这些方法仍然是现代自然科学沿用的基本方法，因此是希腊人创立了自然科学。当然，在古代世界，并非只有希腊人才以人为本观察事物，然而只有希腊人完全从人的认知出发系统地分析观察的结果，进行理性的思考，并完全以此为基础，不受任何意识形态或者宗教观念制约，对前人的理论进行批评与辩驳，由此形成一个建立在思辨与批评基础上不断进行理论创新的知识传统。公元前5世纪，当希腊的哲学家们将注意力从自然世界转向人类社会之后，他们运用同样的方法对人类社会的一些根本问题进行讨论和分析。苏格拉底、柏拉图和亚里士多德对诸如"正义"和"善"的讨论，奠定了哲学、政治学和伦理学的根基。后世关于人类社会的诸多学问，大多是由此引发出来的。时至今日，哲人们试图回答的一些根本性问题，仍然是希腊人提出来的，人文和社会科学研究的基本方式，也仍然是希腊人奠定的。

以上我们只是简略提到希腊文明的影响的两个侧面，实际上希腊文明的遗产要丰富得多。后世的人们不断从希腊的神话、文学和艺术中汲取养分。时至今日，"断臂的维纳斯"仍然是美的化身，帕台农神庙高贵的建筑结构仍然以这样或那样的形式化身在世界各地的建筑之中。温克尔曼所归纳的希腊艺术特征"高贵的单纯，静穆的伟大"，仍然是我们理想中的审美追求。

[1] 关于迈锡尼文明社会与政治的较新研究，可参见 Sigrid Deger-Jalkotzy and Irene S. Lemos eds., *Ancient Greece from the Mycenaean Palaces to the Age of Homer*, Edinburgh: Edinburgh University Press, 2006.

[2] 有关论述参见 Ian Morris, "Periodization and the Heroes: Inventing a Dark Age", in in Mark Golden and Peter Toohey eds., *Inventing Ancient Culture: Historicism, Periodization, and the Ancient World*, London and New York: Routledge, 1997, 96—131 及其 *Archaeology as Cultural History: Words and Things in Iron Age Greece*, Malden and Oxford: Blackwell, 2000, chapter 3: "Inventing a Dark Age".

[3] 相关论述参见拙文《迈锡尼文明、"黑暗时代"与希腊城邦的兴起》，《世界历史》2010年第3期，32—41页。

[4] Irene S. Lemos, "Athens and Lefkandi: A Tale of Two Sites", in Sigrid Deger-Jalkotzy and Irene S. Lemos eds., *Ancient Greece from the Mycenaean Palaces to the Age of Homer*, 505-530.

[5] Ian Morris, "Negotiating Peripherality in Iron Age Greece", *Journal of World-Systems Research*, Volume 2, Issue 1, 1996（为开放式电子期刊，网址：http://www.jwsr.org/archive/volume-2-issue-1-1996）。

[6] M. I. Finley, *The World of Odysseus*, New York: The New York Review of Books, 2002（1954年出版）。

[7] Milman Parry, *The Making of the Homeric Verse: The Collected Papers of Milman Parry*, Adam Parry ed., Oxford: Oxford University Press, 1971; Albert B. Lord, *The Singer of Tales*, Cambridge, Mass.: Harvard University Press, 1960。对于"荷马史诗"作为口头创作诗歌特性的进一步分析，参见 Gregory Nagy, *Homeric Questions*, Austin: University of Texas Press, 1996 及其 *Homeric Responses*, Austin: University of Texas Press, 2003.

[8] 参见拙文：《古典希腊理想化——作为一种文化形象的 Hellenism》，《中国社会科学》2009年第2期，52—67页。

〔9〕 可参见 Victor Parker, "Tyrants and Lawgivers", in H. A. Shapiro, *The Cambridge Companion to Archaic Greece*, Cambridge: Cambridge University Press, 2007, 13—39.

〔10〕 亚里士多德:《政治学》,1273b27—1274b28。

〔11〕 Jean-Pierre Vernant, *Les origines de la pensée grecque*, Paris: Presses Universitaires de France, 1981(1961年出版)。

〔12〕 对这一传统的最有力批判是 Martin Bernal, "Black Athena: The Afroasiatic Roots of Classical Civilization", Vol. 1: *The Fabrication of Ancient Greece 1785-1985*, New Brunswick: Rutgers University Press, 1987。

〔13〕 具有转折意义的著作是 Walter Burkert, *The Orientalizing Revolution: Near Eastern Influence on Greek Culture in the Early Archaic Period*, Cambridge, Mass.: Harvard University Press, 1992(1984年德文初版:*Die orientalisierende Epoche in der griechischen Religion und Literatur*, Heidelberg: Winter)。

〔14〕 M. L. West, The East Face of Helikon. *West Asiatic Elements in Greek Poetry and Myth*, Oxford: Oxford University Press, 1997, 60.

〔15〕 Edith Hall, *Inventing the Barbarian: Greek Self-Definition through Tragedy*, Oxford: Oxford University Press, 1989; Jonathan Hall, *Ethnic Identity in Greek Antiquity*, Cambridge: Cambridge University Press, 1997.

〔16〕 John Stuart Mill, "Grote's History of Greece [1]" (1846), in J. M. Robson (ed.), *Collected Works of John Stuart Mill*, vol. XI, Toronto: University of Toronto Press, 1987, 271—305, 引文见271页。

〔17〕 参见拙文:《古代和现代的民主政治》,《史林》2007年第3期,129—140页。

〔18〕 色诺芬尼,残篇11和15(DK)。

〔19〕 见 W. Robert Connor, *Thucydides*, Princeton: Princeton University Press, 1984, 3.

〔20〕 William Tarn, *Alexander the Great*, Vol. I, Narrative, Cambridge: Cambridge University Press, 1948, 145—147.

〔21〕 吴于廑:《古代的希腊和罗马》,北京:中国青年出版社,1957年版,85页。

〔22〕 Paul Cartledge, "The Greek religious festivals", in P. E. Easterling & J. V. Muir eds., *Greek Religion and Society*, Cambridge: Cambridge University Press, 1985, 98—127.

〔23〕 Jenifer Neils ed., *Worshipping Athena: Panathenaia and Parthenon*, Madison: University of Wisconsin Press, 1996.

〔24〕 关于雅典卫城和帕台农神庙建筑与雕像意义的讨论,可参见 Robin Francis Rhodes, *Architecture and Meaning on the Athenian Acropolis*, Cambridge: Cambridge University Press, 1995.

〔25〕 Simon Goldhil, "The Great Dionysia and Civic Ideology", *Journal of Hellenic Studies* 107 (1987), 58—76; W. Connor, "City Dionysia and Athenian Democracy", *Classica et Mediaevalia* 40 (1989), 7—32.

〔26〕 E. M. Butler, *The Tyranny of Greece over Germany: A Study of the Influence Exercised by Greek Art and Poetry over the Great German Writers of the Eighteenth, Nineteenth, and Twentieth Centuries*, Cambridge: Cambridge University Press, 1935.

作者/黄洋/复旦大学历史系教授

考古学与古希腊文明研究
——考古学对早期希腊文明的发现及其研究

1846年,英国著名古希腊史学者格罗特(George Grote,1794—1871)推出了他12卷《希腊史》的第1卷。该书的与众不同之处,是作者明确地把希腊历史划分为传说时期(Legendary Greece)和历史时期(Historical Greece),传说和历史的分界线,就是公元前776年的第一届奥林匹亚赛会。他确实比较详细地叙述了古代希腊的传说,从《荷马史诗》中发现了希腊所谓的君主制与真正的世袭和专制君主制的不同,并且指出古代希腊的政治体制在荷马社会已经萌芽,尤其是由人民大会决定国家政策以及演说技术的萌芽,但对于仅有诗歌和传说流传的时代,他更多地愿意承认自己的无知,认为从不可靠的传说和诗歌中,不大可能分离出真正的历史事实。

格罗特的这个论断并不新鲜,因为早在古代,希罗多德和修昔底德已经不同程度地表示,对于希腊人的远古历史,人们不大容易了解。到了近代,至少在18世纪英国人写出的不少《希腊史》中,已经有学者恰当地对希腊传统表示怀疑,但格罗特此举,仍被意大利著名学者莫米利亚诺(Arnaldo Momigliano,1908—1987)视为希腊史研究中资料批判方面的革命性举动:格罗特非常明确地把传说中的希腊与历史时代的希腊区分开来,并且承认自己对传说的无知。不过,凡事都不应过分。因为格罗特的论断,在19世纪后期被德国的一个商人谢里曼彻底击碎。

谢里曼(Heinrich Schliemann,1822—1890)年轻时就痴迷于《荷马史诗》的神奇描写,一直虔诚地相信《荷马史诗》的历史真实性。虽然年轻时人生不顺,未曾受过良好的教育,不得不去酒馆当学徒,到船上当水手,20多岁时才在阿姆斯特丹一个商行里谋得一份比较稳定的工作;但他是一个语言天才,一般只用一个半月就能够学会一门欧洲的语言,而且长于交际。成年后他经商积累起资本,并自学了古代和现代希腊语,包括荷马的希腊语,还阅读了大批古典著作,具备了一定的古典知识基础。从1870年开始,他自己出资,在他自认为是荷马特洛伊所在地的今土耳其境内的希撒里克山丘(Hisarlik)发掘,取得了惊人的发现。由于荷马描写的特洛伊相当富裕,谢里曼觉得,他发现了金银宝藏的那一层即后来的特洛伊第二期应当是荷马描写的特洛伊,并对发现的文物进行了初步整理和分析,先后出版了《特洛伊及其遗迹》和《伊利奥斯:特洛伊人的城市和乡村》。由于他的兴趣主要在传说中的特洛伊的宝藏,对那些在他看来不太值钱的东西随手乱扔。他发掘的方法也不够科学,在遗址上开挖了一道大沟,以致弄乱了地层,给后来的发掘造成了不少困难。几年以后,他再次来到希撒里克,聘考古学家普菲尔德(D. Dorepfeld,1853—1940)做助手,使发掘工作得到较为科学的组织。此外,他还在希腊大陆的迈锡尼、梯林斯、奥科美那斯和伊萨卡岛等地进行发掘,也取得了惊人的发现。在迈锡尼卫城,他发现了巨大的竖井墓墓圈以及大批珍宝,包括传说中的阿伽门农王的金面具。在伊萨卡,他发现了所谓"奥德修斯的城堡"。在中希腊,他发掘过奥科美那斯等地。他的发现以及他以惊人的速度完成的一系列著作,在欧洲引起了轰动。他介绍考古成果的著作《特洛伊及其遗迹》、《梯林斯》、《迈锡尼》等迅速被译成英文、法文出版,他也因此成了名人。

但是，谢里曼的学术成果并未完全得到谨慎的学者们的承认。直到1880年，人们还在辩论他的发掘是否有价值，有人甚至怀疑他会因考古活动而陷于破产；有人则批评他的方法不够科学，弄乱了地层，使后来者无法研究。可是正如英国学者韦尔桥（Rudolf Virchow, 1821—1902）指出的，假如没有谢里曼，特洛伊古城不知还要在地下沉睡多少年！对古典文明研究来说，谢里曼的发掘无疑具有非常重要的意义。尽管此前西方学者对《荷马史诗》的历史性一直存在争议，有些人将《荷马史诗》作为信史叙述，有些人如格罗特等则公开否认《荷马史诗》与希腊历史事件的关系。即使是那些相信《荷马史诗》在某种程度上反映真正历史的人，对于特洛伊的所在地也莫衷一是。然而谢里曼的发现，至少证明在希撒里克山丘下，确实埋藏着一个古老文明的遗址，而这个遗址，也许与荷马描写的特洛伊战争，至少与希腊世界，存在一定的联系。[1]可惜谢里曼发掘的那批文物在第二次世界大战中失踪。陶器据说被转移到德国北部一个小城市，大部分被当地人砸毁。他发现的那些金银器皿，最近据说在俄罗斯现身。可能是第二次世界大战后期苏军攻陷柏林之时，被掳回当时的苏联，一直留存至今。

谢里曼之后，学者们再接再厉，相继在希腊大陆的其他地区、基克拉泽斯群岛、克里特等地，发现了一系列青铜时代文明的遗址，并且找到了大量泥板文书。考古实物与这些文献一道，奠定了爱琴文明研究的基础，将古代希腊的历史从迷蒙的荷马时代，上推到公元前3千纪乃至更早的新石器时代。同时，谢里曼的发掘，对荷马问题，包括史诗的创作方式、史诗反映的社会状况、希腊宗教从青铜时代到铁器时代延续性等的研究，产生了根本性的影响。在这个意义上，谢里曼对特洛伊的发掘，是古希腊史研究中的重大转折。

不过，在希腊大陆的神奇发现，并没有随着谢里曼的去世结束。如果没有谢里曼的"野蛮"发掘，阿瑟·伊文思（Arthur Evans, 1851—1941）是否有兴趣去发掘克里特的克诺索斯，道普菲尔德和布勒根（Carl Blegen, 1887—1971）后来是否还会继续发掘特洛伊，派罗斯所谓的涅斯托尔王宫是否能重见天日，恐怕都是疑问，整个希腊史研究，则肯定不会是我们今天面对的样子。

20世纪初考古学最引起轰动的发现，莫过于英国考古学家阿瑟·伊文思在克里特的发掘。他找到了传说中的克诺索斯王宫，获得了大量考古文物、泥板文书和独具风格的壁画。以此为基础，英国雅典研究院组织了专门的研究活动。1899—1902年，英国雅典研究院的年刊曾专门发表有关克里特考古的成果，其中相当一部分篇幅是伊文思撰写的发掘报告。此后伊文思又撰写了一系列专门著作，如4卷的《米诺斯王宫》、两卷本《米诺斯文字》以及一系列专题论文。伊文思用传说中的米诺斯王来称呼这一新发现的文明，将其命名为"米诺文明"（Minoan Civilization），并在与埃及等地考古文物对照的基础上，对克里特历史进行了分期。伊文思的发现，虽然是谢里曼发掘特洛伊的继续，将古代希腊文明的历史继续上推到公元前3千纪甚至更早，但远较谢里曼科学和严谨。这不仅是因为伊文思受过良好的古典学训练，又有英国雅典研究院协助，还有自谢里曼以来发掘技术的改进以及人们对古代文物观念的重大变化。但伊文思毕竟不是完人，对于在克里特发现的众多文物，在他自己和朋友研究之前，不愿意马上公布，因此造成了对爱琴文明研究的某些迟延。如果不是布列根后来在派罗斯发掘了所谓涅斯托尔的王宫并公布了在那里发现的大量泥板文书，则线形文字B的释读可能还需要更长的时间。

克里特的考古活动在第一次世界大战后继续进行。伊文思的学生潘德尔伯里（John Pendelbury, 1904—1941）1939年出版的《克里特考古》同样具有重大意义，它综合运用了20年代以来克里特及爱琴文明研究的新成果，全面研究了克里特文明的兴起、发展与衰落，展示了克里特文明发展的基本图景。当德国入侵希腊时，潘德尔伯里参与了当地的抵抗运动，并因此被德国军队杀害。他的不幸早逝，无疑是古典学界的一大损失。与此同时，英美学者在巴尔干其他地区也进行了大规模的发掘，发现了一些重要的青铜时代的文化中心。特别值得一提的，当然是沃斯（Alan Wace, 1879—1957）在迈锡尼的发掘和研究工作，还有布勒根（Carl William Blegen, 1887—1971）对特洛伊的重新发掘和在派罗斯的轰动发现。

第一次世界大战期间，布勒根曾与沃斯合作发掘科林斯附近的科拉柯。虽然该地区的发现不是那么轰动，但两人合作对当地发现的陶器进行了细致研究，并在1918年发表了后来奠定希腊大陆青铜时代年代学基础的论文《希腊大陆的前迈锡尼陶器》。正是在这篇文章中，两人主张用"希腊底"（Helladic）来称呼希腊大陆的文化，一方面对应于伊文思在克里特确定的米诺斯的阶段，另一方面也是为彰显希腊大陆青铜时代不同于克里特的个性。1920—1923年沃斯在迈锡尼的再发掘和研究（此前已经为谢里曼发掘过），让他能够对迈锡尼卫城、竖井墓、圆顶墓等希腊大陆青铜时代的年代学提出自己的主张，成功地确定了所有这些遗址的相对秩序和年代，并证明希腊大陆的青铜文化是在原有基础上独立发展起来，尽管受到克里特某种程度的影响，由此对伊文思将希腊大陆视为克里特殖民地的看法形成强烈挑战。尽管伊文思一直不承认沃斯的看法，但德国学者在梯林斯的发掘，还有后来和当今的研究都证明，沃斯的观点大体正确。

除与沃斯合作完成对科拉柯的发掘和研究外，布勒根还在希腊大陆完成了另一项重要的研究工作。他与语言学家哈雷（J. B. Haley）合作，通过比较希腊大陆的非希腊语地名和早期希腊遗址，成功地证明，既然这些非希腊语地名都来自早期希腊底，那么后世的希腊人很可能是在青铜时代中期初进入希腊大陆的，希腊人进入克里特，则应在后期米诺斯的第二期。虽然他的看法与今天的资料不一定完全吻合，观点也被修正，但在当时确实提出了新的问题，开辟了新领域。

布勒根最大的贡献，当然是对特洛伊的重新发掘和在派罗斯的惊人发现。在美国塔夫脱基金会和辛辛那提大学的支持下，1932—1938年，布勒根全面地重新发掘特洛伊。与谢里曼不同的是，布勒根不用赶工期，他对发掘出的所有文物都——登记造册，并且根据他新发掘的成果，重新确定了特洛伊的地层。谢里曼和道普菲尔德都认为，特洛伊遗址先后有9个城市。布勒根大体接受了这个看法，但对每个地层进行了细致的区分，共划分出49个亚层，所谓荷马的特洛伊可能属于特洛伊第七期A层。他们发掘的成果，后来以4卷的考古研究报告出版。布勒根本人后来也写了《特洛伊与特洛伊人》的专著。1939年，布勒根对派罗斯的发掘更具决定性意义。在美塞尼亚西南地区的发掘，让他找到了传说中的涅斯托尔的王宫，其规模宏大的建筑群，虽不足以与迷宫和迈锡尼等地的宫殿比较，但也异常精美和华丽。尤其重要的是，他在那里发现了大量线形文字B泥板文书。在将其整理登记并运往雅典后，布勒根将其向学术界公布，大大便利了因伊文思封锁资料造成的研究不便，为文特里斯成功解读线形文字B创造了条件。

线形文字B被发现后，对它的释读就成为学术界最为重要的任务。文特里斯（Michael Ventris, 1922—1956）是释读该文字的第一功臣。早在7岁时，他就对埃及的象形文字发生了兴趣，并开始研读有关克里特文明的书刊。在此之前，他已掌握了德语、瑞典语、波兰语。中学毕业后，他当了建筑设计师，参加过第二次世界大战。但他始终未放弃对克里特文明和线形文字B的兴趣，利用业余时间对其进行研究。1952年，他宣布找到解读线形文字B的钥匙，并与剑桥大学的古典学者柴德威克（John Chadwick, 1920—1998）合作，出版了《迈锡尼希腊语文献》。1956年，他不幸因车祸丧生，年仅34岁。

在文特里斯之前，已有大量学者研究过线形文字B。伊文思是其中之一。他推测那些文字都是账目记载，朝着正确方向迈出了重要一步。另有不少学者猜测其语言可能属伊利里亚语、巴斯克语或其他语言，也有人推测线形文字B可能属希腊语。在1940年发表于《美国考古杂志》上的一篇文章中，文特里斯曾推测线形文字B属伊利里亚语。第二次世界大战后，派罗斯的线形文字B泥板文书被公布，使可供人们研究的材料大大增加。1950年初，文特里斯采取了一个重要步骤——征求专家对线形文字B归属的意见。他收到了十位学者的回信，结果竟无一人认为线形文字B属希腊语。

在后来的两年中，文特里斯继续进行研究。1952年6月，他终于找到了解读线形文字B的方法。恰值此时，英国广播公司请他就线形文字B的研究发表评论。他利用这个机会，宣布他已发现线形文字B属希腊语，尽管它是一种古朴的形式，但毕竟是希腊语。他的报告引起了学术界的注意。剑桥大学的柴德威克在研究了文特里斯的笔记后，确信他找到了正确的道路，因而开始与他合作进行研究。不久，两人合写出《迈锡尼档案中希腊方言的证据》。1953年，《希腊研究杂志》发表了这篇论文，宣布迈锡尼文字确属希腊语，并提供了有关语言学、语音学方面的证据。1953年6月24日，文特里斯在伦敦作了一次有关线形文字B的报告，其结论虽被部分学者接受，但仍有人表示怀疑。在随后展开的大辩论中，文特里斯的结论终于被大多数学者接受。在大批学者，尤其是考古学家的帮助下，1955年文特里斯与柴德威克合作完成了《迈锡尼希腊语文献》一书。它包括线形文字B的释读方法、300件文件（大多有校注与疏证，少数有译文）以及由此可以获得的有关迈锡尼文明的知识。文特里斯去世后，柴德威克又写了《线形文字B的释读》，详细介绍了他们释读这一文字的过程。1976年，他出版《迈锡尼世界》一书，运用派罗斯的泥板文书，全面分析了迈锡尼文明的社会结构、经济制度和军事制度等，确立了他在迈锡尼文明研究中的权威地位。

线形文字B的释读，大大推进了对爱琴文明的研究，为理解、分析公元前2千纪的希腊社会开辟了道路。20世纪50年代以来，英美史学界出版了一大批有关迈锡尼文明的著作。让我们大体弄清了荷马之前希腊文明发展的基本线索。如今我们基本能够确认，克里特文明并非希腊人创造，其居民可能来自东部地中海地区，更可能是今土耳其安那托利亚地区的某个部族。希腊人约公元前2000年左右才来到巴尔干地区，并在与当地原有居民融合的过程中，逐步形成了后世的希腊人。因此，公元前2千纪兴起的迈锡尼文明，其居民的主体是希腊人。

不仅如此，依靠对考古资料的研究，特别是线形文字B的解读，我们今天对这两个文明的内部历史也有了大概了解。克里特早在公元前7千纪就有了居民。公元前3千纪，它进入文明时代，其中心在克诺索斯。公元前2000年前后，这里出现了规模宏大的宫殿建筑，标志着国家已经产生。随后，在克里特岛其他地区如马里亚和法埃斯特等地也先后出现了宫殿，有些宫殿的规模还相当大，意味着这些地区或者落入了克诺索斯统治之下，或者出现了独立国家。

克里特国家规模宏大的宫殿既是它的政治中心，也是经济和宗教中心，设施完善。宫殿西部是15座又长又窄的仓库；东北部可能是储藏室；东部则是卧室。整个建筑有完善的排水系统，下水道以石头砌成，用灰浆弥缝，还有类似抽水马桶之类的设施。宫殿中所出现的大陶缸，显然是用来储存从农村中征收来的各种实物如谷物、橄榄油的。宫殿内豪华的陈设、精美的壁画，是其控制大量居民生产的重要标志。除宫殿外，克里特还有不少两到三层、平顶、开有窗户的房屋。这些房屋可能是宫廷的官僚们或者有产者居住的。它们说明，这个社会已经出现了一定程度的分化，应属阶级社会无疑。

由于克里特人使用的线形文字A还没有解读成功，对于克里特文明时期政治组织的详情，只能是一些不可靠的推测。宫殿最高的统治者也许是一个国王，他可能既是最高的行政首脑和军事首领，还掌握着神权。经济上，克里特对外贸易比较发达。据古代传说，克里特国王米诺斯曾经在爱琴海上广泛建立殖民地，组建了希腊第一支海军，镇压了海盗，成为第一个海上霸主。据另一传说，米诺斯修建迷宫，征服希腊大陆。而米诺斯因追踪代达罗斯到达西西里，被那里的居民设计烫死。可见，在希腊人的印象中，克里特的海上势力相当强大。而所有克里特的宫殿都是不设防的，似也说明克里特人不惧怕任何外来进攻。从克里特的壁画看，至少贵族的生活比较惬意——妇女们穿着时髦，可能正准备去观看斗牛表演，男性表演着斗牛戏，儿童正忙于练习拳击，农夫们在忙完自己的活计后，似乎脸上洋溢着喜悦的笑容。公元前1450年前后，大陆上的希腊人攻占迷宫，克里特文明被迈锡尼文明取代。

迈锡尼文明由大陆上的希腊人创造。约兴起于公元前2千纪初，衰落于公元前2千纪末，最强盛时为公元前1600年—公元前1200年。本来在希腊人来临之前，希腊大陆青铜时代的文化已经有所发展，勒尔纳、欧特里西斯、雅典、奥科美纳斯等地，已经出现了某些宫殿性质的建筑。希腊人来到后，一度导致当地青铜时代的文化衰落，直到公元前2千纪中期才重新崛起。当迈锡尼文明强大时，希腊大陆处在它的影响之下。除迈锡尼之外，梯林斯、派罗斯、科林斯、雅典、底比斯等地都发现了迈锡尼文明的遗迹。在基克拉泽斯群岛上，也有迈锡尼文明的遗迹发现。

据《荷马史诗》，迈锡尼是希腊联军统帅阿伽门农统治的地方，荷马经常用"多金的迈锡尼"来称呼它。它的国王阿伽门农也常常被称为"人间之王"，足以说明它的强大和地位。考古发现的迈锡尼遗址也确实不同凡响。谢里曼在迈锡尼城内曾经发现规模宏大、随葬品丰厚的墓地，其中一具男尸的面部，果真覆盖着金面具。巨大的圆顶墓结构复杂，其墓顶呈圆锥形，用大石块砌成。著名的"阿特柔斯宝库"有一条长36米、宽6米的墓道，墓门高5.4米，宽2.7米。墓室直径有14.5米，墓顶由33排巨石砌成。迈锡尼的狮子门也不能不让人对它刮目相看，门上是欧洲最古老的巨型石雕。两头狮子相向而立，形成一个三角形，有效地减轻了门楣的压力。与狮子门同时的是卫城内的宫殿，在面向西院的长方形大厅内，有一座高于地面的圣灶；地板是令人感到凉爽的颜色；墙壁上布满以战士、马匹、战车和妇女为题材的壁画。

在迈锡尼东南12.9公里处,就是迈锡尼时代的另一重要城市梯林斯,也是保存比较完好的一座迈锡尼遗址,它的城墙规模甚至超过迈锡尼,设防也更加科学。上了坡道后,在东门边突然右转,接着突然左转,沿一条狭窄的通道到达另一个城门,通道两边是高耸的城墙。在穿过一道城门后,才能进入前庭。在从坡道到前庭的过程中,右边即古代战士没有防卫的一边,完全暴露在城墙上守军的直接攻击之下。梯林斯宫殿众多的房间中,有装饰豪华的长方形大厅。厅内有国王的宝座、墙上有色彩艳丽的壁画。壁画的题材多种多样,既有战车比赛,也有狩猎野猪的情景,给人的印象是,梯林斯人对军事活动十分青睐。希腊人有关迈锡尼时代的传说中,相当一部分内容是关于远征和战斗活动的。

由于线形文字B已成功解读,我们能够对迈锡尼时代的国家和社会结构有所了解。它的最高首脑被称为瓦那克斯,很可能是个集政权与军权于一身的人物。在他之下,有一个叫拉瓦格塔斯的官员。它字面的含义是"人民领袖",估计有统帅军队的职能。地方大概实行行省制,行省有总督和副总督之类的官员。在省以下,可能还有进一步的行政区划,那里有巴赛列斯之类的官员统治。由于巴赛列斯之类的小官有随从,因此总督也应当有自己的随从。农村公社似乎还有某些权利,有些问题还需要公社成员的同意。

迈锡尼时代的经济处在宫廷的控制之下。社会的主要财富无疑是土地,而国王是最大的地主。在一份向神灵奉献物品的清单中,国王捐献的物品数倍于高级官员拉瓦格塔斯。行省总督、巴赛列斯等,也都占有自己的土地。手工业和商业好像完全处在宫廷控制之下。宫廷直接开办手工作坊,经营武器、纺织等行业。民间手工业者的原料主要来自宫廷,其产品也要上缴给宫廷。由于原料和产品都掌握在国家手中,富余的农产品也归入宫廷,所以商业只能是官营。埃及新王国时代的壁画中,好像有克里特人给法老进贡的情景。

从以上的描述不难看出,迈锡尼文明和后世的希腊城邦是个迥然不同的文明,和西亚以及埃及的文明有更多的相似之处。有些人甚至推测,克里特和迈锡尼文明都是西亚或者埃及移民建立的。线形文字B的解读证明这种观点缺乏根据。但它那强大的君主制度、官僚机器、国家对经济严密的控制,以及浓厚的军事色彩,加上高厚的城墙、壁画上不断出现的战车和战争场面,确实把它与古典时代的希腊城邦区别开来。约公元前13世纪,迈锡尼诸国发动特洛伊远征。战争据说持续了10年。虽然迈锡尼国家取得了最后胜利,但自身也师老兵疲,引起了国内矛盾的总爆发。修昔底德说:"经过很久之后,希腊军队才从特洛伊回来。这一事实本身就引起许多变化。几乎所有的城市都有党派斗争;那些被放逐而流亡的人建立了新的城市。"希腊人的内乱削弱了他们抵抗外敌的力量。原来住在希腊北部的游牧民族多里斯人乘机入侵南希腊,毁灭了迈锡尼文明。这次的毁灭是如此彻底,以致希腊人只留下了关于克里特和迈锡尼文明十分模糊而歪曲的记忆,连迈锡尼时代使用的线形文字也被他们遗忘。只是因为谢里曼以来的考古发现,我们今天才能对早期希腊的辉煌文明有所认识。

◉ 考古学与古典希腊文明研究

第一部分所述主要为考古学对早期希腊文明研究的影响。诚然,由于古典时代的希腊人对于他们的早期历史并无明确的知识,有关记载残缺不全,因此考古学在研究中发挥决定性作用并不奇怪。本部分则希望说明,对于古典时代希腊文明的研究来说,考古学同样扮演着非常重要的角色,有时还是决定性的角色。考古提供的新资料,不断修正着我们对古代希腊历史的认识,丰富着我们有关希腊文明的知识和图景。因为内容广泛,这里仅略举数例说明。

19世纪初年,德国学者奥古斯特·博克(Auguste Böckh,1785—1867)已经意识到经济生活在雅典国家中的重要地位,并且利用铭文等众多资料,研究了雅典的工资、物价、货币购买力,以及雅典财政与国家兴衰之间的关系。不过那时博克能够利用的资料有限,最为重要的雅典向盟邦征收贡金的记录,并没有发现。因此,博克虽然能够对雅典国内外的收入和支出进行估计,却缺乏非常准确的数据。因为修昔底德等古代作家对这类问题不感兴趣,仅仅提到了同盟的建立,以及同盟后来需要交纳贡金。有时虽然提到了雅典积累的贡金总数,我们却不清楚雅典人到底每年收取多少贡金,雅典控制的同盟(后来被称为雅典帝国)的范围有多大,每个盟邦交纳贡款的多少,以至于博克以后,雅典经济生活时常遭到忽视。前述格罗特在讨论雅典民主时,竟然认为雅典人的先进和文明,让它有资格统治盟邦。

然而，20世纪前期雅典贡金表的发现，彻底扭转了我们对古典时代雅典经济的认识。20世纪20年代，美国学者将此前在雅典卫城发现的铭文拼合起来，发现那是当年雅典人记录的盟邦交纳贡金的记录，前后延续数十年。自1939年开始，麦瑞特（B. D. Meritt, 1899—1989）、麦克格里高（M. F. MacGregor, 1910—1989）、瓦德—吉里（H. T. Wade-Gery, 1888—1972）等对公元前454年至公元前414年雅典盟国贡金的铭文进行了考证，并运用相关的古典文献，事实上是汇集并分析雅典所获贡金的数量，雅典海上同盟的范围、影响等史实。此外，麦瑞特单独或与他人合作，编辑出版了有关雅典帝国多种重要的文献和著作，为研究雅典帝国的历史作出了重要贡献。后来的雅典帝国史研究，无不以麦瑞特等的研究为基础。英国著名史学家梅格斯（Russell Meiggs, 1902—1989）在《雅典帝国》序言中说，他在上大学时，认为古代希腊史上的所有问题都已被研究过了，以后不可能有什么大的突破；正是麦瑞特有关雅典帝国的研究，开阔了他的眼界，使他在1972年写出了《雅典帝国》，对雅典帝国的许多重要问题提出了新的认识。

那么，《雅典贡金表》的出版和研究，具体在哪些领域让我们对雅典帝国历史的认识取得了突破？首先，是雅典同盟的范围，修昔底德等古代作家并未提供，但从盟邦交纳的贡金看，帝国不仅包括爱琴海周边地区，而且包括黑海地区、小亚细亚内陆的部分地区，以及色雷斯周围，显示了当时雅典作为地中海霸主的威风。

其次，贡金表证明，单纯从数量上看，雅典人征收的贡金数量并不大，可能比盟邦自己出资独立供养一支舰队要便宜得多。而且根据希腊人的习惯，这些费用一般由相对富有的公民承担。有些学者曾经据此认为，修昔底德所说的雅典对盟邦的统治乃暴政的说法，可能夸大了雅典在盟邦中不受欢迎的程度，并且根据修昔底德的记载，证明在雅典盟邦中，穷人甚至普通公民大多支持雅典的统治。然而芬利（M. I. Finley, 1912—1986）用铭文证明，雅典征收的贡金诚然数量不大，而且同盟最初建立之时，很可能受到盟邦的欢迎。然而雅典人利用他们的霸主地位，在盟邦占领当时最为重要的资源——土地，从而获得了大量有形无形的好处，并因此遭致盟邦的憎恨。其他的资料也表明，公元前425年以后，雅典对盟邦征收贡金的数量大幅度增加，进一步加深了盟邦对雅典的仇视情绪。于是，雅典盟邦在战争后期的反叛，不再仅仅是推理，而有了实际的证据。考古发掘同时还证明，恰恰在公元前5世纪雅典统治小亚细亚的希腊人期间，当地的希腊人城市在物质文化上陷入衰退。有些学者发现，原因在于这些盟邦一方面需要向雅典缴纳贡金，同时还要向波斯缴纳赋税。双重的压迫，让小亚细亚的希腊人在公元前5世纪难以创造出可以与公元前6世纪或公元前4世纪媲美的建筑。因此，贡金表的发现，不仅让我们对雅典剥削同盟的方式以及盟邦反叛雅典的原因有了具体的认识，而且对盟邦的具体状况有了更加准确的知识，让修昔底德的寥寥数语，不再是简单的概括，而有了坚实的资料基础。

最后，贡金表给我们认识雅典自身的历史提供了很多意想不到的知识。提到古典时代的雅典，一般人首先想到的是卫城建筑群及其辉煌的艺术成就。确实，作为古典希腊艺术的代表，该建筑群包括帕台农神庙、卫城大门、厄瑞克忒翁神庙、胜利女神庙等，开工于公元前447年，至伯罗奔尼撒战争期间仍在进行。其成就虽然被修昔底德完全无视，但得到了罗马时代的希腊作家普鲁塔克的推崇，"大厦巍然耸立，宏伟卓越，轮廓秀丽，无与伦比，因为匠师各尽其技，各逞其能，彼此竞赛，不甘落后。""雕刻好像年年常春的神物，能够摆脱岁月的销蚀。在它们的结构之中，似乎蕴藏着某种永生的活力和不死的精神。"即使在经历了近代以来多次的破坏后，仍能让所有参观者惊叹于希腊人的审美能力和创造力（图1）。然而，透过雅典贡金表，我们知道，这些辉煌的建筑实际是汇集了希腊所有地区的优秀工匠，还有希腊各个地区财富的结果。在卫城的建设者中，包括菲迪亚斯等在内的众多承包人、设计师和施工者，并非雅典人；除自由人外，有大量奴隶参与其中的劳动。最为关键的是，卫城的财务报表表明，雅典人在建设卫城之时，并不仅仅使用他们自己的钱财，还大量利用了盟邦的贡金，并因此遭到当时人的批评。虽然说批评者早已化为尘土，卫城美丽依旧，但并不能因此否认，它们大量利用了盟邦的财富。从这个意义上说，雅典是举全希腊之力，创造了卫城上古典艺术的皇冠。

在贡金表之外，考古学还从另一个角度，证明了雅典艺术的希腊特征。在卫城建筑群中，作为爱奥尼亚人的城市的雅典，所利用的却是多里斯柱式。神庙雕刻与所供奉神灵之间相互联系的传统，不仅在早期希腊的几何陶画上已经有所表现，而且在西部希腊众多的神庙中，主要是在意大利的西利斯和帕尔斯图姆、西西里的塞林诺斯、阿克拉加斯等地的神庙中，已经有所表现。塞林诺斯神庙中赫拉克勒斯与巨人的雕刻，既预示了古典的风格，也不乏幽默感。与雅典卫城大体同时的奥林匹亚的宙斯神庙，同样出自菲迪亚斯手笔。那里雕刻的精美程度，一点都不亚于帕台农神庙山墙上的雕刻，而且像在帕台农神庙中一样，雕刻所叙述的故事，与神庙所供奉的神灵之间，存在密切的联系。透过诸如此类的考古资料，我们不但意识到希腊世界其他地区经济上对雅典卫城建筑的巨大贡献，在艺术风格和主题上，他们的贡献同样不可忽视。

考古学的发展，让我们对希腊文明与东方文明的关系，也产生了全新的认识。早在 20 世纪初年，当英国学者编纂反映西方文明发展进程的《剑桥古代史》时，已经发现欧洲文明最初的根源，不能到野蛮的凯尔特人中去寻找，而需要到埃及、西亚等古老的东方文明中去寻求，并且为此在他们的著述中，专门叙述古代埃及和西亚文明的历史。德国大学者迈耶的《古代史》，主题之一是把希腊文明作为东部地中海文明区的一个部分，力图揭示希腊文明与东方文明之间的联系。然而在那个时代，西方的学人们主要考虑的是，东方对古典希腊文明在艺术和物质文化方面的影响，尚未注意到精神层面。然而 20 世纪以来考古学的迅猛发展，比较全面地揭示了东方文明对希腊文明更深刻的影响。

先说物质文化。这方面的例证实在不少。迈锡尼文明崩溃后，希腊一度陷入孤立，可能只有优卑亚岛等个别地方，与东方还有点联系，因此留下了勒夫坎地相对豪华的墓葬。然而整体上看，考古显示的公元前 11—前 9 世纪，大体上是一个贫穷的时代，勒夫坎地的引人注目，正说明它是例外而非通例。然而约从公元前 10 世纪开始，希腊人慢慢地与东方恢复了联系，首先就是到了叙利亚的阿尔明那，接着从公元前 8 世纪开始，希腊人似乎突然觉醒，成群结队外出，西边远航直布罗陀海峡，东方深入小亚细亚和巴比伦，南达埃及，并在埃及文物上留下了他们到此一游的涂鸦。与此同时，东方一些重要的物件，例如希腊人后来举行宴会经常使用的靠几（一种沿墙摆放、类似沙发和床的坐具，不过希腊人不是坐或躺在上面，而是斜靠在上面饮酒）、金属加工技术、一些重要的器物，还有东方人饲养的家禽，最为典型的是鸡（在希腊语中，鸡被称为"波斯鸟"），陆续传到希腊，极大地改变了希腊人的生活方式和某些生活习惯。希腊人引以为豪的殖民活动，根据现在的考古研究，也是由腓尼基人殖民地中海开始的。诸般影响，让有些西方学者惊呼，此时的希腊出现了所谓的"东方化革命"。"革命"之说可能有点过头，但东方文明对希腊文明繁荣的贡献，因为考古学的功劳，变得具体生动起来，有了不少实质性的内容。

精神层面的影响可能更加明显。影响最大的，莫过于腓尼基字母传到希腊，被改造成希腊字母，并成为后世西方所有字母文字的基础。[2] 本来迈锡尼人已经有了文字，而且留下了不少文书。不过那时的线形文字 B 虽然是希腊语，却并非字母文字，而是音节和符号文字。更重要的是，由于那种文字符号颇多，书写复杂，平头百姓无力问津，仅有宫廷书吏能够熟练使用。结果随着迈锡尼文明的垮台、宫廷经济崩溃，依靠宫廷的书吏们也随之失去了饭碗。原来只用来给宫廷记账的线形文字 B，也跟着被遗忘，与迈锡尼文明一起被埋进了历史的废墟。约从公元前 12 世纪到公元前 8 世纪中期，希腊大陆可能没有文字。[3] 古典时代的希腊文字，是公元前 8 世纪希腊人借鉴腓尼基字母，在不同地区重新创造出来的。经过学者们数十年来坚持不懈的努力，已经基本弄清了腓尼基字母传入希腊的路线，虽然到底是从东方传到小亚细亚再到希腊大陆，还是经过叙利亚到达优卑亚，抑或是经过克里特或塞浦路斯到达希腊，学者们之间尚存争议，但有关证据无可置疑地表明，希腊字母确实是从腓尼基传入希腊的。只是希腊人把有些字母进行了改写，不再是原来的样子，有些字母则被改造成为元音，进而变成典型的西方字母文字。[4] 正是因为有了文字，公元前 7 世纪的希腊人才能够公布成文法，引发了希腊人的立法运动，也才能够创作长篇作品，并进行某种程度的抽象思维，发明哲学，当然，还有进行政治论辩。文字对希腊文明的贡献，怎样估计都不过分。考古学家约翰·鲍德曼据此得出的结论是，希腊人是向东方学习，向西方传播（西方主要指意大利、西西里和西班牙等地，文明发展相对后进）。

在精神文化层面，学者们也发现了大量希腊人学习东方的实例。在希腊人的文献中，本来就有一些希腊学人经常到东方游历和学习的记载。据说梭伦在给雅典人立法后，就离国出游，到过吕底亚和埃及等地。哲学家泰勒斯在追溯自己的祖先时，居然追到了埃及。德谟克利特最为得意的资本之一，是他曾周游

图 1
初见帕台农神庙的英国人绘制了此图，其雕像及柱间壁浮雕尚在原处。

东方，甚至与印度的裸体智者有过交流。柏拉图据说也到过埃及，并且为谋生在那里卖橄榄油。[5]但这些文献记载毕竟不一定可靠，特别是其中居然还提到了斯巴达立法家莱库古那样传说中才存在的人物。然而20世纪以来的考古，让东方精神文化的影响具有了非常实际的内容。除前面提及的字母文字外，希腊的艺术，最初大多模仿埃及。雕像站立的姿势、头发的形状、衣褶和面部表情等，几乎无一例外地抄袭自埃及。艺术品的主题和样式，有不少也来自东方。只是到古风时代后期，希腊人才开始在埃及和东方艺术的基础上，发展出自己独特的雕刻和绘画风格。众所周知的美丽的希腊神话，经过考古和历史学的证明，似乎也有不少因素来自东方，主要是巴比伦或者赫梯的神话。有些学者还证明，希腊著名史诗诗人赫西奥德的诗歌，大有模仿东方诗歌与神话的痕迹在内，因此英国学者马丁·威斯特把自己的书命名为《赫利孔的东方面孔》。及至近日，更有学者希望证明，向来被视为希腊人独特创造的城邦制度，可能也是受到腓尼克影响的结果。虽然有关的论证，因为考古资料的限制以及文献史料缺乏，尤其是不能像希腊字母那样，找出这些思想由东方逐步传入希腊的准确路线，

但这些重要的史实，让希腊文明借鉴自东方的内容日渐丰富了起来。

考古史料还帮助我们理清了古典时代希腊历史上的许多具体问题，或者订正了历史文献记载上的问题。古代人经常告诉我们，斯巴达从莱库古改革以后，就取得了政治稳定。希罗多德和修昔底德都说，斯巴达政治与社会体制可能延续数百年没有发生大的变动。于是乎近代以来，人们长期以为斯巴达就是稳定与强大的典型。而强大和稳定，来自斯巴达人的节制和淳朴。可是英国对斯巴达的考古发掘证明，公元前8—前7世纪，斯巴达的物质文化相当繁荣。同时，在纸草文献中，人们还发现了斯巴达不少诗人的作品。那些作品所勾勒的社会生活、所表达出来的观念，与古典时代颇为不同。学者们据此得出结论说，古风时代的斯巴达，实际上和希腊世界的其他城市没有区别。它的变动主要发生在公元前7—前6世纪。在考古上的表现，就是从公元前6世纪以后，斯巴达的物质文化确实变得贫乏，而在奥林匹亚赛会上赢得胜利的斯巴达人，也大幅度减少。考古学不仅让我们得到一个全新的古风时代的斯巴达，打破了我们有关斯巴达长期稳定不变的印象，而且把这个转变的时间，也大体告诉了我们。同理，当希罗多德声称，雅典的阿尔克迈翁家族一直是僭主政治最坚决的敌人时，很多人是相信他的。然而在雅典发现的铭文证明，该家族的克里斯提尼，就是那个后来在雅典进行改革、并为雅典民主奠定基础的人，却在公元前525年左右出任过雅典的执政官，而雅典当时正在僭主希庇阿斯的统治下，可以肯定，克里斯提尼当时与僭主是合作态度。在公元前5世纪初，该家族或与该家族有关的成员，如麦加克列斯、克桑提普斯等，都曾被流放。流放他们的陶片上，不少也把他们称为僭主的支持者。于是，希罗多德的辩护词，因为这些陶片的发现，无意中被证伪了。

古代乡村和农业史研究从考古学得益甚多。从文艺复兴到18世纪的考古学大多限于抄录铭文、搜集钱币以及零散的发掘，19世纪到20世纪前期则主要是发掘古代文明的中心地区，如雅典、科林斯、奥林托斯、提洛岛和德尔斐，也确实获得了大量文物，使我们对古代城市、居住等的认识，有了突飞猛进的提升。然而我们不应忘记，古代文明很大程度上仍是农业文明，真正的城市人口数量可能很少（真正的城市人口可能从来没有超过总人口的5%），[6]即使是所

谓的城市人，大多也都在乡间拥有土地，白天耕作，夜间进城，因此希腊人交战之时，所采用的策略，是在夏初进军敌人领土，一则方便夺取敌方领土上的给养，二则是如果对手拒绝应战，可以采用破坏对方庄稼的手段，逼迫对方出战。由于希腊人的绝大多数是农民，而且是并不很富裕的农民，一旦丧失一年的收成，可能就意味着破产，所以，被攻击的一方迫不得已，必须出战。这也是为什么希腊人之间重要的交战大多发生在夏季之故。伯罗奔尼撒战争中伯里克利采用的撤出乡村进入城市的做法，毕竟属于例外而非常态，故非常引人注目。[7]可是，20世纪中期之前，学者们的眼睛大多盯在城市上，那里精美的艺术品、漂亮的建筑、优美的民居，还有多种多样的财宝，本身足够诱人，也确实能说明一部分历史问题。然而这样的考古和发掘，存在不少缺陷。从历史实际来说，古代居民主要生活在农村，忽略了农村，等于抛弃了古代人口的大多数，据此所描绘的历史图景，显然难以反映真实的历史。退一步说，即使在那些被发掘的城市或圣地，真正被发掘、研究的地区也十分有限，更大片的地区，或者由于人力、物力的限制，或者因其为现代城市覆盖，只能弃之不顾。[8]由此而得出的结论或看法，必然也是片面和暂时的，随着新的发掘活动而不断被修正甚至完全被推翻。二是随着考古学的发展，考古发掘的程序愈来愈精细复杂，既耗时，又费资，造成经费严重不足，制约了新的发掘活动的开展。同时由于经费的限制，大部头、多卷本的考古报告的出版及销售也面临许多难以克服的困难。

正是基于上述认识，学者们开始把眼光投向地域广阔的农村，广泛开展地面考古调查，一门新的学科——调查考古学（Survey Archaeology）自20世纪70年代以来应运而生。它最初是美国学者在研究中南美洲城市不够发展的印第安人文明时创造出来的方法，后被古典考古学者接受，广泛运用于地中海世界的考古活动中。其方法是选定某一地区，尽可能地搜集与该地区有关的各种材料，如文献、地面实物、定居点遗迹、地质、植被资料等，进行综合研究。参加者不仅有考古学家、历史学家和专业古典学者，还有地质学家、植物学家。其目的是力求得出关于某一地区的总体印象，辅之以对所选地区内重点遗址的发掘。20世纪70年代以来，英美等西方学者在这方面作出了一些重大努力，并已取得显著成果。宾特里夫（John L. Bintliff）在比奥提亚、赖特（James C. Wright）在尼米亚河谷、詹姆逊（M. H. Jameson）在南阿哥利德、凯勒在南优卑亚、英国雅典研究院在拉哥尼亚等地的考古调查都获得了成功，发表了一批研究成果，给古希腊史研究提供了许多新资料。

考古调查给希腊史，尤其是农业和农村史研究研究以巨大推动。以甘绥（Peter Garnsey）、加兰特（Thomas Gallant）、勃福德（Alison Burford）等为代表的一批学者，大体上认为古代希腊的农民虽因平民反对贵族斗争的胜利而免除了捐税的剥削，处境较其他前资本主义阶级社会中的农民为优，中等以上的家庭中可能还储存一些粮食，且可利用邻里、共同体等多种社会渠道应付突发性危机，经济地位相对稳定，但农民进入市场的机会仍极少，且大多是在不得已时，如交税需现金时卖粮、饥荒时从市场购买粮食、典当物品等，才在对自己极为不利的条件下进入市场。农民所从事的生产，从其根本目的来说，仍是为了满足自身消费需要的简单再生产，而不是适应市场需要的扩大再生产。以莫里斯（Ian Morris）、汉松（Victor Davis Hanson）等为代表的另一批学者则认为，迈锡尼文明的崩溃，把农民从爱琴文明时的宫廷经济中解放出来，使农民成为独立的土地所有者。黑暗时代与古风时期的社会变化，促使希腊独立的家庭农场式农业兴起。这类农场以精耕细作型的集约化农业为主，其产品面向社会市场。农民经济的独立及巩固是古风时期平民反对贵族斗争胜利及希腊城邦民主兴起的根本条件。另一位学者奥斯邦指出，希腊农民的生产乃是有为而作；并非全为自身消费或盲目生产。无论学者们如何看待这个问题，有一点是清楚的，那就是农村构成了古代希腊社会的基础，农民是那个社会的主要成员。范·安德尔指出：过去人们关注的只是希腊人的文化成就，如巍峨的建筑、精美的艺术、优美的文学作品；可是人们不应忘记，高级文化并不能单独存在，无论是商人、手工业者，还是艺术家、哲学家、诗人，首先都必须有粮食填饱肚子，然后才能从事其他活动，所以他将其书命名为《在卫城之外》。奥斯邦具体揭示了城市对乡村资源如粮食、金钱、石材等的利用，并将其与古代的政治生活联系起来考察，声称雅典民主在很大程度上仍是富人的民主，因为只有富人有能力既保持影响力，又可长期居住在政治生活中心雅典城内，从而较好地阐明了雅典政治家多为富人，却仍为民主制度的历史现象。伊萨格尔（Signe Isager）、汉松等对希腊农业史进行了综合研究，证明农业本身也是非常复杂的现象。汉松希望证明，古代希腊民主的基础是独立的小农庄经济，在这种经济中，奴隶制占有重要地位，与市场的联系同样重要。也就是说，农业并不一定完全代表自然经济。伊萨格尔则细致讨论了希腊的农具、农作物品种、土地制度与农民的负担；撒拉里斯（Robert Sallares）深入到更加深入的生态环境层次，论述了古代希腊的土地与植被以及它们与古代希腊农业、经济发展和人口增长之间的关系；福克斯豪（Lin Foxhall）关于希腊橄榄栽培、韦塔克（C. R. Whittaker）和霍提金森（Stephen Hodkinson）等对古代畜牧经济的研究，都从不同侧面揭示了古代希腊农业的多样化特征，并在不同程度上改变着人们对古代经济和生活的认知。阿尔科克（Susan Alcock）关于罗马时代希腊乡村和农业的变化的著作，因为广泛利用了建筑、农业和土地等资料，似乎已经成为名作。但不管人们采取何种立场，古典文明的农业特性，如今成为常识。所谓雅典民主为工商业奴隶主的民主的说法，似乎少有人提起了。[9]

有意思的是，考古学偶尔还能给我们提供一些意想不到的收获。19世纪末，英国人在埃及的考古活动中，意外在纸草文献中发现了据称是亚里士多德所写的《雅典政制》。本来在古代就有一个传说，称亚里士多德为了研究希腊城邦政体，撰写他的重要著作《政治学》，曾经与他的学生一道，搜集过150多个希腊城邦的政制文献。假如能够发现，将给我们对希腊历史，特别是政治制度史研究带来根本性的变革。然而这些文献在古代就已经失传，从古代到近代，也不曾有任何发现。所以英国人发现的《雅典政制》，足以引起学术界的轰动。该书分为两个部分，第一部分为历史，叙述了从公元前7世纪后期到公元前5世纪末之前雅典政制的变动。第二部分为现状，详尽列举了亚里士多德本人所处时代雅典制度的情况。它的发现无疑是古典学学术史上的大事，立刻在西方引起轰动，大批古典学家参与了对它的研究，或考订作者，或具体研究雅典历史上的具体问题。1891年，英国纸草文献学家与古希腊文字学家凯尼昂（Sir Frederic George Kenyon, 1863—1952）将其校注出版。该书有一篇40多页的导言，介绍了文献的发现过程与状况，随后就是正文和注疏。1893年，桑兹（John Edwin Sandys, 1844—1922）的《雅典政制》校注本出版。桑兹的版本校正了凯尼昂的某些文本，注疏也更加详尽。他还写了一篇很长的导论，介绍亚里士多德的

有关政治著作，考证《雅典政制》的作者。德国古典学家维拉摩威兹—莫伦道夫（Ulrich Wilamowitz—Möllendorf, 1848—1931）以《雅典政制》为基础，结合其他文献和资料，写出了篇幅宏大的《亚里士多德与雅典》。1981年，英国古典学家罗兹（Peter Rhodes）在吸收前人成果基础上，对该书做了一部700多页的注疏，详尽讨论了雅典历史上几乎所有重大问题。由于它的发现，我们对公元前4世纪雅典政治制度的情况有了比较全面和深入的认识，同时对雅典历史上的许多具体问题，例如德拉科立法、梭伦改革、克里斯提尼改革、执政官选举等非常重要的问题，有了全新的认识。

与《雅典政制》类似的文献还有不少。同样是在埃及，英国考古学家从纸草文献中发掘出一部公元前4世纪写的《希腊史》，因该书发现地，它得名《奥克西林库斯希腊志》。本来对于公元前4世纪初的希腊史，我们主要依靠色诺芬等的记载。但色诺芬虽然是雅典人，却是亲斯巴达派，对雅典和底比斯的历史多有忽略，而且偏见明显。如今发现的这部希腊史虽然残缺不全，但留下了一些有关公元前4世纪初历史非常重要的记载。对于底比斯统一彼奥提亚以及彼奥提亚联盟的制度，该书提供了非常珍贵的记载。其他诸如《荷马史诗》的流传、雅典喜剧作家米南德的剧本，以及古风和古典时代希腊作家的作品等，纸草文献也都给我们提供了不少文本和信息。希腊化时代埃及的纸草文献，让学者们居然写出了埃及一个小村庄的历史。考古发现的大量纸草文献，也给我们提供了很多非常重要的史料，并且以这样那样的方式，改变着我们对希腊历史的认识。

除上述领域外，我们也许还可以想到，希腊军事变革、殖民活动、雅典民主政治、公元前4世纪雅典第二同盟等，一言以蔽之，古典时代希腊历史的所有领域，几乎都受到了考古学程度不等的影响。

古代希腊文明研究从其产生之时起就与考古学结下不解之缘。由于古代文献的缺失和不完整，学者们注定在利用文献的同时必须依赖众多的实物资料。这一点从古代希腊文明研究开始就已经如此。文艺复兴时代的学者们为了理解和阅读古典文献，前往希腊搜罗其他文本的同时，已经开始搜集钱币、铭文、雕刻，以及其他众多实物，由此诞生了古典学众多的分支学科，如古钱币学、碑铭学、艺术史等。到19世纪，这类实物已经被搜罗得差不多，于是产生了古典考古

学的一个重要分支——遗址发掘。对德尔斐、科林斯、雅典、斯巴达等地的发掘，为学者们提供了众多以前在地表和文献中难以见到的史料，大大加深了我们对希腊历史与文明的理解。在埃及的发掘，则提供了大批纸草文献，于是诞生了一门新的学问——纸草文献学。上世纪70年代以后，考古学再度转向，把发掘和地面调查考古结合了起来，并且给希腊历史的众多领域，不管是雅典帝国研究，还是民主政治和普通民众生活的研究，都施加了重要的影响，很多时候实际左右了学者们对希腊历史的认知。我们有理由相信，随着技术的进步和希腊文明研究的发展，考古学还会继续给希腊文明研究提供新的养分，并加深我们对希腊文明的理解。

〔1〕 不过希腊历史上是否真的发生过特洛伊远征，至今仍在学者中存在争议。

〔2〕 希罗多德隐约知道希腊字母是自腓尼克传入，但路线似乎有点问题。

〔3〕 典型表现是：在《荷马史诗》中，几乎看不到任何使用文字的记录，人们之间的交流全部通过口头交流实现。

〔4〕 如腓尼克字母原来首字母为牛头，希腊人把它调转90度，才变成了今天字母A的先驱，而且把它变成了元音，所以西方字母文字有元音和辅音之分。

〔5〕 希罗多德经常把希腊人一些比较古老、而他并不知道起源地的知识和文化归于埃及人的创造。

〔6〕 英国史学家芬利已经指出，即使在罗马帝国盛期，即古代城市最为发达的时代，城市人口可能也从来不曾超过总人口的5%。

〔7〕 事实是伯里克利后来为此承受了很大压力。他的一度被罢黜和被罚款，与此也不是全无关系。阿里斯托芬的喜剧《阿卡奈人》的主题，就是阿卡奈人因为自己的庄稼被破坏，要求对斯巴达人复仇，继续战争。

〔8〕 如底比斯，该城的大部分地区位于现代城市之下，无法发掘。

〔9〕 中国部分学者好像仍坚持这个说法，大学教材中也还流行，但在学术界很少有支持者了。

作者 / 晏绍祥 / 首都师范大学教授

克里特艺术的文化启迪

⊙ 欧洲文明的摇篮
—— 克里特艺术的重见天日

纵观整个古代希腊文明，从石器时代经青铜器时代至铁器时代，可以分为克里特文明期（约公元前26—前12世纪）、迈锡尼文明期（约公元前16—前12世纪）、黑暗时代（约公元年前12—公元前8世纪）、荷马时代或几何学样式时代（公元前1000—前700）、古风时代（公元前700—前480）、古典时代（公元前480—前323）和希腊化时代（公元前323—前30）几个重要阶段。其中，最早的克里特文明堪称是欧洲文明的摇篮。

美丽湛蓝的爱琴海位于地中海东部，拥有数以百计的大小岛屿，其中最大的一座是希腊的克里特岛。大约在8000年前，来自小亚细亚的移民在进入希腊境内的同时，带来了谷物栽培技术和畜牧业。公元前2600年前后，已经迎来了第一批拓荒移民的克里特岛，开始出现青铜制造技术，并创建了米诺斯文化。公元前2000年左右，作为岛屿的克里特成功避免了外来移民之间长期战争的袭扰，岛上一些独立的小国在各自的国都纷纷建造王宫。公元前17—前16世纪左右，强盛的诺萨斯国米诺斯王朝在克里特岛北部的宫殿废墟上，重新建立起了雄伟的克诺索斯宫殿（图1），并称霸整个爱琴海地区，他们创造出了包括线形文字、宫殿壁画（图2）、彩绘陶器、贵金属器在内的辉煌的米诺斯文明。约公元前1450年，来自迈锡尼的希腊人征服了克里特岛，之后的3000多年间，克里特岛先后被罗马人、拜占庭人、阿拉伯人、威尼斯人和土耳其人实际控制过。1900年开始，曾经担

图1
克诺索斯宫殿北入口，约公元前1600—前1400，希腊克里特岛。

图 2
舞蹈女郎,克诺索斯宫殿壁画(公元前 1400—前 1350),藏于希腊伊拉克利翁考古学博物馆(Heraklion Archaeological Museum)。

任英国牛津大学阿什莫林博物馆馆长的亚瑟·伊文思对克里特岛上的克诺索斯宫殿遗址进行了为期数年的考古发掘，使尘封了近3500年的克里特文明和克里特艺术得以重见天日。1913年，克里特岛正式划归希腊。

以地中海东部为中心的亚、非、欧三大洲的交汇区域，从5000多年前先后出现了亚洲最早的美索不达米亚文明、非洲最早的古代埃及文明和欧洲最早的古代希腊文明。位于亚洲小亚细亚半岛西南方、非洲埃及以北和欧洲巴尔干半岛东南方的克里特岛，在地理位置上处于三大洲辐射的海上交通枢纽。作为希腊文明乃至欧洲文明伊始的克里特文明，在时间跨度上属于承前行之亚非文明、启后来之古希腊古罗马文明的继往开来的转变期。先于克里特文明问世的克里特造型艺术是随着新石器时代的农耕民移居克里特岛而开始的，其上限可以追溯至史前时代。克里特艺术在造型空间上最具代表性的遗产是雕刻艺术、彩陶艺术、壁画艺术、贵金属艺术和宫殿建筑艺术等。克里特艺术既是世界早期艺术沧海之一粟，又是欧洲现代艺术桑田之基石。今天，人们重访克里特遗址或在世界博物馆内把握克里特造型艺术的时空脉动，可以领略克里特雕刻艺术背后所秉承的原始基因与创新意识，也可以诠释克里特彩陶艺术所演绎的海洋情怀与功能进化，还可以感悟克里特宫殿艺术所洋溢的唯美意识与崇尚精神，最终可以探悉克里特艺术在世界艺术史上所蕴含着的文化启迪。

克里特雕刻艺术的传承与创新

大约在旧石器时代行将结束的3万多年前，居住在欧洲和亚洲北部的克罗马农人，将蕴藏在石器、动物和女性背后的技术、造型、功能与观念进行提炼、融合和升华，创造出了第一批服务于精神或信仰的雕刻艺术——动物或女性的雕刻品。其中，目前发现的被称为"史前时代维纳斯"的这类女性雕像多为十几厘米高的小型艺术品，材质主要有石、兽骨及象牙等。孕育克里特艺术的原始先民不仅传承了史前时代女神雕刻艺术的原始基因，而且创造出了属于他们自己世界观的各类女性（包括部分男性）雕刻作品。克里特雕刻艺术是在世界早期雕刻艺术的脉动中得以传承与创新。

作为"史前时代维纳斯"雕像，出现于欧亚大陆北部地区。其共同特点是摒弃脸、手和脚等的细部刻画而致力于女性健壮身体的描写。丰满的乳房、突出的臀部和隆起的腹部给人以强烈的生命繁衍印象。奥地利维也纳自然历史博物馆珍藏的一件"维纳斯像"（图3）于1909年在奥地利的维兰德尔夫修建铁路时被发现的：头部从上到下似乎被戴上了一顶编织的帽子，从一个侧面可能表现出女性那时时尚的头饰和暗示着北方寒冷的气候。捷克布拉格自然历史博物馆陈列的数尊"维纳斯像"，演绎了从早期较为具象造型（图4）发展到后期相当抽象造型的转变历程。"维纳斯"雕像的创作动机一般认为是祈祷女性的多产及子孙的繁衍，并在新时期时代逐渐升华到对母系制度和女性巫师的崇拜，因此史前时代的"维纳斯像"的诞生，预示了人类已经实现将某种观念（女性哺乳与生命繁衍）以当时共识的造型艺术（"维纳斯像"）加以表现的伟大凤愿，今天被认为是原始造型艺术的"维纳斯像"或许在当时人们的意识里较之艺术性更为重要的是具有祈求生命繁衍和巩固母系社会秩序的意义。

位于希腊克里特岛上的伊拉克利翁考古学博物馆珍藏着一件女性小雕像（图5）：盘腿端坐，腹部微鼓，臀部肥硕，周身以简练的线刻勾画出脸、手脚及衣纹图案。这尊约7000年前的女性雕像反映了希腊早期农耕民继承了狩猎民酷爱母系雕刻的传统，也反映了早期农耕民的母系社会中对于女性繁衍功能的崇拜。同馆的另两件女性祭祀陶俑（图6-1、6-2），表现了用双手挤奶的哺乳妇女的主题，尽管在时间上较前者又经历了近4000年，但对女神哺乳的崇拜之情似乎有增无减，同时代的爱琴海区域普遍崇拜丰饶女神，制作大量女神陶俑，并为希腊本土上的以大理石为主要材料的基克拉泽斯人形雕刻的大发展奠定了基础。

迈入青铜器时代，爱琴海流域的农耕民更加热衷于女神雕像的创作：希腊基克拉泽斯州由约30个岛屿组成，地名基克拉泽斯意为"环状群岛"，位于爱琴海南侧，众多小岛上发现了大量青铜器时代的独特而卓越的大理石小雕像（大部分为女性）。位于希腊首都雅典的基克拉泽斯艺术博物馆是珍藏和展示基克拉泽斯人形雕像的最主要的机构之一。基克拉泽斯人形雕像较史前时代的"维纳斯像"更趋简练，形制较多，主要分为自然式与几何式两种样式。两者的共同点均为长颈、脸部简练且只刻画出鼻梁，不同的是自然样式以基克拉泽斯艺术博物馆珍藏的公元前2800

年的大理石女神小雕像为代表（图7），肥臀鼓腹，细长双手围胸，头戴圆锥形的帽子，依稀可见史前时代维纳斯头饰的遗风。几何样式一开始就非常具有抽象特征，基克拉泽斯艺术博物馆珍藏的公元前4300—前3500年的女神雕像（图8），橄榄形脸部只突出鼻子形象，身体呈圆肩、板块形状，两肋简练和精准的刻画以及腿根的中线刻画，极其干练地以几何体表达出了女神的圆润肥臀形象。同馆藏的另一件几何样式女神雕像（图9），作为经典样式展现了同类雕像的至尊境界：女神抱腹直立，表情安宁，身高1.4米，属于同类雕像中高度最高的级别。希腊雅典的国家考古博物馆无疑也是收藏和展示基克拉泽斯人形雕像的重要殿堂（图10）。至公元前2000年左右，基克拉泽斯的女神雕像摒弃了史前时代崇尚女性生育的传统描写，造型上不断趋于几何结构的理性表达，在继续留有对大地母神的崇拜之意外，更多的似乎是象征着女祭司的社会地位与统治作用。在美学意识上，基克拉泽斯雕像在几何样式的演变中出现了人体各个部位的比率逐步规范的现象，从头颈长、身腿短的头颈、胸腹、腿脚三等分发展到头至颈部、肩至腰部、腹至膝盖部和膝盖至脚部等比例四等分的几何结构。预示着希腊早期雕刻在深化雕像的精神功能的同时，对人体造型结构的美学研究也在不断努力，他们始终在尝试着打造出精神与造型更趋完美和谐的理想艺术。值得注意的是在公元前2000年前，男子雕像开始出现：在位于基克拉泽斯群岛东南方的克洛斯岛上发掘出了两尊大理石男子雕像——竖琴演奏者（图11）和吹笛者（图12）。两者就出土状况而言是围绕着女神雕像的，女神依然处于中心位置，掌握技艺的男子则居从属地位。

迈入克里特文明期，对大地母神和女祭司的推崇虽然得以继续，但与基克拉泽斯雕像意义相比，更具创新意识：对女子的描绘已经不只是为了突出其生育繁殖和母权威的神秘特性，而愈发接近现实生活中的妇女形象，她们打扮时尚靓丽，取代神秘感的是愉悦和妩媚。伊拉克利翁考古学博物馆陈列着一件从克里特岛克诺索斯宫殿主祭祀室床下的宝物箱内发现的"持蛇女神雕像"（图13），女神头顶雄居一野生猫科动物，畅胸束腰，双手各持一条蛇，这件诞生于公元前1600年的女神雕像重申了大地母神拥有蛇的繁衍和狮豹的威严。主祭祀室床下的两个宝物箱内分别收藏有青铜和水晶等制成的宗教用品，持蛇女神雕像两尊，女祭司雕像一尊（图14），其他还有杯子、贝壳、飞鱼和祭祀用的衣裳等。无疑，在迈锡尼文明入侵克里特之前，米诺斯文明依然是女神掌权的母系社会，在希腊奥林匹亚宙斯神话出现前，女神崇拜依然是母系社会的宗教核心，由女祭司服侍的女神代表了和平、繁衍和秩序。类似的女神雕像美国波士顿博物馆也珍藏有一尊，是一个16.2厘米高的象牙制的蛇女神。爱琴海文明中女神雕刻的传承与创新，为希腊文明中女神雕刻的最高杰作——米洛的维纳斯（法国卢浮宫藏的阿佛洛狄忒雕像）的问世，奠定了在精神观念与美学工艺上的双重基石。

克里特彩陶艺术的演绎与功能

人类在农业诞生之前的新石器时代初期就已经发明了陶器。随着新石器时代农耕民和定居生活的出现，陶器被大量生产，其结果使新石器时代的人们开始关注陶器表面巨大空间的利用问题。他们在柔软平整的泥胎上进行着雕、塑、刻、划、印和画等各种加工工艺，为原始造型艺术构筑起了崭新的表演舞台，创造出了前所未有的辉煌：首先，在造型空间上最大的革新是在制作陶器的过程中改变了以前石器、骨器或角器等体积减量的做法，实现了空间的不断增大，这就需要对空间造型进行想象、规划和功能上的设计，即由形象思维向逻辑思维发展；其次，要对陶器表面的空间进行装饰，由此创造了数量庞大和图案丰富的彩陶纹样，他们逐渐懂得了点与线、直线与曲线的内在魅力，并用图形和颜色来演绎自己的抽象意识或象征观念；最后，新石器时代的人们在制陶和绘制各种纹样的过程中，内在的思维能力与外在的实践经验相辅相成，充分发挥了图形文饰的记号作用，在文字尚未发明的史前时代完成了以图形文饰来传递信息、积累知识和演绎概念的伟业。爱琴海史前时代的先民们也遵循了制作陶器和彩绘陶器的这一世界性的发展规律，创造出了丰富的几何纹彩陶艺术，不同的是当他们从大陆农耕民移居到克里特岛上，开始以海洋渔业为主的社会经济时，陶器上的彩绘纹样出现了从几何纹样转向大量以描绘海洋生物为主题的演变过程，最后形成几何纹与动植物纹相结合的表意图案。希腊克里特岛上的伊拉克利翁考古学博物馆收藏和陈列大量发现于克里特岛的彩绘陶器，从中可以一窥克里特彩陶艺术海洋情怀的演绎与功能的进化。

图 3
维纳斯像（约 30000 年前），高 10.3cm，藏于奥地利自然历史博物馆（Haus Der Natur）

图 5
女神雕像（公元前 5800—前 4800），藏于希腊伊拉克利翁考古学博物馆

图 4
维纳斯像（约 25000 年前），藏于捷克自然历史博物馆（Národní Muzeum）

图 6-1　　　　　　　　　　图 6-2

图 6-1、图 6-2
女神陶俑（公元前 2300—前 2000），藏于希腊伊拉克利翁考古学博物馆

图 7
女神雕像（公元前 2800），藏于希腊基克拉泽斯艺术博物馆（Heraklion Archaeological Museum）

图 8
女神雕像（公元前 4300—前 3500），藏于希腊基克拉泽斯艺术博物馆

图 9
女神雕像（公元前 2800—前 2300），高 1.4m，藏于希腊基克拉泽斯艺术博物馆

图 10
基克拉泽斯人形雕像陈列场景，藏于雅典国家考古博物馆（National Archaeological Museum）

041

图 11
竖琴演奏者(公元前 2000),高 22.5cm, 藏于雅典国家考古博物馆

图 12
吹笛者（公元前 2000），高 20cm，藏于雅典国家考古博物馆藏

图 13
持蛇女神雕像（公元前 1600），高 29.5cm，
藏于希腊伊拉克利翁考古学博物馆

图 14
女祭司雕像（公元前 1600），藏于希腊伊拉克
利翁考古学博物馆

伊拉克利翁考古学博物馆陈列着一件被伊文思称为史前时代最具魅力的陶器样式之一的嘴形几何纹彩陶执壶（图15），出自早期米诺斯文化的克里特岛上的古墓中，制作年代为公元前 3200 年至前 2900 年左右，球形壶体上绘有粗细有致的几何纹样，颈部及嘴部饰以等距离的平行线，作为使用，水器是新时期时代农耕民常用的生活用具。同馆的另一件器型基本与前者相同的 S 形螺旋纹彩陶执壶（图16），年代在公元前 1882 年至前 1700 年左右，属于中期米诺斯文化。同时代的克里特彩陶（图17）装饰仍然以几何纹样为主，但是图形趋于复杂和多样化，螺旋纹图形出现了 J 形螺旋纹、C 形螺旋纹和 S 形螺旋纹等复杂的变异体，有的似乎在描绘植物或动物的某些要素，甚至鱼形图案。这种几何纹从简单到复杂、从抽象到具象的演变过程，在"大河文明"的农耕民彩陶中几乎没有发现。

约公元前 1700 年左右，克里特岛发生了强烈地震，岛上的居民在废墟上历时三个世纪，修建了北部中段的克诺索斯宫殿和玛利亚宫殿、南部中段的菲斯托斯宫殿、东部中段的扎库洛宫殿，迎来了克里特文明的全盛时期——晚期米诺斯文明。此时，克里特彩陶绘画上开始演绎出大量以海洋动物和植物为主题的纹样：伊拉克利翁考古学博物馆藏章鱼纹双耳陶壶（图18），出土于克里特岛东部扎库洛宫殿北郊遗址，壶体细腻描绘了斜向构图的八脚章鱼及其触脚上的吸盘，视觉上充分表象了作为软体动物的章鱼缠绕着壶体漫游在海洋之中的那种柔软与悠闲的情怀。同样，生活在地中海的鹦鹉螺、贝壳、水草等动植物均被搬上了彩陶表面。从伊拉克利翁考古学博物馆藏的三件鹦鹉螺纹彩陶上，不难看出克里特岛民演绎海洋动物和推进彩陶工艺的足迹：

图 15
嘴形几何纹彩陶执壶,(公元前3200—前2900),高 20.5cm,藏于希腊伊拉克利翁考古学博物馆

图 16
螺旋纹彩陶执壶(公元前1882—前1700),高 26.7cm,藏于希腊伊拉克利翁考古学博物馆

图 17
克里特彩陶陈列,米诺斯文化期,藏于希腊赫拉克列翁博物馆

图 18
章鱼纹双耳陶壶（公元前 1500—前 1450），高 28cm，藏于希腊伊拉克利翁考古学博物馆

图 19
鹦鹉螺纹彩陶执壶 A（约公元前 1500），高 20.2cm，藏于希腊伊拉克利翁考古学博物馆

图 20
鹦鹉螺纹彩陶执壶 B（公元前 1500—前 1450），藏于希腊伊拉克利翁考古学博物馆

图 21
鹦鹉螺纹彩陶执壶 C（约公元前 1400），高 49.5cm，藏于希腊伊拉克利翁考古学博物馆

图 22
克诺索斯宫殿遗址出土的储藏用陶瓮

图 23
双斧纹彩陶容器（公元前 1500—前 1450），藏于希腊伊拉克利翁考古学博物馆

约公元前 1500 年的鹦鹉螺纹彩陶执壶 A（图 19），壶口与把手简洁，壶体三等分各绘一鹦鹉螺及寄生在鹦鹉螺内的软体动物，器型约 20 厘米；公元前 1500 年—前 1450 年的鹦鹉螺纹彩陶执壶 B（图 20），壶口、颈部、底座和把手的形制与纹样已趋复杂，特别是口沿的立体装饰和把手上的立体贝壳装饰较之执壶 A 有所突破，壶体三等分构图的传统虽然不变，但是平面的鹦鹉螺组合纹样与立体的三贝壳纹样相映成趣；约公元前 1400 年的鹦鹉螺纹彩陶执壶 C（图 21），嘴部与把手形成曲直流畅的互补造型，壶体演化成纵向四等分构图，以鹦鹉螺纹、乳钉纹、变体贝壳纹和水草纹共同组合装饰纹样，器高近 50 厘米。从 A 经 B 到 C，前后约 100 年的三个阶段的总体变化是器型逐渐复杂和增大，构图由平面单一向立体复合发展，纹饰从注重具象描绘到抽象组合，构图意识从反映海洋情怀到演绎图案背后的寓意。

在功能上，陶器作为存储器皿在岛上特别是在宫殿中的作用日趋凸显，克里特岛上克诺索斯宫殿遗址的仓库或建筑屋内都遗存有众多体型巨大的储藏用陶瓮，它（图 22）是克里特陶器艺术的特色之一。在两河流域和尼罗河流域的西亚与埃及的古代大河文明中几乎很少发现这种大型陶瓮，克里特作为面积不大的岛屿，却需要有大量大型存储淡水或谷物的容器，这种半地下式或嵌入式的陶瓮由此被发明和利用。另外，彩陶作为宗教神话的功能也有所胎动：伊拉克利翁考古学博物馆珍藏的一件绘有"双斧"图案的双耳彩陶容器（图 23），造型类似筒状篮筐，上下四层均绘以金属状的"双斧"图案，是显示威严和权力？还是某种记号和标志，或是图腾崇拜和传递宗教意义？尽管今天的人们只能对此进行臆想或猜测，但是显然这类带有寓意的图形与克里特的原始信仰和原始神话有关。

克里特彩陶上的这种海洋情怀的演绎和岛屿功能的进化，不只是外观器型或装饰纹样上的变化，同时也反映出了源于大陆谷物栽培的农耕民向岛屿捕鱼经济转变时舒展出的浓郁的海洋情结，还显现出作为岛屿贸易经济的克里特彩陶文化的个性与主题意识，更在深层意识上彰显了克里特人内在的思考力、想象力、规划力、整合力和表现力等的不断优化。正是这种综合的与时俱进的思维能力的递增，才使克里特人得以将材质、造型、功能、寓意、美观和读音完美结合，最终创造出了克里特文明最深邃的线形文字A（图24）、最绚烂的宫殿艺术，并对荷马时代彩陶上的几何学样式以及希腊神话的亮相起着重要的孕育作用。

图24
克里特线形文字A（公元前1600—前1450），藏于希腊伊拉克利翁考古学博物馆

克里特宫殿艺术的唯美与精神

以农业革命为核心的大河文明带来的是人口的急剧增加、等级制度的不断强化、君权神授的宗教信仰、土地及水利等资源的利用、都市经济贸易的扩张、文字法律的诞生以及军事攻防体系的构建，这些几乎都成为古代农耕文明城市兴建时的主要因素，并由此出现了庄严的宗教神庙、雄伟的皇家宫殿、多功能的广场港口、醒目的法典和纪念碑、坚固的城墙要塞等。米诺斯王朝在克里特岛建造的第一座宫殿被毁于公元前1720年的一次地震。震后的克里特人建造了规模更大的克诺索斯宫殿，并迎来了克里特宫殿建筑的全盛时代（公元前1700—前1100）。1900年，亚瑟·伊文思组织发掘了克诺索斯宫殿及其周围的建筑群。废墟显示出建筑群由大量的柱廊和多层阶梯连接位于小山上的各个亭台楼阁所组成，行政事务殿堂和礼仪事务殿堂建于宫殿中央大院的西侧，中心大殿的御座室内还留有一把国王或女神坐的石膏座椅。宫殿内壁画精美，建有精巧的排污管道和水管系统，还有储藏区、作坊区和住宅区。除最大的克诺索斯宫殿外，考古学家在该岛上还发现玛利亚宫殿、菲斯托斯宫殿和扎库洛宫殿的建筑遗迹。今天在象征米诺斯文明的克诺索斯宫殿遗址上，人们依然能够触感在海洋岛屿环境中发展起来的克里特宫殿功能与性质、文化与艺术和宗教与信仰的独特风格。在海洋环境中发足的克里特文明催生出的岛屿宫殿与"大河文明"的都市宫殿相比，最大的不同之处在于克里特人对宫殿功能情趣上不同的综合认知。

米诺斯王朝在重建克诺索斯宫殿时，首先考虑的是防震因素：他们没有建造"大河文明"常见的在平原拔地而起的高大对称的建筑，而是利用岛上山丘的起伏地势，构建以粗大柱梁为支撑的地下空间，以回廊、阶梯、采光口等设计解决地下空间的透气与照明问题（图25）；地上一层是在地下廊柱向上延伸的基础上，由利于遮阳避暑的平顶构建而成的（图26）；地上二层或三层建筑往往利用山势的斜坡，在有背部依托的条件下逐层修建（图27）。其次，在空间布局上根据面积不大的岛屿地理环境，没有构建"大河文明"都市常见的高大城墙，几乎看不到宫殿的任何军事防御体系；与其说克里特人爱好和平，不如说他们是把防御体系建立在地中海上，他们利用庞大的海上贸易系统构筑起护卫岛屿的天然屏障；可能是岛屿缺

乏农耕资源，也可能是海上交易确立了克里特岛在地中海的商贸枢纽地位，更应该说是克里特人的聪明才智，使得米诺斯王朝在迈锡尼人入侵之前维系了近四个世纪的和平发展时期。第三，海洋环境的太平盛世与岛屿人口基本不变的现状，使米诺斯王朝以母系为主的社会统治结构相对稳定。这里看不到同时代、同地域的埃及新王朝时期法老拉美西斯二世在建造卡纳克-阿蒙大神殿、卢克索神殿、阿布-辛贝尔神殿（图28）等雄伟建筑城门时，大量塑造反映中央集权统治威严、等级、秩序的自己的雕像或具象征意义的方尖碑；这里也看不到现藏法国卢浮宫的古巴比伦王国时期的"汉谟拉比法典石碑"所表现的君权神授的场景（图29）——坐在宝座上代表正义之神的太阳神沙马什伸出右臂，欲将象征支配与权力的圆轮和直杖授予左侧恭敬地站立并抬右手施礼的汉谟拉比国王的浮雕情景；这里只是看到了整个遗址中保存最雄伟的城门——克诺索斯宫殿北入口（图30），看到了崇拜公牛的图案，看到了与"大河文明"个人崇拜不同的注重唯美情趣、祥和生活与崇尚健体的观念和精神。

克诺索斯宫殿最著名的建筑是御座室（图31），位于整个宫殿的西侧，石膏制的御座居于房间一侧的中央，前面有一石制圆盘，周围壁画绘秃鹫头部与狮子身体混合的动物图案，并配有纸莎草的植物纹样（图32），赋有创意的图案纹样在祥和优雅的气氛中，蕴藏着一丝威严和些许神秘。当年发现这间御座室的亚瑟·伊文思认为，石膏御座应该是米诺斯国王的宝座，现在更多的考古学家相信这是克里特女祭司们用于祭祀女神的一间重要祭室，因为从女神雕刻、女神彩陶和宫殿的女神壁画上可以推测米诺斯王朝是由女祭司统治的女神世界。伊拉克利翁考古学博物馆珍藏着一件克里特岛出土的大型女神官壁画（图33）：女神官高222厘米，属于米诺斯王朝的后期，在外观造型上融合了彩绘和堆塑、整体和细节相结合的表现技法，在内在精神上体现了妩

图 25
克诺索斯宫殿的地下内部结构

图 26
克诺索斯宫殿的地上建筑遗存

图 27
克诺索斯阶梯状建筑遗存

图 28
拉美西斯大神庙(约公元前 1275),埃及阿布-辛贝尔

图 29
汉谟拉比法典(顶部)(公元前 18 世纪),藏于法国卢浮宫(Musée du Louvre)

图 30
克诺索斯宫殿北入口(约公元前 1600—前 1400),希腊克里特岛

图 31
克诺索斯宫殿御座室

图 33
女神官（公元前 1550—前 1450），高 222cm，藏于希腊伊拉克利翁考古学博物馆

图 32
御座室壁画局部

055

图 34
"巴黎女郎"（公元前 1400—前 1350），藏于希腊伊拉克利翁考古学博物馆

图 35
克诺索斯宫殿绘有海豚壁画的起居室

图 36
哈吉亚·特里阿达彩色石棺（约公元前 1400），长 137cm，藏于希腊伊拉克利翁考古学博物馆

媚和健硕、智慧和力量相互补的宗教神韵，令人产生一种敬畏与仰慕的双重情怀。同馆珍藏的与女神官同时代的另一件"巴黎女郎"壁画（图34），抹去了对女神的敬仰气韵而增添了女郎的唯美情趣——被称为"巴黎女郎"的这幅侧面妇女画像，或许仍然描绘的是女祭司的形象，但更让人联想的是巴黎的贵妇人：浓妆艳抹的脸部化妆、披肩飘逸的卷发、艳丽袒露的衣着。与其说这是体现女神崇拜，不如说是对女性审美意识的彰显。这种唯美意识的萌芽使克里特岛最著名的克诺索斯宫殿壁画艺术逐渐褪去了对女神崇拜的浓郁色彩，与彩陶纹样一样出现了大量描写海洋动物的题材（图35），同时克诺索斯宫殿艺术也出现了不少描写克里特生活样式的现实化的题材（图36-[1]—36-[3]、37、38）。

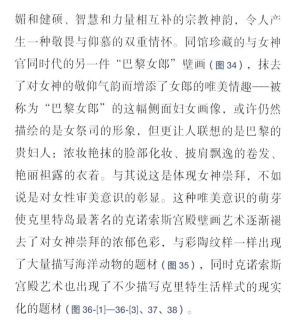

图 36-[1]
哈吉亚·特里阿达彩色石棺局部

图 36-[2]
哈吉亚·特里阿达彩色石棺局部

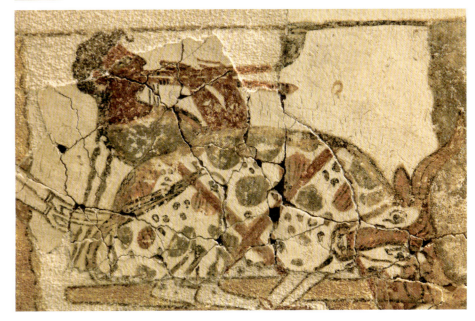

图 36-[3]
哈吉亚·特里阿达彩色石棺局部

图 37
戏牛图局部(约公元前 1500),高 86cm,藏于希腊伊拉克利翁考古学博物馆

图 38
腾跃青年雕像（公元前 1600—前 1500），长 29.5cm，藏于希腊伊拉克利翁考古学博物馆

◉ 欧洲美学的起点
——克里特艺术的文化启迪

人类的造型艺术伴随着人类社会经济文化、文明的发展而诞生和成长，人类艺术发展的脉动伴随着人类社会思想意识、大脑心智的进化而跳跃或休眠。

克里特岛不仅是爱琴海文明的发祥地，也是希腊文明的起始地，更是欧洲文明的奠基石。如果说世界四大古代文明堪称"大河文明"的话，那么爱琴海文明可谓"海洋文明"；如果说欧洲艺术的先驱是克里特艺术的话，那么克里特艺术内在的美学观念应该是欧洲艺术哲学的胚胎；如果说西方哲学是源于希腊哲学的话，那么希腊哲学的源头应该是克里特艺术中透射出来的探索自然和诠释灵魂的认知意识。

大脑心智企划使二百多万年前石器的制作、运用与交换成为现实；语言、学习和记忆等认知概念使人类在百万年前就完成了信息知识和社会经验交流与传承的首次质的飞跃；3万多年前，具象模仿意识和以后的抽象模仿意识使人类创造出了雕刻品、洞穴壁画等在当时起着教科书般作用的造型艺术，这些早期的定型记号使人类完成了将信息知识和社会经验以图形、图像和语言的形式进行交流与传承的第二次质的飞跃；2万多年前，人类形成了数量与计算的概念，随后出现了数字的记号和数的观念，这是人类对自然界内在性质和秩序开始进行抽象认知的表现；5000多年前，文字记号的诞生使人类赖以生存的信息资源和知识资源有了前所未有的爆炸性的积累和传播的可能，人类从此告别漫长的史前时代而开始迈向文明社会。

作者／胡江／上海博物馆副馆长

黄金迈锡尼

高贵的牛眼的赫拉说："太好了！天底下我最钟爱的城市有三个，它们是阿尔戈斯、斯巴达和街宽路阔的迈锡尼。"

——《荷马史诗》第一部《伊利亚特》第四卷

迈锡尼（Mycenae）位于希腊南部的伯罗奔尼撒半岛（Peloponnese），19世纪70年代的考古发现使迈锡尼文明成为了世界文明史上赫赫有名的史前文明，并与克里特文明共同构成了古代世界五大文明之一的爱琴文明，成为古希腊文化的标志。

迈锡尼文明的发现是从《荷马史诗》开始的，文字的魅力和英雄的传说吸引了世代执著的读者。但是在没有实物资料证明的情况下，多数考古学家对史诗的真实性持怀疑态度，认为只是一种传说而已：正如它的可能性不能被否定，它的真实性也不能被肯定。

然而，德国人谢里曼带着对《荷马史诗》的迷恋、执著和狂热，来到了这里，将传说中的迈锡尼城一锹一锹地挖了出来。谢里曼在迈锡尼挖掘的最主要目的是寻找阿伽门农留下的遗迹，当他找到藏有大量黄金制品的墓葬时，欣喜若狂，以为自己发现了阿伽门农的陵寝。然而，事实上，他发现的却是一座更早的遗迹——希腊青铜时代的迈锡尼城。他的挖掘意外地发现了深埋在地下几千年的迈锡尼文明。此后，经过历代学者们的不懈努力，终于使迈锡尼文明的面目比较清晰地展现在人们面前（图1）。

事实上，在阿尔戈利得（Argolid）地区，早在公元前7000年就有人类活动，人们以捕食海鱼为生。公元前6000年，希腊爱琴海地区进入了新石器时代，各地人们的生活方式大致相同，这可能是互相交流的结果：他们开始种植大麦、小麦和豆子，驯养了绵羊、山羊和猪作为新的食物来源。此时的人们经常使用黑曜石来打造成具有锋利边缘的石器，但这种黑曜石只出产于爱琴海上的米洛斯岛，应该就是通过海上往来流传到希腊各地去的。因此，可以说早在公元前6000年，爱琴海上就已经出现了早期的海上贸易。

迈锡尼文明的创造者是希腊人的一支——阿凯亚人（Achaens），公元前3千纪末期来到这里，选择爱琴海周围定居，征服当地居民并混居其中，深刻地改变了其城市与文明，包括：房屋的形状、墓地的造型、陶瓷制品的种类……约公元前1500年，他们在迈锡尼、派罗斯等地建立了国家。在这些国家形成过程中，克里特文明的影响起了很大作用。

公元前13世纪是迈锡尼文明的巅峰时期。此时的它广泛而深刻地影响了希腊和地中海地区（图2）。

图 1
迈锡尼遗址模型

图 2
俯瞰迈锡尼遗址

遥远的神话传说

在希腊神话中,迈锡尼是由珀尔修斯(Perseus)创建的(图3)。珀尔修斯是天神宙斯(Zeus)之子,母亲是阿尔戈斯(Argos)国王阿克里西俄斯之女达那厄(Danae)。阿克里西俄斯(Acrisios)得到神谕,知道将会命丧自己的外孙之手,于是将母子二人装在一个木箱子里扔到海上。他们漂流到西里福斯岛,被国王波吕得克忒斯的兄弟收养。波吕得克忒斯要求珀尔修斯获取美杜莎的头,珀尔修斯历经艰险,最终用计谋完成考验。在珀尔修斯重返阿尔戈斯的回乡之路上,他在拉里萨(Larisa)参加了一次比赛,他的外祖父阿克里西俄斯也正好闻讯逃离阿尔戈斯而来到拉里萨。珀尔修斯在比赛中扔出的铁饼戏剧性地砸死了阿克里西俄斯。误杀了外祖父的珀尔修斯非常悲伤,放弃了阿尔戈斯的王位而在梯林斯(Tiryns)建立了迈锡尼。

在神话中,关于迈锡尼的得名也有诸多说法。有的说是珀尔修斯把剑柄(mykes)落在了那里(图4),所以就将那里命名为迈锡尼;有的说是因为那里的形状与蘑菇相似而得名;还有的说是在蘑菇的根下发现了泉水而得名。荷马则认为迈锡尼是一位非常漂亮的仙女的名字。

珀尔修斯的后人统治迈锡尼至少经过了三代,最后一任国王欧瑞斯透(Eurystheus)在战争中丧命之后,迈锡尼人选择了佩洛普斯(Pelops)之子阿特柔斯作为他们的国王。

图3
珀尔修斯——神话中迈锡尼的创始人

图4
剑柄

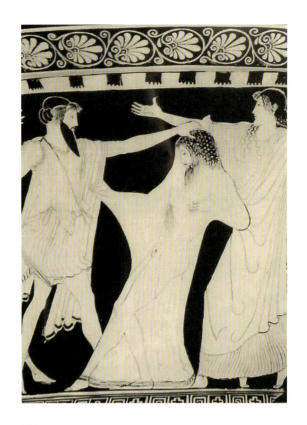

图 5
阿伽门农遇刺图

图 6
谢里曼

阿特柔斯（Atreus）是希腊神话中佩洛普斯和希波达美亚的儿子，其家族的故事非常复杂，且有着诸多不同版本。

阿伽门农（Agamemnon）则是阿特柔斯之子，继承了迈锡尼王位。他弟弟墨涅拉俄斯（Menelaus）的妻子海伦（Helen）被特洛伊（Troy）王子帕里斯（Paris）拐走，墨涅拉俄斯向阿伽门农求助。于是，阿伽门农统帅希腊联合远征军，发动了特洛伊战争。战争胜利后，他在凯旋的路上，被妻子及其情人埃癸斯托斯（Aegisthus）杀害（图5）。1976年在迈锡尼发掘出土的一张黄金面具，一直被称为阿伽门农的面具。但是进一步研究证实，并非阿伽门农所有。

神话传说中迈锡尼的最后一位统治者是提萨墨诺斯（Tisamenos），阿伽门农之子奥雷斯特斯（Orestes）的儿子，在与入侵的多里斯人的交锋中丧生。

传奇的考古发现

迈锡尼遗址的发现毫无疑问应归功于谢里曼（Heinrich Schliemann，1822—1890），德国商人和业余考古爱好者（图6）。他因为痴迷于《荷马史诗》而通过自学掌握了英、法、俄、意、阿拉伯、拉丁、古代希腊和现代希腊等13种语言，坚信《荷马史诗》所记述的特洛伊战争皆属史实，立志要把埋藏在地下的特洛伊古城发掘出来。根据实地调查，他认定土耳其小亚细亚半岛东岸的希萨立克就是特洛伊城所在地，并在1870年组织发掘，最终发现了城垣街道遗址，还见到了战火焚烧的痕迹。特别是墓葬中出土了大量的惊人的文物，印证了史诗中令人称羡的特洛伊的富裕和王宫的宝藏，令整个西方世界为之震动。

之后，他来到迈锡尼寻找阿伽门农的踪迹。1876年，谢里曼在这里发现了墓冢A区（Grave Circle A）（图7、8），时间为公元前1600年—前1510年，被认为是迈锡尼王室墓地，因为出土了丰富的陪葬品，包括金器、银器、青铜器和红陶器，据说光是金器就达14公斤。这是当时最重要的考古发现，使"黄金迈锡尼"之称实至名归，同时也揭开了迈锡尼研究的新篇章。

出于各种原因，谢里曼在迈锡尼的考古工作前后只持续了短暂的14周时间，但因为他的重要发现，他被誉为"迈锡尼考古之父"。之后，在迈锡尼遗址考古做出杰出成就的是特松塔斯（Christos

图 7
墓冢 A 区遗迹

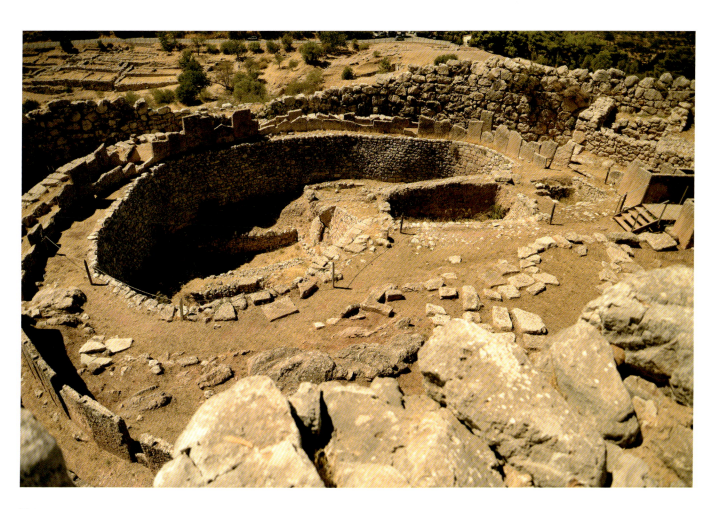

图 8
墓冢 A 区遗迹俯视图

图9
狮子门

图10
1953年发掘墓冢 B 区的考古人员

Tsountas）。1884—1902 年，他在这里发掘了近 18 年，虽然没有谢里曼那种不可思议的运气，但他是第一位在迈锡尼系统地进行考古工作的学者，发现了城堡里的宫殿遗址和一些比较重要的墓葬。

特松塔斯之后，迈锡尼考古陷入将近 20 年的停滞阶段。人们的注意力被英国考古学家伊文思（Arthur Evans）在克诺索斯（Knossos）的重大发现所吸引。直至 1919—1923 年，雅典英国学校的英国考古学家沃斯教授（Alan J. B. Wace）开始对迈锡尼城堡里的遗址和墓葬进行了仔细的发掘清理，发现了一些此前没有发现的遗迹。同时，他还对城堡之外的地方进行了考古发掘，发现了大量的墓葬，为了解那一时期的墓葬习俗提供了充分的证据。他对迈锡尼地区发现的 9 座圆顶大墓进行了全面的整理研究，并首次出版了相关研究成果。1950—1957 年，他又重返迈锡尼继续开展考古工作。在他去世之后，他的遗孀海伦和女儿伊丽莎白继承了其遗志，坚持在迈锡尼进行考古发掘，直至 1966 年。而此时的考古发掘工作主要由雅典英国学校的另一名学者泰勒（Lord William Taylour）主持，直至 1969 年。

迈锡尼遗址的考古发掘其实一直以来都与希腊雅典考古学会关系密切。早在 1841 年，就由该学会的皮塔基斯（Kyriakos Pittakis）主持发掘了迈锡尼城堡的象征——狮子门（图 9）。而谢里曼在迈锡尼考古发掘时，则由斯塔姆塔基斯（Panayiotis Stamatakis）代表希腊雅典考古学会进行监工。在雅典英国学校进行考古发掘的同时，希腊雅典考古学会也仍然坚持在迈锡尼的工作。1952—1955 年，由学会的米洛纳斯教授（George Mylonas）等人（图 10）在迈锡尼遗址中发掘出了墓冢 B 区（Grave Circle B），再次唤起了人们对迈锡尼古城的关注和兴趣。在米洛纳斯教授去世后，接替他主持迈锡尼遗址考古发掘工作的是亚克迪维斯教授（Spyros Iakovidis）。

◉ 高高在上的城堡

经过一百多年的考古发掘，迈锡尼城终于比较完整地展现在了世人面前。虽然，我们永远走在对迈锡尼文明的探索之路上，但这丝毫不影响我们对它的顶礼膜拜。尤其是那矗立在山丘顶部的城堡，更是让每一位观者心情激荡，不禁怀想其建造者的风采（图 11）。

图 11
遥望迈锡尼城堡

城堡所在的山丘海拔 280 米，北面的伊利亚斯山（Ilias，海拔 805 米）和南面的萨拉山（Sara，海拔 660 米）正巧可以作为其天然屏障。城堡正处在阿尔戈利得至伯罗奔尼撒及希腊各地的交通要道上，所以迈锡尼人掌控了周边地区的物资流动，并保持与其他爱琴海地区甚至地中海地区文化的交流。于是，迈锡尼以其雄踞阿尔戈利得平原、控制着陆路和海上航线的特殊地位快速发展并占据主导和统治地位，成就了最辉煌的希腊青铜时代文明。

大约在公元前 14 世纪至前 13 世纪，迈锡尼、梯林斯、雅典等城邦都建起了这种巍峨的城堡，标志性的大门和通往地下水源或水库的通道是这类城堡的共同之处。有学者认为，这是因为当时的统治者已经认识到克里特岛之所以被攻占就是因为没有建城墙这种防御工事。在神话传说中，珀尔修斯雇用了来自亚洲的巨人库克罗普斯（Cyclopes）来建造迈锡尼城墙。所以人们称之为"巨人之墙"，因为它庞大的体量让人很难想象在当时是怎么建成的。目前只能推测，当时是通过建造斜坡来运送石材，但仍然要求有非常强壮和专业的工匠。更重要的是，只有强有力的统治者才能推进这么规模庞大的营建工程。

迈锡尼城堡的建造遵循了地面的自然轮廓，以巨石一块块堆叠而成，城墙厚 5 米，有的地方甚至可以达到 8 米，周长 900 米，面积达 30000 平方米，形状呈三角形，几乎涵盖了整座山丘。当然，其建造并非一夕之功，而是分成三个阶段。第一阶段约为公元前 1350 年，主要位于山丘的最高处，所覆盖面积大约只有后来的一半；第二阶段在公元前 1250 年左右，重点是向西扩建，狮子门就建于这一时期；第三阶段约在公元前 1200 年，着力于向东北方向扩建，此次扩建的主要目的并非为了扩大面积，而是为了保护地下水库的安全，地下水库深 6 米，通过长长的陶管将附近的山泉引入山中，以保证非常时期的饮水供应（图 12）。

迈锡尼的城墙大部分保存完好，在希腊化时期（Hellensitic period）还有一些扩建，而东南面的部分城墙则因为倒塌而坠入山谷。

城堡内有大量的建筑遗迹和墓葬遗迹，其中最著名和最重要的是狮子门、墓冢 A 区、中央大厅、宫殿建筑群等处。

狮子门（Lion Gate），迈锡尼城的正门，位于山丘的西侧，建于公元前 13 世纪中期（图 13）。狮子门

图 12
蓄水池

宽 2.95 米，高 3.10 米，整个门框由四块整块的巨石构成，每一块的重量达 20 吨。门楣上是三角形石灰岩装饰，正面为高浮雕的两头相对峙的雄狮，都以后腿站立，前爪搭在祭坛上，祭坛上还有象征神明的立柱，尽显王者姿态。雄狮的头部可能是以另一种石材制成的，已经遗失。学者们普遍认为这狮子正是迈锡尼统治者的象征。

考古研究证明，狮子门建于公元前 13 世纪中期，而这正是学者们认定的阿特柔斯当权时期，所以有人推测其图案源于阿特柔斯的盾形纹章（图 13）。

紧邻狮子门的建筑被称为谷仓（Granary），因为在这幢两层建筑的下面一层房间内发现了装有谷粒的储物罐。谷粒的品种包括大麦和小麦，已经碳化。事实上，这幢建筑更有可能是成守城门的卫兵们使用

图 13
狮子门局部

的，建造时间稍晚于第二阶段的城墙建设。在这幢建筑的地层中发现的陶器被命名为谷仓类陶器（Granary Class）。

墓冢A区（Grave Circle A）在狮子门和谷仓东侧，埋葬着迈锡尼最荣耀的祖先。时间为公元前1600年—前1510年，远早于城墙修建的时间，属于迈锡尼文明的最早阶段。墓冢里有6座规模巨大的竖穴墓和一些简单的浅穴墓，然而大部分都在谢里曼发掘时被毁，仅在1957年发现了一座幸存的墓葬。墓冢A区里的大墓墓穴呈四方形，最小的3×3.5米，最大的达4.5×6.4米，深1—4米。当时还在地面设置长方形石质墓碑，墓碑上有时还有象征性的图案雕刻。

在六座大墓中发现了19具尸骸，其中8名男性、9名女性、2名儿童。出土了大量的陪葬品，目前大部分展出在雅典国家考古博物馆（National Archaeological Museum, Athens）（见P283，图5）。在其中的四号和五号墓葬中发现了黄金面具，被认为是受埃及文化影响的结果。还在男性墓主人身边发现了他们的佩剑，是装饰精美的镶嵌了金银和象牙的青铜剑。此外还有金器和珠宝、金王冠、带有狩猎和战斗图案的金戒指，既有许多克里特文明和埃及文明的元素，又代表了迈锡尼文明的精湛工艺（图14、15）。

祭祀中心（Cult Center），位于城堡的西南部，建于公元前1250年左右。这里其实是一个建筑群，包括神庙、祭坛和一些附属建筑，集中了城堡内的神庙、祭坛等祭祀场所和各种手工作坊，所以在这里发现了大量的祭坛、壁龛、陶制偶像、象牙制品等，甚至发现了壁画，堪称迈锡尼最伟大的发现之一。谢里曼最先发现了这里，他确信自己发掘到的是阿伽门农的宫殿，当然事实并非如此。这里先是受到了地震的破坏，虽有修复但规模减小，并在不久之后又遭遇了火灾。

迈锡尼国王的宫殿（Palace）位于城堡中的最高位置——接近于山丘顶部，具有君临天下、睥睨一切的气势（图16）。它的位置和建筑，充分阐释了迈锡尼王权的强大有力。在通往王宫的路上，人们心中充满着敬畏之情。而这种敬畏之情从远望城堡的震撼，到穿越狮子门的壮观，再随着斜坡向上攀登，在王宫门前达到顶点。

宫殿建筑群的布局与克里特岛科诺索斯宫殿如出一辙，包括入口的位置、建筑之间的通道以及功能的划分等（图17）。从北面的走道沿着斜坡向上，是王

图14
黄金饰品

图 15
祭祀中心出土的祭祀器具

图 16
宫殿区遗址

室家族的私人空间,而从南面的走道向前,则是官方机构的所在。王宫的核心建筑是中央大厅（Megaron），建于公元前 13 世纪中期,正是迈锡尼文明的巅峰时期（公元前 1400—前 1200）。中央大厅包含了三个部分：门厅（aithousa）、前厅（prodomos）和正厅（domos），整体呈一个简洁的长方形,长 23 米,宽 11.5 米,堪称古希腊神庙的雏形。在长 12.95 米、宽 11.5 米的正厅中央,有一个直径 3.7 米的圆坛,表面用泥灰绘饰了火焰和螺旋纹。圆坛周围有四根用青铜覆护的木头柱子。国王的宝座应该与圆坛相对,位于正厅的南墙前,与皮洛斯和梯林斯的宫殿一样。

中央大厅和它周围的附属建筑一起,在王权的主导下,成为王国的政治、行政、军事和经济中心,并进一步巩固了王权的垄断地位。从遗址的种种迹象可以推断,早在公元前 14 世纪中期,这里曾经兴建过另一座南北向的宫殿,而现在我们所能看到的中央大厅则是东西向的。

宫殿建筑群的两翼建筑主要用于作坊和仓储。在这里发现了一些珍贵的材料,因此这些作坊应该属于迈锡尼国王和王室。

⊙ 不容忽视的城堡之外

城堡周围的遗迹主要分成两类,（图 18）一类是迈锡尼居民的住宅或商业用房,一类是各种类型的墓葬遗址。虽然不可能通过这些考古发现来完全定论迈锡尼人在史前时期的生活情况,但基本可以确认当时居住在这里迈锡尼人以家族为单位。

城堡之外的遗址遗迹中最著名的有墓冢 B 区和阿特柔斯宝库等（图 19）。

墓冢 B 区（Grave Circle B）位于迈锡尼史前墓地的最西面,总共有 26 座墓葬。其中 14 座竖穴墓与墓冢 A 区的墓葬基本同时（公元前 1600—前 1550）,另外的 12 座时代稍早（公元前 1650—前 1600）,是在基石上凿出的小而浅的墓葬。所有这些墓葬被围在一个坚固的圆形围墙之内,其圆形围墙的

图 17
阿特柔斯宝库入口

图 18
宫殿遗址模型

图 19
墓冢 B 区示意图

图 20
阿特柔斯宝库入口装饰复原图

建制和直径与墓冢 A 区的如出一辙。墓穴普遍比墓冢 A 区的要小和浅。最大的一座墓葬尺寸为 3.9×3.1 米，仅 0.6 米深，埋葬了 3 名男性和 1 名女性，而其余墓葬则多不超过 3 人。据推测，在墓冢 B 区里大约埋葬了 40 位死者。虽然陪葬品的数量不及墓冢 A 区，大多是一些陶制容器，但也出土了迈锡尼艺术杰作，比如黄金面具和雕刻有迈锡尼人头像的印章、装饰了黄金剑柄和刃部的青铜武器以及金银珠宝、金属容器。

"阿特柔斯宝库"是迈锡尼建筑巅峰时期最壮丽的遗迹（图 20），又称为"阿伽门农墓葬"，大约建造于公元前 1250 年，与狮子门的建造时间大致相同。整个墓葬由墓道、入口、圆形墓室和小边室几个部分组成。墓道长 36 米，宽 6 米。圆形墓室直径 14.6 米，高 10.5 米，最高处达 13.5 米。入口处高 5.4 米，底部宽 2.7 米，上部宽 2.5 米，刻有装饰线条，其上庞大的三角形门楣，长 9 米，宽 5 米，厚 1.2 米，重达 120 吨。在圆形墓室的北部有一个带三角形门楣的小门，就像入口一样，它通往一个边长 6 米的方形墓室，也就是小边室。入口处的巨石元素的使用（门框和门楣）和砌造考究的墙体是该墓葬建筑的最典型特征。墓葬里的东西无一幸存，在古代就已被劫掠一空。建筑的墙面上原先还有各种装饰，部分的雕刻装饰现在保存在伦敦的大英博物馆和雅典的国家考古博物馆。

结语

持续了百余年的迈锡尼考古为我们展示了一个物质高度发达的迈锡尼世界。在这里，有雄伟的城墙、豪华的宫殿、庄严的墓冢、奢侈精美的陪葬品、精美的壁画、丰富的陶器和珍贵的金属、象牙工艺品……这一切都表明，迈锡尼社会的文明程度已经达到相当的水平，具有强有力的王权和雄厚的经济基础。

透过这些华美的物质表象，我们看到迈锡尼社会古朴豪放的另一面——一个尚武的贵族武士社会。"独眼巨人"建造的巍峨坚固的城堡、镶金错银的青铜刀剑、青铜甲胄与盾牌等，无不流露出贵族武士的好战气质。在壁画、印章、陶器图案等艺术作品中，攻城、围猎、搏斗的场面屡见不鲜。因此，迈锡尼时代是一个列国纷争的时代，希腊神话讲述的诸王国之间的战争或许是真实历史的影子。迈锡尼时代也是个海外扩张的时代，特洛伊战争是希腊人记忆中迈锡尼人最大的海外军事冒险。而一系列的考古发掘证实：迈锡尼人的确属于开放的海上民族，他们的商业和殖民活动遍及地中海东岸地区；西向的商业开发也有迹可寻。迈锡尼时代是充满冒险和进取精神的时代。

在迈锡尼文明中，我们能看到克里特米诺斯文明的决定性影响。在公元前 1550—前 1450 年，迈锡尼人和克里特人似乎已有友好交流，并开展贸易往来。当米诺斯文明走向黯淡之后，受其影响而发展起来的迈锡尼文明成为它的延续，同时成为爱琴文明的第二阶段。最典型的例子就是线形文字 B。线形文字 B 是迈锡尼文明时期的一种音节文字，出现于希腊青铜时代晚期（公元前 1500），随着迈锡尼文明的衰落而消逝。写有线形文字 B 的泥板大部分发现于克诺索斯、皮洛斯、底比斯和迈锡尼等地。一般都认为，线形文字 B 是在米诺斯文明的线形文字 A 的基础上发展而来的。

现在，线形文字 B 已经被成功破译，其记载的内容主要是迈锡尼人经济活动的管理档案，虽不直接涉及政治和历史等内容，但却是研究迈锡尼社会的第一手资料。从出土的线形文字 B 泥板看，希腊青铜时代晚期的迈锡尼为君主专政王国，最高统治者是国王 wanax（线文 B 为 wa—na—ka）。国王居于至尊地位，掌管一个以宫殿为中心官僚行政体制，权力高度集中，对国家的经济活动施以严格控制，兼及军事和宗教事务。宫殿为王室居所，也是国家权力中心，在经济管理、军队调动和宗教祭礼等方面扮演着核心作用。这在迈锡尼考古发现中得到了印证，坚固的城堡和豪华的宫殿本身就是强有力王权的实物证据。

同时，我们在迈锡尼文明中看到了埃及的影子，应该也是海上贸易往来的成果。迈锡尼墓冢中的大量财富和丰富的黄金制品，特别是显赫逝者面部覆盖的惊人的面具，其想法或许和黄金一样来自尼罗河沿岸。

大约从公元前 12 世纪初开始，迈锡尼文明逐渐走向衰败。埃及等国的衰落造成了迈锡尼海上贸易的萎缩，经济的倒退导致伯罗奔尼撒半岛政局动荡，许多国家的政权都出现了更迭现象。正是在这种情况下爆发了特洛伊战争，(图 21) 而战争的起因恐怕也并不像传说中所说的那样是由于绝世美女海伦而起，它更有可能是一场对财富和海洋贸易势力范围的掠夺。以迈锡尼为首的希腊诸国组成联军，东渡爱琴海，攻

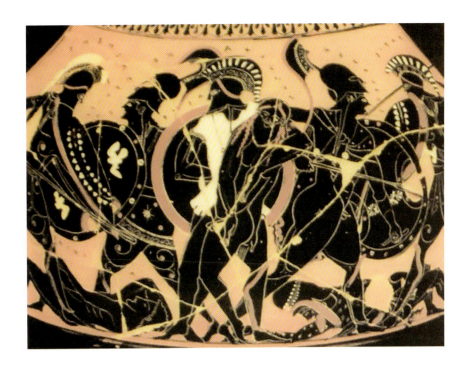

图 21
阿凯亚人与特洛伊人的搏杀

打小亚细亚的富庶城市特洛伊城。这场战争持续了十年之久，最后希腊联军虽然攻下了特洛伊城，但是自己也元气大伤。不久，希腊人的另一支多里斯人（Dorians）从希腊半岛北部南下，攻占了中希腊和伯罗奔尼撒的迈锡尼等国，迈锡尼文明自此灭亡。

虽然多里斯人和迈锡尼人同属希腊民族，但是他们一直居住在内陆山区，经济和社会发展还都很落后。毁灭了迈锡尼后，他们也没能建立起属于自己的新国家，致使希腊地区的文明断绝了。从公元前 11 世纪到公元前 9 世纪的 300 年，各地又重新回到原始社会的黑暗时代。由于《荷马史诗》是反映这一时代历史情况的主要文献，后人便将此时期命名为"荷马时代"，又称为"黑暗时代"或"英雄时代"。

作者 / 陈凌 / 上海博物馆副研究员

公民与自治
——由阿哥拉遗址看古代雅典的民主制

◉ 引言

阿哥拉遗址（Agora）位于举世闻名的雅典卫城（Acropolis）西北（图1），是希腊最古老的遗址之一。它南临阿勒奥珀格斯山（Areopagus），西界阿哥拉丘（Kolonus Agoraios）。作为集政治、商贸、教育、哲学、戏剧和运动等多重功能于一身的大型建筑群，阿哥拉在历史上曾是雅典的中心。目前，除了阿特洛司柱廊（Stoa of Attalos）（图2）和圣徒教堂（Church of the Holy Apostles）（图3）以及遗址附近提塞翁（Theseion）的赫法伊特翁神殿（Temple of Hephaisteion）（图4）保存相对完好之外，原址基本仅存断壁残垣。

1859至1912年间，希腊考古协会（Greek Archaeological Society）率先对阿哥拉遗址进行了发掘。自1931年5月之后，美国古典研究院校（American School of Classical Studies）在高级专家T·莱斯利·希尔（T. Leslie Shear）的率领下继续对阿哥拉遗址开展发掘，其间获得了洛克菲勒家族在资金上的鼎力支持。考古发掘面积达30英亩左右，各类历史遗存自新石器时代晚期至现代，揭示出5000年跌宕起伏的雅典发展史。当地系统的发掘工作一直持续到1941年，之后在1945年又得以再次继续。1953至1956年间，遗址内的阿特洛司柱廊经修复和重建后再次屹立于阿哥拉遗迹的东面。如今，阿特洛司柱廊已变身为古阿哥拉博物馆，主要陈列从阿哥拉遗址陆续出土的各类雕像、陶器、钱币、玻璃器和青铜器等，集中反映了古代雅典盛极一时的民主体制及其对后世的重要启示与深刻影响。

图1
阿哥拉遗址

图 2
阿特洛司柱廊

图 3
圣徒教堂

图 4
赫法伊特翁神殿

阿哥拉遗址的历史发展与功能演变

"阿哥拉"（Agora）一词首先出现在《荷马史诗》中，在希腊语中是"集合、汇聚"的意思。在古代雅典，阿哥拉也确实是公民聚集活动的中心，这里不仅是当地的商贸市场，还是人们讨论经济、时事、文化、宇宙与神权等各类话题的聚集地。阿哥拉周边建筑林立，且多为公共设施，如雅典娜大道（Panathenaic Way）、公民大会会场（Assembly）、议事会厅（Bouleuterion）、陪审法庭（Law Court）、圆殿（Tholos）、柱廊（Stoa）、十二神祭坛（Altar of the Twelve Gods）、母神庙（Metroon）和铸币厂（Mint）等，功能各异、一应俱全。有人说，"希腊是西方文明的摇篮，而阿哥拉是希腊民主的摇篮"。阿哥拉遗址为后人探究古代雅典的商业、政治、宗教和文化生活提供了实证，它的历史演变见证了雅典民主由孕育、萌生到发展、沿革的历程，承载着希腊文明的重要时代意义。

早在新石器时代晚期至青铜时代，阿哥拉曾是一片墓地，目前共计在遗址上发现了约50座时代在公元前1600—前1100年间的墓葬。至铁器时代（公元前1100—前700），阿哥拉被继续作为墓区，这点可以由考古发现的80余座该时期的墓葬以及遗骸和骨灰加以证实（图5）。此外，遗址上发现的数十口水井则表明了房屋原先所处的位置，说明阿哥拉也曾被用作居住用地。

公元前6世纪中叶，阿哥拉的属性逐渐由私有转向公用。首批公共建筑和纪念碑（如东南泉房、十二神祭坛）在庇西斯特拉图（Peisistratus，约公元前600—前527）统治的公元前6世纪20年代期间陆续竖立在阿哥拉的土地上。作为梭伦和克利斯提尼之间一位承先启后的人物，庇西斯特拉图是古代雅典一位著名的僭主。庇西斯特拉图曾移除了阿哥拉范围内的一切私有房屋，建造了排水系统、喷泉和奥林匹亚神庙。至公元前508—前507年，雅典新兴的民主体制还陆续催生出旧议事会（即后来母神庙Metroon所在地）、界碑（Boundary Stone，图6）和皇家柱廊（Royal Stoa）等建筑。至此，位于雅典主干道雅典娜大道（Panathenaic Way）与三条道路交汇点上的阿哥拉便成为市中心的一处公共广场。

公元前480至公元前479年，波斯帝国入侵希腊，雅典人纷纷逃离住地，雅典几乎全城尽毁，一

图5
阿哥拉遗址墓葬以及遗骸

片狼藉。公元前478年，击溃波斯的雅典人得以重返故土，阿哥拉也因此获得重建，雅典由此迎来了民主的鼎盛时期。当时，这里不仅建起了波伊奇列柱廊（Stoa Poikile）、圆殿（Tholos）、新议事会（New Bouleuterion）、宙斯柱廊（Stoa of Zeus Eleutherios）、南柱廊I（South Stoa I）、铸造厂、法庭、商店以及赫菲斯托斯神庙、宙斯神庙和阿波罗神庙，还涌现出了伯利克里、埃斯库罗斯、索福克勒斯、柏拉图、德摩斯梯尼、修昔底德与普拉克西特列斯等众多政治家和剧作家、历史学家、艺术家、哲学家和演说家，他们共同播下了西方文明的种子。

此后，雅典受到了马其顿亚历山大大帝政治势力的强大冲击。直至公元前2世纪，雅典借助其地中海地区文化教育中心的盛名而得以复兴。经历多次修复与改建的阿哥拉也终于呈现出今日所见的矩形规模。此时，由柏拉图（Plato）、亚里士多德（Aristotle）、芝诺（Zeno）和伊壁鸠鲁（Epicurus）创建的哲学各派也出现了百家争鸣的繁荣景象。而阿哥拉在当时也新建了三大柱廊（中柱廊、南柱廊II和阿特洛司柱廊），同时具有档案存放功能的母神庙（Metroon）外墙也被改为了柱廊式。除了少数富足的异族统治者曾对东、南两界做过微调之外，阿哥拉在这段时期内并没有发生重大的变化。

公元前86年，罗马对雅典的影响得以凸显。当时，罗马指挥官苏拉（Sulla）打败了雅典与庞度斯（Pontus）国王米特拉达梯六世（Mithridates VI）所组成的联盟后攻占了雅典。雅典的城墙在此期间遭到了严重的破坏，之后再也没能恢复原状。而阿哥拉在以后的较长一段时期内始终是雅典城的中心，宏大的音乐厅便是在公元前1世纪晚期出现在广场正中央的。至哈德良大帝（公元117—138年在位）统治时期，雅典再次复兴，这促使旅行家波塞尼亚斯在公元150年左右详细描述了当时的繁荣景象。当时重建的城墙具有重大的考古学价值，它圈围了包括哈德良图书馆和阿特洛司柱廊在内的一些重要建筑遗迹。公元267年，赫卢利人洗劫了阿哥拉，当时屡遭破坏的围墙已不足以承担防御的重任。在战争席卷了大部分雅典城区之后，雅典人迅速重修了城墙，但城墙的范围却缩小了很多。处于城墙外围的阿哥拉和卫城均面临着再遭重创的威胁。相反，城墙内充斥的却是4—5世纪建成的大型房屋。这些建筑体现出异族入侵所带来的影响：公元395年，西哥特人在国王阿拉里克的率领下洗劫雅典，此后汪达尔人在5世纪70年代、斯拉夫人在582—583年间先后入侵当地。在经历了数个世纪的异族入侵之后，阿哥拉最终在公元7世纪曾一度遭受废弃，直至10世纪雅典城壮大时才得以恢复。

作为一处被建筑物圈围的大型公共广场，阿哥拉遗址集中体现了雅典源远流长、跌宕变幻的民主发展史。遗址上发掘的建筑、纪念碑和小型器物反映出阿哥拉在公民生活各方面所扮演的重要角色。迄今为止，考古人员已在阿哥拉遗址区发现了议事会楼（Bouleuterion）、公共办公楼（皇家柱廊、南柱廊I，图6-1）和母神庙（Metroon）等建筑遗迹。出土的青铜选票和用于发言计时的水时计等文物则证实了当时阿哥拉法庭的存在。窑匠、鞋匠、青铜匠和雕塑家的商铺遗迹从侧面反映出阿哥拉市场当时的繁荣。悠长的柱廊为当时洽谈业务、商谈政治或哲学话题的人们提供了阴凉的场所。此外还有满足公民文化与信仰需求的图书馆、音乐厅（odeion）和众多神庙。以下谨通过阿哥拉遗址出土的各类文物来探究雅典民主政治的内容与特征。

图6
界碑

图 6-1
公共办公楼皇家柱廊、南柱廊 I

⦿ 阿哥拉与雅典城邦的民主政治

阿哥拉是伴随着古希腊城邦的出现而逐步形成的，早期的阿哥拉是当时城邦民主政治的空间形式。进入古典时代（公元前5—前4世纪），希腊城邦迎来了黄金期。当时雅典纯粹的民主政治要求政府"由人民组成、为人民服务、受人民管辖"，其民主化的程度甚至远超当代的一些民主国家。政治上，梭伦、庇西斯特拉图和克里斯提尼改革帮助雅典最终确立了民主制度，推动了大量民主机构的设置与运作，政府行为开始向公民生活的各个方面开始渗透；经济上，自梭伦提出工商业发展政策后，雅典的商业实力迅速上升，成为希腊城邦中的工商业中心；文化上，雅典汇聚了大量的人才，一跃成为"全希腊的学校"。古典时代的繁荣与发展为阿哥拉的完善提供了重要的前提与基础。广泛的政府活动和深入的公民参与在阿哥拉催生出诸多政府机构和建筑。如今，这些阿哥拉的遗迹生动地揭示出了当时雅典的民主化进程与规模。

此外，留存至今的雅典人曾经使用过的石头、金属器和陶器等也有助于补充和诠释与民主相关的文字描述和历史记载。这些可移动的实物遗存主要为大理石碑、钱币、标准计量工具、法庭用具和陶片等。

◎ 机会均等
——雅典的公民权责与民主参政

古希腊的民主思想抵制那些由统治者与被统治者组成的社会，认为理想的社会应该是所有公民积极参与共治的社会，直接与积极的自治是雅典公民的最高信条。

雅典的每位男性均拥有公民权，该权利来自个人在"社群"（deme）中的成员身份。"社群"既是一种地理概念，也是公民姓名的组成元素之一。全雅典总共约有140个社群，分为10个部族，这成为了抽签选举、组织架构和军事体系的基本构成单位。雅典的一切政府行为与决策均以公民为本，阿哥拉遗址也存在着一处权利的中心——"齐名英雄碑"。这是一个被圈围起来的矩形底座，底座上方竖立着10位英雄的青铜像，他们分别赋予了10个部族相应的名称，个人也因自身所属的社群与部落而获得相应平等的公民身份、权利与责任。同时，这个英雄碑也被作为雅典的官方公告栏，有关城邦的事务，诸如公民大会的会期、议案、通告和决定都会在这里公布。

为确保公民在国家事务上的广泛参与度，雅典规定绝大多数的国家公职均应由公民轮流担任，人选多以抽签决定，且多数职位由多人担纲，一年一任，不得连选连任。城邦的最高权力机关是由所有年满18岁的男性雅典公民所组成的"公民大会"，它拥有国家一切重大事务的决定权，是雅典城邦的最终裁决机构。到公元前4世纪，公民大会每月召开3次，除日常例会之外，阿哥拉还会应"陶片驱逐法"的民意调查需要而举办公民大会。参加公民大会的法定人数是6000人，每位成员均能在公民大会上就官员的任免和奖惩、财政的开支与预算、对外战争与和平等重大事务发表自己的意见、提出各项法案、进行投票表决。此外，公民还有权选任"五百人会议（议事会）"（最高常设政府行政机构）、"陪审法庭"和"十将军委员会"（军事权力机关）等国家机关的公职人员。其中，经"公民大会"抽签在10个部落中各选出50名公民所组成的"五百人会议"职权较为广泛，其地位和作用仅次于公民大会。除了为公民大会筹备议案、审核官员资质、对滥用资金的官员进行审判、检阅海军和船只、先行讨论所有议题之外，它还在公民大会闭会期间负责处理国家的日常政务。每位男性公民一生中至少有一次被抽签选中进入"五百人会议"，任期为一年。10个部落在一年内轮流值班，称为"主席团"，而每组的50人也是轮流抽签值班。每个部落有1/3的代表日夜轮值，轮值期间入住在"议事会楼"（Bouleuterion）边上的圆殿，这里也成为城市真正的中心所在。考古人员在遗址上发现了当值官员日常起居的用品和记录在陶片上的物资采购清单。圆殿北侧还发现了一处厨房遗迹，周边散落着众多当值者使用过的杯子和器皿，部分器表标识为公用。值班那天，当值公民便是雅典地位最高的公职人员，有权主持公民大会、接见外国使团。议事会的最主要功能是草拟法案，以提交公民大会通过。通常情况下，条款被刻在石头上并竖立于合适的地点。写于纸莎草或羊皮上的原版法案保存于老议事会室内，这里很可能供奉着万神之母并保存着城邦档案。在希腊化时代，档案室建筑群取代了老议事会室继续发挥其原有的功能。正北方的阿波罗小型宗庙则存放着公民的登记册。在古典时代，雅典的陪审法庭兼具立法和审判的职能，年满30岁的男性公民都能成为陪审法官。每年，6000名陪审员从这些达到年龄的公民中选出的，每个部族选出600名。陪审团以抽签的方式分到各个法庭，不同的案件有不同规格的陪审团，人数从201—1000名不等。法院的裁定是最终的，不存在向高一级法院上诉的情况。[1] 而作为最高军事机关的"十将军委员会"也是由公民大会用公开投票的方法选出。每年从10个部落中各选1名将军组成，十将军的选举由"议事会"来承担。各将军的职权由公民大会以表决的方式规定，他们要向公民大会汇报工作并受其监督。公元前5世纪上半叶，"十将军委员会"在希波战争中的作用逐渐增强，取代了原来执政官的权力，成为雅典民主政治的重要机构。

公民在享有相对平等的参政资格之外，还需要承担以行政和军事职责为主的公民义务。每位男性公民均需要经抽签担任司库、审计、市场监管、计量监管、粮食监管、港口监管等各类委员会或执委会成员等职务。除此之外，当地最高行政机构的诸多职位也是由抽签决定人选的，且任期多为一年，这确保了公民拥有平等的任职机会。每位公民在任职前必须宣誓，保证不触犯法律、不损害民主。在雅典巴西留斯列柱廊（Stoa Basileios，或称皇家柱廊 [Royal Stoa]）的前面竖立着一块"宣誓石"。与此同时，广泛而平等的职责也催生出了相应的司法体制。案件均由公民裁定，当阿哥拉的法院在审理案件时，虽然只有经抽签抽中的成年男性公民可以担任某个案件的陪审员，但任何人均有权旁听。且每位男性公民均有可能成为陪审团（200人以上）和法官（同时有10名）中的一员。兵役方面，任何年满18周岁且在所属社群内登记并获得议事会认可的男性公民均为应征入伍者，须依法服满2年的兵役。亚里士多德曾说道："父亲们召开了部落会议，他们在宣誓后选出了三名40多岁的成员，由他们来担任应征入伍者的监管人。他们率领这些应征者环绕神庙，然后来到比雷埃夫斯（希腊东南部港市），一部分人被指定守卫穆尼克亚（Munichia），其余人则守卫阿克特（Akte）。"这里描述的正是新军入伍时的情景。两年的全职军役期满后，雅典会颁布石刻敕令以表彰他们的尽忠职守，军人的名字也会在石碑上一一列明。此后，雅典公民还必须在此后的40年内随时待命。他们在任何时刻都有可能被召唤重新服役3天或以上，以备形势所需。一般而言，富人往往在骑兵营服役，他们在阿哥拉的宽阔道路上接受训练。其余则在轻装部队服役或担任海军舵手。对于战争中牺牲的战士，人们也会为他们竖立纪念碑，碑文上会铭刻他们的名字、所属部族和赞诗，以示对他们的尊重。

◎ 全民共治
——雅典的公民主权与民主集中

雅典民主政治的杰出领袖伯利克里曾自豪地宣称："我们的制度之所以被称为民主政治，因为政权是在全体公民手中，而不是在少数人手中。"本质上贯彻"直接民主"的雅典民主制度体现着雅典自由民多数人的主权和全体公民的意志。与"间接民主"或"代议制民主"相对，雅典的"直接民主"要求全体公民（未成年人、妇女、奴隶、异邦人、罪犯除外）直接参与、讨论、决定和管理国家与社会事务。在恪守"主权在民"的同时，遵循"少数服从多数"的决策原则，以多数人的意志为取向体现对民主的集中。为维护这一得之不易的"主权属于多数"的"平民政体"，雅典人也采取了一系列积极措施，《反独裁法》和"陶片放逐法"便是其中最为人所知的两项。

公元前4世纪，雅典人面临着"僭主统治"所带来的威胁。虽然马其顿国王在喀罗尼亚战役（公元前338）之后维持了雅典和平时期的民主制，但人们担心，野心家会在数年后为了取悦马其顿国王而推翻民主政府。两年后的公元前336年，雅典颁布了一项法律："法律委员会决议如下：任何人杀害违背人民意志企图独裁或建立僭主政权，或者反对雅典人民或民主政权的人，均恕无罪。当雅典人民或民主被推翻后，任何最高法院的议事会委员不得进入最高法院、议事会或商讨事宜。一旦发生此类情况，则将剥夺他本人及其子孙的公民权并没收财产，财产的十分之一将用于祭祀女神。该法律条款应由议事会秘书刻为两块石碑上，其中一块应被竖立在最高法院的入口，另一块则置于议事会中。司库应从可支配额度中提取20个德拉克马（古希腊货币单位）用以支付刻写石碑的费用。"这就是《反独裁法》的基本内容，其核心精神体现在对反独裁势力的人所做的赦免甚至是保护，反映出雅典民主运用法律武器对公民主权的有力维护。

著有十二卷巨著《希腊史》的19世纪英国资产阶级史学家格罗特（George Grote，1794—1871）曾经这样评价"陶片放逐法"（Ostracism）："对于初期的民主，它是不可或缺的；对于成长中趋于激进的民主，它又是有益的。"（To the nascent democracy, it was absolutely indispensable; to the growing, yet militant, democracy, it was salutary.）[2]。由此可见，"陶片放逐法"是一项对于雅典民主具有重要意义的政治制度。简言之，它是公元前5世纪时雅典公民通过在陶片上刻写人名后经投票表决，将企图威胁雅典民主制度的人物予以政治放逐的一项特殊的制度。传统观点认为，"陶片放逐法"是由雅典政治家克里斯提尼（Cleisthenes）在庇希特拉图被推翻后，为捍卫梭伦改革的民主成果、防止僭主政治复辟而创立的。为了确保"陶片放逐法"制度的严密性，克里斯提尼对实施的程序进行了详细的规定：每年，"五百人议事会"首先向"公民大会"提出议案要求决定当年是否实行陶片放逐。公民大会对此举手表决，若多数人赞成，则即可确定阿哥拉投票大会的日期。投票当日，阿哥拉广场经圈围后形成一个空旷的封闭场地，周边预留十个出入口，分别供雅典的十个部族的人员进出。有权参与投票的同一部落的男性公民从同一入口进入会场，在陶片（ostraka）上写上他所希望放逐的公民的名字，然后将写好的选票正面朝下，投入票箱。投票完毕后，由执政官清点选票。投票大会的法定参会

图 7
用于投票的陶片

图 8
用于投票的陶片

图 9
圆形陶片"选票"

人数至少须达 6000 人,若少于法定人数,则投票结果无效;若超过 6000 票,则票数最高者会被驱逐长达 10 年之久(亦存在提前召回的可能性)。统计完毕之后,所有陶片将如同废纸一样被铲堆起来,用以填埋阿哥拉地区路面上的坑洼。阿哥拉西南角所发现的大量堆积的陶片属于 5 世纪早期,这些"陶片驱逐法"所留存下来的投票记录着众多雅典著名政客的名字(图 7)(图 8)。那些获得最高票数遭到放逐的政客在放逐期间可保留公民和财产权,结束放逐后这些权利将自动恢复。历史上,克桑提波斯、阿里斯揭德、地米斯托克利、客蒙、修昔底德都曾遭放逐。

从积极的意义上讲,"陶片放逐法"打击了僭主势力,消除了僭主复辟的危险,使雅典沿着克里斯提尼确定的民主方向稳步前进。其次,"陶片放逐法"又通过放逐敌对贵族与特权阶层缓解了城邦的不稳定因素,减少了内战的危险,从而为民主制的发展扫清了诸多障碍。再次,它通过公民大会的形式赋予全体公民自由表达政治愿望与意见的权利,体现了古代雅典民主政治的广泛性,有利于正常民主秩序的维护。"陶片放逐法"从制定到实行的各个细节都体现出民主精神,只是在以后的发展中却渐渐背离了克里斯提尼的初衷,个人意志的任意发挥使"陶片放逐法"出现了滥用的趋势。考古学家曾在阿哥拉附近的坑洞内发现了 190 余枚大多呈圆形杯底的陶片"选票",这些刻有蒂米斯·托克斯名字的陶片经笔迹鉴定仅出自 14 人之手,字形与大小以及刻画的线条均表现出统一的书法风格(图 9)。由此推测,这些选票是蒂米斯·托克斯的反对者事先做好的,他们试图将这些陶片分发给那些文盲和犹豫不决的投票者以达成驱逐蒂米斯的阴谋,可见当时党争的激烈程度。当"陶片放逐法"最终沦为政客打击敌人的武器和政治的玩物之后,它便终结了。

◎ 法治意识
——雅典的制度规范与司法体制

雅典实行民主政治的另一重大举措是给予法律以更高的地位。雅典演说家艾索克拉底曾说过:"我们的法律反映了大众的利益。"[3] 民众地位的提升和参政意识的加强促使雅典迈开了实现法治的关键一步。首先,原先的权威法庭"战神山会议"拥有的司法权转归"民众法庭"和"五百人会议"。雅典公民,不论财产多寡都可以充当民众法庭的陪审员，参与审理案件，也有权就自己的切身利益提出申诉或对地方官吏的违法行为提出控告，体现了雅典法治的"平等原则"。其次，针对违背法律精神的法案，"不法申诉制度"可以有效地对提案人形成约束，防止贵族寡头肆意践踏法律、侵犯民主权利，由此维护了法律的权威性。再次，民众法庭拥有最高审判权，广大公民直接参加司法活动。这些用抽签法从30岁以上公民中选出的陪审员不必屈从于权势，无论投什么票，本人均无风险。且陪审员在原告、被告及证人发言之后不得相互商量，而要根据自己的判断立即投票，有效地避免了权贵贿赂陪审员影响司法公正的情况，确保了司法的独立。第四，雅典法治还通过严密的监察制度消除"权大于法"的现象。官吏上任前必须接受任职资格审查，任职期间也必须接受公民监督。在每届主席团任期内，公民大会都要对执政官和将军举行信任投票。公职人员卸任时也要报告工作情况并接受账目审查，如发现渎职或贪污行为，则要追究责任，严重的可能被判处死刑。[4] 由此，雅典初步形成了一个民主和法治的社会，具备了"人治"所不可比拟的进步性，而阿哥拉遗址出土的各类遗存都证实了上述体制的存在。

雅典因公民的乐于诉讼而闻名希腊全境，其法庭也因此数量众多、规模庞大。阿哥拉的附近就建有包括列柱广场（Peristyle Square）在内的数个法庭。列柱广场的其中一处小房间内保存着这样一个奇特的容器：两片瓦砾被倒置着固定在地面上。中间留有一枚可能专用于法庭陪审员表决器上的青铜小球和6枚陪审员的选票（图10），选票表面刻有"官方选票"的字样。选票的中心轮毂表明了每位陪审员的裁决意见（实心意味着无罪，空心表示有罪），每位陪审员两手各持一枚青铜选票，并将拇指和食指分别掩盖两枚选票的轮毂顶端，将表明他意见的那张选票投入表决器，而将另一枚丢弃。

杜绝腐败是雅典人面临的一大考验。为此他们想了诸多办法，其中最主要的是扩大陪审团的规模和取消陪审员表决的商量时间。每一名公民陪审员拥有一枚青铜或木质名签，表面刻有他的名字和表明所属陪审小组的字母。黎明时分，公民陪审员来到自己部族的"投票器"（图11）前，将名签投入标有相应小组字母的票箱中。当所有陪审员候选人的名签投入代表10个部族的票箱后，它们被随机取出并陆续插入两个投票器（kleroteria）的槽口中，每个投票器有五列槽口，每一列对应一个部族。主执政官在投票器顶端的漏斗形口中投入与各槽口中最少票数数量相等的黑、白两种球（白色代表选中，黑色代表落选）。任何位于该数量位置以下的名签即遭落选。管内的球将从底部落出。第一个球决定了五列首排名签的命运，若是白色，则该排名签代表的公民则当选为当日的陪审员，若为黑色，则落选。图中有11栏槽口的投票箱（kleroterion）很可能并非用于选举陪审员，而是议事会用于选出11个部族的代表，以组成委员会（当时有12个部族，1个担任主席团的部族除外）的用具。

陪审团在法庭上集合完毕后，案卷被提交。原、被告分别陈词，双方陈述的时间根据涉案金额或案件的严重性而定。水时计（klepsydra）用于控制庭审和陈述的时间。大小不一的陶制水时计由上部注水，可控制不同的时长。陈词开始时，工作人员会将活塞从青铜管口中拉掉。当水时计不断清空，罐内压力减小，水注降低，陈述者可据此推断出剩余的时长。

图中所示的水时计（图12）标有部族的名字"Antiochis"，很可能是该部族在主持议事会时所使用过的。两个XX表明两个夸脱，即水时计能容纳的水量。两个夸脱时间（约6分钟）适用于低于5000德拉克马涉案金额的案件反驳陈词的时长。[5]

图10
陪审员选票

◎ "民主"的传记
——从阿特洛司柱廊到古阿哥拉博物馆

阿哥拉是雅典民主政治的空间形式，它延续和塑造着社会成员直接参与社会的观念和责任感，表达着人类对民主生活的理想与追求，更忠实地记录下曾经产生过重大影响的雅典民主思想的迸发与演进。历史遗址总是处于在一个由特定的历史文化背景、地理位置、自然环境等方面信息构成的一个成体系的信息场中，如果将信息场放置到历史发展脉络中去，势必能够说明一个时代剖面的整体形象。如今，阿哥拉遗址有了自己的博物馆，原本的商铺（阿特洛司柱廊）变身为如今的博物馆（古阿哥拉博物馆），人们试图在这里用纪实的手法将"民主"的前世讲清楚。

1859—1902年间，希腊考古学会在对阿哥拉遗址的考古发掘过程中发现了阿特洛司柱廊。20世纪50年代，阿特洛司柱廊经修复和重建，再次屹立于阿哥拉遗址的东面，成为众多希腊遗迹中复原得最为完善的建筑之一。根据柱廊底层楣梁残件上的铭文："阿特洛司与阿波罗尼奥斯王后之子阿特洛司王（King Attalos, son of Attalos and of Queen Apollonis）"推知：该柱廊最初由帕伽马（Pergamon）国王阿特洛司二世（Attalos II，公元前159—138年在位）兴建。这座始建于公元前150年左右希腊化时期的典型柱廊为两层式建筑，长120米，宽20米，每层的廊柱内侧均由21个独立商铺组成。一楼外观是45根多里斯式柱，内层为22根爱奥尼亚式柱；二楼外层是爱奥尼亚式，内层为帕伽马棕榈叶柱头式列柱。柱廊原本是雅典公民相聚、散步和买卖的场所。公元267年，赫卢利人洗劫了阿哥拉，摧毁了阿特洛司柱廊，其遗存与罗马时代晚期的防御墙混为一体。1953—1956年间，建筑师约翰·特拉弗洛斯（John Travlos）率领美国古典研究院校对阿特洛司柱廊开展了修复工作，工程的资金主要由洛克菲勒家族提供支持。1957年，希腊政府开始承担阿哥拉考古遗址与博物馆的管理和安全保卫职责。

目前，阿特洛司柱廊底层的部分商铺被打通作为古阿哥拉博物馆的展厅（图13），依时代先后陈列阿哥拉遗址上发掘出土的雕像、陶器、钱币、玻璃器、青铜器等（图14），旨在反映阿哥拉自新石器晚期至拜占庭时期的功能演进与发展。展览主要分为5个部分：1. 新石器时代晚期至青铜时代（公元前3200—

图11
投票器

图12
水时计

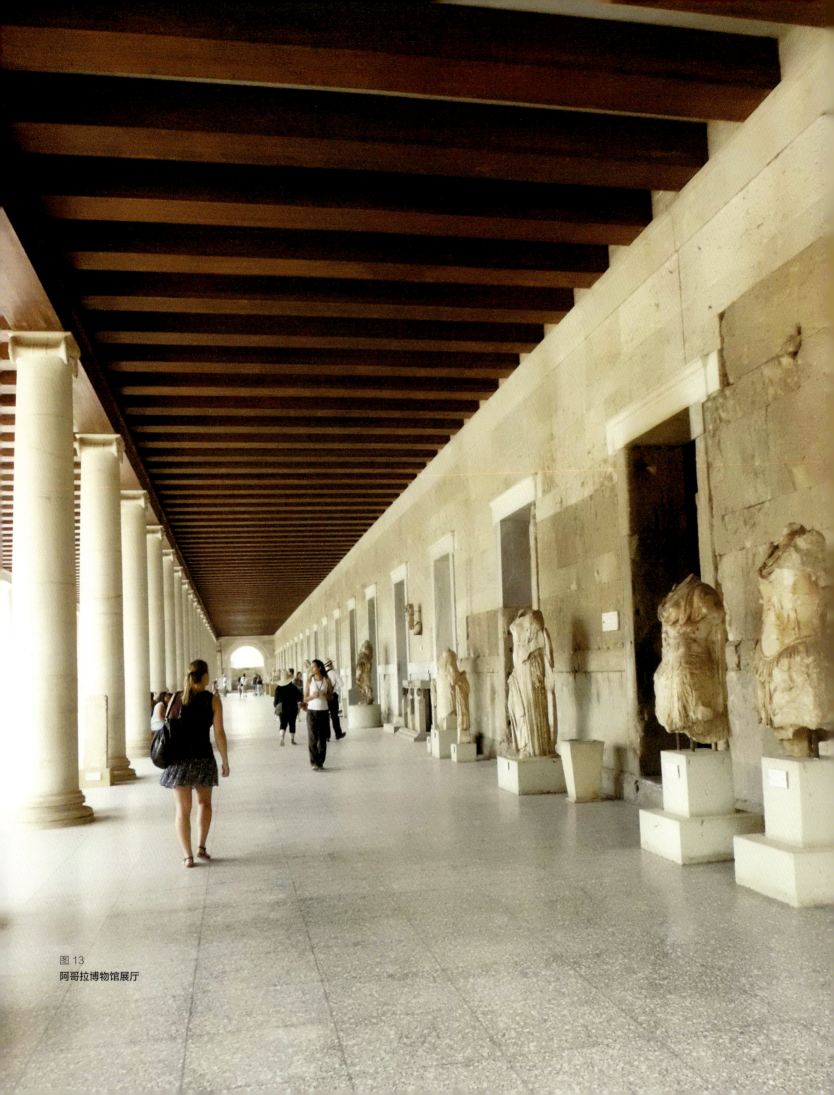

图 13
阿哥拉博物馆展厅

前1100）；2.铁器时代至几何主义时期（公元前1100—前700）；3.古风至古典时期（公元前700—前323）；4.希腊化时期（公元前323—前86）；5.罗马至拜占庭时期（公元前86—1453）。展厅内外凸的部分展柜与部分大理石地面刻意未经掩饰，保留了原来分隔商铺的墙面，重现了柱廊本身的建筑布局。

古阿哥拉博物馆的展品与雅典城邦的民主体制密切相关，集中反映了阿哥拉遗址曾经作为城邦公共生活中心的辉煌历史。馆内陈列的文物多在过去的75年间修复完成，其中最为重要的是反映世界上首个民主体制的代表性历史遗存，主要包括碑刻、水时计、陶片选票、投票器、青铜身份标签（用于雅典陪审团的选举）、陶签和铁签（用于雅典骑兵的管理）等。由于阿哥拉的发掘年代晚于庞贝、克诺索斯、特尔斐、奥林匹亚、以弗所和普南城等遗址，因此相关的发掘记录也较为完备。这些记录完备、已作为博物馆藏品的文物包括35000件陶器、7600件碑刻、3500件雕像、5000件建筑残件、6000件灯、15000件有印章戳记的双耳瓶把手和70000多枚钱币。目前，完备而庞大的藏品数据库已为世界各地的研究人员提供了重要的研究资源，同时也被用于展厅内的文字说明，成为阿哥拉博物馆有别于其他博物馆的一大优势与特点。

◉ 结语

在漫长的岁月中，阿哥拉遗址几经毁坏又屡获复兴。这片曾经吸引着希罗多德（Herodotus）、柏拉图（Plato）、苏格拉底（Socrates）、修昔底德（Thucydides）、色诺芬（Xenophon）、芝诺（Zeno）等人驻足流连的地方不仅响起过他们掷地有声的言论，更重要的是还曾长期回荡着普通民众真实的声音。

图14
古阿哥拉博物馆展厅内部

［1］周俊，《古典时代雅典阿果拉研究》，上海师范大学硕士论文，2011。

［2］George Grote, *A History of Greece*, Volume 4, Cambridge University Press, 2009, p212—213.

［3］威尔杜兰，《世界文明史·希腊的黄金时代》，台北：幼狮出版社，1986，p26。

［4］安庆征，《古代雅典的民主与法治》，《世界历史》，1989年第四期。

［5］Mabel Lang，《雅典公民——雅典阿哥拉的民主》，美国古典研究院校，2004，p27。

作者／赵佳／上海博物馆馆员

奥林匹亚

奥林匹亚（Olympia）的宙斯（Zeus）圣域是古代世界最重要的祭祀场所之一。它不仅是供奉希腊最高神灵和其他诸神的场所，还因举办著名的四年一度的运动会而成为一个重要的集会场所。该运动会吸引了来自整个地中海世界的参赛者和游客（图1）。

古代神话认为，该运动会系赫拉克利斯（Herakles）或英雄佩洛普斯（Pelops）创办。佩洛普斯即整个伯罗奔尼撒半岛（Peloponnesos）的名称之源。一个版本的神话认为，赫拉克利斯栽植了圣林中的第一棵树，立了一个祭坛，行了第一次祭祀，创立了运动会，以此向他的父亲宙斯表示敬意。另一个传说告诉我们，来自小亚细亚佛里吉亚地区（Phrygia in Asia Minor）的佩洛普斯在击败该地的统治者欧尼诺茅斯（Oinomaos）后创建了运动会。后者曾许诺，有人若能在赛马比赛中赢了自己，便将女儿希波达美亚（Hippodameia）和自己的王国一并送予他。

这些早期神话似乎反映了奥林匹亚运动会创办之前的历史。据埃利斯（Elis）的哲学家希皮阿斯（Hippias）的说法，运动会创办于公元前776年。然而，事实上，根据最近的考古发现，我们可以将连续的宗教活动追溯至公元前11世纪中叶。奥林匹亚甚至还有更古老的遗迹，但它们与之后的历史遗迹没有直接的关联。

圣域中人类早期活动的痕迹可回溯至公元前3000年中叶。在那时，阿尔弗俄斯河（Alpheios）与克拉得欧斯河（Kladeos）交汇处已被赋予宗教用途（图2）。该地处于一个饱受冲蚀的锥形山的山脚，这座山即日后的克洛诺斯山（Kronion）。在后来成为阿尔提斯（Altis）——即圣林——的那块地方，建有一座巨冢，表面铺着石板（图3）。后人将这土丘与英雄佩洛普斯联系起来，称之为"佩洛普斯墓"（Pelopion）。直到公元后2世纪作家保萨尼阿斯（Pausanias）游经此地时，人们依旧能看到它。这座高大的历史遗迹的具体意义仍然不很清晰。最近的发掘表明其并非墓葬堆，因为里面没有墓室。然而，其非比寻常的构造表明，它一定发挥着某些宗教职能。

在公元前第三个千年时代结束前的某一个时间，土丘及其周边被遗弃。公元前3000年末，该地再度有人活动。这次它被当做了居住用地。新定居者住在巨大的半圆室房屋内。他们可能将土丘和他们的墓葬联系在了一起，因为他们的墓葬就埋在土丘周边（图4）。在村庄经历一场火灾后，新的人群迁来。对于他们，巨冢毫无重要意义，因为他们长方形房屋的石质地基切入了古冢的侧边。公元前2000年早期，这个村庄被遗弃。之后，该地区荒凉了数个世纪。

这种情况持续到公元前11世纪中叶。这时，重新有人活动于奥林匹亚。这里出土有所谓的亚迈锡尼时代（Submycenean period）杯子的残片。杯子器形特别大，极有可能是用作宗教用途的器皿。这表明此地重新获得了宗教上的重要性。数十年后，即公元前1000年代之初，人们供奉的礼物的数目不断上升。这是奥林匹亚地区存在一座圣域的有力证明。这座圣域中的宗教活动一直延续到基督教早期方才中断。

在几何风格时代初期，人们用献祭的牺牲的骨头和灰烬混着阿尔弗俄斯河的水，在古冢东边建立了一

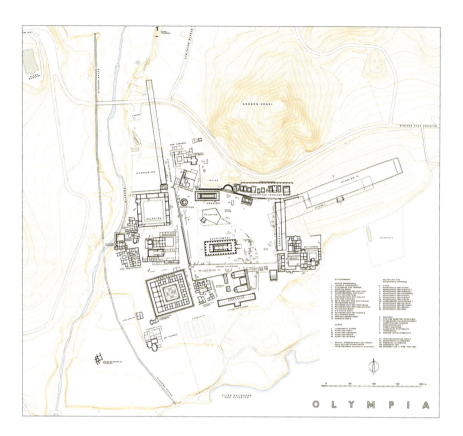

图 1
奥林匹亚圣域的平面图

图 2
从东南方眺望克洛诺斯山和体育场

座宙斯祭坛。该祭坛一直是圣域的中心。保萨尼阿斯称，在他的时代，祭坛的高度已达 6.5 米（图5）。祭坛末有分毫保存至今，因为当拜占庭皇帝禁止崇拜异教诸神后，它很可能第一个被毁得荡然无存。

在几何风格时代，奥林匹亚的诸神崇拜就已经大受欢迎。一个满是灰烬、骨骸和成千上万青铜祭品以及赤陶祭品的黑色地层清楚地表明了这一点。该地层由佩洛普斯墓往东，一直延伸到宙斯祭坛。大部分的祭品是单个的马和牛等动物的形象。其余的祭品则是包含骑手和战车的祭品组。这表明，拥有并饲养这些动物的地主精英和贵族等社会群体是支持该项崇拜的（图6）。牛形祭品可能是用来纪念或者代替这种昂贵的动物牺牲的，而马形祭品和完整的战车模型要么是为了表明献祭者的社会地位，要么是反映当时已经存在的赛马比赛。

几何风格时代，其他类型的祭品则主要是青铜器皿，特别是三足鼎。所谓三足鼎，是指鼎的周身安有三支组装的支脚、鼎缘安着两个环形的把手的青铜器（图7）。通常，把手旁会装饰着结实的人形和兽形小雕像。器皿的尺寸差异很大，从只有几厘米的袖珍品到足两米余高的庞然大物不等。三足鼎是自迈锡尼时代以来最为尊贵的器形。因为我们从《荷马史诗》中得知，阿凯亚英雄们（Achaian heroes）在围攻特洛伊时，将三足鼎当做体育竞技的奖品。在接下来的古风时代，三足鼎不再流行，安有锥形支架的青铜鼎取而代之。这种鼎一开始是从东方引进的，后被希腊手工作坊仿制。它们又名狮鹫鼎，因其鼎口处有狮鹫和狮子交替的装饰性把柄而得名。（图8、9）

在几何风格时代，在圣域中贡献战甲的习俗就已经存在，并且该习俗一直延续到希腊化时代。通常，从敌方虏获的战利品的十分之一要献祭给战神和胜利之神宙斯。人们既可以献祭部分自己斩获的武器，又可以用出售武器所得的钱款树立其他形式的纪念碑。晚期的宙斯雕像或胜利女神（Nike）雕像就是以这种途径筹资修建的，如著名的帕奥涅斯（Paionios）大理石胜利女神雕像，（图10）它矗立于宙斯神殿前高耸的基座之上。

除了聚在一起贡献牺牲、举行祭祀，人们还通过体育运动会的方式崇拜宙斯。奥林匹亚秩序井然的运动会很快就成了圣域最大的盛事。

随着历史的发展，运动会发展出不同的比赛项目。根据传统说法，最古老的比赛是长度为一斯塔迪

图 3
发掘中的史前巨冢——佩罗普斯墓

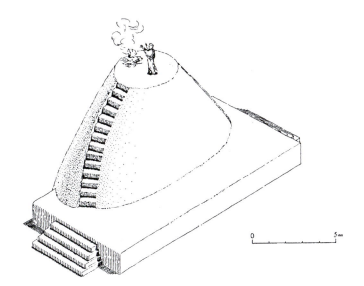

图 5
宙斯祭坛复原图（由 H. 施莱夫绘制）

图 4
公元前 3 世纪时的房屋地基

图 6
几何风格铜质马匹模型

图 7
几何风格三足鼎

图 8
铜质狮鹫头

图 9
狮鹫鼎复原图（由 H.V. 赫尔曼绘制）

图 10
帕奥涅斯大理石胜利女神雕像

图 11
从东侧可以看到看赫拉神庙、梯状挡土墙以及西罗德斯·阿提卡乌斯的水神殿

翁（stadion）的赛跑。斯塔迪翁是长度单位，在奥林匹亚约合 192 米。稍后，其他长度的赛跑加了进来，然后是其他形式的运动。从公元前 708 年的第 18 届奥林匹克运动会开始，五项全能就成为了运动会的一部分。五项全能包括赛跑、摔跤、跳远、标枪和掷铁饼。在公元前 720 年的运动会上，迈加拉（Megara）运动员奥斯普斯（Orsippos）碰掉（或扔掉）缠绕在腰胯间的唯一一块小布料后，一举夺得冠军。自此以后，所有的比赛项目都裸体进行。除了这些体育项目外，较富裕的人还可以在赛马比赛中一决高下。该项目于公元前 680 年正式成为运动会项目。保萨尼阿斯介绍过不同项目的简史，称赛马和赛骡子要根据动物的年龄和参赛者的状况分成不同的比赛距离，战车比赛的长度也不尽相同。

体育赛事向所有希腊自由人开放，未婚少女至少允许观看，而已婚妇女——除了德米特—卡姆涅（Demeter Chamyne）的女祭司之外——均不得列席。然而，也有专门为女孩子举办的运动会，即所谓的荷莱雅（Heraia）。荷莱雅四年举办一次，但只有赛跑项目，且其参赛者仅限于当地贵族成员。

我们所知道的圣域最早是片开阔地，里面有运动员的跑道和宙斯祭坛。早在公元前 600 年左右，圣域里只点缀有巨大的三足鼎和战利品纪功碑。大约此时，赫拉神殿也修建起来了。在建造之时，神殿是全希腊最大的建筑之一，整体面积长为 50.01 米，宽 18.76 米，前排有六个立柱，侧边有十六个立柱。(图 11，12) 柱式为多里斯式，为当时希腊大陆最流行的建筑样式。底座（podium）和墙基（orthostates）是石灰石的，承载由土坯筑成的墙。四周的立柱和屋顶最初应该是木质的。在 6 世纪，外部的立柱逐渐被石质立柱取代，这一点可以在立柱不同的建筑比例上得到体现。当波桑尼阿斯游访此庙，他仍能看

图 12
赫拉神庙西侧照片

到尾殿的一根木质立柱。神殿的屋顶盖着所谓的拉科尼亚式大瓦。入口处三角墙顶部的饰物底座形似巨盘，装饰五彩缤纷。

这座神庙到底是单独献给赫拉的——正如波桑尼阿斯所给的名字显示的那样——还是最初也是供奉宙斯的场所，就这一点，现在仍存在争议。内殿尾部的用于安放神像的石基台的形状是长方形，而波桑尼阿斯告诉我们，他看到石基台上有一赫拉坐像和一宙斯立像。从这两点看，这对神在这里是被一起供奉的。有可能，只有在公元前5世纪宙斯神庙建成之后，这座建筑才被称为赫拉神庙，以区别于新建的神庙（图13）。

后来，尤其是到了罗马时代，祭坛堆满了祭品，神庙里也开始摆满材质珍贵、必须放于室内的雕像的储藏室。波桑尼阿斯称，在赫拉神庙（Heraion）内有超过三十座神像。在早期的发掘中，著名的赫尔墨斯（Hermes）与幼年的狄奥尼索斯（Dionysos）大理石雕像就发现于内殿墙与北边那一组立柱之间。它由雕刻家普拉克西特列斯（Praxiteles）完成。许多曾矗立在入口和内殿的罗马雕像现已不见踪影，只有它们的基座证明它们曾经存在。

令人印象深刻的神庙也许就是修建另一种宏伟的大型建筑的原因。那个建筑就是沿着神庙西边的克拉得欧斯河河岸、用大块石灰石修建的防波堤。克拉得欧斯河是圣域旁边交汇的两条河中较小的一条。在几何风格时代，这条河一定更靠东，其证据是执政厅（Prytaneion）废墟下发现的为支撑木桥而修造的坚硬地基。执政厅就在赫拉神庙的西北方，现在，这块地方修建了如此重要的神庙。为了将那条河拦得远远的，防止它肆虐于此，人们一定花了不少精力。古代晚期或之后的一段时间，山体滑坡堵塞了河流。于是，它必须找到一个新河床。现在，这条河是从希腊化时代体育馆的场地中直接穿过的。防波堤的大部分都被

图 13
普拉吉特勒斯制作的赫尔墨斯雕像

土掩埋了，但最近的地理学的调查在圣域南边尚未被发掘的地区追踪防波堤，发现它几乎一直延伸到阿尔弗俄斯河附近。

在公元前6世纪的一百年中，人们在位于赫拉神庙东北、克洛诺斯山南坡的大梯田上修建了一批规模较小、形似神庙的建筑。（图14—15）为了防止梯田被山上下来的沙石侵蚀，人们用大料石为它砌了一道坚固的防护墙。公元前4世纪，人们又在山脚空地上方为它建了一堵承重墙。这堵墙从祭坛延伸到宙斯神庙，其上修有巨石台阶，观光者可拾阶而上，观看祭祀，因此又被称为"观剧台"。

这些小型建筑（或曰金库），是由一些富裕的城邦贡献的，目的是存放由易销蚀的材料做成、不能曝于风雨之下的献祭品（图15）。保萨尼阿斯记录大量的祭品名目，其中就包括镶有象牙和其他名贵材料的木质家具和雕像。他按照从东到西的顺序，将修建金库的城邦罗列如下：斯基昂（Sikyon）、叙拉古（Syracuse）、埃皮达姆斯（Epidamnos）、拜占庭（Byzanz）、锡巴里斯（Sybaris）、昔兰尼（Cyrene）、塞林努斯（Selinunt）、梅塔蓬图姆（Metapontum）、迈加拉（Megara）和杰拉（Gela）。已经出土的地基至少有12个，这与波桑尼阿斯给出的10个城市不完全相符。也许，它们中的一两个属于位于克洛诺斯山坡的其他神祇的祭坛或神龛。波桑尼阿斯也提到过他们。有两栋建筑——麦加拉和斯基昂的金库——可以通过铭文确定身份，最后一栋建筑的屋顶装饰着五彩瓦片，华丽非常。这是古风时代西西里建筑的典型风格，故一定属于杰拉。

看一下波桑尼阿斯给出的城邦名单，我们立即就会发现，它们中的大多数并不坐落于希腊大陆，而是在西部、北非以及去黑海的路上，如拜占庭。这些城邦乐在奥林匹亚扬名绝非偶然。它们中的许多都是在战争的环境下建邦的，因此宙斯曾在它们建立过程中发挥重要作用。当下，另一个之前未受广泛关注的方面也得到了讨论。除了崇拜宙斯和其他神祇，奥林匹亚还靠神谕吸引拜访者。在古代，奥林匹亚的神谕仅次于德尔菲的神谕。伊昂姆努斯（Iamnidai）和克吕提亚斯（Klytiadiai）两个家族培养的占卜者不但在圣域中发布预言，还随军出征，努力帮他们预言最佳战机。很有可能，这些祭司也像德尔菲的祭司那样，被问及关于建立新殖民地事宜。

直到5世纪初期的希波战争，圣域的建筑群的中心都被赫拉神庙和宙斯祭坛西边大块空地之上的金库占据中。这片圣地在希腊通常被称为庙田（temenos），在奥林匹亚亦被称为圣林（altis）。到了公元前4世纪，圣域被一道低矮的石墙圈了起来。很有可能，在此之前此处也有界标。但迄今为止，我们没有发现确凿的遗迹。圣林内的空地，很快就摆满了敬献的雕像。这些雕像，主要是用来纪念体育竞赛和战争中的胜利。

公元前6世纪，在圣林南墙外不远处，一座对圣域管理至关重要的建筑——议事厅（Bouleuterion）——拔地而起（图16）。议事会在这个建筑中召开会议。其第一位的任务就是将某人在圣域中树立雕像的权力颁布成法令。议事厅的格局很特别，有两个几乎一模一样的平行长方形会厅。二者西端都是半圆形的后殿。人们可以通过东边的门廊进入会厅。门廊很大，与外墙之间隔着三个柱子。尽管两个会厅样式一样，但它们并非同时建成的，北边那个年代靠后些。稍晚的时候，可能是在公元前5世纪，人们在会厅间的空地上加盖了一间单独的正方形的房间，于内设祭坛一座。在公元前4世纪，人们在三座建筑的前面建了一个带有爱奥尼亚立柱的大厅，使它们拥有了一个共同的立面（façade）。关于这两个几乎毫无二致的会厅的样式，一个解释认为这可能是因为在5世纪初，由两个重要的政治集团在这里开会。此时，统治着奥林匹亚的埃利斯城邦（Elis）接受了一种新的政体。

与此同时，赫拉神庙西北方又兴建了另一座行政办公建筑，即执政厅。到罗马时代，它已经被数次重建，但它总是包括一个内庭和外部环绕的小房间。在执政厅内，祭坛上的赫斯提（Hestia）女神的圣火一直燃烧不灭。正是在这里，优胜的运动员得到与执政团（即诸位议员）共同进餐的殊荣。在此处发掘出大量的用于宴饮的器皿的碎片，向我们展示了这座建筑的功用。

公元前5世纪，奥林匹亚的重要性达到顶峰。希腊人在马拉松（Marathon）、萨拉米斯（Salamis）和普拉提亚（Plataeae）诸役成功击退波斯人之后，奥林匹亚成为更具政治意味活动的舞台。

与往常一样，人们用战利品来纪念战争的胜利。一些战利品得以保存，如敬献给宙斯的刻有米太亚德（Miltiades）名字的科林斯式头盔和源自东方的椭圆形头盔（图17）。他是赢得公元前490年的马拉松战役的雅典将军。希腊人在自己的本土击退波斯人入侵的同时，杰拉的僭主革隆（Gelon）在席麦拉（Himera）

附近打败了迦太基人。数年后，在公元前474年，叙拉古僭主希隆（Hieron）在库迈（Kyme）的海战中赢得了对伊特鲁里亚人（Etruscans）的关键性胜利。他们敬献的刻有铭文的头盔也保留了下来。

根据保萨尼阿斯的记载，宙斯神庙本身似乎就是个巨大的战争胜利纪念碑，因为据说它是埃利斯人（Eleans）用他们在公元前6世纪与阿卡狄亚人（Arcadians）某次交战胜利获得的战利品建造起来的。但是这种说法遭到了质疑，因为在这场战争和神庙的建造之间隔了几十年。因此，这个巨大的建筑是否是以这种方式获得资金，还需要打个问号。似乎更有可能的是，埃利斯人修建神庙之举与公元前471年他们的新国家的形成有关。在此之前，他们是住在分散的村庄中的。但现在，有了埃利斯城，他们便有了一个城市化的都城。在这都城中，奥林匹亚是最重要的圣地。很自然地，这个全希腊经常性会面的地方就成了给游访者留下好印象、展示这个新成立的国家的财富和实力的最佳场所。神庙一定在公元前457年就已经完工了，因为在这一年，斯巴达人在东山墙上挂了一面盾。这是他们与雅典人在塔纳格拉（Tanagra）交战获胜而得的战利品。

神庙竣工后，成为希腊大陆最大的神庙，直到帕台农神庙完工才被超越。（图18、19）其建筑样式为多里斯风格，正面有六个立柱，侧面有十三个立柱。石基台宽27.68米，长64.12米，有三层高高的台阶。外立柱高10.53米，整个建筑从柱阶（stylobate）到山墙顶约20米。

建筑材料主要是从阿尔弗俄斯河上游数公里处的石场开采的灰岩。在这种非常不规则的建材上，人们裹了两层含有大理石粉末的优质石膏，这使得人们难以将之与真正的大理石区分开来。产自帕罗斯岛（Paros）的真材实料的大理石只被用于屋顶和装饰像。前廊（Pronaos）和后廊（Opisthodomos）上方的六个内部柱间壁上刻有浮雕像。浮雕描绘的是赫拉克利斯的伟业，（图20）它们从扼死涅墨亚狮子开始，囊括

图14
建有金库的梯田以及防护墙

图15
梯田上经过部分修复后的斯基昂和叙拉古金库

图16
东侧部分复原后的议事厅

图 17
刻有米太亚德名字的科林斯式头盔
（Inv. B 2600）

了他大多数功绩。其中，还有一件与当地相关，即赫拉克利斯清理奥革阿斯的牛圈。人们认为，这座牛圈就位于奥林匹亚周边。由于神庙选择了这一题材，这一圈浮雕也常被人们称为"十二伟业像"。

东山墙向人们展示了欧尼诺茅斯和佩洛普斯比赛前的决定性时刻（图 21）。宙斯在中间，身形较他周围的凡人更为高大。他的右手低垂，紧握雷霆。在他旁边，我们可以看到两位竞争者，皮萨（Pisa）的老国王欧尼诺茅斯和向他女儿求婚的年轻人佩洛普斯。欧尼诺茅斯身旁是他的妻子斯特洛普（Sterope）。她身穿长袍，手抱臂膀，若有所思。她的女儿希波达美亚身穿婚袍，站在佩洛普斯旁，用她上举的左手为自己去除面纱。再往边上去是马队和坐在地上的御手、两位占卜家伊昂姆努斯（Iamnos）和克吕提亚斯（Klytias）、仆人、最终延展到角落里的阿尔弗俄斯河与克拉得欧斯河的人格化形象。这两条河流为整个场景提供了地理大框架。

西山墙刻画了人马族和拉庇泰人在拉庇泰人国王庇里托俄斯（Peirithoos）婚礼上的战斗（图 22）。居于中间位置的也是一位神祇——这次是阿波罗。他伸出右手，在混乱不堪中指挥着秩序。阿波罗左右两边是庇里托俄斯和他的朋友、应邀参加婚宴的忒修斯（Theseus）。忒修斯正在痛击试图绑架新娘和其他拉庇泰妇女儿童的人马族。

图 18
宙斯神庙，后殿经过部分修复

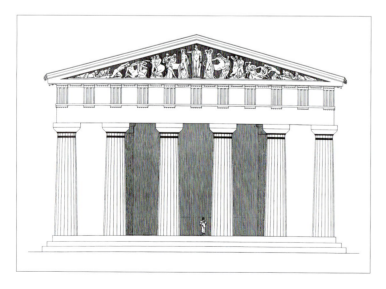

图 19
宙斯神庙西侧复原图（由 P. Grunauer 绘制）

尽管柱间壁和东山墙上所刻画的神话的选择可以通过其主要角色赫拉克利斯和佩洛普斯与奥林匹亚运动会的关系来解释，但是西山墙却使许多解释者感到困惑。直到最近才有人提出，作为色萨利一个部落的拉庇泰人出现在对抗未开化的马人的战斗中，对于把拉庇泰人当做祖先的埃利斯人的身份认同有重要意义。雅典的建成者忒修斯同时也出现在一个如此显著的位置，可能为了来向雅典致敬。在公元前5世纪，雅典在政治上支持埃利斯。因此，神庙的雕像工程似乎也在这个新建立的城邦的自我认同中发挥了重要作用。

神庙在完工数年后就有了自己的神像，这便是著名的宙斯坐像。神像由雕塑家菲迪亚斯（Phidias）以黄金和象牙制成，为古代世界七大奇迹之一。5世

图 20
宙斯神庙的柱间壁，上面雕刻了赫拉克利斯在雅典娜的帮助下清理奥革阿斯牛圈。

图 21
宙斯神庙的东山墙

图 22
宙斯神庙的西山墙

纪时，该神像被运到了君士坦丁堡，后来在一场大火中化为灰烬。除了保萨尼奥斯详尽的描述，罗马的钱币也使我们得以一窥神像的造型（图23）。制造神像部件的工作间在神庙西面稍远处，位于圣林之外（图24）。考古发掘使我们对该工作间颇有了解。考古发掘为我们呈现了雕像制作过程中使用的各式各样的材料（如玻璃碎片、象牙）和不同的工具。黑釉罐是工作间中出土的另一批有意思的物件。这些罐子都刻有持有者的名字，而这些持有者显然就是雕像这座巨像的工匠。一个简朴的小壶上甚至还刻有"Pheidiou eimi"的字样——意即"我是属于菲迪亚斯的"（图25）。尽管上述文物都出土于工作间外，但人们通常认为，这个尺寸与宙斯神庙内殿几乎相同的长方形大建筑是巨像的组合大厅。神像内部骨架为木质。由象牙制成的雕像的各个部分以及由黄金缀成的长袍在骨架上组合在一起，最终一起移到神殿。

工作间北面，我们发现了更多属于公元前5世纪同时期的建筑。其中一个是内部空间很大的列柱廊房（peristyle-house）。它的西边有一幢建筑，南半部为长方形房间，北半部为圆形房间，二者由共同的门廊连接。这门廊同时也充当西边的入口。因为某块碑铭提及了一个英雄，这个建筑一直被称为"英雄殿"。但它更有可能是一间热水浴室，因为在古代希腊罗马，北边圆形样式的房间通常是为了洗蒸气浴之用。

在克拉得欧斯河的方向，更靠西的地方，坐落着另一间同时期的浴室。它仅由一间长方形的房间构成，房间里有一口为游客们供水的井。公元前5世纪后半叶，人们在南边加盖了一个小房间，并沿着北墙和东

图23
哈德良硬币上菲迪亚斯制作的宙斯像，藏于佛罗伦萨考古博物馆

图24
菲迪亚斯的工作间，之后变成了一座礼拜堂

墙放置了一些固定的浴缸。与此同时，西边数米处，建成了一个大游泳池。这套独一无二的复杂建筑群是希腊最早的卫浴系统之一。

今日游客所见到的运动场可追溯至公元前5世纪中期。此时，奥林匹亚运动的重要性达到顶峰。据估计，运动场可容纳四万观众（图26）。观众坐在运动场四周的看台的地上，没有石凳或者木凳可坐，除了裁判员——他们在南堤的中间有个带木椅的特别看台。裁判座位正对面的北面看台的位置，有一个祭坛状的高台。它用从一座骑马雕像上回收的砖石建造而成。在波桑尼阿斯造访此地的时候，这个高台是西罗德斯·阿提卡乌斯（Herodes Atticaus）的妻子、德米特—卡姆涅的女祭司芮吉拉（Regilla）的荣誉席位。她是唯一有权亲临现场的已婚女人。

最初的时候，克洛诺斯山天然的斜坡可以被用作观众的座席。稍后，人们在东、西、南三面筑起高高的人工看台。西面的看台历经数次变迁，最终变成我们现在看到的样子。在它靠近金库所在的梯田的位置，有一个带拱顶的走廊（图27）。这是从圣林进入体育场的入口，它建于罗马时代，其前身是希腊化时期较简朴的走廊。那个走廊只是在当时还不高的看台开了个口，并在它北面建承重墙以支撑金库所在的梯田。在这个阶段，有一段小水渠穿过承重墙，将赫拉神庙北边一眼泉水引入体育场。根据入口遗留的一处水槽，水是通过石砌的水渠导引到跑道四周其他小水槽中去的。希腊化时期，人们在通往圣林的通道前面立了一座饰以科林斯柱的大门，以使通道更为美观。在通往体育场入口的路上，靠近梯田的一侧立着一排雕像。

图25
菲迪亚斯的小壶

图26
从东北角眺望体育场

图 27
体育场入口

有些雕像的基座得以保存至今（图28）。基座上竖着宙斯的青铜像，即人们所说的"宙斯群像"（Zanes）。这些铜像是靠运动员缴纳的罚金建造的。当他们被发现有违规或贿赂之举，便要缴纳罚金。据保萨尼奥斯记载，第一座宙斯像建于公元前388年。

赛道有两排大理石块。石块表面有两排平行的凹槽，石块与石块连接处有方形的石孔。赛道西边是运动员的起跑石。根据古代习俗，运动员在起跑线直挺挺站着，双脚放在凹槽上。最近，人们在西侧那组大理石块的南北两面发掘出一些深槽，其中有一些是用石块组末端失踪的石块建造的。依靠出土的硬币，我们可以确定其年代为罗马时代。有一个竖井里有大量的纯铅，应曾是起跑程序的一部分（图29）。

在古典时代的赛场建成之前，在这片区域，曾存在过两个较早的赛场。它们的长度都是192米，但观众席的面积要小一些。第一个运动场没留下丝毫痕迹，只能根据其他文物给出的线索加以重构。它一定更靠西些，紧挨着宙斯祭坛，只有克洛诺斯山的斜坡能被当观众席。在比赛期间，人们常常会挖一些井为观光者供水。但这片区域既没有水井，也没有其他建筑。这从一个侧面可以证明这里是运动员竞技的地方。另外一个证据是考古发掘者在此找到的一个正方形石块。石块上的铭文表明，它是斯巴达人格尔格斯（Gorgos）的座位。格尔格斯是埃利斯人在斯巴达的客谊领事，故能享此殊荣（图30）。由于没有任何起跑石或座位席的痕迹保留下来，我们只能假设，所有座位都是由木头制成的。

第二个体育场建于公元前560-公元前550年左右。它已经有起跑石了。起跑石的位置表明，体育场的位置更靠东些。为了建造它，人们不得不抬升地面。南面的土堤被用作第一个看台，以容纳增加的座位。

将体育场的三个不同阶段加以比较，可以看出祭

图 28
宙斯群像的基座

图 29
在体育场里用铅垂来确定起跑线

祀与体育竞赛的逐渐分离。最初,赛道是一直延伸到宙斯祭坛的。

在体育场的南边是赛马场(hippodrome),是供赛马之用的一大片场地(图 31)。又一次,我们通过波桑尼阿斯的描述得以对其主要特征有清晰的了解。他告诉我们,赛马场的入口位于体育场南看台裁判座位的南面。此处有所谓的阿格纳普透斯柱廊(stoa of Agnaptos)。紧挨着它,就是起跑区。起跑区被修成船首状,人称放马坪。发明这个设施的是雅典人克雷欧伊塔斯(Kleoitas),其目的是保证起跑令下后场面不致失控。东边尽头处是一个转弯点,即努萨(nyssa)。不远处是极令人畏惧的"失蹄之神"(Taraxippos,或曰令马匹惊叫的神)的祭坛。这里在战车转弯的时候发生了许多事故。骑手和御者在这里献祭,以期能够安然转弯。西边的另一处转点立有一组群像,表现的是希波达美亚为胜利的佩洛普斯的

图 30
格尔格斯的座位

头上缠上绶带。多亏了一份清楚记载赛马场尺寸的中世纪文献，我们得以知道其整体长度大约一公里，因而知道它肯定是从体育场一直延伸到东面平原上的小山处。然而，最近对该地区的调查表明，赛马场的任何痕迹都已经非常不幸地被在古代频繁改道的阿尔弗俄斯河悉数毁掉。

和体育场一样，赛马场也有一个南看台，以容纳数目甚巨的观众。这清楚表明了赛马在当时的流行程度。南意大利和西西里的僭主尤其热衷于向众人展示他们价值不菲的团队，以在宙斯神殿前立一组青铜像来庆祝他们的胜利为豪。赛马比赛中，财富比个人训练更重要，因为优胜者永远是马匹的主人。

除了能带来极大的声望，奥林匹亚的冠军头衔也是政治活动的进阶石。最广为人知的例子就是野心勃勃的雅典人亚西比得。在公元前 416 年，他让自己由七匹马组成的马队参加比赛，赢得冠军、第二名和第四名。接踵而来的知名度对实现他在雅典的政治目标帮助甚大。

值得注意的是，在公元前 5 到前 4 世纪，斯巴达的贵族在优胜者中占很大成分。因此，第一位在奥林匹亚获得冠军的女性是斯巴达的公主也就不奇怪了。她是库妮丝卡（Kyniska），国王阿格西劳斯二世的妹妹。她的马队在奥林匹亚赢得优胜后，她就成了斯巴达女性功业的榜样。大约是在她死后，人们为她建了一座英雄祭坛。其他的妇女，尤其是来自拉科尼亚的妇女，延续了她在奥林匹亚运动会上的胜利。她的胜利纪念碑保留至今，底座上的献辞曰：（图 32）

斯巴达的国王是我的父兄，
我库妮丝卡用骏马飞驰的战车赢得优胜，
我立雕像，并宣称自己是全希腊
第一个赢得此项桂冠的女人

奥林匹亚中最后，也是最小的一座神庙是位于赫拉神庙东面的众神之母神庙（Metroon）。（图 33、

图 31
从圣域东侧俯瞰赛马场遗址

34）它建于公元前4世纪初。其建筑风格也是多里斯式，正面六根立柱，侧面十一根。内殿南北两侧墙边有四根立柱。神庙最初是献给众神之母的。在奥林匹亚，众神之母等同于瑞亚（Rhea），克洛诺斯之妻、宙斯之母。神像是什么样子，我们无从得知。波桑尼阿斯称，在他的时代，女神的雕像已经被代之以罗马诸帝及其家人的塑像。同时，对皇帝及其家人的崇拜也兴起了。根据横梁上的一处铭文，这发生于奥古斯都时代。发掘时在南柱座上找到的比真人还大的大理石躯干半成品，或许就是这位罗马第一帝的雕像。内殿里，还有发现有其他的1世纪的雕像，其中有被刻画成宙斯的克劳迪乌斯像（Claudius）和一座制作精良的穿胸甲的尼禄像（Nero）。这座雕像后来转变成了提图斯（Titus）的雕像。此外还有苇斯帕芗（Vespasian）和多米提安（Domitian）的雕像（图35）。

另一座宗教建筑发现于后来的回声柱廊（Echoes）南边，它也许是献给赫斯提（Hestia）的。它可能和众神之母神庙一样，属于古典时代晚期。最初，它立

图 32
库妮丝卡胜利纪念碑上的献辞

于一个开放的庭院中，挨着西墙有几间小房。之后，人们在西墙外修建了一座更具代表性的门廊。希腊化时代，人们在东面添建了更多的房间。它们可能作厨房之用，但也有其他一些器物，如陶瓷作坊的遗迹和石匠活动的痕迹。

这些献给宙斯、赫拉和众神之母的神庙已经表明，除了宙斯，希腊众神中的其他神也在圣域中受到崇拜。

图 33
众神之母神庙西侧

图 34
众神之母神庙复原图（由 F. 奥尔德绘制）

图 35
头部是提图斯的尼禄像

图36
古代阿尔忒弥斯祭坛

从波桑尼阿斯处,我们得知有更多的神祇和英雄在祭坛上接受献祭。他指出,在他游览之时,祭坛不少于69处。

有些神以不同的名字被祭祀。如阿尔忒弥斯(Artemis),她就以蔻蔻卡(Kokkoka)、阿格蕾雅(Agoreia)和阿格萝忒拉(Agrotera)得到崇拜。在其他三处祭坛,她又在没有别名的情况下被崇拜。大多数这样的小祭祀地至今还未被发掘。一个例外是阿尔忒弥斯的一处小祭坛,它在保萨尼奥斯从东边的赛马场回来时经过的路上(图36)。

该祭祀点最古老的部分包括一个被竖直的石桩包围的祭坛。这些石桩或是献祭品,或是用以保护祭坛的角免受沿赛道方向飞驰而来的车辆的冲撞。此处还有一个由废旧的柱座建成的低矮的平台。其顶端有一些凹槽,可能是用来安放金属献祭品的。

保萨尼奥斯并没有看到这个祭坛,因为在他拜访的时候,祭坛已经被泥土覆盖。取而代之的是北面数米较高处的新女神祭坛。(图50)此处有一间小室,墙壁由破旧的屋瓦建成。东边入口前有一个小祭坛。祭坛上仍有白底红字的"阿尔特弥多斯(Artemidos)"铭文。早期祭坛旁边的发现进一步明确,该祭坛是献祭给阿尔忒弥斯的。该发现表明,崇拜一定可以追溯至几何时期。在较靠下的地层,人们发现许多由赤陶和青铜制成的献祭品。但人们也发现了一些女性装饰品,这与女神作为年轻女性和母亲的保护者的身份有关。出土所有这些献祭品的地层,含有大量牺牲的灰烬和骨骼。

整个公元前4世纪期间,更多为游访者提供便利的建筑在圣域里面及其周边建成。议事厅南边,是一个在公元前4世纪中叶左右建成的长长的大厅,即所谓的南柱廊。(图37—38)外部的建筑样式仍是多里斯式的。柱廊因其非常宽的宽度而需要在里面加一组立柱,这在奥林匹亚还是第一次。这组立柱的柱头是科林斯式的。柱廊第二点非同寻常之处在于其中间带有六个立柱的突出部分。由于其尺寸与裁判的座位相当,人们认为,这个地方是裁判的荣誉座位,他们可以从这里观看节日的游行队伍。据保萨尼奥斯,阿尔忒弥斯—阿格蕾雅和宙斯—阿格莱欧斯(Agoraios)也在这个地方,我们大约可以认定,柱廊前面有一个类似市政广场的大型开阔地,它可供人们组成游行队伍之用。我们计划在接下来的几年做进一步的发掘,这很可能会带来进一步的证据。

就占地面积而言,奥林匹亚最大的建筑是雷奥尼德斯厅(Leonideion)。它因其捐资人,纳克索斯岛(Naxos)富裕的船主雷奥尼德斯(Leonides)而得名(图39)。它建于公元前4世纪中叶左右,位于圣域的西南,由大型的柱式庭院及其四周大大小小用于饮食起居的房间组成。波桑尼阿斯告诉我们,在他的时代,住在这里的是罗马官员。在早些时候,这里可能是用来接待显要的客人。内柱很简单,为多里斯式,然而环绕整个建筑的外柱采用的却是更具装饰性的爱奥尼亚柱。在一次严重的损毁后(有可能是火灾),大厅在公元2世纪初期被重建。在这次重建中,典型的罗马建筑元素添加了进来。如所谓的天窗,即屋顶上的方形开口,就被加到了拐角的房间上,增加了整栋建筑采光。

奥林匹亚最大的柱廊长达98米,历时两世纪余方完工。这就是所谓的回声柱廊。柱廊很深,以至于产生了回音效果,故此得名。(图40;46)它与体育场的西看台平行,始建于公元前4世纪后半叶。建成

图 37
经过部分修复的南柱廊西侧

后，它为正对着宙斯大祭坛的节日场地提供了堂皇的门脸。工程开始后不久，正面的大理石台阶以及石柱和墙壁就建好了。然而，它此后被搁置了较长时间。直到公元前 1 世纪，它还是未完工的状态。也是在那时，朱利亚—克劳迪家族（Julio-Claudian family）的一员——或许就是罗马总督、奥古斯都的继子阿格里巴（Agrippa）——最终将屋顶完工。

直到希腊化时代，人们才修建了供运动员训练的角力场和训练场。早些时候，运动员可能就已经在克拉得欧斯河与圣域的开阔空地上进行训练，使用空地南边的澡堂。

角力场是一个方形的空院，四周由一条柱廊和大小各异的后殿环绕（图 41）。摔跤手在院子中训练，可以在小室中更衣、洗漱和给自己涂橄榄油。有些房间可能在坏天气时也用于训练，而大一些房间似乎是用作教学场所。这一点可以从墙边的石凳看出。据罗马建筑家维特鲁维乌斯（Vitruvius）讲，在理论上角力场不仅是训练的场所，还通常被演讲家和哲学家当做

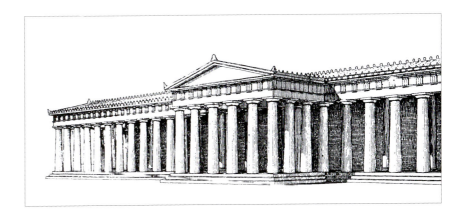

图 38
南柱廊复原图（由 H. 施莱夫绘制）

公共活动的空间。内侧的立柱被设计成非常简单而庄重的多里斯式，而后殿的入口处的柱子则采用爱奥尼亚式。细长的立柱包括两部分，只有上面的柱子才有凹槽，下面的只有光面，这样不会被过路者破坏。最初，角力场的入口只有东南和西南柱廊处的小门。直到罗马时期，人们才在西北角增建了一个更奢华的门廊。

图 39
雷奥尼德斯厅南侧

图 40
从大梯田的金库看回音柱廊

数十年后，人们在角力场的北面修建了训练场，（图 42）它是供赛跑运动员、跳高运动员、掷铁饼和标枪运动员训练的场所。如希腊世界所表明的，所有的运动员都裸体进行训练。考古发掘只发现了整栋建筑的一小部分，其北部在现代的道路和考古遗址的入口下面，未被发掘。最初，这个巨大的训练场地四周都由爱奥尼亚柱构成的柱廊围绕，但今日的克拉得欧斯河从场地的正中间穿过，已将建筑的西半边摧毁。数年前开始的对河西岸的考古已经发现了立柱的地基，这一定是西侧柱廊的立柱地基。据保萨尼奥斯，此处可能是运动员在奥林匹亚期间住宿地之所在。对训练场东北处的预探表明，东部长廊可能有 220 米，比一斯塔迪翁还长，因此可能是个室内运动场，即供赛跑者训练的长廊。北部柱廊的一部分已经被发现，它与东柱廊呈直角，向西延伸。训练场的柱廊似乎不都是同时修建的。最早的可能是与角力场相依的南柱

图 41
角力场

廊。南柱廊墙上有一个开口，可供出入。

公元前 2 世纪，人们显然是认为简朴的入口，尤其通过南柱廊和东柱廊间的大口子主入口，明显不够典型性。这时，一个更加富丽堂皇的、装饰繁复的门廊拔地而起（图43）。大门有三个入口，两边两个小门，中间一个大门。它们由两组带科林斯柱头的立柱隔开，柱头上是一个五彩缤纷的屋顶。中间通道的台阶有两级，而两边小通道的台阶有三级。这个大门或许是某位希腊化统治者的献祭，借这片宝地使自己在同辈人中扬名。

公元前 338 年，马其顿的菲力二世在凯隆尼亚（Chaironeia）打败雅典人和特拜人。此后，他便成了希腊最有权力的统治者。没过多久，他就在奥林匹亚立了一个纪念碑，为他本人和他的家人树立了由黄金和象牙做成的雕像，酷似菲迪亚斯著名的宙斯雕像（图44）。这一定不是巧合。这个纪念碑可能是庆祝

图 42
训练场在东柱廊的南侧，背后是角力场

图 43
训练场大门遗址

图 44
圆形神庙东侧

菲力数年前赢得的赛马冠军，就像其他许多纪念碑一样。但是，其大小与样式、爱奥尼亚样式的圆形庙以及雕像出格的材质，无疑是为了展示菲力神一样的地位。菲力336年遇刺后，这座位于赫拉神庙西边的建筑由菲力之子亚历山大完工。这座圆形庙的18根立柱环绕着普通的圆形内室。内室仅能通过它东面的门接受光线。石基台完全由大理石建成，而石柱和建筑上面的部件则取材于当地的石灰石。菲力一家的雕像由著名的雕塑家莱奥哈雷斯（Leochares）完成。雕像已经消失，但其带有优美线脚的底座保留至今，可以在博物馆的前厅见到。（图45）

似乎是为了回应马其顿的雄心，有人在圣域的西边、回音柱廊前建了一座托勒密王朝的纪念碑。（图46）它由一个大石基台和中间的半圆形长椅组成。石台上曾有两个爱奥尼亚式的大理石柱。残存至今的铭文告诉我们，这个纪念碑由将军卡利克拉特斯（Kallikrates）在公元前270年左右敬献，以纪念他的国王托勒密二世（Ptolemy II）及王后阿尔希诺埃二世（Arsinoe）。这两根十二米余高的立柱上可能立着一对帝后的雕像。

在希腊化时代和罗马时代，人们在圣域中立了更多的纪念性雕像。它们几乎全都无影踪了，因为它们通常由金属铸成，古希腊罗马时代结束后便被熔掉了。有一些曾被保萨尼奥斯提及，且至少它们带铭文的底座保留至今，告诉我们它们纪念的是谁。为了防止阻塞游行队伍的道路和宗教聚会所必需的开阔地，大部分雕像都立在道旁和建筑前。今天，我们仍能看到宙斯神殿南面和东面以及回音柱廊前分布着密密麻麻、各式各样、大小不一的底座。

运动会在一年中最热的几周举行。此时，游客数量的激增通常会使水的供给成为问题。在早先的时候，只有赫拉神像北面的泉眼提供活水。它的泉水会流入金库所在的梯田的水道中。除此之外，只有几眼有固定内壁的正规水井。除了少数有特权的人物能住在雷奥尼德斯厅这样的建筑，大部分游客都只能在运动会期间露营。露营地分布于圣域以南到阿尔弗俄斯河之间。考古发掘已经在自然地层上找到了临时篝火的痕迹，以及许多只能算得上深坑的井。人们在土中挖井，只在节日期间使用。许多井被发现于古典时期体育场的看台下。这表明，在最早的时候，这片区域也供游者暂住之用。这些临时的水井通常会给考古学家带来丰富的发现，因为其中不仅有破陶器和骨头那样的游客垃圾，还有献祭的礼物，尤其是盔甲片。当这些祭品失去其原有的功能，它们就会被扔到水井里。

建一座提供大量活水的人工泉，一定会被所有的游客当成巨大的进步，也一定会为其捐赠者带来巨大的声望。这位捐赠者就是西罗德斯·阿提卡乌斯的妻子闪吉拉。西罗德斯·阿提卡乌斯是当时最富裕的人之一，公元2世纪中期左右在赫拉神庙和金库之间修建了这样一栋建筑。（图47、48）一个地下的水管将水从北边引到水神殿（Nymphaeum）中。水神殿由一座大型的半圆形水池和供水流出的水嘴组成。水池上立着一座巨大的双层建筑，建筑靠后的位置有壁龛若

图 45
圆形神庙雕像底座

图 46
位于回音柱廊背后的托勒密王朝纪念碑复原图（由 W. 赫普夫纳绘制）

干。壁龛中立着宙斯、皇室家族和阿提卡乌斯家人的雕像。水池左右两侧各立着小庙状的顶棚，中间立着一座大理石的公牛像，牛像侧面刻着献祭的碑铭。碑铭告诉我们，芮吉拉捐献这座水泉的时候，她是德米特—卡姆涅的女祭司。我们大约可以假定，这个高贵的职位要么是为了感谢她慷慨的馈赠而授予的，要么是她为了报答当选此职而赠予的。

得墨忒尔祭坛的位置长期以来是个谜，直到数年前，人们在体育场东数百米建造现代化水管时才揭开了谜底。在地下 4 米厚的冲基层下，人们发现了希腊时期建筑群的坚实地基以及许多赤陶像。陶像的形象明显与地下神祇有关。除了大量持谷穗的女神像的碎片之外，还有双头犬和小猪仔的塑像。双头犬当然是地狱看门犬刻耳柏洛斯（Kerberos）的形象，而小猪在则是祭祀德墨忒尔和他的女儿科瑞（Core）时常用的牺牲。一尊罗马时代的刻耳柏洛斯蹲像上的铭文就出现了两位女神的名字。正如建筑遗址所显示，祭坛在历史上必定经过数次变迁。坚固的方石地基上

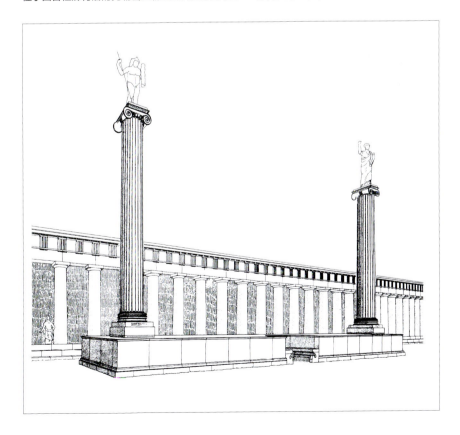

图 47
西罗德斯·阿提卡乌斯的水神殿南侧遗址

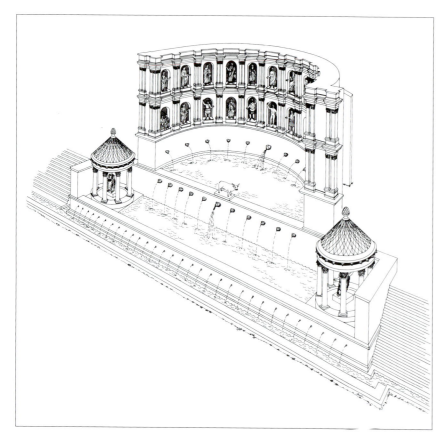

图 48
西罗德斯·阿提卡乌斯的水神殿复原图

建有数间小室，其中某间的一角还有所谓的财宝箱（thesauros），即石质的奉献箱（offerty — box）。之后，有些地基被抢走，有些则被人们用质量很次的罗马砖过度建设过几次。这些砖似乎原本不是用来造地基的。往西数米，人们发现了一座带火炕地板的建筑——这也许是一间浴室的地板。保萨尼奥斯在描述赛马场的时候提到了得墨忒尔祭坛，西罗德斯·阿提卡乌斯奉献了用彭特利克（Pentelic）的大理石雕成的得墨忒尔和科瑞雕像。

这一最近的发现令人震惊，它表明过去人们一直在很大程度上低估奥林匹亚圣域及其各种小宗教崇拜点的真实范围。当然，圣域界墙围绕着最为重要的建筑和祭品。但数百米之外，仍有可能存在同样算古代圣域一部分的祭坛。另一个这样的例子是一座神庙。它在克洛诺斯山以北，同样也是因为最近的工程建设才进入人们的视野。如同得墨忒尔祭坛，这座神庙的墙修修补补，时间从古典晚期一直延绵到罗马时代。

罗马人并没有从根本上改变圣域。征服希腊不久，便有数位强权人物利用他们的权力搜刮奥林匹亚这样的圣域数世纪来积攒的财富。第一位便是罗马将军苏拉（Sulla）。他因在公元前86年征服雅典时大肆屠杀当地居民而臭名昭著。为了支付军队薪饷，他从奥林匹亚的神庙金库中豪夺大量财富，并劫走许多珍贵祭品。次年的第175届奥林匹亚运动会上，他甚至命令人们将运动会的举办地改为罗马，让奥林匹亚只有表演男子赛跑的份。但下一场的常规比赛一如既往地在奥林匹亚举办。

罗马皇帝卡里古拉（Caligula）一度试图将菲迪亚斯的宙斯像运到罗马，故曾对之构成严重危害。但出于技术原因，该计划搁浅。根据古代传说，脚手架已经搭好，但却被雕像发出的雷鸣般的笑声撼动，工人顿作鸟兽散。尼禄是最后一个将著名雕塑家的作品运往罗马的皇帝。此后，罗马的皇帝似乎对奥林匹亚顶礼膜拜。

人们为了保全既有的建筑，定然颇付出了一番心力。这些建筑不但要经受岁月的侵蚀，还要经受地震的考验。如我们所见，种种破坏之后，一些建筑群就被重建了，比如议事厅和雷奥尼德斯厅。众神之母神庙被用于祭祀罗马帝王，一批为运动员和游客提供便利的新建筑也拔地而起。

在圣域周围，一道新的、更大的界墙代替了旧界墙，并用两个大门重组了游客的入口。较小的门在南面，雷奥尼德斯厅对面，正对着宙斯神殿南边的一条小道。道旁摆满了雕像。从残存基石的尺寸看，雕像中必有许多曾是珍贵的骑马像，刻画的是罗马军事长官或其他高官的形象。另外一座大门的建筑更富丽堂皇，正对着体育馆的入口。它与那个希腊化时代的大门门脸相似，在高高的石基台上竖着立柱，可与之媲美。

在半完工的回音柱廊旁，人们建立了一座巨型节日大门，以作宙斯神殿前集会地的入口。大门残存无几，但从还在原地的材料，我们可以看出，这是一座独立的建筑，中间一座大门，两边两个小门，非常类似罗马帝国各地可见的凯旋门。

在公元后前三个世纪里，人们建了一批浴室建筑群。这些浴室为游客们提供的服务，比之前希腊时期设施提供的多得多。最早的是一个最近才发掘的大型建筑群，它位于雷奥尼德斯厅西南，砖石结构质量很高。（图49）一些技术细节显示，修建浴室的工匠很可能是在罗马接受的训练。按照罗马的习惯，浴室被分成了保持不同温度的房间。天花板和地板上的巨大加热系统负责保持房间的温度。一块大理石献祭铭文告诉我们，浴室在多米提安（Domitian）统治期间的公元84年完成。但是，它很可能在尼禄统治下就已经破土动工了。此君似乎已经开始着手改善奥林匹亚的供水。

公元2世纪，所谓的克拉得欧斯浴池替代了之前在河边的希腊游泳池。2世纪后期，一个全新的、规模更大的浴室建筑群在圣域东南建成。（图50）浴室中部的八角室装饰着奢华的马赛克。它由巨砖砌成的墙壁扛住了之后所有的自然灾难，甚至抵挡住了阿尔弗俄斯河的洪水。另一座浴室建筑在体育场对面，克洛诺斯山脚，目前只有部分得到发掘。（图51）浴室是一个柱廊建筑的一部分。浴室的屋顶镶有马赛克，靠近从埃利斯而来的游行道路。运动员会在抵达奥林匹亚之前，于埃利斯的训练营准备数月。浴室北边有一座大厨房，这表明当游客离开东边时，可以在这里进餐。最近的考古工作已经发掘出一座较早的希腊化浴室，其石质的浴缸围成一个圆圈。

在雷奥尼德斯厅的西南方和东边有另外两座古代晚期的浴室。此外，还有一座完全没有被勘察过的大型建筑群，它部分的墙延伸到了西南浴室南数百米的橄榄园外。

在罗马时代，不仅有浴室为游客提供舒适享受，除了修复早期的奢侈住所，人们又在奥林匹亚修建了

图49
西南浴室

图50
东南浴室，在照片右侧棚子下面是罗马时代阿尔忒弥斯的神龛

图51
北侧廊柱建筑遗址，浴室是其一部分

图 52
尼禄宫中刻有"尼禄—奥古"字样的水管

图 53
近古时代堡垒高塔的地基

一些功能相似的小建筑。在克拉得欧斯浴池南，人们发现了一座大型的旅店，其众多房间围绕着空旷的庭院。然而，所有这些房间中，最引人注目的就是所谓的"尼禄宫"。这是一幢奢侈的带庭院建筑，为了修建它，赫斯提娅的祭坛和临近的建筑被夷为平地。这所房子得名于一根印有"尼禄—奥古"（Nero Aug）字样的铅制水管。(图52) 这证明，水管造于这位皇帝的官方作坊里。他于公元 67 年游访奥林匹亚。第 211 届奥林匹克运动会本应该与公元 69 年举办，但被提前了两年，以让这位正在广揽希腊河山的皇帝能够参加比赛。他参加了许多竞赛，包括音乐比赛。在音乐比赛中，他亲自登台献艺。他最为引人注目的表演发生在赛马场上，他在那里以一辆十马驾辕的赛车赢得了比赛。他亲自充当御手——尽管他中途摔落车下，不得不被重新抬回车上。

一座带高塔的大堡垒的建造，导致了圣域外观最为剧烈的变化。堡垒将宙斯神庙和南柱廊连在了一起。堡垒的墙匆忙建成，使用的材料来自周围所有的建筑，如金库、神庙、回音柱廊和雷奥尼德斯厅。(图53) 在 19 世纪挖掘的时候，堡垒的一部分仍旧屹立数米高，但为重寻旧建筑以供研究，人们将之拆毁。如今，一部分填埋有柱础鼓的地基坑还依稀可见。它的位置在宙斯神殿之东，以及南柱廊北边的西南塔的地基的东面。关于该建筑的时间和功用仍有争议。一种观点认为，曾在公元 267 年洗劫雅典的赫鲁利人（Herulians）袭来引起了巨大的恐慌，当局决定将奥林匹亚最为珍贵的器物，如宙斯的雕像，保护在高墙之内。另一种观点认为，墙修建的时间要靠后得多，并将之与在公元 5 世纪肆虐地中海沿岸的汪达尔人（Vandals）联系起来。最近一项对高塔遗迹的考察发现了一枚皇帝马克西米努斯·色雷克斯（Maximinus Thrax，235—238）时期的铸币，至少让我们确切知道，城墙修建的时间一定不会早于这个时段。

在公元 393 年或 394 年，拜占庭皇帝提奥多西乌斯一世（Theodosius I）下令终结奥林匹亚运动会。但运动会很可能又延续了数十年之久，因为提奥多西乌斯二世在 420 年左右重申了法令。我们最晚的一份档案是青铜铭文，上刻着至公元 385 年的奥林匹亚运动会优胜者的名单。这证明，至少到那一年，运动会仍照常举办。

到公元 5 世纪，普罗大众都变成了基督徒，旧的异教崇拜遭到禁止。圣域的废墟上发展出一个村庄。但宙斯神庙仍未受人们的侵害，只是后来毁于一场大火和数次地震。或许人们是将之视为过去伟大文化成就的纪念碑了。在修建堡垒带来的破坏中幸存下来的建筑，被村民们开发，用于农业生产。因此，在所谓的雷奥尼德斯浴室的西南客房，村民们建了一座酒坊。

浴室的废墟也被广泛地用于居住。菲迪亚斯工作室中的巨大方形建筑被改造成了一座教堂，内藏众多由先前建筑改造而成的大理石装饰。村子一直延续到了公元 6 世纪。这时，人们匆匆将之遗弃。这或许是因为阿瓦尔人（Awares）的劫掠。之后，此处再无人居住。在接下来的数个世纪，周围山体的水土流失和河流的泛滥使得遗址覆盖上了一层厚厚的冲击土。

在 1766 年前，这座知名圣地的位置完全被人遗忘。这一年，英国旅行家理查德·钱德勒（Richard Chandler）在游历东伯罗奔尼撒的时候拜访此地，并认出某些废墟是宙斯神庙的遗迹。尽管此后不久，就连古典考古学的奠基人约翰·约阿希姆·温克尔曼（Johann Joachim Winckelmann）都声称有意发掘奥林匹亚，但直到 1829 年，第一次发掘才动工。在希腊独立战争期间，一支法国军事代表团在穿越伯罗奔尼撒半岛的路上在宙斯神庙挖开了第一条沟渠，并发现了第一批大理石雕像。这些石雕现在展出于卢浮宫。这次短命的发掘之后，直到 1875 年，德国考古学家才开始进行大规模的发掘。（图 54）发掘的目的是尽可能探索整个圣域，整体地研究这个地方。德国和希腊签订了发掘史上第一份协议，申明所有的发现都属于希腊人民，因此要留在希腊，然而科学出版物的版权属于发掘者。人们为考古发掘物建了一座大型的地方博物馆，这在希腊也是第一次。博物馆由雅典富裕的银行家安德雷亚斯·辛格罗斯（Andreas Syngros）出资，由德国建筑师弗里德里希·阿德勒（Friedrich Adler）设计。（图 55）

第一次大型的考古行动持续到 1881 年。此后，直到 1937 年，人们只进行了一些小规模的考察。这一年，随着 1936 年柏林奥运会的成功，一个发掘体育场和其他体育建筑的项目启动。第二次世界大战中，考古活动中断。1962 年，随着体育场的修复，上述工作告终。此后，更多区域得到发掘，建筑被用于研究并被部分修复。每一项研究都使我们能更好地认识这个一度是希腊世界最知名的圣域的历史。

图 54
早年在宙斯神庙的发掘工作

图 55
刚刚建成不久的博物馆照片

作者 / 莱茵哈德·森弗（Reinhard Senff）
德国考古研究所雅典分部副主任
翻译 / 陈超

帕台农神庙上的神话与仪式

希腊神话是古希腊文明传诸后世的一项不朽成就，尽管许多古代文明像印度、两河流域和埃及都曾涌现出为数众多的神话故事，但相较于其他文明的神话而言，古希腊神话的生命力更持久，对后世的影响力更巨大，于是古希腊的诸神与英雄在现代西方乃至世界范围内已成为一套重要的文化与象征符号。古希腊神话在当今世界还如此生气盎然，首先要归功于希腊人自己，因为希腊人对他们的神话进行了高度的文学艺术化，他们在艺术上塑造出众多美丽的形象，垂范于后世成为后代艺术家尊奉的规则，他们在文学上亦复如此，希腊的史诗和悲剧除了极个别的例外都以神话作为主要情节而展开，所以在史诗和悲剧当中，神话的意蕴被大大地丰富了。

我们或许会把希腊神话当做美丽动人的故事来阅读和欣赏，习惯上却认为神话解释世界的方式荒诞不经，已完全被科学取代，神话不过是古人的虚幻想象而产出的无稽之谈。这样轻率而简单地对待神话，会失去观察古代文明非常重要的视角。神话实乃一种文明之根本信仰的无意识体现，即便到了如今的科学技术时代，这种信仰在个人抑或集体的意识深处仍顽强地留有遗存。仅就了解古代文明而言，宗教信仰不啻为古代文明的砥柱，而构成了古代宗教不可分割的两部分便是神话与仪式。依照文化人类学的说法，仪式乃是宗教当中"做"的部分，而神话则是"说"的部分，"说"和"做"是相辅相成、相得益彰的。希腊宗教的特殊之处在于，"说"的部分被极大地发展成了文学，因此要了解古希腊神话，有相当一部分材料是文学经典，比方说《荷马史诗》、荷马颂诗以及赫西俄德（Hesiod）的史诗，以品达为代表的抒情诗，还有阿提卡三大悲剧家所作的大量悲剧。此外，罗马帝国时期的希腊人阿波罗多罗斯（Apollodorus）写作的《神话宝库》，虽是公元1世纪左右的作品，却比较完整地概述了古代希腊几乎所有的神话。古代宗教的另一个组成部分是与神话相为表里的仪式，若从仪式角度来看希腊各个城邦不尽相同，细细考究之下，每个希腊城邦对同一位神的信仰也存在差异，希腊不同的城邦出土的铭文就能帮助我们掌握同一位神在不同的城邦里被供奉的不同面相，补充我们从文学经典得来的对于该神的理解，以收两者互相发明之效。在此，我们围绕关于希腊神话的另一类材料，即见诸造型艺术之中的图像材料，以最负盛名的帕台农神庙（Parthenon）为例，来具体说明古希腊神话思维如何借助神话形象与神话故事来运作，神话又如何与仪式在其当下的文化与历史情境里实现其特定的功能。

屹立于雅典卫城（Acropolis）之上的帕台农神庙建造于伯里克利（Pericles）时期（公元前440年代至430年代），被誉为希腊古典建筑与造型艺术的巅峰之作。帕台农神庙所在的"卫城"，是雅典城内的一座高丘，最初人们聚居于此并在上面建立了城墙，但随着人口增加，这片狭小的弹丸之地不再适宜人们居住，雅典人于是搬到山脚下，并把卫城供奉给神明，开始在卫城上建造神庙。到了公元前6世纪，雅典的僭主开始在卫城上建造大型神庙，不幸毁于希波战争的战火。一座较古老的雅典娜神庙于公元前480年被波斯军队焚毁，焚余之迹经考古专家的挖掘尚依稀可见。其后，雅典人决定在它近旁建筑更辉煌的神庙，

图1
帕台农神庙遗址

此即帕台农神庙（图1）。我们今天看到的卫城上的几座神庙都建于伯里克利时期，伯里克利在雅典主政数十年，主政期间为雅典设计了一套新的建筑规划，进入卫城大门，即可见主要的三座神庙，胜利女神尼克（Nike）庙、厄瑞克忒翁（Erechtheon）神庙和帕台农神庙图，由这一组大气磅礴的建筑构成的整体将雅典鼎盛时期的辉煌展现于世人的眼前。

随着时世的推移，帕台农神庙经历了多舛的命运。它在拜占庭（Byzantine）帝国时期被改作供奉圣母玛利亚的基督教堂，在这之后的土耳其帝国统治期间，基督教堂又改为清真寺，清真寺的尖塔矗立于帕台农神庙的中央。到了1687年，威尼斯人组成反奥斯曼帝国联盟，与土耳其发生战争，当时的土耳其军队以帕台农神庙为临时的弹药库，而威尼斯人的大炮不幸将其命中，于是神庙发生大爆炸，摧毁了整个屋顶以及多根石柱和许多雕像，这可以说是对帕台农神庙最大的一次打击。1687年这一次大爆炸之后，帕台农神庙就被冷落在一边，直到19世纪初叶英国人额尔金（Elgin）到来，他与土耳其政府达成协议，把当时还留存的雕像中的将近一半运回英国，所以现在我们看到的帕台农神庙雕像中的精品大多在大英博物馆。希腊独立战争（1821—1832）以后，卫城逐渐变成一座考古现场，希腊政府对包括帕台农神庙在内的卫城建筑进行了数次修复，最近的一次开始于1986年，修复工作将于近年完成。与此同时，他们还在卫城脚下修建了一座卫城博物馆新馆，新馆已于2009年竣工并对外开放。新馆上面造了一个玻璃大厅，称为帕台农大厅，从它的玻璃倒影中可以看到对面的卫城全景。设计者按照原样摆放了帕台农神庙上的雕像，但有很多地方出现空缺，这是一个强有力的符号，无声地诉说着，那些珍贵的艺术宝藏应该从散落于欧洲各地的博物馆尤其是大英博物馆归来，回到自己的祖国。

"帕台农（Parthenon）"的意思是少女或处女的闺房，也就是雅典娜（Athena）作为一名少女所居住的地方，其实特指大殿里的"西厅"，但被用以称呼整座建筑。这是一座多里斯式建筑，神庙的四周有大理石石柱，由南北向八根石柱和东西向十七根石柱围成一圈柱廊环抱大殿，而大殿分成西厅与东厅，也有南北向各六根石柱围绕。我们所要讨论的帕台农神庙上的神话与仪式呈现在由四个部分组成的雕像上，分别为东、西山墙、柱间壁、饰带以及巨型的雅典娜神像。

东山墙（Pediment）为帕台农神庙的正面，复原以后上面的雕像非常多，而且雕像上还涂有彩绘（图2）。根据后来的旅行家波桑尼阿斯（Pausanias）在公元1世纪左右到雅典游历所记下的简短描述，以及1687年大爆炸发生以后游客所绘制的图画，考古学家与艺术史家做出一种复原。在此我们仅关注中央的几位人物，其中坐着的那位是宙斯（Zeus），他非常威严地坐在他的王座上，握着一根权杖，象征他的权威。宙斯后面也是一位人物，他手里拿着一把斧子，但是他往后逃避，好像是出于某种原因而非常的惊讶。然后有一个人物，根据她的特征（拿着矛和盾、戴着头盔），可以确认是雅典娜。由于东山墙是帕台农神庙的正面，要描绘对雅典人来讲非常重要的神话故事，此即雅典娜的诞生。拿着斧子的是赫淮斯托斯（Hephaestus），直接从宙斯脑袋上蹦出来的就是雅典娜，雅典娜已经全副武装，拿着她的盾牌和长矛。对于雅典人来说雅典娜的诞生是至关重要的，因为雅典娜是雅典的保护神，而在希腊众多的城邦中唯独雅典是以雅典娜命名的，其他的城邦都有一位或者几位保护神，但是最主要的城邦当中只有雅典这座城邦是以她的保护神命名的。在有关雅典娜的神话故事当中重要的一段乃是她的诞生。从赫西奥德的《神谱》我们能够得知，宙斯是推翻了他的父亲克罗诺斯（Cronus）以及提坦众神的统治才得以君临天下的，而雅典娜则诞生于宙斯登临王位之初。在宙斯刚刚登上王位的时候，他的统治还不是很牢固，当时有个神谕告诉他说，如果你娶了某一位叫作美提丝（Metis，希腊文"智慧"的意思）的女神，你娶的这位女神生下的儿子会比你更强大，他会推翻你的统治。于是宙斯想了一个办法，便是把美提丝吞了下去，这样就意味着宙斯完全拥有智慧，但是在美提丝被吞下去之前已经有了身孕，这便是雅典娜，她就从宙斯的脑袋里蹦了出来，幸亏这是一个女儿不是儿子，所以没有能够推翻宙斯的统治，非但如此，她跟父亲是完全一致的，她维护宙斯的统治，这就是关于雅典娜诞生的故事。这个故事其实有很多的寓意在里面，一是宙斯拥有智慧，二是雅典娜也拥有智慧，雅典娜是智慧女神的女儿，同时也是宙斯脑子里面蹦出来的，而且她又是全副武装的，所以也是战争的象征。

接下来再看西山墙，即从卫城大门攀登上去以后首先面对的神庙反面。西山墙复原图里最核心的也是当中的两个人物，全副武装的是雅典娜，在她的右边

图2
帕台农神庙东山墙复原图

图3
帕台农神庙西山墙复原图

有一位蓄着胡子的男性神，手里拿着三叉戟，是波塞冬（Poseidon）。他们中间有一棵橄榄树，这是雅典娜给予雅典的礼物（图3）。这里的神话故事与雅典娜和波塞冬争夺对雅典的保护权有关。据说众神在天上，某一天突然发现地上出现了很多城邦，众神纷纷降临各座城邦，要成为其保护神。波塞冬首先来到雅典，当时雅典的居民不多，神来到雅典以后，要给雅典人一件见面礼，那件礼物就是他用三叉戟在卫城上面，也就是后来厄瑞克忒翁神庙所在的地方猛戳了一下，然后就汩汩地喷流出一眼泉水，但这眼泉水是海水，不能饮用，对于雅典人来说价值并不大。雅典娜也觉得雅典将会是一座非常强盛的城邦，所以她继波塞冬之后来到雅典，来到以后雅典娜找了见证人，就是雅典早期的一位国王以及他的一些臣民，然后给了礼物，

乃是一棵橄榄树。然后她要雅典人评判："你们选择哪位神明当你们的保护神？"雅典人选择了雅典娜。原因之一是橄榄树本身的价值，因为在阿提卡盛产的橄榄树及其制品（尤其是橄榄油），是雅典重要的经济来源。此外，雅典娜是一位非常智慧的女神，又在战争中掌管胜利。权衡之下他们还是选择雅典娜，所以西山墙上呈现了这样一个波塞冬和雅典娜争夺对雅典的保护权的故事。

雅典人供奉给雅典娜的神庙上面理所当然要展现关于雅典娜的神话故事，但东、西山墙呈现的两则故事要极力彰显的是雅典娜的哪些方面？首先，三角墙突出雅典娜作为智慧女神与大智大慧的宙斯的女儿，更具体地说，雅典娜的"智慧"是一种随机应变的"巧智"，运用在手艺、战争乃至城邦政治等领域。其次，西山墙上的雅典娜是城邦守护者，Polias。希腊人信奉的大神都有许多表德的称号，用以指示他的某一职司范围或具备的某一特征，Polias便是雅典娜的称号之一。再次，两边山墙都凸显了雅典娜作为战争胜利的女神。其实希腊人的信仰体系中战争之神不只是雅典娜，此外还有战神阿瑞斯，但他们两位有很大的差别。阿瑞斯（Ares）掌管战争中血腥和惨烈的一面，他可以说是杀人不眨眼的战争之神，他的伴侣是恐惧与害怕，他对战争的战术与战略完全不感兴趣，只在乎血腥的屠杀；而雅典娜则带来胜利，她最关注战术和纪律以及由此带来的胜利。这两位神都是掌管战争的，但感兴趣的侧重点不同。这是希腊多神教神话思维里一个有趣的特征，即往往会有不同的神关注相同的方面但行为方式不同。比如说波塞冬他除了掌管大海以外还是马神，马的野性和力量归他管辖，神话中有一匹飞马，就是他和一位女妖结合的产物；雅典娜也掌管马，但她是作为智慧女神驯化了马，给人类带来文明，希腊人认为马鞍、马佩和制造马车的技术就是雅典娜发明的，这也说明了虽然两位神执掌相同的方面，但方式不同。

另外值得一提的是，对雅典人而言虽然不如雅典娜但也很重要的是波塞冬，因为雅典所在的地区阿提卡濒临大海，雅典的军事力量以海军最为突出，掌管大海的波塞冬是雅典人经常祈祷的一位神，他们还在阿提卡的最南端，靠近大海的岬角，建造了一座神庙以供奉波塞冬。波塞冬作为海神能够掀起惊涛骇浪，给水手带来灭顶之灾，而相传雅典娜则制造了第一艘船，使得大海上的航行变作可能。从这些职能范围来看，雅典娜和波塞冬的管辖领域多有交集之处，但两位神的行动方式可以说是互补不悖的。这一点在帕台农神庙的西山墙上有所呈现，波塞冬虽然败给了雅典娜，但与雅典娜一起领受雅典人的崇奉。此外，波塞冬还在位于帕台农神庙对面的厄瑞克忒翁神庙里与雅典早期的国王共同受到供奉。

雅典娜带来的胜利在柱间壁呈现的四则神话里得到了强有力的渲染。所谓柱间壁（metopes）（图4），是在神庙外部柱廊上端的一块块空间，上面可以容纳雕像。帕台农神庙的东西南北四处柱间壁上都刻有高浮雕，东西为各14块，南北为各32块，加在一起共有92块柱间壁。其中东、西、北三处的柱间壁在1687年那一次大爆炸中受到严重损坏，只有南面的柱间壁比较完好地保存下来。我们根据后人的记载，可以知晓四处柱间壁全都呈现的是战争或打斗的场景，比方说东柱间壁上面是天神与巨人之战，所谓的天神与巨人之战是发生在宙斯统治世界之初，从希腊神话中我们知道宙斯不是天上人间的第一位统治者，他是第三位统治者，他推翻了他的父亲克罗诺斯。在他登临王位伊始，因为当时的统治不是很牢固，所以发生了一些想要推翻他的事件，其中一个就是巨人族，这是个像神一样的种族，但他们是巨型的，体量非常大，所以他们起来反对众神的统治。当时有神谕说，众神需要一个凡人来帮助他们，才能够打败这些巨人，于是他们找到了最了不起的凡人赫拉克利斯（Heracles），赫拉克利斯和众神一块打败了巨人，这是东柱间壁所表现的内容。倘若联系到位于东柱间壁之上的东山墙来看，两则神话故事都叙述了宙斯统治之初的事件，从而将雅典娜纳入了宙斯建立的宇宙秩序与体系。

西柱间壁上出现的是另外一个传说中的族类，即阿玛宗女儿国。阿玛宗是个女人的部落，这些女人骁勇善战，对其他的事情不感兴趣，只愿意打仗，为了使自己更好地作战，在战斗中能够更好地使用弓箭之类的武器，她们把自己的乳房给削除了，"阿玛宗"的意思便是"没有乳房的女人"。阿玛宗女人和希腊男人爆发过几次战争，赫拉克利斯就与这些女人有过战争，而且赢了她们。另外还有一次，我们知道在特洛伊（Troy）战争期间，确切地说是在《伊利亚特》（Iliad）所描绘的战事之后。在《伊利亚特》的结尾，特洛伊人的主将赫克托耳与阿喀琉斯（Achilles）决斗阵亡，特洛伊人为赫克托耳（Hector）举行了盛大

图 4
帕台农神庙的柱间壁

山墙

柱间壁

柱头

的葬礼,这是整部《伊利亚特》的最后一行。在此之后,传说告诉我们,特洛伊人去请了一些外援,因为他们已经没有可与阿喀琉斯匹敌的大将。其中一支外援便是阿玛宗女人,阿玛宗女人的女王和阿喀琉斯进行决斗,这里有一个非常动人的故事:当阿喀琉斯把他致命的长矛刺向阿玛宗女王的胸口之时,他们四目相对,阿喀琉斯偏偏在这时爱上了女王,但是命运决定他必须把长矛刺入她的胸口,这则故事在古希腊陶器画上有很生动的呈现。这另外一次阿玛宗女人与希腊人的战斗,便出现在西柱间壁上。南柱间壁上的是希腊人和半人半马族之战,半人半马族下半身是马,上半身是人,他们是居住在希腊北部蛮荒之地的一个野蛮族群,有一次北部的一位国王举办婚礼,邀请这些半人半马族来参加,但是半人半马族在婚礼上饮了酒便狂放不羁,开始抢夺希腊人的妇女,希腊人就和马人爆发了争斗,把他们击败。最后,北排档板上是著名的希腊人和特洛伊人之间的战争,特洛伊战争在整个希腊历史上乃是至关重要的事件。

由于帕台农神庙是在希波战争之后雅典人用了提洛(Delos)同盟的贡赋来修建的一座豪华的展示性建筑,目的是向雅典的盟友们证明,整个提洛同盟在雅典的领导下可以取得怎样的辉煌成就,所以纵观柱间壁上呈现出来的不同战役,所要传达的讯息,应该是和希波战争有关的,整体上可以说表述了一个寓意,即波斯人是东方的入侵者,他们像阿玛宗女人那样来自东方,他们对众神是大不敬的,像巨人族一样,他们又像半人半马族一样野蛮未化,但最终像特洛伊人那样被希腊人击败。换言之,雅典人在雅典娜的护佑之下,率领希腊人获得了希波战争这一史无前例的胜利。

帕台农神庙最与众不同之处是它的饰带(frieze),即大殿的石柱上面所呈现的连续场景。这条饰带为浅浮雕,长达160米,它从西面开始,西面的景象是一些骑士,骑手们在准备,然后再向两边,分别向北面和南面延展,我们看到有骑手(图5、图6、图7、图8)、有战车、马车图、乐手、老年人、提着水罐的妇女们,还有牲口,然后他们汇集在东面。东面是神庙的正面,因此东面的饰带出现了最为重要的场景:左边最边上的人还是延续一个行进的队伍,其中有人提着各式各样的器物,然后我们发现坐着的人物,随后又出现站立的人物,他们头上甚至还顶着簸箕状的东西,然后有比他们四个矮一些的妇女和另一个妇女仿佛在

图 5
雕有骑手的饰带

图 6
雕有骑手的饰带

图 7
雕有骑手的饰带

图 8
雕有骑手的饰带

图 9
雕有十二奥林波斯主神的饰带板

图 9-1
帕台农神庙东侧饰带板（局部-1）

织布，再往后又出现了一些坐着的人物，这些人物的衣物很飘逸，褶皱都很明显，然后又都是站立的人物，一直到最后都是站立的人物。如果比较一下坐着的人物和站立的人物，他们的身材和身高是一样的，说明坐着的并非凡人，这是希腊图像传统使用的一个手法，告诉观众说，神的身材要比凡人高大，他们端坐时与站立的凡人高度相当。

我们看到，端坐着的是十二位奥林波斯（Olympus）主神（图9），每一位我们都能分辨出是哪一位神。最左边的四位，第一位是赫尔墨斯（Hermes），他的脸已模糊难辨，据学者们就近观察发现，他穿着的靴子上面长有翅膀，这是描绘赫尔墨斯的一个重要特征，因为赫尔墨斯是众神的使者，所以他必须健步如飞，因此他有会飞的鞋。他还拿着使者的手杖，而且是专门的一个造型，手杖上面是一个八字形，在神界只有赫尔墨斯会持有这种造型的手杖。第二位是狄奥尼索斯（Dionysus），我们看到他的左手举起，似乎拿着一样东西，据占人描述，他手上拿的是他经常用的手杖，上面是一个松球，手杖上面缠绕着葡萄藤，狄奥尼索斯与葡萄当然是关系密切的，因为他被称为酒神，而希腊人的酒来自葡萄。第三位是一位女性神，这是得德米特（Demeter），她重要的特征是手里的一把火炬。神话传说告诉我们，得墨忒尔有一位女儿，这女儿在野外玩耍的时候被冥王哈迪斯（Hades）看中了，所以就被掳去了，抓到冥界以后，冥王给她吃了几颗石榴子，而得墨忒尔则在大地上到处寻找自己的女儿，但是遍寻不着，她在夜晚的时候也寻找，持着火把找，最终她在冥界找到女儿,然后问她女儿有没有食用冥王给的任何东西,女儿说吃了冥王给的几颗石榴子。因为只要吃了冥界的任何东西,就不能完全回到人间,于是她必须把时间三等分,她选择三分之一的时间和冥王在一起,也就是说她成为了冥后,另外三分之二的时间与母亲德米特在一起,所以根据这个神话,德米特总是持着火炬寻找她的女儿。第四位是战神阿瑞斯,他双足离地,似乎很冲动要跳将起来的样子。

在战神右边还有三个人物,最右边坐在一把宝座上面的一位有胡子的中年男性神应该是宙斯,他的宝座和其他神的座椅不一样,比较考究,宙斯的旁边面对他的是赫拉(Hera),赫拉双手的姿势很有意思,她好像在提起一样东西,其实是在提起面纱,这个提起面纱的动作,在希腊图像传统里表示,这位妇女乃是新娘,把自己的面纱撩开,向夫婿展露自己姣好的面容,这里的意思是赫拉乃宙斯之妻,仿佛他们仍处于新婚燕尔之际。赫拉旁边还有一位站立着的神,但相对于奥林波斯十二主神来说,是比较娇小的一位小神,伴随着赫拉。这位小神究竟是谁,存在着争议,很难通过特征来辨别她是哪一位女神,一般认为她是青春女神。跳过中间的场景再往右面看,一位背靠着中间的应该是女性神,她的腿上放着盾牌,这应该是雅典娜,坐在雅典娜旁边侧身转向她的是赫淮斯托斯。再往右是中年蓄胡的男性形象,他的左手原先拿着一样东西,应该是三叉戟,标志着这是波塞冬。波塞冬旁边俊美的青年是阿波罗(Apollo),他手上原先肯定也拿着一个物件,或许是他的弓箭,或许是一把竖琴,因为阿波罗也掌管音乐。他的旁边是他的妹妹阿尔忒弥斯(Artemis),她是狩猎女神。这三个人物相对来说保存完好,再往右边有两个人物,就十分残缺,一位是爱欲之神阿佛洛狄忒(Aphrodite),她的旁边还有一位小神,这是经常伴随阿佛洛狄忒左右的厄洛斯(Eros,罗马人称之为丘比特),即小爱神。

以上左右两边各七位人物,除去两位小神就组成了十二位奥林匹斯主神。这十二位中有六名老一辈的神,还有六名年轻一辈的神。老一辈的奥林匹斯神原先是赫斯提(Hestia)、波塞冬、哈迪斯、赫拉、得墨忒尔与宙斯,宙斯、波塞冬和哈迪斯三兄弟三分宇宙,宙斯掌管天界,波塞冬掌管大海,哈迪斯掌管冥界,三位共同掌管大地和奥林匹斯圣山。不过,哈迪斯的位置后来被阿佛洛狄忒取代,因为哈迪斯是冥王、幽冥之神和代表光明的奥林匹斯神不相匹配,于是就用阿佛洛狄忒这位非常古老但又极其重要的神来取代了冥王。赫拉、赫斯提和得墨忒尔是三姐妹,赫斯提就是灶神,灶神原先非常重要,对希腊人来说,灶不仅是家庭的中心,更是城邦的中心,每个城邦都会有一个公有的灶,作为供奉赫斯提的神坛,这个灶里的火不能熄灭,灭了会带来厄运。希腊的很多城邦在公元前九世纪开始,向地中海的其它地区殖民,殖民者到达地点后,带着他们母邦的灶火,在殖民地点燃,以此延续母邦的灶火,象征着母邦和子邦之间的关系延绵不绝。因此灶神起先很重要,但她在十二位主神里的位置后来被取狄俄尼索斯取代。据说狄俄尼索斯是公元前八世纪以后才进入希腊世界的,但现在有新的说法,说他很早就已经在希腊世界出现了,只不过他的重要性在早期还没突显出来,直到后来才由于狄俄尼索斯的秘仪、狄俄尼索斯宗教以及奥尔弗斯教派(Orphism)变得非常重要。由于赫斯提没有多少神话故事,因为她作为灶神是固定不动的,哪里都不能去,除了到殖民地,殖民地也是用灶火的方式前去的,所以有关她的神话故事就很少。于是希腊人用狄俄尼索斯取代了赫斯提,组成六位老一辈的神。六位年轻一辈的神是赫淮斯托斯、雅典娜、阿波罗、阿尔忒弥斯、阿瑞斯、赫尔墨斯。他们的父亲都是宙斯,是宙斯和某位女神生下的子女。阿波罗和阿尔忒弥斯的母亲是勒托(Leto),雅典娜的母亲是梅提丝,阿瑞斯是宙斯和赫拉所生,赫尔墨斯是宙斯和玛雅(Maia)所生,唯独赫淮斯托斯的出生不同寻常,他只有母亲即赫拉而没有父亲。因为赫菲斯托斯是赫拉单性生产的,所以有缺陷,他天生跛足,走路一瘸一拐的。

由这十二位神构成了奥林匹斯主神,他们在宙斯的领导下,统治着希腊人生活的世界,分别掌管不同的职能范围。希腊人的神话思想很有体系性,这在赫西俄德的《神谱》里已充分地展现出来。相较于其它许多文明来说,希腊人对神话的体系化工作进行得很早。赫西俄德的《神谱》大概作于公元前八世纪,用四代谱录编列了众神的世系,解释他们最初从何而来,他们各自的职守以及互相之间的关系如何。赫西俄德用希腊社会里一个重要的组织结构即家族谱系来统系众神,以家族繁衍的方式从最初的神开始,一直叙述到最后一代的神。更有甚者,赫西俄德要追问宇宙之初是什么,万物之源是什么。他告诉我们,最早出现的一位神叫卡俄斯(Chaos),指的是空间里出现的一个巨大的罅隙,使得后面的万物得以登场的场所,此后的众神主要来自地母盖亚(Gaea),盖亚是万物之母,从她万物得以生发。希腊人认为万物是两两结合生发的,所以需要一个结合的原则,结合的原则就是厄洛斯(Eros)即爱欲。所以希腊人用一种非常系统的神话思维的方式告诉我们,万物的本源是什么,万物是如何演变而来的,因此这是对于宇宙万物的一个系统性的神话解释。

帕特农饰带上出现的十二位奥林匹斯主神把最中央的场景包围起来,在这个场景里我们看到有五个站立的凡人,我们尤其要关注最右边的两位,一位是少女另一位是中年妇女,她们举起一块长袍,这是在向雅典娜呈上长袍,为整个仪式当中最关键的一个步骤。其实这条160米长的饰带描绘的就是泛雅典娜节的一个行进图。雅典人在每年7、8月间举行庆祝雅典娜的节日,每四年规模更加盛大叫作泛雅典娜节,此时雅典人会邀请他们的盟友前来一起参加庆祝,那个时候他们要进行包括泛雅典娜节游行在内的各种庆祝活动。游行从雅典的郊区出发经过市政广场,一直往卫城方向进发,登上卫城以后途径帕特农神庙和厄瑞克特翁神庙中间,然后从帕特农神庙正殿进入,举行向雅典娜呈现新长袍的仪式。这幅长袍是用来遮盖雅典娜塑像的,它遮盖的不是位于帕特农神庙里的巨型雅典娜雕像,而是一座小型的橄榄木质神像,这据说是从天上掉下来的神赐之物,被供奉在帕特农对面的厄瑞克特翁神庙里,每隔四年需要用新的长袍取代变旧的长袍,便是泛雅典娜大祭的高潮。(据记载,奉献给雅典娜的长袍上绘有天神对巨人的胜利主题,我们看到这一主题也出现在东柱间壁上。)饰带上呈现的这一献袍仪式被十二位奥林匹斯主神包围起来,仿佛这些大神正置身于雅典人群当中,共同观赏整个仪式的每一个过程。

最后,当游行队伍进入帕特农神庙之后,俯视众生的是坐落于神庙正殿里的巨型雅典娜神像。这座立像威严无比,在当时备受世人的敬畏,向朝觐者充分展现了雅典娜无与伦比的威力。不过,原先用黄金和象牙雕塑的神像早已不知所终,根据保萨尼阿斯的文字描述,神像高达13米,雅典娜全副武装,头戴头盔,头盔的正中为狮身人面兽,两侧为狮身鹰首兽,雅典娜身穿长及脚面的贴身长袍,胸前有象牙雕成的美杜莎怪面,用于震慑敌人,左手持有长矛和盾牌,盾牌旁盘绕着一条蟒蛇,乃是雅典早期国王厄里克托尼俄斯(Erichthonius)的化身,右手手掌里托着高达两米的胜利女神。雅典娜的鞋子上有雕塑,她站立的底座上雕刻了潘多拉的诞生。雅典娜的服饰与装备上雕刻的神话故事有多处于神庙柱间壁相呼应,她的鞋边是希腊人与马人之战,盾牌外侧为希腊人与阿玛宗女人之战(Amazonomachy),内侧则是天神战胜巨人的场景。

由上述四处组成的帕特农神庙上的雕塑,将雅典娜神圣的宗教力量与雅典人的政治、军事和文化实力极为巧妙地交织起来。这些与雅典娜有关的神话和仪式表征并彰显了雅典娜身上的某些特质,雅典人以此来构建自己的身份。帕特农神庙仿佛在向世人宣告,雅典娜身上所具备的特质对于雅典人而言,恰恰是他们自己和他们的城邦所拥有的特质,这种特质用同时代伟大的史家修昔底德(Thucydides)创作的伯利克里葬礼演说辞里的表述来说就是:"我们(案即雅典人)爱好美的事物,但没有因此而至于奢侈;我们爱好智慧,但没有因此而至于柔弱……我们的整座城邦是对于希腊的一种教化。"帕特农神庙上的神话与仪式以另一种话语——雕塑中的形象与故事——诉说着鼎盛时期的雅典人相同的理想与信念。

作者 / 张巍 / 复旦大学历史学系古典学教授

希腊英雄文化的精神意蕴

关于希腊艺术，尼采说过一句很精彩的话："抒情的天才独能感觉到一个画景象征世界从神秘的玄同忘我之境中产生。"[1]他讲到这一境界另有一种色彩，一种因果，一种速度，与静观万象、秋毫不爽的造型艺术家和史诗诗人的世界绝不相同。他将这比喻为梦神用月桂枝触动的灵感，致使抒情诗人所描绘的画景不是别的，正是他本人。然而，尽管抒情诗人高谈自我，却不是清醒的实践中人的"我"，而是潜藏在万象根基中唯一真正存在的永恒的"我"，而凭借这个"我"的反映，抒情的天才就能够洞察万象的根基。

尼采的评论可以用"理想的追慕"和"象征的意象"来表述，反映出了希腊艺术的深层结构。当你面对一件件与神祇一样不朽的希腊艺术品时，那种完美和圆融的独特感觉，那种带给你恢复青春活力的性灵喜悦，实际上是把你置入了那个带有魔力的经过艺术修饰的画景象征世界中。宛如看到刚刚从帕美索斯河、马泉或俄尔美俄斯泉沐浴过娇柔玉体后的缪斯女神们，你身披夜间的浓雾，和她们在一起跳起了优美可爱的舞蹈，唱起了动听的歌（图1）。[2]这种至高的赫利孔山上由艺术之神发出的声音给人带来一种透彻的情感体验，一种空灵的审美喜悦，激起了人的生命转换。最后，在理想与现实的交接处，"自我显现"变成了"自我消失"，知性与感性复合，产生出了一种精神上的永恒。艺术家主观抒情造成的那股突发的情绪，即便会在某个稍纵即逝的瞬间中消逝，却在我们的精神世界中得到永恒。玄同忘我之境构筑一种美景，艺术不再隐然浮游于自我之中，却在万象根基之中，找到了它置放高尚情感的栖居地。

⊙ 理想与美——希腊艺术的意境表述

希腊艺术的显著要素就是理想美，那种美的特殊魅力，就像一朵含苞欲放的鲜花一样，展现出人类全部的活力，让人在审美喜悦中走向高尚。这种亲近又陌生的情感带来一种奇异性，宛如希腊多变的自然风光，使人类身上的各种美好的品质得以显现。这种理想美的魅力既甜蜜又可爱，通过它，最自然、最为质朴的语调就道出了艺术家内心的秘密。这是希腊艺术家与人们交谈的惯用方式，他们能够让艺术品直接说话，其情感的坦率程度让我们吃惊。具有创造气质的人，比如说，波塞冬青铜像、米洛维纳斯像和立于奥林匹亚神庙东正立面柱上的胜利女神像的作者们，都是通过这样的方式与我们直接进行交流的。

希腊艺术品中，人物雕像占有一个很大的比例。对于希腊艺术家来说，人的美似乎是一切美之最。天才的创造似乎就只在关心人的美丽。对他们来说，万物之中的人才是最为美丽的。艺术家的造诣，在于如何让冰冷的大理石说话，变成能够感受到人的体温和情绪的雕像，并且栩栩如生地向我们传递真情。人体雕像准确地表达了人的自足和独立。人的表情都是朝气蓬勃的，很少有无精打采的造型。人的姿态、手势也都是能够被观众接受的，即使观众经过没有过分精细的考察，他们也能够从雕像那里感觉到亲切的问候、天使般的梦想，以及英雄战胜邪恶的力度。这些雕像是活着的、不断说出甜美奥秘的真人，一旦它们的精神在我们身上流过，我们马上就能感到一种情感上的温暖，一道透心而过的暖流，让我们的血液燃烧，就像太阳在夏日里燃烧一样。

　　这种理想的美，宛如奥林波斯山上的圣火，首先是一曲对于自由的颂歌。这样一种对人的高尚情操的歌颂，是希腊艺术的主旋律，也是荷马、苏格拉底、柏拉图相信的信仰。整个希腊的精神，都是在一种诗化了的意境中歌颂自由。它煽动起一种酒神狄奥尼索斯教人陶醉了的魔力，让苏格拉底从容就义，让毕达哥拉斯醉心于对数字的狂欢，让住在木桶里的犬儒学派天才心安理得，获得一种"灵魂离开躯壳、有如船之解缆"般的自由。从某种意义说，人体美丽带来的是心灵自由的撞击声，结果却引发热情的狂欢和快感的共鸣。在自由魔力支配下，希腊人陶醉了，同时也高尚了。陶醉和高尚、激情和崇高，使希腊人变成了沉溺于强烈感情和无限崇高之中无法自拔的英雄。他们双眼高高在上，为了自由，根本无视"在刀锋上"的危险和即将来临的命运惩罚。希腊人需要一种酿造自己文明之酒的酵母，那就是自由，一旦品尝过这样的烈酒，清澈甘美的清泉也就显得非常一般了。

　　希腊的男性雕像，展示的就是英雄向生命的极限挑战的伟大气概。具有超能力的英雄在转瞬即逝的冒险中甘情愿地承担风险，他们对于理想的忠贞激起了艺术家们采用最为大胆的艺术手法来为他们表述。以波塞冬青铜像（阿尔泰米西翁，公元前470年，雅典国家博物馆）为例，波塞冬真人大小，全身肌肉绷紧，两手向左右外伸，作投掷战斗状。这种在大理石像中不可想象的造型，却以青铜像的方式得以完美实现。在著名的《掷铁饼者》（米隆，约公元前460—450）中，米隆创造了运动的典范，被艺术史家称为"那是快速运动中的肌肉收缩和放松的结合，这件作品在对立的平衡中找到了和谐的原理"。[3] 这是力和紧张与自然主义风格的完美统一，无疑是希腊男性雕像中最具特色的代表作。当掷铁饼运动员刚要把铁饼掷出去的那个刹那，动人心弦的激情却凝固了，因而丝毫不缺乏稳定感。艺术史学家苏珊·伍德福特对此是这么评价的：这是一个无声的瞬间，然而在我们心里却因激励而产生了去完成这一动作的欲望。还有什么可说的呢？艺术不仅是力度和紧张的张狂，它还透过表象而进入到了生命脉动的执著之中。在人的力量得到深刻表现时，强力和紧张感已经退居第二，因为英雄是非常知道怎样激起强烈的梦想的，在他所追求的理想中，沉着和稳定正是在生命极限中赢得胜利的保障。

　　在艺术家们的描绘中，妇女较之英姿勃发的男性就显得大为不同了，这里更加突出的是女性特有的美和她们风韵中的音乐性。希腊作家卢奇安对艺术家利姆诺斯所雕刻的雅典娜像作过精彩描绘，说那个雕像集中了一切艺术、一切想象而形成的超凡的、理想类型的美。他说这幅画其实是出自理性女神之手，她开始工作了，"首先拿着克尼多斯的舶来品，只摘下头部，其余都不要，因为这个雕像是裸体的。头发、前额、双眉都保留普拉西忒里的原作；眼睛，这双秋水似的眼睛，也原封不动。但是双颊和面型就取材于'花园美神像'，还有纤手的线条、完美的手腕、春笋似的手指。菲迪亚斯和利姆诺斯的'雅典娜像'提供脸部的轮廓、端正的鼻型、温柔的双颊，也塑出她动人的粉颈，樱唇微合，像他的'亚马逊像'。卡拉密斯赐给她'济世女神像'的娴婉的秀气、似笑非笑的表情、贴切合身的衣服，只是头上不戴面纱。"为了进一步衬托出她的容貌和涵养，还要注意合适，"应黑的黑，应白的白，应红的微红"，以便绘出"她'象牙色中带淡红'和恬静的'明眸'"。经过这样的形式处理，这件作品就接近诗意了，于是"底比斯诗人可以帮助他给眼睛渲染'紫罗兰'的色泽。荷马渲染她的微笑、她的玉臂、她的玫瑰色的指甲，形容毕肖。"至于她的比美丽更加动人的高尚、智慧、仁慈、温柔、雅量、娴静、才华，以及"妩媚的姿态"、"天姬嫦娥似的风度"，就要靠充满诗情画意的遐想了。卢奇安最后的结论就是："只有肉体美和精神美互相结合时，才产生真正的美。"[4] 值得注意的是，天性美是古希腊女性人像最基本的特征。那种摄人心魄的美，倘若你尝试去分析它，就会发现它的原则是极其单纯的：只不过是要用最崇高的笔触来刻画女性的浪漫，并要尽其所能地把感觉和知觉完美地结合起来。艺术家们似乎不曾仔细规划或理智盘算过，那伟大的女性活力就自然而然地浇铸在那些令人骄傲的柔弱肉体上。女性们自然流露出来的情感说服力和她们衣裳皱褶显示出来的温柔同情，让人感到她们一次又一次地参与了世界的创造。

　　尽管希腊艺术曾经深受古代埃及风格的影响，我们却必须要分辨希腊的那种极度的诱惑与极度的克制之间动态的平衡与埃及艺术中的对称之间的根本不同。两者的区别是显而易见的：前者强调的是现实世界中人生命力的极限，后者却具有浓厚的宗教宿命思想。因此，当埃及人强调灵魂不死精心制作木乃伊时，希腊人却坦然面对死亡——他们把视死亡为哲学，用来震醒自己的生命力。当埃及人力图建造极其坚固的金字塔时，希腊人却雕刻了举世无双的美丽人体雕像。希腊的这种追求理想境界的精神情操对它的建筑风格也不无影响：无论是希腊立柱加横梁的神庙和它们的装饰，还是普通的民居，都保持着自然、庄重的现世风格：奥林波斯神庙（公元前465—457）门廊上浮雕中的形象是那么英雄主义和充满活力的——阿特拉斯安详带给了赫拉克利斯金苹果，赫拉克利斯的保护者、女神雅典娜在背后用手镇静而沉着地在帮助英雄。在神庙柱间壁饰中有英雄与牛精搏斗的壮烈场面，有英雄与半人半马的怪兽的格斗，也有朴素却有生气的河神像。所有这一切，都在告示我们：生活在奥林波斯山上的诸神是非常入世的，他们不仅是理想化的英雄表述，也是不断与各种艰难险阻进行斗争的希腊人的真实生活反映。

希腊的艺术品这种抒情风格，体现了人们对极致美的渴望，赋予万物一种极度的诱惑和极度的克制之间的动态平衡。这种艺术抒情风格热情而奔放，促成人之精魂无限制升华，折射出阿波罗这个光明之神和灿烂之神掌管的人的内心幻象世界的奇妙色彩。抒情的天才记录了希腊人的理想，一种最高的真理，与不可捉摸的日常生活截然不同。换言之，希腊艺术家是具有超常洞察力的人，通过最敏感的神经和最细致的感觉，揭示了那种令无数英雄血脉沸腾、为之献身的意境。在这种意境的魔力下，人们在精神岛上翩然起舞，仿佛天生就是神秘的冒险家，色彩和意象冲进了生命，平淡的生活在理想的照耀下被精心制作成了神灵般的极限美，人们保持住了精神的亢奋状态，人的境界借此得到圆满提升。

⊙ 情感交流的方式：直觉、诗语和精神的形象化

在尼采的美学理论中，古希腊的所谓舞蹈，不过是载歌载舞的团队，戏剧也是这样，一群人在那里悠然自得地跳舞、唱歌和演戏。音乐和戏剧，尽管不是那么具有情节，却让人随着音乐而情绪波动。尼采分别用日神和酒神来表示这两种方式：酒神是控制人的情绪的，日神则控制人的技艺。希腊的悲剧一般都有教导的作用，譬如《俄狄浦斯王》，戏中的主人公杀父娶母，显示出一种悲剧性的道德劝诫。但是，尼采又发现，人们在看戏的时候，注意的并不是道德劝诫，而是故事的情节，譬如俄狄浦斯是如何被抛弃、流浪、最后又成为国王的。这时，人们受到情绪的强烈左右，而不是受到道德劝诫的支配。这样，就有了艺术的两分法：一种是受情绪控制的艺术交流世界，被誉为"梦神用月桂枝触动的情感"；另一种则是受理性支配的艺术技术世界，它让人物按照和谐节奏的原则相互联系。情感力量和美学力量给了希腊艺术家创造极致理想美的双重保证，使其能够在玄同忘我之境之中创造出永恒的艺术品。

这种用情感进行交流的方式，是希腊抒情艺术家们特有的创新直觉。这种直觉之所以合理，是因为它是从"必要"中产生的。它最奇妙的地方，莫过于它既低于概念和结论，又高于概念和结论。因为，它所指向的，是一幅全新的图像。直觉不是被动性而是繁殖性的。直觉既然有些神秘、不可捉摸，它的光辉，就往往其所欲理解的理想世界。没有理想世界，直觉可能永远处在休眠状态，即隐藏在心灵深处的某个角落。有一天，当它与贤明的真实世界交流时，它就苏醒了，它不得不创造，出现了一些类似于"精神的胚芽"般的东西。另外，当我们谈到直觉时，就要知道，直觉并非本质。它不是概念，也不是本质性的结论，也不是具体的经验。直觉是一种非常细腻和敏感的洞察力，却能够甄别真实和仿冒、诚挚与虚假、正直和矫揉造作。直觉是从来不说谎的。从这个意义上看，直觉本身是一种具体的存在，它指向打动情感的心灵，是这个意义上的一种意指。直觉也许是一种主观和客观、隐约和明朗交替出现的感觉。直觉这一能够打动情感的独特东西，有时是单一的，有时也许是复合的。当它在隐约之中反映出一种境界时，隐约性就开始展现作者的主观性。紧接着，直觉变成了知觉，感知变成了立意明确的作品。当艺术家的主观抒情与被把握的事物进行交流时，这种直觉是无处不在的。最后，主观和客观相置换，通过作品，直觉开始表现出了客观性。

用这样的方式创作出来的艺术品，尽管有一种奇特的辉煌笔触把清晰的轮廓给模糊掉了，但美丽的色彩、有趣的造型却凭借着情感的魅力把因果给连接了起来。据艺术史家分析，这一切，在公元前5世纪的希腊雕刻大师菲迪亚斯那里得到完美表现：菲迪亚斯"在道德和造型观点两个方面，它代表了希腊精神的最高表现形式"。[5] 菲迪亚斯给予了希腊诸神超人

图 1
缪斯浮雕，藏于卢浮宫博物馆

般的完美形象,他们具有未受到尘世愁苦触动的宁静,更具有英雄和美的最完美的结合。菲迪亚斯的著名的黄金和象牙神像——奥林波斯宙斯像和帕台农神庙雅典娜像,体积巨大(宙斯像高13.86米),包含着"神性的古老而不可思议的精神"。[6] 在菲迪亚斯为帕台农神庙所作的纪念碑雕像(公元前447—前432)里,雅典式将多里斯的庄重和爱奥尼亚的优雅融为一体,从而获得了和谐的完美。法国艺术史家热尔曼·巴赞这么评论:"每一尊像都是巧妙平衡的整体中一个流畅的组成部分,躯体在空间的扭动体现了现实生活的全部舒坦自在。同时,人物按照和谐节奏的原则相互联系。两堵山墙《雅典娜的诞生》、《雅典娜与波塞冬之争》和九十二个排挡间饰,包含着受到限制的布局——必须符合几何形的要求。另一方面,展现于柱廊墙顶的饰带则是有联系的形式之连续性图案,犹如音乐中主旋律的发展。"[7] 在这里,艺术家用抒情所描绘出来的画景,与其说是一种静观万象、秋毫不爽的艺术造型,毋宁说是人像中手指的轮廓、饰带的痕迹和神像上处处闪现朦胧美的眼睛和嘴唇。但是,一种发自艺术家内心深处的光波却适时地抓住了美的本质,让它流动,并让它永远在这些作品之中驻足。这些本领使希腊艺术家的作品能够侧身于最珍贵的世界艺术之列。

值得注意的是,希腊的抒情艺术家在进行创作时,采用的是诗歌的语言而非实际的语言。在古代希腊,诗人的世界与秋毫不爽的造型艺术家和史诗诗人的世界是不相混同的,前者更加能够体现真理。诗被认为是揭示一般的,而历史则主要用来揭示个别事件。例如,当历史学家说某富人倒台时,诗人就说凡富人都得倒台。这样,诗歌就成为了历史的导师。在这种价值观下,为了要从单个的事实中抽出普遍的理想,艺术家会更倾向于用"诗语"来传递信息。

一则有趣的故事可以说明静观万象的历史学家是怎么做到证据确凿、秋毫不爽的。在希腊殖民城邦科罗封的一个傍晚,一位权贵正在家里灯火通明地举行宴会。当贵族们酒兴正浓时,一位二十出头的年轻行吟诗人出场了,他四周环顾,高声吟唱:"自古以来,人人都以荷马为榜样。"贵族们以为这位年轻诗人要像往常那样去吟诵荷马的史诗了,但那个小伙子却自编自吟了起来。于是他们放下酒杯,仔细地听起来。年轻诗人于是吟唱出这样的意思:应该赞美那些在酒后仍然表现出高尚思想并且记住美德的人,不要去歌颂提坦、巨人或半人半兽。那是古人的虚构,也不要去歌颂城邦里的那些无益的纷争,唯有崇敬神才是善行。这一次,贵族们听清楚了。原来,这位不知深浅的年轻人竟把他们所崇敬的神祇看成是虚构的,并且不点名地指责了荷马、赫西俄德这两位杰出的先辈诗人。年轻诗人看着满脸疑惑的贵族们,又如行云流水般地继续吟唱,他以为是人把人的衣服和人的形象加诸于神的身上,假如牛、马和狮子像人类一样能画,能雕像,它们就会把神的形体描绘成自己一样。他还指责荷马与赫西俄德把人间的无耻丑行加在诸神身上,例如偷盗、奸淫、彼此欺诈。因为这位诗人敢于抨击时弊,锋芒毕露,成了科罗封令人瞩目的人物,他就是伟大和勇敢的克塞诺芬尼。[8]

与上述的历史学家不同,抒情的艺术家擅长的是抒情的艺术,他们要用艺术作品向人的内心传送极致的美和理想。内心的东西怎么能够进行传递呢?那就需要依赖"诗语"。"实语"表述的东西,只是一种符号,属于历史的范畴;但"诗语"所描绘的,却是一种理想,属于抒情艺术的范畴。用文字表达的东西比较间接,看一部史论,刚看的时候没有感觉,因为你和作品之间是存在着距离的。但是,抒情的艺术天才使用的肢体和形象的语言,用手势、用表情,他创造出来的那个画景就直接向你传达画景象征世界的信息。看一本历史书,要看很久,才会突然被触动。但那用"诗语"吟唱出来的人体雕像,人看了以后是会立即被感动的。希腊的艺术,包括悲剧、喜剧、雕像,有时情节并不那么清楚,但是你也会跟着感动。这里,促成你感动的元素不是情节,而是极致的美和高尚的精神。

这些用直觉和"诗语"创作出来的作品,实际上是通过一种"精神的形象化"来揭示画景象征世界的。抒情艺术家要描绘的不是现实的世界,而是理想王国中的精神世界。柏拉图曾经认为:世上之物只是彼岸理想类型的不完美的复制品,号召艺术家直接去描绘那个完美的理想本源。什么是事实?伟大的希腊哲学家柏拉图给出了一个令人惊讶的回答:什么也不是。他认为世界是不断变化的,其中的事物也是不断流动着的。我们所感觉到的都是理想世界原型的幻影。[9] 理想通过艺术改变世界。在这样的教导下,希腊艺术脱离了那种狂热的原始图腾崇拜和热情冲动,开始专注于去表现理想世界的精神原型。艺术中没有时间,没有过程,高贵的理想带来了一丝冷漠。但是,在这里，审美喜悦要高于实际的快乐。当艺术品以这样一种姿态超越了人们的实际生活时，它无法与生育和普通的生活联系在一起，也不同触觉、味觉和嗅觉等较为低下的层次相联系。至于视觉（色彩）、听觉（音乐）、知觉（智慧、心灵），那是可以同艺术相通的，因为这些感觉属于较为高级的层次。结论是：艺术就是表现理想的，它直接反映真理。

在这样的精神激励下，精神的形象化就变得非常重要。一个画家把一棵树搬上了画面，这是从形象到形象。但是，有一些东西是抽象的，比如什么叫真？什么叫美？什么叫爱？什么叫高尚？我们怎么把它们变成形象的呢？那就是要靠精神的形象化才能够做到。例如："崇高"和"一棵树"相比较，树是形象的，而"崇高"一词却是抽象的。但是，抒情艺术家现在却能用艺术的"诗语"来把这个抽象概念形象化，为此他不得不编造故事，然后再编造艺术造型。这种精神形象化中产生的艺术，往往更容易刺激你的心灵。倘若希腊艺术里面没有这样一种成分，那么，它就不会那么永恒，它就会很容易被人们所遗忘。我们去看希腊的雕像也好，去看希腊的绘画也好，去看那些悲剧、喜剧也好，通过精神的元素，通过一些非常简单的情节，把极致的美直接置入观众灵魂深处。在不断的心动中，人们情不自禁地跟着永恒的精神翩然起舞。

这种精神的形象化，或者说，抒情艺术家的画景象征世界，特别容易让艺术品变成永恒。诗歌之所以打动人，很大程度上也是因为这种精神的形象化。诗歌是很抽象的东西，为什么能打动人，原因在于它是通过一种情感力量使艺术特质迅速加以提升和扩大。作品和观众之间的交流，不是一种浅层的、表面的交流，而是诗人的心和观众的心在互动。"诗语"让人跳过了表层，直接进入到一种深层次的精神交流。诗的"画景象征世界"直指人心，让人直接感受理想之美的精神震撼。一个古老的戏剧，甚至一场现代的芭蕾，也是通过这样的方式让人获得审美喜悦的。表面的故事，似乎一看就洞悉了它的全部轮廓。但是，这故事展现的精神美却影响到了你的审美意识：一旦心中的情感被唤起，强烈的共鸣就闪现出了红宝石般的光辉。故事的情节这时变得无关紧要，精神的形象化已经把你置入到理想境界的诗意之中。

更有甚者，有时，这种感动来自事物本身的极致美和命运造化对于这种极致美的摧残——希腊悲剧的精神奥秘全在于此。这样说吧，倘若一个东西比较丑陋，它被摧残，并不会引起人的难受。但是有一种东西，你把它弄到极美，再看到它被摧毁，那时，你的心中就会有一种大不忍，会产生出极度的悲剧感。这里有两种情景：一是极美的事物遭遇摧残，一是不美之物遭到摈弃。哪一种更能够激起你感伤呢？希腊的艺术品，粗粗看去，不过是个人，是个海神；但是，只要你透过现象看本质，那时，你就感到它特有的那种"精神之浓缩"，进而感受到那隐藏在极致之美背后的悲剧性。就是说，希腊艺术是一块多面镜，它用诗歌的语言把一切装饰的艳俗隐去，但希腊人理想的火焰却仍然在那里燃烧。这是希腊人生活中最崇高和最简朴的东西。在欣赏这样的艺术品时，你会为那些人捍卫理想极致美的人的心灵所感动。你徒然想去发掘那个比朦胧轮廓更多、更深刻的东西，那就是希腊人的英雄魂魄，以及与这些魂魄紧紧相连的、隐藏在极致之美背后的悲剧性。

⊙ 玄同忘我之境在理想和现实的交汇处产生

希腊的艺术要这么来理解：它既是抒情艺术家完全个人的自我展示，又是完全忘我的英雄魂魄飞舞；既是梦神用月桂枝触动的灵感，又是日神用灿烂的理性培育而成的知觉；既是一种极致之美的"诗语"，又是历史科学家用"实语"对世界的秋毫不爽的评价。在理想和现实的交汇处，画景象征世界在玄同忘我之境中产生。

玄同忘我之境应当这么来解释：它是希腊人对极致之美的一种礼赞，一种向往，是一种极度的诱惑和极度的克制之间的动态的平衡。它有着超凡入圣般的飘逸的理想，其勾画的美景，正像希腊驻华大使约安尼斯·塞奥法诺普洛斯精心描绘的奥林波斯山上的情境一样。奥林波斯山坐落在希腊的北部，它高耸入云，是宙斯和众神的栖居地，在云雾缭绕的山顶山，由时光女神在那里罢手。每当天神到来时，云门便自动打开，欢迎诸神。"众神之王"宙斯发出召唤，诸神便纷纷从陆地、海里、天空、地下赶到宙斯的神殿聚会。神殿里有许多金碧辉煌的高大圆柱，四壁还画满了神奇而又美丽的图画。众神们一边喝着酒，一边议论天上和人间的大事。青春女神赫柏为诸神斟酒，太阳神阿波罗弹起了竖琴，为大家助兴，九位文艺女神缪斯在舞池内翩翩起舞,还唱着清脆悦耳的歌儿。[10]对于这样的极致美景,无论是古代的希腊人,还是现代的希腊人,又有谁不会对之心向往之?

这种极为崇高的理想和极致的美,不仅激起了抒情艺术家为之高歌的热情,而且也激起了希腊人民不惜用生命来保卫它们的英雄情怀。在希腊的神话中,这样的令人寻味的故事层出不穷。例如:象征最美好爱情的红玫瑰花,是为美神阿佛洛狄忒钟爱的人间美少年阿多尼斯的鲜血化成的,阿多尼斯被野猪咬死,他的鲜血变成了红玫瑰,为此美神非常伤心。[11]又如希腊神话中的残疾神赫淮斯托斯是人类的朋友,他制造和掌管着神的最大机密——火,普罗米修斯将火盗出献给了人类,为此遭到天神宙斯的惩罚。[12]赫淮斯托斯奉宙斯之命造出的世界上最美的女人潘多拉,却不幸打开了一个充满饥饿、疾病的盒子,将各种灾难充满人间,好在盒子中还藏有着一个小天使,他的名字叫做"希望"。谷神得墨忒尔的故事是最人性化了的,她是勤劳刻苦的保卫者,当她的美丽的女儿被黑武士装扮的冥王绑架后,大地上的一片鸟语花香消失了,地面上的庄稼也枯槁了。即便这样,谷神还是忠于她的职守,通过宙斯让女儿在三个季节中陪伴自己,只有四分之一的时间留在冥王身边当冥后。这样,大地回春,百花绽放,正如希腊驻华大使塞奥法诺普洛斯所评价的那样:"谷神的故事糅合了人类最早对四季运转、作物生长的观察。"这个故事"十分人性化,在故事的背后,隐藏着人类超越形体、死亡,以及和自然界的消长和生死的神秘融合"。[13]

极高的理想和极致的美也带来了直觉和知觉的统一。希腊的艺术家在自由抒发感情的时候是会关照大众情绪的。例如:佛律尼科斯是早期希腊的悲剧作家,他首先在戏剧里引进女性人物,首先写历史剧。他的《米利都的陷落》写小亚细亚的希腊殖民城邦米利都于公元前494年被波斯国王大流士攻陷的事,演出引起了全场观众流泪,剧作家因此被罚1000希腊币。[14]在这里,艺术家的自我是要听取时代的"将令"的。他须顾及全体民众的情绪,因为后者的利益要远远高于他自己。这个"大我"的将令是极有力量的。在真理面前,抒情艺术家得放弃个性的强,因为真理是不靠个性来张扬的。真理,那是一种客观的存在,它不以人的意志,也就是说,不以人的个性的强为转移。当艺术家脱离了个性所表现的强时,他更容易与真理相遇。画如其人时,是指画与个性的统一。画如其境的时候,我们认为画开始与事理统一。画入其境的时候,那真理就被置入作品,那时,人的因素需要退隐。艺术家在作画的时候一定要记住:真理是通过真理自身显现自己的。个性展开自己,领悟展开真理。个性要表现出与众不同,领悟要表现出自己的欢悦。个性是要别人震惊于你的感染力中,领悟只不过邀请别人来分享你的快乐。个性张扬时作者必定以为自己高过读者,领悟在分享快乐时恨不得让读者来为己师。个性其实是力的张扬,领悟却是疑惑和奥秘的破解。个性和领悟之间的谁高谁低,那也是不言自明的。

正是这种对真理的信仰,使希腊的艺术进入到了玄同忘我的境地。这是一个真实的故事,成功地抓住了希腊人历史上最美丽的一个瞬间:为了理想的美,希腊人可以为此献身。在克里特圣地克里特岛上,有一座建于1587年的拜占庭风格的阿尔卡迪修道院。1866年11月7日,这座修道院被15000名入侵的土耳其士兵围得水泄不通。在这座小小的与世隔绝的圣殿里,躲藏着700名绝望的妇女。在妇女们祈祷声的掩盖下,287名男子也在愤怒地叹息。45名修士在修道院长的指挥下,一名游击队员在敌人撞开大门、冲进修道院的一刹那,点燃了修道院内的火药库,谱写了最伟大的英雄战歌。巨大的爆炸声响之后,刺鼻的浓烟中倒着4000多土耳其侵略者,其中3000多人已经死亡。克里特的牺牲者共计864名,唯一的幸存者是一个小女孩。她成年之后进了修道院,成了一名终身侍奉上帝的修女。至今她的半身像还竖立在修道院长的墓边。[15]

在《悲剧的诞生》中,尼采是这样总结的:"凡是人从万有之根源,从世界的醉境底层,所能意识到的,都可能被梦神的美化威力再度克服;所以这两种艺术冲动,不得不依照永恒正义之规律,按严格的相互比例,各自展开其威力。当酒神的威力以我们所目睹之势,高涨起来,梦神也定披上云彩,降临到人间,未来的世代将见到她的最丰富最美丽的效果。"[16]希腊艺术的美丽是希腊人精神的永恒美丽,是希腊人用自己的信念与一场场大灾难博弈后的胜利的凯歌。或者说,这正是向人类体能极限挑战的英勇的奥林匹克精神,它呼唤着和平与一种极致的永恒的美,宛如一道像光一样闪烁的河流,途径的一切均被它照亮。

〔1〕（德）尼采：《悲剧的诞生》，缪灵珠译，载章安祺编：《西方文艺理论史精读文献》，北京：中国人民大学出版社，2003年，第557页。

〔2〕（古希腊）赫西俄德：《神谱》，见赫西俄德：《工作与时日 神谱》，张竹明、蒋平译，北京：商务印书馆，1997年，第26页。

〔3〕（法）热尔曼·巴赞：《艺术史：史前至现代》，刘明毅译，上海人民美术出版社，1998年，第104页。

〔4〕（古希腊）卢奇安：《画像谈——谈肉体美与精神美》，缪灵珠译，载章安祺编订：《缪灵珠美学译文集》，北京：中国人民大学出版社，1998年，第一卷，第146页。

〔5〕（法）热尔曼·巴赞：《艺术史：史前至现代》，刘明毅译，上海人民美术出版社，1998年，第104页。

〔6〕（法）热尔曼·巴赞：《艺术史：史前至现代》，刘明毅译，上海人民美术出版社，1998年，第104页。

〔7〕（法）热尔曼·巴赞：《艺术史：史前至现代》，刘明毅译，上海人民美术出版社，1998年，第104—105页。

〔8〕（希）约安尼斯·塞奥法诺普洛斯：《希腊文化》，《中华英才》编订，华人华裔文化交流中心出版，2002年，第49—50页。

〔9〕（希）约安尼斯·塞奥法诺普洛斯：《希腊文化》，《中华英才》编订，华人华裔文化交流中心出版，2002年，第23页。

〔10〕（希）约安尼斯·塞奥法诺普洛斯：《希腊文化》，《中华英才》编订，华人华裔文化交流中心出版，2002年，第1页。

〔11〕（希）约安尼斯·塞奥法诺普洛斯：《希腊文化》，《中华英才》编订，华人华裔文化交流中心出版，2002年，第40页。

〔12〕（希）约安尼斯·塞奥法诺普洛斯：《希腊文化》，《中华英才》编订，华人华裔文化交流中心出版，2002年，第41页。

〔13〕（希）约安尼斯·塞奥法诺普洛斯：《希腊文化》，《中华英才》编订，华人华裔文化交流中心出版，2002年，第42页。

〔14〕（希）约安尼斯·塞奥法诺普洛斯：《希腊文化》，《中华英才》编订，华人华裔文化交流中心出版，2002年，第24页。

〔15〕（希）约安尼斯·塞奥法诺普洛斯：《希腊文化》，《中华英才》编订，华人华裔文化交流中心出版，2002年，第2页。

〔16〕（德）尼采：《悲剧的诞生》，缪灵珠译，载章安祺编：《西方文艺理论史精读文献》，北京：中国人民大学出版社，2003年，第569页。

作者／朱孝远／北京大学历史系教授

希腊民主政治与古典艺术发展

全人类文明的历史长河中，全球各地区的古代文明自必都是从原始社会发展而来，并开创其各有特色的文明传统。原始社会无国家，古代文明各国自必是由小到大发展起来，在文明之初，远古小国之君王或元首亦是从原始社会末期的军事民主制之军事首领转化而来。从古代传说和考古发掘资料互相印证的情况看，全球各地已出现逾千年之久的古代文明国家无不是从遍地开花的各部族的小王国到全族统一的大王国再到兼并各国各地各族的"广土众民"的帝国，并在帝国阶段达到其古代文明的繁荣昌盛。这个规律显而易见，拙作《关于古代奴隶社会发展规律的一个探讨》（发表于北京大学历史系《世界史研究》1984年第一期）曾予阐述。但世界之大无奇不有，如果说古代东方的各古代文明（埃及、中国、印度、巴比伦）和美洲的阿兹特克、印加文明都合乎这个规律的话，那么也有一突出的例外，即欧洲的希腊，它一方面是以城邦小国的规模，更重要的是以民主体制而非王国体制鹤立鸡群般制造了古代世界最为辉煌的文明，其中最令人瞩目的则是希腊古典艺术。所以恩格斯在谈到希腊这个"小民族"时曾指示："他们的无所不包的才能与活动，给他们保证了全人类发展史上为其他任何民族所不能企求的地位。"（《马克思恩格斯选集》第三卷，人民出版社1972年版，第468页）

然而，要全面评估希腊文明和希腊古典艺术以其"例外"的历史身份却取得难以企及的伟大成就的意义，则仍需对比于上述从小国到大国再到帝国的普遍规律以探其究竟。历史上通常把传说中的第一届奥林匹克运动会举行之年——公元前776年，作为古希腊历史纪元和文明的开始，近百年的考古发现也证实，此年前后的公元前8世纪初，确为希腊文明在地球上曙光初露的年代。参加奥林匹克运动会的是已组成众多城邦的新的希腊民族，而奥林匹克本身也意味着希腊人已有了自己的文化传统、宗教、习俗、语言文字和艺术活动。在此之前，希腊地区又有300年左右是处在原始社会的最后阶段——军事民主制阶段（公元前1100—前800），我们习惯以此时史料主要来源于《荷马史诗》而称之为荷马时代。而在荷马时代之前，希腊地区南部的克里特岛和伯罗奔尼撒半岛又一度出现过长达千年的青铜文明——前者是米诺斯文明（公元前2000—前1500）后者是迈锡尼文明（公元前1550—前1100）。此青铜文明覆亡的原因之一是属于希腊人一个部族的多里斯人自北而南的入侵，据现有资料推算，迈锡尼城的最后毁灭是在公元前1125年，此后中希腊和伯罗奔尼撒的众多城池市镇也悉遭破坏，各地普遍出现国亡城破、商旅断绝、文字湮灭的现象。多里斯人废城而居乡野，过着简朴的军事民主制生活，没有国家也没有文字。从这个角度看，荷马时代在一定程度上意味着一个落后倒退的时代，而在其后的希腊城邦便是直接从原始社会转化而来，和前述文明之初国家由无到有、小国纷立的规律相符。可是，另一方面，多里斯人入侵希腊也带来一个有相当积极意义的东西，那就是冶铁术和铁器的使用，从而使希腊进入铁器时代。铁器意味着比青铜更高的生产力，将使希腊社会在迈锡尼的青铜文明火亡后经过一段时间的酝酿而以更快的速度发展，终于以民主城邦的体制创造更高的文明。

按照人类文明发展的脉络，铁器文明是在青铜文明已相当发达的基础上开启的，铁器必晚于青铜器，世界各地的考古发现也证明了这一点。然而，先进的冶铁术和铁器竟是由相对落后的多里斯人和其他西北部族传入希腊，这看似矛盾的事实则和冶铁术在古代东方文明地区发明、传播的特殊途径有关。铁这种金属在埃及金字塔中即有发现，但这些铁块是天上掉下来的陨铁，古代埃及人称之为"自天而降的黑铜"，其罕可比珍宝。冶铁术的发明和人工锻冶的铁器则是在千余年后青铜采冶技术相当发达之时出现的，但其地不在埃及、巴比伦青铜文明昌盛之区，而是在偏僻的小亚（今土耳其）和亚美尼亚山区一带，其地属赫梯王国势力范围。赫梯以专利珍物视之，秘而不宣，外流极少，价比黄金。但在小亚的偏远山区，赫梯王鞭长莫及之处，铁器和冶铁术却在临近部族中偷偷扩散，并经小亚传入东欧，形成了一条在古代文明圈边缘的黑铁之路。多里斯人的铁器即由此而来。到荷马时代后期（公元前10—前9世纪），据最近考古发现，希腊各地使用铁器已较普遍。日后成为具领导地位城邦的雅典当时已有铁冶中心之誉，其铁制剑、矛、刀、锉、锯等物畅销各地，甚至日用什物如门闩、马蹄、别针等均用铁制，并出现了铁匠作坊。所以说希腊、雅典以铁器时代的高度生产力亮相于历史舞台是毫无疑义的，而荷马时代之后希腊城邦遍地开花之时，铁器对其农业、手工业生产影响之大更是难以估量。希腊不像古代东方文明那样植根于大河流域，它既无大河，平原也少，山多地薄是它的地理特征，因此铁器使希腊的农业生产受惠最深。当时最重大的农业问题是耕地的开垦，不仅迈锡尼文明时原有的平川耕地多半荒芜而需重新开垦，更多的是各地数以百计新出现的城邦需伐林开垦，辟山区丘陵坡地为田亩，其中最难对付的是盘根错节的山间老林和多石坚硬的土坡，非用铁锹铁锄不能奏效，希腊农民以铁斧砍伐林莽，以铁锄挖掘树根（据估计，在当时情况下可能是比砍树伐木更为繁重的劳动），希腊农业生产就可以取得大大超过青铜时代的成就，不仅使各地普遍出现新城邦成为可能，而且也为小农提供了较巩固的经济基础。在手工业方面，铁器为各行业提供高效工具也是不言而喻的，这在造船、海运业方面尤为明显。希腊地理环境的另一特点是它的岛屿、半岛特别多，它拥有按国土陆地面积而言世界最长的海岸线，从新石器时代后期起便有岛屿间的海运，青铜时代国际海运已较发展，到希腊时更有铁器促进造船业的腾飞，发明了龙骨造船结构和龙头冲船战术，有了更为快速、坚固的商船和战船，希腊作为领先的海洋国家的地位就更为牢固，也为日后雅典海战打败波斯帝国奠定基础。此外，还要看到铁器的影响不仅仅限于经济方面，更涉及社会和政治。希腊城邦公民两个人数最多的两个等级：小农和手工业者，都凭借农业和手工业的发展而拥有一定的经济实力，在城邦成立之初足以抗衡贵族而自保，在其后随民主改革的逐步深入而成为公民政治的主流力量，它的意义就更为重大了。

从古代历史的发展总趋势看，希腊城邦之具备铁器时代的生产力，实为已在其先有2000多年发展历史的古代东方文明所赐，这个时间先后又彼此有交流秉承的事实决定了希腊文明对东方文明而言确为后起之秀。当希腊人举行第一届奥林匹克运动会之时，东方的埃及和巴比伦早已进入文明昌盛的帝国阶段，众多文明成果或直接或间接传入希腊，自然成为希腊文明加速发展的巨大助力，上述冶铁术和铁器就是这类文明成果中最重要者。所以应该强调东方文明成果是促进希腊文明成长的重要因素，犹如有人青春年少却已学富五车，自然风光无限。但是，在100多年以前，西方人囿于"欧洲中心论"的偏见，虽知道东方先于希腊的事实，却否认东方文明成果对希腊的积极意义，喜好说什么希腊文明是古典的、规律性的、历史性的，东方文明则是非古典的、非规律性和非历史的，这类偏见百年来随着考古发现的增多和历史研究的深入早已不攻自破。有两千多年发展历史的古代东方文明在数学、医学、天文地理、工艺技术、城市建筑以及绘画雕刻方面的众多优秀成果，在此不必一一细说，但从今天信息时代的角度看来，却有两项应予以强调，那就是腓尼克拼音字母文字的使用和地中海航运商贸网站的建立。腓尼克字母是在埃及象形文字和巴比伦楔形文字皆有后期演化的基础上，结合本国商业贸易的需要而发明的，其时约在公元前1000年，当时希腊在荷马时代，但腓尼克与希腊地区海运交往密切。希腊人较快就袭用腓尼克字母而创造了希腊字母，所以在荷马时代之末和城邦建立之初就拥有了自己的拼音字母，这是古代最先进的信息工具，它书写方便、简明易学，不仅有利于经济活动，在希腊社会中尤其有利于小农、手工业者草根庶民文化素质的提高和公民政治的发展。商业网站是指在地中海沿岸一大地区甚至整个东部或西部地中海地区同一时间已存在众多海运贸易地点，商业贸易和人员交流都呈网状分布，各国各地的商旅可在此持续活动。地中海各地商业网站的充分发展是希腊日后成为海洋强国的一个重要因素，但其前身却是古代东方文明在千余年间建立的东部地中海的网站，例如埃及尼罗河三角洲入海口的城镇，东连巴比伦的叙利亚、黎巴嫩沿岸的腓尼克人城市（乌加里特、西顿），塞浦路斯岛和克里特岛（米诺斯文明）以及小亚的一些王国和城市。此外还有众多建于文明边缘地区和未开化地带的网站，虽还不足以称为城市，却有一定的商贸活动。在这方面腓尼克人贡献最大，他们的活动从东部地中海扩及西部地中海，在西部建强国迦太基（今突尼斯）和西班牙、法国南部及意大利西西里岛的众多商站和城市。这些网站后来皆为希腊利用。以上说明了希腊城邦因立国其晚得以吸收先行的东方文明成果而成为后起之秀的历史因缘，由此可见，希腊城邦虽以小国规模却取得重大文明成果的"例外"现象实质上是符合我们所说的古代文明从小王国到大王国到帝国达其盛期的规律的，或者说是这个规律在包括埃及、巴比伦、和希腊在内的泛地中海区域的阶段性演进，希腊文明是这个地区古代文明发展的总过程的一部分——后续部分，即埃及、巴比伦等地区进入帝国阶段以后各地文化各具特色的发展与演化。但这只说明了问题的一个方面，问题的另一个方面，也是更重要的方面，则是希腊如何由于自身内部特色的发展道路而在政治体制和文化艺术与东方各国乃至全球所有古代国家有根本的不同，简单地说，希腊（和日后完全追随希腊的罗马）奉行的是民主政治及人本主义的文化艺术，东方各国和全球一切古代国家（希腊罗马除外）则厉行君王统治和宫廷官方文化艺术。这样说似乎有近似前述西方人的"欧洲中心主义"偏见的色彩，因为他们也是强调希腊是民主的，东方是专制的；希腊是理性的，东方是迷信的等根本区别，但这类偏见依据的理论例如地理决定论、民族精神论、种族优劣论和天才论等，都是不值一驳的。我们仍然必须从上述古代文明发展的总规律求其合理的、合乎规律性的说明。如果把时间先后和吸收东方文明成果当做希腊文明由此快速发展的外部因素，那么在内部因素上它也有一些独具特色的发展，在与外部因素互动配合之下推动它走上与一切古代国家根本不同之路。首先，我们可以注意到希腊城邦成立之初是符合总规律的第一阶段——国家是从无到有、从小到大的特点的。这些小国

之君王是从原始部族的军事头领摇身一变而来，既自然又无须声张，他们确实是普遍出现于希腊历史这个第一阶段的，连雅典都不例外。雅典卫城上两个最重要的庙宇，一个叫帕台农庙（贞女庙），它供奉雅典娜女神，她是雅典的保护神；另一个叫厄瑞克透斯庙，它供奉雅典王朝的始祖厄瑞克透斯，据说他是一位人头蛇身的神灵，因此这庙祭台下的洞泉中一定要永远饲养着一条蟒蛇，就像罗马城卡庇托里尼山坡上必须永远放着一只养在铁笼中的母狼那样，因为罗马城的创造者，它的第一位国王罗穆卢斯是由母狼哺乳长大的。我们把这些在第一阶段出现的小国统统加一个"王"字，称之为"小王国"，也就是这个道理。但更重要的是，这些远古小王国的发展方向除希腊外统统是王权越来越大，最后终于达到"唯我独尊"的地步，原来随军事首领变成国王之际也多少有点残存的原始社会组织：氏族贵族的"议事会"和全体氏族成员参加的"民众会"，前者成为国王的爪牙或随从，后者先是名存实亡，最后则被干脆取消。这一过程在各个古代国家的历史中可能各自有其特点，但基本路线是一致的，所以我们在表述上称之为从小王国到大王国再到帝国的发展规律。然而，正是在王权越来越大这个大方向上，希腊城邦却是显著的例外，尽管它们在立国之初也都有国王、王朝，但百年之后，或快或慢都变成了共和国，通常是由氏族贵族议事会决定交民众会选出的首席执政官作为国家元首，而国王退居次要官员之位，最后是"国王"变成一个官职的名称，由民众会选出，依法按届换人，王朝就彻底被取消了。以雅典为例，其建立城邦国家大约在第一届奥林匹克运动会之前二三十年，即公元前800年左右，当时雅典有厄瑞克透斯王朝，但从公元前683年开始，雅典实行民选首席执政官一年一任之制，他的名字就是此年的名号，又称"名年执政官"，官方制定名年执政官表，立碑存于国家档案馆，部分遗迹也被考古发现证实，因此我们可以确定雅典由王国变成共和国的具体过程。在这里，两个从原始社会遗留下来的组织：贵族议事会和民众会似乎起了一定的作用，但稍加分析就可以看出实际上是贵族议事会大权独揽，执政官是由它决定人选并且必须是贵族出身，更有甚者，除包揽官职之外，贵族还拥有立法之权并垄断司法，又在经济上通过高利贷、土地兼并和债务奴隶制逼迫贫苦大众卖儿卖女，无以为生，所以在公元前683年以后的近百年间，雅典名为共和，其公民大众却沦入近

乎奴仆的地位。从常规看，贵族和国王都是压迫人民的统治阶级，古代这类贵族专政闹来闹去就会从其中出现一个"翦灭群雄"的独裁者称王称霸，把共和国拖向专制王国的老路上去，这在历史上并不少见。然而，雅典和大多数希腊城邦的发展却并不如此，它反而以公民群众通过一直存在的民众会（城邦建立后称公民大会）进行多次逐步深入的民主改革的方式，建立了被誉为"当时最先进的政治形式"的希腊民主政治。在这一过程中，民众会——公民大会历王朝统治和贵族专权而始终存在，并且最后从被动自保转向主动进攻，对于民主政治的建立确有决定性的贡献。与此同时，可以称之为原始民主制遗产的民众会也随民主改革的逐步深入而有很大的改进和提高，终于成为国家的最高权力机关，它植根于原始社会却一直贯穿于城邦民主政治建立总过程的事实，也说明了原始民主制遗产是希腊得以建立民主政治的重要内部因素。另一重要内部因素民主改革则是城邦国家的公民大众进行政治斗争的结果，这是只有在铁器时代的生产力发展水平上才会出现的。在此之前的铜石并用时代，一律是君主专制，工农大众和草根庶民位同奴仆，毫无政治权利，更无公民的政治可言，而在铁器时代的希腊，正如前面所说的，手工业者和小农的经济实力较强，政治身份也依原始氏族社会普通成员皆可参加民众会的传统而成为工农大众都可参加公民大会的公民，虽然在城邦最初王朝统治和随后的贵族专权之下，公民大众备受压迫，却仍然保有"于无声处听惊雷"的潜在力量，公民大会能始终保存下来就成为希腊的一大特点。因此，在时机成熟时，公民大众就会奋起进行政治斗争，并且取得胜利。这个时机就是在贵族压迫越来越重、民不聊生的情况下，贵族中的开明人士、社会贤达同情民间疾苦，企求改革，富有的工商业主财大气粗却无政治地位可与贵族相比，也要求改革取消贵族特权，形成了我们可以称之为反贵族的民主统一战线，群起而攻之，自然容易取得胜利。试以雅典为例，公元前594年完成的梭伦改革，可算是雅典以农民和手工业者为主体的公民大众凭借公民大会和这个"统一战线"而取得的第一个大胜利。梭伦出身贵族，屡立军功，又善作诗词，同情劳苦大众，漫游各地考察风土人情，见多识广，被誉为希腊七贤之一，当他自告奋勇出来领导改革之时，自是众望所归。梭伦因此被公民大会选为首席执政官和具有立宪改制全权的"仲裁官"。他首先下"减负令"废债务奴隶制，使沦为债奴的雅典公民获得解放，又以较民主的"四百人会议"取代贵族会议，大力取消贵族特权，恢复了公民大会作为国家最高立法机构的地位。这个改革确实起了救民于水火的作用，并引导雅典走向民主大发展、经济文化大繁荣的道路。日后雅典又于公元前508—前506年进行了更为民主的克里斯提尼改革，在公元前5世纪初联合希腊各邦取得了战胜波斯帝国的具有历史意义的大胜利，其后出现民主派领袖伯里克利长达数十年的当政，使雅典的民主政治、文化艺术都达于顶峰。

我们喜欢说希腊民主政治是其文明获得高度发展的基本原因，这一中西学术界的共识用于希腊艺术则更为明显与贴切。严格地说，希腊古典艺术就是渗透民主意蕴的艺术，无论其风格与形制、理想与实践、声誉与成就都与民主政治有关，这又是它和全球其他古代民族在帝国文明盛期创造的古典艺术的最大区别（只有罗马帝国因完全追随希腊而除外）。就像第一届奥林匹克运动会标志着希腊城邦历史的开端，我们也可以把梭伦的改革前后的年代（公元前6世纪初）作为希腊有民主特色的新艺术起步之时。其带倾向性的背景与实际则是：在既无国王而贵族已靠边站的情况下，艺术服务的主要对象转向公民大众和城邦民主政府。社会行朴实振奋之风，艺术史上称之为古朴风格或古朴时代，并可细分为古朴初期（公元前600—前530）和成熟期（公元前530—前480）两个阶段。从古朴风格之前到城邦初立的两百年间，希腊地区的艺术总的来说还处于比较落后的幼稚水平，其前一个阶段称为几何形风格，仍不脱原始社会时代彩陶文化的装饰格调（公元前800—前720）；后一阶段称东方风格，以学习东方工艺为主，但进步只限于具体技术方面，在贵族统治之下精神上无大创新（公元前720—前620或前600）。如果拿古朴时期一百年间的创新腾飞和其前的几何形风格、东方化风格相比，简直就有天壤之别的差异，在古朴风格结束之时的公元前480年代，希腊艺术在不少方面取得了超过东方艺术的成就，并为古典风格的形成打下基础。

在建筑方面，梭伦改革之后雅典和其他重大城邦如科林斯、奥林匹亚（奥林匹克运动会举办之地）都开始建造全新的石构的神庙（以前则为木构），可惜这些早期神庙都已毁损，考古发现已知并得完整复原的一座是在希腊西部科孚岛上的阿尔忒弥斯女神庙，约建于公元前600—前580年间，它的特点是已运用希腊自己的柱式体系，这是一种按有民主色彩的人本主义精神改进建筑物总体形象的体系。希腊人用其民族的两个主要族群之名称呼柱式的两个类型为多里斯柱式和爱奥尼亚柱式，并认为多里斯柱式体现男性刚强之气，爱奥尼亚柱式体现女性灵秀之美，那座阿尔忒弥斯女神之庙因在多里斯族群之地，所以采用多里斯柱式。日后在整个古朴时代柱式体系都有趋向完善精神的发展，与城邦民主改革逐步深入、彻底的时代趋势相符。古朴风格成熟期最后阶段的代表性建筑是雅典附近的爱改那岛上的阿菲亚雅典娜女神庙，它约建于公元前500—前480年，经考古发现后已部分复原。它采用规范完整的多里斯柱式，风貌与比例都已有接近古典风格的端庄与坚实。在雕刻方面，古朴时期的雕像也是在梭伦改革之后显示巨大的进步。梭伦在改革成功之后即以贤达之身两袖清风飘然离任，并以考察为由出国远行，他在埃及、小亚等地漫游十年，进一步熟悉东方的历史文物、科技学术，回雅典后退隐在家从事著述，对阿特兰蒂斯沉没之谜和古今文艺皆有研究。虽然这些著述皆已无存，但从古朴时期雕刻绘画方面的巨变和发展看来，他的民主思想或者说以他为代表的思潮的影响是很大的。简言之，它们是用以人为本和以自然为师两个新方向为城邦艺术奠定全新的道路。此前希腊人到埃及旅游参观的已较普遍，希腊人在埃及各地神庙雕像古迹上刻写的"在此一游"之类题词至今犹可见到。然而，他们所见的这些石材巨大、姿态呆板的雕像并非埃及艺术的精品，但影响所及，希腊雕刻最初东方化风格的作品却是以它们为样板的。其著例如《奥克谢尔女郎像》（因最早收藏于法国奥克谢尔修道院而得名，现藏巴黎卢浮宫博物馆）全身如石柱般站立，手臂腰身全按埃及雕像模式，连头上的假发也是埃及式的，其制作时约在公元前630年，即东方化风格后期。此后五十余年在梭伦民主改革的影响下，希腊雕刻逐渐出现以人为本以自然为师的新风向，前者是指按人体本身的比例，部位与细部形状取代僵化的格式，而且按照希腊宗教认为人体直接表现带神圣意义来肯定裸体雕像，首先把男性的神和人的雕像全用裸体表现；后者则是指雕刻不再以埃及为师而是以自然为师，求真写实是提高艺术水平之路。这些新风尚在古朴风格中期（公元前580—前530）就使几乎是从零开始的希腊雕刻艺术面目一新。这时期男子立式雕像的代表作——发现于科林斯附近铁尼亚的"铁尼亚阿波罗像"表情已较生动，胸肌和腹部的表现凹凸自然，嘴角也有一丝微笑之迹，被誉为"古朴的微笑"（图1）。到古朴风格成熟期（公元前530—前480），希腊雕刻已进入高歌猛进的阶段，有些学者甚至认为其不断探索和勇于创新的精神较之日后古典风格的端庄典雅更有引人入胜之处。在此期之初，男子立像的人体结构表现已相当精确，可说已接近于古代东方艺术曾达到的最高水平，而在此时期之末，则有超过东方的重大突破。前者可举现藏于雅典国立考古学博物馆的两尊雕像为代表，即阿纳维索斯像和阿里斯多迪科斯像，其头颅、手足、躯干各部位的比例、脉络和形态都很接近于实际，虽然他们站立的姿势仍有挥之不去的埃及遗风，但有些细部已显示摆脱程式的努力，例如阿纳维索斯像的发型取长发披两肩的自由形状以代替埃及假发型制，阿里斯多迪科像则干脆完全取消披发，以较短的自由舒展的发型代之。可以说这些作品已具备真实、自由的希腊艺术气派，和建筑上多里斯柱式的阳刚壮健相互辉映。至于此期之末取得的重大突破，则可举也藏于雅典国立考古学博物馆的"克里提奥斯少年像"（图2）（因其风格近似当时雅典雕刻家克氏而得名）。此像出土时已残破，两手和右脚的一部分已失，但其左脚直立承重，右脚舒展放松，臀部轴线也略显左高右低的倾斜，即便它的最大创新加上头部也不是完全正面而略微向右偏移，就使整个雕像在部位精确之余，又有初步的气韵生动之感了。这是希腊艺术家在"以自然为师"长期观察和研究人体表现后形成的带有科学理论性的手法，是古代东方无论埃及和巴比伦都未尝有过的。有了这个突破，希腊艺术家在表现裸体和塑造人物形象时，就能以符合人体结构弛张对应、动静正反结合的辩证关系作为构图和塑型的基本规则，从而达到气韵生动的理想境界（图3）。

希腊波斯大战是世界历史上具划时代意义的事件，希腊打败号称百万的波斯侵略大军这一伟大胜利不仅保证了希腊古典文明的独立存在和自由发展，奠定了东西方文明双峰并立共存至今的全球格局，也使古典文明与古典艺术达于繁荣顶峰。民主政治与古典艺术的密切关系，也在此时最为明显，现在已是古今中外无人争议的共识。仍以雅典为例，此时各方面已居领先地位的雅典，其最完美的艺术杰作——包括建筑、雕刻、绘画乃至平面设计的雅典卫城重建的系统工程，就是由民主派领袖伯里克利作出倾全国之力以赴的政治决策而由其密友、雅典艺术家菲迪亚斯负起

图 1
大理石青年雕像，大约公元前 530 年

图 2
克里提奥斯少年像

图 3
大理石青年像，大约公元前 510—前 500

全责，因此我们也把盛期古典风格称为菲迪亚斯风格，而其时代又可称为伯里克利时代。此时的希腊艺术在古朴时期以人为本和以自然为师的基础上，争取求真与理想并存而且以两者和谐的实现作为首务。这些希腊古典艺术的理想，极而言之，仍是人类追求完美总的努力中的一部分，和其他民族其他文明的艺术理想实质上具统一性，更不必妄加优劣之别。然而，在民主政治影响下，它又确实有自己独具的倾向与追求。为简明起见，我们不妨把它们归结为单纯、精确、合理、和谐四个要素。单纯是希腊艺术推居首位的要求，也是其艺术理想民主化的起点，因为它实质上是民主政治平等原则对艺术创作的一个最基本的理想，单纯之美不外是这种原则的艺术升华。从单纯出发，古典艺术的体裁、题材、形象等，都力避繁杂而讲究简明，建筑门类不多，雕刻绘画的意境、意向也都集中于少数几种类型，力求以少致精，以简驭繁。与此相关，古典艺术强调主题突出，手法简洁，虽经历推敲琢磨却宛若自然天成，不露痕迹。单纯之上的要求是精确，它意味着严格的写实和认真的加工，形象栩栩如生，同时又在艺术表现上轮廓鲜明，细部清晰，线条流畅，因此古典雕刻与建筑都予人以明朗亲切之感，若掷地有声般坚挺，像白纸黑字般透亮。单纯与精确提高为一种哲学的理解，那就是合理，而以合理要求于艺术创作，则使单纯与精神具有了科学性、逻辑性与规律性，总之是合乎理性。因此神奇怪诞的形象需要改造，豪华繁杂的装饰应予以制约，艺术的自由发挥也要和规格节律的遵守相伴，古典艺术总的说来是重视外在客观和逻辑推理，宁静而明智，不推崇主观幻想和激情任性，日后的评论家由此而看出古典主义与浪漫主义之分野。在合理性的要求下，古典艺术特别看重那些合乎客观规律的表现形式，例如对称、均衡、比列恰当、变化统一等。这些格式可以达于艺术上的完美，当然，如果死守这些格式而流于僵化，则有违于以自然为师的初衷。此外，古典艺术还喜欢以数量关系和形式分合类别规范艺术手法，在灵活中要求规整，严格写实中不失理想加工，形象思维的具体性与数理原则的普遍性互相兼顾，以及前述的人体张弛对应动静结合的辩证法则。从合理再予提高，就可以臻于和谐，这是古典艺术的最高境界，也是它的最高理想。它本身实际上就是单纯、精确、合理诸要素的辩证统一与完美结合，既显综合平衡之功效，又是在此基础上达到新的、前无古人后无来者的顶峰境地。可以说，单纯精确合理的追求，就像贯彻以人为本以自然为师的道路那样需要长时间的努力，贯穿于希腊艺术的始终，但和谐的存在与保持只限于巅峰的短暂时间，即伯里克利时代的半个世纪。通过和谐，希腊艺术家孜孜以求的多样统一终于达到，现实与理想、具象与共象、人工与自然、典型与个性、形式与内容等此前长期困扰艺术界的对立难关，终于在完美的形象上显和谐的气韵，那就是我们通常所说的源于生活又高于生活。对于仍有浓厚宗教思想的希腊人说来，这就是在艺术上实现了他们期望的那种神人合一的最高目标。因此西方学者不无感慨地说：在菲迪亚斯的雕刻中，神从没有这样更接近于人的理想，人也从没有这样更接近于神的形象（《牛津古典世界史》，1988年英文版，第291页）正是上述这些艺术理想的追求及和谐的实现，使希腊古典艺术在人类历史上拥有难以企及的地位。

希腊古典艺术有初期、盛期、后期之分，说明它在180多年中是不断演进变化的，在古典初期（公元前480—前450），由于雅典城在希波大战之初一度被波斯入侵占领惨遭破坏，庐舍尽墟，神庙全毁，胜利后百废待兴，既有欢欣振奋的精神，又有痛定思痛的严肃与认真，所以经过古典初期30年的积蓄和严谨的努力才能开展卫城重建那样的大工程，而古典初期艺术就有严谨风格之称。这时最重要的艺术杰作是奥林匹亚的宙斯神庙，其建筑、雕像都堪称严谨风格的最佳代表。在建筑上，它的多里斯柱式体系完整而威严，既反映了取得胜利的开心与自豪，又体现着严谨风格的克制与清醒。它的雕刻主要用于山墙和檐部四方形间板的装饰，虽然破损严重，我们仍可以看到在群像的设计和人物的刻画方面比古朴时期更显完美，并为日后的雅典卫城雕刻开辟新路。上个世纪有两次从海中发现的严谨风格青铜像都取得震惊世纪的影响。其一是1928年发现的宙斯神像，地点是希波战争中一次海上大战进行之处，此像即为战后感谢神恩之作（现藏于雅典国立考古学博物馆）。宙斯神在此表现为一裸体巨人，以其雷霆万钧的威严刻画出宙斯作为众神之主的典型风貌，它的裸体表现尤为杰出，充分实现了以人体本身的完美雄伟塑造神像的希腊艺术特点。希腊政府曾特意复铸此像一尊献给联合国，誉之为人类文化的共同珍宝。另一次海中重大发现是1972年的两尊希腊战士的青铜像。显然也是希波战争的纪念物，同样是全以裸像表现，其健壮身躯与矢志卫国的精神互为烘托，塑造了令人难忘的英雄典型。在绘画方面，由于希腊壁画和其他绘画作品全部毁失，我们只能从陶瓶上的瓶画和古籍记述知其辉煌成就的大概。据说此时有画圣之称的波力诺塔斯（他是菲迪亚斯的老师）笔下人物精确生动又有超凡脱俗的英雄气概，可谓源于生活又高于生活。他的画作多为瓶画大师效仿，由此我们可断定此时希腊绘画与雕刻同样具有超过东方的突破。试以一细部表现为例，东方无论埃及还是巴比伦3000年来画全侧面人物的眼睛一直袭用"柳眉杏眼"，即杏仁眼，而实际情况却是眼睛侧面所见的是三角形或称三角眼。希腊艺术学画是从东方化开始，因此古朴时期瓶画也一直用杏仁眼，但在古典初期却敢于突破陈规，一律用反映真实的三角眼取代杏仁眼了。这个细小却又深刻的变化当然包括波氏及众多瓶画大师不断的努力，它像"一叶知秋"般标志着希腊"以自然为师"的里程碑意义的胜利。

古典盛期（公元前450—前400）的第一件大盛事就是雅典卫城的重建。卫城是指城内的最高之处，通常是有防御工事的山岗。雅典卫城居城市中心且地势险峻，又与城邦远古历史传说中的神话故事和英雄人物有关系，极得全城公民的敬仰与崇敬。从考古材料可知雅典卫城确为远古国王宫廷所在，建立共和国后，卫城即成为全国几个最重要的神庙的营建地，城邦政府和公民群众奉献敬神雕像和纪念物也放置其中。波斯入侵时雅典卫城被彻底破坏，于是卫城的重建更有雅典新生之意，对雅典娜女神的崇拜也更见高涨，雅典全国朝野上下都把它看做文明建树重点中的重点，它要以最宏伟的气派和最完美的形象从废墟中挺立起来。它体现着伯里克利政治规划中的"希腊文明的典型"和"希腊民族的学校"的理想，菲迪亚斯应伯里克利之邀担任重建工程的艺术总监之后，他深知其责任和意义的重大，也认识到这是他艺术生涯的最亮点和最高的机遇。如此天时地利人和，重建的、新的雅典卫城终于成为体现古典艺术和谐理想的代表作。

菲迪亚斯（约公元前485—前425）的专长是雕刻，他的老师阿格拉犹斯是最著名的严谨风格雕塑家（有些学者认为奥林匹亚宙斯庙的雕刻即他所做），因此有青出于蓝之誉，同时他又拜画圣波力诺塔斯为师，在建筑方面也有很高造诣，他的艺术才能是全面的，他对卫城建造的指导与决策也是全面的。一般认为卫城参建的总体规划和制造水平由他亲定，建筑设计是他与几位著名建筑师的合作，而雕刻创作的绝大部分由他亲自动手和亲自敲定，可以说是整个工程的重中之重与精华中的精华。由于具体项目极多且要在10年至20年内完成，绝非一个人的能力所能操办，他身边还有众多水平不低的助手和工艺技术方面的专家，更不用说整个工程的劳务重活是由雅典公民的劳工大众和大量奴隶承担的，可以说新卫城是雅典整个学术界工程界和劳苦大众都参与其事的宏伟创造，尽管参与群众之多史无前例，它却具有统一的风格即菲迪亚斯风格。而且从时间上看菲迪亚斯在盛期古典的中段——公元前425年左右就去世了，但其后的项目仍按他的总体设计和风格要求完成（例如卫城重要神庙之一的厄瑞克透斯神庙完工之时已是公元前405年），可见菲迪亚斯风格贯穿于古典盛期的始终，益显其体现时代精神之强。从典型意义上看，卫城最重要的神庙——奉献于雅典娜女神的帕台农庙是最杰出的代表作。帕台农意为贞女，它是雅典娜女神的别名，雅典人总是把此庙看做本城邦荣耀的表征，它歌颂的是雅典的民主政治，它表现的无非是雅典公民的英雄气概和宏伟业绩。但在菲迪亚斯及其合作者的努力之下，它又以其器宇非凡、光彩照人的外貌和精良无比的细部加工而达到希腊建筑要求的最高水平（建于公元前447—前432）。它外部使用多里斯柱式，又使用爱奥尼亚柱式于内部，显示雅典作为希腊民族领袖综合兼容的宽大胸怀。它的东西正立面宽31米，高19米，合乎希腊人发现的1:0.618的黄金比率，看似昂然挺立优美无比，实则有赖于科学规律的决定作用。它在选材用料方面特别讲究，破天荒地决定全庙通体都用雅典本地新发现的朋特里库山的优质大理石，此石有奶油色或米色光泽，明丽异常，故其光彩照人之貌前所未见。它做工的精细更是令人惊奇，这方面的突出之例是它在古代首次采用视觉矫正法，当时希腊科学界已发现人的视觉对绝对平直之线或物都会有微妙的错觉，如平直线或面在其中心略有向内弯曲之感，视觉矫正就要在此略微膨胀。据现代实测，这类矫正全庙竟有10处之多。但又微妙到含而不露，出神入化之境，被誉为文明的奇迹。在雕刻方面，由于是菲迪亚斯亲自操刀，帕台农庙的雕刻比其建筑更显重要高超，它包括主厅中高达12米的黄金象牙雅典娜女神像、东西两山墙的故事性群像、92块檐部间板的浮雕和环绕全庙外壁长达160米的浮雕带。可惜这些无比珍贵的雕刻作品历经2500年多次沧桑巨变已遭严重毁损，残存至今者不及原作百之二三。有三层楼之高的雅典娜巨像已无丝毫痕迹可寻，东西两山墙上的群像本是建筑上用雕刻的最重要部分也面目全非。但是据古人的记述和现存残迹的判断，所有这些作品无不鲜明体现菲迪亚斯的风格的特点——将前述古典艺术最高理想熔于一炉，完美与典雅并备，同时又有气宇轩昂、雍容大方、百川归宗的气概。古人誉之为"虽作于短暂的岁月，却拥有永恒的生命"。即以吉光片羽之珍，如大英博物馆藏之帕台农庙东山墙狄俄尼苏斯像及阿佛洛狄忒等三位女神像、卢浮宫博物馆藏之帕台农庙外墙浮雕带少女敬神游戏、波塞冬神与阿波罗神像寻而论，莫不足以印证上述赞词之贴切。因此帕台农庙雕刻为希腊古典和谐完美之最佳代表作，已居举世公认。对于盛期古典艺术，我们还应该强调它的名家辈出、全面繁荣的景象，非仅卫城一处，菲迪亚斯一人而已。特别值得一提的是菲氏的两位同窗——米隆和贝利克莱托斯，他们三人都是阿格拉犹思的学生，出师之后艺术水平也旗鼓相当，只是未参加卫城工程。米隆的《掷铁饼者像》和波氏的《持矛者像》都是公认的可和卫城雕刻匹敌之作，其运动的气概与姿态的完美都达到了古典艺术的极致。

后期古典艺术（公元前400—前320）有别于盛期的特点，从艺术史的角度看，是理想加工有所放松而写实求真却继续深入。也可以说，菲迪亚斯风格的那种和谐完美多少有点改变，此外又出现了表现绝望、激动之类的情感，坎坷、苦难等人生境遇，特别是民主政治盛期少见的一边是豪华虚荣，一边是贫困、冤屈的社会环境等，就是后期古典艺术的新领域。山墙这些变化总括起来说，就是更加现实化、世俗化、多样化，同时也更加精英化、贵族化。集中反映这些变化的典型作品是《裸体的阿佛洛狄忒女神像》（裸体的维纳斯），它是古典后期最著名的雕刻家普拉克西特列斯的杰作，它表现女神脱衣入浴的情景，优美的体型曲线和女性温柔妩媚的情态结合得很好，同时又充分体现了女神的雍容高贵，被誉为天下第一名作。然而出现这类裸体女像并大受欢迎的社会背景却是相当复杂的，其中最重要的一个原因就是希腊城邦体制已陷入危机，这是本文开头所说的那个古代国家由小国到大国再到帝国的规律这时正起作用的反映，希腊城邦危机实际上也就是这一趋势的一个表现，即按规律希腊小国纷立的局面应走向形成统一的民族国家——大国，但希腊城邦体制和民主传统根深蒂固，要由希腊人自己完成统一大业是非常困难的。结果是后期古典的大部分时间都陷入城邦混战之中。另一方面，奴隶制经济却大发展，大奴隶主的豪强骄横益甚，公民下层群众却苦难益深，史学上总称为城邦危机。最后是希腊北邻马其顿王国以武力称霸于希腊，城邦体制和民主政治皆名存实亡。马其顿的青年国王亚历山大还统帅希腊马其顿联军渡海东征，消灭了波斯帝国，组成了地占欧亚非三洲的亚历山大帝国。虽然他死后帝国又分裂为三个希腊化王国，他却开创了希腊历史的希腊化时代（公元前330—前150）。这些社会背景的根本转变使后期古典艺术开始孕育转向希腊化艺术的变化，它的民主政治色彩则逐渐消退。到希腊化时代，尽管古典传统仍有流风余韵般继续，希腊化艺术却主要是服务帝国和王国宫廷的艺术了。由于本文主旨是谈民主政治与古典艺术唇齿相依的密切关系，对于后期古典艺术与希腊化艺术的这些变化就不多讲述了。

作者 / 朱龙华 / 北京大学历史系教授

希腊戏剧千年史

⊙ 序言

在长达1000年的时间里，横跨地中海大部分区域的古希腊人们一直沉浸在戏剧带来的快乐中。从公元前6世纪开始，希腊神话故事被改编成为戏剧，而直至公元391年，基督教成为罗马帝国官方宗教之时，东部地区生存在罗马帝国统治下的希腊人民仍然继续创作着拥有宏大布景并精心配乐的正剧与喜剧。

时至21世纪，古希腊戏剧再一次活跃在舞台上。从1880年开始，尤其是20世纪70年代之后，古希腊戏剧在现代舞台上经历了一次辉煌的涅槃。来自欧洲、南美乃至全世界的著名剧团时常上演埃斯库罗斯（Aeschylus）、索福克勒斯（Sophocles）与欧里庇得斯（Euripides）的悲剧，以及阿里斯托芬（Aristophanes）的喜剧。在希腊、土耳其以及意大利等地，古典剧目的表演往往在现存的古希腊剧院遗址中举行，例如伯罗奔尼撒（Peloponnese）半岛上的埃皮道鲁斯（Epidauros）剧院。如此盛况一定程度上是因为有相当一部分古希腊剧作的文本非常幸运地得以保存至今，从而让我们能够完整地阅读、表演，其中包括21部悲剧、1部羊人剧（satyr drama）和11部阿里斯托芬的喜剧。自基督教诞生以来的数个世纪中，这些剧作被屡次以手稿形式从拜占庭帝国的图书馆中抄录出来。14世纪，一些大胆的中世纪学者将这些副本带到了西欧，并于1498到1518年间在威尼斯首次出版了这些剧作。随着这部分剧作陆续被翻译成现代语言——意大利语、法语、荷兰语、德语与英语，它们逐渐进入了公众视野，并且逐步演进成现代戏剧。

除了以手稿及随后的出版物形式幸运地留存至今的44部剧作之外，我们还能通过其他五种不同的方式获得证据，从而进一步领略令人心潮澎湃的古希腊戏剧世界：考古发掘的古希腊剧场；古代纪念碑上的石刻铭文；视觉性图像，包括古代装饰画与壁画，以及人物雕像与浮雕；纸草书（papyrus）的发现——它为我们带来了希腊、罗马与埃及沙漠里，古代异教建筑中尘封多年的剧本手稿；本身并不是剧本，但是在内容中曾提及古代戏剧，或者反映了对古希腊戏剧之体验的古典文献。这类文献还包括表演诗歌（performance peotry）的其他形式，对个别作品的目击见证，哲学家与早期基督徒对戏剧的抨击，以及演员与舞者的轶闻等。

在本文中，笔者将借由这些不同类型的材料来梳理古希腊戏剧从诞生直到中世纪时期基督教政权下消亡的历史。众所周知，当时的基督教统治并不鼓励戏剧艺术，甚至将所有的舞台表演列为违法行为，他们认为这是不道德，乃至亵渎神明的。基督徒们反对舞台剧本情节中的虚构性，同样也反对剧本中经常涉及的性本质（sexual nature），他们对女性演员与佩戴着鲜明异教徒色彩面具的角色尤为反感。笔者的论述将围绕五个不同历史时期展开：1.戏剧的起源——公元前8至前6世纪；2.悲剧与"旧喜剧"（old comedy）——公元前5世纪；3.希腊戏剧扩张的全盛期——公元前4世纪；4.希腊化时代（the Hellenistic Age）——公元前323—前31年，在这一时期，一位新的喜剧作家米南德（Menander）获得了与古代大师同样的成功；5.罗马帝国时代的希腊戏剧。

起源

现存最早的古希腊剧目是由埃斯库罗斯创作的，一部题为《波斯人》的悲剧，这部作品首演于公元前 472 年雅典城中所举办的酒神狄奥尼索斯的节日庆典。在这次节日中，埃斯库罗斯与其他悲剧作者在悲剧竞赛中竞逐冠军，并最终取得了胜利。酒神狄奥尼索斯、酒与戏剧表演间的密切联系贯穿整个古典时代（中世纪之前）。但是古希腊人认为，戏剧早已在距此 70 多年前的公元前 472 年，由雅典城外一个村落中一位叫做泰斯庇斯的悲剧作家所创造。传说中，泰斯庇斯既是一位酒神赞美诗人，即所谓"酒神颂"的专业歌者，同时也是一名驾着专用马车游历于村庄之间，在其所到之处佩戴面具进行表演的艺人。在相当数量的信息来源中都提及了泰斯庇斯在悲剧的诞生中起到的作用，其中包括最重要碑文之一，发现于帕罗斯岛的"帕罗斯岛大理石"，它提供了数个世纪里早期希腊历史事件的日期与进一步的信息。人们相信早在埃斯库罗斯出生前 9 年，泰斯庇斯就在公元前 534 年于雅典举办的首个悲剧竞赛中获得了优胜。当时正处于僭主庇西特拉图统治时期，距离公元前 507 年雅典民主制的建立还有 30 年。然而一些学者认为，当时泰斯庇斯和他的剧团广受欢迎的巡回表演，相较悲剧而言更像是喜剧的原型。

这一点已很难得到确认。实际上在戏剧正式诞生前几个世纪，它的很多特性就已经预先在希腊人的生活中出现了。包括荷马名作《伊利亚特》与《奥德赛》在内的史诗的表演，就如一场回溯到几百年前迈锡尼文明的过往的重现，其中包括了大量含有对白的章节。在这些章节中，游吟诗人用自己的七弦竖琴伴奏，讲述着来自阿喀琉斯、赫卡柏或者奥德修斯的真实话语。在史诗中也有对舞蹈的描述，这就意味着会有成群结对的年轻男子为史诗伴舞，当然有时可能还有女子。在宗教仪式中涉及神话故事的内容里，常常会伴有一些模拟元素，比如模仿雷声的噪声与战车的车轮声会被用来模拟尘世间神灵现身的样子。在古风时期的歌队，比如参加提洛岛上阿波罗祭祀活动的歌队中，年轻女子总是要扮演各种不同身份的角色，将声音的模仿与姿态的模仿一起融入她们的表演中。然而，在保留自己真实外表的情况下以宁芙女神的角色歌唱，与彻底地扮演另一个角色之间，依旧存在着巨大的差异。

当一位演员为了呈现某个角色而戴上面具后，他会通过这位死去已久的人物的声音来说话，例如底比斯国王彭透斯，或是先知泰瑞西斯，这种颇具神秘色彩的表现方式让悲剧从公元前 6 世纪诞生之初就有着特殊戏剧张力（图1）。横贯整个古风时期，悲剧和演员所佩戴的面具都是一个不可分割的概念；在黑海北部，奥尔比亚的希腊殖民小镇中发现的一个公元 5 世纪的花瓶碎片上，可以清晰地看到一位年轻男子所使用的、被涂成白色的女性面具。戏剧发生在观众可以看到的周遭世界——雅典城中卫城南坡的真实存在——和戏剧中所虚构的世界，如雄伟的底比斯与特洛伊的边界或者临界点。而跨过这一边界的契机，就是演员

图 1
这是一对悲剧面具中的一件，制作于公元前 1 世纪至公元 1 世纪。刻画的是一个不幸的国王和一个不幸的女英雄，传说"来自一座剧院"。用大理石面具重现古希腊演员们演出所佩戴的木质面具，这是古罗马时期某种表现方式。维尔茨堡的马丁-冯-瓦格纳（Martin-von-Wagner）博物馆存放着一块来自阿普里亚（Apulian）地区的公元前 4 世纪的陶器残片，上面就有一个手执悲剧面具的演员。阿什莫林艺术与考古博物馆（The Ashmolean Museum of Art and Archaeology）所藏。

将他所模拟的身份生动地表现出来。戏服与面具并不仅仅是演员的配饰；他们使得一个表演者区别于其他类型表演的从业者，而成为一名演员。

最早的戏剧表演必然给人们留下了冲击性的印象。在对21世纪早期文化的审视中，演员对于他们所扮演的另一个身份的承担已经成为了文化环境中一个不可或缺的成分，以致我们很难再现它最初所产生的巨大影响力。就像如今的我们时时沉浸在由电影胶片、录像带和数码图片所构成的第三个千年文化中，这意味着我们永远也无法体验到最早的电影观众所感受到的那种激动之情。希腊的悲剧演员和合唱歌者会根据他所扮演角色的特点戴上一个面具。这种面具由布片浸在石膏里，压入模具中干燥而成，接着人们在面具上通过绘画和假发等手段将其描绘成另一个角色的象征。面具让希腊人将戏剧看做是活的雕像，在诗歌中这一观点时有体现。同样的，演员们还会根据他所扮演的角色穿上精致的长袍、盔甲，或是乞丐的破衣烂衫。演员们模仿虚构人物的语言与行动。这意味着很多角色能够摆脱男性身份并由女性替代。演员们对女性角色的性别设定对早期雅典的观众产生了巨大的冲击。一位名为普律尼科司的悲剧作家被认为最早将女性角色引入戏剧，他主要活跃在泰斯庇斯与埃斯库罗斯之间的时代。在埃斯库罗斯年轻时，于舞台上欣赏演员们通过佩戴迷人的女性面具来扮演女性角色仍属于一种新鲜事物。

几乎所有学者都认为戏剧是从宗教仪式中发展出来的，尽管这种仪式的确切形式仍处于争论中。由于戏剧中往往会出现一些过世已久的人物，一些学者便提出悲剧是由葬礼发展而来的——英雄的崇拜者们在陵墓前放声高唱挽歌。雅典市民举办仪式以纪念英雄人物，例如索福克勒斯的悲剧《埃阿斯》中的同名主角，同样的，在这些祭典与有关这些人物的戏剧中，有时会出现相似的内容与形式。在古代希腊曾有"死者的神谕"（oracles of the dead）的传说，在这种传说里，雅典人能够与一位死去的家庭成员交流。在进行适当的仪式后，生者可能被待以木偶或者其他的模拟物（作为死者灵魂的载体）。在狄奥尼索斯的戏剧中，等待过世已久的英雄的形象之重现可能与在死者的神谕中招魂的心理过程有一些共同之处。

公元前4世纪中叶，哲学家亚里士多德在他的《诗学》一书中阐述到，无论悲剧还是喜剧都是由酒神赞美诗，或者说酒神颂衍生而来的，这一谱系看起来似乎具有其天然的合理性。事实上，最早的悲剧之化身的视觉形象，是在一个公元前440年的花瓶上，悲剧被拟人化地描绘成一位在狄奥尼索斯举办的天神聚会上，手捧一只可爱的小兔子，姿态优雅而穿着考究的女祭司。歌队的元素，在早期的悲剧，如《波斯人》中仍然非常显著，这意味着由团队而非个人的、载歌载舞式的赞美诗在悲剧这一文类的演变中是占有极为重要的地位的。在酒神的节日里，戏剧表演年复一年地继续着，尽管从希腊化时代开始，在其他神明的节日上同样也有了戏剧表演的内容；狄奥尼索斯的祭典中包含了一些男女易装的仪式，这也许促进了希腊戏剧中易装表演这一模式的诞生。在酒神祭仪里，牲畜献祭的行为是其中至关重要的一环，因此在相当多的悲剧中含有一个角色以献祭的形式被杀害的情节。在这种暴力行为发生之时，各种明喻和隐喻的信息有时会将剧中角色与狄奥尼索斯的传统侍从、那些疯狂的女祭司联系起来。

狄奥尼索斯是酒之神，无论在酒神的节日上还是集会中，有组织的集体畅饮是希腊人社会生活中的一个重要组成部分。也许因为他同时掌管着有饮酒在内的精神与情绪上的变化，狄奥尼索斯也是与神秘变身相关联的神明。《荷马史诗》（7.38—53）中一个古老的、有关酒神自身的传说讲述了狄奥尼索斯从挟持了他的真身——一位英俊少年——的海盗手中逃出的故事。狄奥尼索斯首先使船萌发出葡萄藤和常春藤，然后在将他的敌人变成海豚前，把自己变成狮子和鹿。在这种崇拜能够变幻身形的神灵的背景下，戏剧在公元前6世纪的诞生显然不是一个巧合。所有的戏剧表演都被认为是"touched by his presence"，演员们也都将狄奥尼索斯看做他们的守护神。当公元前3世纪，职业的剧团开始在古希腊世界中巡游演出时，他们除了称自己为"酒神的艺人"之外，还能有什么更为妥帖的选择呢？

◎ 古代雅典

三位伟大的悲剧作家——埃斯库罗斯、欧里庇得斯与索福克勒斯——都活跃在公元前5世纪的雅典；古典喜剧作家阿里斯托芬所写下的留存至今的作品，也都首演于公元前425年至公元前388年之间。这些从事着包括写作、制作与表演希腊戏剧等工作的人都是男性——几乎可以说是雅典市民中独有的成员。更为重要的是，很大一部分观众也有过在生命中的某一阶段，很可能是在年少时登台演出的经历；很多人会为他们在舞台上看到自己的兄弟、晚辈抑或邻居表演而感到自豪。希腊戏剧艺术是一种社区性的戏剧，投身于这一产业的人员中有相当大比例是业余爱好者。

但他们是不同的人，也来自不同的背景。雅典，这一古时曾被称为阿提卡（Attica）的地区，它的全部领土包括了漫长的海岸线、一些岛屿、三块由山峦分割开的辽阔平原、广袤的森林，以及从帕尔奈斯山脉（Parnes mountain）北部一直延伸至塞隆尼克湾（saronic gulf）西部的刻菲索斯河（river cephisus）。一部分住在城墙之内的市民（他们的数量在战争期间大规模膨胀）可以在半小时内从家中走到剧院，而那些住在 20 公里以外的人，则很可能需要一两天的奔波才能到达市区。事实上，阿提卡包括了 139 个独立的村落，或者叫做 "demes" 的行政区。

每个行政区举行自己的政治集会，其中的一部分行政区也拥有自己剧院，至迟到公元前 5 世纪后期，在这些剧院中，人们也能够通过巡回演出的形式欣赏到在城市里大型节日上首映的著名戏剧作品。那些追随著名的剧作家和演员的区里人会对他们非常熟悉；当他们的偶像在剧中受到嘉奖时，他们会对这些人表示支持，而这样的情景还会出现在他们在其他公共场合相遇时，例如在希腊人与其他市民一起进行公开投票的集会场所，或者是在繁忙的城市广场边。

一些特殊的家庭会举家投入到戏剧活动中去，培养演员与剧作家。这些家庭会同时从事着与悲剧和喜剧相关的工作——它们被认为只是两种不同的技能。在一个古老的传说中，索福克勒斯以演员的身份开始了他的戏剧生涯，并在自己的悲剧中扮演不同角色，然而相对微弱的嗓音条件使得他从舞台上隐退下来，全身心地投入了剧本的创作中；我们没有任何理由怀疑这种说法的真实性，因为在当时的演艺家庭中，年轻的孩子不可避免地会被鼓励去尝试扮演角色。

剧作家都来自家底殷实的精英家庭，这样的家庭必须充分地经济独立，从而允许他们可以几乎全身心地投入到戏剧创作中。虽然早在公元前 5 世纪时，支撑这种创作方式的经济基础并不稳固，因为在当时并没有大数额的奖金。戏剧创作的目标是赢得喝彩和名气，这在雅典意味着日渐增长的影响力、强健的同盟和友谊，还有无尽的晚宴邀请。在雅典有不少其他培养诗人和演员的戏剧家庭角逐这些利益。

现今的研究表明，在这一时期阿提卡地区的总人口大约为 25 万，然而其中客籍的外来居住者以及奴隶占据了相当大的比例，这意味着真正的成年男性公民大约只有 3 万人。盛行一时的几个戏剧比赛，常常能吸纳公民主体中大约 20%—50% 的人口，酒神的圣所实在无力容纳更多人了。尽管相关的证据并不能让我们切实地得出结论，但可以推断的是，除了少有的几个重要而成熟的宗教人物，例如雅典娜的女祭司等外，当时的女性角色很少能够在城市酒神节（City Dionysia）里首演的悲剧中登场。希腊戏剧早期观众中大部分（一些学者认为是几乎全部）是自由的雅典城或雅典联邦的男性公民。从公元前 460 年开始，在雅典之外的地方，更为优异而流传广泛的戏剧作品开始反复演出，这种情况到了公元前 5 世纪的最后 10 年变得愈发频繁。在这些场馆中，要假定观众的性别、地位或者种族变得十分困难。

酒神狄奥尼索斯的狂欢节在深冬与春季之交举行，在此期间会在雅典举办戏剧竞赛。相较而言，我们对另一个更为盛大的节日——"城市酒神节"（City Dionysia），有着更为深入的了解。这一节日往往会在每年的航海季开始之后举办，这样一来，来自整个希腊世界的观众都可以参加这场盛会。来自四面八方的游客汇集到这个城市，使得这个节日成为了名副其实的 "泛希腊"（Panhellenic）盛会，同样也让雅典人能够到处在他们的同盟面前尽情展示自己的艺术天赋。

悲剧作家将剧本计划提交给城市里叫做"执政官"（archon eponymos）的地方官员。这种执政官同时还负责世俗政务而非宗教事务，这凸显了悲剧如何融合了社会和精神上的关注点，尽管它往往是在宗教节日上表演的。民主制城邦的实践与戏剧艺术是一种共生关系。悲剧处在神与世俗的交集上，正是这样使得它能够通过内化作用将它们转化成支撑雅典人社会和想法的神话故事情节、渴求、愿望、冲突和矛盾，成为结晶。希腊悲剧从民主大众的视点来看待古代神话，所以早在数百年前的青铜时代的君王们，比如阿伽门农和俄狄浦斯，就根据公元前 5 世纪民主大众政治和社会价值观来评估他们的决定。

在每届节日举办期至少一年以前，参演的剧目需要交给当地执政官审核。每位剧作家都需要提交一组由三部悲剧和一部羊人剧组成的作品集（即"四联剧"），用以在节日中的一天里连贯地表演。例如在公元前458年，埃斯库罗斯提交了他的四联剧《俄瑞斯忒亚》，其中包括了《阿伽门农》、《奠酒人》、《报仇神》三部悲剧，与一部轻松愉悦的羊人剧《普洛忒斯》。埃斯库罗斯是一位先锋派的改革者，他对戏剧形式的演进起到了至关重要的作用；有关他的古老的个人传记中提到，他是第一位通过崇高的情感为悲剧营造出崇高意蕴的剧作家。他精心布置了舞台，在场景中添加了绘画、器械，并放置祭坛、坟冢等舞台道具，甚至加入了喇叭、幽灵、复仇女神等元素，用华丽的视觉效果深深震撼了他的观众们。

埃斯库罗斯对于戏剧和诗歌的巨大影响体现在他宏大的历史观和世界观中。在他的戏剧中，隐含的基本哲学思想是文明的进步，势必会以艰难与苦痛作为代价。在《俄瑞斯忒亚》这部作品中，这种苦难体现在阿特柔斯家族一代代人挣扎在黑暗情绪的痛苦枷锁中。这样的痛苦在一种必然感中愈来愈强，人们有一种希望，这种苦痛挣扎所产生的 divine reason 终有一天能够被揭示：文明从古老的君主制政体中一步步发展，被仇恨所毁灭，最终在法制健全的雅典迎来了民主政治的曙光。在《阿伽门农》里，这位阿尔戈斯之王从特洛伊的战场返回家乡后，因为在出征前将女儿杀死献祭而被他的妻子克吕泰墨斯特拉密谋杀害。由于当时还没有设立法院，倘若克吕泰墨斯特拉想要追究阿伽门农（杀死女儿）的责任，除此之外别无选择。到了《奠酒人》的故事里，克吕泰墨斯特拉和他的情夫成为了以铁腕手段统治阿尔戈斯的僭主，但她的儿子俄瑞斯忒亚暗杀了他们并登上了王座。最后，在《报仇神》剧中，俄瑞斯忒亚作为一名谋杀者，被由他母亲的幽灵所唤起的复仇女神穷追不舍。俄瑞斯忒亚在雅典接受了世界上第一场民主审判，雅典娜女神投出决定性的一票后宣判他无罪，至此，他的家庭——暗指整个世界——终于从世世代代相互之间无尽的复仇与杀戮中解脱出来。而在《普洛忒斯》中，埃斯库罗斯讲述了阿伽门农的弟弟墨涅拉俄斯（他很幸运地从特洛伊战场上活了下，并回到了家乡）与带着萨梯随从的海神普洛忒斯之间的搞笑相遇。所有的这四部戏都由三位演员以及一位歌者完成，演员们会在幕间到舞台后更换面具，而歌者则在每场戏之间变换角色。

我们对于埃斯库罗斯究竟需要提交多少实际文本一无所知，同样，对执政官如何决定下一届节日上由哪三位悲剧作家参与竞赛也所知寥寥。国家会为三位入围的悲剧作家分派他们所需要的主演、歌队以及赞助人。一位富翁赞助了整个戏剧竞赛的产业——包括运营的资金，以及每位悲剧作家麾下由市民组成的歌队所需要的戏装与相应的培训。盛大的节日从"序幕"（eisagoge）中展开，在这一环节里，酒神的圣象——一根一端有一个面具、由服装和常春藤装饰的木杆——从城外被带进他的剧场中。在公元前5世纪，这座剧场还不是石制的，而是一处位于雅典卫城南斜坡狄奥尼索斯区的大型木质建筑集群，直到公元前4世纪，石质的酒神剧场才在这里建立。这座剧场包含了一个舞池（相较矩形而言，更可能是半圆形结构，虽然学界并不认可这一观点）、一个下沉式舞台（弧拱）、用倾斜的木条作为观众的长椅。

第二天早上，节日的历程会在由官方组织的盛大的队列游行中开始。整个城市处于狂热的状态之中，不会有集会举办，也不进行官方事项，甚至在监狱中的犯人也被暂时释放出来以参与这场盛会。通过象征性的法令，这祭仪游行队伍明确了组成雅典社会不同社会群体间的关系，包括女性、司仪、军训中的年轻男子、贩卖酒、水和面包的外国居民以及搬运酒神仪式上阳具图像和歌唱赞美诗的人群。当游行队伍抵达剧院场馆后，希腊十将军（generals），联邦内由选举上任的最高官员，将会将酒洒在地下献予神明。一位发言人会做一系列的通报，宣读这一届节日的赞助人的名字。当人群都涌入剧场后，将会有一个展示成排的金条的表演，这是雅典人统计并展示当年从他们的同盟国收取的税收，事实上同盟国便好像是雅典的殖民地，因为被要求朝贡。在那些雅典烈士家庭中出生，并达到服役年龄的男丁会被邀请坐在靠近剧院前方突起处的位置前，政府将一套盔甲赠送给他们，这一行为加深了殖民和军国主义的色彩。

从公元前5世纪开始，酒神节上悲剧表演的流程就已基本固定了下来：三位参加悲剧竞赛的诗人，每人利用一天的时间上演自己的四联剧，这样的表演有时会从清晨就开始。四联剧上演的次序则由抽签决定。在悲剧竞赛的尾声，最终评判的结果由裁判决定，确定裁判人选的方式则是在比赛的最后阶段从观众人群中抽取一个方阵的普通市民，而不是通过推选决定，如此一来可以一定程度上预防受贿之类的场下黑幕的产生。事实上，裁判的工作也是在巨大的压力下进行的，毕竟在相应的剧目上演时以及谢幕后，场内观众给予的掌声能够清楚地反映人们对于这些戏剧的评价。最终脱颖而出的剧作家会戴上常春藤花冠，仿佛从奥林匹克赛场摘得桂冠的运动员一般，被人群领向他家境殷实的朋友家中参加私人酒宴。这种聚会往往在狂热的气氛中进行，伴以拼酒、性暗示、尖叫的女孩等元素，人们从街道上一路酗饮到狭窄的室内，柏拉图的《会饮篇》曾清晰地描绘出了这样的场景。

尽管如今的我们对埃斯库罗斯时代的演员所知不多，但在当时的戏剧演出中大放异彩的演员们无疑是令人激动的。他们的专业技巧需要从剧本中推断，而我们可以确信的是，由于在一部完整的四联剧中，他们需要扮演数个不同的角色，因此每位演员都需要记住长达数百行的台词。此外，他们也时常需要表演一些希腊人普遍认为是"野蛮人"的非希腊角色，例如在《波斯人》一剧中扮演波斯人，或是在《乞援人》（Suppliant Women）中演绎埃及国王与公主。在公元前5世纪的后半叶，剧场上的超级巨星开始出现了，例如俄阿格洛斯（Oiagros）扮演了一位令人动容的母亲尼奥比，她失去了自己的所有孩子。这些明星演员仅仅通过他们的身姿、沉默，或者控制有度的叙述与悲歌之间的对比就能够表现出剧烈的情感波动。公元前5世纪晚期最重要的一位演员是尼科斯特拉托斯（Nikostratos），他能通过朗诵让观众潸然泪下。卡里庇德斯（Callipides）则是一位特别擅长模仿的演员，他热衷于模仿社会各阶层人士的行为，甚至包括社会最底层的妇女。由此可以想见当时演员所需要的身体条件。他们对声音条件的训练是非常艰苦的，因为他们必须能独唱，能讲述语速极快的段落，还要能进行扩展的演讲。同样的，他们要顶着压力迅速而频繁地更替面具，转变角色。扮演有些角色时，演员们需要爬到剧院顶部，一边以俯卧的姿势歌唱一边借着剧院中的吊车飞翔。我们现今所知的一个词语——歌队训练师，指的就是当时训练歌队成员的人。在一件古希腊瓶画的杰作上，描绘了当时的歌队在训练萨梯舞蹈的情景，其中一人被特别地标出了名字。另外，如今我们也知道了形容在剧场中负责操纵吊车来表现神明现身的工作人员的词语，他被称为"Mechanopoios"，或者说机械操纵员。在柏拉图的《理想国》一书里，当苏格拉底在广场上向人们指出戏剧描绘了错误与虚幻的事物时，他列出了一系列应当受到谴责的人，"他们中的绝大多数忙于图像与色彩，还有很多忙于音乐"，包括"诗人与他们的助理……演员、合唱与歌舞团成员、承包人、各种设备的制造商，尤其是那些与女性装饰品有关的人"。除此之外，我们还知道有舞台布景的画师。

合唱表演的成员一般由快要成年或是二十岁出头的年轻雅典男性组成，对他们而言，歌队训练与从男孩到男子汉的成长历程，以及参军入伍都有着密切的联系。不过在剧中，他们往往需要扮演任何性别、年龄与种族的角色。决定合唱人员角色的一个很关键因素是歌队与其在悲剧设定中占据的空间——戏剧所设定的场景。悲剧歌队往往不是空间的保卫者，就是空间的侵略者。悲剧场景环境的设定，与歌队歌者在他们身处的事件中所处的立场和观点紧密相连。在绝大多数的悲剧中，歌队"从属"表演发生的区域：他们常常是悲剧描写的家庭所在城镇的居民，正如在索福克勒斯的悲剧《安提戈涅》（Antigone）与《俄狄浦斯》（Oedipus）中歌队扮演底比斯（Thebes）城中的住户。其他也有一些歌队并不从属于戏剧所设定的地点，而是位于一个不同的立场。例如在欧里庇得斯的《酒神的伴侣》（Bacchae）中，歌唱团所饰演的并不是底比斯城中的本地女性，而是一批来自东方的酒神女侍的随从——她们是酒神的狂热崇拜者，她们威胁着城市的秩序。

希腊戏剧在听觉上有着丰富的多样性。它交替着使用一种抑扬格诗的形式表达每一部分的内容，这是一种类似于古希腊语的节奏，伴着咏叹调独唱、二重唱与合唱。如今我们已经失去了几乎所有悲剧唱词所对应的旋律，在悲剧中，这些歌曲往往由一种名为奥罗斯（Auloi）的乐器伴奏，这种乐器有点类似于双簧管，具有凄凉的音色。只有极少有关音乐的纸草书残片让我们得以领略《俄瑞斯忒亚》与《伊菲革涅亚在淘洛人里》（iphigenia in aulis）这两部悲剧中少量的合唱曲片段，并从中知悉当时演员表演独唱咏叹调时所需要的能力。希腊悲剧的表演是酒神节日祭典的一部分，而在希腊悲剧里的合唱诗歌中，有相当大比例的部分是作为舞蹈表演的伴奏而设计的，这种表演形式尤其能够取悦狄奥尼索斯，这位酒与戏剧之神。近来，无论是在学者还是在舞台表演的导演中，又掀起了一阵研究古代舞蹈的热潮。他们从古代瓶画上舞蹈演员的动作中汲取灵感，正如他们从一些西方地区之外的舞剧传统，如瓦里（Wali，一种源自印度尼西亚的令人恐惧的舞蹈）中获得的感触一样。但事实上我们对古风时期的舞蹈仅仅了解一小部分。正如一位研究舞蹈的历史学家在他最近的研究中指出，我们"无法肯定地重现当时编舞中哪怕一个简单的脚步——在古代并没有系统的舞蹈记录法"。如今我们对古代戏剧中舞蹈的了解仅仅是源自一些留存证据的堆积，以及对不同来源图像资料的比照，尤其是古代瓶画。

在酒神节戏剧表演里的最后一次的换装中，合唱歌者需要戴上面具，穿上兽皮与羊毛制成的装束打扮成半裸的萨梯。古希腊人创作了数以百计的古典羊人剧，然而如今只有欧里庇得斯的《独眼巨人》完整存世，此外留存的还有索福克勒斯《追踪者》（Tracker）中的一部分。羊人剧中的歌队按照惯例，由拥有引人注目的阴茎图案的男性萨梯组成。萨梯与人类非常相似，但是会拥有些微神性，此外也更为野蛮一些（他们有尾巴、动物一样竖起的耳朵，有些时候会有带蹄的脚）。他们的外形看起来很像小孩子，但秃头暴露了他们其实已经上了年纪。萨梯通常居住在荒郊野岭中，不知为何会出现在科技与艺术已初见曙光的人类文明的神话中。他们常常表现出更愿意与自己的同性成员一起居住的倾向，并时常一起进行能够彰显男子气概的活动，例如狩猎以及体育竞技。从生物特征来看，萨梯具有相当强的雄性特质。他们极其强烈的雄性欲望可以明确地从他们时常勃起的性器官中看出，这一点在戏剧中往往由演员的戏装来表现。欧里庇得斯的《独眼巨人》（Cyclops）讲述了《荷马史诗》中的《奥德赛》第九卷中奥德修斯从独目的巨人波吕斐摩斯（Polyphemus）手中逃离的故事，剧中还插入了一段当时身为独眼巨人奴隶在西西里海域摧毁船只的萨梯的合唱。在一次酗酒后，波吕斐摩斯绑架了西勒诺斯（Silenus），因为当时他将西勒诺斯误认为是宙斯所宠爱的特洛伊男孩该尼墨德（Ganymede）。他蹒跚着走进他的洞穴，强奸了这位年迈的萨梯，而这给了奥德修斯和其他人一个可乘之机，奥德修斯刺瞎了他的独目，随后顺利地逃脱了。

喜剧表演一般在傍晚进行，这样观众们可以从悲剧四联剧带来的伤感情怀中恢复，并放开胃口肆意吃喝。现存最早的喜剧作品首演于公元前425年，是为阿里斯托芬的《阿卡奈人》（Acharnians）。阿卡奈是雅典联邦中的一个城邦，这座城市尤为崇拜希腊的战神阿瑞斯。当时的雅典人深陷于和斯巴达及其同盟的战争，即我们现在所说的伯罗奔尼撒战争中已经有6年之久，由于土地被侵略的斯巴达人占据，很多雅典的农民不得不生活在雅典城里。在这部剧作中，主要的英雄人物，一位名为狄开俄波利斯（Dikaiopolis）的农民领导着其余的雅典人一起劝服了好战的阿卡奈人，促成了与斯巴达人的和谈，让人民的生活重归和平与安定。与他现存的另外十部剧作一样，《阿卡奈人》体现了阿里斯托芬如何运用一些有效的喜剧桥段来表现壮丽而非凡的演出。这种表演中最为核心的部分就是合唱，12名，有时会更多的歌队成员穿上华丽的戏装——经常是动物的造型，例如阿里斯托芬的《马蜂》、《鸟》与《蛙》。演员与歌队成员们也会穿上皮质的阳具图像和荒诞不经的衬料；他们的面具往往很丑陋，表现出变形的特征。

阿里斯托芬的戏剧作品中时常上演现实主义与纯粹超现实主义元素的碰撞。在他的《和平》（Peace）一剧中，另一位热爱和平的英雄，农民特里伽俄斯（Trygaeus），乘着金龟子飞向奥林匹亚诸神与他们商议；于是主演不得不穿着全部的戏服爬上一辆吊车，悬吊在其他演员头顶上的天空中高声歌唱。在《鸟》中，两个情绪惘惘的市民离开了雅典，说服了鸟儿去空中寻找一座他们称为"云雀之地（脱离现实的幻境）"的城市。而在《吕西斯忒拉忒》里，雅典的妇女们接管了雅典卫城，包括其中的雅典娜神庙以及国库，领导了一场"性罢工"来劝服他们的丈夫与斯巴达人和谈。另外，在《雾》的剧情中，戏剧之神狄奥尼索斯长途跋涉到冥王哈迪斯之处带回一位死去的悲剧作家，从而拯救雅典城：欧里庇得斯（当时刚刚去世）与埃斯库罗斯（去世时距当时大约50年）展开了一场交锋，而埃斯库罗斯获得了胜利。阿里斯托芬的戏剧具有强烈的政治批判性，它时常聚焦于人的身体——饮食与性——并有着引人入胜的视觉效果。但它们也非常的有趣，甚至到了今天，他们还是我们了解古代雅典公民的社会价值与他们在民主制下的真实生活的重要来源。

公元前4世纪希腊戏剧的传播

时至公元前4世纪晚期，喜剧已经逐渐演变成一种更为文雅的文类了，正如我们在下一章节中所能看到的，而悲剧则摆脱了羊人剧的束缚。到了公元前341年，在雅典酒神节上，羊人剧这一部分甚至已经从悲剧四联剧这一体裁中被剔除了，取而代之的是一种由三部悲剧，以及一场在戏剧节拉开帷幕时进行表演的独立的羊人剧所组成的结构。这一关键信息被记录了下来，保存在雅典卫城南坡中所留存的一系列断断续续的铭文中，这些铭文记录了戏剧史的信息。在同一时期，亚里士多德的论文《诗学》提出了一个有关悲剧与喜剧之间区别的理论观点：这些区别包括了两种不同戏剧形式的起源，剧中角色的社会阶层与道德层次，以及喜剧中的日常角色与悲剧神话里的伟大家庭。亚里士多德促成了悲剧表演条件的划时代性变化，并深深影响了悲剧表演与雅典酒神节日这一背景的分离。

然而这一分离的却早在公元前5世纪就实质性地产生了。居住在西西里殖民地与意大利南部"大希腊"（Magna Graecia）地区（包括阿普利亚地区、卢卡尼亚地区，以及坎帕尼亚地区——实质上就是意大利足形疆域的脚后跟、脚以及脚踝部分的区域）的希腊人非常热爱喜剧。在亚里士多德诞生之前，西西里地区的希腊人就有了他们自己充满活力的喜剧传统了，但令人遗憾的是，相传当时由埃庇卡摩斯创作的极富新意的喜剧作品现已佚失殆尽。除了如《埃斯库罗斯的生平》中所记载，组织《波斯人》之类的经典作品在西西里岛上以新的编排版本重演外，这一地区富有的僭主们还一直从雅典剧作家处委任创作新的悲剧，比如埃斯库罗斯就曾为锡拉库扎神殿创作了悲剧《埃特纳的女人》。到了公元前4世纪初期，欧里庇得斯的一部分悲剧作品已经完全在意大利南部创作了。西西里地区的希腊城邦随后在建立辉煌灿烂的石质剧院的场所这一选择上展开了激烈竞逐，其中的候选地一处在巍巍高山之巅，一处则位于风化的海岸线上，在这里能够清楚地看到海中船只上的海员。近段时间在卡瓦利地区的蒙塔尼亚山脉中，帕勒莫与阿格里琴托之间海拔千余米处发掘出了一座建立于公元前4世纪的石质剧场。

上百个制作于公元前4—前5世纪间的瓶画描绘了演员们进行悲剧与喜剧表演的场面，从戏剧中获得灵感的或是与戏剧相关神秘景象，以及戏剧表演中所使用的装备，例如各种道具、面具、戏装，还有木质的舞台等。我曾获悉一些研究莎士比亚戏剧的专家甚至梦想能获得这种形式的图像证据中哪怕十分之一的数量。丰富大量的材料意味着它能够吸引杰出的学者与有效的研究工具。这些装饰瓶中的一部分是雅典人进口的，其他则是当地人自己制作的，但它们中绝大多数发现于意大利地区，通常是在墓穴中。从存世的描绘有伊菲革涅亚与俄瑞斯忒亚姐弟在阿尔忒弥斯神庙里重逢场景的瓶画数量来看，当时所有戏剧中最为流行的作品之一是《伊菲革涅亚在淘洛人里》。

最近的一本论文集中，整理了一个世界级的研究团队的成果以展示在西西里岛和南意大利地区希腊戏剧的重要性，因此坚持古代戏剧研究从今以后要尊重地区的各种各样的表演，毕竟它与《荷马史诗》一起，成为了整个地中海世界中对希腊文化的扩展最有帮助的媒介。从公元前413年开始，马其顿王国开始系统性地从雅典吸纳悲剧作家；当亚历山大大帝掌控帝国之后，马其顿王国以世界强国的身份出现，戏剧开始在巴尔干地区以及亚洲与埃及刚刚被征服的领土上广泛传播。事实上，如今有一部分保存得最为完善的古代希腊戏剧是在土耳其地区发现的，例如在以弗所和普南城。其他的城市与岛屿，包括罗德岛在内，从公元前4世纪上半叶开始逐渐成为戏剧活动的中心。戏剧艺术向东北方向的扩张延伸至黑海地区的希腊殖民地；一个古代石质剧场于1950年左右在塞瓦斯托波尔（一座建立在古代多里斯人的殖民地的城市，欧里庇得斯在悲剧《伊菲革涅亚在淘洛人里》设定里曾提到）被发掘出来。另一座剧院于近期在克里米亚半岛刻赤更为东部的地区被发现。

希腊悲剧大批量的出口并没有因为公元前5世纪最后10年欧里庇得斯与索福克勒斯的去世而像传统记载中那样日渐式微。在公元前4世纪，人们依然能够在各种不同的场合欣赏大量的悲剧作品。当柏拉图在公元前4世纪抨击戏剧所带来的道德与社会影响时，他依旧将其作为一种非常流行的艺术形式而认真对待。悲剧艺术发展的势头仍然相当迅猛，这一点尤其得益于当时演员日渐提升的声望。这一进步是由至早从公元前449年开始，酒神仪式上增设的悲剧演员奖所带来的。随即在利安娜（Lenaea）节上也创设了演员奖，时间也许是在公元前432年，但更可能是前423年。有证据表明，西吉罗库斯是第一位有姓名可考的、因其在悲剧首演中的表演艺术而获得悲剧演员奖的艺人，公元前408年，他在欧里庇得斯的悲剧《俄瑞斯忒亚》的首演中扮演主角（在阿里斯托芬的《雾》中，第303行里一位古代学者提到了这一点）。而最早有关演员们在阿提卡地区之外的地方巡游演出的证据则来自公元前3世纪左右。悲剧演员们社会地位的提升可以在公元前387/386年雅典城里古悲剧的制度化中体现出来；直到40多年之后，同样的实践才发生在喜剧上。

重演很快地促成了一系列流行剧目的出现，其中的一部分作品在现代社会中依然在上演（索福克勒斯的《安提戈涅》、欧里庇得斯的《酒神的伴侣》、《美狄亚》以及《伊菲革涅亚在淘洛人里》），这对于演员在戏剧中的重要性有着深刻的影响。它不仅仅将诗人完全从比赛奖项中剔除，更给了演员独立自主的空间。演员们可以自由组织一次旅行，随时落脚随时演出，而且整个旅程是免费的。旧悲剧复兴的制度自然而然地促成了第一代的国际影星，像提奥多鲁斯（Theodorus）这样有着无与伦比才华的悲剧演员，不仅能够在雅典的比赛中获奖，还能在日渐扩张的希腊语地区中随处表演，从而获取巨额财富。这种职业演员流动演出的现象以无可动摇之势巩固了以精选唱段演唱的形式进行悲剧表演的潮流。一部分纸草书文献上记录了悲剧结构与音乐符号的信息，这些文本是当时的悲剧歌唱演员掌握他们角色的重要材料。这些精选的唱段同样能够在其他场景下表演，例如在远离节日戏剧环境的酒宴中。

希腊化新喜剧与拟曲

到了马其顿王国时代，菲利普二世与他的儿子亚历山大三世（亚历山大大帝）经由公元前338年进行的喀罗尼亚战役，征服了希腊的绝大部分土地，这一年雅典喜剧诗人米南德只有三四岁。他成长在由马其顿王国带来永久性改变的急剧扩张的希腊世界中。希腊化喜剧之所以被称为"新喜剧"，在于它的本质与阿里斯托芬的"旧喜剧"有着极大的差异。新喜剧的故事同样设定在当时的雅典，但它的情节往往围绕着普通家庭邻里之间的关系展开，而不是关注宏大的政治主题、政治事件中的英雄人物抑或伟大的公众角色。在新喜剧中歌队的重要性被大大减弱了，事实上，他们的歌曲往往仅剩幕间的例行合唱与当时新喜剧中常常出现的婚宴音乐。

令人遗憾的是，除了米南德外，其他的新喜剧作家皆没有作品存世，但他们与米南德一起，建立了一系列经典的角色设定，这些角色可以由他们的面具来区分——包括机智的奴隶、艳丽的风尘女子、显贵的年轻人等。我们可以通过大量的雕像、马赛克图案与陶制塑像来还原新喜剧中面具与戏装的形象。尽管神明们仍会出现在新喜剧中，但他们已不再会干涉凡人了。新喜剧的对话依旧由诗行写成，但是它的内涵却已在根本上变成了现实主义。超自然、超现实以及荒诞的情节在新戏剧里已然不再出现。米南德的戏剧在整个希腊世界被广泛地阅读与表演，其中甚至包括托勒密王朝的埃及，直至公元3世纪，它还一直是视觉艺术中一个非常流行的主题。然而直到20世纪，大量的文本信息才通过1907年与1952年在埃及发现的《开罗抄本》与包德玛纸草纸卷等纸草书而为人们所了解。一部题为《坏脾气的人》（Dyskolos）的剧作，几乎整本地保存了下来，而另外两部剧作《萨摩斯女子》（Samia）与《公断》（Epitrepontes），其保存下来的大量段落也让我们能够将它们重新上演。

在首演于公元前317年的剧作《坏脾气的人》里，田园牧神潘神讲述了整个故事。这部作品围绕着一位愤世嫉俗的乡下农夫设置了很多的笑料，故事中，这位农夫不想让他的女儿嫁给深爱着她的年轻人。在一系列由农夫的行为引发的搞笑桥段后，全剧在一场婚礼庆典中结束。在《萨摩斯女子》中则表现了两位雅典商人以及他们的子女与奴隶之间的复杂关系，其中包括了一位来自萨摩斯的妓女。在剧中，围绕着"谁和谁上了床"这个问题出现了许许多多的误解，而有关一个婴儿真实身份的问题，让他真正的父母最终走到了一起，两家人也最终亲如一家。《公断》同样围绕着一个婴儿展开，不过这回则是一个可怜的弃婴。本剧得名的由来是，法庭上的场景描绘了两个奴隶就这个婴儿以及在他身边所发现的贵重饰物的归属权问题展开的激烈争执；而这场争执的仲裁人，一位贵族，却在最后被证明是这位可怜的弃婴的祖父。

希腊化时期那些喜爱米南德精致而文雅的喜剧的观众们同样也会对一种被称为"拟曲"的短喜剧形式感兴趣。拟曲是由一位名为索福戎（Sophron）的西西里作家创立的体裁，而这种戏剧形式在一定程度上影响了柏拉图在他的哲学著作中采用的对话形式，同时也掀起了一场喜剧革命。拟曲基本都是诙谐幽默的独幕剧，它的故事背景往往设置在日常生活环境里，比如海边的草地，居民的家中或是商店里。希腊化时代的拟曲经由各种不同的方式流传了下来。其中的一部分作品由西西里诗人忒奥克里托斯（Theocritus）所创作，他在公元前3世纪就职于托勒密王朝建立在亚历山大港的大图书馆，这些作品借由描绘浪漫田园风光中的牧羊人与仙女的诗歌，以及歌颂皇室家族的礼赞，优雅地探讨着爱的主题。另一方面，海罗达思（Herodas）的拟曲则通过演员的专业表演，以夸张的方式描绘了模式化的社会底层人物——淫荡的家庭主妇、残忍的继母、娘娘腔的妓院老板与愚蠢的奴隶。其中一部拟曲讲述了一个想要购买"角先生"的女人，与一个妓院老板故事，这位老板在法庭上控告他的客人摧毁了他开设的妓院，并袭击了他手下的一名妓女。

罗马帝国统治下的希腊戏剧娱乐活动

希腊语世界的绝大部分地区——不仅仅是希腊本土，还有北非及亚洲地区所有由亚历山大大帝王朝继承统治的国家，都于公元前2世纪与公元1世纪之间归于罗马帝国治下。然而希腊的戏剧娱乐却一直持续繁荣，甚至在公元4世纪基督教在罗马取得统治性地位之后还一直继续着。由旅行艺人组成的剧团依旧在节日之间四处周游，在希腊语城市里参与为悲剧与戏剧表演而设立的各项比赛；一些帝国时代的笔记小说证实了当时表演《荷马史诗》的剧团，会使用特殊的舞台道具与盔甲。脸戴面具，身着半高筒靴以及全副盛装，表演繁复的咏叹调悲剧演唱家，分布在从西边的西班牙地区，直到罗马叙利亚的广袤区域里。除此之外的戏剧艺术家，吟诵、表演史诗的朗诵家，或是职业的演说家——像狄奥·克里索斯托（Dio Chrysostom）这样，以散文的形式歌颂伟大人物或是城市的演讲者——有时会因为他们传达内容的风格是如此的耀眼，而让我们难以将他们从舞台表演中区分开来。然而，在罗马帝国统治下的希腊，戏剧文类中唯一一个最为重要的体裁则是哑剧。

相比于其他戏剧的文类，哑剧的发展较晚，但它很快就风靡了整个地中海世界。在这种极富魅力的娱乐形式中，最吸引人的部分莫过于戴着面具的男子独舞，这种舞蹈源于亚洲地区的一座希腊殖民城市，而那里也是哑剧起源的地方。哑剧表演的题材通常来自神话故事，例如《阿尔刻提斯之死》。哑剧的主演将各个故事中的主要人物一一遴选，并通过更换面具的方式来扮演这些角色。正式表演的条件会因他所扮演的角色而有所差异。演员表演舞蹈的场所可在大型露天竞技场与私家餐厅之间自由改变。有时候舞者会与一名助理演员一并起舞，或是伴着一队男女皆可的舞团进行表演。而给他的舞蹈伴奏的可以是一整支管弦乐队与唱诗班，也可能只是伴以乐器独奏与讲述者，或是独唱歌者。哑剧表演的格调非常自由，无论是崇高的悲剧主题的舞剧，还是含有潘神或是萨梯等元素的、田园牧歌式的奇遇里那些含有情色意味的化装舞会，都可以是哑剧表现的主题。但是，所有哑剧中最为核心的一个概念在于，一个故事可以由舞者通过无声而充满韵律的动作、姿态与举止来讲述。

哑剧取得了令人难以置信的成功。从定量的角度来看，哑剧在罗马帝国绝大多数居民的神话教育中，扮演了比诗歌朗诵更为重要的角色。安条克城（Antioch）的古希腊修辞学家李巴尼乌斯（Libanius）指出，哑剧是"一种能够传授大量古人行为信息的形式"，而哑剧广泛的社会吸引力表现在它所描绘情景中：社会地位低下的金匠接受神话教育，奴隶则在受命前往交易集市的路途中哼唱着来自哑剧的歌谣。基督徒皇帝禁止舞蹈表演的成功尝试在一些城市中已被证明并没有起到很好的效果，哑剧的表演依然持续了数个世纪。拜占庭式的哑剧表演直到公元6世纪与7世纪依然存在。除此以外，哑剧艺术也在广阔的地域中传播。相较于由罗马帝国治下广袤领土中投入使用的剧院数量所推断出的哑剧表演活动的规模，文献记载的证据显得苍白无力，尤其是在亚洲地区的行省里。希腊舞者的足迹同样踏上了遥远的西方，在法国和西班牙地区进行表演。哑剧是一种极为流行但又严肃的戏剧形式，它在地中海地区异教文化的传播中起到了至关重要的作用。

考古学证据表明，在很多东方地区的城市里也会上演哑剧，例如艾芙洛狄西亚（APHRODISIAS）和以弗所（EPHESUS），但真正的核心地区还是欧隆提斯流域的安条克城，这座由塞琉古一世（SELEUCUS I）建立，并在随后成了东西方文化之间标志性的门户城市。如今这一地区位于土耳其领土的最南端。安条克城中，来自世界各地的居民们拥有两座剧院，其中一座最早于恺撒大帝时代被提及的剧院位于西尔皮乌斯山上，另一座建筑形态相同的剧院则建立在黛芬妮区，以另一位皇帝的名字苇斯帕芎（Vespasian）命名。

结论

古希腊戏剧对于古代历史的研究有着极为重要的作用，因为相当多的证据表明，戏剧艺术是希腊以及绝大部分罗马世界里承载文化价值、传播神话传说的最主要的媒介。而且自文艺复兴时期相关的文字记载重现之后，希腊戏剧也被证明在后代的文化中也具有相同的重要性。戏剧艺术中每一种文类的作者与从业者，在从16世纪到21世纪的发展历程中都在模仿、改编并试图追赶古希腊的典范。

毫无疑问，文艺复兴时期的剧作家们深受塞内加创作的罗马悲剧的影响，但他们同样也阅读由包括伊拉斯谟在内的幽默作家翻译成新拉丁语的古希腊剧本。索福克勒斯所撰，由托马斯沃特森译为拉丁文的悲剧《安提戈涅》至少影响了莎士比亚剧作中的一个场景——李尔王拥着科迪莉亚登场的设置效仿了克瑞翁怀抱他儿子海蒙的尸体的场景。从文艺复兴时代开始，独立的希腊剧作——如《俄狄浦斯王》与《美狄亚》——开启了它们在现代舞台上的伟大演绎的历程。西方歌剧的创始人、佛罗伦萨乐团曾经尝试着重构他们所深信的古希腊悲剧中合唱的编排形式。17至18世纪芭蕾舞的开创者们则有意识地去阅读他们手边能够找到的一切探讨哑剧舞蹈的古代文字资料。截至18世纪晚期，所有古典希腊戏剧都已被翻译成现代语言，而它们也深深地影响了浪漫主义诗歌、欧洲小说以及新古典主义戏剧。在20世纪，希腊悲剧已经成功地被著名导演们搬上了荧幕，例如由迈克尔·柯杨尼斯执导、凯瑟琳赫本与瓦妮莎·雷德格瑞夫主演的《特洛伊女人》。更为重要的是，古希腊戏剧为现代地球村中跨文化戏剧的创作提供了至关重要的范式，这些作品中有东西方的碰撞和南北方的对接。蜷川幸雄首演于1978年的作品《美狄亚》，融合了日本能剧与古希腊戏剧的风格。耶尔·法伯则将祖鲁人的传说，埃斯库罗斯《俄瑞斯忒亚》中迅速变换的舞蹈与后种族隔离时期的南非结合在一起。可以肯定的是，希腊戏剧在21世纪中将会继续促进更多具有开创性的表演形式的发展。

作者／伊迪丝·霍尔（Edith Hall）／伦敦大学国王学院古典学教授

翻译／黄逸

作为"古代图书馆"之楷模的荷马
——著作与世界的隐喻

本文认为古代图书馆并非某个地方或某个机构，而是一种观念或概念。用综合性、完整性和普遍性的隐喻来说，它主要是一种古典文化的模式。本文首先集中讨论埃及的亚历山大里亚图书馆（the Library of Alexandria in Egypt），然后是小亚细亚的帕伽马（the Library of Pergamon in Asia Minor）图书馆。我认为，由这两个图书馆所代表的古典文化模式，是以荷马的思想为中心的，而有关著作和世界的隐喻就特别适用于荷马的思想。在考虑这些隐喻前，我先对历史背景作一番简要介绍。[1]

在采用"古典模式"这个表述时，我脑中浮现的是古代经典著作的声名。此处所言"经典著作"，并无时下通用的意涵，而是专指公元前4—前2世纪间活跃于希腊语世界的学术中心的那些思想。

主要参照点包括：

雅典的"吕克昂学院"（Lyceum）或"逍遥学派"（Peripatos），由公元前4世纪亚里士多德及其传人狄奥弗拉塔斯（Theophrastus）创立。

"缪斯宫（博物馆）"中的图书馆（the Library at the Mouseion or Museum），或亚历山大里亚的"缪斯女神神圣辖区"（the sacred precinct of the Muses），受拉葛斯家族（Lagidai，即托勒密家）王朝赞助，时在公元前3—前2世纪。

帕伽马图书馆，受阿塔利德（Attalidai）家族王朝赞助，尤其是公元前197—前158年欧迈尼斯二世（Eumenes II）在位期间。

对于公元前4—前2世纪之间"古典"之界定的演变史，我主要依赖于鲁道夫·法伊佛（Rudolf Pfeiffer）的《古典学术史》[2]。他为此概念提供了一个关键词——"品鉴"（krisis，即我们所用的"crisis"，"批评"的语源），包含对是否值得特别关注的那些作家作品进行"分析"、"区别"、"评判（动词作 krinô）"之意。[3] 在此过程中经过"采择"的那些著作，成为"堪当品鉴之作"（enkrithentes），这相应于后来罗马人提出的"经典"，"classici"指"第一等级（primae classis）"作家。[4] 这一择优评选的古典原则，造成有些著作因另一些入围而不得不遭排除，遂成为"正典"（canon）一词现代用法的根基。[5] 希腊文称那些从事这些品鉴甄选工作的人为"kritikoi"，即"批评家"。

亚历山大里亚的学者们到底还是放弃了"kritikos"（批评家）这个术语，代之以"grammatikos"（语法学家），不过他们还是保存并接受了最初构成"kritikos"之概念的那些原则。从他们的研究中，我们可以极为清晰地看到采择力度与关照全局视野是如何结合的：

亚历山大里亚学者们构想的正典，并不会混同于实际保存在亚城缪斯宫之伟大图书馆里的著作。卡利马库斯（Callimachus）撰写了120卷规模的《书目表》（Pinakes），意图非为甄选，而是要提供缪斯宫之藏品的全目，通常依照包括韵体的形式标准编排次序。[6]

正是在卡利马库斯《书目表》中形成了亚历山大里亚的经典楷模，由此可知，拥有全局视野是运用品级取舍的先决条件[7]。

上文我谈过经典著作的声名，如今我将引入正题：就是这声名极大激发了亚历山大里亚图书馆的整体学术，并推动了它的竞争对手帕伽马图书馆的全面发展。而正是经典著作的声名，尤其是荷马著作（Corpus）的声名，构成了自"吕克昂学院"到缪斯宫的延续统一。

谈到"声名"，我们不能将之与"权力"和"财富"分开说。从社会学的优势视角来看，我们或许意识到社会地位涉及权力、财富与声名的三者合一，这三个因素是彼此关联的。[8] 在整个古希腊历史中，这些因素构成了上层社会的观念，由宽泛多义的社会政治实体演化为单纯而一致的文化理想。[9] 而承载这一貌似浑然无他的观念或理想的媒介就是经典，荷马的著作可作为最高的典范。[10] 随后，我将以更为精准的措辞对这一核心论题进行重述：确立荷马为首要作家的图书馆古典模式，是与古代希腊化世界那些伟大图书馆创立者的权力、财富和声名互相关联的。

托勒密王朝，也就是拉葛斯家族，建立了亚历山大里亚的图书馆，在此我们非常清晰地看到图书馆的理想与其成立背后的政治现状之间的关系。

让我们探究一下斯特拉博（Strabo）提供的亲历这座图书馆的记述吧。主要的物质环境，就是缪斯女神的神圣辖区"缪斯宫"，或曰"博物馆"：

ἄπαντα μέντοι συναφῆ καὶ ἀλλήλοις καὶ τῷ λιμένι καὶ ὅσα ἔξω αὐτοῦ. τῶν δὲ βασιλέων μέρος ἐστὶ καὶ τὸ Μουσεῖον, ἔχον περίπατον καὶ ἐξέδραν καὶ οἶκον μέγαν ἐν ᾧ τὸ συσσίτιον τῶν μετεχόντων τοῦ Μουσείου φιλολόγων ἀνδρῶν. ἔστι δὲ τῇ συνόδῳ ταύτῃ καὶ χρήματα κοινὰ καὶ ἱερεὺς ὁ ἐπὶ τῷ Μουσείῳ τεταγμένος τότε μὲν ὑπὸ τῶν βασιλέων νῦν δ᾽ ὑπὸ Καίσαρος. μέρος δὲ τῶν βασιλείων ἐστὶ καὶ τὸ καλούμενον Σῶμα, ὃ περίβολος ἦν ἐν ᾧ αἱ τῶν βασιλέων ταφαὶ καὶ ἡ Ἀλεξάνδρου· ἔφθη γὰρ τὸ σῶμα ἀφελόμενος Περδίκκαν ὁ τοῦ Λάγου Πτολεμαῖος κατακομίζοντα ἐκ τῆς Βαβυλῶνος καὶ ἐκτρεπόμενον ταύτῃ κατὰ πλεονεξίαν καὶ ἐξιδιασμὸν τῆς Αἰγύπτου·

一切（建筑）都彼此连接，并通往港口及港口之外的区域。博物馆也是皇家楼群的一部分。它有一条漫步道（Peripatos）和一道设有座位的门廊[11]，以及供博物馆里工作的学者们（philologoi）平日就餐的大堂。财产也由这个群体共同拥有，在他们之上有位被派来管理博物馆的祭司，过去是由国君指定的，现在则由恺撒（奥古斯都）调遣。皇家楼群另外有个部分，即所谓的"躯干"（Sôma）。这是一片围场，安置着诸王与亚历山大大帝的陵墓。因为拉葛斯之子托勒密把他（亚历山大大帝）的躯体（sôma）从珀耳迪卡（Perdiccas）处夺来。本来珀耳迪卡怀着贪欲和野心从巴比伦绕道埃及，带着遗体，企图将此处占为己有。

斯特拉波，17.1.8；C 793-4

我注意到这被称为"躯体"的皇家楼群另外那个部分。请注意，斯特拉波著作的抄本流传中写作"躯体"（Sôma [Σῶμα]），而近世整理者勘正为"陵墓"（Sêma [Σῆμα]）——没有任何理由。我还注意到，这节文字暗示，托勒密在与对手珀耳迪卡争抢亚历山大大帝的遗体时的政治动机。再请注意，这里有一荷马的潜在文本，亚历山大大帝的遗体似被视作英雄的尸骸。以往希腊英雄崇拜有个特点，即认为英雄的躯干是丰饶繁盛的护身符，持有这具身体遂成为权力、财富和声名的关键[12]。

斯特拉波继而记述珀耳迪卡被自己手下杀死，侍从于是离开埃及前往马其顿王国。叙述间增加了一处细节，提到了托勒密的下一步举动：

τὸ δὲ σῶμα τοῦ Ἀλεξάνδρου κομίσας ὁ Πτολεμαῖος ἐκήδευσεν ἐν τῇ Ἀλεξανδρείᾳ ὅπου νῦν ἔτι κεῖται

然而托勒密却把那躯体（sôma）带回家，将之厚葬于亚历山大里亚，即如今所在之处（斯特拉波，同上）。斯特拉波进一步描述了一个玻璃柜，这位地理学家在世之时，亚历山大大帝的躯体就安放在其中，而这个玻璃柜子是个替代品，原本的金棺在托勒密十一世时被盗走了（同上）。

请注意我特别将上面这句中的"komizô"译作"带回家"，而非"带走"，对此我稍后会再加说明[13]。如我下文所言，组成"带回家"一义中的"回家"这个部分是"主观的"，反映言说者的立场。事后追认亚历山大里亚的大帝陵墓为他的"oikos"——"家"，清楚地体现在《亚历山大大帝传奇》（*Alexander*

Romance）的 3.24.4（又见 1.33.9）中，与 "oikos" 指称英雄崇拜中陵墓的传统用法有关。[14]

在《亚历山大大帝传奇》中，亚历山大大帝之遗体不仅在希腊化世界的宗教观念中被想象成英雄崇拜的躯体（sôma），也被置于埃及宗教观念中，变成了一具木乃伊。从名义上看，亚历山大大帝的遗体不仅是希腊化时期英雄的崇高躯体，也是埃及法老的至尊贵体，其死尸注定要通过木乃伊制作的仪式而不朽，变成一具永远鲜活的躯干——至于其身份，则被托勒密诸王改换了形式，成为 "kosmokratôr"，"世界（Cosmos）的统治者"。

在埃及宗教观念中，法老的躯体在某种程度上是神祇奥西利斯（Osiris）的一种原型再现。根据圣典记述，奥西利斯的身体最初曾被制作为木乃伊，从而最终至于不朽。

以这些想法为基础，我们可以回到对缪斯宫或博物馆的描述上，这片神圣的空间包含图书馆，描述富有传统的换喻词，显示出权力、财富和声名的关联。这些换喻词有助于解释将图书馆视作古典模式的观念所涉及的全面、完整、普遍的隐喻，并且使我大体上构想出以 "躯体" 和 "世界" 为隐喻的想法。

关于 "换喻" 在此处的有效定义，我指的是通过 "关联" 的方式进行的意义阐发——这与 "隐喻" 相反，后者是通过 "替代" 的方式进行的意义阐发。

在此我列出在研究斯特拉波描述亚历山大里亚博物馆时的换喻清单：

A. 局部作为整体的换喻：图书馆作为博物馆的局部。在斯特拉波的描述中，第一个也是最为明显的换喻，是把图书馆视作博物馆或缪斯宫，即缪斯女神神圣辖区之 "局部" 的观念。图书馆被暗中想象为整体的一个部分，而整体就是博物馆。[15]

B. 局部作为整体的换喻：博物馆作为 "皇家楼群" 的部分。进一步言之，博物馆被明确地想象为一处圣地，即所谓 "皇家楼群" 这一整体的局部。斯特拉波对这一连续性的陈述，背后有一更大的语境，即总体上把亚历山大里亚的所有建筑都看成是连成一片的。

C. 局部作为整体的换喻：图书馆员群体作为博物馆局部之图书馆的局部。博物馆内在之整体性吸纳了图书馆，而图书馆员们的群体（sunodos）也是这一整体性的组成部分。斯特拉波强调说，这个群体的成员在一起进餐，分享其财富，仿佛浑然一体。这个群体的换喻，将之视作博物馆之局部的图书馆的一部分，关联着将同样这群图书馆员想象为一个利益整体的隐喻，他们就如同一个单独的躯体。

D. 由隐喻关联而形成的换喻：群体作为一个单独躯体，关联着群书作为一个单独躯体（corpus）。在斯特拉波的描述中，人们集合为一的躯体暗中与书的躯体即图书馆共同延展开来。在群体的书籍的语境下对于群体的人所作的提喻法，使我们想起在《亚利斯提亚书简》（Letter of Aristeas）中的叙述，关于 72 位智者集合一处，仿佛浑然一人，同时把犹太人的圣书 "翻译" 为希腊文。[16] 这个关于七十子《圣经》之创始的 "宇宙大爆炸" 叙述，堪比所谓庇西特拉图（Peisistratos）修订荷马诗篇之创始的 "宇宙大爆炸" 叙述：根据那一叙述，尤其是被雅典的庇氏后裔所政治化后，《荷马史诗》的 "躯体" 早被分裂肢解，唯依靠庇西特拉图才得以重新拼装起来（或者按照某些文献所说，是其子所为；也有的版本则说是出于梭伦之手），方法就是聚集起来人力，把碎裂的躯体重新组合回去。[17]

E. 在图书馆与托勒密朝皇陵尤其是亚历山大大帝陵墓之间进行关联的换喻。通过从托勒密皇家区域和博物馆神圣区域之关联的引申（在此 "引申" 本身成为一种换喻），出现了一种更为深入的关联，牵涉到 "陵墓" / sêma 与 "躯体" / sôma——我们找出关联，体现在以亚历山大 "陵墓"（sêma）命名作最卓越崇高之 "躯体"（sôma）的提喻。[18] 亚历山大图书馆被构想为连接着这位君主的躯体，一如他是所有著作（corpus）的总和。书籍的 "大全"（corpus）与国王的 "全体"（corpus）共存，后者即所谓 "国体"[19]。图书馆与国王之 "躯体"（sôma）的抽象和物象上的关联，我以为即在图书馆这一设想中与生俱来的传统观念。[20]

F. 在图书馆之 "大全"（corpus）与国王之 "世界"（cosmos）间进行关联的换喻。在斯特拉波的记述中，博物馆与 "躯体（Sôma）" 都被描述为属于 "皇家建筑群" 即 ta basileia 的一个 meros（部分）。这个 "皇家空间" 的观念，体现了其中的所有部分都是关系到托勒密朝君主作为 kosmokratôr（世界统治者）的法老本色的[21]。博物馆中图书馆的 "大全" 可以联系到君主的 "躯体"，都是包纳一切的。

然而问题还没解决：我们如何把书之 "大全"（corpus）作为生命之躯体的隐喻，与亚历山大大帝的 "躯体"（Sôma）的情况协调起来？后者对于我们来说是一具死尸。我以为答案不得不从希腊与埃及的宗教想象着手，它们把"躯体"（sôma）当作一个以保存为目的的实体，因此在死后追求不朽。如我们接下来所见，国王躯体的保存与书籍的保存是共同延伸出来的。

在斯特拉波的记载中，关于将亚历山大大帝尸首"带回家"至博物馆的起因叙事，是由一次换喻促成的：在古代希腊宗教背景中动词"komizô"在这段叙述（17.1.8 C 794）中，被我译作"带回家"，这传达着要么对英雄躯体[22]、要么对文献的实体进行保存的意思。[23] 而在古代埃及的葬仪背景中，"带回家"的观念相当于制作成木乃伊，在祭仪方面到达最终的不朽。基于这一关系，我已经提出《亚历山大大帝传奇》中有"在家真好"的主题，而"家园"或"oikos"对于亚历山大大帝来说，就是容纳其木乃伊的陵墓。

让我们仔细考虑一下《亚历山大大帝传奇》（1.34.7）中的确切措辞：当亚历山大大帝在孟菲斯被加冕为埃及国王时，他指着自己的城市，亚历山大里亚，称之为整个栖居世界（oikoumenê）的大都会（mêtropolis）。萨拉庇斯（Sarapis）神向亚历山大大帝预言说（1.33.9）：

οἰκήσεις δὲ αὐτὴν καὶ θανὼν καὶ μὴ θανών·
τάφον γὰρ ἕξεις αὐτὴν ἣν κτίζεις πόλιν

"你将以之（亚历山大里亚）为你的家园（oikos，由动词栖居 oikeô 转化），于死者和不死者皆为如此：你所建的这城将是你的陵墓（taphos）"。换句话说，亚历山大大帝的"家"或"oikos"，决定了他成为死者——因为"oikos"是一陵墓——和成为不死者——因为这同一个"oikos"许诺了他的躯体在死后得到不朽。

此外，在埃及宗教术语中，法老王的躯体被视为原型上反复制作的神明奥西利斯，因为它过去就是如此。根据这种宗教记述，如我已经强调过的，奥西利斯的躯体首先要经过木乃伊处理来得到保存，然后才能最终达到不朽。在这样说来，凡间君主的保护，在引申意义上都是奥西利斯的重新制作。这个重新制作的主题还有更为神圣的详细工作。根据圣教记述，奥西利斯的神圣躯体在某种程度上也要被肢解或分裂，为的是最终作为永恒保存物的楷模重新组装起来。普鲁塔克在他的《论伊西斯和奥西利斯》一文 13.356B 及其后记述了圣教记述的相关部分。

356B. 一切都发生在哈索尔（Athyr）月的第 17 日。奥西利斯的死因是出席了一场饮宴（sumposion），有 72 位同席参与谋害他的计划，将他骗入一个恰好且只合他身材的柜子（larnax）。一旦此神进入其中，同谋者就封上柜子，将之抛入河中，任其漂流入海。对于"72"这一神圣数字，我们或许可以对比七十子《圣经》问世故事中的集合人数。

357A. 装有奥西利斯的柜子一路漂流至比布鲁斯（Byblos），这是腓尼克人的城市，是以"纸草"和"书籍"之义命名的。伊西斯最终将其尸体从腓尼克带回。

357D. 拿任一死人的"肖像"（eidôlon），被置于匣（kibôtion）中四处传运的仪式，据普鲁塔克说，都并非是对于奥西利斯"神圣经历"（pathos）的纪念（hupomnêma）。搬运这一"eidôlon"的仪式，乃是"饮宴"（sumposion）之特定背景下的事件。

357E. "饮宴"典礼的神话所颂扬的人物，马尼罗斯（Maneros），被想象为"缪斯技艺（mousikê）"的发明人。

357F—358A. 塞特（Seth）在月光下发现了奥西利斯的躯体（sôma），将之肢解（dielein）。

358A. 伊西斯在纸草船上找到了部分躯体（sôma）。叙事间添加了一条起因：纸草船如何不受鳄鱼的袭击。

358A. 奥西利斯的各个不同的"部件"（meros），有不同的"陵墓"（taphos），被安放在整个埃及的不同地方，伊西斯对每个部件分别进行了独立的"安葬"（taphê）。另外一个说法，认为她制作了"肖像"（eidôla）给每一个安葬奥西利斯的城市。

若要进一步探讨奥西利斯的躯体与著作之全体观念相关联的换喻，我们可能要注意一下苏伊达辞典（Suda）中对于新柏拉图主义者达玛斯基乌斯所著《伊西多鲁斯传》（Vita Isidori）的引述，丰富了此类叙述的细节：奥西利斯的衣装被穿了在赫拉伊库斯（Heraïscus）的尸首上，随后"亚麻布上的神圣形象立刻得以彰显"。在格里菲思（J. Gwyn Griffiths）注疏的普鲁塔克《伊西斯与奥西利斯》中，他注意到这条材料：

或许是暗指包裹木乃伊的材料，这往往体现了宗教的象征意义。普鲁塔克[3.352B]看来要进一步判定这些包裹与衣着的不同。他还将这种外衣解释为是具有"道术"（logos）的象征（sumbolon）。在埃及的实际经验中，放置"亡灵之书"于墓中，这个习俗显然是这一比较的起因——除非确实存在更为接近的相似处，换句话说，事实上亡灵书的片段有时被写在亚麻绷带上，用以捆扎木乃伊；神祇的形象也会被描绘在上面。参看布奇（Budge），《木乃伊》（The Mummy），第344-345页。

希腊与埃及语言中对于保存躯体以求不朽的隐喻，恰好符合古代希腊文学正典的"存储的"（preservative）阶段，如亚历山大里亚图书馆体现的那样。在此我们或可对比图书馆的观念和它作为博物馆之一部分的观念。既然是"缪斯的神圣辖区"，这个更大的观念相当于我们所知希腊文学古典时期创造的或曰"生产的"（productive）阶段，尤其是在公元前5世纪。从古典主义的角度看，缪斯女神们主要掌控着美文（belles lettres）的生产，其次才干涉到这些文艺的存储。[24] 在生产和存储之间，当然存在着关联承接的观念：对于亚历山大里亚的学者—诗人们来说，关联承接就是旧有正典文学的存储和新正典文学（或者说元正典[meta-canonical]文学）的生产。[25] 我愿意补充说明的是，这一关联承接的观念，可能是所有这些问题中最有野心的换喻了。

斯特拉波对于亚历山大里亚图书馆的描述提高了我核心论题的说服力：图书馆的经典楷模，关联着其恩主的权力、财富和特权。对于具有古典价值的楷模，它还必须建立与此前最有威望的楷模之间的关联承接关系。对于亚历山大里亚图书馆，较早的楷模就是"吕克昂学院"。值得强调的是，我们看到斯特拉波对亚历山大里亚博物馆的描述中有"漫步道"（Peripatos）一语，指的是亚城图书馆具有别致地表特征的一处所在。以换喻法看来，这个地表特征也是联系博物馆与"吕克昂学院"的重要特征。[26]

正如我们在斯特拉波笔下所见，图书馆毗邻掌控表演艺术的缪斯女神们的神圣辖区。[27] 就此而言，图书馆的意义本身就可以关联起政治热情，从而由接管文本并将之藏于安全地带来操纵言语的运用。[28]

正是亚历山大里亚图书馆，把此前所有想象收集记载言辞之文本的"理想图书馆"变成可能，那些文本包括了波利克拉底（Polycrates）和庇西特拉图的古风楷模之作。[29] 一处综合全面的经典聚集地，包括以卷轴的方式储存在其"书库"（bibliothêkê）架子上的[30]和被卡利马库斯以120卷Pinakes或曰"书目表"进行分类的，[31] 这就是亚历山大里亚图书馆的自然形态，在如今能够包纳一切正典化或古典主义早先之样本的情况下，成为图书馆这一概念的理想存在。[32]

帕伽马图书馆的综合完整之性能，从概括角度或是具体来看，皆基于与亚历山大里亚图书馆相同的原则。[33] 不过，在亚历山大里亚，主要隐喻在于"躯体"，而在帕伽马图书馆这里的隐喻则是"世界"。无论哪一种方式，核心观念即总体性和全体性。

在我的文章《作为古典文化楷模的帕伽马图书馆》中，我调查了马卢斯的克剌忒斯（Crates of Mallos）为其校勘荷马著作而构想的"cosmos"在哲学和语文学上的楷模。如我进一步所探讨的，"cosmos"的隐喻倾向于表达克剌忒斯在帕伽马所完成的荷马校勘本的开阔广博，从而与阿利斯塔克（Aristarchus）在亚历山大里亚校勘的荷马压缩本形成对照。压缩本的观念符合"躯体"（corpus）的隐喻，内在于躯体（sôma）一语的用法中，指涉亚历山大里亚图书馆的全体藏书。

让我们最后来重新表述一次"躯体"（Sôma）在亚历山大里亚博物馆的隐喻与换喻组合：君主的身体通过引申而成为图书馆的"全体"（corpus）。核心的换喻的条件，是采用身体来隐喻亚历山大陵墓，并在陵墓与图书馆之间进行外形上的连接，随后就可以把"全体"（corpus）的隐喻复活了。从亚历山大里亚的视角来看，书籍全体的保存最终是一个神圣的想法。君主躯体的保存，通过制作木乃伊的方式，成为仪式上的一种不朽追求。正如君主的躯体为了不朽而保存，书籍的全体也是如此。至此我可以概括一下我先前的论证。亚历山大里亚的"躯体"（corpus）观念，至少有部分显然源于埃及宗教中把法老王的躯体想象为神明奥西利斯的原型重复制作，其圣体在相关宗教叙述中被肢解分裂，为的是最终可以作为永恒保存的楷模而重新组合。亚历山大里亚的"躯体"观念还显然源于希腊化时期的宗教想象，将受崇拜的英雄之躯体视为神圣的法宝，膜拜它的族群可以实现丰饶、繁荣以及永恒轮转的生命。[34] 通常把英雄崇拜安排在苑囿中，这其中意味明显：苑囿的培植是与英雄的礼拜共同延展开来的。[35]

此外，亚历山大里亚图书馆的整体观念源自作为缪斯神圣辖区的博物馆的整体观念。再次说明，这个博物馆的想象，即一座有门廊的苑囿，充满了卷轴书籍，将古典文献的优美篇章保存并使之不朽——尤其是对于荷马——这典型地属于希腊化文明。

〔1〕 本文的这段引介节自我在《作为古典文化楷模的帕伽马图书馆》一文的引论,该文见于赫马特·克斯特（Helmut Koester）主编:《帕伽马:诸神之邑》(*Pergamon: Citadel of the Gods*,哈里斯堡,宾夕法尼亚: Trinity Press International, 1998), 第 185—232 页。

〔2〕 鲁道夫·法伊佛:《古典学术史,自泰初至希腊化时代终结》(牛津: Clarendon, 1968)。

〔3〕 法伊佛,第 117、204、206-7、242、269 页。纳吉《古希腊的诗歌与诗学观念》一文对此有进一步阐述,见乔治·肯尼迪（George Kennedy）主编:《剑桥文学批评史》(*The Cambridge History of Literary Criticism*)第一卷"古典文学批评"(剑桥: Cambridge University Press, 1989), 第 1-77 页,尤其第 1 页。更为详细的讨论,见纳吉:《品达的荷马:抒情诗对一段史诗往昔的处理》(*Pindar's Homer: The Lyric Possession of an Epic Past*,巴尔的摩: Johns Hopkins University Press, 1990), 第 61-2、85, 及 402-3 页(附带涉及对柏拉图之措辞的特别论述)。

〔4〕 法伊佛,第 206—7 页。

〔5〕 见法伊佛,第 207 页,有此语现代用法的简略追溯。

〔6〕 纳吉:《品达的荷马》,61 页,注 52 (又见第 83 页,注 3),此前研究见策泽尔（James E. G. Zetzel）:《重建正典:奥古斯都时代的诗歌与亚历山大里亚之史事》,见《批评研究》,10 (1983),第 83—105 页,重刊于哈尔伯特（Robert von Halbert）主编:《正典》(芝加哥: University of Chicago Press, 1984), 第 107—129 页。

〔7〕 对于卡利马库斯《书目表》的基本情况,参看法伊佛,第 127—134 页。法伊佛却未曾强调正典概念与大全（并非真实如此）概念的有效分别。前引策泽尔的论述则旨在对此进行分别。又见纳吉:《品达的荷马》,第 83 页,注 3: "对于亚历山大里亚学者们,将一位著作家排除在正典之外,并不妨碍他私下对该作者的兴趣,甚至将之作为模仿的楷模。"

〔8〕 在此我遵从马克斯·韦伯的社会学典范之大体轮廓,尤见其《经济与社会》(*Wirtschaft und Gesellschaft*,图宾根 [1922]；第四版: Mohr—Siebeck, 1956)。关于"声名经济学"意义上的财富与声名,综合参看皮埃尔·布尔迪厄:《实践理论概要》(*Esquisse d'une théorie de la pratique*,日内瓦: Droz, 1972)。又见理查·勒珀特（Richard Leppert）和布鲁斯·林肯（Bruce Lincoln）为《文化批评》(*Cultural Critique*)第 12 期(1989)的特别专栏"漫议策略与声名经济学"所作之"引论",见第 5—23 页,尤见第 6—8 页。关于权力与声名,参看莫里斯·布洛赫（Maurice Bloch）:《权力与阶层之间的断裂过程》,见于《欧洲社会学档案》(*Archives européennes de sociologie*), 18 (1977), 第 107—148 页。

〔9〕 关于古希腊文化中权力、财富和声望的贵族意识形态,见纳吉:《贵族:特性及其生活方式》,收入萨尔瓦托勒·塞提斯（Salvatore Settis）主编:《希腊人:历史·文化·艺术·社会》(*I Greci: Storia Cultura Arte Società*,卷 II,都灵: Einaudi, 1996), 第 577—598 页。

〔10〕 纳吉:《"职业缪斯"与古希腊时声名的楷模》,见《文化批评》, 12 (1989), 第 133—143 页(相同之专题,见前揭勒珀特与林肯论"声名经济学"的文章)。

〔11〕 参看维特鲁威（Vitruvius）:《建筑十书》(*De Architectura*), 5.11.2。

〔12〕 见纳吉:《品达的荷马》, 第 178 页。

〔13〕 见下文注 19。

〔14〕 纳吉:《品达的荷马》, 第 271—272 页。

〔15〕 参看弗雷泽（P. M. Fraser）:《托勒密朝的亚历山大里亚》(*Ptolemaic Alexandria*), I (牛津: Clarendon, 1972), 第 325 页。弗雷泽在其书中的用法常常混淆了图书馆和博物馆的区别。关于将"正典"提喻为一种"楷模",见纳吉:《古希腊的诗歌与诗学观念》, 第 1 页。

〔16〕 纳吉:《作为表演的诗歌》(*Poetry as Performance*), 第 196—197 页；参看孔法剌（Luciano Canfora）《亚利斯提亚之旅》(*Il viaggio di Aristea*,巴里: Laterza, 1996), 第 7—8 页。

〔17〕 具体的讨论见纳吉:《荷马诸问题》(奥斯丁: University of Texas Press, 1996), 第 70—75 页,第 93—112 页。进一步讨论,可见纳吉:"作为古典文化楷模的帕伽马图书馆",第 223—228 页(该节题作"克剌忒斯的荷马与'庇西特拉图之修订'")。

〔18〕 如我前文所说,斯特拉波的钞本传承有"Σῶμα"一词,字面即"躯体",但是近世整理者一般改为"Σῆμα",意即"陵墓"。我承认"Σῶμα"

是费解之文（lectio difficilior）。（我现在撤回我在纳吉：《品达的荷马》，第 272 页，注 110 的释读。）在《亚历山大大帝传奇》3.34.5，明显可见亚历山大的"陵墓"（taphos），被称为"亚历山大的 Sôma（躯体）"（σῶμα Ἀλεξάνδρου）。这种把最崇高之躯体（sôma）当成是陵墓（sêma）的换喻，通过"sôma/sêma"的读音相近而得以加强。关于这两词的玄秘意味，见柏拉图，《克拉底鲁篇》(Cratylus)，400 c。参看，佩恩（Martha Payne），《亚历山大大帝：神话、城市及身后事》，载博齐（Dora C. Pozzi）与维克尚（John M. Wickersham）主编：《神话与城市》（Myth and the Polis，伊萨卡：Cornell University Press，1991），第 164—181 页，尤见第 174—175 页。

〔19〕关于国王之躯体作为国体之化身的传统象征，参看纳吉：《品达的荷马》，第 158, 177, 188, 258, 272 页。

〔20〕西塞罗从希腊语借来"sôma"一词，用以指称书籍一部"著作"（corpus）：见《致阿提库斯》（Letters to Atticus），2.1.4，致卢刻乌斯（Luceius）。在亚历山大里亚的克莱芒（Clement of Alexandria）：《杂缀集》（Stromateis），6.132.2—3，也记录了"τὸ σῶμα τῶν γραφῶν"（著述之躯体 [corpus]）这个表达方式（可与 τὸ σῶμα τὸ Μωυσέως [摩西之躯体 corpus] 对照）。这些及其他相关的早期例证（斐洛 [Philo]，《论沉思生活》，78，及《摩西升天记》），参看冯·登·赫克（Annewies van den Hoek）：《亚历山大里亚派神学中的著述之躯体（τὸ σῶμα τῶν γραφῶν）观念》，收入《教父研究》Studia Patristica，19（1989），第 250—254 页。

〔21〕关于亚历山大大帝作为一位"世界统治者"（《亚历山大大帝传奇》，1.7.3, 1.17.4），参看佩恩，《亚历山大大帝：神话、城市及身后事》，第 169 页，附有参考书目。

〔22〕参看《伊利亚特》，XIII 196，讲述阿凯亚人如何"κόμισαν"（"带回"）安菲马库斯（Amphimakhos）的尸体。主观上，他们"将之带回自己这边"——在此必然是代指"带它回家"。进一步的论证，见纳吉，《作为古典文化楷模的帕伽马图书馆》。

〔23〕在"柏拉图"《希帕考斯》（Hipparkhos），228b-c，我们看到雅典的庇西特拉图某子、希帕考斯，将荷马的 epê "（诗体）辞章"ἐκόμισεν "带回家"（komizô）到达雅典。

〔24〕纳吉，《品达的荷马》，第 58-61 页，77 注 21，188-189。我道及"生产"一词，我指的是表演中的写作（composition-in-performance）与为表演的写作（composition-for-performance）。

〔25〕纳吉，第 82—84 页。演示，并非即写作，可以视为存储的一个方面。

〔26〕参看弗雷泽，《托勒密朝的亚历山大里亚》，I 320, 316，尤须参看第 325 页关于"吕克昂学院"作为"缪斯宫"之楷模的论述。

〔27〕关于缪斯女神作为主持表演技艺之政治的传统身份，参看纳吉，《"职业缪斯"与古希腊时声名的楷模》。

〔28〕参看弗雷泽，《托勒密朝的亚历山大里亚》，I 334—335，II 479—80, 493—494。

〔29〕对于"理想图书馆"一语的比较视角，参看雅各布（Christian Jacob），《为了写作的阅读：亚历山大里亚之旅》一文，收入巴拉丹（Marc Baratin）与雅各布主编《图书馆的权力》（Le pouvoir des bibliothèques，巴黎：Albin Michel，1996），第 47—83 页。

〔30〕参看孔法剌，《消逝的图书馆》（Vanished Library），第 141 页："书库"应当被理解由"安置于博物馆区域内的所有书架"组成。

〔31〕参看雅各布，《为了写作的阅读：亚历山大里亚之旅》，第 56—69 页。

〔32〕参看纳吉，《古希腊的诗歌与诗学观念》，第 1—2 页。

〔33〕充分论证，见纳吉，《作为古典文化楷模的帕伽马图书馆》。

〔34〕纳吉，《品达的荷马》，第 270—272 页。

〔35〕对于园林中设立英雄祭拜的概述，参看纳吉，《阿凯亚人的佼佼者：古风时期希腊诗歌中的英雄观》（The Best of the Achaeans: Concepts of the Hero in Archaic Greek Poetry，巴尔的摩：Johns Hopkins University Press，1979，第二版，1999），第 174—210 页，尤其见第 207—208 页。

作者／格雷戈里·纳吉（Gregory Nagy）／哈佛大学希腊研究中心主任

翻译／张治

从雅典国家考古博物馆与钱币博物馆的藏品看希腊化时期之希腊与地中海东部地区

引论

在希腊与地中海地区历史中,希腊化时期始于亚历山大三世(Alexander III,公元前336—前323),即亚历山大大帝登基成为马其顿国王,止于屋大维·奥古斯都(公元前31 B.C.—公元14)成为第一位罗马皇帝之时。所谓"希腊化",源于"Hellene"(希腊)一语,于19世纪由历史学家德罗伊森(J.G.Droysen)提出,指希腊文化在非希腊语民族传播范围最广之时期。这个词继而被用于不同的语境之中,尤其是艺术史。希腊化时期的终结和罗马帝国时期的开始,标志是公元前31年的亚克兴角(Actium)战役,屋大维·奥古斯都征服了他的罗马对手,马克·安东尼(Mark Antony)与埃及女王克里奥佩特拉七世(Cleopatra VII),随即在前30年荡除托勒密王朝之埃及。在别处许多地方,希腊化时期可根据其主要政治特性区分为几个阶段,包括亚历山大人帝继承人时代(约公元前323—前275)、希腊化王国割据时代(约公元前275—前150)以及希腊罗马共治时代或曰希腊化晚期阶段(约公元前150—前31)。在希腊化时期,形成了一个地中海范围的"可栖居世界(Oikoumene)"。希腊文化生产及影响扩散至南欧、北非及西亚的大部分地区。希腊的文学、哲学、音乐、戏剧、科学、数学、建筑学、艺术和手工艺极为兴盛,不断传入广大的非希腊语族群中去。

亚历山大大帝在公元前4世纪末征伐亚洲,其继承人们在这一地区创建数个王国,从地中海东部延伸至印度,他们的行政、外交和战争活动交织成网络关系,这是希腊化时期重要的政治与军事事件,由此可见希腊城邦作为政治意义之权力机构的传统已然衰落,代之出现的是希腊世界一种新型的社会生活。在希腊化时期,多元文化之族群与希腊人共同生存,在皇朝的律令或赞助下,具有辽阔的商业视野。亚历山大大帝征服区所创立的新城市,在文化融合之发展中具有关键意义。据言亚历山大大帝本人建立了超过70座城市,而塞琉古王朝在小亚细亚至今日伊朗地区一带建立不少于60个新居留地。有些新城是在旧的居留地翻新而成的,还有一些则是在原未城市化的区域成立的城市。这些城市主要的文化因素是希腊文化。希腊语成为共通语(Koine),希腊人的一些机构,诸如用于运动训练的体育馆和作为酒神崇拜之内容的剧场,在这些新居留地兴盛起来,而在这片统一的广大地域中各种本土族群之生活方式、物质资料与习俗的采用,有助于推动商业活动的扩张。

希腊化之初期

在古典时代之晚期(公元前4世纪),自治独立的希腊城邦如雅典和斯巴达,曾经扮演着重要角色,现在随着马其顿国王菲利普二世(Philip II,公元前382—前336)的扩张战争和外交行动走向衰落。菲利普是国王阿明塔斯三世(Amyntas III)之子,亚历山大大帝之父,是一位具有人格魅力的领导者。他在公元前359年登上马其顿国王的宝座,在位期间

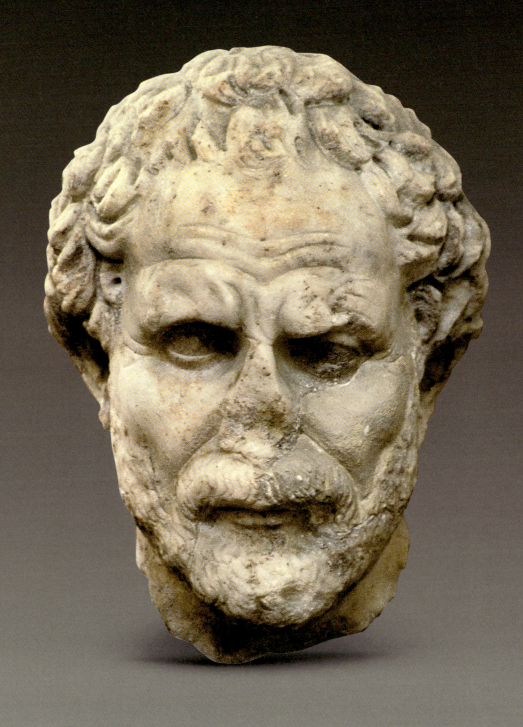

图 1
演说家德摩斯梯尼的大理石头像（公元前 3 世纪），藏于雅典国家考古博物馆。罗马人临摹雕塑家波里尤克忒所造之青铜像的复制品，原件问世于公元前 3 世纪前半叶。

曾致力于军事和政治上伟大变革，以求将这个曾经不起眼的王国转化成统治希腊大陆和爱琴海诸岛的强权之邦。他发动了一系列打击希腊大陆尤其是雅典城邦的军事战争，采用了新式有效的军事编制即方阵（phalanx），又通过外交活动，在公元前346年召集的科林斯会议上联合了许多希腊城邦。这是按照菲利普之意愿召集的希腊陆岛各邦代表之会议，主要目的是在他领导下团结所有希腊城邦，共同对抗波斯人，为公元前5世纪的战败而复仇。雅典强烈反对马其顿扩张主义，其中著名演说家和政治人物德摩斯梯尼（Demosthenes）就是这一立场的主要拥护者。

国家考古学博物馆的一尊大理石头像（图1）描绘了正当稳重成熟之年的德摩斯梯尼。这是雕塑家波里尤克忒（Polyeuktos）创作的青铜像的罗马时期复制品，这位雕刻家生活于公元3世纪上半叶。大约在公元前280年，青铜原像曾置于雅典广场的十二神坛附近，神坛属于官方场所，较为显赫。在罗马时期，产生了许多模仿著名古典时期和希腊化时期雕像的大理石复制品，通常成为那些亡佚之杰作幸存于今日的唯一原始资料。因此，对罗马复制品的研究，为体会原本作品提供了有用的信息，有助于研究者弄清楚原作的类型和形式。波里尤克忒的德摩斯梯尼像，是罗马时期最为广泛被复制的雕像品之一。

菲利普二世在马其顿建立中央政府，改革军事力量，为其子及继承人亚历山大大帝铺平道路，日后遂成就大军横扫亚洲的伟大胜利。菲利普在马其顿王国北疆与色雷斯君主柯尔索博莱普忒（Kersovleptes）结成联盟。公元前342年，他逼迫墨洛索（Molossia）国君阿律巴斯（Arybbas）放弃权位，安排自己妻子奥林匹娅的弟弟亚历山大代主其事。在公元前338年赢得了喀罗尼亚（Chaeronia）的一场关键战争后，菲利普开始着手发动指挥希腊城邦联盟对付波斯的大战。然而他在公元前337年遭遇暗杀，其子亚历山大三世接手王位。

菲利普是第一位在马其顿币制上引入双本位制的马其顿国王，就是说他制造金银两种钱币，此外还发行铜币，那是为了应付本土市场的日常需要。由此他翻开了古希腊经济的新一页，这一个举措得到了其子亚历山大的遵从。他选择发行银币是沿承先王旧范，采用的是色雷斯—马其顿的衡重标准；而金币却选用阿提卡标准。金质通货的来源是帕该昂（Paggaion）的矿藏，那是使他所有军事与政治计划得以施行的保证，同时并为亚历山大征伐东方铺平了道路。钱币学博物馆的一枚金斯塔特（stater）钱币（（图2[正]、[反]）上，正面有阿波罗的头像，反面则是一辆双轮双驾战车。菲利普用阿波罗印在他发行的斯塔特金币正面，是在奥林托斯（Olynthus）之定与喀尔基斯联盟（Chalcidian League）覆灭之前，因此使用与联盟同类型的四德拉克马（tetradrachms）。从另一方面看，阿波罗的形象基于以下事实：菲利普曾获得德尔斐近邻同盟（Delphic Amphictyony）的两次选举，并曾在公元前346年主持向阿波罗致敬的皮提亚运动会（Pythian Games）。钱币背面双马双轮马车（biga）的竞逐造型，是菲利普选中的，用以宣传奥林匹克运动会以及他在其中马车竞逐项目获胜的荣耀，与他本人的希腊血统有关。他的银质四德拉克马币，正面采用泛希腊化的奥林匹亚之宙斯的头像，这也是马其顿人的庇护神，在其早年系列的此币背面是骑士模样的他头戴扁帽（kausia）（图3[正]、[反]），为传统马其顿头饰，后期背面则是一个裸体少年骑士在遛马，手持棕榈枝（图4[正]、[反]），这反映了菲利普的马匹在公元前348—前347年的奥林匹克运动会骑术项目夺魁之事。这些被选中的铸币样式之灵感，来自他要创造一个"帝国"的梦想。

菲利普二世是马其顿及希腊大陆历史上一位显赫的统治者。他开疆拓土，将往昔马其顿王国向着南北两方扩充。他统一了为数众多的希腊城邦，使之休戚与共，那是公元前5世纪后期到前4世纪时的演说家伊索克拉底的理想，如今将要成为现实，菲利普之子及继承人亚历山大大帝使之大功告成。

◎ 亚历山大大帝

历史学家戈尔克（H.-J. Gehrke）认为，亚历山大三世，即亚历山大大帝（Alexander III the Great，公元前356—前323），在历史上成就功业的方式是独一无二的。他对历史产生多层次的影响，包括艺术和文化创造，以及从地中海东南海岸到印度之间广大区域并欧亚二洲更为广远之地区的政治与经济。在他在位的短暂时期忙于征战，这些影响并未显著，在其去世后数世纪间才展现出来。王者亚历山大是亚里士多德的学生，他模仿荷马笔下的英雄阿喀琉斯和赫拉克利斯，在其同辈和继承人眼中是个半神。倚仗自己作战勇猛、能谋善断，亚历山大成为神话的一部分，在其治下，

图 2

菲利普二世的斯塔特金币（公元前 323—前 315）藏于雅典钱币博物馆。正面为阿波罗的头像，背面是一辆双轮双驾战车。有"ΦΙΛΙΠΠΟΥ"（菲利普名号）字样。铸造地安菲波利斯。

（正）　　　　　　　　　　　（反）

图 3

菲利普二世的四德拉克马银币（公元前 356/5—前 349/8），藏于雅典钱币博物馆。正面为宙斯头像，背面是骑士菲利普。有"ΦΙΛΙΠΠΟΥ"字样。铸造地佩拉。

（正）　　　　　　　　　　　（反）

图 4

菲利普二世的四德拉克马银币（公元前 356—前 348 或公元前 342/1—前 337/6），雅典钱币博物馆。正面是宙斯头像，背面裸身少年骑士，手执棕榈枝。有"ΦΙΛΙΠΠΟΥ"字样。铸造地佩拉。

（正）　　　　　　　　　　　（反）

希腊人、波斯人、印度人和其他亚洲民族统一起来。

国家考古学博物馆有一尊亚历山大雕像，是公元前1世纪作品(图5)，还有一座此王的黏土头像(图6)，问世于公元前2世纪。还有一尊青年国王的大理石头像，被认为可能即亚历山大三世，也属于希腊化时期(图7)，颇可说明他形象受欢迎的程度。博物馆中有一座双面头像碑（herm），是哲学家亚里士多德的雅努斯双面造型，为罗马复制品，原像制作时间大约在公元前325—前320年，以其展现成熟男子锐利眼神和坚毅神态而著名。亚里士多德（公元前384—前322）是柏拉图的弟子(图8)，一位博学多才、成果丰富的著名作家，他是古希腊哲学和科学知识的杰出人物，直至今天仍有参考价值。他的研究领域包括逻辑学、形而上学、数学、物理学、生物学、植物学、伦理学、政治学、农学、医学、舞蹈、音乐和戏剧。他在吕克昂学院（Lyceum）建立了逍遥学派，成为雅典的学术中心，在希腊化时期及此后都是各科学问研究培养的典范。

在忠实之部曲及赫菲斯提昂（Hephaistion）这班麾下友人的支持下，亚历山大成功地横扫小亚细亚、波斯，征战至印度。国家考古学博物馆中藏有赫菲斯提昂的雕像(图9)，问世于公元前1世纪。亚历山大在公元前323年忽然得病暴卒。他用了11年时间（公元前334—前323），试图统一东南地中海地区，将之纳入自己的版图，这是波斯的君主们自公元前5世纪以来就怀有的野心。据称在亚历山大临终前的计划里，曾打算征伐地中海西部。他骤然去世，使其继承人、军队和臣民自己去面对一个新的开放世界，那里具有新的政治和疆域情况。

亚历山大被视为历史上最为杰出的军事领袖之一。他在征服地通过创造统一的皇家铸币制度，来规划行政方案和改善经济，以此作为地中海地区主要的交易手段。从埃及到印度，他建立了超过50座以自己名字命名的城市，并为该地区的经济与商业发展奠定基础。亚历山大把东方的市集转化为各式各样忙碌的交易中心，以此强调商品出口。在他治下的多民族的王国中，大陆贸易路线准确无碍地连接着地中海诸港口，使商品往来变得便捷。希腊型的城市，有不少以他命名，比如埃及的亚历山大城，大多建立在王国大陆的要塞位置和港口地带。在亚历山大的帝国，管辖者不仅有马其顿人，也有被征服地区的本土领袖发起，为罗马及其后的时代地中海东部兴盛的多元文化社会铺平道路。最后，亚历山大还计划并督导了一些考察活动，比如由陶工（Nearchos）从事的考察活动，为的是探索新贸易路线、促进商业繁荣。

亚历山大的经济政策也反映在他的货币上。当他继承了父亲在马其顿的王位，他发行了一组暂时流通的银币，描绘脚爪抓住一束霹雳的马其顿雄鹰。很快转成另外一组货币，那是古代所有时期里生产最多、最有竞争力并且最为国际化的造币，甚至超过在阿凯亚和古典时期称霸海洋的雅典货币。亚历山大在货币改革中采用了阿提卡币制，使这种币制在整个地中海海洋区域被广泛接受。他发行了银质的德拉克马与四德拉克马，正面是赫拉克利斯头像，背面是坐在王位上的宙斯（图10[正]、[反]），由此大量涌入能流通到的所有已知市场。整个亚历山大帝国有不少于30家造币厂，自培拉（Pella，马其顿王国都城）至巴比伦，从安菲波利斯（Amphipolis）到埃及的亚历山大城，生产了数量庞大的古代最硬通货。这些造币厂的运作在亚历山大死后甚至又延续了两个世纪。它们流水般造出的四德拉克马钱币，供应政府的无限需求，起先是要和阿契美尼德帝国相抗衡，后来是推动自地中海沿海到印度河流域之各辖区的经济发展。

亚历山大发行的银币造型取材于希腊神话，有赫拉克利斯的形象，那是马其顿人的祖先，有奥林匹亚的宙斯，则是诸神之父。亚历山大与其先辈一样，宣传自己血脉承接于赫拉克利斯，至于他意识形态上要扯上宙斯的联系，这源于他曾设想自己是宙斯之子，遂也就成为赫拉克利斯的同父异母兄弟。亚历山大对赫拉克利斯的肖像认同，可见于众多的古代手工艺品之中。从他的肖像选择上，可以看出他不仅打算侵占国际经济领域，同时还把自己王国的种族特性与整个希腊民族的最高神祇宙斯混合起来。

亚历山大的金币也以阿提卡衡重标准发行，显示了这位君王欲发扬泛希腊精神的意图。他发行的金币(图11[正]、[反])，选用雅典娜头像为正面形象，被认为采用的雕像原型是雅典卫城上那座菲迪阿斯创作的"战士雅典娜"（Athena Promachos），另一面有胜利女神尼克（Nike），手持桂冠和一支笔（stylis）。尼克的形象最有可能传播的是波斯战争时希腊人在海战中获胜的信息。选择这些造型的目的，也是为了推动亚历山大野心勃勃的政治和战略计划。

希腊化时期的世界舞台常被人拿来与现代世界的多元文化共存及组合于某个大都会中心的情况相比

图 5
亚历山大大帝大理石像（公元前 1 世纪），藏于雅典国家考古博物馆。

图 6
亚历山大大帝陶土头像(公元前 2 世纪),
藏于雅典国家考古博物馆。

图 7
青年君主的大理石头像（希腊化时期），可能即亚历山大三世。藏于雅典国家考古博物馆。

图 8
哲学家亚里士多德的双面头像碑(公元前 325—前 300 年前后),雅典国家考古博物馆。罗马时期的复制品,原件问世于公元前 325—前 300 年前后。

图 9
赫菲斯提昂雕像（公元前 1 世纪），藏于雅典国家考古博物馆。

图 10
亚历山大大帝的四德拉克马银币（约公元前323—前320），藏于雅典钱币博物馆。正面是披狮子皮的"先祖"赫拉克利斯（Heracles Patroos）头像，背面是登王座的宙斯，手持鹰与权杖。有"ΒΑΣΙΛΕΩΣ ΑΛΕΞΑΝΔΡΟΥ"（王者亚历山大）字样。铸造地安菲波利斯。

（正）　　　　　　　　　（反）

图 11
亚历山大大帝的斯塔特金币（公元前330—前320），藏于雅典钱币博物馆。正面是雅典娜头像，背面是尼克站相，手持桂冠与笔。有"ΑΛΕΞΑΝΔΡΟΥ"（亚历山大名号）字样。铸造地安菲波利斯。

（正）　　　　　　　　　（反）

希腊化的初、中期

亚历山大大帝赋予君权制度以荣誉和强权，并为继承人和追随者们创造了霸权者的典范形象。他被描述成头戴一个简单的束头皇冠，这成为君主制的象征符号。依民主原则进行裁决的城市，拥有希腊式的行政部门和教育机构，以及截然不同的希腊民族和本土人口分布，这些都是这个时代的典型代表，见证着希腊文化在地中海东部地区传播到了极致，那里在亚历山大去世后出现了几个希腊化的王国。

通常界定希腊化时期的起始点——亚历山大大帝在公元前323年去世与公元前31年亚克兴角之战——自然都是重要的政治事件，但是这并非认知经济史和

较。自古代至中世纪，在某些方面直至今天，亚历山大大帝一直是欧亚许多民族口述历史和民间记忆中的杰出领袖。在这些故事中，亚历山大身上浸润着神话特色，已然超逾历史叙事，使他化身为一个榜样，即使是现代人仍值得学习，还有诸多关于他生平事业的传奇故事，流传在不同的版本中，中古及此后依然绵延不绝。

在亚历山大短暂统治期之后的几个世纪里，伴随着一种通用语言和文化，相同的心志或曰"灵智"（psyche），以及相同的金融和社会生活与习俗，终于形成了一种希腊式的世界主义"离散"（Diaspora）融合方式。

图 12

吕西马库斯的四德拉克马银币（公元前 306—前 281），藏于雅典钱币博物馆。正面为亚历山大大帝头像，戴王冠和羊角号，背面是登王座的雅典娜，手捧尼克，倚靠盾牌。有"ΒΑΣΙΛΕΩΣ ΛΥΣΙΜΑΧΟΥ"（王者亚历山大）字样。

（正）

（反）

图 13

皮洛士的斯塔特金币（公元前 278—前 276）藏于雅典钱币博物馆。正面是雅典娜头像，背面是尼克女神，手持胜利纪念柱和橡树枝。有"ΒΑΣΙΛΕΩΣ ΠΥΡΡΟΥ"（王者皮洛斯）字样。

（正）

（反）

图 14

攸克拉迪得一世的四德拉克马银币（公元前 170—前 145），藏于雅典钱币博物馆。正面是攸克拉迪得半身像，背面是骑马的狄俄斯库里兄弟。有"ΒΑΣΙΛΕΩΣ ΜΕΓΑΛΟΥ ΕΥΚΡΑΤΙΔΟΥ"（大王攸克拉迪得）字样。

（正）

（反）

日常生活相关之遗迹的依据。就经济而论，似乎公元前 4 世纪与前 3 世纪之间比与其之后 200 年的联系更为密切。在公元前 200 年后，意大利的军队、商贾和定居者在爱琴海与小亚细亚西部增多，大大改变了政治、社会、文化与经济各方面的生活。在政治上，希腊化世界首次出现伟大的新式希腊—马其顿式王国在波斯帝国的废墟上建成，随后又有罗马在同一地区的纵横侵扰。

在亚历山大去世后，他的帝国自公元前 3 世纪初被其继承人瓜分，创立了许多版图较小的王国。希腊化的王国从东南欧和西南亚一直延伸到北非。安提柯王朝治理着巴尔干地区，塞琉古王朝管辖了叙利亚和小亚细亚，托勒密王朝或曰拉葛斯家族掌控埃及，阿塔卢斯朝在小亚细亚占据了帕伽马周围地区。亚历山大那些野心勃勃的将军们为继承权和土地掌控权展开激战，甚至在托勒密一世（约公元前 367—约前 283）、塞琉古一世（约公元前 365—前 281）与吕西马库斯（Lysimachus，公元前 360—前 281）建立王国之后仍未停歇。关于领土的异议导致托勒密朝与塞琉古朝的战争。这类例子还有吕西马库斯一世[图12(正)、(反)]银质四德拉克马钱币，由色雷斯的吕西马库斯发行，正面描绘了戴王冠和羊角号的亚历山大三世之头像，这是被神化为宙斯——阿蒙（Ammon）的形象，背面有坐于王位的雅典娜，手捧尼克女神，倚着一面盾牌）与色雷斯的皮洛士（Pyrrhus of Thrace）在马其顿共同摄政，后者被前者驱逐了些许年月（公元前 288—前 285），足以显示这些短命的同盟之本质。皮洛士[图13(正)、(反)]：伊庇鲁斯的皮洛士发行的斯塔特金币，正面是雅典娜头像，背面是尼克女神，手持胜利纪念柱和橡树枝）写过回忆录和论用兵谋略的书，他在意大利征战，成为第一个阻挠罗马人在希腊领土进行军事扩张的领袖。阿塔鲁斯一世（Attalus I）在帕伽马脱离塞琉古朝而独立，在大胜高卢人（公元前 238）后称王，他建立了阿塔卢斯王朝。

位于中亚的希腊化王国大夏，也受到王朝冲突的影响（公元前 250—前 125）。大夏深入亚洲腹地，构成了亚历山大大帝之帝国的东部疆域。对于这里的历史记载比较缺乏。钱币构成我们主要的信息来源，联系当地君主的世系来重建这一地区在希腊化时期的历史。亚历山大的疆域扩充至印度河，在那里他建立了最远的一座亚历山大城市（the Alexandria Eschate）。希腊语在这些地区被立为官方语言，当地艺术也受到希腊文化的影响，因此本土民风与希腊文化因素产生了密切接触。在大夏，我们或许找得到希腊因素与本土民风积极共存的最好例证。作为大夏历史实证的一例，可以提到粟特总督（约公元前 223—前 200）攸绪德摩斯一世（Eythydemus I），他篡除了大夏王国（约公元前 250—前 240）的创建人，大夏总督狄奥多图斯一世（Diodotus I）。狄奥多图斯曾在公元前 230 至 220 年间使这片地区脱离了塞琉古王朝的统治。在稍晚时期，攸克拉迪得一世[图14（正）、（反）]：银质四德拉克马钱币，正面描述攸克拉迪得一世大王之头像，背面是骑马的狄俄斯库里兄弟 [Dioscouri]）是一名官员，供职于攸绪德摩斯其子之朝廷或是塞琉古朝之某一同盟国，于公元前 170 年篡夺大夏之王位，扩展疆域至西北印度，这可由其铸币厂的分布得以证明。攸克拉迪得一世乃是在大夏与印度地区最大规模之拓殖中最后一位君主。此王发行了古代最大单位的一种金币。该钱币重 169.2 克，直径为 5.8 厘米，价值等于 20 个斯塔特，正面是戴头盔的攸克拉迪得一世之半身像，背面是骑马的狄俄斯库里兄弟，现藏于巴黎的徽章馆（Cabinet des Médailles）。在攸克拉迪得统治期间，大夏到达了其权势之巅峰。印度部分地区被并入他的王国，他得到大王的称号。然而他膨胀的野心导致与安息（Parthia）王国构衅，最终耗尽资源，国势衰颓，他失去了王国的大部分疆土。

印度成了诸多民族、文化与语言的交汇点。希腊文和阿拉米语（Aramaic）写就的双语碑铭，在公元前 3 世纪出现在这一地区。大夏国诸王直到其权势延伸到兴都库什山脉南麓地区后才发行双语钱币。印度在此时期的双语读写教育也明显地体现在印度—希腊诸王发行的钱币上，他们铸币用的两种语言，一是希腊文，另一则取决于钱币所要流通的地区。

此外，"出身高贵的狄奥尼索斯"米特里达梯六世（[图15（正）、（反）]）四德拉克马银币，正面是"出身高贵的"米特里达梯六世的戴王冠头像，背面有一吃草的牡鹿，旁边有一轮月牙含着一颗星辰，这是为了纪念曾出现的两颗彗星，第一颗见于他出生时，第二颗见于他开始当政时），或许是本都（Pontus）和小亚美尼亚地区之王国最伟大的统治者，曾成为罗马共和国时期最难对付和不可战胜的敌手之一。在米特里达梯战争期间，米特拉达梯六世曾对抗过晚期罗马共和国的三大杰出将军。

（正）

（反）

图 15
"出身高贵的"米特里达梯六世的四德拉克马银币（公元前 120—前 63）藏于雅典钱币博物馆。正面是米特里达梯六世头像，背面有一吃草的牡鹿，以及月牙、星辰。有"ΒΑΣΙΛΕΩΣ ΜΙΘΡΑΔΑΤΟΥ ΕΥΠΑΤΟΡΟΣ"（王者"出身高贵的"米特拉达梯）字样，常春藤边饰。

（正）

（反）

图 16
"救世主"托勒密一世的五德拉克马金币（约公元前 300—前 283/2）藏于雅典钱币博物馆。正面是托勒密头像，背面是踩一束霹雳的雄鹰。有"ΠΤΟΛΕΜΑΙΟΥ ΒΑΣΙΛΕΩΣ"（托勒密君王）字样。

（正）

（反）

图 17
"爱姐者"托勒密二世的八德拉克马金币（公元前 278—前 270）藏于雅典钱币博物馆。正面是托勒密二世与阿尔熙诺伊二世夫妻两人戴皇冠半身合像，有"ΑΔΕΛΦΩΝ"（手足的）字样，背面是托勒密一世及其妻子贝勒尼柯一世的著皇冠半身合像，有"ΘΕΩΝ"（神）字样。

自公元前 305 至前 30 年，埃及古老的法老王国由托勒密王朝的世袭成员们所统治。他们的母亲或姐妹，一般名作克略帕特拉、贝勒奈斯（Berenice）和阿尔西诺港二世（Arsinoe），当其子或继承人登位时尚幼，即以女王身份统治。"救世主"托勒密一世[[图16（正）、（反）]：五德拉克马金币，正面是戴皇冠、披山羊皮 [aegis] 的救世主托勒密一世，背面则是踩着一束霹雳的雄鹰)把叙利亚全境（Koile Syria）纳入他的版图，还写过亚历山大大帝的战争史。其子"爱姐者"托勒密二世[图17（正）、（反）]：八德拉克马金币，爱姐者托勒密二世发行，正面是托勒密二世与阿尔西诺港二世夫妻两人戴皇冠半身合像，前者披斗篷，后者戴面纱，背面则是托勒密一世及其妻子贝勒尼柯一世的戴皇冠半身合像，亦为一披斗篷一戴面纱)是艺术和文学的赞助人。他娶了其姐阿尔西诺港二世（公元前316—前270/260），恢复了埃及皇室中古老的法老家庭内部通婚方式。

托勒密一世在他的钱币上引入了极具个性特色的君主肖像类型,这在后来成为了托勒密朝造币的主流。这一举措体现出一位帝王的政治野心,它具有宣传自己的权力和神圣地位的功能。救世主托勒密一世去世后,很快就被其子"爱姐者"托勒密二世宣扬为神。由此方式,一位统治者的神圣特性和崇拜不仅加强了继承其王位者的权力和合法性,也使得整个王朝得以巩固。在此期间,托勒密二世发行的金币,又以肖像纪念了已故的托勒密一世及其妻子的神圣地位,同时也起到宣示作用,表明在世的这对姐弟夫妻,托勒密二世和阿尔西诺港二世,也是神明。托勒密二世建立了著名的图书馆和亚历山大里亚灯塔（Pharos）。公元前 278 年，为了庆祝他与其姐、美丽又有野心的阿尔西诺港的婚礼，他颁布了最大的金币单位"谟纳"（mnaieion，八德拉克马），等于 100 德拉克马银币。

一枚有阿尔西诺港二世肖像的骨制戒指，问世于公元前 275 至前 270 年之间，藏于国家考古学博物馆（图18），还有这位王后的大理石头像，也是希腊化时期所产（图19）。到"善人"托勒密三世（Ptolemy III Euergetes，公元前 284—前 222）时，由于其妹贝勒奈斯二世皇后（前267/6—前221）及其所生之子的死（译按，此处从人物生卒年看来有些矛盾，根据以往学者研究，引发托勒密在公元前 241 年对塞琉古用兵的事件，是托勒密三世嫁至塞琉古做王后的长姐贝勒奈斯及其亲生子的突然死亡，与皇后及其子无关），遂发动征伐叙利亚之塞琉古王朝的战争，并支持埃及宗教。国家考古学博物馆有公元前 3 世纪中期稍晚时的象牙戒指，以王后贝勒奈斯二世的头像为之增色（图20）。托勒密三世还发行过纪念贝勒奈斯二世的十二德拉克马银币（图21），正面是正当芳龄的王后戴冠头像，背面是一支丰饶角。王后身着薄披风，配有耳环与项链，这是古代世界最大的钱币，相当于 12 阿提卡德拉克马（即 51.60 克，阿提卡的衡重标准往往被用以比较不同的钱币）。贝勒尼柯设法将居勒尼（Cyrene）地区重新兼并到埃及，她还重建了坐落于班加西（Benghazi）的古代城市，并以本人为之命名。她在有生之年获得神圣之荣誉，得以配享于奥西利斯之神庙。

"爱夫者"阿尔西诺港三世（Arsinoe III Philopator，公元前 246/5—前 204）是"爱父者"托勒密四世（Ptolemy IV Philopator，公元前 245—前 204）之姐及妻，她积极参与国家政事，在公元前 217 年的拉菲亚（Raphia）战役身先士卒，同安条克三世大帝（Antiochus III the Great，约公元前 241—前 187）作战。托勒密八世（约公元前 182—前 116）谋杀了他幼小的侄子托勒密七世（公元前 152—前 145），以酷政治国。托勒密六世（公元前 186—前 145）与其手足托勒密八世和克略帕特拉二世（约公元前 185—前 116）的权势争端招来罗马人干预埃及事务。托勒密朝与罗马结盟，为的是解决与马其顿和塞琉古的疆土分歧。这一转变，为埃及王国的命运加了封印，导致它逐渐依附臣服于罗马政府。

塞琉古经济的开放性质集中于贸易上。该王朝造币厂的钱币以阿提卡衡重标准在整个王国通行。塞琉古一世在他当政末期才开始另立标准造币。自安条克一世以来，塞琉古造币厂在钱币正面安置本国当政者的肖像。这种当政者肖像在前希腊化时期的钱币学造像是不存在或非常罕见的。托勒密朝则相反，托勒密一世登基之初即发行独裁君主图案的钱币，并减少重量，以垄断方式建立国家经济。阿塔卢斯朝当政者在他们的造币厂采用了同样的经济手段。

希腊化世界各王国长期处于领土争战中，军事力量非常重要。由技术革新给予支持，保证了继位者的统治，从而控制广大地区。军事技能及其相关器械的发展，包括大型战船和围城机械，伴随新式武器和谋略的进化，在希腊化时期都令人瞩目。捐税制度扩大了每个王国财库的经济来源。

在希腊本土和爱琴海诸岛，有一些保留着基本政治单位的城邦，然而整个政治局势下，到处是新兴或重组的旧政体，例如埃托利亚或阿凯亚人的联邦。非希腊人，如一直生存于小亚细亚大部分地区的卡里亚族（Carians）及吕西亚族（Lycians），但是他们在身份认同上于早先数世纪以来曾呈现的身份认同，在希腊化时期越来越不明显了。这些部族必须面对宣称直接或非直接具有主权的大陆帝国，以及随之而来经济上的牵扯，比如战争与赋税。

农业一直是希腊城邦中主要的经济活动。除了北方王国（马其顿、伊庇鲁斯），在那些时而加入各种不同联邦的城邦土地上要依靠于农业，方能在新式的政治与战略秩序中得以生存。

就经济贸易而论，非货币交易主要发生在私人和略大规模的商贸中。赋税以实物偿付及钱币方式缴纳，而政府也需要大量的农业商品。尽管这部分不能确定数量，但是整个希腊化时期农作物一定都是重要物资，必然也会影响市场中人们的物价观念。许多交易通过钱币得到确切调节，尤其在小型交易上更是如此。贸易的货币化形式在古典时期的作用已经变得显著，但是公元前4世纪的许多经济压力一直延续下来，且往往变本加厉。钱币要用来支付军队、战争赔偿和其他开销，这都是迫不得已的。许多私人贸易也会采用钱币，铜币日益推广，这是公元前5世纪引入的，在公元前4世纪得以发展，使即便区区日常小买卖也能使用钱币。

从此可见，几乎所有城邦都有自己的钱币，大多为铜制，满足日常经贸需要。有时或发行银币，则意图投入更大规模的贸易。不过，随着希腊化时期的发展，为战争开销的需求在增长，联邦如伯罗奔尼撒的阿凯亚同盟，它们的通货就有银币和铜币两种。这些都是在同盟成员城邦的造币厂铸造发行的，那里同时也在不停地出产其本地货币。

希腊化世界自古典时代传承来的诸多制度，能继续发挥核心经济功能，也出现了一些新制度以及重要的旧俗革新。这些制度包括：1. 公益捐助（euergesia），私人以钱币或实物抵还方式向公共机构尤其是公民提供礼物的行为，从而获得褒奖或地位。2. 主客之谊（proxenia），起初是指城邦中的好客人士对外邦人提供服务（以使节身份接待客人、负责担保、提供与政府机构交涉的方便），这个功能在希腊化时期得以扩展。3. 乞援庇护（asylia），这是一种新制度，存

图 18
有王后阿尔西诺港二世肖像的骨制戒指（公元前275—前270），藏于雅典国家考古博物馆。

图 19
王后阿尔西诺港二世的大理石头像（希腊化时期），藏于雅典国家考古博物馆。

图 20
有王后贝勒奈斯二世肖像的象牙戒指（公元前3世纪下半叶前期），藏于雅典国家考古博物馆。

（正）

（反）

图 21
贝勒奈斯二世的十二德拉克马银币（公元前 246—前 221），藏于雅典钱币博物馆。正面是王后着披风半身像，背面是丰饶角与狄俄斯库里兄弟两顶桂冠。有"ΒΕΡΕΝΙΚΗΣ ΒΑΣΙΛΙΣΣΗΣ"（贝勒尼柯王后）字样。

在或可能存在经济影响，宣称乞援庇护通常涉及他人对于避难所及其范围的认识，或是对于避难所及其所在城市的认识，将之视为神圣不可侵犯之地，逾出集体或个人的传统权利去扣押物品进行报复也被看做是错误的。4. 公民平权（isopoliteia），允许一个城邦中的公民移居另一城邦并获取公民权利（有时为暂时状况）。5. 城邦联盟（sympoliteia），这是更复杂的政治现象，由相邻的两个或两个以上的城邦组成政治结盟，建立一个共同体。不过这种联合并非一直完整或持久。尽管在有些情况下个人活动或经济行为会被限制于当地或局部地域范围，但这些问题的经济影响并不严重，如希腊化时期和罗马早期的钱币聚藏情况所显示的，存在着阿凯亚联盟为数众多的发行币种。6. 避难所是另一种具有坚实经济功能的制度；能够以供献、修建和土地占有的方式掌控大量财富，并且因为具有诸神的庇佑，这些地方起到了公共财产储存处和银行的作用。这类代表，包括雅典卫城的帕台农神庙，雅典人在公元前 5 世纪把他们的公共余留财产存放于此，还有提洛（Delos）的神圣岛屿上的阿波罗庙，公元前 3、前 2 世纪，雅典人将第一批雅典同盟的财产转运至帕台农之前，提洛人曾用以储备资费，大都

是现金。在这些情况下，神明的财富和市民的财富时而是分辨不清的。

另一方面，战争在爆发初期和后期，吸收巨额财富，并在许多层次上被运作下去。继承人（塞琉古、托勒密、安条克诸国）间似乎无休止的争斗，随着公元前 200 年后随着罗马人加入，战局达到壮观显著的水平。这些战争动员起数十万人的军队，产生了数字庞大的资费，以保证运转和供应武装和军事机械，后者比如大型新式围城机器。

能运用在经济目的上的知识，包括了促成新的商业活动并发展生产力的技术革新。这类得以被发挥运用的知识，可以从中获取经济利益。在军事技术领域，希腊化世界出现的主要革新，有围城武器，以及大象的使用和巨型船只的建造。战争反而成了古代经济的核心部门，于是这些革新更广泛地在经济领域发生重要改变。不过，新技术也被应用于基础部门，比如农业。

这些改良对于我们来说有些陌生，这是因为文字材料的缺乏或难觅，并且只有在有限的方面才能体会到这种改良。技术革新在希腊化时期是件大事，不过这种方式的发展绝非知识积累开始影响经济活动的唯一途径。例如对印度洋地方风力的最初研究，这是吉

齐库斯的欧多克索斯（Eudoxus of Cyzicus）的贡献，他在公元前2世纪后期服务于托勒密王朝。他对这一天气现象的发现，促成与印度的往返航行，提高了香料和其他异域原料、作物和工艺品的贸易，使之经由亚历山大里亚进入希腊。印度洋的水手们早已长期利用风力来从事商贸活动，但是欧多克索斯对这一知识加上了重要说明，为希腊人及这一地区的其他水手和商人所熟悉。

托勒密王朝在希腊化的继承人政权中是最为长命的。就地中海经济史而言（Manning 2005, 2008, 2009），希腊化时期颇为重要，当时有许多希腊移民的习俗，被合并至生产与社会组织的古代模式中去。如塞琉古王朝一样，托勒密立国于波斯人的基石之上，并为国家事务和私人经济活动提供了新式的激励结构。埃及本就是重要的商贸要塞，它在托勒密王朝之前，已连接地中海与东方和南方世界。希腊移民的活动、新城亚历山大里亚，以及希腊的风俗制度，无论如何在此地区产生了更为深远的影响。

纵使资料相对丰富，要想研究公共生产的量化问题也还是颇有局限。亚历山大里亚与托勒密（Ptolemais）建成新的都市中心，新式村庄的建立（尤其是在法尤姆）以及新庙宇的落成，乃是诂衡此时期经济扩张的参照点。然而缺乏从亚历山大城、诺克拉提斯（Naucratis）和托勒迈这样的大型希腊都市中心出来的证据，遂不能进一步综合论述。

托勒密的政权组织尝试把新式的财政体系引入古老的制度结构中去。随之得以加强的，是埃及与希腊社会网络之间的互相作用而非文化上的隔膜，因为托勒密朝的经济发展与制约之基础即在此。经济集约化发生了改变，诸如不断增强的都市化、远距离贸易以及货币发行，而随着农业生产、皇家银行和皇家谷仓的集约发展，经济结构也发生改变。改变引起了农村区域的不稳定；在某个时机之下（公元前207—前186），还导致底比斯的大部分地区脱离托勒密政权。希腊人日益增长的海外驻军，以及他们在官僚阶层、军事设施及其他经济活动中发挥的作用，从语言和获取佣金的意义上，都改变了社会权力结构。这个时期乡村中希腊语的使用率有所提高，当地居民的收入也有明显改观。

此外，出现了一股越来越强烈的都市化潮流。新的重要的希腊城市，如亚历山大城和托勒密建立了起来。贸易繁盛之后，在这些新的都市中心开始出现财富聚敛的现象。都市中心的建立和成长通往红海的道路的发展，还有在埃及法尤姆地区的新土拓殖，俱足以说明托勒密朝建国之初迎来了经济上的腾飞和增长的小麦耕作业，至少在某些地区，实现了更大的农业生产规模。人均增长率或许受到限制，这是旧式制度结构以及新技术的应用与人力资本的投入有限所致。不过看起来识字率在增长，至少希腊语是如此，这门语言被用于税务政策，由此书写的使用得到了发展。而托勒密统治的后两个世纪，终究充斥着王朝争端、农村起义和逃离乡土的事件；这些事件肯定影响了政府税收以及农业生产与综合经济情况。

如在其他前现代经济环境中那样，农业生产是私人财富的基础和政府税收的主要来源。在古代史的大多数时期，埃及是地中海地区最富裕及人口最稠密的国家。埃及的农业财富，名副其实地乃是尼罗河的馈赠，一年一度的洪水酝酿出丰饶的土壤。区域中心的位置及其相互间的距离，它们通过尼罗河而发生的关联，流域中的水利体系、每年洪水季的农业循环、耕种与收获，还有沟渠灌溉的维护，这些都代表着古代埃及社会经济与政治史的基本因素，托勒密朝廷对之几乎无可作为。埃及地区在地理上比塞琉古的亚洲更为一体化。不过，古埃及的地理形势无法组成稳固或统一的环境。此国分成三个地带，三角洲、法尤姆和尼罗河谷，不包括西部的绿洲、水源，农业生产的组织与某些经济制度在这三个地区是各不相同的。必须看到，托勒密朝时，小麦和酿酒生产与消费上有了明显变化。从二粒小麦到硬粒小麦的变化，后者更满足希腊移民多样化喜好，更多属于需求所引起的农作物的自然改变之结果，而非托勒密王朝政令指导所左右的，尽管在小麦生产和皇家领地之间有些关联。

托勒密王朝时期在许多方面承继了塞易特（Saite）和波斯（公元前650—前332）两王朝统治埃及的流风遗响。这时期在埃及有一个重要的历史性转变，出现了已有规模的长途贸易，焦点集中于东部地中海地区的政治上。此前波斯治下与现在托勒密朝有极大的政治区别，后者重建了王朝，为的是以埃及为中心，将之作为一个帝国来治理。作为这时期私人接触时使用的语言，通俗埃及语走向衰落，逐渐取代它的显然是作为官方行政语言的希腊语。托勒密政府通常被视为高度集权的。指挥国家的经济及其他一切事务的，是一个暴虐君主的形象，这被看做是该国的主要典型特征。就技术发展及其应用而论，似乎如资料所示，在埃及乡野，其发挥的功效颇为有限，至罗马时代才有所改变。

关于货币与物价、税收体制、统治者、精英分子的社会地位背景与国家岁入，托勒密朝的制度是一个新旧杂陈之物，是埃及风格，又带有波斯与希腊的痕迹。首先，托勒密的税收政策逐渐把关注点从传统的埃及社会等级制度转向了新时代希腊都市生活方式。改变往往显得缓慢，但是托勒密朝财政制度施以重压。法律体系与埃及法律传统齐头并进，并结合了其他族群的法律，其中希腊的经验是最重要的。古代的财产权利、继承与契约之体系，在很大比例上毫发无损；不过像埃及神庙这样的机构，逐渐通过希腊语言的使用而被并入国家系统之中。土地保有权的地区差异，是托勒密政权发展的重要因素，且或许有长期的重大意义。希腊法律对埃及制度的影响小于罗马法律对其的影响。主要的财政变革发生于"爱姐者"托勒密二世在位时。其中包括了货币改良、银行建设以及税务管控制度的货币化，正如在他在位时期留存下来的纸草文书和陶片（ostraka）上相关文本的增多所展现的那样。

尽管有这些改变，但埃及神庙一直因土地、人力和家畜的捐献而在经济上保持活力。神庙在历史上常主导经济，比汇集情报和档案文书更重要的功能是管理土地、储藏粮食。他们的土地捐赠使神庙维持神明对祭司们的赏赐／酬劳之循环，供养全体人员并因此而继续存在下去；同样对于他们有权在土地上征敛岁入这一点也是如此。不过，在某些方面，托勒密朝使传统神庙特权屈从于新制度。例如，一次性全额支付给神庙（syntaxis），或许会起到挤兑其传统经济地位的作用。不论如何，税赋支付手段已脱离了神庙的经济功能，过去都是神庙征敛税款，现在则交给皇家银行和皇家粮仓。就此而言，显然货币化的蔓延是由托勒密朝税务政策及银行之建立的影响所致，要求有些税项要以货币形式收集起来，或者至少是以此形式计算清楚。这其中或许有区域上的差异，视希腊人的拓殖情况而定。尽管缺乏证据，但看来商品价格保持了相对平稳。新的财政物价手段被纳入如亚麻、食盐、啤酒、尤其是油料作物的生产、加工和销售中去。在这些领域，托勒密朝政府采纳了竞争投标和劳力合同，其中后者把人工按照合同要求的时段固定在具体地点；它也时常提供原始材料和工具，但是最终的产品之销售要经其许可才能获得政府执照，宗旨在于使劳力资源得以保障，从而为政府创造可预期的收入。

就托勒密朝的货币系统而论，在公元前3世纪有三金钱币体系（即由金、银、铜发行的钱币，面值不同），不过其中金币流通面比较狭窄。银币在亚历山大里亚及其他都市地区被广泛用于支付，铜币则见于更琐细的日常交易中。银币和铜币通过固定的兑换机构关联起来，这在公元前3世纪晚期得到了改良。托勒密朝的税务政策，要求有些支付必须以铸币形式，并借由控制垄断产业来加快铜币在整个埃及的流通。埃及农村经济被用于货币化贸易，通常是针对固定物价的粮食结算场合，谷物和葡萄酒在罗马时期一直沿用这种办法。货币化对日常事务的社会影响，或许并不显著，以实物抵押的粮食生产和税收占支配地位。不过托勒密朝对于将货币用于岁入的计划怀有日渐强烈的兴趣，一直以征收粮食为税赋方式会限制农村经济全面货币化的能力。契约薪酬劳力普遍存在于农业、短期建筑工程、运河修建等事务中，支付手段也有实物抵押和现金两种。

对于复杂的托勒密朝税务体系，有许多方面尚未可知。这是一种灵活的体系，它因地域而变化，并供给当地官僚机构。托勒密朝继承了波斯人的贡赋经济制度，由此至少在理论上说，政府乃是国君的家产（oikos）。在上埃及发现的通俗语陶片（ostraka），有重要证据说明托勒密朝早期的当地财政结构乃是旧贡赋制度的延续，不过在神庙建筑基座的当地埃及文记录表明，这些都已纳入托勒密朝的皇家银行和谷仓系统了。书面材料也说明，埃及神庙与托勒密朝的经济关系，在公元前3世纪还没么直接，但是在底比斯地区起义期间（公元前205—前186），税款收入数字上升，说明要么行政管控加强，要么运作方式发生了改变。

其他重要方面，比如职业和身份（族性，ethne），在税制和征收及托勒密法律制度中也有关键意义。税赋体系偏袒希腊身份及教师、运动员这样的拥护希腊文化之人。士兵，尤其是骑兵，在托勒密朝的功业中也是必不可少的。托勒密朝利用古代社会的职业配置，围绕着家庭而展开，从而保证了税收。祭司们一直是埃及乡村的精英核心，成为中央经济政策和地方上的代表之间的调停人。祭司团等旧组织，遵从别处所见族群关系的希腊化经验，在其他许多事务上为其成员提供安全保障，有些地方类似今日之工会。

总之，托勒密朝埃及发生了经济制度的改变。希腊人殖民至此，建立希腊语为行政语言，并将之延展至私人交流中，都发生在这个时代。托勒密的税务政策要求有些税项必须支付钱币，自然增长了政府获取岁入的数目。不过，也有某些强烈约束经济发展的结构问题。未能发展出一种私人产权制度，这是阻碍发展的问题，与罗马时期形成对比。古代产权制度的结构在某些地区如底比斯一度停滞不前，在变更时期，则变成将土地分配给军士，并在某种程度上采用公开竞拍的政策。在生长谷物的土地上以农产品进行实物抵税，限制了经济货币化的能力。有些新的财政制度，至少可以在短期实现更多岁入，但是例如官僚体系这类绵延的古代结构，在整个公元前3世纪中得到发展，而向地方精英分子的妥协，也严重束缚了保持人均经济增长的潜力。

建立在埃及制度上的托勒密朝统治，代表了古代世界经济史上一个卓越及重要的时代。在财政系统中颇多革新。从拓殖疆土的意义上说，军事需要在发展中起到关键作用，对于货币化和某些商贸活动也是如此，后者例如在军队中和开拓东部沙漠路径时使用非洲大象。政府导向是重要的，但是私人动机和往昔风俗也不可被忽视。在税赋体系中希腊化身份的加强，或许使社会矛盾加剧，为一统之政府的建立造成严重的麻烦。这对于我们并不新鲜，如果依赖于尼罗河的年度洪水和自身政权的性质，会有不同生态体系。农业技术发展水平低迷不振。新的灌溉技术可能只在边缘地带、菜园和果林才会使农业增产，新作物和新牲畜的引进则早有成效。从许多角度看，这是早先法老时代灌溉与农业发展的一个延续，虽说可寻见的改变出现在新发展的领域，并与某些后来有长远影响的希腊制度结合起来。希腊语言的传播是最为重要的制度之一，其次则还有政府经由税务政策对于货币流通的推动，以及小麦耕作、农业税（tax—farming）系统、都市希腊化阶层的形成。罗马人在托勒密朝发展的基础上前进一步，在许多方面改善了经济状况。

⦿ 神样的王
——希腊化和罗马时代初期领袖崇拜的几个实例

关于领袖崇拜和神圣化的事例，可见于希腊化时期的许多城市，尤其是那些希腊族群拥聚的城市。一个城市举行领袖崇拜的行为，取决于领袖的政治与军事成就，以及皇室平日的福利事业和计划，这被看成是皇家善行的结果。埃及的托勒密王朝如神王一般延续本土的法老施政传统。即便不被神化，王座具有神圣的荣耀，也是不争之事实。这类性质的崇拜之展示，开始于马其顿的阿明塔斯三世（公元前430—前370/69）及其子菲利普二世。尽管把亚历山大登基之事置于神圣或半神圣的身份进行考虑有些复杂，但据说他允许在其建立的仪式中会面波斯人，这距离对他顶礼膜拜只有一步之遥。他被当成埃及的神子，希腊人在他故去前派人至巴比伦，也已经到顶礼膜拜的程度了。亚历山大大帝的大理石头像（图22）藏于国家考古学博物馆，时间在大约公元前300年，代表了此王的早期肖像。他的雕像身着狮皮，与其有近似之特征的是民间神话英雄赫拉克利斯。马其顿王朝的政治宣传中有个说法，自称是赫拉克利斯的子孙后代。

所有亚历山大的继承人都在他们所创建或接管的城市中受到崇拜。对君主盲目膜拜，偶尔也包括了他的配偶，这种现象变得普遍起来。建立君主崇拜是传播声望的办法，颇为希腊化时期许多城市的本土精英群体所乐见。有些领袖也通过不同的行政部门，把神圣的荣耀赋予己身或是其所在的王朝。马其顿的"独眼"安提戈努斯（Antigonus Monophthalmus，公元前382—前301），是安提柯王朝的建立者，与其子"围城者"德米特里乌斯（图23[正]、[反]）：银质四德拉克马币，正面是生有牛角的"围城者"德米特里乌斯戴冠头像，背面是德米特里乌斯的保护神波塞冬），被拥护为救世主，在雅典受到敬神规格的欢迎。帕伽马的阿塔卢斯三世（约公元前170—前133）被置于与医药和治疗之神阿斯克勒庇俄斯（Asclepius）同等的庙宇中受人膜拜。在埃及，托勒密一世奉行对亚历山大大帝的崇拜，试图将自己的王权也强化为继承人的身份。而安提阿库斯三世在塞琉古王国引入了对在世君主的崇拜。

在希腊化中后时期，许多位罗马庇护人在东部地中海地区受到类似以上这种尊崇方式的对待。这些希腊化世界的领袖膜拜网络，影响了罗马类似制度的历史。尤里乌斯·恺撒在亚历山大里亚享受封神的荣誉，马可·安东尼（公元前83—前30）被称为新狄奥尼索斯和赫拉克利斯，而屋大维·奥古斯都在帕伽马和雅典的罗马庙宇中都被奉为崇拜对象。

就此而言，我们需要略述一下罗马与希腊化世界的历史关联，主要着眼在经济方面。公元前2世纪的罗马尚属于农业—军事经济体。与此同时罗马业已成

图 22
亚历山大大理石头像（大约公元前 300 年），
藏于雅典国家考古博物馆。

（正）　　　　　　　　　（反）

图 23
"围城者"德米特里乌斯的四德拉克马银币（公元前 306—前 283），藏于雅典钱币博物馆。正面是生有牛角的"围城者"德米特里乌斯戴冠头像，背面是波塞冬，背对岩石，斜倚一柄三叉戟。有"ΒΑΣΙΛΕΩΣ ΔΗΜΗΤΡΙΟΥ"（王者德米特里乌斯）字样。铸造地安菲波利斯。

为更为广阔的地中海希腊化—迦太基经济体系之一部分，这个体系不同于公元前 400 年之前希腊的经济模式，也不同于前希腊化的意大利经济。随着罗马在南意大利的希腊地区和整个西西里维护管控的手段（比如意大利是希腊化世界的金属工艺主要地区），尤其是随着罗马的权力蔓延至爱琴海和小亚细亚地区，这个世界与罗马的关联得以不断加强。关于这个关联的诸多征兆，有意大利双耳罐的向东传播，有罗马人、意大利人及公元前 166 年他们在提洛岛（Delos）确立的自由民所据有的商业聚居地，还有意大利商人在亚历山大里亚的活动。所有这些希腊化联系中最重要的结果，可以认为是希腊金融经验向罗马和意大利的传播。

到公元前 133 年，马其顿与阿凯亚一样，成为罗马的行省。帕伽马的国君阿塔卢斯三世，过去是罗马人的傀儡统治者，大约在此时故去，将他富庶的王国拱手让与罗马。在那时地中海东部地区再无其他的罗马行省，没人会质疑希腊史学家波力比乌斯（Polybius，约公元前 200—约前 118）之所云，谓罗马在公元前 168 年的皮德纳战役（the Battle of Pydna）大胜马其顿时，业已成功地完成了它对整个地中海世界的征服。由意大利及诸行省组成的核心地区之外，常有一片罗马权威的边缘地带，在那些地方罗马获得某种程度的顺从。在这边缘区域外面，是不断被重新界定的另一片地区，它们是罗马经济世界的一部分，不过程度不同而已。

就钱币而论，值得注意的是今天几乎不存在一件事物可以比作罗马的货币政策，因为在整个这一时期，除了罗马人的流通物，也有其他币种存在，尤其在希腊语的那些行省里，而罗马显然没有任何计划好的意图，要去取代那些不同币种。罗马自己的铸币厂发行的钱币，被认为是用以解决政府燃眉之急所需要的。

罗马的政治发展及其对希腊疆土逐渐的征服，乃是希腊化时期之希腊—罗马阶段的关键因素。

⊙ 作为地中海"共居世界"（Oikoumene）的希腊化时期艺术与手工艺

埃及托勒密王朝和帕伽马争强好胜的阿塔卢斯王朝，都致力于提升语文学研究和图书馆与博物馆的修建。埃及的亚历山大里亚有它著名的图书馆及科学研究圈子，便是这一趋势中名列第一的典范，而帕伽马是文化上的对手。哲学家麇集于王庭，乃是整个希腊化时期的座上贵宾。有一个哲学家的青铜头像（图24），是在一艘古代船舶上发现的，船上满载希腊化时期的古代艺术品，于公元前1世纪上半叶后期沉没在伯罗奔尼撒南部安提凯忒拉岛屿（Antikythera）附近。这艘船带着满仓珍奇货物，方离开希腊土地，可能正要驶向罗马，那些艺术品显然是要用来修饰罗马公众与私人建筑的。铜像制作于公元前240年，被认为表现的是一位犬儒派哲人，可能是安提斯提尼（Antisthenes），或者是博利斯典河的比翁（Bion of Borysthenes）。犬儒派哲人们奉行个人禁欲主义，鄙视奢靡与物质占有。在晚期古典时代，安提斯忒涅（公元前445—前365），作为苏格拉底的信徒，鼓吹说苦行生活应贯彻以美德。犬儒派的创始人是希诺珀的第欧根尼（Diogenes of 锡诺普 Sinope，公元前400—约前325）。博利斯典河的比翁（公元前325—前250）是安提戈努斯王庭中的一位尖酸哲人，他为世人所熟知的是他关于社会与宗教所发的激进观点，以及他对自然的热爱。

关于死后生活的玄学理论，在希腊的城市引入东方诸神如西贝莱（Cybele）、伊西斯、奥西利斯和密特拉神（Mithras）后兴盛起来，在那里德米特及其女儿珀耳塞福涅（Persephone）与狄奥尼索斯是丧葬信仰与仪式中最受尊崇的神。大批艺术品，类如放置于希腊化时期陵墓中作为守墓神灵的棕陶小俑，常可反映出这些观念。可以国家考古学博物馆的一位掷跖骨游戏少女棕陶俑像（图25）为例，创作于公元前4世纪末至前3世纪，发现于埃雷特里亚（Eretria），这是优卑亚岛一个古代城市地址，今天有一座同名城市。这个造型的陶俑被发现于葬礼背景之下，被认为反映的是德尔斐阿波罗圣坛的一幅绘画细节。这幅遗失的画作，由古典时期富有革新精神的画家波律革诺图斯（Polygnotos）创作，题为"亡灵预言所"（Nekyia），据波桑尼阿斯（Pausanias，10.30.2），指冥界之生命告知我们其所见。画上表现了希腊的男女人物，包括几位玩跖骨游戏的少女，乃是神话英雄潘达柔斯（Pandaros，译按，此处应该指Pandareus）的女儿，因不幸早夭，在死后世界消遣作乐。抛掷跖骨为骰子，或在空中保持平衡动作，是自古至前现代时期的儿童与青少年所喜爱的游戏。这形象的棕陶小俑被安置在陵墓中，或许反映了这一博学的信念，表示死者的家属即如此看待她死后的境遇。

希腊化时期的艺术吸收了许多不同艺术传统的趋尚。根据艺术史家波利特（J.J. Pollitt），将亚历山大大帝送至亚历山大里亚安葬的豪华丧仪礼车，堪称是希腊化时期艺术的首件珍品，尽管今已不存。古代作家狄奥多儒（Diodorus，18.26.3）对其诸多豪奢部件的细节有所描述。艺术与科学的创造物，在不同的希腊城市中生产出来，成为效仿和复制的原型，这一方面促成新艺术形式的诞生，另一方面则如赖芝维（B.S. Ridgway）等许多研究希腊化时期艺术史和学术的专家所说，造成了新技术在地中海东南地区的使用。雕像上的新作品风格迥异于古典时代，材料使用上更为浮夸，建筑中营造戏剧性效果，突出表面装饰，还有如陶俑、珠宝之类微型艺术的骤然兴盛，都是希腊化时期的文化特点。这种新的文化共性向北、向东并最终随着罗马人的征伐向西扩展。在许多希腊化时期的美学要素中，从诸如富勒（B.H. Fowler）等专家的研究中，我们可注意到机巧与华丽，着重在于自然美，甚至于大众工艺品上都屡见不鲜，还有雕像中许多变化不同的趋向也值得注意。新的雕像风格，如近世称作巴洛克、谐趣（burlesque）和洛可可，都已被创造出来，仿古之风也在宗教造像主题上有所体现。

新阿提卡和古风传统明显地体现在大理石浮雕上女性角色的衣角皱褶上。国家考古学博物馆的一尊大理石还愿浮雕，以圣坛（naiskos）的形式描绘倚靠着抱琴的阿波罗，周围是舞蹈的缪斯们。缪斯们贴身长袍（chitons）的转褶（图26）状若燕尾，那是典型的古风样式。神界信使赫尔墨斯，被刻绘于阿波罗和山羊足的潘神之后，作势要离去，还有六名工匠以较小的规模出现在右部。这个浮雕被发现于雅典卫城的南坡，当是公元前2世纪后半叶所做。一具公元前2世纪中期的大理石宙斯巨像，留存下来的头部与左手部分，存于国家考古学博物馆，成为著名雕塑家欧几里得斯（Eucleides）作品的一个样本（图27 a, b）。这座雕像的判定，依据的是波桑尼阿斯对他在埃基拉（Aigeira）、阿凯亚和伯罗奔尼撒北方所见宙斯像的

图 24
一位哲学家的青铜头像（公元前 1 世纪上半叶后期），
藏于雅典国家考古博物馆。

图 25
一位掷距骨游戏的少女赤陶小俑（公元前 4 世纪晚期至前 3 世纪），藏于雅典国家考古博物馆。

描述。埃基拉的宙斯头像有些东西缠绕，这从前额头上的发丛中有些小洞可以看出。这尊神像额头宽阔，面部特征描绘细腻，乃是希腊化时期新古典派的典型。同样属于新古典派传统的，还有三具大理石头像（图 28 a、b、c），眼瞳大，头发细节工巧，由伯罗奔尼撒的城市墨塞尼（Messene）的雕塑家达墨丰（Damophon）创作。它们属于公元前 2 世纪初得墨忒尔、阿尔忒弥斯和提坦巨灵安尼托斯（Anytos）的祭仪雕像，被发现于律柯苏剌（Lykosoura）这些神明的一处圣堂中，那个城市在阿卡狄亚，也属于伯罗奔尼撒。另一个古典化风格的例子，是一具雅典娜的大理石头像，应是奥古斯都时代的作品，被认为是代表了模仿雕塑家欧布利得斯（Euboulides）所做该女神雕像的复制品。这个大理石头像被发现于陶匠区（Kerameikos）附近，雅典人的主要公墓处。欧布利得斯属于活跃于公元前 3、前 2 世纪的雅典一个雕像匠人世家。

此前被视为具有洛可可特点的一组雕像，代表了希腊化时期艺术谐趣风格的作品，创作时间在公元前 100 年，描述阿佛洛狄忒手持自己的拖鞋震慑好色的潘神，她儿子厄洛斯在上空盘旋（图 30）。雕像发现于德洛斯，那是阿波罗的圣岛，在希腊化时期成为庞大的地中海商贸中心。根据雕像基座上的铭文，这组雕像由一位来自贝鲁特的狄奥尼修捐献，赠与该国的神明。

图 26
大理石还愿浮雕（公元前 2 世纪前半叶后期），
藏于雅典国家考古博物馆。以圣坛形式描绘阿波
罗，周围是舞蹈的缪斯们。

图 27a
大理石宙斯巨像留存下来的左手部分（公元前 2 世纪中期），
藏于雅典国家考古博物馆。雕塑家欧几里得斯创作。

阿塔卢斯一世在公元前 233—前 223 间战胜高卢和塞琉古，建立帕伽马，成为一个显赫的政治与文化强国。阿塔卢斯朝列王，致力于把帕伽马建成希腊化世界里最有知识的文化中心。表达这一抱负的纪念物，大多是雕像，包括了雅典的小规模阿塔卢斯朝献礼和德洛斯的高卢大捷纪念群像，俱是在阿塔卢斯一世治时奉命制作；还有公元前 180 年前后在攸墨尼斯（Eumenes）主政时问世的帕伽马宙斯大型祭坛，如今保存在柏林的帕伽马博物馆。国家考古学博物馆所藏落败之高卢人雕像（图 31）被发现于德洛斯的意大利人广场，曾被鉴定为公元前 110 年创作，即在这次贸易联合后不久。这座雕像起先被认定是该岛的高卢

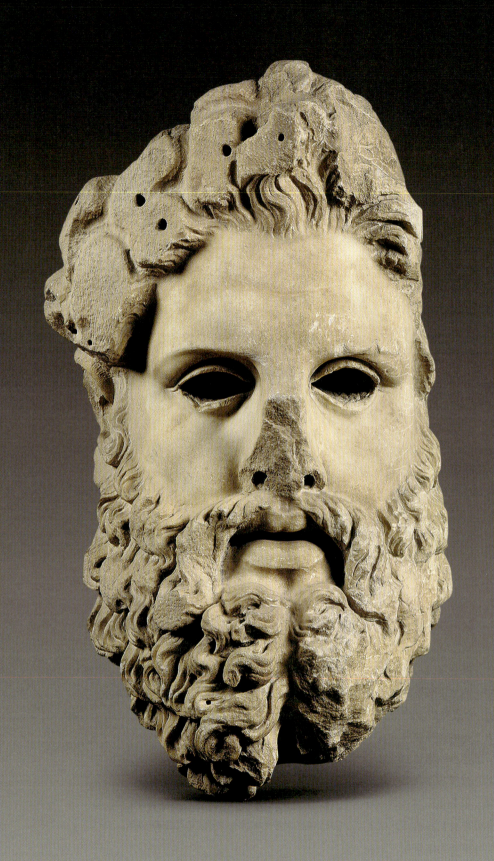

图 27b
大理石宙斯巨像留存下来的头部（公元前 2 世纪中期），藏于雅典国家考古博物馆。雕塑家欧几里得斯创作。

图 28a
得墨忒尔的大理石头像（公元前 2 世纪初），藏于雅典国家考古博物馆。雕塑家达墨丰创作。

图 28b
阿尔忒弥斯的大理石头像(公元前 2 世纪初),
藏于雅典国家考古博物馆。雕塑家达墨丰创作。

图 28c
提坦巨灵安尼托斯的大理石头像(公元前 2 世纪初),藏于雅典国家考古博物馆。雕塑家达墨丰创作。

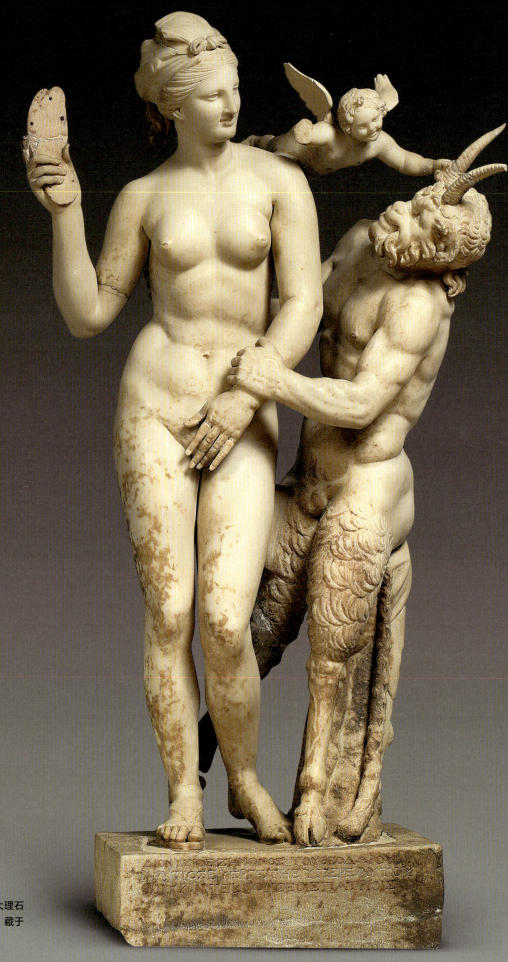

图 30
阿佛洛狄忒、潘神、厄洛斯大理石群像（公元前 100 年前后），藏于雅典国家考古博物馆。

大捷纪念群像的一部分。近来则被确认为美诺斐洛斯（Menophilos）之子雕塑家阿伽西阿斯（Agasias）的作品，为的是纪念罗马将军及政治家盖乌斯·马略（Gaius Marius）在公元前101年打败入侵的日耳曼部落条顿人和辛布里人（Cimbri）。美诺斐洛斯与阿伽西阿斯属于雕像师世家，出身于小亚细亚的以弗所（Ephesus），在公元前2世纪时工作于基克拉泽斯群岛（Cyclades）的德洛斯和特诺斯（Tenos）诸岛，也在希腊大陆四处创作。

自从公元前3世纪前半叶开始，我们在希腊化时期的肖像中发现了一股折中趋势和风格联合。塑像艺术的两个主要类型在此时出现。一是英雄型，源于著名雕塑家吕西普斯（Lysippus）的亚历山大塑像；一是心理型，可以波利攸柯特（Polyeuktos）的德摩斯梯尼像为代表。国家考古学博物馆的一具青铜头像（图32）在肖像上构成了鲜明的现实主义趋势的特色。此头像发现于德洛斯，创作于公元前100年前后，面部特征上有流畅和瞬变的表现效果，与其古典姿态形成对照。这个头像可能描绘的是一位定居或游访德洛斯岛的希腊或意大利不知名商人或移民。同出此岛的，还有伪运动员像（图33），是一尊大理石作品，较乎常人尺寸更大，据有理想主义的身体线条和现实主义的头部相貌。这是公元前1世纪初的作品，作为上等珍品，显示出两种雕像风尚的混合。

希腊化时期的医药条件也随着其他科学而发展起来，其研究和理论化的步伐，在公元前5世纪随着希波克拉底运动就已开始。这场运动和研究学派的创始人，是医学家希波克拉底（公元前460—前370），他来自东南爱琴海的科斯（Kos）岛，被视为希腊医学发展的关键人物，通常也被称作西方医学之父。公元前4世纪的医学发展，达到由源头可以推演整个过程的地步，逐渐聚焦于神庙医疗，比如在医神阿斯克勒庇俄斯的圣堂或通过医药魔法来进行救治（图34）。医学理论化进程仍处于探索之中，出现了几位值得注意的代表，例如医师及理论家卡律斯托的戴俄克勒斯（Diocles of Karystos），他出身于优卑亚，公元前4世纪居住在雅典。不过日常行医显然依旧混合着迷信和口头传承的知识。最为著名医疗圣堂是厄庇达鲁斯（Epidaurus）的阿斯克勒庇俄斯圣堂，在伯罗奔尼撒东北，还有一处在爱琴海东南的科斯岛。国家考古学博物馆有一座发现于厄庇达鲁斯的大理石还愿

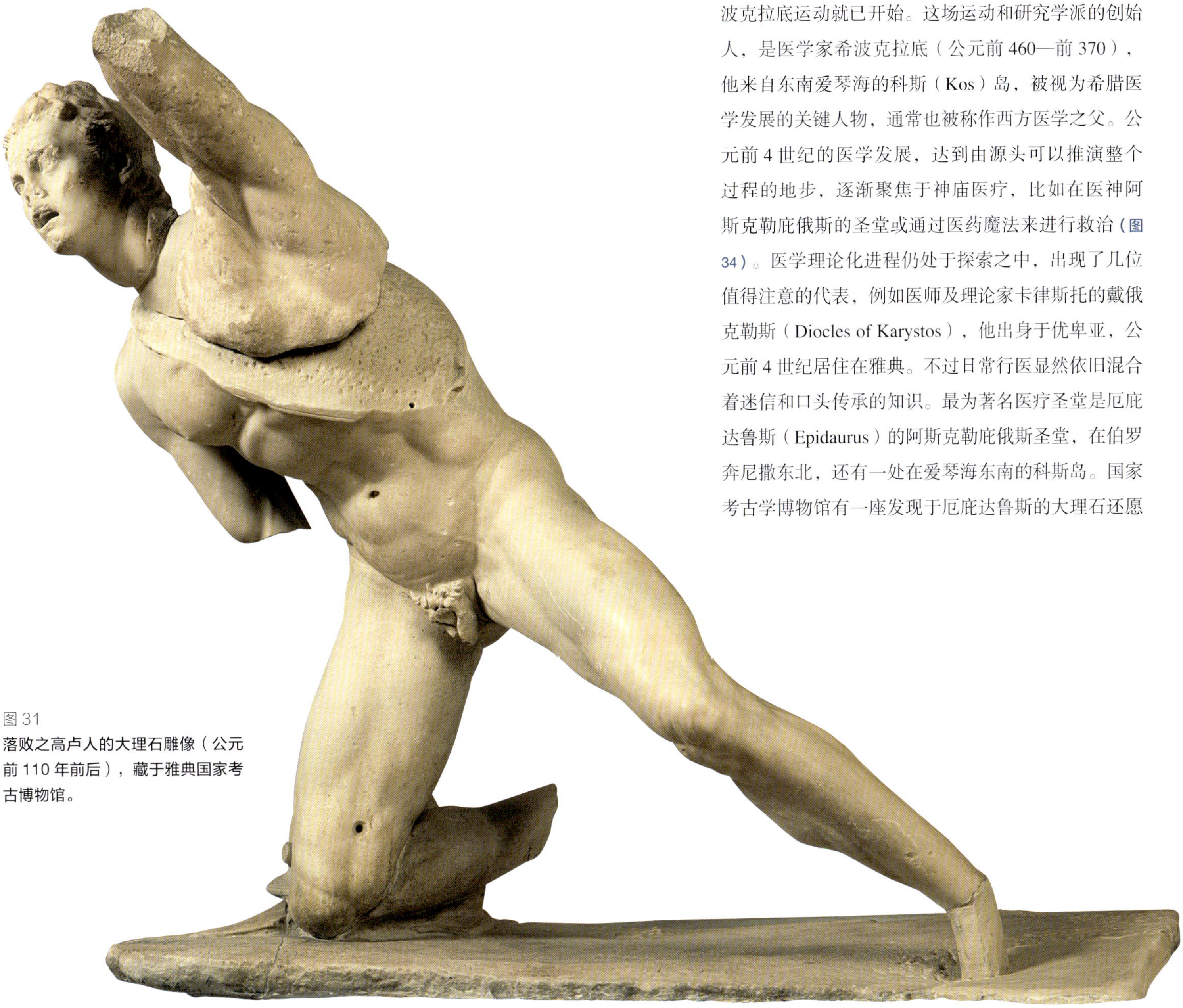

图31
落败之高卢人的大理石雕像（公元前110年前后），藏于雅典国家考古博物馆。

图32
青铜头像（公元前100年前后），
藏于雅典国家考古博物馆。

浮雕（图35），创作时间是公元前4世纪下半叶，描述医疗之神阿斯克勒庇俄斯及其若干子女，附有此神的一座圣坛和膜拜信众。国家考古学博物馆藏有丰富的各式铜制医学工具配备（图36），恰可组成一幅古典晚期与希腊化时期行医概览图。

剧场文化在形式上重复着古典戏剧演出，但也有不少新形式的喜剧，即流行于希腊化时期的新喜剧。米南达（公元前342/341—前291/290）是一位有钱有势的雅典人，他是希腊化初期最有名的喜剧诗人之一。在他的剧作中，有强烈的社会和心理现实主义精神，被看做是现代风俗喜剧的先驱。国家考古学博物馆有一具米南达的大理石头像（图37），这是罗马人对该诗人雕像的复制品。原作由古典晚期著名的雕塑家普拉克西特列斯（Praxiteles）之子柯菲索多图（Kephisodotos）及提马尔柯斯（Timarchos）完成，树立于雅典的狄奥尼索斯剧场。国家考古学博物馆大批大理石头像，带有悲剧或喜剧的剧场面具，诸如老年或青年男子与奴隶，创作时间在公元前4世纪下半叶至前1世纪，突出表现了希腊化时期剧场表演中这些类型的流行程度（图38）。

在公元前4世纪末，阿提卡风格以及绘像精工陶器的消泯，由其他更富装饰特色的风格所弥补，还出现了银器及其他金属器具更为广泛的使用。雅典与德洛斯制造并出口浮雕大口双耳杯（skyphoi），以压模方式生产。有些这种盂罐被称作"荷马大盏"，是因为浮雕表现了史诗场景，而另外一些则雕饰的是戏剧中的故事。然而最为常见的表面浮雕，是花卉和动物主题，以及其他线条修饰艺术。代表例子就是国家考古学博物馆所藏的一只浮雕碗（图39），表现的是墨涅拉俄斯（Menelaus）与帕里斯（Paris）的对战，故事见载于《伊利亚特》的第三篇，碗上还有同部史诗的其他画面。这个器具发现于柯法隆尼亚（Cephalonia），那是爱奥尼亚海上的一座岛屿，创作时间在公元前2世纪前半叶。希腊化时期陶器装饰的其他类别，还有戈纳提亚（Gnathia）型和西坡（West Slope）型，具有细密描绘葬礼和花卉的主题，使用镌刻或浮雕技术，抑或两者兼备，并采用白色颜料。

许多城市如雅典一样，保持着精良品质的农产品贸易，比如油、蜜和无花果。在马其顿治下的希腊城市中，如在继承人的所有王国那样，坚持以农产品为核心，制订详尽的农耕计划和税制。银行运作连同庙宇财产一起发展，德洛斯岛的阿波罗神庙就是这个方式值得注意的例证。葡萄栽培改善并拓广了地中海地区的土地，艺术中酒神主题的喜好或许反映了这一发展。彭特利克（Pentelic）是阿提卡地区生产白色大理石的最佳地带，这方面的出口有公元前2世纪中期的证据。不同类型的青铜工艺品、制作复杂的玻璃瓶和赤陶俑偶，在不同地区以共同的艺术语言生产出来，这包括希腊的科林斯、埃及的亚历山大里亚及小亚细亚的密理纳（Myrina）。安提凯忒拉岛沉船中发现的黄白紫条纹镶嵌玻璃碗（图40），制作于公元前1世纪上半叶后期，就是一个很好的例证。这种错综繁复的玻璃器皿，在希腊鲜见，可能制作于公元前2世纪末的亚历山大里亚及此后的罗马。发现于密理纳的公元前2世纪和前1世纪初期厄洛斯们和尼克（胜利女神）们的赤陶小像（图41、42），是大众集市上的产品，那里都是赝仿高级工艺和标准的雕像作品。此外，对于昂贵的制造品和香料的需要，发展出爱琴海的许多新兴集市，诸如罗德斯岛，海上贸易随着船只型号的扩大而兴盛起来。

在亚历山大征伐战争的其他后果中，还包括了从波斯向希腊边疆进口贵金属活动的兴旺。有些希腊

图 33
大理石运动员雕像（公元前 1 世纪初期），藏于雅典国家考古博物馆。头部为肖像作品，伪运动员雕像。

图 34
阿斯克勒庇厄斯神庙东山墙（大约公元前 380 年），藏于雅典国家考古博物馆。

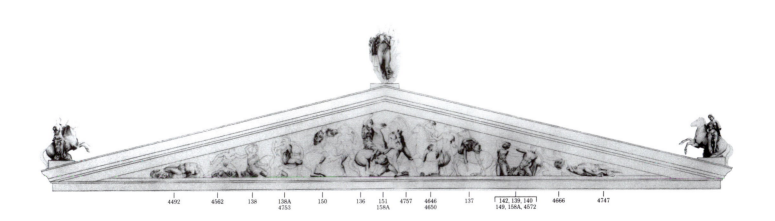

| 4492 | 4562 | 138 | 138A 4753 | 150 | 136 | 151 158A | 4757 | 4646 4650 | 137 | 142, 139, 140 149, 158A, 4572 | 4666 | 4747 |

图 35
大理石还愿浮雕（公元前 4 世纪后半叶），藏于雅典国家考古博物馆。阿斯克勒庇俄斯及其若干子女，附有此神的一座圣坛和膜拜信众。

图 36
不同用途的青铜医疗工具（古典晚期和希腊化时期），藏于雅典国家考古博物馆。

图 37
米南达的大理石头像,藏于雅典国家考古博物馆。罗马人复制品,原作出自雕塑家柯菲索多图及提马尔柯斯。

图 38a　　　　　　　　图 38b　　　　　　　　图 38c

图 38
大理石制剧场悲剧与喜剧面具（自公元前 4 世纪下半叶至前 1 世纪），藏于雅典国家考古博物馆。

图 38d　　　　　　　　图 38e　　　　　　　　图 38f

图 39
陶瓷凸纹碗（公元前 2 世纪上半叶），藏于雅典国家考古博物馆。表现《荷马史诗》英雄墨涅拉俄斯与帕里斯的对战。

图 40
镶嵌画玻璃碗（公元前 1 世纪上半叶后期），藏于雅典国家考古博物馆。

图 41
厄洛斯的赤陶塑像（公元前 2 世纪至前 1 世纪初期）藏于雅典国家考古博物馆。

图 42
胜利女神尼克的赤陶塑像（公元前 2 世纪至前 1 世纪初期）藏于雅典国家考古博物馆。

珠宝的杰作也随之在古典晚期和希腊化时期问世。国家考古学博物馆有一座黄金制作的奢华小庙（图 43），表现了酒神狄奥尼索斯之醉态，旁有一少年萨梯（Satyr）搀扶着，这是在希腊大陆今之卡尔珀尼西（Karpenisi）所见一批窖藏的部分，制造时间在公元前 2 世纪。一头豹子，作为狄奥尼索斯的象征，在这件华美的金制工艺品中被表现于该神侧旁，组成了海伦与安东尼·斯塔达托斯藏品（Helen and Antonios Stathatos Collection）的一部分，于 1957 年捐赠给国家考古学博物馆。

在古典晚期及希腊化时期，酒神狄奥尼索斯列于其他神祇之间，并伴有凡间的音乐家与诗人俄尔甫斯，这与形而上学的理论和信仰有关。来自卡尔珀尼西窖藏珍宝的另一件文物，是一副金制发网（图 44），其核心有一团花雕饰，表现佩箭袋的阿尔忒弥斯之压花（repoussé）半身像。这是公元前 3 世纪的产物。半身像围绕着的花环是石榴子石和翡翠制成的。这等装饰品可能是其古代女主人所珍爱的，将之视为具有宗教、装饰、标志社会地位和实用价值的多重意义之物。一条装饰了玫瑰花叶和水果的金腰带（图 45），枝叶间还点缀了蜜蜂、毛虫和飞鸟，乃是另一件出自同一批窖藏的瑰宝，制作于公元前 3 世纪末至前 2 世纪初。带扣有海豚纹饰。这条腰带全以珐琅、石榴石、红玉髓和玻璃组成。对于精致华美的品位，也可表现出精英的地位，伴随着对自然的爱好，都体现在这件文物身上。卡尔珀尼西宝藏共有 35 件物品，时间在公元前 4 时期后期至前 2 世纪。除了少数功能各自不同的精致艺术品，如醉酒狄奥尼索斯的金制神庙，其他大多数珍宝都被视为组成了三或四套几乎完整的女性珠宝配饰，陪伴着其主人的在世时光。

图 43
金制小庙(公元前 2 世纪),藏于雅典国家考古博物馆。展示狄奥尼索斯酒醉由一少年萨梯搀扶。

图 44
金制发网（公元前 3 世纪），藏于雅典国家考古博物馆。
团花雕饰上为阿尔忒弥斯佩箭袋的半身像。

图 45
装饰了玫瑰花叶和其他花果以及蜜蜂、毛虫和飞鸟的金腰带（公元前 3 世纪末至前 2 世纪初），藏于雅典国家考古博物馆。

希腊化晚期——罗马阶段

盖乌斯·尤里乌斯·恺撒（公元前100—前44）(图46)出生于罗马共和国末期的政治动荡岁月。倚仗自己政治家和将军的才能，他领导罗马走向了稳定的未来。他对于亚洲地区有所研究，率军前往作战，在那里他还接受了首次外交指派，后来在西班牙成为财务官（quaestor）。等他在公元前60年回到罗马，他与克拉苏（马可·李锡尼·克拉苏，公元前115—前53）和大庞培（戈奈乌斯·大庞培，公元前106—前48）组成了第一个三寡头集团，改变了罗马的行政。他在公元前59年出任执政官，公元前58年任高卢总督。他率大军在意大利北方、高卢、日耳曼和不列颠作战，展示了非凡的领导才能。他记述自己的征伐与内战，写成了两部书：《高卢战记》（*De Bello Gallico*）与《内战记》（*De Bello Civilis*）。

执政官马可·克劳狄乌斯·马塞卢斯（Marcus Claudius Marcellus，公元前95—前45），继此前元老院在同一目标上的失败后，反对恺撒权势的继续扩张。在公元前49年，元老院要求恺撒终止征伐，放弃权势地位。同年，尤里乌斯·恺撒领军越过卢比孔河进入意大利，扫清他的障碍。自公元前48至45年，他在西班牙、伊庇鲁斯、埃及和亚洲作战，击溃庞培以及所有图谋不轨者。公元前48年，他帮助克里奥佩特拉七世(图47)将她弟弟暨丈夫托勒密十三（公元前62/1—前47）赶下王位。那时尤里乌斯·恺撒对克略帕特拉着迷，同时还觊觎对埃及的掌握。在他与克略帕特拉结交后，两人于公元前45年同返罗马，不管她与其幼弟托勒密十四（公元前60/59—前44）的婚姻。在罗马，尤里乌斯·恺撒被宣布为终身独裁者，开始彻底改革罗马行政。恺撒不断把大权集揽于自己身上，导致他被马可·布鲁图斯及其他两位官员在公元前44年3月的"月中"（Ides，第15日）谋杀。钱币学博物馆藏有马可·尤尼乌斯·布鲁图斯的银第纳尔(图48)，即为纪念此事件而发行。正面是布鲁图斯的头像，背面则是一顶无沿毡帽（pileus），这是自由民穿戴的自由之帽。在尤里乌斯·恺撒被谋杀后，一个同谋者即高挑着一顶这样的帽子。此帽在钱币上被置于两把短剑之间，下有刻字"EID（IBUS）MAR（TIS）"（三月月中），即恺撒被杀之日。迪奥·卡修斯（Dio Cassius，47.25.3）谓布鲁图斯发行了这枚特别的钱币，以显示他乃解放国家于恺撒暴政之人。

（正）

（反）

图46
尤里乌斯·恺撒的银第纳尔（公元前44年），藏于雅典国家考古博物馆。正面是尤里乌斯·恺撒头像，有凯旋号，有"DIVI IVLI"（即Divus Julius，神圣的尤里乌斯）字样，背面为小公牛，有"Q VOCONVS VITVLVS"（即Quintus Voconius Vitulus，为造钱者姓名）字样。铸造地罗马。

（正）

（反）

图47
克略帕特拉七世的四德拉克马银币（公元前50/49或39/8），藏于雅典钱币博物馆。正面是克略帕特拉半身像，背面是鹰隼踩住一束霹雳。

（正）

（反）

图48
马可·尤尼乌斯·布鲁图斯的银第纳尔（公元前43—前42），藏于雅典钱币博物馆。正面是布鲁图斯头像，背面是无沿毡帽与两把短剑。有"EID（IBUS）MAR（TIS）"（三月月中）字样。

◎ 屋大维·奥古斯都

屋大维（公元前 63—公元 14）（图 49）在公元前 44 年只有 19 岁，那时他舅父暨养父尤里乌斯·恺撒被谋杀了，他成为其财产和政治生涯的继承人。在公元前 40 年，屋大维和马可·安东尼签订布伦迪西姆（Brundisium）条约，给奥古斯都留下了余地来逐渐创业，成为罗马统治的西方部分的统帅，并在罗马稳固了自己的地位。他用了 14 年时间，蓟除罗马的政敌，其中在公元前 31 年在亚克兴角战胜马可·安东尼和克略帕特拉七世。在这一过程中，屋大维·奥古斯都自命为扩张中的罗马政权之唯一合法政治领袖。在亚克兴角海战失利后，克略帕特拉在公元前 30 年自尽，屋大维随之胜利进入亚历山大里亚。他处死了谋杀恺撒之人，在解除三头执政后，揽大权于自己一身。尽管他自认仅是罗马政府的第一公民（princeps civitatis），可实际如君临天下一般。元老院在公元前 27 年宣布他为"凯旋将军"（imperator）。

屋大维·奥古斯都作为政治家和历史人物的重要意义，很难简略讲清楚。他改革了罗马的行政制度，通过实施有效的法律，如《尤里乌斯法规》（Lex Julia），来支持人口动态。他还鼓励文学艺术的兴盛。文学家如弗拉库斯、维吉尔、李维和后来被放逐的奥维德，都活跃在这一时代。奥古斯都的第二任妻子李维娅（Livia Drusilla—Julia Augusta），据说在公元 14 年毒杀了丈夫，她长于进言，对于帝国行政有强大积极的影响力。随着"罗马的和平"（Pax Romana）局面的建成，奥古斯都成为第一位真正想要和平发展和治国的罗马领导人。希腊此时早已纳入罗马帝国的版图。奥古斯都在帝国范围内施行了各种平民福利计划，即便边远地区也受其恩泽。自公元前 27 至 19 年，他巡游至希腊和小亚细亚。一个统一的政治意愿是，妥善地利用对外政治手段来调整国家组织和部门发展，并丰富国家资源，这在罗马历史上首次在奥古斯都治下得以展现。屋大维·奥古斯都成功的政治家风采，自亚克兴角大捷后即开始显露出来，凭此地中海世界得以统一，维持了超过三个世纪的时间。阿克兴海战意义在于展现了奥古斯都此后的统治形象，还预兆了奥古斯都王朝与罗马传统后来的政治与神话学关联，这时常鲜明地体现在罗马的艺术与文学作品中（维吉尔，《埃涅阿斯纪》，VIII，670—730）。

（正）　　　　　　　　　　　　（反）

图 49
屋大维·奥古斯都的金奥柔斯（公元前 27—公元 14），藏于雅典钱币博物馆。正面是奥古斯都桂冠半身像，背面是奥古斯都骑在马背，手运剑盾（译者按，此处有误，当系尤里乌斯·恺撒），旁有两杆军旗，间有一鹰。

国家考古学博物馆藏有一具屋大维·奥古斯都的大理石头像（图 50），创作时间在公元前 20 年之后，乃是这位强权君主最著名的形象之一。还有一尊奥古斯都的青铜残像（图 51），可能骑在马上，现已丢失了马匹，1979 年被发现于爱琴海的优卑亚与阿基亚斯·欧斯特剌提阿斯（Agios Eustratios）二岛之间，藏于国家考古学博物馆。此像创作于公元前 10 年前后。这位皇帝被表现为成熟年纪的样子，身着束腰外衣（tunica）与肩袍（paludamentum），右肩配有扣针。他左手持缰绳，右手举起，为检阅礼姿势（adlocutio gestus），是表达威信的祝福或演讲姿态。在他左侧放置了一把剑。这是皇帝作为政治、军事和个人崇拜的主帅所具有的尊贵形象。

图50

屋大维·奥古斯都大理石头像（公元前20年前后）藏于雅典国家考古博物馆。

◉ 结论

综上所述，在希腊化和罗马帝国时期，自公元前4世纪晚期至前1世纪，是一个伟大的历史阶段，实现了希腊文明在东地中海世界的同化和延伸。希腊化时期奉行世界主义精神，这体现在各种不同的艺术风尚和形式中。希腊与地方人民得以尝试着在庞大簇新的城市中共同生存，在此，宗教融合、商贸的宽阔视野以及社会流动性都很突出。自公元前2世纪下半叶以后，意大利人在地中海东南地区安置了许多商人和税收官吏，在当地以意大利人为核心，同时又信仟外籍士兵的驻防，这是尤里乌斯·恺撒和屋大维·奥古斯都以来就有某些主要特点，这标志着进入希腊化晚期或曰希腊—罗马阶段。希腊城市基本制度的建立，如公共饮宴、剧场和健身场馆（Gymnasion），伴随着在许多地区保留的希腊祭仪、君主崇拜，出现了希腊语的流行，后来又趋尚于罗马公共表演，比如希腊与罗马的剧场演出、哑剧、罗马角斗，还有在许多公共和上层私人建筑以及行省的市民中心采用希腊—罗马的建筑风格，这些都是这一长时期中的特色。在东南地中海的许多市民活动中心地带，精英群体，包括显赫世家和财阀，接受了希腊化君主的统治，继而又臣服于罗马，顺应着王室和帝国系统在政治、经济和行政上的改变而随波逐流。于是，在东部地中海的许多城市中，当地上层阶级代表们攀附希腊化时代的君主，以便于分享经济贸易上的特权。自从奥古斯都时代以后，不少罗马皇帝保护并推动希腊文化根源的诸多公民特点，比如健身场馆、剧场和希腊艺术与文学作品，偶尔会破坏到本地的东方文化传统。

现代历史研究尤其倾向于关注社会和经济趋向的研究，这能够造成新经济、政治以及间或是政治形态的诞生。古典晚期及希腊化时期的许多政治家，如马其顿的菲利普二世、亚历山大大帝、埃及的托勒密诸帝，还有罗马的皇帝们，像尤里乌斯·恺撒和屋大维·奥古斯都，他们所起到的重要作用，现在看仍是无可争辩的。利用所处时代得天独厚的便利形势，他们以其潜能与实力实现了当时在军事、行政、经济和社会政治上的显赫改变，展示出个人才能在历史演进中的多层重要性，不管原来出身于希腊或是意大利的哪个城市，他们把视野放于更为广阔的世界，从而在东南地中海地区的历史进程中留下各自的印迹。

图 51
奥古斯都青铜残像(公元前 10 年前后)藏于雅典国家考古博物馆。

缩写说明

NAM National Archaeological Museum, Athens 雅典国家考古博物馆

NM Numismatic Museum, Athens 雅典钱币学博物馆

参考文献

〔1〕 CAH:《剑桥古代史》（*Cambridge Ancient History*）

〔2〕 HHN:《希腊民族史》（*History of the Hellenic Nation*），雅典，1970—1978年（卷 A-IE，希腊文）。

〔3〕 J. Bingen,《希腊化时期的埃及》（*Hellenistic Egypt*），爱丁堡，2007年。

〔4〕 J. Boardman-J. Griffin-O. Murray（主编），《牛津希腊与希腊化世界史》（*The Oxford History of Greece and the Hellenistic world*），牛津，1986年。

〔5〕 K. Buraselis,《希腊化时期的马其顿与爱琴海：卡桑德尔与爱琴海及小亚细亚西部的三个安提戈努斯后裔的政策研究》（*Das hellenistische Makedonien und die Ägäis. Forschungen zur Politik des Kassandros und der drei Antigoniden im Ägäischen Meer und in Westkleinasien*），慕尼黑，1982年。

〔6〕 K. Burazelis,《神圣的馈赠：塞维鲁斯帝政策与安东尼努斯敕令研究》（*Θεία δωρεά. Das göttlich-kaiserliche Geschenk: Studien zur Politik der Severer und zur Constitutio Antoniniana*），维也纳，2007年。

〔7〕 J. Carpenter-F. Lebrun-M. Leventopoulou-N. Giantsi-M. Kokolakis（主编），《地中海史》（*History of the Mediterranean, D.P. Kostelenos*）（译），雅典，2009年（希腊文）。

〔8〕 M. Chidiroglou,《埃雷特里亚所见赤陶掷距骨游戏少女（NAM 12112）》，收入：P. Adam-Veleni-K. Tzanavari（主编），《涡流集：向罗米奥普鲁致敬文编》（*Diniessa, Honorary volume for K. Rhomiopoulou*），塞萨洛尼克，2012年，第493—501页（希腊文）。

〔9〕《钱币与钱币学》（*Coins and Numismatics*），希腊文化与钱币学博物馆，雅典，1996年。

〔10〕 B. Cunliffe,《罗马与其帝国》（*Rome and her Empire*），伦敦，1994年。

〔11〕 S. Descamps-Lequine-K. Charatzopoulou,《在亚历山大大帝的王国，古代马其顿》（*Au royaume d'Alexandre le Grand, La Macédoine antique*），会展目录，卢浮宫博物馆，2011年

10月15日—2012年1月16日，巴黎，2012年。

〔12〕 J.G. Droysen,《希腊化文明史》（*Geschichte des Hellenismus*），哥达，1877—1878年。

〔13〕 M.R. Errington,《希腊化世界的历史，公元前323—前30年》（*A History of the Hellenistic World, 323-30 BC*），Malden，MA，牛津，英国及Carlton，维多里斯，澳大利亚，2008年。

〔14〕 A. Erskine（ed.），《希腊化世界指南》（*A Companion to the Hellenistic World*），牛津，2003年。

〔15〕 B. Fowler Hughes,《希腊化美学》（*The Hellenistic Aesthetic*），布里斯托，1989年。

〔16〕 P. Garnsey-R. Saller,《罗马帝国：经济、社会和文化》（*The Roman Empire: Economy, Society and Culture, B.I. Anastasiadis*）（译），伊拉克利翁，1995年（希腊文）。

〔17〕 H.-J. Gehrke-A. Chaniotis（翻译及书目采集），K. Bouraselis（主编），《希腊化世界史》（*History of the Hellenistic World*），雅典，2009年（希腊文）。

〔18〕 P. Green,《亚历山大至阿克兴：希腊化时期的历史演进》（*Alexander to Actium. The historical evolution of the Hellenistic age*），伯克利与洛杉矶，1990年。

〔19〕 W.V. Harris,《共和国晚期》，收入：W. Scheider-I. Morris-R. Saller（主编），《剑桥希腊—罗马世界经济史》（*The Cambridge Economic History of the Graeco-Roman World*），剑桥，2008年，第511—539页。

〔20〕 G. Hölbl,《托勒密王朝史》（*Geschichte des Ptolemäerreiches*），达姆城，1994年。

〔21〕 P. Horden-N. Purcell,《孽海：地中海历史之研究》（*The Corrupting Sea. A Study of Mediterranean History*），牛津与马尔登，2001 [2000]年。

〔22〕 W. Jaeger,《卡鲁斯图斯的狄奥克勒斯》（*Diokles von Karystos*），Berlin 1963 [1938]。

〔23〕 R. Kallet-Marx,《帝国霸权：罗马帝制在东方的发展，自公元前148至前62年》（*Hegemony to Empire. The Development of the Roman Imperium in the East from 148 to 62 B.C*），伯克利、洛杉矶与牛津，1995年。

〔24〕 G. Kakavas（ed.），《青史留痕：希腊博物馆中的财富》（*Leaving a mark on History, Treasures from Greek Museums*），会展目录，洛夫迪夫、索非亚、雅典，2013年。

〔25〕 G. Kakavas-M. Chidiroglou,"青史留名的王者",《青史留痕：希腊博物馆中的财富》（*Leaving a mark on History, Treasures from Greek Museums*），会展目录，洛夫迪夫、索非亚、雅典，2013年，第125—131页。

〔26〕 N. Kaltsas,《国家考古学博物馆，雕像部分》（*National Archaeological Museum, The Sculptures*），雅典，2001年。

〔27〕 N. Kaltsas,《国家考古学博物馆》（*National Archaeological Museum*），雅典，2007年，Latsis基金会。

〔28〕 N. Kaltsas N.-E. Vlachogianni-P. Bouyia,《安提凯忒拉岛沉船：船只、财富与机械设备》（*The Antikythera Shipwreck, The ship, the treasures, the mechanism*），会展目录，国家考古学博物馆，2012年4月—2014年6月，雅典，2012年。

〔29〕 S. Karouzou,《国家考古学博物馆，雕像藏品》（*National Archaeological Museum, Collection of Sculpture*），雅典，1974（1968）年。

〔30〕 J.D. Lerner,《塞琉古没落对于东伊朗平原的影响：安息朝的帕提亚与希腊—大夏的立国基础》（*The Impact of Seleucid Decline on the Eastern Iranian Plateau: the Foundations of Arsacid Parthia and Graeco-Bactria*），斯图加特，1999年。

〔31〕 P. Levi,《希腊世界地图集》（*Atlas of the Greek World*），牛津，1984年。

〔32〕 J.G. Manning,《托勒密朝经济的证据支持关系（公元前332—前30）》，收入：J.G. Manning-I. Morris（主编），《古代经济：证据与样本》（*The Ancient Economy: Evidence and Models*），斯坦福，加利福尼亚，2005年，第163—186页。

〔33〕 J.G. Manning,"希腊化时期的埃及",收入：W. Scheider-I. Morris-R. Saller（主编），《剑桥希腊—罗马世界经济史》（*The Cambridge Economic History of the Graeco-Roman World*），剑桥，2008年，第434—459页。

〔34〕 J.G. Manning,《末代法老：托勒密王朝的埃及，公元前305—前30年》（*The Last Pharaohs: Egypt Under the Ptolemies, 305-30 BC*）普林斯顿，2009年。

〔35〕 O. Mørkholm,《希腊化初期的钱币》（*Early Hellenistic Coinage*），剑桥，1991年。

〔36〕 M. Oikonomidou,《古代钱币》（*Ancient Coins*），雅典，1996年（希腊文）。

〔37〕 J.J. Pollitt,《希腊化时期的艺术》（*Art in the Hellenistic Age*），剑桥与纽约，1990年第三版（初版在1986年）。

〔38〕 K.A. Raaflaub-M. Toher,《在共和国与帝国之间：对奥古斯都及其君权的解释》（*Between republic and empire: interpretations of Augustus and his Principate*），加州大学出版社，1993年。

〔39〕 G. Reger,《希腊化时期的希腊与西小亚细亚》，收入：W. Scheider-I. Morris-R. Saller（eds.），《剑桥希腊—罗马世界经济史》（*The Cambridge Economic History of the Graeco-Roman World*），剑桥，2008年，第460—483页。

〔40〕 B.S. Ridgway,《希腊化时期的雕像》（*Hellenistic Sculpture*）卷I, The Styles of ca. 331-200 B.C., 布里斯托，1990年。

〔41〕 B.S. Ridgway,《希腊雕像在公元前四世纪的风格》（*Fourth-Century Styles in Greek Sculpture*），伦敦，1997年。

〔42〕 B.S. Ridgway,《希腊化时期的雕像》（*Hellenistic Sculpture*）卷II, The Styles of ca. 200-100 B.C., 麦迪逊，威斯康星，2000年。

〔43〕 B.S. Ridgway,《希腊化时期的雕像》（*Hellenistic Sculpture*）卷III, The Styles of ca. 100-31 B.C., 麦迪逊，威斯康星，2002年。

〔44〕 M. Rostovtzeff,《希腊化世界社会经济史》（*Social and Economic History of the Hellenistic World*），卷I-III，牛津及纽约，1998年（初版：1941年）。

〔45〕 S.I. Rotroff,《希腊化时期的陶器，雅典与出口贸易中的模制碗具》（*Hellenistic Pottery, Athenian and Imported Moldmade Bowls*），"雅典广场"，XXII，普林斯顿，新泽西，1982年。

〔46〕 G. Shipley,《亚历山大大帝之后的希腊世界，公元前323—前30年》（*The Greek world after Alexander the Great, 323-30 B.C.*），牛津及纽约，2000年。

〔47〕 R.J. van der Spek,《希腊化时代的近东地区》，收入（W. Scheider-I. Morris-R. Saller）（主编），《剑桥希腊—罗马世界经济史》（*The Cambridge Economic History of the Graeco-Roman World*），剑桥，2008年，第409—433页。

〔48〕 U. Wilcken,《古希腊史》（*Ancient Greek History*），卷I, Touloumakos（译），雅典，1976年（希腊文）。

〔49〕 E. Zervoudaki,《国家考古学博物馆斯塔达托斯藏品》（*National Archaeological Museum, Stathatos Collection*），雅典，2000年。

〔50〕 S. Zervos,《希波克拉底的柳叶刀、探针与外科刮匙》（*Les bistouris, les sondes et les curettes chirurgicales d'Hippocrate*），雅典，1932年。

作者 / 乔治·卡卡瓦斯（George Kakavas）
雅典国家考古博物馆与钱币博物馆馆长

作者 / 玛丽亚·柴迪罗戈卢（Maria Chidiroglou）
雅典国家考古博物馆，考古学家

作者 / 斯泰拉·德莱尼（Stella Dreni）
雅典国家考古博物馆，钱币学家

翻译 / 张治

雅典卫城博物馆

雅典卫城博物馆是地球上最让人惊艳的博物馆。

英国人用雅典没有合适的展览场所来扼杀希腊人要回帕台农雕像的希望，于是有了这座全新的卫城博物馆。这是最具戏剧冲突的建造一座博物馆的原因，然而，即便不是因为那些"额尔金的石头"，雅典卫城所出土的文物从质到量都足以使这座离神最近的殿堂让人无法忘怀。

单是博物馆的建筑方案，前前后后就有四次方案竞标。没有人想到，等待会如此漫长，从 1976 年开始到 1999 年的第三次中止计划，大概全世界都不觉得这个博物馆能建造起来了。卫城近旁狄奥尼索斯剧院对面的 Makriyannis 兵营本来是极好的选择，然而，考古遗址的发现和周边不算新的建筑成为了"拦路虎"。最后的第四次是邀标，中标的是美国建筑师 Bernard Tschumi 和希腊本土的建筑师 Michael Photiadis 的联合团队。这次两座挡住了景观的历史建筑被迁建了，为此还引来了很大的争议。至少我觉得这些牺牲是值得的，在卫城和博物馆之间没有了任何的遮挡，在全透明的展厅里遥望那些神庙是任何人都不能拒绝的诱惑。至于搬不掉的考古遗址，建筑师索性用一根根的基柱支撑架空这座昂贵的建筑，高出地平面，保护了遗址也延续了文脉，从古希腊到早期拜占庭，揭露出的考古遗迹变成了现代建筑的有机组成，毫无突兀处（图1、2）。

整个新卫城博物馆实际是在室内小空间"再现"了整个卫城山体的大空间格局，绝大多数的参观者最为关注的帕台农神庙的"劫后余存"在最高的三层，只有在经历漫长的铺陈和情绪酝酿之后，才能享受和帕台农的邂逅。不少参观者会多少困惑于新卫城博物馆的参观动线，其实是心思细密的设计师想要表达的理路太复杂。总之，一开始我根本就错过了大厅一角的"卫城山门"、"雅典娜胜利女神庙"中的文物，相对晚近的拜占庭时期的卫城文物更是完全被忽略。9 米高的大厅足够宏阔，大理石雕像的列阵太过震撼，"厄瑞克忒翁神庙"的那几根立柱又如此抢眼，自然让近旁的所有变成了阳光下的阴影。只有循着导览图才明白设计师的思路：从公共服务大厅到长斜坡，两边陈列的陶器算是序曲。然后是一层的"古风时期"的三角门楣和数量巨大的献祭雕像，这是第一乐章，和谐与美的主题渐次展开，"希腊精神"这个主导动机像回旋的风一般裹挟参观者的魂灵拾级而上。二楼是咖啡厅、餐厅和商店（我个人很喜欢这个商店，有着全希腊博物馆中第二好的文创商品），是舒缓和过渡的慢板，放松已然收紧的情绪，同时又准备接受更为强劲的冲击。三楼的帕台农，当然是大高潮，但形式上却像贝多芬第七交响曲的第三乐章，变化中有统一，节奏的变换中孕育爆发。最后回转下来，是回旋奏鸣曲，热烈而确定，到一层再来看"卫城山门"、"雅典娜胜利女神庙"和"厄瑞克忒翁神庙"的文物，即便是对古希腊毫无知识储备的人也已然形成了对于希腊精神的理解，有结论，也是余兴的涵味。只是，经历过帕台农的普通人怎么还会有心看其他的任何文物呢，我是理解把一层的空间完完整整交付于帕台农的初衷的，这是这个博物馆的基石所在吧，陷于两难的设计师做了粗暴但是正确的选择。

图 1
雅典卫城和卫城博物馆

图 2
雅典卫城博物馆建造在遗址之上

图 3
进入大厅后是长缓坡,两边是密集的陈列

从头说起。

进口的长坡道其实再现了卫城所在山体本身的地理特征(图3)。一直到罗马时期，进入卫城山门的道路其实都是缓坡，后来则成为了宽大的台阶，方便物资的运送。因为水源广泛分布于缓坡各个位置，古希腊人很早就在此定居并在此开展祭祀活动，许多遗迹留存至今。南边的缓坡上最重要的建筑是医神祭坛，卫城博物馆中收藏了许多非常独特的献祭雕像，比如病愈的人体器官的模型、医疗器具等，皆与医疗工作相关，甚至还有从车祸中死里逃生的车夫向医神献祭的浮雕板(图4)。

坡道两边所陈列的陶器大部分用于献祭或日常生活。基本以时代顺序展开，从公元前4000年的新石器时代一直到罗马统治后期。密集式的陈列在我看来主要是为营造气氛，最上层的陶器几乎无法用肉眼从容观赏。

坡道尽头是巨大的三角门楣，卫城上最早的建筑遗址大概出现在公元前6世纪前期(相当于梭伦时期，所以卫城也不是一天建成的，虽然我们更多地把功绩算在了伯里克利头上)，希波战争前卫城上主要的建筑一是"古帕台农神庙"(Archaic Pathenon)，二是"古神庙"(Archaios Neos)。(也有专家认为主要是以古神庙为核心，围绕了一些小的神庙，如赫拉克利斯神庙。)在这里，二十多米长的三角门楣便属于"古风时期"的帕台农神庙的西三角门楣。"古帕台农"拥有6×12的柱列系统，始建于公元前580到公元前570年左右，完工于公元前566或公元前565年。三角门楣上的雕像并不如后来的帕台农神庙那样表现单一的内容，而是由3组雕像组成，各自表现相对独立的题材(图5)。中间是双狮袭牛，左边是赫拉克利斯奋力扯抱住了善于变形但拥有预言之力的海神Nereus，后来当然是海神帮助英雄完成了伟业。右侧则大概为宙斯与三身蛇尾的怪物(可能是堤丰Typhon)的战斗，宙斯战胜泰坦一族取得至高的地位。虽然历时长久，残破严重，彩绘只能依稀辨认，迥异于公元前5世纪的古典风格，显得质拙，但其动态和

图4
献祭石板(公元前4世纪)，表现的是医师在医神庙中拜祭的场景。医神阿斯克勒庇厄斯(Asklepios)，他的妻子抚慰之神厄庇俄涅(Epione)和其女健康与卫生之神海吉亚(Hygeia)在神庙之中接受拜祭。神的身体明显大过于人的身躯，这也是古希腊常见的表现手法。医神阿斯克勒庇厄斯手中的蛇杖正是他最为明显的标志。

力度、结构的精到让人过目难忘。东三角门楣陈列于另一侧,主题同样为狮子吞噬牛犊,展现的也是自然与神的伟力。

另一组重要的古风时期的雕像出于古神庙(为6×12根多里斯柱列)的东三角门楣。这是卫城时代最早的一组大理石雕像。主题为泰坦巨人和奥林波斯众神之间争夺统治权的战斗(即Gigantomachy)。雅典娜雕像当然会吸引绝大多数参观者的眼球,在原本的构图中她占据了画面的右侧,左侧已经损毁的部分应该是坐在四架马车上的宙斯和赫拉克利斯。雅典娜倾侧着身体,微举起矛,指向已经瘫卧在地的巨人(图6、图7)。

公元6世纪起,雅典人就大量使用大理石作为主要的艺术创作的材料了,数量巨大的"献祭雕像"(ex-voto)经过多次考古发掘绝大多数留在了新卫城博物馆,可以说这是卫城博物馆最重要的收藏组成。设计师让众多的大理石雕像散布于大厅之中,时代风格所串接起的展线似乎都变得不那么重要了。每一块大理石似乎都透散出"静穆的伟大"的气息,于观者而言,思考都是多余,朝圣就好。"献祭雕像"是贵族或者富商为了证明其对神的忠诚而奉献的雕像,其质量之所以代表当时最高之水准皆因各家明里暗里的竞争所致。其中许多早已成为雕像史上的经典,后来效仿和追慕的标准了。由于雅典娜亦是工匠和商贸的

图5
古帕台农神庙西三角门楣上残余的雕像

保护神，故而许多献祭雕像都与此有关。卫城博物馆中此时期最为著名的雕像"持羊者"，本身即应该以畜牧为业（图8、图9）。"书记员"则被认为是城邦的执政官或财政官员（图10）。至于制陶业者则在自己所贡献的浮雕石板上留下陶器的形象，或许正来自于自家的作坊（图11）。雅典人对于比例有着近乎于痴迷的执著，这在雕像上体现最为突出，力道、结构上的恰到好处才有了这种神奇的效果。

"女性献祭像"（korai）主要出土于19世纪末，绝大部分发现于厄瑞克忒翁神庙西北方的一个窖藏中，推测是卫城在希波战争中被毁后由雅典人埋藏的。富裕家庭未成年的女性有时会被留在神庙中侍奉雅典娜，待到其成年离开前，以其本人为原型完成的雕像被留在神庙中以留续虔敬之情，类似于佛教的供养人。"着长袍的女性献祭像"是卫城博物馆中最为著名雕像之一（图12），最近的研究表明，其实这件雕像未必着长袍，而是戴的披风，露出的前摆上面应该是彩绘的方格图案，里面装饰的是动物图案（图13、14）。

马和骑士雕像是献祭雕像中常见题材（图15）。马是价格不菲的动物，是贵族的专属，更是身份的象征，马上的骑士自然也出自于贵族阶层。古希腊常举办赛马的活动，胜利者头戴花冠接受欢呼骑行而过的形象因这些大理石而保留下来。比之单纯的人物，其

图 6
古神庙东三角门楣上的巨大的雅典娜战斗的场景。这是最早出现的雅典娜大理石雕像。

图 7
举着长矛的雅典娜

图 8
扛着羊的献祭者雕像,公元前 6 世纪。

图 9
斯芬克斯雕像（公元前 6 世纪），同样用于献祭。仅留存头部和翅膀，翅膀上的彩绘仍依稀可见。

图 10
"书记员"(公元前 6 世纪),抄写或者听写是当时重要的工作,《荷马史诗》说不定就是他抄写的。最近也有理论认为这是陶瓶的画师在工作的场景。

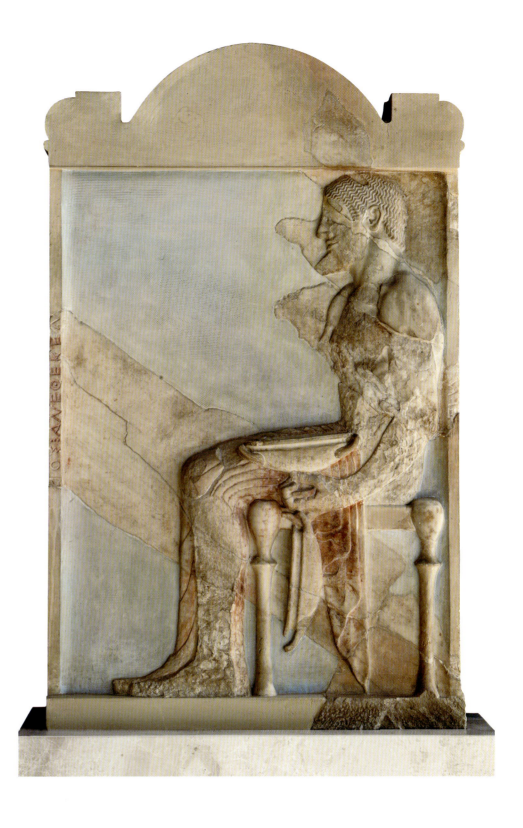

图 11

装饰板（公元前 6 世纪），表现的是持陶盆的陶工，陶盆大概便出自其作坊。富裕的商人和手工业者制作此类物品献祭雅典娜。

图 12
着长袍的女性献祭像，公元前 6 世纪。

图 13

女性献祭像（公元前 6 世纪），头发、衣服的表现颇为精细。身着古希腊最为常见的垂褶式肩搭长袍（chiton），上罩披风（himation）。Chiton 的样式有多里斯和爱奥尼式两种，多里斯式相对简洁，爱奥尼式不但有衣袖，搭扣系统也更复杂。

图 14

女性献祭像，约公元前 500 到公元前 490。古风时期最晚期的雕像，微笑已然不是那样明显，趋于严肃和内敛。

图 15
人骑像（公元前 5 世纪），着彩绘的长裤，一般认为是波斯人。也有人认为表现的是在马拉松战役中起到重要作用的 Miltiades，色雷斯的僭主。

实"骑士"要难得多，不单是人或者马本身的肌肉骨骼和动态，最难的是平衡，微妙的重心的转移和变化会带来全然不同的艺术效果，优雅与仓乱之距离真的只是存于一念之间，所以 Stephanoff 在他的很"反动"的艺术层级图的最上层放的几件物品都与古希腊的马有关，中国有造型这么好的马要到盛唐了。

不可否认的是，亚述、巴比伦和波斯所代表的东方对希腊有着巨大的影响。尼尼微的那些浮雕和巨大雕像，尼布贾尼撒在在巴比伦城中修建自己的万神庙，当然还有后来波斯波利斯的巨大宫殿，这些必然都让希腊的工匠和艺术家印象深刻，环地中海文明的联系比我们想象的远为紧密。然而，公元前 6 世纪是古希腊的一个分水岭，尽管远远谈不上纯熟，希腊人用人的尺度来和美的维度来观察世界，以写实和理性的方式加以表现，有别于东方的程式化和仪式性的崇拜。

希波战争时期，卫城遭到了极大破坏，神庙被劫毁，在新卫城博物馆中陈列有献祭像和此时的银币，Laurion 矿藏的开采对古希腊人太重要，铸造银币，充足后勤，萨拉米斯大捷才成为可能。在一楼大厅的尽头有几件雕像属于古风和古典时期过渡阶段的作品，与古典时期的微笑的情态不同，庄严而静穆，更为写实，人体比例更趋向于解剖学意义上的真实，已然接近于古典时期的风格（图16）。当然，更重要的是，这些雕像让我们了解在卫城被毁坏之后，献祭并未停止，信仰显然是希腊人的头等大事。

实际参观过程中几乎没人是看了帕台农再参观"卫城山门"、"胜利女神庙"和"厄瑞克忒翁神庙"的相关文物的，所以先介绍与这三座卫城上的主要建筑相关的收藏。希波战争之后，卫城的城墙被重建，庞大的卫城建造计划由伯里克利亲自指挥实施。浩大的工程是雅典人虔敬于神的证明，雅典由此巩固其宗教中心的地位，卫城亦成为了雅典生活方式和希腊精神最好的宣传。工程的主要资金来源于希波战争的战利品和新开采的银矿，当然还有小部分来自同盟城邦。整个建造过程持续了几十年，伯里克利幸运地等到了帕台农和山门建筑的基本竣工，至于厄瑞克忒翁神庙和胜利女神庙则

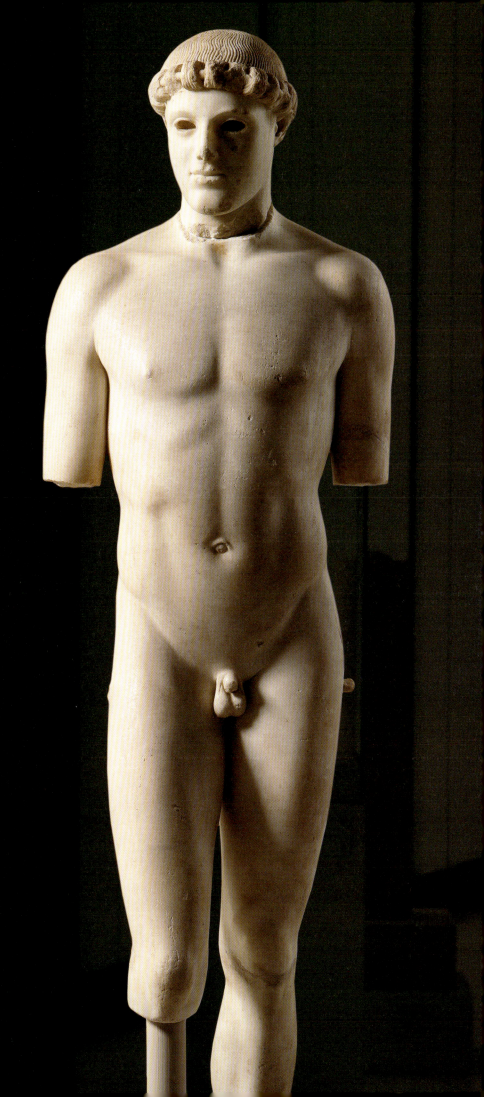

图 16
Kritios 男孩（约公元前 480 年），风格近于古希腊雕塑家 Kritios 为诛杀僭主的 Harmodios 所作的雕像，故而得名。因不再带有古风时期标志性的微笑，故而又将这种从古风到古典时期的过渡期的风格称作"严肃风格"，神态乃至动作更为自然，刻画更为写实。肌肉走向、骨骼结构和身体的构造细节的表现均达到了极高的水准。

图 17
大厅中散布不同时期的众多雕像

图 18
卫城山门,山门右侧为胜利女神庙

完工稍晚，一直要到伯罗奔尼撒战争期间。

卫城博物馆中和卫城山门有关的文物不多，因为这个建筑中除了大理石本身，不做任何的装饰（图17）。相关的收藏唯有一座模型，两个爱奥尼式柱头，还有几方藻井的构件。这是历史上第一个"凹字形"布局的建筑，在卫城的入口处就给予人强烈的感官震撼。由于坡度的关系，山门中间的主体建筑处于两个不同的平面之上，巨大的多里斯立柱支撑起整个建筑，纵贯前后有五条步道供人通行，现在的旅游者同样是踏着这些路面进入卫城核心区域。左右两边分别是祭祀的休息室和进入胜利女神庙的连廊。按照原设计，山门建筑群更为复杂，当然，即便是现在的也足够让人印象深刻。设计师 Mnesikles 是设计建造帕台农的 Iktinos 的学生，将实用功能和视觉形象结合得如此完美。

然后是规模小很多的雅典娜胜利女神庙（图18）。按照最早的计划，胜利女神庙几乎应该是与山门和帕台农差不多时间完工的，但却在希腊常见的无尽争论中被拖延。直至伯罗奔尼撒战争开打之后，为了宣传和震慑，胜利女神庙的修建才被重新提上日程。相对较小的建筑规模也是妥协的产物，由于紧贴着山门，设计师 Kallikrates 取消了前廊的设置。神庙属于四柱式的廊厅结构，立柱为爱奥尼式。胜利女神庙是雅典最早的爱奥尼式建筑，与多里斯式的庄重宏大不同，爱奥尼式的建筑以优雅和精致而闻名。胜利女神庙上的饰带板和堡垒顶部外围矮墙外的装饰板是卫城博物馆最重要的收藏（图19—图21），参观者在卫城胜利女神庙现场所见的其实是复制品。由于与斯巴达的战争正酣，为了打气和鼓劲，这次希腊人在饰带板上直接采用历史题材，当然主角都是雅典娜，这座城市的所有光荣都仰赖于女神的庇佑，而"所有的罪恶都源于贪婪和野心引起的权欲"。胜利女神并未给雅典带来胜利，这场战争唯一的幸运是没有让更多伟大的灵魂丧生。饰带板全长大约26米，高0.45米，由14块原石组成。南侧的饰带板是希波战争的主题，一般认为是马拉松战役的场景。也有学者认为是 plataia 战役，虽然斯巴达人在这场战役中担负了更为重大的责任，但是雅典人杀死了波斯的骑兵统帅马西斯塔斯（Masistius），决定了胜负的关键。北侧和西侧的饰带板表现的是雅典人在公元前5世纪的某场战役。东侧表现聚集在一起的众神，雅典娜站立在宙斯和波塞冬之间，突出了雅典娜对于这座城市的重要性。矮墙周长约41米，高大约1米，依其下早期的堡垒边界而建，装饰板在矮墙的外侧，任何登上卫城的人几乎都会在第一时间看到它们。50余块装饰板表现的内容是胜利女神和其带来的战利品，以及对雅典娜的献祭。Pheidias 和他的多名学徒均参与了相关的雕像的创作，比如最为著名的"松开鞋的胜利女神"（图22）。雕塑家抓住胜利女神微微弯腰，侧倾下身体，同时提膝抬腿，松开鞋子的那一瞬间。不是正襟危坐式的静穆，而是对日常生活细节的自然呈现和抓捕而展现的伟大。

最后是厄瑞克忒翁神庙（图23）。厄瑞克忒翁神庙是卫城上最为重要的神庙，直至伯罗奔尼撒战争的间歇才建造完成。说其重要，是因为绝大多数的卫城上的"神迹"，比如"雅典娜的橄榄树"，保存在此中，许多建筑结构在设计建造之初就考虑到如何与这些历史和神话的遗迹有机结合。整个神庙由四个部分组成：中间的主体部分是两个反向开门的大厅，六柱爱奥尼式的立面，泛雅典娜节中的木质雅典娜雕像就放置在东侧的厅室，西侧廊厅中则放置与祭祀其他神相关的物件。南、北两侧是两个门廊，其中存留下了许多重要的"神迹"，比如宙斯的球形闪电、波塞冬三叉戟的印记。最著名的当然是南廊的女像立柱，6根立柱中的5根在卫城博物馆，另一根在大英博物馆，希腊人由此而生的恨意完全是可以理解的（图24、图25）。（Caryatid）成为后来的建筑师最爱复制的建筑构件和视觉形象之一，多里斯式和爱奥尼式太几何化，女神柱足够吸引眼球但还不算过度。卫城博物馆花了很大的精力清理、修复和保护这几根立柱，旁边还有相关的视频播放，在我的印象中，这好像是整个博物馆中唯一播放的视频。

三楼是伟大的帕台农。希腊人用特殊的方式关照了过去和当下。透过顶天立地的玻璃就是卫城，饰带、柱间壁、三角门楣在展厅中的相对位置完全对应于真实的帕台农神庙的相关构件的位置，当然，都离人近了很多。希腊人用明显的石膏复制（水平不差）将真文物和流失的部分区别开来，是自揭伤疤，也可以理解成满足参观者观其全貌的好奇，当然主要是前者（图26）。

帕台农本身为多里斯式的围廊列柱式建筑，正立面8根立柱，两侧17根立柱，内层则为六柱两向拜式的厅室，两侧各有前门廊和后室。东西两侧的厅室面积大小并不一样，东侧偏大，内有大半圈的双层多

图 19
胜利女神庙浮雕装饰板（公元前 5 世纪）

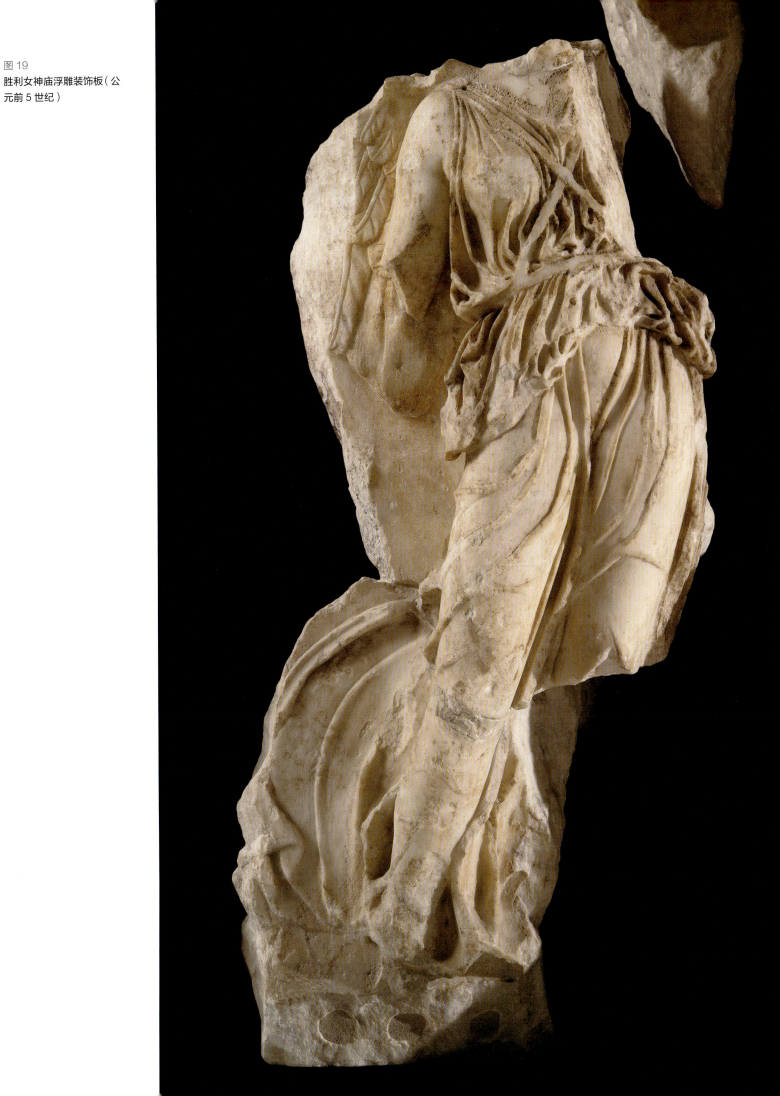

图 20
胜利女神庙浮雕装饰板（公元前 5 世纪）

图 21
胜利女神庙浮雕装饰板（公元前 5 世纪）

图 22
松开鞋的胜利女神（公元前 5 世纪）

图 23

厄瑞克忒翁神庙，6 根女像柱是由不同的艺术家完成的，但都以伟大的菲迪亚斯的某个学生的作品为范本而制作。女像的发式都异常复杂，是为了加强其脆弱脖颈处的结构强度，上面是以篮状容器的结构作为柱头。女像的衣袍上原本都应有彩绘。而这些女像正呈现出捧着祭酒向前行进的状态，故而被认为与祭祀活动有关。

图 24
女像柱正面（公元前 5 世纪）

图 25
女像柱背面（公元前 5 世纪）

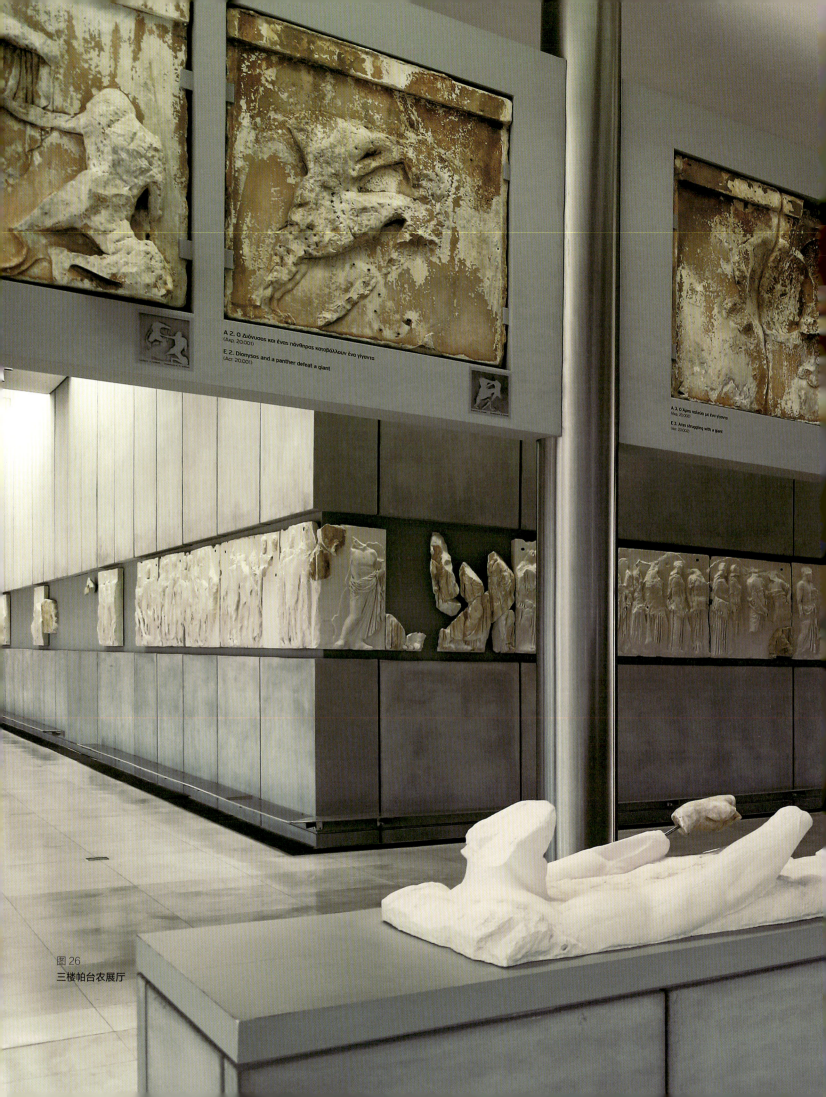

图 26
三楼帕台农展厅

图 27
帕台农东侧立面和上部柱间壁

里斯式立柱，围绕着传说中Phedias的黄金和象牙装饰起来的雅典娜雕像，为了让空间足够亮堂，破天荒地还在门两侧开了窗，追求的是金碧辉煌的效果。西侧的殿室小很多，最突出的特征是中间4根爱奥尼式的立柱，用于对空间的加固，因为西室中存放的是雅典人所献祭的各种艺术品，以及国家最珍贵的各种财富。帕台农不是某个雅典将军个人崇拜的产物，实际上更接近于一个公共空间，兼具庆典、祭祀和教化的功能。帕台农既是众神的，也是雅典公民的帕台农。

帕台农的伟大是时代的伟大、制度的伟大和人的伟大的伟大巧合。开始建造帕台农时，雅典人刚战胜了"不可战胜"的敌人，"为了自由，希腊的子孙们，为了国家、子女、妻子的自由，为了信仰自由，为了祖先的陵墓"自由似乎是雅典和希腊胜利的唯一理由，自由地人为捍卫自由而战斗，并因为自由而享受喜悦。帕台农实际上就是自由的纪念碑，伯里克利在他的著名葬礼演讲中没有去复述胜利的细节，而是劝慰生者"你们悲伤的日子不会太长，要以死者的荣光自慰"。自由的核心是人，是生命。只有理解人，才能理解雅典人的建筑，理解比肩群山、大海和苍穹的帕台农。据说苏格拉底作为石匠为帕台农的建造出过力，"每个雅典人都要具备适应多种不同工作的能力，并且做到多才多艺、优美典雅"。公元前5世纪后半期的雅典人精致而典雅，他们拥有最高的审美标准，用最为理性的方式规范人与人之间的关系，创定制度。雅典人的民主其实并非抽象的概念，帕台农就是绝佳的例子，伯里克利费了老大劲才在公民大会才通过了建造计划，任命Iktinos和Kallikrates为建筑师，Phedias是总监造。在卫城博物馆中，我们甚至能看到刻着帕台农建造过程中的花销清单的碑石，2500年前的每个雅典公民都可以监察其中的每个细节。正是因为强烈的参与感和责任感，雅典的公民才有了贡献最大的热情和智慧的理由，帕台农的极高的建筑水准和后来难以企及的精细程度正缘于此。

帕台农的精华是其雕像。首先是92块浮雕柱间壁（图27）。四周的主题各不相同又有联系，东侧又是巨人之战（Gigantomachy），这是神庙上的常见题材，盖因雅典娜在夺取胜利的过程中所起到的关键作用。这也是主要神话人物最完整的亮相，赫尔墨斯、狄奥尼索斯、阿瑞斯、雅典娜、波塞冬、宙斯、阿波罗、阿佛洛狄忒、赫菲斯托斯——呈现（从左至右），英雄赫拉克利斯也没落下，跟着的是胜利女神尼克和爱神厄洛斯，最后是赫利奥斯向着光明而去的马车，象征着众神的胜利和战争的终结。西侧是雅典人和亚马宗女战士之间的战斗，这也是传说中的雅典英雄忒修斯的重要功绩之一。东西两侧和北侧的柱间壁上的人物脸孔都被破坏磨平，这恐怕是公元5世纪前后帕台农变为教堂后基督教故意毁坏异教崇拜的结果。北侧柱间壁表现的是特洛伊之战，突出的是雅典娜对雅典军队的庇佑和保护。南侧是半人马之战，醉酒后的半人马大闹庇里托俄斯的婚宴，又是忒修斯，庇里托俄斯的朋友帮助他战胜了人马。卫城博物馆中陈列了所有的东侧和西侧的柱间壁，以及北侧的12块柱间壁，南侧的柱间壁绝大部分则因为额尔金的关系进入了大英博物馆的收藏。南北两侧中间部分有不少柱间壁被毁于1687年土耳其人的军火库爆炸事件，但画家Jacques Carrey在卫城两个星期中所作的画作为后来的研究者复原图像提供了可能。

然后是饰带板，表现的是雅典四年一度的泛雅典娜节的游行活动。从卫城西北面的Kerameikos（卫城的制陶区）行进至厄瑞克忒翁神庙的雅典娜神像，换上新的长袍（peplos，其上装饰的是巨人之战场景）。这个仪式被长久坚持着，事关古希腊人的认同和信仰。饰带全长160米，由166块高约1米的石块组成。西侧饰带板表现的26组骑马和步行的人物尤处于准备阶段，拉马牵绳，逐渐汇成长长的队列（图28）。南北两侧表现的是整齐行进的步兵和骑兵，（图29）南北两侧的构图内容几乎互为镜像，中间部分最扣人心弦的都是在行进的战车上闪转腾跃的战士，古希腊人将这种杂技般的动作视为一种竞技运动，是泛雅典娜节上最引人关注的竞赛。在队列中还间杂了指挥官，引导着队伍的行进节奏。队伍的最后是城邦中年长的官员，负责活动的召集和组织。献祭用的牛、羊等动物在饰带板上被忠实地刻画出来，尽管祭祀的场景没有被直接表现，但奏乐的乐师提醒着我们这个重要环节的存在。东侧饰带板是泛雅典娜节游行的高潮，在雅典十部落英雄的和众神的中间，司祭官和一位幼童一同折叠起雅典娜长袍，既是游行的终结，又代表接下去祭典活动的开始。其旁是女祭司和头顶高脚凳子的少女，其中意义仍然有待考证。雅典人所表现的神一般均要比人高大，由于饰带板物理高度的限制，雕像者让所有的神均处于坐姿（除宙斯坐于王座之上，其他均坐在凳上），与人齐平，既不突破"神比人高大"的原则，又足够利用空间。宙斯和雅典娜分处于

图 28

帕台农神庙北侧饰带板，帕台农神庙北侧第 24 块饰带板，表现的是行进中的马队，回首的应该是游行队列的指挥者，游行是泛雅典娜节中最为重要的活动。

图 29

帕台农神庙西侧饰带板，帕台农神庙西侧第四块饰带板。表现的是行进中的马队。

图 30
东三角门楣

中心的"衣袍交接仪式"的两侧,神的队列由其分别展开(左侧为赫尔墨斯、狄奥尼索斯、得墨忒尔、阿瑞斯、赫拉、宙斯,右侧是雅典娜、赫菲斯托斯、波赛冬、阿波罗、阿尔忒弥斯、阿佛洛狄忒和厄洛斯)。古希腊的艺术家以极大的热情和智慧塑造了这些饰带板上的高浮雕人物,十几个知名或者不知名的艺术家参与了相关的工作,从宏观的构图和布局到最为微观的细节处理,古希腊人所展示出的无与伦比的技巧和艺术力量、身体的和谐、行动的韵律和信仰的力量在此完美统一。帕台农神庙原本的建造计划中并无爱奥尼式的空间,如若是多里斯建筑,这些饰带就成为了柱间壁,可以想见,这样重大的风格变化很大程度上是为了满足泛雅典娜游行的视觉特征而作出的。由于是在内层,高大的帕台农神庙以及巨大立柱的遮挡,

图 31
东三角门楣

只有站在帕台农前才能明白其实这些饰带板根本就很难被连续观看，Phidias 之所以将连续的饰带板分组构建图像内容的道理正在于此，仰视这些画面，任何一次停顿下的脚步意味着一次震撼心灵的冲击。

最后是三角门楣。东侧三角门楣是雅典娜的诞生，（图 30、31）西侧是雅典娜与波赛冬之争，（图 32）主角一如既往都是雅典娜，古希腊人用最神圣也是最为显的空间展示了雅典城的根脉。古罗马的地理学家帕萨尼亚斯（Pausanias）在他的著作《希腊志》中记录了东西门楣的情况，Jacques Carrey 的素描当然更直观，其中西三角门楣起码在 1674 年看上去还很完整。1687 年的爆炸毁掉了其中很大部分雕像，有些一直就被遗弃在西三角门楣下的地面上，直至额尔金弄走了关键的雅典娜和波赛冬的残破的部分身躯。东三角门楣的情况更复杂些，很早就因基督教的关系而被损毁，半数以上的雕像不知所踪，雅克·凯瑞（Jacques Carrey）的素描中记录下的绝大多数遗存被额尔金带到了大英博物馆，卫城博物馆则收藏了希腊独立后发掘出土的部分雕像（属于早期损毁掉落地面而被埋藏的部分）。如若不是帕萨尼亚斯的记录，光靠出土的这些残像，尤其是最为重要的中间部分的缺失更是让复原难度加大，我们很难确定东三角门楣的主题。再加上"雅典娜诞生"在古风时期的希腊陶器常有表现，故而才让复原成为可能。另外值得注意的是，三角门楣顶端的装饰（Acroteria），植物叶脉构成的巨大双曲线结构、静穆的石头被用最为优美的方式向天际延伸（图 33）。在卫城博物馆三楼的前厅，雕塑家 schwerzek 所作的

图 32
西三角门楣

图 33
三角门楣顶端的装饰

图 34
展厅内景，白色的石膏部分向所有参观者提醒了大英博物馆中的那些大理石。玻璃后的远方是静静矗立的帕台农。

复原尽管很多细节在今天看来可能并非准确，但这个复原几乎成为了东三角门楣的标准像。

在展厅中，原先离人最远的三角门楣如今反而最近，几乎可以平视，高一点的是饰带板和柱间壁，其实仍然看得到细节，玻璃后的远方是静静矗立的帕台农，大概是有史以来博物馆展览最为奢侈的背景吧。微微泛出金黄色的石头让人平静，白色的石膏部分则向所有参观者提醒了大英博物馆中的那些大理石（图34）。在足够舒服但是暧昧的空间中笼罩着一种莫名紧张甚而让人窒息的气氛，我承认我无法回答到底这些石头应该留在哪儿的问题，只能说，大英博物馆的"额尔金石头"固然伟大，但只有在这里，帕台农才能称得上是神圣。希腊人足够值得我们所有人的尊敬，用最理性与平和的方式提出了最为坚定的诉求，正如公元前5世纪他们的祖先。我仍然清晰地记得那些安放在大英博物馆的三角门楣上 Helios 的马首和侧卧着的狄奥尼索斯的每个细节，和这些古希腊的伟大艺术品比起来，如今希腊人的石膏复制充满了悲剧性，矛盾冲突，然后归于平静，最后净化而升华，希腊精神，正是使希腊之所以伟大和惊艳的核心。在那时候，活着就是快乐的，在这座博物馆里，我们能感受到那些快乐。

作者 / 陈曾路 / 上海博物馆副研究员

基克拉泽斯艺术博物馆与基克拉泽斯文化

公元前 3300 到前 2000 年，正值新石器时代晚期和青铜时代早期，以大理石极简雕刻而闻名的基克拉泽斯文化在爱琴海地区相当活跃，与公元前 3000 到前 1100 年克里特岛上的米诺斯文明（Minoans），以及公元前 1580 到前 1100 年的迈锡尼文明（Mycenaeans），同为希腊土地上青铜器的三大文化，分别为地中海的文明和艺术发展作出贡献，在爱琴海地区萌芽伟大的艺术，基克拉泽斯艺术因此也是爱琴海艺术中三个主要分支之一。

◉ 博物馆情况

位于希腊雅典的基克拉泽斯博物馆（MCA）是专门为研究和推广爱琴海和塞浦路斯古代文化而建立的，尤其着重公元前 3000 年的基克拉泽斯艺术。博物馆建立于 1986 年，起初用以容纳 Nicholas 和 Dolly Goulandris 的收藏，但自那时开始，便一直在扩大，以适应新收购的藏品。其藏品都来源于直接购买或由重要的收藏家、公共或私人机构，以及匿名捐赠者们的慷慨捐献。

馆藏文物的收集由 Nicholas 和 Dolly Goulandris 于 1960 年代，在获得希腊本地的官方允许后开始，当中包含超过 1100 件史前时代到拜占庭时期早期的文物。其中最富特色的是关于基克拉泽斯艺术的 300 件文物，是一批几何时期瓶器和珠宝，以及一系列精美的古风时期、古典时期瓶器的重要集成。因为这些精致稀有的文物（大理石雕像和容器），也使得 Goulandris 的收藏在学界受到很大的关注，随即便在 1968 年由 Christos Doumas 教授对外公开这批珍藏。

这些年来，来自其他私人收藏的文物也已合并入 N.P. Goulandris 的收藏中，包括 L. Eftaxias（捐赠，1984，1986）、Th.I. Dragoumis（捐赠，1987）、L. Spourgitis（捐赠，1987）、A. Varvitisiotis（捐赠，1988）、A. Hadjidimos（购买，1997）、Ch. Bastis（捐赠，1997）。这些藏家已被纳入博物馆主要专题展示的小组中。如今，曾经分别属于不同私人收藏的文物也已经由博物馆员们组成相应的专题小组来进行整合，每件文物的来源被清楚地标明。此外，一些博物馆和画廊也因此以这些重要的捐赠者来命名（如 The K. Politis Gallery, The Athens Academy Gallery, The Th. N. Zintilis Gallery）。

其中的钱币收藏大部分来自 Rena Evelpidi—Argyropoulou 的捐赠。他是一位知名藏家和钱币学家，于 1989 年赠与博物馆 111 枚来自基克拉泽斯岛屿的硬币，于 1994 年则是捐赠另一批来自爱奥尼亚岛屿的 236 枚硬币。同年，Karolos（Charles）Politis 的遗孀 Rita Politis 完成丈夫的遗愿，将这位狂热的希腊古物收藏家大部分的收藏捐赠与 MCA。这 128 件收藏中特别有趣的是五件保存完好的科林斯式青铜头盔（bronze Corinthian helmets）、三件青铜时代匕首、精妙的几何时期和古风时期瓶器，以及不同时期的泥塑。1990 年，商业银行（the Commercial Bank）董事会决定购买 24 件基克拉泽斯文物，并将其分派给 MCA 作为永久资产。这些文物主要是大理石雕像和瓶器的残片，属于所谓"Keros Hoard"（克罗斯宝库）的一部分。1992 年，雅典科学院（the Academy of Athens）分别租借给各个博物馆共 196 件来自阿米卡斯（Amilkas）

和 Irene Alivizatos 收藏的文物，包含基克拉泽斯雕像、精美的科林斯式瓶器、一组独特的黑釉（black-glaze）容器，以及大量有着保存完好彩绘的红陶（terracotta）雕像。2002年，塞浦路斯收藏家 Thanos N. Zintilis，在征求塞国政府的同意后，将个人收藏的绝大部分长期租借给MCA。超过800件塞浦路斯文物，给予MCA成立全希腊第一个详尽的塞浦路斯古物收藏的机会。这批收藏包含了石雕、青铜武器和工具、红陶雕像、玻璃容器、宝石，以及所有时期的陶器，提供了塞浦路斯古代历史的全貌，以及与地中海东部其他地区（即爱琴海、埃及、叙利亚和小亚细亚）的关系。

藏品于1978年在雅典的贝纳基博物馆（Benaki Museum）首次展出，1979年—1983年之间，更在全世界主要博物馆和美术馆巡回展出，包括华盛顿国家美术馆（1979）、东京和京都的西方艺术博物馆（1980）、休士顿美术馆（1981）、布鲁塞尔的皇家艺术历史博物馆和美术宫（1982）、伦敦的大英博物馆（1983）以及巴黎的大皇宫（1983）。近年来也在马德里的国家博物馆—雷纳索菲亚艺术中心展出。

这些收藏是MCA的主心骨，也构成博物馆的三个主要部分：基克拉泽斯文化（Cycladic culture）、古希腊艺术（Ancient Greek art），以及塞浦路斯文化（Cypriot culture）。无论是从海外购买和归还的，或由各方捐献的，持续不断地丰富了博物馆的收藏。

MCA于1986年1月26日正式揭牌。实际上早在1985年就成立了N.P. Goulandris基金会，其任务是"研究、推广与传播爱琴文明、史前、古典时期和现代希腊艺术"。而这个目标也不断地在实践中，博物馆正积极地维护和呈现所藏，不懈地扩大收藏，举办临时展出，出版图录和专著，提供研究奖学金，以及积极参与国际研究项目。2008年时，MCA更受北京奥运会之邀，在中国首都的北京艺术博物馆展出基克拉泽斯文物。

今日，MCA的藏品内容是在全球范围内，最全面的基克拉泽斯文物收藏，包含各种惊人的大理石雕像和容器、青铜工具和武器，以及早期基克拉泽斯时期各个阶段的陶器。馆内藏品除了基克拉泽斯文化，尚有古希腊艺术和塞浦路斯文化。在博物馆展厅中，观众们可以接触到三个主题：公元前3200到前2000年的基克拉泽斯艺术、公元前2000年到公元前395年的古希腊艺术，以及公元前3900年到公元前6世纪的古塞浦路斯艺术。

博物馆中大量的考古陈列，意在向公众介绍古希腊艺术的重要方面。除了丰富的基本陈列之外，各种临展也使得MCA充满活力，不断更新博物馆和公众的互动，并且积极向外借出藏品，赴其他希腊和外国博物馆展出，大力传播地中海文化的相关知识。

更由于基克拉泽斯艺术作为爱琴海艺术中三个主要分支之一，作为西方艺术来源之一的基克拉泽斯文化，MCA因此除了考古主题，在临时展出上更时常关注现当代艺术。旨在向公众介绍20世纪的重要艺术家，以及探索古代文化和现代艺术创作间的联系。

此外，MCA对儿童及教育特别感兴趣。打从开馆起，教育项目已然是博物馆生活中不可分割的一部分。教育活动经过特别设计，以传达给多元的观众群体，其中包含广泛的主题，以富有知识性和想象力的方式构成，将学习转化为一个有创意的过程。

◉ 文化与藏品综述

基克拉泽斯群岛是一组在爱琴海中南部的小岛，在希腊大陆和小亚细亚之间形成一个虚拟的陆桥。其中最大的是纳克索斯岛（Naxos），面积428平方公里。基克拉泽斯文化便在青铜时代早期（公元前3200年至公元前2000年之间），蓬勃发展于此。

基克拉泽斯之名来自希罗多德、修昔底德和其他一些古代作家。根据斯特拉波（Strabo）的说法，基克拉泽斯群岛包括凯阿岛（Keos）、基斯诺斯岛（Kythnos）、塞里福斯岛（Seriphos）、米洛斯岛（Melos）、锡福诺斯岛（Siphnos）、基莫罗岛（Kimolos）、帕罗斯岛（Paros）、纳克索斯岛（Naxos）、锡罗斯岛（Syros）、米科诺斯岛（Mykonos）、提洛斯岛（Tenos）以及安得罗斯岛（Andros），从而形成了一个围绕神圣之岛提洛岛（Delos）的圆圈。锡拉（Thera）、伊奥斯（Ios）、Skinos、福莱冈德罗斯（Pholegandros）、阿莫哥斯（Amorgos）、阿纳菲（Anaphi）和一些现代的多德卡尼斯群岛（Dodecanese）被列入南斯波拉泽斯群岛（the south Sporades）。但是，关于使用"基克拉泽斯"一词，最早的记载可追溯至公元前5世纪，而公元前3000年基克拉泽斯居民是否使用相同或相似的名字称呼自己的岛屿，至今仍不得而知。

◎ 自然环境

事实上基克拉泽斯是 Aegais 山的顶峰，最大面积于 2000 万年前涵盖了现今希腊，从爱奥尼亚海至小亚细亚以及南克里特。大约 1200 万到 200 万年前，该处陆块因强烈地震和火山活动而四散，大片陆地被淹没在距今约 500 万年的地质时期。几个岛屿，尤其那些位于阿提卡（Attica）和优卑亚（Euboea）西南部的岛屿，包括安得罗斯岛（Andros）、提洛斯（Tenos）、米克诺斯（Mykonos）、纳克索斯（Naxos）、帕罗斯（Paros）和塞里福斯（Seriphos），都含有丰富的结晶岩石，如花岗岩、片麻岩、大理岩和片岩。另一方面，沿着爱琴海南部火山弧的南部岛屿（米洛斯、基莫罗、锡拉），都含有丰富的火山岩，如安山岩和黑曜石。其他矿产资源，包括基斯诺斯岛的铜矿藏、锡弗诺斯（Siphnos）的铅和银，在古代都被广泛地使用和消耗。

岛屿多样的地质情况与其多种的矿藏相映称。基克拉泽斯主要的特色是随处可见的大理石，以及出产一种坚硬、玻璃似的火山岩——黑曜石，在史前时代广泛地用于制造武器和工具，尤其米洛斯被大量发掘。米洛斯也是高岭土（瓷土）的主要来源地，同时，和锡拉（Thera）都有着大量用以碾碎浆果的磨石，锡拉尚有大量的浮石（pumice），而纳克索斯和 Skinos 则出产金刚砂，金刚砂是一种相当沉重、坚硬、紧密、用途广泛的岩石。

基克拉泽斯群岛的金属堆积层以当时的标准来看也相当重要，虽然大部分的岛屿是多岩石、荒芜不毛的，但也有平坦肥沃的土地。地貌的形态有显著的变化，不只一个岛接连一个岛的改变，变化也表现在同一岛上的不同区域。海岸有时陡峭，因此形成了提供船只安全停泊的避风港。由于水资源有限，可种植和畜牧的范围也有限，耕地十分稀少。气候干燥，但一年里大部分的时间强风盛行，尤其是在夏季，这有助于调节气温和沿岸航行。所以气候一般来说是温和的，日照长而降雨量少。考古记录中显示，从早期开始，岛上便栽种了橄榄、葡萄藤、无花果、杏仁、大麦、小扁豆、豌豆等作物。家畜蓄养主要是绵羊、山羊和猪，牛倒是少见。岛上居民的饮食还会以小型的狩猎候鸟、鱼、海产来补充。

岛屿最早的人类活动痕迹可追溯至公元前 7000 年，于米洛斯（Melos），来自希腊大陆的人们似乎为了寻找高品质的黑曜石而来到此。因为从新石器代到青铜时代，这种坚硬的火山岩，在整个爱琴海地区被广为使用，大多用于制造切削工具和武器。人类永久定居大约在新石器时代晚期（约公元前 5000），在安得罗斯岛（Andros）、纳克索斯（Naxos）、安提帕罗斯（Antiparos）、阿莫哥斯（Amorgos）、锡拉（Thera）和其他几个岛屿上。这些早期的聚落规模很小，居民依赖农业、动物养殖和捕捞为生。在之后的古基克拉泽斯时期（公元前 3200—前 2800），所有的岛屿都有人定居，并已经开始发展彼此之间的联系，以及与周围爱琴海沿岸地区的关系。自那时起，土地也持续不断地被大量开发使用。

◎ 文化先驱

于旧石器时代晚期和中石器时代阶段，在阿戈里德（Argolid）的弗兰克西洞穴（Franchthi cave）发现的梅利安（Melian）黑曜石表示，米洛斯早在公元前 11000 年时，稀有原料的储藏便众所周知。这也为最早的阶段里爱琴海的航海业，提供无可争辩的证据。然而，米洛斯至今并无一个当时永久聚落的标志，此观点被广为认可。因此，希腊大陆的居民为了找寻梅利安黑曜石而探访米洛斯。然而在近几年，考古发掘在基斯诺斯（Kythnos）的 Maroula 揭示了中石器时代阶段（公元前 9000 到前 8000）的遗存，可能在未来，类似的遗存也将在基克拉泽斯的其他岛上被发掘。这相应意味着早期梅利安黑曜石的分布，极有可能在基克拉泽斯岛民自己的手中。

从新石器时代阶段的最早期，公元前 7000 年，梅利安黑曜石和高岭土，以及来自基克拉泽斯的磨石，在希腊大陆和克里特多处被发现，但岛上的居住地至今没有表明此时期最后阶段——新石器时代晚期（大约公元前 5300—前 3200）的开始。新时代时代晚期又分为两个子阶段，新石器时代晚期 I（大约公元前 5300—前 4300）以及新石器时代晚期 II（大约公元前 4300—前 3200），后者也被称为 the Final Neolithic 或铜石并用时代（Chalcolithic），因为直到最近，爱琴海最早使用金属的标志出现于此阶段，这个观点才被广泛接受。然而，来自米克诺斯的 Phtelia 新石器时代聚落的发现，显示在新石器时代晚期的开端爱琴海冶金技术的来临。除了米克诺斯，此时期基克拉泽斯的居住证据坐落在很多岛上，例如在帕罗斯（Paros）和安提帕罗斯（Antiparos）之间的 Saliagos

的一座小岛上、凯阿岛的 Kephala 上，以及安得罗斯岛（Andors）的 Strophilas 上，这些聚落的重要建筑遗存都被完好地保存下来，正如从纳克索斯上一座山的西面斜坡发现的萨斯洞（Zas cave），也同样重要。

基克拉泽斯的新石器时代聚落都位于沿海处和滨海的矮山丘上，以及位于自然的、定义明确的岛屿内陆位置。房屋成矩形、圆形或拱形，由多间大小房间构成。墙面的地基和立足点由石头砌成，支撑部分有时用石头，有时则用砖。在有些例子中，外墙的厚度会使人觉得该建筑有双层。其中有两个聚落被特别加固，Saliagos 被防御墙围住，并有可能还有圆形堡垒；Strophila 则是被有着弯曲堡垒和简易外围工事的坚实防御墙保护着。

居民们以种植谷类（尤其是大麦），蓄养山羊、绵羊、猪和牛，猎捕鸟类和鹿，以及捕鱼为生。他们的饮食也包含小扁豆、豌豆、无花果、野生梅和野生葡萄。在衣服上盖印记和将花瓶基底座配上衬边，还有纺锤轮的使用，暗示着居民们也从事制陶、编织篮子和编织。铜渣、黏土碎片和熔化金属的坩埚的遗存，以及青铜武器和用具，例如斧子、匕首、小铲、凿子、锥子、针头、饰针和镊子，表明了冶金和金工的日常事务。由黏土、贝壳、铜和多种石头制成的珠宝也显示人们参与小型的手工艺，而许多的黄金珠宝单品与爱琴海北部和巴尔干的产物类似，都证明了他们在区域间有所接触。

作为日常之用的黏土瓶器大部分被作为储藏性容器和粗糙的家用器皿。然而，也有较精致，有着精美装饰的器皿，据推测另具有特别用途。以下的几种装饰类型是此时期的特色：

A. 白绘（white painted）。在瓶器光亮的深色表面绘上白色线形图案；

B. 甲壳式（crusted）。在瓶器光亮的深色表面上覆盖经过烧制的细薄的白或红泥釉；

C. 打磨花纹（pattern burnished）。瓶器的表面覆盖成组稀疏有光泽的条纹。

而用于准备食物的物件，例如磨石、研磨容器和研钵，则都是用石头制成。其他例如锥子、凿子、粗锉、锤子、斧子和镰刀等工具，主要为石制，也有骨制。黑曜石箭或矛尖不是有着柄脚（tang）的三角形，就是叶片形，是此时期削石（chipped stone）工业的典型案例。

此外，新石器时代的人俑由黏土或大理石制成，并且可能区分成两种类别：

A. 站立或坐姿女性，有着相当肥硕的臀瓣，即通常所说的臀部肥硕的（steatopygous）人俑；

B. 概括性的（schematic）小提琴状或卵形人俑，有着小提琴或卵石形状的轮廓。

前者也以概括性的示意图像出现。男性俑较罕见并一般被描绘为猥亵的（ithyphallic）。而正如青铜时代早期的概括性人俑，新石器时代的俑也经常着以颜色。

概括性的和自然主义的潮流也能见于安得罗斯岛的 Strophilas 大规模的岩石艺术，这种表现形式是利用尖锐工具击打岩石表面而成。它们有时是写实的、叙述性描绘的，多绘以岛屿居民的农业生活、狩猎和航海探险；有时则是示意性和象征性的。

此阶段的丧葬习俗从凯阿岛的 Kephala 而得知，该处位于聚落旁的山丘边上。墓葬大部分由石头所造，内部通常是矩形以及更罕见的圆形或椭圆形，通常狭小而覆盖以宽大的片麻岩厚板，厚板上常建有平台，据推测是为死者举行祭酒或接受随葬品时所用。墓葬通常是稠密聚集的，有时候是一个叠压着另一个。其中发现两个儿童的小形箱形石坟（cist graves），周边连接着厚石板，和罐葬（jar-burial）一样，埋葬婴儿于陶缸（pithoi）中。隔开的墙将墓地区分为家庭区，或为个别墓葬画界限。尸骨以一个皱缩的姿态放置在符合规则的位置，下面铺着砂砾或小石层。在一个案例中，头骨在作为枕头的小厚石板上发现。大多数的墓葬只包含一具尸骨遗存，虽然不少墓葬包含了 2 到 13 具不等的尸骨，这被推测可能为家庭墓葬。随葬品仅在几个墓葬中发现，而且只有一个例子是发掘了一件以上的随葬品。随葬品一般是黏土瓶，就像聚落中使用的那些，然而也发现两例大理石瓶随葬，还在墓葬外发现红陶人俑的 5 具躯干和 3 颗头颅。

从黏土瓶的装饰风格和宝石，可看出早在新石器时代，基克拉泽斯居民和爱琴海一般区域的接触，也表现他们在航海和中转贸易上扮演了活跃的角色。而防御工事的形式、墓葬样式、丧葬习俗、人俑特色、大理石瓶和岩石艺术，都直接将新石器时代晚期与青铜时代早期的发展连接起来。

公元前 4000 年的末尾，爱琴海地区的文化和社会发生了深刻的变化，标志着新石器时代生活方式的结束。这段时期可称为爱琴海的青铜时代早期（The Early Bronze Age in the Aegean）。

其中最重要的发展无疑是从近东传入的冶金技术。金属的使用，大幅度地提高了几乎所有活动工具组件的质量（农耕、伐木、建筑、造船等），也使青铜兵器的生产更有效率，从而改变了战争的性质。青铜除了作为财富和地位的象征，也体现了贸易增长和工艺专业化，其重要性有助于形成更复杂社会组织。社会分化程度特别可从克里特岛和希腊大陆的葬仪中窥见，诸如为了多个葬礼所建造的大型墓葬，以及奢侈陪葬品的出现。

在此期间尚观察到的其他变化，包括新作物的引进如橄榄和葡萄藤，海上交往的迅速增加，以及贸易网络的扩大。生活条件改善导致人口增长，这早早反映在公元前 2700 年至前 2500 年原始城市聚落（proto-urban settlements）的出现上，诸如波利奥克尼（Poliochni）、Thermi、特洛伊、Manika、埃伊纳（Aigina）、Lerna。或许是为了因应群体之间为了争夺金属资源和贸易网络渠道而起的冲突，这几个聚落如特洛伊和波利奥克尼，都是建立在战略要地上，控制住重要的海上航线，并被强化为铜墙铁壁。

在这样的环境中，四个不同的"文化"同时在爱琴海地区发展：克里特岛的古米诺斯文化（the Early Minoan culture）、希腊大陆的古希腊文化（the Early Helladic culture）、基克拉泽斯群岛的古基克拉泽斯文化（the Early Cycladic culture），以及爱琴海岛屿东北部的早期青铜文化（the Early Bronze Age culture of the Northeast Aegean islands），该文化受到小亚细亚沿海地区的强烈影响。在这些文化中，一个蓬勃发展在既小型又干旱的基克拉泽斯群岛上的文化，意外地占有一席特殊地位。

希腊史前史之父宗塔斯（Christos Tsountas），根据考古事实而认为，基克拉泽斯文明很明显地有别于其他同时代的爱琴海文明。在考古中，这个时期也被称为古基克拉泽斯时期（the Early Cycladic Period）。由于其位于爱琴海中央的战略地位，和拥有丰富的矿产资源（大理石，黑曜石等），这些岛屿享有贸易的特权，并成为一个十字路口和多元文化影响下的大熔炉。以下三个因素促成基克拉泽斯群岛最初的诞生和发展：

一、战略性的地理位置使其成为沟通希腊大陆和小亚细亚，以及北爱琴海和克里特岛的桥梁。

二、可观的矿产资源（基于当时的标准），尤其是米洛斯的黑曜石、纳克索斯的金刚砂、锡弗诺斯的铅和银、基斯诺斯和塞里福斯的铜，以及岛上主要的稀有物质，大理石。

三、自然环境的限制使得居民在早期不得不转向海洋发展以获得生存所需。经由提供所有来取得所缺，基克拉泽斯群岛的人们随着时间推移而总结出如此的经验。水手们加入爱琴海的贸易运输中，这为他们带来与其他文化接触的机会，在商品、思想、稀有物质、工艺品的运送中，扮演了媒介角色。

◎ 历史分期

考古学家们将基克拉泽斯文明划分为早中晚三个时期，而其中早期又划分出了三个时期，我们称为古基克拉泽斯时期，和同时期的克里特文明对比，最早的基克拉泽斯文明比最早的克里特文明要早 200 年左右。古基克拉泽斯根据聚落的技术进步与发展的基础，又被分为三个子阶段：古基克拉泽斯 I 期（公元前 3200—前 2800）、古基克拉泽斯 II 期（公元前 2800—前 2300）、古基克拉泽斯 III 期（公元前 2300—前 2000）。

古基克拉泽斯 I 期的信息几乎全部来自墓葬，也许是因为建造房屋时仍使用易腐的材料，聚落遗迹是比较稀缺的。相反地，大量的墓葬意味着相对应的居住遗址增加，因此推断出人口的增加。在此期间，葬礼采用简单的石棺葬（cist-graves）。陶器通常用刻划纹（incision）来装饰。同样在这个时期，大理石雕刻工艺开始发展，并出现第一件大理石容器（坎地拉、碗等）和简略、概括形的雕像（小提琴形、铲形）。在古基克拉泽斯 I 期的最后阶段，基克拉泽斯雕塑家制作出第一件形态自然的雕像（普拉斯提拉斯类型）。冶金技术也在此时引进基克拉泽斯，但金属的使用（主要是铜）仍然有限。此时期与爱琴海的其他地区还很少有接触。

古基克拉泽斯 II 期是基克拉泽斯文化的高峰。现有聚落似乎已扩大，之前无人居住的区域也纷纷出现新聚落。此时，希腊大陆和克里特岛有着并联的趋势。一种新型的侧入口横向地切坟墓（earth-cut grave）被引进基克拉泽斯群岛，并用于多个墓葬。陶器开始上色并有了新形状，例如船形调料容器（sauce-boats）和"平底锅"（frying-pan）形，占据了当时陶器型的主要地位。冶金技术也有了显著的进步，首度制造出青铜武器（匕首矛头）和工具。

然而，此时期最具特色的是大理石雕刻令人印象深刻的发展。在此期间，基克拉泽斯雕塑家巧妙地制作了大量抽象的、高度标准化的女性雕像，以及一些精致的容器。与此同时，与希腊大陆、克里特岛、爱琴海北部和东北部的接触也大大增加。

时至公元前 2300 年左右，整个爱琴海除了克里特岛之外，相当动荡。几个聚落被废弃了，其他聚落则匆匆地强化着，海上贸易也随之减少。此外，一些研究人员已经从新出现的殡葬习惯、建筑和陶器类型中发现，这或许意味着新的人口群体来到了爱琴海地区。然而这些干扰的原因是不明确的，但它们或许可以与几个因素有关，首先是铜和锡（生产青铜必不可少的，比任何物质更耐用）的获取，以及由于使用金属武器产生的新战争手法，和不断增长并向城市中心大量集中的人口压力。不管是什么原因，在古基克拉泽斯 III 期的最后阶段，古基克拉泽斯文化的特色发生改变。主要的变化发生在基克拉泽斯群岛，最明显的是废弃了许多聚落和墓葬，然后在一些现存聚落上筑防御墙。类似的变化在此时期初的希腊大陆和安纳托利亚海岸也能观察到，反映出当时爱琴海的不安宁。一些学者解释，这些动荡导致了人口迁徙和新移民来到爱琴海，也强调，新类型陶器和金属物的出现似乎起源于小亚细亚。

◎ 黑曜石

黑曜石是一种坚硬、玻璃质似的、色彩闪耀的黑色火山岩，在史前时代阶段被用于制造锐利的武器和工具，例如箭镞（arrow-heads）、刀片（blades）、镰刀（sickles），以及锯子（saws）。青铜时代早期，黑曜石最普遍的用途是制作匕首或剃刀上相对称的细薄双面刃。

然而黑曜石在大自然中并不那么常见，由于其只来自火山喷发的"酸性"物质（富含氧化硅），在地质期中较为年轻。爱琴海地区两个重要的黑曜石来源分别是米洛斯和位于 Yaili 上的一个小岛，米洛斯上特别有两处，一处位于海湾东侧的 Nychia，另一处则在岛屿东海岸的 Demenegaki。Yaili 的那个小岛紧邻尼西罗斯岛（Nisyros），其生产的黑曜石特色在于带有白色斑点，在青铜时代晚期主要用于制造石瓶器。

这些原材料通常也能在地面上找到，包覆在一团柔软的物质中，初步开采工作一般在发掘现场直接开工，有时则会在开采前将其先运回聚落中。从原来粗糙的团块上清除下片屑，形成了圆柱或圆锥形的"核"（cores），匕首和刀具的产生，便是再对这些"核"施以适当的敲击、打磨而得到的结果。黑曜石核有时会在墓穴中被发现，代表其一般被作为"杵"来研碎大理石碗中的颜料。

梅利安（Melian）黑曜石相当知名，并且早自旧石器时代早期和新石器时代和青铜时代早期，在使用青铜制造用具普遍化之前，黑曜石是具有大量供求而且是爱琴海地区最普遍常见的贸易货品。即便在冶铁技术传播扩散之后，黑曜石依然持续被使用直至青铜时代结束。以未经处理的原料和经打磨的"核"，以及完工的黑曜石产物这些形式从米洛斯出口，这三种形式出现的黑曜石也在基克拉泽斯之外的工厂被发现，像自原料处理工作中被废弃的一样。发掘结果认为米洛斯可能在当时占有高价值的原料，在其他基克拉泽斯岛屿间维持"霸权"地位，作为黑曜石的贸易中心，在群岛里里外外拓展其影响力。

◎ 冶金和金工

诚如我们所知，基克拉泽斯群岛以当时史前时代的标准来看，即拥有可观的金属资源，这项大自然的财富在早期就被岛屿居民开发利用。在新石器时代多处遗迹中，都发现青铜手工制品、铜渣和金属冶炼坩埚，说明了岛民早在新石器时代的晚期便使用了金属加工术。

在青铜时代早期，基克拉泽斯的金属加工表现在大约 300 件手工品上，其中绝大多数可追溯至古基克拉泽斯 II 期。大部分成品的成分是铜砷或铜锡合金，使其更易于在不同的温度里加工，并且制造出更耐用的工具。也有少数成品以银或铅制成，还有用薄金片制成的珠子。此时期中发现最广泛的金属是含砷铜，制作方法其一是提取含砷铜中的矿石，其二是将砷加入铜中。临近古基克拉泽斯 II 期的末尾，以及在"卡斯特里阶段"（Kastri phase），铜锡合金（也就是青铜）似乎是自小亚细亚或地中海东部引进岛屿，基克拉泽斯的冶金技术因此有了新特色，此时期同时出现在爱琴海和近东的锡实际上来自阿富汗。虽然许多可能的资源被定位成贵金属，但其来源至今还没有一个最后的答案。

虽然很多含砷铜和含银铅的矿层位于基克拉泽斯，但在青铜时代早期，岛上有关金属采集至今唯一可信的证据是来自锡弗诺斯（Siphnos）的阿伊埃斯索斯特斯（Ayios Sostis）的含银铅矿脉。冶炼在矿脉旁的洼地开展，以避免长途运输大量金属。含银铅矿的冶炼产生含银铅，接着银便能从灰吹法（cupellation）中产生。在灰吹法的小试验后，证明铅只含有少量被用于铅制品的银。类似的程序其次是提取和冶炼含铜的矿石，含砷铜的矿层和矿渣在基斯诺斯和塞里福斯被发现。基斯诺斯确实有冶炼设备，以及古基克拉泽斯 II 期的窑址。含砷铜和含银铅丰富的矿层也同样在阿提卡（Attica）的 Lavrion。在青铜时代早期，金属手工品铅的同位素分析显示，爱琴海两处主要的银来源地在锡弗诺斯和 Lavrion，而基斯诺斯则是对克里特主要的铜供应地。

最终的产品在聚落附近制出，聚落中可能单独存在金属工匠。青铜武器和工具被投进开放式模具中，而后锻造成其最后的样式。珠宝、青铜、银和稀有金属，如银制花瓶，都是以金属片制成。在青铜时代早期关于金工的明确证据只在锡罗斯（Syros）的卡斯特里（Kastri）找到，其中一个房间里有着剩余铜矿渣的炉、黏土坩埚以及两个开放式模具，一个由黏土制成，另一个由片岩制成，用以投入武器和工具。一些青铜用具和用来修复破碎花瓶的铅制钳子也在聚落中发现。

铜合金被用于制造武器、各种类别的用具、化妆用具和珠宝；银用于制造珠宝和容器，而铅用于制造拟人化和兽形雕像、船只模型，以及修复雕像和花瓶的钳子。有些物件是基克拉泽斯的发明，有些则是模仿东方或克里特的模样。在古基克拉泽斯 I 期，从帕罗斯和纳克索斯的墓地发现，金属手工品被局限在少数的青铜用具和珠宝上（出十物为金属片和丝线的残片、两颗珠子、三根针、两柄斧子、一把凿子和匕首）。在古基克拉泽斯 I 期和 II 期间的过渡阶段里，若干青铜和银制手工品被发掘于纳克索斯和阿莫哥斯（Amorgos）两座相当富有的墓葬中：前者墓中出土三柄青铜斧子和两百颗银项链珠；后者墓中则出土一个银碗和三颗银珠子。三个以上的银碗据说来自优卑亚（Euboea），并且几乎和阿莫哥斯那个相同，唯一的不同是，埃维亚的其中两个都有简单的线型装饰，被认为可能出自基克拉泽斯的作坊。

古基克拉泽斯 II 期最大的特色就是冶金技术和金属加工的长足发展。有两种武器被认为是基克拉泽斯岛民的发明：

A. 无柄的双刃匕首（double-edged dagger）。沿着刀片的全长，浮雕出匕首中脉，并且有四个孔洞，利用青铜和银铆钉来连接上木头或骨头把手；

B. 矛头（spearhead）。同样有着中脉的浮雕，简朴的柄和两个延伸的插槽将矛头接于矛柄上。相比之下，矛头有一个鼠尾柄，这在小亚细亚和地中海东部很常见，但在爱琴海很罕见，所以是来自东方。墓葬和聚落中都发现武器，虽然也有大量不知来源的。

用具的类别和样式，包括斧子、锤斧、斧锛、凿子、锥子、锯子、镰刀、刮刀、刀、针和与钓鱼线缠绕的钩子，在此时期被称为所谓"克罗斯宝库"（Kythnos Hoard）（后经证明实际上来自纳克索斯）的集合物，也多出自早期基克拉泽斯墓葬。还有多种的化妆用具和珠宝，几乎全都从墓葬中发掘出。化妆用具包括镊子、刮刀或板锥（spatula-awls），以及青铜剃刀。珠宝则有更多种类：有青铜、银或骨头质的别针，有着圆形、金字塔形、流苏状的针头，或是呈公羊、鸟类、双螺旋或花瓶的形状，用以系紧衣服；银质或次等石头、贝壳制成的项链珠；扭曲的、平坦、圆形切片的，有时简朴有时则有着切割线型装饰的青铜和银手镯；最后是两条银头带，一件由齿饰带居首的来自阿莫哥斯，另一件有着鸟形、四足动物凸纹装饰和星形装饰则来自锡罗斯的卡斯特里。镊子和抹刀属于该岛常见的类型并且似乎是出自基克拉泽斯的发明，而大头针似乎是起源于爱琴海东北部。

尚有若干其他的银质容器，例如模仿贝壳的小型碗（small bowl）、樽（kylix），以及来自纳克索斯阿普洛马特（Aplomata）的勺子。纳克索斯斯派多斯（Spedos）的墓地出土了此时期唯一的两例镀银：一件是小型的彩绘陶罐，在颈部和肩部有镀银的痕迹；另一件则是表面镀银的青铜匕首。而只有一小部分的手工品是由铅所制成：四件拟人化雕像和三件公牛雕像、四件高船头的船只模型，据说是在纳克索斯的同一个墓中发现，以及在阿普洛马特一墓中出土的铅印，和用于修复花瓶和雕像的钳子。

冶金和金工的发展对岛屿居民的生活起到了一个决定性的影响，更耐用、更高效的工具促进了家务、农耕、狩猎和捕鱼等活动的发展，以及将私人之用的精致物件和化妆作用结合起来，提高日常生活的水平。更多高效的工具也推动一些工业的演进，如木工、建筑、造船、石刻和微型艺术；同时，耐受性更强的武器出现，也改变了战争的技术。矿石的分布和寻找，以及完工的金属器物也增进了对外接触，使岛屿间的居民互相或与其他地区居民交换货物和思想。所有这些的结果，都来自特殊阶级下的产物，如铁匠、木匠、建筑工、石雕者、雕像匠、造船匠、航海者、商人等，以及其他更复杂社会结构的发展。

◎ 社会组织

城市聚落和防御工事的设计证明了其社会组织的存在，而墓地则提供了此时期社会阶层化的信息。坟墓建构的质量及所在位置，与其种类（nature）和随葬品的数量联系起来，指引出社会阶级组织的存在。因此，为较高的社会地位制作相应的识别符号，或为权威者制作其象征，例如阿莫哥斯（Amorgos）和卡斯特里（Kastri）出土的银制头带（diadems）。岛屿居民的活动和生活方式，如同从各种出土物中显露出的一样，专业化建筑者（special builders）、石雕匠（stone-carvers）、陶匠（potters）、铁匠（metal-workers）、木匠（carpenters）、造船匠（ship-builders）、水手及商人，这些方面证明了阶级的存在。他们为该共同社会的需要服务，一般是为了日常生存而同时从事耕种、蓄养家畜和渔猎，而像编织这类工作明显属于家务范围，由每个家庭成员来承担，以满足各自家庭所需。

◎ 宗教信仰

在公元前3000年期间，有关基克拉泽斯宗教信仰和崇拜习惯的证据并不容易识别，除了丝毫没有书面记载的资源之外，来自聚落的证据也仍旧有限。然而，据说位于凯阿岛的Ayia Irini和位于伊奥斯（Ios）的Skarkos聚落中的某些区域，发现黏土灶台，与一些具有特殊象征意义的进口餐具，例如船形调料容器（sauce-boats）有所关联，用于举办公共的仪式性膳食。

墓葬则提供出了更好的信息，丧葬习俗的研究显示了基克拉泽斯居民对死亡的敬畏，并相信死后生命的延续，他们超出死亡的生命观近似于当前世上普遍表现的，会将死者和其个人所有物（随葬品）埋在一起。还能从早先墓葬中特殊的头骨保存方式明显观察出类似的信仰：当一座坟墓为了二次葬而开启时，原来墓穴中的尸骨会被放置在一旁为新葬腾出空间，但头骨一般仍然留在原位。在墓地中举行丧葬仪式中，我们看不到对死者的敬畏，该仪式的实践迹象只能从一些平台上，或在该墓地其他地方观察到。这些平台位于覆盖在坟墓上的厚板（slabs）之上，也和可能用于为死者祭酒（libation）或献祭（offering）的一些瓶器有所关联。有些瓶器被发现于墓穴中，例如平底锅容器（frying-pan vessels）和kernoi，因此认为仪式性瓶器与对大自然的献祭有关。同样地，兽形瓶（zoomorphic vases）同时在墓穴和聚落中发现，而大理石"鸠形瓶"（dove vase），仅来自克罗斯（Keros）的卡沃斯（Kavos）遗址中那些仪式性典礼举行之地。

阿莫哥斯（Amorgos）的阿科罗提利（Kato Akrotiri）遗址显示，也许是通过放置完整的或零碎的、有裂痕的瓶器在岩石群或洼坑中，伴以燃烧过的动物骸骨、人类骸骨，以及贝类，来暗示向死者表示敬意的仪式。墓穴中被作为随葬品而放置，或零散出现在墓穴外和聚落中的大理石瓶器碎片和人俑，也指出一些类型的葬礼或崇拜仪式有具体的实践。碎片在墓地中被发现，也许能解释为丧葬习俗中包含故意弄碎物品这项内容。当它们在聚落中出土，各种解释纷纷提出：它们是在葬礼上被打碎后再从墓地带来，或来自一些举行相似仪式的公共或私人圣所。

在这些证据的基础之上，我们就可能去阐述某些在墓地之外的崇拜地这样的假设，克罗斯的卡沃斯便被认为拥有这样的场地，该地产出大量的大理石文物（瓶器和人俑）和黏土容器，几乎所有都已经在过去就被打碎，少数则是被接合的。这些材料的数目大大超过基克拉泽斯其他任何遗址出土物的数量，尤以大理石文物为数最多。这些证据使得这样的解释成为可能：卡沃斯作为一个场所，具有重大象征意义的文物被放置在该地，并在特殊仪式的过程中被故意打碎。在书面文献的缺乏之下，我们很难对卡沃斯场地的仪式做到一个更为连贯的解释，也很难避免在历史时期中去描绘卡沃斯与提洛岛和瑞尼亚岛（Rheneia）相对比的结果，提洛和瑞尼亚的死亡仪式同样跨越了海洋，象征生命从在人间到黄泉下的转变。

在纳克索斯东南岸的Korfi t'Aroniou山丘上的一处房屋遗存边找到的一座椭圆形石头建筑，也被认为是圣所之一。距离这座石头建筑不远处，找到十个有凹痕的牌匾，就像岩画代表着安德罗的Strophilas一样，这些牌匾同样为该地的标志物，利用锐利的工具击打石头表面而成。这些代表物的主题与岛民的日常生活息息相关：畜牧业、打猎、航海、转口贸易，还有可能是舞蹈。这些牌匾以螺旋或以螺旋状成圈排列的小洞来表现，或有凹痕的牌匾，或许试图表现其宗教特色，在纳克索斯东部的一般区域里都能发现。

至于基克拉泽斯岛民相信的神祇们，研究转向最初的大理石拟人化人俑，它们有时在墓葬中陪伴着死者。然而学者们的观点却偏离了这个主题，许多人认为人俑代表神祇，但同样数目的人也相信人俑描绘出凡人的形象。这些人俑一再重复的特点，例如裸露、双臂交叠于胸前、向后倾斜的头和向下倾斜的脚、强调女性生殖等特色，这些都可能反映出岛屿居民的宗教观点，以及他们对轮回的构想。其中一种由"成对"（double）人俑组成的组合，当中较小的女性俑，双臂交叠，站立在一个与之相同但较大的女性俑头部，似乎明确表达了对轮回的想法。这类组合演示了神祇的诞生并非遵循传统方式，而是从头部诞出。同样的，我们也可以在古希腊宗教和其历史时期早期的图像学中看到，尤其是雅典娜从宙斯的头部诞生。相似的研究路径也受到一些证据的支持，人俑在墓葬中似乎既陪伴男性也陪伴女性。考古证明它们也存在于聚落中，但事实透露在它们被放进墓穴之前，也在活人的手中停留了一段相当可观的时间，想必是在公共或私人的圣所中，并用于日常生活或仪式需要。这些假设受到不少证据的支持，因为数个案例显示，人俑在放进墓中陪葬之前受过修复。

◎ 航海、贸易和对外关系

考古证据指出，基克拉泽斯很早便与爱琴海世界其他地方发展关系，这意味航海在爱琴海早已存在。大约在旧石器时代结束之时（公元前11000）和整个中石器时代，伯罗奇尼撒和爱琴海其他地区皆生产黑曜石，而在新石器时代的第一阶段时（公元前7000），梅利安（Melian）产的高邻土也广用于制陶手工业，并有一种特殊的类别称作"全白"（all—white）瓶。除了黑曜石，岛上的磨石也流传至希腊大陆。基于最近发现的，关于公元前9000或8000年前基克拉泽斯岛占用情况的证据，这些原材料似乎是早期被岛民自行散布的。

基克拉泽斯群岛和爱琴海其他地区之间的接触在新石器时代晚期（大约公元前5300—前3200）愈发深化，此时期许多岛上均发现设施、装置（installation）的存在。基克拉泽斯的陶器和爱琴海东部、希腊大陆的陶器有着相似性，爱琴海北部、巴尔干也有与基克拉泽斯相应的黄金珠宝，表明了不仅是该区域内的居民间相互接触，这些居民更在航海和贸易上扮演了一个活跃的角色，并且占据领先地位，直至青铜时代早期的结束。在安德罗的Strophilas上，岩画描绘了关于船只和海洋探险，其他诸如纳克索斯Korfi t'Aroniou的牌匾、锡罗斯的平底锅瓶器，以及纳克索斯一座墓葬中发掘的铅造船只模型，都为此阶段基克拉泽斯文化里最初航海的性质提供了间接证据。

在古基克拉泽斯I期期间直至古基克拉II期的开始，岛民和爱琴海其他地区的接触加剧甚多。出自基克拉泽斯，或具有基克拉泽斯风格的手工品纷纷在阿提卡（Attica）、优卑亚（Euboea）、克里特北岸、爱琴海东部岛屿，以及小亚细亚西岸等地找到。而在一些墓地，诸如临近马拉松（Marathon）的Tsepi、伊卡利亚岛（Ikaria）的Iasos，和临近克里特岛的Ayia Photia的墓地中不仅发掘出基克拉泽斯式的随葬品，丧葬习俗也近似于基克拉泽斯。此阶段除了基克拉泽斯本身的影响力之外，其他岛屿的人们也从爱琴海东北部引进或模仿瓶器的样式和概括式（schematic）人俑，当时基克拉泽斯人俑中的普拉斯提拉斯式（Plastiras）也正展现其受到近东和巴尔干影响的特色。

前述临近马拉松（Marathon）的Tsepi、Karia的Iasos，和临近克里特岛的Ayia Photia，时而被学者们解释为"基克拉泽斯殖民地"（Cycladic colonies），然而基克拉泽斯在这三处的影响角度并不相同，因此这种现象应该随各个案例而有不同的解释。Tsepi可说是除了与基克拉泽斯有着密切关系之外，还受到来自希腊大陆的影响，进而发展出自己独有特色。Iasos在基克拉泽斯式大理石瓶器和陶器的普遍影响之下，它明显更为本土化，并有着小亚细亚元素的丧葬习俗和小亚细亚陶器。这与最近发现关于基克拉泽斯早至中石器时代占用情况的证据联系了起来，既没有证实希罗多德（Herodotus）认为小亚细亚海岸被岛民殖民的这些叙述，也没有确认修昔底德（Thucydide）认为岛屿最初由Karians居住的说法。相对来说，Ayia Photia的墓葬为基克拉泽斯式，大量丰富的基克拉泽斯式或来自基克拉泽斯的随葬品（陶器、大理石瓶器、青铜武器和用具、黑曜石和冶金坩）似乎是现在唯一一处有理由说是基克拉泽斯的殖民者聚落。

在古基克拉泽斯II期阶段，基克拉泽斯和爱琴海其他地区的关系相当紧密，对金属的需求增加是关系扩大的因素，无疑是冶金技术发展的原因，更多高效金属工具的使用也促进了造船艺术的发展，这致使划桨艇（oared longboat）的发明，使得海上运输更为便捷。除了那些进口自其他地区的物件，或从其他地区模仿而来的元素，此时期爱琴海地区发掘的瓶器更揭示了当时普遍的审美观，以及其形状的功能性价值，纷纷指向一种现行的"国际主义精神"（spirit of internationalism）和文化的同质化。出自基克拉泽斯的货品或具有基克拉泽斯风格的货品在爱琴海广泛流通，其中包含原材料，例如来自各个岛屿的黑曜石、铜、铅、银，以及完工的产品，例如黏土和石质瓶器、典型的（canonical type）大理石人俑、银制容器和珠宝、青铜武器和工具，还有管状颜料。其中人俑带起的效应相当大，特别是典型的库马萨类型（Koumasa），在克里特仿制并且只在该岛上流通。此外，在阿提卡的阿伊埃斯库斯马（Ayios Kosmas）、埃维亚的Manika和克里特的Archanes，墓葬中的许多随葬品均出自基克拉泽斯或带有基克拉泽斯风格（陶器、石质瓶器、人俑、大理石匕首等）。在阿伊埃斯库斯马，基克拉泽斯式的坟墓和葬俗也与基克拉泽斯本身著名的样式甚为相近。然而，这些地方都不是所谓"基克拉泽斯殖民地"：阿伊埃斯库斯马和Manika同时表现出地方性，相关的聚落有着希腊大陆的元素以及纯粹希腊大陆的特色；Archanes将基克拉泽斯或其风格的随葬品放置于米诺安早期圆形（tholos）墓葬中。在这些例子里，基克拉泽斯的元素可能表示当地来自基克拉泽斯的外来居民群体的存在，例如商人、工匠，或甚至造成令人忧虑状况的难民，但该状况似乎在青铜时代早期II期结束之际，盛行于爱琴海。在此阶段里，没有其他来自外部与基克拉泽斯同样强烈的文化，能在基克拉泽斯本身强大的影响力下仍被识别出。在岛上寻找到的希腊大陆样式的陶器、东方样式的武器和珠宝，以及米诺安式的花瓶和印章，明确其必定有外来的影响，但相较基克拉泽斯带给它们的影响，这些外来影响则更为薄弱。

在"卡斯特里阶段"（Kastri phase）这样一个困扰的时代，基克拉泽斯和爱琴海其他地区的关系受到了严重的打击。此时期的特色在于，在基克拉泽斯群岛和希腊大陆东岸，两者东方陶器样式的汇入时间与陶工旋盘和锡抵达爱琴海的时间一致。发现于基克拉泽斯群岛之外的基克拉泽斯陶器只有孤例，并且仅只用于强调与先前基克拉泽斯手工品广泛分布形成的强烈对比。

在古基克拉泽斯III期，和爱琴海其他地区的接触似乎有所恢复，因为现在无所召回古基克拉泽斯II期时那样强烈的商业活动和相互影响。基克拉泽斯式陶器，尤其是askoi，在爱琴海多处皆能找到，而某些东方样式的花瓶、珠宝和匕首，则是借由岛屿从爱琴海的一端散布至另一端，如同少数的希腊式或米诺安陶器一般。

早在公元前2000年前青铜时代中期的开始，行政部门和政府宫殿系统的发展使得米诺安和克里特脱颖而出。岛上米诺安陶器丰富的进口，以及在基克拉泽斯中期末尾，陶器的形制和装饰上，皆可观察到的米诺安影响。建筑和墙画（wall-painting）艺术显示，爱琴海的霸主地位现在已移交至克里特岛。考古记载，与修昔底德的叙述联系起来，米诺斯统治了希腊海域和基克拉泽斯群岛更大的区域，而克里特统治者于岛上，引领一种"克里特海权"（Minoan thalassocracy）的公式。该理论的有效性，至少在字面意义受到争议，但无论是否有所谓"克里特海权"，也很难去相信，克里特人会将几个世纪之久未开发的、基克拉泽斯岛民造船和航海的经验闲置不用。正如希罗多德提醒我们的一样，它被认为可能在米诺安克里特的庇护之下，爱琴海纵横交错的船只载满了来自基克拉泽斯的水手。

◎ 雕像与容器

在古基克拉泽斯I期时，"小提琴形雕像"（以此为名是因为它们的轮廓类似小提琴或拨弦琴[fiddle]）是用图形简略来表示人体形态中最常见的类型，从新石器时代（公元前5300—前3200）的类小提琴外形发展而来，它们通常很小，非常瘦长，长棒状的突出部分（long rod-like projection）表示头部和颈部，两侧宽的凹槽（notches）形成身体的"腰"。几件文物的特征都有一个三角形耻骨的刻画，而凸显乳房，明确指出女性性征的雕像则很少出现。所示的这件文物以三角形耻骨为特色，同样在"腰"部位置也有切折痕（incised creases）。类似的折痕或皱褶也出现在之后那些形态自然的雕像上，通常被解释为分娩后状态（post-parturition state）的象征。然而，切折痕有时也出现在男性雕像上，使这种解释令人怀疑。

同时期,还有著名的"普拉斯提拉斯类型"(Plastiras)。该类型的雕像因发现于帕罗斯(Paros)岛上的一个墓园而得名,被鉴别出其与小提琴形雕像同时代,并且是在公元前三千年时,最早尝试去自然呈现出人类形象的作品。

这些雕像主题主要是小尺寸的女性(高度7—31厘米),已经展现出一些特色,使其随后发展成具有与众不同特质的基克拉泽斯雕像,例如手臂的位置低于乳房,以及有着鼻子浮雕的卵形头部。然而,雕刻家们尚未达到基克拉泽斯艺术成熟期的最大特色——抽象性,反而忠于显而易见的自然概念,特别体现在骨盆部位、三角形的耻骨和双腿的处理手法上。

该件为普拉斯提拉斯类型的早期例子或先驱。长卵形(long ovoid)的头部冠有锥形帽(conical cap),手臂叠放于胸部下方,两腿被刻成圆环状。耻骨部以切划痕呈现出一个三角形,并凸显了一点乳房(图1)。

在类型学上,普拉斯提拉斯型雕像是新石器时代晚期(公元前5300—前3200)发展出的一种臀部肥硕(steatopygous)的形象。水平凹槽的锥形帽(conical cap)在男性与女性雕像上都有,这个特色出现在古基克拉泽斯 I 期的末期,是临近古基克拉泽斯 II 期的一个过渡阶段,普遍被认为是反映了来自东方(叙利亚)的影响,又或许是结合了整个巴尔干文化的影响。

这件精美的头颈部雕像可追溯至古基克拉泽斯 I 期,耳朵、口鼻以浮雕表现,而颈部非常的修长,表现出基克拉泽斯艺术中最早自然呈现人类形象的尝试(图2)。

这个特殊的例子可能来自阿提卡(Attica),表示基克拉泽斯从非常早的阶段开始,就已发展出与其他地区的来往,以致基克拉泽斯文化在希腊大陆有着相当大的影响力。但是,联系的范围并不局限于阿提

图1
普拉斯提拉斯型(Plastiras type)女性雕像(公元前3200—前2800),大理石质地,高10.2cm。藏于基克拉泽斯艺术博物馆(Museum of Cycladic Art)。

卡,基克拉泽斯文物已经在多处沿海地区被发现,诸如伯罗奔尼撒半岛、彼奥提亚(Boeotia)、优卑亚(Euboea)、色萨利(Thessaly),以及爱琴海和克里特岛东北部。

此外,大理石容器的制造也始于这个时期,且几乎与第一批形态自然的雕像(普拉斯提拉斯类型)同时产出。即使是最早出现的文物例子,在技术质量和比例的精细上也是相当杰出的,证明了工匠对大理石材的熟练度。

这种瓶器有一个狭窄的底座(base)圆锥形的瓶身,和两个在瓶口边缘(rim)下方的垂直穿孔耳(pierced lugs)。在瓶子的一侧,和瓶耳同高的位置可看见三个球状物(knobs)浮雕。有些学者认为球状物表示双眼和口,而穿孔的瓶耳代表双耳,将这种瓶器解释为对人类形态象征性的表现,也或许是类牛头装饰物(bucranium)的呈现。

另几种容器如"坎地拉"(kandila)和"pyxis"等,在此时期也被大量发现。基克拉泽斯文明早期的石制容器外形变化不多,其中最具代表性也最特别的就属"坎地拉"。

有着锥形颈的有领罐,几乎为半球形的(semiglobular),罐身有四个穿孔耳(pierced lugs),和圆锥形的足,这种瓶器类型在希腊流行被称为"坎地拉",是由于造型和希腊东正教教堂里使用的煤油挂灯极为相似而得名。所有这一类型的瓶子,皆发掘自古基克拉泽斯I期的墓葬,所有已知出处的有领罐都已从墓穴中找回并复原,而实际上,它们普遍重量可观,不便于日常使用。也许因为在聚落中被放置在墓穴前,罐耳经常损坏。

这件罕见的小瓶造型是一头猪的样子。头部被雕刻成圆形,耳朵和口鼻部是典型的浮雕,而眼睛

图2
普拉斯提拉斯型头部雕像(公元前3200—前2800),大理石质地,高10.4cm。藏于基克拉泽斯艺术博物馆。

用两个镶嵌（inlaid）着可能是黑色鹅卵石（black pebbles）的微小孔洞（cavity）来表示，双腿是小残肢（stumps）而尾巴是浅浮雕（low relief）。动物的背部上是一个球形孔洞，其中的小物件明显还存在，如同常规里可装物品的小瓶一样。孔洞边缘是一个容纳瓶盖的斜面（chamfered），瓶盖现在已遗失(图3)。

在没有令人满意的相比物（comparanda）下，研究人员不确定这件容器是否能追溯至古基克拉泽斯 I 期或 II 期。已知的文物例子中，只有三个比较完整的和三个零碎的大理石兽形小瓶，分别表现羊、猪、刺猬，以及双头鸟，这些大部分能回溯到早期基克拉泽斯时期的成熟阶段。在古基克拉泽斯 II 期时，也使用黏土制作兽形瓶，塑成熊、刺猬或鸟类的形式，只有黏土兽形瓶（长颈瓶／细颈瓶）通常以鸭的形式出现，这多来自古基克拉泽斯 III 期，但也有像牛（bovine）或蛇形式的零星例子。

除了大理石制容器外，古基克拉泽斯 I 期中最具特色的黏土瓶器之一，是以球形或圆柱形的形式出现，并经常有盖，可能是作为珠宝或其他小物件的容器。

该种小瓶尤其常见于墓葬中。该件瓶身呈外壁略凹的圆柱形，盖子上两侧的小孔以及在盖子边缘下的两个管状耳，用于和皮绳紧固瓶身。该瓶器的表面以阴刻直线图案（incised rectilinear motifs）来装饰，曾有人认为，这种方式可能是模仿木料小瓶（pyxides）的装饰，但已无现存可比较。

在一般情况下，阴刻直线图案是古基克拉泽斯 I 期最初的特征，而我们所熟悉的曲线和螺旋图案，只属于这一时期末尾的阶段(图4)。

图 3
兽形小瓶(公元前3200—前2300)，大理石质地，高 4cm，长 12.7cm，宽 7.9cm。藏于基克拉泽斯艺术博物馆。

图 4
陶质圆柱小瓶（公元前 3200—前 2800），高 10cm，口径 11.5cm，底座直径 13.8cm。藏于基克拉泽斯艺术博物馆。

从古基克拉泽斯 I 期到古基克拉泽斯 II 期过渡的特征有着强烈实验性的倾向，这表现在大理石雕刻和各种雕像类型的出现上，反映了当时艺术家的探究精神。其中的"卢罗斯类型"（Louros type），它代表了两大类（概括形和自然形态）雕像之间的一个中间阶段。该类型源于新石器时代晚期色萨利（Thessaly）的概括形雕像，从纳克索斯（Naxos）的卢罗斯地区一个陪葬品非常丰厚的墓中发现，因此得名。

卢罗斯类型的雕像尺寸相对较小（高度 3—29 厘米），区别在于高度抽象的人物形象，且完全没有五官，也没有其他细节，只有在少数例子中，才切割出三角形的耻骨。更罕见的是在乳房和腹部的皱褶，这些特点使得这件特别的雕像得以鉴定为女性。卢罗斯型雕像通常在大理石上雕刻，虽然也有些以贝壳雕刻的特例（图5）。

另外，得名于一个阿莫哥斯（Amorgos）的墓地的"德卡提斯玛塔类型"（Dokathismata variety），同样也是基克拉泽斯大理石雕刻的杰作之一。这种类型同样是双手交叉在前的人物雕像，高度在 13 厘米到 76 厘米的范围内，几乎清一色女性，特征是平整光滑的面部、三角形头部、宽阔瘦削的双肩、几乎笔直的腿，以及小的三角形耻骨和一般三角形的轮廓。

该类型严格的几何结构、和谐的比例和抽象的质量这些优点，使得基克拉泽斯艺术成为 20 世纪艺术家重要的灵感来源，影响了如布朗库西（Brancusi）、莫迪里阿尼（Modigliani）、阿契本克（Archipenko）、雕塑家贾科梅蒂（Giacometti）、摩尔（Moore）以及赫普沃斯（Hepworth）等艺术家，并将之确立为西方艺术中一种独特的表现形式。

这件优雅的雕像，即为德卡提斯玛塔类型的代表，

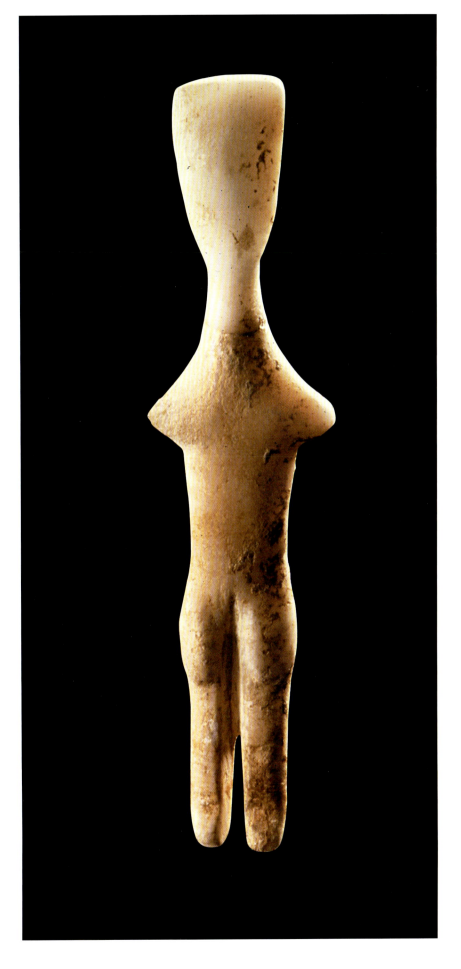

图5
卢罗斯型雕像（公元前 2800—前 2700），大理石质地，高 16.5cm，宽 4cm。藏于基克拉泽斯艺术博物馆。

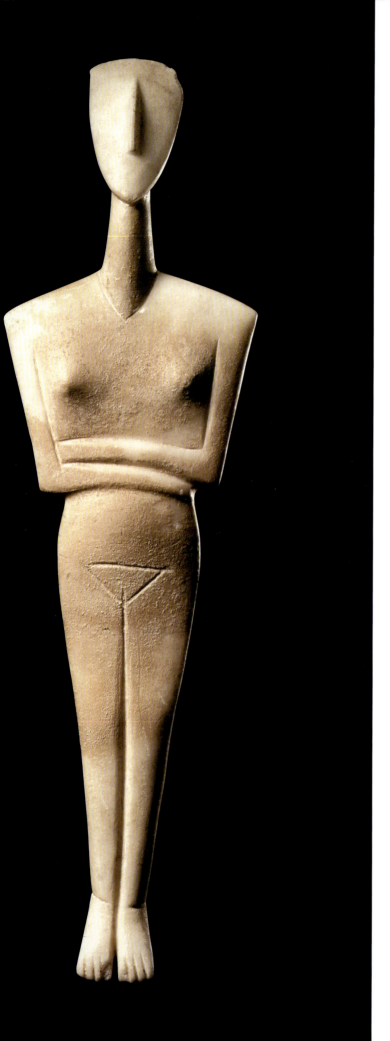

轻微隆起的腹部和曲线优美的双臂，在过去被认为是代表怀孕的状态，这成为许多研究者争议的一个观点。然而，这种特殊类型的基克拉泽斯雕像最大的特色，似乎意在强调那些与孕育、生殖、丰产直接联系起来的女性化特质（如乳房、阴部）(图6)。

除了众多女性雕像，基克拉泽斯雕塑家也制作了一系列"形式特殊"的高雅作品。其中有男性从事某项活动的站像和坐像（如音乐家、吹笛者和七弦琴演奏者）、女性坐像，以及两或三个成组的人物，这些作品大多数能追溯至古基克拉泽斯 II 期的早期阶段。

在 MCA 中，这件"司酒者"（cup-bearer）是坐像中的罕见类型，更是迄今为止同类型中唯一完整的例子。虽然没有明确指出性别，但它仍被认为是代表男性，因为他"在行动中"。这个人物坐在一个不可分离的大理石凳上，右手上持有一杯，泰然自若，仿佛准备祝酒或执行祭酒。由于雕像上有表现出具体形态的元素，例如可成卷的柔软手部和分开的双腿，因此将它置于斯派多斯类型（Spedos variety）早期作品的行列中。双手交叉于胸前，是基克拉泽斯文明早期人物雕像中最常见的造型，此造型再细分尚有 5 种类

图6
典型女性雕像（德卡提斯玛塔类型 Dokathismata variety）（公元前 2800—前 2300），大理石质地，高 39.1cm。藏于基克拉泽斯艺术博物馆。

图7
"司酒者"坐像（公元前 2800—前 2300），大理石质地，高 15.2cm。藏于基克拉泽斯艺术博物馆。

型，依其出土处而命名，其中"斯派多斯类型"是流传最广的（图7）。

这件违背静止"规范"的雕像，成功地表达出动态感，从而在某种程度上克服了三维空间，以及时间感。这件最"特殊"雕像的用途依然神秘，但事实上某些类型的再现，表明它们有一个特定的功能，可能是作为献祭供品或祭祀的对象。

还有所谓"后典型"（post-canonical）雕像，包括装备为猎人或战士样子的一小群男性雕像，正如这件典型例子。猎人、战士雕像可追溯至古基克拉泽斯 II 期的末尾，事实上，一些研究人员已经将它们的出现和爱琴海地区当时的一些动荡不安联系在一起，伴随着的暴力破坏和暴力捕捉，或在爱琴海和小亚细亚遭到废弃的大量聚落。

冠上稍微凸起的部分可能是一种头饰，而在头部后方带有倾斜切口的带状浮雕则为发辫。面部特征除了阴刻的眼睛和嘴，其余皆用浮雕表现。左肩上挂着一件浮雕佩饰，佩饰扣环上的重点是一个刻上的三角形匕首。生殖器是凹陷的浮雕，短短的双腿末端是简陋的脚掌，左脚掌上刻着六个脚趾，而右脚掌上则有五个脚趾。现已知有另外十名猎人或战士雕像，大多数身上的佩饰是从右肩挂起，有些还带有匕首、皮带和遮羞布（codpiece）的浮雕（图8）。

如同前述，此时期的金属原料由于难以取得，大都制成武器和工具，只有极少数的青铜或铅雕像，所以金属雕像是相当罕见的。

这件铅制男性雕像是基克拉泽斯地区在早期青铜时期非常罕见的金属雕像例子。这件雕像的姿势和形态细节都让人想起"后典型"的大理石雕像，因此它应该来自从古基克拉泽斯 II 期到古基克拉泽斯 III 期的那个过渡阶段（图9）。

图8
战士雕像（后典型 post-canonical type）（公元前2800—前2300），大理石质地，高25cm，宽9.7cm。藏于基克拉泽斯艺术博物馆。

图9
后典型男性雕像（公元前2300），铅质，高9cm，宽3.6cm。藏于基克拉泽斯艺术博物馆。

古代希腊著名的一种樽Kylix（或cylix），它与其他酒杯的不同之处在于，有一对提耳和一个伸到杯底的长把。该器流行于青铜时代晚期的迈锡尼文化，是将陶器集合后所创造出的容器，并影响日后玻璃陶瓷（ceramic glass）的发展。实际上早在早期基克拉泽斯文明中，就有不少以大理石为材的Kylix。

这件花萼形浅樽（kylix）是古基克拉泽斯Ⅱ期的大理石容器中最常见的变异类型。它来自简单的圆锥形杯，加上喇叭状的脚。器壁是如此精细，整个大理石的外观透亮无比，由此证明了基克拉泽斯工匠的良好技术。通常这种类型的浅酒杯是以白色大理石制成，虽然有时也会使用深色、有脉纹的大理石。其中有几个在器物内侧保留了红色颜料的痕迹，有些则是留下了深蓝色或绿色颜料的痕迹（图10）。

容器除了开始上色之外，装饰图案也产生了变化。以下这件例子的装饰为，中央部分的七个同心圆被不规则的三角形包围，剩下的空间被点和刻画线条所填满。图像可能代表了太阳或星星，其他常见的图案包括单个或转动的螺旋，有时还会将船刻在其间。

这种类型的黏土瓶，青铜时代早期时，在基克拉泽斯地区和希腊大陆特别多见，其传统的名称是否应归于它的形状特征而非它的用途，至今还是一个谜。"平底锅"具有低垂或略微张开的壁身、分叉或四边形的"把手"（handle），而"基座"（base）的表面通常以刻纹或印纹装饰。这种类型的瓶器主要在墓地发现，但如同它们也出现在聚落中一样，显然这是日常用品。对于它功能的解释有很多种说法：用于祭典的祭酒器或死者的供品、死者的化妆品容器、镜子、葬礼上的鼓、航海用具、食物盘、强调大自然力量（太阳、大海）的象征性容器等（图11）。

图10
花萼型浅樽（公元前2800—前2300），大理石质地，高6.7cm，口径13.2cm，底座直径4.8cm。藏于基克拉泽斯艺术博物馆。

图11
平底锅（公元前2800—前2700），高3.8cm，口径16cm，底部直径16.4cm。藏于基克拉泽斯艺术博物馆。

从来自古基克拉泽斯 I 期墓地和聚落中少量的青铜物件来判断，基克拉泽斯的金工似乎真的只在古基克拉 II 期发展。群岛中的基斯诺斯（Kythnos）和塞里福斯（Seriphos）有着可观的铜藏量，同时也有可能开采阿提卡（Attica）Laurion 的铜矿。铜最初被混入砷，从古基克拉泽斯 II 期末尾开始，又混入锡以创造更持久的青铜合金。这个时期便出现了各类有特色和经久耐用的青铜武器，例如匕首和矛头。制造技术可能来自小亚细亚，因为该地冶金和青铜兵器生产的历史更为悠久（图12）。

时至动荡不安的古基克拉泽斯 III 期，在这个多灾多难的时期，基克拉泽斯的大理石雕刻艺术开始衰败，最终消亡于公元前 3000 年末。

这件文物是所谓的"Phylakopi I"或"Ayia Irini"型的雕像（分别以米洛斯和凯阿岛来命名），其中主要是小巧（2.5—15 厘米）和极为抽象的雕像。头部以长的梯形状突起物来表示，双臂则是像小树桩般，而双腿的锥形则是由从底座切除一小片三角形而成。实际上，在这类型雕像上没有表现出任何细节，除了阿科罗提利（Akrotiri）、锡拉（Thera）和凯阿岛（Keos）的少数例子里，出现以浮雕或小凹陷的方式呈现的乳房（图13）。

基克拉泽斯自然形态的雕像显然在古基克拉泽斯 II 期末停止生产。少数发展自古基克拉泽斯文化早期阶段相似类型的示意性雕像，则在古基克拉泽斯 III 期出现。一件几乎是球形的头部雕像，是古基克拉泽斯 III 期一个罕见的例子，可见当时的雕刻家极力避免概括的形式，而尝试以大致上自然的方式来呈现人体。眼睛、睫毛和眉毛是浅浮雕，以凹槽勾勒，一个小横沟表示嘴，鼻子和耳朵都以粗略的突起物来表示。

图12
青铜匕首（公元前 2800—前 2300），高 24.9cm，宽 6.5cm。藏于基克拉泽斯艺术博物馆。

这一时期的示意性雕像是早期基克拉泽斯大理石雕像最后的闪光，之后便逐渐衰弱，直到公元前3000年末，最终灭亡。

大理石雕像标志着基克拉泽斯群岛铜器时代早期最杰出的艺术成就，犹以女性为对象的雕像为代表，也是令基克拉泽斯文化闻名世界的代表性文物。其散见于爱琴海地区，更可见流行程度，其中"动态"的雕像如司酒者、乐器演奏者最负盛名。作品大多是裸体女性形象，双臂交叠在腹部上。这些雕像或许代表了自然女神的概念，但在考古学界仍存在争议，关于它的含义众说纷纭，神的形象、死亡的意象、轮回的信仰等，至今没有达成共识。由于海域相连，从米诺斯文明遗址出土的陶器绘画上，也找到了基克拉泽斯文明的强大影响痕迹。值得注意的是其表面光滑、线条流畅、简洁、几何状的特色，不仅和当代艺术有着惊人的相似，也影响了日后的古希腊艺术"端庄典雅"、"和谐均衡"等风格。

基克拉泽斯艺术与现代艺术

原生态的基克拉泽斯艺术，具有非常强烈的抽象主义风格，可以称之为最古老的"极简主义"，人物与器物的形态、图案都最大限度地简化，无多余和冗繁之处。当时的艺术家们无论表现何种事物，皆点到即止。希腊艺术的一些基本品质，如简洁的风格、流畅的线条、平衡的构图已经由此生根。

"它们有可能是用来祭祀的，也有可能是用来陪葬的。从这些雕像可以看出，古希腊一直都是用人的形象来塑造神的形象，神也有若干人的缺点。"

MCA的馆长尼克拉斯·克·斯坦波利迪斯（Nicholas Chr. Stampolidis）认为基克拉泽斯艺术体现着希腊自古以来"人本主义"的原则。其完美和均衡的形式，以及直透本质的简朴美，传达出其带有以人类观点解释宇宙万物的特性，一直受到广泛的讨论，并强烈影响20世纪初的雕塑艺术，甚至被称为"五千年前的现代派"。

19世纪的最后一个季度，艺术家们对事物本质的兴趣与日俱增，开始探索那些博物馆陈列和民族学藏品中存在的早期作品或"原始"文明。他们尝试重新理解原始艺术创作的可能性，因此希望回到源头，并学习以削除、减少、抽象和精练来对创作进行试验。这些继承自基克拉泽斯艺术的元素，可见

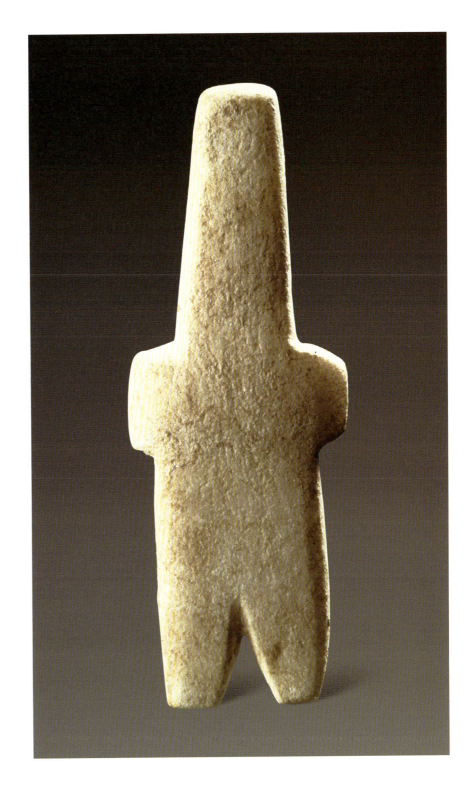

图13
菲拉科皮型（Phylakopi type）雕像（公元前2300—前2000），大理石质地，高10cm。藏于基克拉泽斯艺术博物馆。

于20世纪雕塑家的作品中，诸如布朗库西（Brancusi）在通过雕像表达对事物本质追求的同时，深受基克拉泽斯艺术影响；莫迪利亚尼（Modigliani）更于1911年深入研究基克拉泽斯艺术，具体反映在其后期绘画上；另有阿契本克（Archipenko）、里普希茨（Lipchitz）、贾科梅蒂（A. Giacometti）、芭芭拉·赫普沃斯（Barbara Hepworth）和亨利·摩尔（Henry Moore）等。其中，布朗库西是第一个试图除去西方艺术中过多的装饰元素这一负担的艺术家，使我们对"形状"本身有所觉察。

事实上，正如雕塑家埃伯斯坦（Jacob Epstein）指出，布朗库西从一开始就设法表现本质和所谓"典型"的要素，也就是在古代文明中可识别出的那些特点。就像他作品中许多关于"鸟"的变体；"鱼"系列和"女性头颅"或"世界的开始"（根据亨利·摩尔表示，该作品启发自卢浮宫内一个大型的基克拉泽斯头颅雕像），逐渐成为一种象征，标志着他们所展现的创作概念——就像基克拉泽斯艺术所呈现的那样。

在研究事物本质和试验的道路上，例如埃伯斯坦、德朗（Derain）和莫迪里阿尼，都被这种"对人性行之四海皆准的普遍参照"所吸引，因而对古文明中面无表情、不动如山的头颅所展现出的僵硬力量心向往之。艺术家们的全部个性均被剥夺，他们也摒弃当时占主导的学术规范和对主体的现实表现手法。简单、抽象但和谐、活力的元素，以及实质的材料（基克拉泽斯艺术的表征之一），成为20世纪早期艺术家倾向利用的。典型的形状，像常见于基克拉泽斯艺术中的椭圆形或卵圆形，也成为现代艺术中常见的形式。

此外，简要概括形的人物雕像（schematic figurines）更是彰显了基克拉泽斯艺术和20世纪艺术的形态相似性，我们可在阿尔普（Hans Arp）、贾科梅蒂（被认为深受基克拉泽斯艺术中神职结构的影响）、本尼克尔森（Ben Nicholson）和阿契本克（根据他雕刻作品的平整度）的作品中观察到。相似之处也可以在亨利·摩尔的作品中发现，他具有人类中心主义的雕像可直接归类至基克拉泽斯艺术风格的范围；以及芭芭拉·赫普沃斯，她是首度在雕像细节处上色的艺术家之一，这也对应了基克拉泽斯雕像中广泛存在的一种现象（经研究，有些雕像最早是被上过颜色的，至今大多已褪去，仅在一部分上面残留有矿物颜料），受到艺术家们的效仿。另一个不太强调，但同样广泛存在于这些艺术家间的重要现象，是他们大多与基克拉泽斯工匠选择相同的创作材料——大理石。

执著于具有"原始"或"古典"文化意味的现代主义，已经对西方世界的思想和美学产生了巨大影响，使其从具象艺术的束缚中解放出来，并走向抽象、象征主义和其他20世纪主要的潮流。与此同时，它完全改变了公众对"原始"艺术的欣赏态度。例如罗丹曾收集许多古文明器物，包括基克拉泽斯小型大理石人像雕像残片；毕加索亦相当欣赏基克拉泽斯艺术的风格，并从这类作品中领悟到雕像的本质。另外在布朗库西的影响之下，以往被视为"丑陋"、"低俗"甚至"野蛮"的基克拉泽斯雕像和其他史前文化文物，渐成为受人赞美的事物，象征着人类的价值和共同起源。MCA馆长斯坦波利迪斯更表示"它们和现代艺术之间有惊人的相似，我们认为不是巧合，而是艺术家们受到了影响"，在斯坦波利迪斯看来，西方古老文明源头的艺术，事实上已经深入到了艺术家的血脉之中。这也是为何与之同时代的许多物品现几乎已经佚失，它们却能流传至今。

然而这种发展也有一个负面影响，博物馆和收藏家们对这种文物的大量需求，抬高了它们在国际艺术市场的价格，助长非法贩卖古物情形的爆发。

2006年，基克拉泽斯博物馆为庆祝二十周年，特别举办一大型展览"Shaping the Beginning"[1]，该展览聚焦现代艺术与其来自古代地中海文化的影响。展示为期四个月，展出超过180件古代文物和现代艺术作品，并伴随着详细目录的出版。展览由维也纳大学艺术史教授，弗里德里希博士（Dr. Friedrich Teja Bach）构思和设计，并与考古学家托里斯夫人（Mrs. Maria Tolis）以及基克拉泽斯艺术博物馆的馆员们合作。

"Shaping the Beginning"旨在探讨埃及、美索不达米亚、黎凡特（the Levant，西亚托罗斯山脉以南、地中海西岸、阿拉伯沙漠以北和上美索不达米亚以东的一大片地区）、克里特岛、基克拉泽斯群岛，以及希腊大陆，这些地区早期的艺术形式是如何影响现当代重要艺术家的思想及作品，诸如布朗库西（Brancusi）、马蒂斯（Matisse）、德朗、毕加索（Picasso）、贾科梅蒂、摩尔等。

展示内容专注以下主题：公牛（the bull）、螺旋（the spiral）、电网（the grid）、迷宫（the labyrinth），以及类型学上的一些元素——材质、简朴和平整的形式，古文物和包括雕像、铸件（casts）、绘画、素描、照片的现代艺术作品彼此相邻陈列，整体呈现出过去与现在之间的有趣对话。

这种共存不仅是为了明确现代艺术对"古老"原型的部分依赖，它的目的还在于提出一问题，关于现代艺术对我们理解和诠释过去所造成的影响这一方面的问题。"现代"和"原始"之间的对话不是一个风格的问题，而是对艺术本身渊源深思熟虑的结果。在对"本质"的寻找中，20世纪早期艺术家经常转向古物，以便识别"原真"的艺术表现形式，并追溯共同起源和一种延续感。

这方面的努力对那些艺术家来说，被证明是极有创意和富有成果的，但在同时也产生一个不幸的副作用，将现代艺术的理念投射在古代文物上，剥夺了古文物原初的复杂象征主义和多元功能这些意义，从而创造出过分简化的概念和文物含义的"幻影"，是在融汇古代艺术和现代艺术时极为需要注意和思考的部分。

[1] Shaping the beginning Modern artists and the ancient Eastern Mediterranean from 29/5/2006 until 16/9/2006

资料来源：

[1] Peggy Sotirakopoulou, David Hardy (Translator), *Aegean Waves: Artworks of the Early Cycladic Culture in the Museum of Cycladic Art*, Rizzoli, 2008.

[2] Emily Vermeule, *Greece in the Bronze Age*, University of Chicago Press, 1974

[3] Cycladic Art Museum-Home Page (http://www.cycladic.gr/)

作者 / 尼古拉·斯坦波利迪斯（Nicholas Stampolidis）
克里特大学历史与考古学院教授

作者 / 佩吉（Peggy Sotirakopoulou）
基克拉泽斯艺术博物馆研究员

翻译 / 郑惠伦

雅典国家考古博物馆
——古希腊历史及艺术之鸟瞰

⊙ 仿古建筑前厅、公众接待大厅

雅典国家考古博物馆，是希腊第一所和最重要的一所博物馆，也是世界范围内拥有古希腊艺术品最为丰富的博物馆之一（图1）。

国立考古博物馆面积9500平方米，拥有64个展厅和超过16000件展品。参观本博物馆，就相当于对曾经在希腊大地上繁盛一时的所有文明作一全程鸟瞰——这一旅程始自新石器时代（公元前7000），终于古典时代之末（公元4世纪）。本文选择这些文物为代表，主要基于两点考虑：其一是通过各时期的重大成就来叙述历史；其二是揭示某些作品在世界艺术史中的特殊地位。对作品的展示依其年代先后为序，同时也考虑制造工艺和材质因素予以分类。

通过巨大的仿古廊柱，参观者首先进入的是博物馆宽敞的前厅，左侧是售票处，售票处边上向下的阶梯则通往纪念品商店和小吃部（图2）。正对着博物馆大门的，便是史前文物展厅的入口。本馆史前文物收藏的数量和重要性，在全世界范围内都是数一数二的。这些独一无二的展品，无疑构成了一所研究希腊史前时代（公元前7000—前1000）直观而鲜活的学校。

⊙ 新石器时代
——人类主宰自然的开始

第五展厅内陈列的是新石器时代文物（图3）。大约在公元前7000年左右，希腊半岛上的人们逐

图1
雅典国家考古博物馆正面图

图2
雅典国家考古博物馆咖啡店，长廊内装饰有各类大理石雕像。

图3
新石器时代文物陈列

渐放弃原本的流徙式生活,转而开始营建住所,定居一处。早先的渔猎和采集被农耕及畜牧所替代。这便是所谓新石器时代的开始,这一时代延续了约四个千年之久(公元前6800—前3200)。新石器时代人类所选择的定居区域必须能为他们提供安全的藏身之处,有充足水源,并且有可耕种的合适土地及可供放牧的草场。利用新发明的工具——磨制石斧,人们得以砍伐树木,这为开拓农地、建造房屋、生火取暖等提供了可能性。他们也开始开发和利用水源,并通过建设房屋、村舍、园圃和道路改变了大地的样貌。在此之前,人类和其他物种一样,只是"自然的一部分",而如今,人们开始展现出"万物之灵"的能力,渐渐成为自然的主宰。大型展柜中,陈列着陶器、石制工具和武器、骨制器。陶壶和纺织机则在家庭中具有非常重要的地位。这是一个典型的新石器时代家庭必不可少的日常用具标准配置。此处也陈列着由塞斯克洛遗址出土的大型陶罐(公元前5300),此种形制的器具用来储存以麦类为主的粮食。在居室的中央是火塘,用于取暖、照明和烹饪。

本展厅中有两个展柜专门陈列新石器时代的人形偶像。这些作品的创作并非为满足初民的日常现实需要,而是为了艺术、宗教、社会交流等目的而被制造出来的。它们体现了当时人类精神生活的发展,表达了我们祖先的内心世界以及他们作为有思想的人所做的创作性探索。新石器时代的造像大部分表现的都是女性形象。

来自塞斯克洛遗址的慈母抱子雕像被断代为公元前4800年—前4500年之间的作品,它在展厅中占据着特殊的位置,与其他的女性雕像相比显得卓尔不群。雕像展示的是一位母亲坐在凳子上,温柔地怀抱着小婴儿。雕像整体由陶土制成,保存相当完好,唯一令人惋惜的是缺失了母亲的头部。妇人坐姿安详而舒适却丝毫不显懈惰,婴儿依偎在其怀中,整个图景给人的感觉是母亲正准备给婴孩哺乳。此雕像构成了人类艺术史上一个永恒的主题——圣母子(即母亲怀抱着她的孩子的形象)。

金属的发现和利用,是我们新石器时代祖先智慧发展的顶峰,也成为此时代的"天鹅之绝唱",标志着人类历史进入了一个全新的时期:青铜时代。

青铜时代
——基克拉泽斯文明

第六展厅陈列的是青铜时代——基克拉泽斯文明。

欧亚大陆之间的爱琴海中心区域，散布着基克拉泽斯（Κυκλάδες）群岛的众岛屿。青铜时代的基克拉泽斯居民们得益于此地温和的气候、丰富的地下资源和近海之便利，创造出一种独特的文化。这一原生文化在艺术上具有轻松明快的特征，而此种鲜明的岛屿文化特色一直延续到了今日。这一文明因其所在地而被命名为"基克拉泽斯文明"，命名人是其最初的发现、发掘与研究者，希腊考古学家赫里斯托斯·仲塔斯（Χρήστος Τσούντας）。

基克拉泽斯文明的繁荣昌盛期是在公元前的第三千年间，即青铜时代初期（公元前3200年—前2000年）。早期基克拉泽斯文明以冶金业和发达的海上贸易为主要特征。这一时期的重要遗迹是具有组织性的大型公墓。这些公墓往往包含数以百计的墓穴，排列整齐有序，反映出当时基克拉泽斯群岛社会的高度组织化特征。基克拉泽斯的居民们以丰富的陪葬品来发送他们的死者，这些陪葬品中既有实际生活所需的用品，也有表现精神生活需要的物件：大理石器皿和陶器、石制和铜制工具、大理石雕像。这些文物构成了第六展厅展品的很大一部分，各遗址依照被发现的先后顺序排列。出土物件中最为知名的一类当数"平板型大理石女性雕像"。

在展厅较狭一侧的中央位置，"基克拉泽斯雕像"独占其位，并因其巨大的体量（151厘米）而显得鹤立鸡群。此雕像出土于阿莫尔戈斯岛（Αμοργός），但其材质则是产自帕罗斯岛（Πάρος）的大理石，雕刻年代在公元前2800年—前2300年之间。雕像和其他较小的同类型造像一样，呈双手交叠姿态。在如此早期的文明中，以真人（或者说至少相当接近真人）的体量来制作雕像，是非常罕见的情况。另外一个相当独特的现象是，基克拉泽斯早期文化中的雕像似乎并不与世俗领袖（国王）或者神权领袖（巫师）相关，其制作者及表现的对象是当地的普通居民：农夫、渔民、冶金师、海员、商人。本雕像是一座规格不高的狭小坟墓中的陪葬品，和墓主人尸骨一同被发现。该箱形墓穴是如此狭小，以至于当年的埋葬者不得不把雕像截成三段，才能顺利地使之容纳于墓中。

凯若斯（Κέρος）是位于纳克索斯岛（Νάξος）

图4
弹竖琴者和吹笛者雕像

和阿莫尔戈斯岛之间的一个荒芜小岛，但这个不起眼的岛屿却为基克拉泽斯艺术贡献了两件著名的遗物：弹竖琴者雕像和吹笛者雕像。它们是同一坟墓的陪葬品，显然出自同一作者之手。死者的亲属当年把这两个伎乐俑偶埋入地下，好让它们在永恒的死后世界中娱乐墓主人。这两个俑偶线条柔和流畅，神态生动幽默，体现了基克拉泽斯群岛在公元前第三个千年中期艺术文化的高度发达。这两个雕像告诉我们，当时已经存在相当成熟的三维雕刻（圆雕）技术，而竖琴和双腔笛作为乐器也已广为流行。

弹竖琴者坐在一张靠背椅上，但上身挺直，背部并不贴于靠背。双脚略略向前伸展，不与椅子腿相连。其头部高高仰起，显示出他作为一个音乐家在演奏时聚精会神的情景。右侧大腿微抬，竖琴安置于其上，右手正作拨弄琴弦状。

吹笛者呈站姿，双手持一双腔笛，立于一个与造像本身相连为一体的小型四方底座之上。演奏者裸露的大腿丰满浑厚，各个向度的表面都被打磨光滑，而微微隆起的下体则显示其性别为男性。雕像通高20厘米（图4）。

迈锡尼文明

第四中央展厅展示着来自迈锡尼文明时期的文物（图 5-1—图 5-4）。通过这些展品，参观者可以直观地感受到著名的迈锡尼文化——这是希腊史前时代最为辉煌灿烂的文明之一。此文明被如此命名，是因为其最大最重要的核心区域位于迈锡尼（Μυκῆναι）。它前后存续了大约有五个世纪，几乎涵盖了爱琴海地区青铜时代晚期的全过程（从公元前 16 世纪到前 11 世纪）。迈锡尼文明的辐射一度达到小亚细亚、近东、埃及、西地中海地区和欧洲西北部。这一文明的载体是说希腊语的阿凯亚人（Αχαιοί）。此文明的出现，标志着以军事首领为领袖的政体的崛起。这些公元前 16 世纪的军事首领们死后被埋葬在迈锡尼的竖穴型墓中，伴随着他们的是丰富而珍贵的陪葬品。

迈锡尼文明以其良好的政治、经济、宗教和社会组织而闻名。此文明的典型模式是围绕一所大型宫殿营建城市。此类遗迹见于迈锡尼、梯林斯（Τίρυνς）、皮洛斯（Πύλος）、雅典（Ἀθῆναι）和底比斯（Θῆβαι），以被"独眼巨人石墙"围绕的卫城为显著特征。这一文明拥有先进的技术、活跃的商贸，积极同当时他们所知和所能达到的外部世界交流，最重要的是，已经拥有书写系统。

围绕着卫城，普通市民有组织地建造起他们的居所以及墓地。某些大型的圆顶石室墓可称是不朽的建筑精品。大规模墓葬和丰富陪葬品的出现说明当时社会等级的分化已经十分明显。

本展厅分为三个部分。第一部分展示的是公元前 16 世纪的初期迈锡尼文明，主要以迈锡尼的墓坑圈甲和墓坑圈乙为代表。

第二部分显示的则是公元前 13 世纪到前 12 世纪迈锡尼人所生活的世界——他们的居住场所和宗教崇拜场所。主要以迈锡尼、梯林斯和皮洛斯的卫城宫殿为代表。

第三部分包含的是随葬物中的艺术精品，主要出土自迈锡尼和伯罗奔尼撒半岛（Πελοπόννησος）上的其他迈锡尼文明遗址中的圆顶墓及石室墓。

自德国考古学家海因里希·谢里曼（Heinrich Schliemann）使得令人惊叹的迈锡尼遗址重见天日至今，时间已经过去了约 130 年。

图 5-1
迈锡尼文明展厅

图 5-2
迈锡尼文明展厅内的展品

图 5-3
迈锡尼文明展厅内的展品

图 5-4
迈锡尼文明展厅内的展品

谢里曼自幼坚信，古希腊《荷马史诗》中的《伊利亚特》（Ἰλιάς）神话式的文字背后隐藏着历史的真实，怀着童年的梦想，他于1876年来到了迈锡尼。此前他成功地发现了特洛伊（Τροία）遗址，这次他希望能找到特洛伊战争中希腊军队的统帅阿伽门农（Ἀγαμέμνων）的国都和陵墓。

谢里曼的初次发掘位于今日被称为墓坑圈甲的王陵区域中。他当时所寻获的文物在数量和质量上都可谓是空前的，这使得他相信，他所发掘的这些坟墓就是传说中的迈锡尼之王阿伽门农本人及其随从的陵墓。当然，如今我们可以肯定，这些坟墓的墓主人并非阿伽门农和他的妻子，它们属于更为古老的文明曙光时代——约公元前1550年，迈锡尼文明的昌盛期。尽管谢里曼并没有找到真正的阿伽门农之墓，但他却为我们打开了一扇通往当时人们所不知的辉煌文明的大门。

墓坑圈甲是一个直径27.5米，由低矮石墙所围绕的环形区域。其中有六座大型竖穴式墓葬。这些公元前16世纪的古墓都是合葬墓，一共有九个男子、八个妇女和一个婴儿被埋葬于其中。标明墓葬所在的墓碑中，有四块仍然竖立在原地，守护着这一迈锡尼文明地下宫殿的入口。

第一部分展览的题目用了《荷马史诗》中的表述："富饶的迈锡尼（Πολύχρυσαι Μυκῆναι）"（此处的"富饶"一词在希腊文中的字面意思是"[拥有]许多黄金[的]"）。考古发现证明，这一称号并非浪得虚名。从早期迈锡尼贵族墓地发掘出的陪葬物中，黄金饰品和器物的总量达到14.5公斤！如此大量的黄金制品显示着当时迈锡尼社会在经济、商业、交通、宗教和艺术领域的高度发展。

第一部分的第一个中央展柜的正中心，陈列着一枚黄金制成的亡者面具，这是从迈锡尼遗址五号墓中出土的，长期以来以"阿伽门农面具"（图6）之名为人所知。因为当年它的发现者谢里曼坚信其主人就是传说中的迈锡尼王阿伽门农，故而如此命名之，而这一命名也以讹传讹地流传到了今天。若站在更加严肃的学术角度来考证的话，我们不得不指出，当年特洛伊战争中阿凯亚军队统帅（不论此人事实上是否叫阿伽门农）的生活年代，比身为迈锡尼早期统治阶层一员的此黄金面具的主人晚了整整三个世纪。

这副面具生动地描绘了一个成熟男子庄严的面容：唇髭和胡须修剪齐整，额头宽阔，鼻子修长挺拔，嘴唇薄而紧闭。这是迄今为止在迈锡尼遗址发掘出土

图 6
阿伽门农的黄金面具

图 7
用于陪葬的大型金冠

的六枚面具中最为精美的一件——六枚面具中五枚来自墓坑圈甲，一枚来自墓坑圈乙。这些面具的形制在史前希腊世界中是独一无二的。面具通高约25厘米，由厚金箔制成。因为如今所发现的所有面具都是各不相同的，故而有理由相信，这些面具如实地反映了以之覆盖面部的死者生前的实际样貌。

有一青铜短剑，属于墓坑圈甲四号墓中所葬的男子中的一位，其装饰之富丽，工艺之考究，无不给人留下深刻的印象。三角形的剑身与手柄通过四枚以黄金为钉头的钉子被固定为一体。但剑柄本身并没有保存下来，只留下了一点残迹。剑身通体两侧皆有宽阔的"装饰带"，上有不同主题的图案。其正面（主要的一面）所描绘的是猎狮的场景，另一面则是狮子攻击鹿群的景象。正面的细节是五位勇敢的猎手正在迎面阻击一群雄狮，为首的一头狮子已经被打伤，另外两头则试图逃离。背面显示的是一头雄狮攻击鹿群，并抓住了它的猎物，而其余的鹿则惊恐狂奔。这是一件在细节描写上高度写实的出色作品，显示着来自米诺斯文明（Μινωικός πολιτισμός）的影响。当然，此件作品本身集中体现了迈锡尼本地工匠的高超技艺——他们尤其娴熟于金属处理。在本作品上他们使用了一种被称为"金属画"的特殊技术：使用金、银、黑金（一种金、银、铜、铅的合金）为原料，在金属物件的表面构成图案。

妇人墓中所出的饰品，即三号墓的陪葬物——此墓中埋葬了三位妇女和一个婴孩。这些文物里最引人注目的当属一顶纯金制成的大型金冠了。此金冠和同一墓中所出的另外一项金冠应该都是专门制造出来用作陪葬冥器的，因为制作它们所用的金箔非常薄，很难想象能够被用于日常的佩戴（图7）。这些金冠、项链、耳环、别针等饰物构成了一个名副其实的宝藏，在地下世界中，继续为贵妇人们美容的需要而服务。

图 8
黄金包饰牛角的牛头形祭杯

在这个妇人墓中，也出土了被拼成婴儿形状的金箔。这些金箔应该是用于覆盖刚出生不久就夭折的婴孩尸体的。过去研究者一度认为墓中曾存在两具婴儿尸体，但近期的研究推翻了这一看法，如今学者普遍相信墓中应该只埋葬过一个婴孩。金箔之所以呈现"两个婴儿"的形态，当是用于覆盖身体正反两面的缘故。这个小王子或者小公主，还没来得及享受阿尔戈利斯（Ἀργολίς）温和的气候和富饶的物产，就早早地殒逝了。其父母以黄金厚葬他，也是为了稍稍抚慰心中的痛惜吧。

来自贵族墓地的另一类非常重要、珍贵、著名而独特的出土文物是被称为"来通（ῥυτόν）"的杯形器。来通是迈锡尼人的宗教礼器，在祭祀神明的时候被用于酹献酒浆。来通的器型多为漏斗式，上方开口宽阔，下方则开一小孔，使酒浆由此流注而出。来通偶尔会被制作成动物的形象。金制母狮头器，由非常厚实的金片制成，这一点显示出它是一件实用器而非明器。当是墓主人生前用于礼仪活动中的祭杯。牛头器，为纯银制品，加以金饰，由于岁月的洗礼，银制部分的表面已经变成黑色。牛头的造型是高度写实主义的，可以肯定，当初其表面有更多写实的细节性描绘，如今因为氧化变色而失真了。此器与狮头器一样，在颈部开口，以便灌入用于祭祀的神饮（通常是葡萄酒），在吻部则有小孔，神饮从这里滴入大地，以完成酹酒之仪。此件来通器上的镶金部分可能如实表现了当年的习俗——荷马曾在他的作品中提及用黄金包饰牛角的做法（图8）。

从迈锡尼卫城的宗教建筑中，还出土了被称为"迈锡尼女子"的著名壁画（图9）。这是公元前13世纪艺术家的伟大作品，也是那个时代绘画技艺为数不多的存世珍品之一。通过这一画作，我们得以一窥当时妇女的服制、发型和首饰。我们还可以通过它来研究迈锡尼文明时期绘画艺术的材料、用色、构图等细节。

迈锡尼文明为希腊的书写历史做出了杰出的贡献，其证明就是从皮洛斯宫殿遗址出土的线形文字B泥板档案。文字的使用是我们目前所知迈锡尼宫廷文化的一个基础特征。线形文字B的发现为我们提供了一种希腊语原始书写体系的第一手资料。

长期以来，无人能够解读这些出自迈锡尼文明遗址的带字泥版。直到1953年，一位英国建筑师迈克尔·文特里斯（Michael Ventris）通过他艰巨而系统的不懈努力，终于完成了对线形文字B的解读。而一位同样来自英国的语言学家，约翰·柴德威克（John Chadwick）则证明了此种文字所记录的是一种早期希腊语。一块被称为"三足之板"的泥板证明他们的解读是正确的。这块编号为Ⅱ14352的泥板记录了一份青铜器的清单。

线形文字B是一种由点划构成的音节文字，通常每个字符代表单词中的一个音节，但也有将字符用作形意符号以及度量衡和数学符号的例子。词句和符号被刻画在黏土板上，这些黏土板之所以能够被保存至今，可说纯属意外——一场火灾摧毁了当年这些字板所在的宫殿，大火的高温将原本易损的泥版烧制成了坚固的陶板。这批因意外而被保存下来的档案大多是详尽的财务记录，包括宫殿的各种物资出入、税收明细账、各地向宗教圣地奉献牺牲及向区域内的贵族贡献土产的清单等。这些资料是我们如今了解迈锡尼社会结构的宝贵信息来源。

迈锡尼文化大展厅第三部分的主题是从迈锡尼和伯罗奔尼撒半岛其他地方所发掘出的雄伟壮观、使人惊叹的圆顶墓和石室墓。

迄今为止，在迈锡尼文化曾盛行的区域，已经发掘出约百座圆顶墓。其中有九座围绕着迈锡尼卫城而建，是公元前15世纪到前14世纪的遗物。一座典型的圆顶墓由三部分组成：墓道、入口、圆顶墓室。最著名的圆顶墓代表作当属被称为"阿特柔斯（Ἀτρεύς）宝藏"的大墓。其规模之宏伟，工艺之精湛，堪称迈锡尼建筑艺术的杰出样板。

从拉科尼亚（Λακωνία）的瓦菲奥（Βαφειό）圆顶墓中所出土的一对金杯，当属本馆最珍贵展品之列（图10）。这座公元前1500年左右的墓葬曾经被盗，而且石砌的墓室圆顶也已崩塌殆尽。但考古学家们在被洗劫一空的墓室地下发现了一个幸免于难的陪葬坑，从中获得了这对金杯和其他文物，这些宝贵的发现如今都陈列在本展厅中。

金杯的杯体由一整块厚金板制成。把手部分则另由金质的圆棍加工而成。两枚金杯表面都具有独特的图案，其所采用的浮雕工艺使得造型凸起，看起来颇具立体感。两个杯子上的图案主题都是抓捕野牛，但在细节上却各自不同。第一个杯子所描绘的是猎人以暴烈的手段捕捉三头野牛，并有岩石、棕榈、橄榄树为背景。第一头牛狂奔着试图逃离猎人的追捕，第二头牛用犄角挑翻了两个试图降伏它的猎手，第三头牛则身陷罗网，徒劳地挣扎着，难以脱身。

第二个杯子上的场景则是以平和的手段捕牛——用一头驯化了的母牛来诱获公牛！这里的背景只有岩石和橄榄树（没有了棕榈）。第一幕表现的是公牛用鼻子嗅着母牛的气息，试图发现母牛的踪迹；第二幕是已经相遇的公牛和母牛彼此爱慕，成双成对，全然没有注意到潜伏的危机；第三幕描绘一个穿着米诺斯式短裙的年轻人轻松地用绳索套住了陷入情网的公牛的左后腿，抓住了它。

雅典国家考古博物馆的雕像收藏在品质、种类和数量上都占据世界领先地位，本馆收藏和展示的古典时代雕像有许多是独一无二的珍品。

约1000件展品分布在一楼的30个展厅及建筑的中庭里，它们全都是原作真品。在创作时间上涵盖了从古朴时期到古典晚期的所有时代（图11）。这些珍品是从希腊全国各地的出土文物及传世藏品中精选而来的。

希腊的史前时代终结于公元前1100年左右。一系列的天灾人祸导致了迈锡尼伟大文明的衰败和消亡。持续的旱灾、海上民族的劫掠、特洛伊战争的损耗、北方民族的入侵，都构成了文明枯萎的因素。而传统史家将迈锡尼文明灭亡的最终原因归咎于多里斯人（Δωριεῖς）的入侵。多里斯人是迈锡尼北部边境以外的族群，他们乘迈锡尼因特洛伊战争而大伤元气的时机举兵来犯，最终占领了希腊全境。

公元前1050年—前900年间的岁月被考古学家和历史学家称为"黑暗时代"。这是希腊大地上的新旧居民由冲突终至融合的一个漫长过程。而公元前900年—前700年间则被称为"几何纹时代"。这个时代的特征是铁器的盛行、希腊人在东西方的大规模对外殖民、以火葬为代表的新风俗的出现、部落间的联合形成城邦的雏形。到公元前800年，希腊境内的居民已经成为一个有着共同语言、宗教和民族认同的整体。公元前776年，首届奥林匹克运动会召开，并制定了每四年举办一次的规则，这一活动为我们确定古希腊历史事件的发生年份提供了重要的参照。此时希腊字母表也已经出现并流行，人们以这种便捷的书写体系记录下了以往故老相传的口头文学。而荷马（Ὅμηρος）和赫西俄德（Ἡσίοδος）的史诗则为将在接下来的多个世纪中大放异彩的希腊文明传奇奠定了基石。

在第一雕像展厅中，我们可以看见几何纹时代晚期最重要的文物之一：从雅典的古墓场凯拉米克斯（Κεραμεικός）发掘出的陪葬品，大型几何纹提比降双耳瓶。此件器物通高162厘米，制造于公元前750年前后——在这个时期，大型大理石雕像尚未出现。这样一件巨大、对称而富于装饰的几何纹提比隆（Δίπυλον）双耳瓶，已经超越了人们通常对"陶器"的印象，可被划入伟大的艺术品之列。它作为明器，曾被竖立在一位富有的雅典妇女的墓上。

在这件几何纹双耳瓶的底部有一小孔，死者的亲属在上坟的时候，向瓶内注入祭酒，酒浆通过小孔滴向坟墓，当时的人通过这种方式，使得他们的祭献能达于死者。器物通体满布环带状的几何纹样。在瓶颈与瓶体相接处，以及靠近瓶口处，几何纹被两条动物纹环带隔开。它们分别描绘着一列休憩中的羚羊和一列低头吃草的鹿。器身上的主题图案位于两耳（把手）

图 9
"迈锡尼女子"壁画

图 10
瓦菲奥金杯

之间,表现的是墓主人下葬前的情景:死者安睡在床上,亲友围绕着她,悲痛地拉扯着自己的头发。床头和床尾各有一人举着带有黑白相间的棋盘格纹样的殓衾,笼罩在遗体上方。靠近死者头部的一个小孩子则手扶床腿,悲伤不能自已。

公元前 7 世纪的希腊,出现了一个塑造人物的风潮,而来自提洛岛($\Delta\acute{\eta}\lambda o\varsigma$)的阿尔忒弥斯女神像则是这一风潮的代表作。这尊神像也是最古老的希腊大理石雕像之一。此像具有木雕像的形态,可见其工艺延续了古老的木刻传统。雕像的两手紧贴大腿,两腿则紧紧并拢,整个下半身浑然一体。这座雕像是由来自纳克索斯岛的妇女尼堪德拉奉献给阿尔忒弥斯女神的。这一信息来自雕像身体一侧的铭文。此像雕刻于公元前 650 年前后,通高 180 厘米。

◎ 古风时期

苏尼翁($\Sigma o\acute{u}\nu\iota o\nu$)的青年雕像是纳克索斯的尼堪德拉奉献给神明的贡品,其雕刻年代为公元前 7 世纪中叶。这件作品表现了那个时代人们的自我认识和定位。公元前 6 世纪,荷马和赫西俄德在他们的史诗中就强调了人的地位,集中表现了个体的感受和激情。在《伊利亚特》中,全能而威严的众神被人性化了。而同时代的哲学家们则开始依靠理性而非神启去自由地探索宇宙的起源。在这种氛围中,雕像的主题集中于人类的身体,并希望以人的形象来表现神明,而信徒也将代表自身的雕像奉献给神明作为贡品。

这就是被称为"库若斯($\kappa o\tilde{u}\rho o\varsigma$)"和"科瑞($\kappa\acute{o}\rho\eta$)"的男女青年雕像产生的背景。它们是古风时代雕像的典型样板。

库若斯,或者说青年男子雕像的原型最初被认为是阿波罗神。因为最早出土的一批青年男子雕像来自阿波罗神的圣所(位于彼奥提亚 [$Bo\iota\omega\tau\acute{\iota}\alpha$] 的普托翁山 [$\Pi\tau\acute{\omega}o\nu\ \acute{o}\rho o\varsigma$])。不过,同样类型的雕像在其他神明的圣所也有所发现,而且有时候,这类像还被立于坟墓之上作为对死者的纪念。我们似乎可以认为,在某些情况下,库若斯是神明本身的像,有些时候则作为信徒的"替身"被奉献于神明的圣所。至于立于

图 11
雅典国家考古博物馆雕像收藏

墓上的库若斯，是对墓主人的一种理想化描绘，作为美和善的标记，寄托着生者对逝去亲人的美好回忆。

苏尼翁的青年雕像属于最早被创作出来的库若斯之一，是公元前7世纪末期，即公元前600年左右的作品。其材质是来自纳克索斯的大理石，通高305厘米。在这件雕像上可以明显看出埃及文明的影响。雕像正面而立，全身赤裸，左足略前，双手握拳，手臂伸展，紧贴于身体两侧及大腿。以简约的线条表现了被发带束向脑后的长发。腹肌的凸起被平面化处理了，只是以刻痕较深的线条来表现肌块间的凹沟。但另一方面，很多装饰性的细节则颇为考究，比如耳朵的形状、蜷曲的发卷、发带所打的"赫拉克利斯之结"等。本像出土于苏尼翁的波塞冬神圣所。同时出土的还有另一尊保存状态不怎么完好的青年雕像，也在同一展厅中展出。

被称为"科瑞"的青年女子雕像是公元前6世纪造像艺术中典型的女子形象——美丽而又端庄。此类青年女子雕像比起男子雕像来，尺寸较小，大多是被奉献于女性神祇的供品。但也有一些带有陪葬品的特征。最美丽最齐全的青年女子雕像藏品系列如今见于新雅典卫城博物馆。它们曾经被献于雅典城的保护者——雅典娜女神（Ἀθηνᾶ）。"科瑞"的典型样貌是美丽而身材匀称的青年女子，被视为青春、美德和贞洁的象征，身着得体的衣装（与男性青年雕像的裸体相反），一手略略提起长袍的下摆，一手捧持供品，以便走到女神面前奠献。

国立考古博物馆中的这件青年女子雕像的出众之处在于，它是依照真人身量打造的（事实上还略高于普通人）。这本是树立在墓地上的纪念像，于1972年在阿提卡（Ἀττική）的一处农田中被发现，同时出土的还有一尊青年男子雕像。

通过雕像底座的铭文，我们得知此像的雕刻师是来自帕罗斯的亚里斯提翁（Ἀριστίων）。而墓主人则是一位名叫弗拉西克利亚的少女。铭文写道：

"弗拉西克利亚之墓。我（墓主人）要永远地被称为'科瑞'，因为神明没有赐予我一桩婚姻，却给了我这个名号。"

少女左手拿着一朵莲花蓓蕾，这是青春的象征。

身穿红色长袍，腰间束带。袍子的缘边饰以带状希腊回纹装饰，而袍身则散布着圆形花朵纹、曲臂十字纹和星形纹的图案，这些都是彩绘而成的。袍子的下摆边缘饰以一圈黑色的舌形纹。少女的面庞带着古风时代特有的微笑。除了美丽的衣装外，少女弗拉西克利亚还佩有丰富的首饰：花冠、耳环、项链、手镯。此像的制造年代被判明为公元前 540 年前后，当年与之同时出土，如今在她身边一并展出的青年雕像也是同一时代的产物。

从阿提卡的阿纳维索出土的青年雕像由产自帕罗斯岛的大理石制成。这是一座被树立在墓地上的纪念像，通过底座中阶上的铭文，我们得知墓主人的名字是克里索斯（图12）。与更为古老的苏尼翁青年雕像（第八展厅）的粗朴风格形成鲜明对照的是本件作品在表现人体结构时的精确性，尤其强调了肌肉的凸起。雕像的双臂稍稍离开身体，显得充满了力量。躯干表面线条柔和流畅，工于细节描绘。作品立体感强，对人体曲线的把握非常到位，从侧面观之尤其明显。此雕像创作于公元前 530 年左右。雕像的底座上刻有铭文："请留步并于亡者克里索斯的墓前哀悼，他曾跻身于阵头勇士之列，而可畏的阿瑞斯（Ἄρης，战神）取去了他的性命。"战神虽然没有保佑这位青年士兵从战争中全身而退，但命运女神以奇妙的方式使得克里索斯的英武形象获得了永恒，直到今天，博物馆的访客们仍然可以于咫尺之遥欣赏其丰姿。

亚里斯多迪科斯（Ἀριστόδικος）雕像 1944 年出土于阿提卡大区麦索吉亚（Μεσόγεια）的墓地。纪念像连同其底座被完整地保留了下来，除了面部的击痕外堪称完璧。通过铭文我们得知墓主人名为亚里斯多迪科斯。造像材料为帕罗斯大理石，像高 178 厘米。虽然这件作品拥有库若斯雕像的典型特征，比如全裸、站姿等，但其独特之处也是非常明显而且重要的。其双手弯曲向上，远离身侧，与身体间仅以两个大理石细柱相连。他的发型是短发，一头浓密的卷发犹如戴在头上的帽子。耻部的毛发被处理成星形，这种表现手法也是原创性的。肌肉的描写更加自然写实，而古风时期的典型微笑则变成了较为严肃的表情——这是公元前 480 年以后的流行风格。但亚里斯多迪科斯雕像最广为人知的一个新特点是所谓的"潜在运动"——他的胸部微微地（以几乎难以觉察的角度）转向右方。由此我们可以发现，原本静态的、纯正面的库若斯雕像出现了向动态雕像转变的倾向。

这尊青年雕像被断代为公元前 500 年的产物，它也是迄今为止出土的库若斯中时代最晚的一尊。因为第一雅典共和国的建立者克利斯提尼（Κλεισθένης）通过法律的形式禁止制造和竖立大型的墓地纪念物。克利斯提尼改革所奠定的民主政体中，那种过去富人才有财力定做及使用的纪念像和纪念碑不再有其用武之地。

◉ 古典时期

公元前 6 世纪的整个百年都为古风时期所覆盖，随之而来的则是古典时期。在希腊历史中，与此时代嬗变相伴随的有两个重要事件：第一是克利斯提尼于公元前 508 年—前 507 年所做的政治改革。这一革新为雅典城邦带来了民主共和的政体。第二是希腊人在对波斯的战争中取得胜利。最初的胜利是公元前 490 年的马拉松（Μαραθών）大捷，随后又在公元前 480—前 479 间于萨拉米斯（Σαλαμίς）和普拉提亚（Πλαταιαί）击退了波斯大军。从公元前 507 年—前 479 年间的这一段时间也就成了希腊诸城邦在经济、政治、文化和艺术上取得重大发展的决定性时期。经历一系列战争之后，希腊人对人生有了新的看法。得胜凯旋的经验给了他们自信和力量。旧时代库若斯雕像那种不确定的、胆怯的"略跨半步"被坚定向前的步伐所取代，这种进取创新的精神，成了新时代的主旋律。此一新兴的内在世界观也反映在此后 150 年间的艺术创作上，即从公元前 480 年至亚历山大大帝死亡的前 323 年。

古典时期的第一个时代被称为古典早期或者严峻风格时代（公元前 480—前 450）。在前文中所提到的亚里斯多迪科斯雕像创作的时代，人们已经成功掌握了以平衡的方式和正确的比例塑造静态人体的方法。接下来的突破是雕刻动态的身体，或者说试图截取人体运动的某一瞬间，用雕像来表现之。这一突破的典型代表作是阿尔忒弥西翁（Ἀρτεμίσιον）的宙斯（Ζεύς）或波塞冬（Ðíóáéäῶν）铜像。

在第十五展厅中雄踞主导位置的是一尊青铜神像。他被称为阿尔忒弥西翁的宙斯像（或波塞冬像），（图13）因在 1928 年被寻获于埃维亚岛（Εὔβοια）北部阿尔忒弥西翁海角的一艘沉船中而得名。

到底是宙斯还是波塞冬？已有几十位专家就此问题写过研究论文，至今众说纷纭，莫衷一是。他那蓄势待发的右手，究竟是准备投出雷电，还是挥动着三叉戟呢？似乎第一种假设的可能性更大一些。这种大跨步的姿态，对于宙斯神造像来说并不罕见。我们在一尊小型的青铜神像上可以看见与之一模一样的动作，而这尊小神像因右手握着雷电而被确定为宙斯神（图14）（如今这一小铜像被置于玻璃柜中，在阿尔忒弥西翁神像边上一并展出）。唯一可以确定的是，这一造像表现的是一位神祇而非凡人。身体的赤裸、姿态内在的张力、瞬间爆发的动作，使其在给人以震撼和敬畏感的同时又不失庄严与稳健。与作品所表现出的动态感相伴随的，是完美的平衡感。描绘出身体内在和外在的平衡，可谓是这一作品的主要创作目标。张开的双手和跨开的双足形成一个"大"字形姿势，这一姿势不仅体现了肌体的动态平衡，也使得造像的重量得到平衡的分配。右腿向后伸展，仅仅以脚趾抵地，而左腿则向前跨出，整个脚掌稳固地踩在地上，力量集中在脚后跟，支撑着全身的重量。在纵轴线上，我们同样可以找到一个平衡的例子：雕像左右手张开的幅度和像身通高是一致的（209厘米）。

在这件作品中，神明的形象是一个成熟而健美的男性，肌肉发达而匀称，人体结构的细节也一一得到了表现，包括青筋、肌腱、指甲。其头部做工尤为精细，面容英俊而阳刚，胡须修剪整齐，长发被编成辫子环绕于头颅，而额前则覆盖着打卷的短发。面部严峻的表情令人生畏，似乎只有如此才足以表现奥林波斯之主，众神和人类之父宙斯的尊威。我们可以毫不夸张地认为，这尊神像是古典时期严峻风格时代作品中最美最珍贵的一件。其创作年代为公元前460年左右，作者可能是著名的青铜雕塑家卡拉米斯或奥纳塔斯。

古典时期的另一件伟大作品当数1859年在厄琉息斯出土的大型浮雕。作品高220厘米，宽152厘米，以班戴里（Πεντέλη）山大理石制成。其主题是一幕神圣的场景：稼穑女神得墨忒尔（Δημήτηρ）将耕耘和栽培谷物的知识传授给特里普托勒摩斯（Τριπτόλεμος）王子，在场的还有得墨忒尔的女儿珀耳赛福涅（Περσεφόνη）。两位女神身高相若，充满了石板的左右边框。她们手中的象征物揭示了各自的身份：得墨忒尔权杖在握，而珀耳塞福涅则揽着圣火炬。在她们之间则是身材比神明矮得多的凡人特里普托勒摩斯，厄琉西斯国王刻勒俄斯（Κελεός）之子，他正伸出手来，准备从得墨忒尔那里接过神圣的麦种，珀耳塞福涅站在他身后，覆手于其头顶表示祝福。

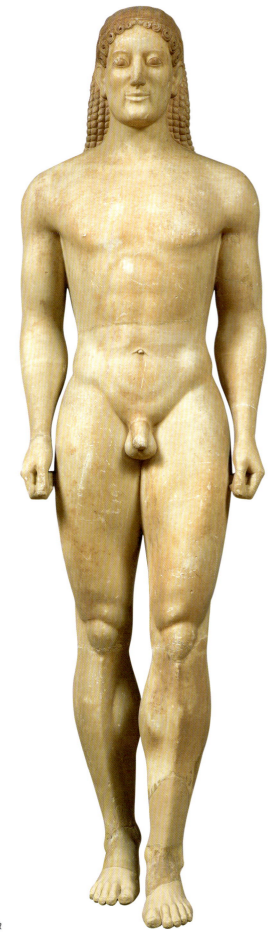

图12
克里索斯青年雕像

图 13
阿尔忒弥西翁的宙斯像

图 14
宙斯青铜小雕像

这一浮雕很可能是某位得偿所愿的富裕信徒奉献于得墨忒尔女神圣所的还愿供品。从雕刻的图像主题判断，浮雕本身也是仪式中被崇敬的对象，很可能曾被竖立于厄琉息斯圣所的密仪大殿（Τελεστήριον，泰勒斯台里昂神庙）中。浮雕制造于公元前440年—前430年之间，属古典成熟期的作品。这件浮雕声名远播，自古就有多件复制品流传，其中一件如今被收藏于纽约大都会艺术博物馆。

第十六展厅主要展示的是来自公元前5世纪阿提卡地区的墓碑。由于克利斯提尼禁止在墓地上竖立豪华纪念物的法令，公元前500年前后的坟墓几乎没有任何碑石。但从公元前440年起，特别是公元前431年开始伯罗奔尼撒战争之后，建造墓地纪念物的风气又渐渐在希腊社会中复活了。忙于战争的雅典人顾不上严格地执法，尤其是对在坟墓上树碑这样的琐事。颇为讽刺的是，正因当时雅典城邦深受战争之苦，这才给我们留下了数以百计的墓碑雕刻艺术精品。

萨拉米斯墓碑（图15）出土于萨拉米斯岛，是一件大型作品。水平的碑头檐上饰有莲花及棕叶纹。碑身刻画着墓主人，一位年轻男子的形象，但却没有记录下他的名字，而且整个碑石上没有任何的铭文。这块墓碑以纯图像的方式向我们倾诉着一个悲伤的故事：过早降临的死亡攫去了墓主人美好的青春，而艺术家则将其英俊的身姿刻于碑石，使之获得了永恒。这个健美的青年上身赤裸，正面朝向参观者，而他的头部转向一边，以侧面轮廓示人，其眼神似乎暗示着他已经不复为生者世界的一员。他的左手抓着一只小鸟，也许这和碑面左侧的笼子有关——从笼中被取出的小鸟象征着脱离了尘世羁绊的墓主人的灵魂。鸟笼下方是一只趴在柱头上的猫咪，更下方站着墓主人的僮仆——他的脸上充满悲苦的表情，显然是在哀悼其主人之死。这是公元前5世纪石刻艺术精品中的出众之作，可能出于阿戈拉克里图斯之手。作品的年代被判定为公元前430年—前420年之间。

⦿ 富丽风格时代

在第十八展厅所展出的这些墓碑，是公元前420年—前370年间的物品。公元前425年—前380年构成了古典时期雕塑艺术的第三个时代：富丽风格时代。伯罗奔尼撒战争虽然困扰着雅典城邦，但看起来似乎尚未对人们的艺术活动造成不利影响。雅典城作为希腊文化中心的地位并没有被撼动。阿戈拉克里图斯（Αγοράκριτος）、阿尔卡墨涅斯（Αλκαμένης）及克瑞西拉斯（Κρησίλας）曾同他们的老师菲迪亚斯（Φειδίας）一起参与了装饰雅典卫城的工作。这些雕刻大师们促进了艺术的更新和进步。此时期的作品不仅在平衡性和协调性上更趋完善，而且更为强调对细节的刻画。"富丽风格"这一名称直白地指出了本时期雕像的特点：人体动作丰富生动，尤其善于表现紧贴身体的衣物所形成的褶皱——对于衣褶的描写甚至精致到了繁琐的地步。

普若克塞诺斯（Προξένος）之女赫格索的墓碑普遍被认为出自卡利马科斯（Καλλίμαχος）或者他的一位弟子之手，此碑可谓是阿提卡地区同时期所有碑刻中最为杰出的代表。由碑上的铭文我们得以知道墓主人的名字和出身，碑面的图案显示一位梳妆齐整的雅典贵妇，略略垂下她那美丽的头颅，似乎暗示其已屈服于凡人的宿命——死亡。轻纱的礼服和精致的发型无不指明墓主人高贵的身份，她安适地坐在一张考究的靠背椅上，双足优雅地踏于脚凳。

赫格索面前站着她的女仆，她以头巾裹发，衣不束带，脚上穿着封闭式的鞋（而非其女主人所着的那种凉鞋），这一切都揭示了她的身份是一个奴隶而非自由人。侍女双手捧着首饰匣奉于女主人膝上，赫格索则检视挑选着匣中的首饰。这是当时妇女日常生活中的一幕，但两位女子的眼神都没有聚焦在首饰之上，而是显得幽邃而忧郁，提醒着人们这是一件用于哀悼的作品。本碑刻是1870年自凯拉米克斯（Κεραμεικός）墓地出土的，被断代为公元前5世纪末的遗物。

以黄金和象牙制成的帕台农雅典娜女神巨像的魅力及其作者菲迪亚斯的声望，由此神像复制品的数量上可见一斑：古典时代的复制品流传至今的尚且有数十件之多。这件女神的小型全身像于1880年出土于雅典的瓦尔瓦基奥学校，是菲迪亚斯于公元前447年为雅典卫城的帕台农神庙所创作的主供神像"童贞女雅典娜"现存复制品中最为出色的一件。当年的巨像裸露的肌肤全都由象牙制成，而身上的衣物饰品则是金质的。根据古代文献的记载，巨像连同底座高达11米半，也就是说，原作的高度是我们如今所见到的这件复制品的12倍！此件小型复制品的用材是班戴里山大理石，通高105厘米。女神站在一个四方的底座之上，原本巨像的底座上刻有潘多拉（Πανδώρα）诞生神话的图案，在这件小型仿品上并未予以表现。

图 15
萨拉米斯墓碑

图 16
阿尔忒弥西翁的骑手像

她身着阿提卡式轻纱衣,以两条蛇为带束于腰间。覆盖胸部的披肩之上刻有多条蛇纹,心口处则是蛇发女魔脸形饰(Γοργόνειον)。头上所戴的阿提卡式头盔具有三个冠饰。冠饰的前端分别刻有斯芬克斯(Σφίγξ)和飞马(Πήγασος)的形象。右手向前伸展,掌心中站立着展翅欲飞的胜利女神尼克(Νίκη)。左手则扶着她的盾牌。盾牌内侧蜷缩着一条大蛇——在巨像原作中是厄里克托尼俄斯(Εριχθόνιος)。原作盾牌内壁绘有巨人之战的场景,外壁则刻有以阿玛宗女兵之战(Αμαζονομαχία)为主题的浮雕,而在这件复制品上,仅仅于盾牌外壁中央雕有一个带翼蛇发女魔脸形饰。

阿尔忒弥西翁的骑手像是骑手和马匹的组合铜像(图16),与前文提到的宙斯或波塞冬铜像一样,也是出自阿尔忒弥西翁海角的沉船之中。1920年渔民们将此像打捞起来时,它已经有所缺损,比如脱落的马尾沉入了爱琴海深处,无踪迹可寻。如今展示的是经过修复、补全后的原作。铜马高210厘米,展现的是快速奔跑、前足腾空的姿态。幼小的骑手面部带有非洲人的特征,身穿短袍,脚着凉鞋,右手持缰绳,左手执鞭,充满着力度、动感和激情。马的右后大腿上刻有一个手捧桂冠的带翼胜利女神像。此造像可能是某位在赛马项目中获胜的运动员奉献给神明的感恩供品。其年代为公元前150年—前140年。

古典时代晚期

公元前 4 世纪,雅典和斯巴达(Σπάρτη)两大城邦先后因内战而衰落,从此艺术家们不再单单云集于雅典。此时马其顿(Μακεδονία)王国尚未统一希腊,一些小而富的城邦浮现在艺术家们的视野中,成为他们为之效力的理想选择。在融汇了此前艺术传承的前提下,公元前 4 世纪,或者更确切地说,公元前 380 年以后,艺术家们开始了新的创作尝试。在这之前,雕像主要供人从单一方向观赏,而如今的新潮雕像则使得观众必须围绕作品作全方位的观察——或者是因为身体的曲折,或者是因为眼神和手势方向的变化,或者是因为从不同的视角才能目睹作品的各项重要表现因素。

这种新风格的一个典型例子就是从埃皮达鲁斯的医神庙出土的健康女神海吉亚小雕像。此像高 90 厘米,是雕刻师提摩太(Τιμόθεος)在公元前 380 年—前 370 年间的作品。神像身披轻而薄的长袍,袍子一端从背后折向身前,搭在左腿之上。身体略微前屈,以表现女神正在饲喂圣蛇——她和她父亲医神阿斯克勒庇厄斯(Ἀσκληπιός)的象征。蛇的整体已经不存,但蛇身的一部分仍可见于神像的左脚。

第二十八展厅主要展出古典时代晚期的雕像,展品覆盖了公元前 4 世纪的大部分时段。这一时期有众多知名的艺术家,其中最重要的当数斯科帕斯(Σκόπας)、普拉克西特列斯(Πραξιτέλης)、莱奥哈瑞斯(Λεωχάρης)和留西波斯(Λύσιππος)。他们的作品已经完全掌握了三维立体的表现方式。而他们中最年轻的一位,也是亚历山大大帝(Ἀλέξανδρος ὁ Μέγας)所青睐的雕刻大师——留西波斯——更是改革了雕像身体各部分的比例关系。他将古典成熟期所流行的一比六头身比例改成了一比七,也就是缩小了头部在雕像整体中的尺寸。

普拉克西特列斯被认为是公元前 4 世纪最伟大的雕刻家,其声望不亚于此前的菲迪亚斯、波留克列特斯(Πολύκλειτος)等大师。他是第一个敢于用全裸的方式来描绘美之女神阿佛洛狄忒(Ἀφροδίτη)的人。他的作品现存的只有一尊赫尔墨斯(Ἑρμῆς)神像,被收藏于奥林匹亚博物馆(Μουσείο της Ολυμπίας)。

1925 年,由马拉松海湾打捞出了一座麦勒菲沃(μελλέφηβος,古典时期对即将进入青春期的男童的称呼)铜像,专家们认定,这是件来自普拉克西特列斯工坊的作品。像高 130 厘米,除了左脚跟和右脚掌是修复过程中补入的之外,保存堪称完好。少年全身赤裸,右脚脚趾轻轻触地,左足坚实踏地,承载着身体的重量。扬起的右手中曾经拿着什么物品已经无从考证,其面部转向左侧,左手弯曲低沉,手心向上——在较晚的时代,这手被改造成一个油灯灯盏。少年面容俊秀,鼻子匀称,嘴唇偏薄,头发稍嫌凌乱,眼睛则是由上色玻璃制成的。身材适中,比例完美,肌肉平滑柔和,没有明显的凸起。少年头上所系的束发带有可能暗示着他的身份——一个在竞技中获得了

图 17
来自安迪西拉岛的青年

胜利的运动选手。因为在额头上方的束发带上别着一片叶子——这是获胜的象征。本雕像被判明为公元前340年—前330年间的杰作。

安迪基西拉岛（Ἀντικύθηρα）青年铜像被命名为"来自安迪基西拉岛的青年"，(图17)因为它于1900年被发现于伯罗奔尼撒半岛以南海域一个名为安迪基西拉的小岛附近的古代沉船中。像高194厘米，两肩和一个眼睛是修复时补上的。像为立姿，全身赤裸，身体各部分重量分布合理，整体上给人以完美的平衡感。躯干主要以左脚支撑，右脚向后，脚尖点地，整个身体呈现向右方转动的姿势。右手高举，手指舒张，当年这只手中究竟持有何物呢？有两种流行的假说。一种说法是将此像所表现的对象解释为英雄珀尔修斯（Περσεύς），而他手中所提着的，是蛇发女妖美杜莎（Μέδουσα）的头颅。另一种假说则认为这个俊美的青年是特洛伊王子帕里斯（Πάρις），他手中所拿的是离间女神厄里斯（Ἔρις）的金苹果，正准备在评判出谁是最美的女神之后，将此苹果奉献给获胜的那一位。略微前倾的头部塑造极为完美，头发短而卷曲，脖子粗壮，胸部、腹部和臀部的肌肉发达，显得健美而结实。这是一件公元前340年—前330年间伯罗奔尼撒雕像师的作品，其作者有可能是来自西基奥纳（Σικυών）的欧弗拉诺尔（Ευφράνωρ）。

希腊化时期

在希腊艺术文化史上，将基督教兴起前的三个世纪称为"希腊化时期"，它上承古典时期，下启罗马时期。若我们要给予这个时代精确的起点和终点的话，它始于公元前336年——在这一年，亚历山大大帝登上了马其顿的王座（也有人以亚历山大大帝死亡的公元前323年为希腊化时期之始）；终于公元前31年——这一年，屋大维·奥古斯都（Οκταβιανός Αύγουστος）在亚克兴角（Ἄκτιον）海战中取胜，灭掉了埃及的托勒密（Πτολεμαῖος）王朝（最后一个希腊化王国）。此二位伟大历史人物所开创和终结的这一时代，在政治、社会和文化方面深刻地影响了当时的世界，带来了以下的重大改变：

一、城邦概念的瓦解，公民角色的嬗变。原本自由人皆可参与他所属城邦的公众事务，如今治理国家成了君主的专职。而希腊化王国的君主们往往在陌生的地区统治着不同种族的臣民。

二、奥林波斯十二主神的官方地位得以延续，但异族的神明也加入到了希腊化世界的神谱中。比如来自埃及的伊西斯女神（Ἶσις）和塞拉比斯神（Σέραπις），来自东方的赫卡忒（Ἑκάτη）女神等。

三、古典时期的艺术家们为了城邦的繁荣昌盛而建造庙宇、神像。在希腊化时代，他们则为国王及诸侯们效劳，同时也受富人的雇佣，为他们工作。

四、古典时期的艺术观念要求表现理想化的世界：俊美、青春、健康、秀丽。而希腊化时代的艺术家们开始尝试着描绘更为真实的世界：激情和欲望、人类的暴力行为、高龄者的龙钟老态、受伤士兵的痛苦呻吟。他们的创作对象涵盖了各民族、各阶层。西方的高卢人、东方的安纳托利亚人、奴隶、农夫、普通的家庭主妇和幼童都成了他们作品的主题。描绘个体形象的艺术就此繁盛起来，雕像由抽象之"美"的载体转变成对一个个有血有肉的现实人物的写真。

希腊化时代可细分为初期、中期、晚期三个阶段，在最后阶段艺术家们再次回归古典传统，而这一回归的结果是大量古典时期的作品被复制和仿造。我们今天能够一窥菲迪亚斯、波留克列特斯、普拉克西特列斯等大师作品的风采，很大程度上当归功于希腊化时代晚期的复制风潮。

在展出希腊化时期雕像的第三十展厅中央，占据主位的是雄伟的海神波塞冬雕像。这座公元前2世纪的作品高达235厘米，以帕罗斯大理石制成，19世纪时出土于米洛斯岛。此神像虽然威严壮观，但其动作姿态多少有些傲慢而浮夸——这是希腊化时代众神及君王造像的特征。其高举的右手中应该曾握着三叉戟——很可能是铜质的。

阿佛洛狄忒和潘神的组合像是本馆广为人知的一件展品，它创作于公元前100年左右，此种题材只有这一个孤例，当属原创性作品。其材质为帕罗斯大理石，通高155厘米。此像于1904年出土自古代的宗教圣地提洛岛。女神阿佛洛狄忒一丝不挂，身体曲线被着重描绘。其动作也强调着她的女性特征：左手故作娇羞地遮挡着下体，右手则拿着凉鞋的鞋底，作势要抽打身边的羊神潘——他正放肆地与女神调情。他们之间是女神的儿子，带翼小爱神厄洛斯（Ἔρως），他身体依偎在母亲的肩头，用手推开潘神的羊角。神像底座上的铭文表明，这是来自贝鲁特（Βηρυτός）的信徒奉献于狄奥尼索斯（Διόνυσος）圣所的供品，目的是"敬奉祖国的众神"。

罗马统治下的希腊

罗马帝国对东方地区的统治肇始于公元前 2 世纪，以公元前 31 年屋大维·奥古斯都在亚克兴角海战中取胜而最终达成。艺术也响应着时代的召唤而改变了自己的形态。如今艺术家的主顾成了罗马帝国的统治者和他们的夫人们，以及帝国内的其他大小权贵。主要的创作目的是为这些贵人塑造纪念像——这成了接下来几百年里（公元前 1 世纪至公元 4 世纪）最常见的作品题材。

屋大维·奥古斯都铜像残高 123 厘米，是 1979 年从北爱琴海中被打捞出来的。铜像描绘的是罗马帝国的第一位君主盖乌斯·屋大维·奥古斯都（Gaius Octavius Augustus，公元前 63 年至公元 14 年）。由于这位国君的头像屡见于当时的钱币和雕像，所以我们得以从相貌上判定此残像的主人。公元前 31 年屋大维·奥古斯都在亚克兴角海战中战胜了他最后的敌手马克·安东尼（Marcus Antony）及克里奥佩特拉（Κλεοπάτρα Ζ΄ Φιλοπάτωρ），从这一年开始，他统治罗马帝国直至其生命的终结（公元 14 年）。

君王身穿带紫色镶边的长袍，袍上加披带有希腊回纹缘边和穗子的斗篷，在右肩上以扣子固定。其左手的戒指上刻有卜筮者之杖，这是他身为大祭司所拥有的最高神权的象征。左臂下突起的是佩剑之剑柄，而剑身已经毁损不存。据推测，原本这是一座骑马像，屋大维略微面向右方，一手执缰绳，一手向公众挥动致意。这件作品的制造年代应该是公元前 12 年——屋大维获得高级宗教头衔的年份。这座雕像曾被立于何处，又是哪里制造的（在东方或在罗马本土），都已不可考，但不管怎么说，这是一件弥足珍贵的、保存相对完好的希腊化时代铜像，也是存世的唯一一尊奥古斯都骑马像。

铜制品收藏

如阿尔忒弥翁的宙斯像那样的大型铜雕固然是独特而珍贵的，但伟大的艺术成就同样体现在本馆收藏的众多小型铜制品上，比如以众神、运动员、英雄、战士、妇女、祭司、斯芬克斯及其他神怪为主题的小铜像。他们多数是被奉献于圣所和神殿的供物，或者是用于在另一个世界伴随亡人的随葬俑。本馆的铜制品收藏展包含了 1700 件文物，占据一楼从第三十六号到第三十九号的四个展厅。

第三十八展厅的每个展柜都是某一类型器物的专题组合。比如第五十九展柜所展示的是古代医疗用具。非常有趣的是，今天的医疗从业人员可以发现，其中的一些器具与现代人所使用的并无多大差别。

展厅中心位置所展示的，可能是迄今为止关于古希腊科技的最重要发现。

1900 年，一群来自锡米岛（Σύμη）的采海绵者为躲避海上风暴而暂泊在安迪基西拉岛的河口港。在港湾附近的海下 42 米处，他们意外发现了一艘古代沉船，从沉船中打捞出多件陶制双耳瓶、玻璃器皿、银制品、38 尊大理石及铜雕像，以及日后被称为"安迪基西拉机械"的铜制装置残片。这个机械是由 28 到 32 个齿轮组合而成的复杂系统。最初学者们以为它是海员用于导航的星盘。20 世纪 70 年代，耶鲁大学教授德瑞克·约翰·德索拉·普莱斯（Derek John de Solla Price）认定，安迪基西拉机械是一个阴阳合历模拟计算机，也就是一个基于太阳和月亮的运行及彼此关系（日月食）以及当时人们所知的五大行星的轨迹来确定时间的装置。这一机械被推断为公元前 2 世纪的产物，根据普莱斯教授的看法，它很可能出自罗德岛（Ρόδος）的著名学者波希多尼（Ποσειδώνιος）之手。

在本馆铜制品收藏展的最后一个展厅中有一个编号为 62 的小型墙内展柜，其中所展示的物品是铜质箭镞、枪尖、矛头等小物件——此类战争及狩猎用具通常并不具备艺术性，而为人所忽视。但本展柜中这些不起眼的武器却和一个极为重要的历史事件相关——它们出土于公元前 480 年温泉关之战的古战场（图 18）。在那里，列奥尼达斯（Λεωνίδας）和他的三百斯巴达勇士及七百底比斯士兵英勇抵抗了薛西斯（Ξέρξης）一世国王所率领的意在征服希腊全境的波斯大军。这些箭镞和枪矛见证了古希腊战士为捍卫自由，报效祖国而舍己牺牲、尽忠至死的高贵精神。

埃及文物展

本馆收藏的埃及文物多达 8000 件，覆盖了古埃及文化的方方面面（图 19）。这些藏品的丰富性和珍稀性使得本馆在埃及学上拥有世界性的重要地位。今日博物馆的四十和四十一展厅中以 313 件展品为代表，向观众揭示这个依傍尼罗河而繁盛起来的伟

图 18
铜质箭簇展柜

图 19
埃及文物展厅

大文明各时期的面貌。展品包含塑像、石碑、浮雕、首饰、小工艺品、日常生活用具以及体现古埃及人"死者崇拜"的实物——大至石棺，小至随葬的护身符。

公主及女祭司"塔库施特"的金属雕像是本馆埃及藏品中最珍稀和最有价值的文物之一。这座铜银合金铸造像出自下埃及。塔库施特这个名字意为"库施（埃塞俄比亚）女子"，她是一个实际存在过的历史人物：埃及第二十五王朝时期利比亚部落一位大酋长的女儿，生活于公元前7世纪中叶。浓密而圆鼓的发型揭示了这位公主的黑人血统。她身着埃及式的轻纱窄袍，上面满布着錾嵌装饰。其工艺是先在铜铸的表面錾刻花纹，再用一种被称为"伊莱克特若（ήλεκτρο）"的金银合金制成的细丝嵌入刻出的沟槽中，最后经过打磨形成图案。衣服上的装饰图案由上至下分为五个环带，都是神圣的宗教场景，并配有圣书体象形文字的说明。埃及神系的大量神祇在这些场景中出现，以庇护和祝福这位尊贵的公主和女祭司塔库施特。

史前锡拉岛，"爱琴海上的庞贝"

锡拉岛如今以圣托里尼（Σαντορίνη）之名而更为世人所熟知，它是基克拉泽斯群岛最南端的一个岛屿，与更南方的克里特岛隔海遥遥相对。这一地区不仅仅以其丰富的考古发现声名远播，更因剧烈地质运动而造就的种种自然奇观美景而成为世界著名旅游胜地。公元前16世纪末，一次可能是人类历史上规模最巨大的火山爆发使得锡拉岛遭受了灭顶之灾，整个地中海区域都受到了重大影响。当时的喷发烟柱之高至于以公里计，岛屿的大部分沉入海中，而幸存的陆地又全部被厚厚的火山灰所覆盖，当年曾在岛上繁盛一时的光辉文明就此彻底消失。

对此史前古文明的系统性发掘于1967年开始于岛上的阿克罗蒂里（Ακρωτήρι），此项工程一直到今天仍在继续。

发掘工作使得许多两层或三层的复合型建筑重见天日，其中既有公众设施，也有私人住宅。建筑墙上

图 20
阿克罗蒂里遗址壁画

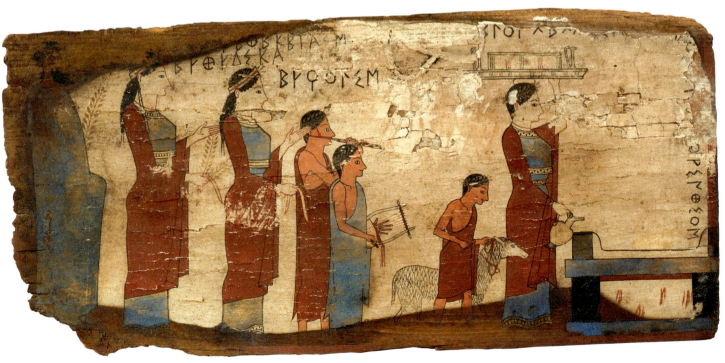

往往带有壁画，而房间中则随处可见陶、铜、铅、石等材料制成的瓶罐、器皿、工具。城市的结构复杂而先进，错综的石砌道路将市区分割成一个个方形小区域，而道路之下则铺设有完备的下水道。

考古发掘的成果为我们构建了一幅公元前16世纪锡拉岛居民日常生活的图景：高度城市化的社会组织，生活于其中的是一个自由奔放、喜好靓丽色彩、善于享受生活的民族。建筑内部整洁而舒适，墙壁粉刷着生动的颜色，房间中排列着绘有飞禽走兽和海豚的大型瓶罐，而青铜及石质的器皿则显示着主人的富庶。这些物品均见于本馆的相关展览中。

从阿克罗蒂里遗址出土的壁画不仅仅是无价的艺术珍品，也为该地史前城市于公元前第二千年中在文化、经济和社会方面高度发达的成就提供了无可辩驳的证据（图20）。锡拉岛绘画基本遵循米诺斯文化的美术法则，而对自然主题的偏爱、画面的明亮、白色的背景和强烈的色彩对比则鲜明地体现着独特的本地风格。

在阿克罗蒂里遗址四号建筑群的一个小房间中，有三面墙被绘以壁画，画面的主题是锡拉岛最为美丽的季节——春季（图21）。画面以大胆的色彩描绘嶙峋的山石，春日初放的花朵生长于其上。岩石的顶部和坡面开满了带着黄色花蕊的红百合。回归自南方的燕子或单独或成对地飞翔在山岩及花丛之间，显示出一派春回大地、万物复苏的景象。

这幅两个打拳击少年的壁画应该是当初某个房间内壁画的核心场景（图22）。墙面上先被施以白色灰浆，然后在此基础上以颜料绘制图案。

少年身体赤裸，仅在腰间束带。他们的肤色偏深，这种以被烈日晒黑的皮肤来表示男性身体的做法，是米诺斯文明和锡拉岛文明共有的特征。少年的头顶保留有一片头发，而脑后留有两绺长发，其余部分则被剃光。左侧的男孩佩有装饰品——项链、手链、脚链。而与之面对面的右边男孩则相反，身上没有任何首饰。也许这表明他们来自不同的社会阶层。这幅壁画可能是世界艺术史上最早描绘拳击手套的作品，而且还画出了拳手是如何佩戴及使用它们的。画师为了让画面具有层次感和灵动感，特地截取了两个小拳手腿部跨开、举手互击的瞬间。画面上方有一条常春藤幼芽和叶片组成的装饰带。

图21
拳击手壁画

图 22
阿克罗蒂里遗址四号建筑群的一个小房间中描绘春天的壁画

瓶罐及小工艺品

瓶罐及小工艺品是国立考古博物馆馆数目最为庞大的两类藏品。

瓶罐展占据了本馆二楼八个大展厅（第四十九至第五十六展厅）1500 平方米的区域。这 2500 件陶器覆盖了古希腊历史的六个世纪——从有史之初的公元前 1050 年到古典时期之末的前 320 年。

公元前 1100 年前后，伟大的迈锡尼文明走向了它的终结，此后的两个世纪被称为"黑暗时代"或者"古希腊的中世纪"，我们对这一时代的认识是非常有限的。此时期的出土文物以陶器为主，而陶器绘画也成为我们了解黑暗时代艺术的主要途径。这些陶器表面通常以几何形纹样为装饰，就连人物和动物也被纹样化、抽象化了，"几何纹"时代由此得名。此时代始于公元前 1050 年左右，终于前 700 年前后，延续了三个世纪之久。

此类陶器极为重视器物各部分的平衡和对称，而绘制在表面的图案进一步强化了这一审美取向。此种高度规律化和程式化的风格在古希腊艺术中是独树一帜的。大小形制不一的黑陶器皿光滑表面的绘画，最初始于器腹，渐渐地，环带形的装饰纹也被用于器颈，器肩，最后达至器足，于是整个器身都布满了图案。

赫希菲尔德搀和器就是此风格的典型例子（赫希菲尔德是曾经研究这件器物的考古学家，而搀和器 [κρατήρας] 是一种用于搀和葡萄酒及水以调节酒浆浓度的广口陶罐）。整件器具充满了几何纹饰，但也有人物场景——上部环带的主题是哀悼死者，下部环带则是战车的阵列。本文物被断代为几何纹时代晚期作品（约公元前 750—前 735）。

东方化时期

公元前 8 世纪和几何纹时代一同成为了历史的陈迹，接下来的公元前 7 世纪，更精确地说，是从公元前 700 年到前 620 年左右的这一段时间被称作"东方化时期"，因为此时希腊大地上兴起了一种深受东方风格影响的艺术模式。

由于在东方大规模的海外殖民，希腊人于公元前 8 世纪就已经接触到了东方各民族的文化及艺术，来自东方的影响在公元前 7 世纪达到了顶峰。但即使在东方化艺术最繁盛的时期，希腊艺术家们也只是选择和接受他们认为与希腊文化相匹配的元素。因此从东方化时期之初，受东方影响的希腊作品与真正的东方民族原创作品之间就存在着明显的区别。而东方化风格在公元前 6 世纪就不再流行了。我们似乎可以将东方化时代视为希腊陶绘艺术发展史上的一个意外插曲。这一时期的典型风尚是人物绘制——尽管公元前 8 世纪已经出现人像，但在此阶段对人物的描绘得到了长足的发展。

东方化时期器物的典型样品是出土自底比斯的双耳陶缸，年代约为公元前 680 年—前 670 年间。陶缸正面以自然女神"禽兽之主（Πότνια Θηρών）"为中心图案。这位女神被认为是掌管一切动物的神祇，她呈现站姿，两手张开，手下方各有一头狮子——这表示女神拥有驯服猛兽的权威。但缸上也有其他动物的形象，比如禽类。鸟形纹及几何纹充满了器物的表面，好像这一时期的陶绘师患有"留白恐惧症"，强迫自己将陶器的表面布满图案似的。缸背面以饿鹰扑食图为中心——鹰爪下的猎物是一只野兔。作品整体构图简单却又高明。

黑绘风格时期

公元前 7 世纪的最后 25 年间，雅典人吸纳了科林斯（Κόρινθος）陶匠于 16 年前所发明的黑绘陶艺。这种工艺在赭红色或者黄褐色的陶器表面以黑色描绘人物，再用刻痕或红紫两色的线条在黑色画面上刻画细节。黑绘风格画师所遵循的一个基本法则是：用浅肤色和杏仁眼来表现女性形象，用深肤色和大圆眼来表现男子形象。

庄严大气的涅索斯黑绘双耳罐是黑绘风格早期罕见的存世器物例证。此罐以器表陶绘图案的主题而得名。

在陶罐长颈上绘制有英雄赫拉克利斯（Ηρακλής）与半人马涅索斯（Νέσσος）搏斗的景象。根据神话传说，半人马涅索斯曾调戏赫拉克利斯的妻子得伊阿尼拉（Διηάνειρα），为此不敬行为他付出了生命的代价。画面中英雄抓住涅索斯的头发，正准备用手中的利剑将其击杀。而惊慌失措的涅索斯则双手上抬，伸向赫拉克利斯的下巴——这在古希腊是一个求饶的手势——为苟全性命而做最后的努力。两人头部一侧分别写着他们各自的名字，这使我们对图案的主题能够百分之百地确定，不至于有任何怀疑。

罐腹绘有三个戈耳工（Γοργών）：无头的美杜

莎（Μέδουσα）居中，两个精致的罐耳下方则分别是她的姐妹斯忒诺（Σθενώ）和尤瑞艾莉（Ευρυάλη），她们正在追赶砍掉了美杜莎头颅的英雄珀尔修斯（Περσεύς）。女妖恐怖的头颅和铺展的双翼令人生畏，而弯曲的膝盖显示她们正在全速前进。画师为了突出强调女妖们向着右方飞翔的行动趋向，特意在陶罐的下部画了一列向着反方向（左方）游动的海豚。在女妖们所飞奔的天空与海豚游弋的海洋之间由一道象征着海平线的细纹分隔。涅索斯陶罐制作于公元前615年—前605年间，是凯拉米克斯（Κεραμεικός）公墓所出土的时代最晚的一件墓上双耳罐（置于墓地之上，用于向死者酹酒的器具）。据推测，当年此双耳罐是背墙或背靠其他器物而立的，因为它只有一面富于图案及装饰。

自公元前6世纪以来，阿提卡地区的黑绘陶器开始进入海外市场，并形成了成规模的黑绘陶制品出口贸易。公元前580年，首次出现匠人在作品上署名的现象。第四十三展柜中心位置一块编号为15499的陶器残片上有数行文字，其中一句为"索菲洛斯绘制了我"。这块残片来自一个广口酒樽的口沿处，此种器具当时是用于调配及冷藏葡萄酒的。此陶片上保存了一场户外马车竞赛的片段：残片左端绘有四匹并排向右飞奔的骏马，它们对面是一个梯形看台，上面坐满兴奋得手舞足蹈的观众。这是希腊陶绘艺术中最初尝试表现空间层次感的样品之一。画面所配的文字说明了该图景的含义：在马匹的前方书有"为帕特罗克洛斯而举行的竞技（Πατρόκλου άθλα）"，在看台的后方则写着"阿喀琉斯（Αχιλλεύς）"。英雄阿喀琉斯为了哀悼死于战场的挚友帕特罗克洛斯，在火化其遗体之处举行了一场盛大的竞技会，而残片上的图案，显然描写的就是这场著名竞赛中的一幕。本件文物被断代为公元前580年—前570年间的作品。

黑绘康塔罗斯（Κάνθαρος）酒杯残片是一件大型康塔罗斯杯（古希腊人用于饮酒的双耳杯）破裂后的遗物，出土自雅典卫城。残片上的图案来自史诗《伊利亚特》所记载的故事：英雄阿喀琉斯在他的好友帕特罗克洛斯阵亡后决定整顿车马，重返战场，为友复仇。画面中三匹骏马已经被套上了战车，第四匹白色的马正由马夫从远处牵来。勇士阿喀琉斯站在前方，双手捧着第一匹马的脑袋。四匹马中两匹的名字在残片上保留了下来，分别是海托斯（Χαίτος）和艾弗提亚斯（Ευθοίας）。在陶杯的另一块碎片上画着阿喀琉斯著名的铠甲，以及向其奉上铠甲的海洋女神中的一位。在英雄肖像前方保存有一句完整的文字"奈阿尔科斯（Νέαρχος）创造并绘制了我"，由此我们可知，制造了这件陶器并加以绘画的匠人名叫奈阿尔科斯。专家们经过研究比对，认为本康塔罗斯酒杯是这位匠人最为杰出的作品之一。这件艺术珍品当年是被献于女神雅典娜的供品，公元前480年波斯人攻击雅典城的时候，它和神庙的其他物品一起遭遇火灾，故而失去了陶器原本温暖的橙黄本色，画面的色彩对比度和鲜明度亦大打折扣，令观者扼腕叹息。此酒杯的制造年代是公元前560年。

◎ 红绘风格时期

公元前530年左右，黑绘艺术发展到高峰，但也因为此一技巧的种种可能性都已经得到应用且被开发至极致，黑绘时代盛极而衰，逐渐走向尾声。一百年后，从事黑绘陶器制造的匠人们感到传统陶绘技术已经不能为他们提供更多的艺术发展空间及创作自由，于是在雅典的一些陶器作坊中产生了新兴的"红绘"风格。这种新技巧与此前的黑绘正好相反：陶器整体被染上黑色作为背景，而人物形象则保留陶土原本的浅红色。人物或为浅浮雕，或为平面画，细节部分用精致的线条予以表现。匠人通过用色显示人体的明暗，对身体各部的描绘越来越符合解剖结构，立体透视的构图技巧得到普遍运用。红绘风格流行了近两百年（从公元前530到前320）。第一百零五号展柜中红绘阿提卡式广口双耳罐（Ερυθρ?μορφη αττικ? πελ?κη）这件陶器出土自彼奥提亚（Βοιωτ?α）的泰斯彼埃（Θεσπια?）古城，为阿提卡地区陶器作坊的产品，通高34厘米，制造于公元前470年。器身上画着希腊人所崇敬的人英雄赫拉克利斯在埃及的冒险经历。传说中的埃及国王布西里斯（Βο?σιρι?）制定了一条残酷的法律：凡是来到他统治范围内的外乡人，都将被用作祭神的牺牲。国王相信，只有这样才能有效地向神明赎罪，以保风调雨顺，五谷丰稔，使他和他的子民免遭饥荒之苦。布西里斯表面上对来访的英雄热情款待，将他诱骗到祭坛之所在，仆人已经于彼处准备好了祭祀所需的物品：桌子、水壶、刀、斧，随时准备杀死来客，将其献于坛上。陶器正面显示赫拉克利斯已经看穿对方的诡计，他把自己的专用兵刃——橄榄木大棒——置于祭坛一侧，却抓起一个仆

图 23
黑绘陶器展柜

人的双脚,以这个倒霉鬼的身体为武器,将其抡向其余敌人。在他面前,一个仆人双手持斧,试图砍倒英雄,另一个仆人则已经吓得跪地举手求饶。陶罐的背面画着另外一些尚未觉察到状况有变的仆人毫无警觉地走近祭坛。画面整体布局和谐平衡,以祭坛为中心,对称地向两侧展开。仆人们夸张的动作和姿势让人想起森林精灵的舞蹈,这给原本血腥的搏斗杀戮场面平添了几分悲喜剧的黑色幽默。这位习惯上被称为"潘神之画师"的作者颇为重视对细节的描绘,比如赫拉克利斯所戴的狮子头盔。他也通过细节强调了仆人们的异族身份:光头、扁鼻、厚唇、受过割礼的下体——这些特征当然绝不可能出现在一个希腊英雄身上。尽管红绘成为了时代的新宠,但黑绘陶器也并未全然退出历史舞台,在一些同宗教仪式相关的场合,人们仍然偏爱更显古朴的黑绘陶器。比如在泛雅典运动会(Παναθήναια)中被用作奖杯的双耳橄榄油瓶(Παναθηναϊκοί αμφορείς)一直到希腊化时期仍沿用黑绘技艺(图 23)。

国立考古博物馆的白底细颈瓶收藏,是世界范围内同类藏品中最为重要的一组,不仅因为其种类齐全,数量丰富,品相良好,更因为这些瓶子上的白底陶画堪称艺术珍品。这类希腊文称为"利基托斯(λήκυθος)"的陶器是一种腹部修长,颈部极细,通常带有单个把手的瓶子,往往用来装盛配有香料的宝贵膏油,用于墓地的祭祀。

将细颈油瓶用作敬奉死者的祭器的传统,可以上溯到几何纹时期。最有价值的白底类细颈瓶于公元前5世纪出现于阿提卡地区,采用干画法在白色或者浅黄色的器物表面绘图。图案的主题多和死亡有关,例如上坟和墓祭的场景、冥河的船夫卡戎(Χάρων)、睡神许普诺斯(Ὕπνος)和他的兄弟死神塔那托斯(Θάνατος)等。公元前5世纪的所有陶绘大师都曾在此种陶器上留下他们的作品,而白底式细颈瓶的出现也标志着古希腊陶绘艺术发展到了它的顶峰。

有一白底细颈瓶通高 49 厘米,绘画主题为上坟图。在器身前方正中央,与瓶的把手相对之处,绘有一座墓碑，碑石竖立在拥有六级台阶的高基座上。碑身后方画着表示坟墓封土的曲线。碑座上陈列着奉献给死者的供品：细颈瓶、桂冠、束发带、橄榄枝。墓左有一青年女子，手捧大篮，其中装着更多献给亡人的桂冠。她右脚向前跨出一步，踏在碑座的最下一级台阶上，背部略为弯曲，身上所穿长袍的多重衣褶因为重力而垂直向下牵拉。少女向前、向上的行动与衣袍向后、向下的垂挂是两种相反的趋势，彼此间形成了一组动静平衡。由此可见，这种古典的平衡性追求不但贯穿在器物的整体构图中，也落实到具体每个人像之上。与少女相对的墓碑另一侧站着一个身着深红色短斗篷的青年男子。他年轻的身躯颀长而健壮，被称为佩塔索斯（πέτασος）的宽边圆帽搭在颈后，右手持着长矛。这位青年即是英年早逝的墓主人自身。此件风格简朴的古典佳作是从埃雷特里亚（Ερέτρια）出土的，年代为公元前440年。其作者是一位佚名的雅典匠人，在陶绘研究中习惯将他称为"鲍桑葵（Bosanquet）之画师"，以纪念第一位研究这件器物的考古学家。

在第一二〇号展柜中所展出的，是公元前5世纪末白底风格细颈瓶的杰出代表，它们被创作于该世纪的最后十年间，通常都是彩绘的。

第一三〇至一三一号展柜中，是泛雅典运动会和泛雅典双耳瓶。泛雅典运动会是雅典古城邦最隆重的盛典，为纪念该城的保护神雅典娜而举行，始于公元前566年。该运动会分为小会和大会两种，小会每年举行，而大会则每四年于7月底（阿提卡历法的元月，也即赫卡托庇翁[Εκατομβαιών]月）的雅典娜女神诞生日举行。大会持续一周的时间，其间官方组织的正式活动包括游行、祭祀、竞技、赛马、诗会和音乐会。泛雅典运动会的竞技项目有两种类型：一为奥林匹克型，其他城邦的公民也可以参加；另一种为地方型，只有雅典城邦的公民才能参与。对于竞赛优胜者的奖品是著名的"泛雅典双耳瓶"，其中装满了出自"莫里埃（μορίες，从当年雅典娜亲赐给雅典人的第一株橄榄树繁衍出的一片橄榄树林，被希腊人视为圣林）"的橄榄油。每个双耳瓶可容约36公斤油。每个获奖者可以得到的奖赏下限为1瓶，上限为140瓶。这些特制的双耳瓶出现于公元前560年，一直到公元前2世纪，数百年间都保持着相同的形制。

⦿ 赤陶艺术的小天地

本馆在此处展出的600余件陶俑，年代上起自几何纹时期，下至罗马统治时代，其数量之丰富，主题之多样，种类之齐全，色彩之鲜明，都足以令参观者耳目一新，并可以通过它们了解古人生活的方方面面。许多成套的陶俑来自对古墓的发掘（阿提卡、彼奥提亚、伯罗奔尼撒等地）或出自重要的宗教圣地（如雅典卫城、阿尔戈斯赫拉神庙[Ηραίον Άργους]及佩拉霍拉赫拉神庙[Ηραίον Περαχώρας]等），亦有许多是通过购买及捐赠而获得的。历代陶俑展品依照年代先后排列：始于抽象化、程式化的早期作品；终于高度写实、充满感情的晚期作品。

披大长袍的妇女陶俑出自彼奥提亚地区的作坊，时代约为公元前330年。这尊人像属于被称为"塔那格拉妇人俑（ταναγραίες κόρες）"的类型。因为在19世纪末，于彼奥提亚地区塔那格拉镇的古墓中出土了数百件此种形制的妇人俑，故而得名。塔那格拉妇人俑的姿态各异，穿着华贵衣袍，头上常戴着优雅的帽子，手中持有扇子、镜子之类的小物件。这类陶俑出现于公元前4世纪中叶，一直持续生产到希腊化时代之末（公元前31），并传播到了希腊化时期的各重要文化中心：亚历山大里亚（Αλεξάνδρεια）、士每拿（Σμύρνη）、帕伽马（Πέργαμος）、塔兰托（Τάραντας），甚至还远达俄罗斯南部地区。

少女与胜利女神游戏的组合像由一位少女和带翼胜利女神尼克两个人物组成。她们正在玩一种叫做"埃斐德里斯莫"的游戏（το παιχνίδι του εφεδρισμού），在这个游戏中，失败的一方要将胜利的一方背负于自己背上。陶俑显示的正是少女背负胜利女神的场景。这件公元前2世纪的文物出土自密里纳（Μύρινα）（图24）。

图 24
少女与胜利女神游戏组合雕像

玻璃器皿展——易碎的豪华

古代玻璃制作是一种以火焰为加工手段的技艺，其制作过程复杂且费工，故而多彩又透明的玻璃器皿在古希腊是稀有并为人所珍视的物品。玻璃首次出现于5000年前的两河流域。迈锡尼人（公元前1500—前1100）是古希腊最早制作和使用玻璃的族群，他们将玻璃用于制作首饰、装点家具和武器。在古典时期及希腊化时期，玻璃被称为"可熔铸的宝石"，极受人们的重视，甚至可以与金银等价。随着吹管这种工具在公元前1世纪中叶被发明，玻璃匠人们从古旧工艺的束缚和限制中被解放出来。玻璃器皿的制作变得更容易，因此也更广泛地为社会各阶层所使用。

本馆的常设性塞浦路斯文物展是从2009年开始的，此展览在乐文提基金会（Ίδρυμα Α.Γ. Λεβέντη）的赞助下，至今尚处于不断丰富和重组的过程中。迄今此展览中包含有180件文物，通过它们，我们可以一窥古代塞浦路斯本土的宗教习俗、独特的地方艺术及昌盛的商贸活动。

作者 / 亚历山德拉·赫利斯托布鲁 (Alexanda Chidiroglou Natarchmus)

雅典国家考古博物馆研究员

翻译 / 陈煜峰

# 柏林的卫城
—柏林博物馆岛与古典文明

德国柏林国家博物馆由十七个博物馆组成，藏品几乎可谓无所不包，既有近当代的艺术精品，也有史前人类的活动遗迹；既收藏欧洲艺术家的佳作，也展示五大洲各民族的风土人情。博物馆及其辅助机构分散于柏林市二十余座独立的建筑中，形成五个相对集中的建筑聚落，即博物馆岛、波兹坦文化广场、达勒姆博物馆、夏洛滕堡和克佩尼克堡。五个博物馆群各有分工，分别展示不同时段、不同区域的文物和艺术品。本文要介绍的博物馆岛（Museumsinsel）主要收藏并展出的便是古典文明的建筑和雕像。

柏林博物馆岛位于斯普雷岛北端，库普菲格拉本大街（Kupfergraben）以北即是。这里是地地道道的市中心，周围有柏林大教堂、宫殿广场（原皇宫所在地）、德意志历史博物馆（原皇家兵器库）、洪堡大学、国家图书馆、国家歌剧院等重要建筑，横穿整个城市的斯普雷河从它两边缓缓流过。这里还是著名的菩提树下街的东端。经库普菲格拉本大街往西，从宫桥（Schlossbrücke）出岛，沿菩提树下大街（Unter den Linden），到街尽头，就是勃兰登堡（Brandenburg）。作为市中心，博物馆岛见证了柏林的历史，见证了它一步步从小村庄发展为大城市，从勃兰登堡选帝侯首府到普鲁士王国首都再到德意志帝国首都。博物馆岛亲历了德意志的统一，也饱尝过盟军的炮火。在冷战期间，它属于东德，与举世闻名的柏林墙仅咫尺之遥。

进入新世纪，博物馆岛重新发展成为国际化大都市的中心。

然而，博物馆岛并非随着柏林一起诞生的。在相当长时间内，岛上最重要的建筑位于岛心的宫殿，岛北端由于地势低洼而荒置。故在相当长的时间内，"宫岛"（Schlossinsel，又名渔夫岛）是这块地方的名字。随着历史走入近代，西欧国家纷纷建立公共博物馆，一时间蔚然成风。普鲁士虽然由于战乱和分裂而国力弱小，其知识分子却不甘久居人后。1797年9月25日，国王弗里德里希·威廉二世大寿，普鲁士皇家艺术学院照例举行庆典。考古学家阿洛伊斯·希尔特（Aloys Hirt）趁机呼吁建立一座公共博物馆，以将皇室收藏品中最为优秀的绘画和雕像集中一处，向公众展出。

希尔特次年还提交了自己的设计方案。然而，方案并未得到国王热切的回应，反而招致了建筑师、城市规划师和画家卡尔·弗里德里希·辛克尔（Karl Friedrich Schinkel）在1800年的反提案。然而，一方面是由于辛克尔反提案中的设计不成熟，另一方面由于王室中缺乏热心的支持者，公共博物馆的建设仍受到冷遇。虽然腓特烈威廉三世曾于1810年正式颁布法令，举办面向公众的艺术展览，以满足柏林市民对公众教育和公众展览日益强大的需要，但此时他仍是打算应付了事。1815年，神圣同盟将拿破仑抢走的文物归还，公共博物馆事宜再次变得敏感。此时，国王希望将博物馆建在艺术学院的旧建筑内。但出于工程烂尾、账目混乱等原因，该项目最终被辛克尔成熟的博物馆计划所取代。

辛克尔虽然是博物馆的设计者，但一手促成博物馆建设的确另有其人，那就是当时的王储弗里德里希·威廉王子。相比其父祖，当时的威廉王子、未来的威廉四世是艺术和建筑的热心支持者。趁其父王出国参加国际会议，他叫停了艺术学院的修复工程，转而与辛克尔商讨出完备的博物馆修建计划。待威廉三世回国，一份成熟的博物馆修建提案已经摆在了他的案头。这次，他痛快地答应，签署了法令。时为1823年4月24日。随后，博物馆在王宫北面的欢畅花园（Lustgarten）旁破土动工。1825年，地基部分完成。次年，建筑框架完工。1829年，博物馆筹备委员会成立，威廉·冯·洪堡任委员会主席。1830年，王家博物馆正式向公众开放。

辛克尔早年的建筑设计风格为哥特复兴主义和折衷主义，后期则受到强烈的希腊复兴建筑风格的影响。所谓希腊复兴建筑风格，是文艺复兴之后流行的新古典主义建筑风格（Neoclassical architecture）的一种，对它有最直接影响的则是18世纪中后期到19世纪前半叶的希腊文化（Hellenism）。希腊文化作为一种文化思潮，发端于18世纪的德国，其发起人是德国艺术史学家、美学家温克尔曼。作为文化思潮的希腊文化内涵丰富，不仅表达了一系列政治和文化理想，还体现出强烈的对古典希腊理想化的色彩，以古典希腊抒发、寄托现代欧洲的精神。

在18世纪末[1]，19世纪初，希腊文化成为影响德意志文化走向的关键因素，以至于被称为"希腊对德意志的专制"。受到这股思潮的影响，也由于接触希腊建筑与艺术机会的增多，辛克尔转向希腊复兴风格，以至于成为这种风格在德国的代表性人物。他所设计的这座王家博物馆，是其希腊复兴建筑的代表作，也是这种风格在德国的代表作。

王家博物馆建于石基台上，坐北朝南，正对王宫。正面为一座长87米的立面，仿雅典柱廊样式，从东到西耸立着18根爱奥尼亚柱。柱头上为柱廊顶，其正面的饰带上是献给威廉三世的金字提铭，其文曰："FRIDERICVS GVILHELMVS III. STVDIO ANTIQVITATIS OMNIGENAE ET ARTIVM LIBERALIVM MVSEVM CONSTITVIT MDCCCXXVIII"（弗里德里希·威廉三世，为研究古代文化的全部和人文学科修建了博物馆，1828）。柱廊之巅，柱头正上，蹲坐着18只展翅的石雕雄鹰。博物馆共两层，中间为圆形穹顶大厅，两侧为方形内室。大厅一层环立20根科林斯柱，柱与柱之间陈列古代雕像。穹顶高23米，仿罗马万神殿，初不透光，后开天窗于正中。每当阳光打进，宛如诸神降临。

最初，老博物馆致力于展出所有藏品。随着新馆的增多，它渐渐成为古典文物的专属地。它之后，渔夫岛北端又先后建起了新博物馆、老国家艺术展览馆、波德博物馆和帕伽马博物馆，并于19世纪70年代，获得博物馆岛的美名。在这块土地上，古典的文物与艺术品逐渐汇集，形成了一片灿烂的天空。

王家博物馆建成之后不久，便已无足够空间容纳日渐增多王室藏品。鉴于此，修建新博物馆成为必然。1841年3月8日，刚登基不久的威廉四世发布谕令，宣布要将渔夫岛北端建成"艺术与科学的圣殿"。他召集辛克尔的弟子弗里德里希·奥古斯特·斯图勒（Friedrich August Stüler），设计了一整套包括博物馆、大学和研究院在内的建筑方案，野心勃勃要将柏林市打造成斯普雷河畔的雅典（Athens on the Spree），而渔夫岛北端就是这座雅典城的"文化卫城"[2]。由于资金不足，该计划并未全面开工。最初建设的，就是后世所谓的"新博物馆"。然而，斯图勒的总体设计为博物馆岛的最终形成规划了道路。

新博物馆1843年破土动工，1855年建成，局部装饰工程迟至1866年才完工，设计者为斯图勒。作为辛克尔的弟子，他很大程度上继承了恩师的建筑理念与风格。新博物馆位于老博物馆，即王家博物馆之北，南北长105米，东西宽40米，身量狭长，呈矩形，与老博物馆几乎垂直。新博物馆采用与老博物馆几乎相同的平面类型，即院落集中式布局，只不过中央的穹顶大厅代之以一座与博物馆等高等宽的大楼梯。楼梯将整个建筑一分为二，隔出两个内庭，即靠南的希腊内庭和靠北的埃及内庭。在东南和东北两个拐角处，分别立有两座圆顶，前者紧挨老博物馆，后者正对后来的帕伽马馆，但只有后者得以在战火中幸存。在正门入口处山墙上，镌刻着威廉四世献给威廉三世的铭文，其文曰："Museum A Patre Beatissimo Conditum Ampliavit Filius MDCCCLV"（由最有福祉的父亲修建的博物馆，儿子扩充之）。体现新老两个博物馆之间继承与发展的关系。一座长24.5米的三联拱桥还将二者连为一体。朝向库普菲格拉本大街的立面上刻着另一句铭文："Artem Non Odit Nisi Ignarus"（无人憎恨艺术，除非愚钝无知），体现了新博物馆面向大众、传播艺术的宗旨与理念。

新博物馆的建造运用了当时德国最先进的建筑技术。由于地质松软，新博物馆不得不采用桩基础，向地下打入了2000多根6.9米—18.2米的木桩。为了打桩，德国人专门从美国进口了一台五马力的蒸汽机。这是柏林建筑史上首次采用蒸汽机为建筑工具。此后，为了运输建材，人们特意修建了一条跨河的铁路。建成后的新博物馆，外表简单无华，但内部装饰非常震撼，给人耳目一新之感。

从建成之日起，新馆就与古代文明结下不解之缘。当时，底层展出的是古代埃及、古代北欧的文物和人种学的考古发现。第二层陈列的是古希腊罗马时期的石膏像，以及拜占庭、罗曼、哥特、文艺复兴和古典主义时期的艺术作品。第三层则是建筑模型、陶器、家具和玻璃制品等。随后，人种学博物馆和古代北欧博物馆等展线相继迁出，古代陶瓶和埃及纸草等展线从无到有。石膏模部日益壮大，却因公众审美品位的转迁而不得不被赠予大学。但总体来说，二战之前，新博物馆运行良好。1939年，出于战争的原因，新博物馆被迫关闭。在盟军轰炸柏林时，新博物馆受损严重。战后，除个别展厅外，博物馆大部遭废弃，甚至一度有被整体拆除之虞。1985年，东德政府最终决定在原有的基础上修复新博物馆。2009年10月8日，新馆修复工作完成，重新投入使用。

新博物馆北边，矗立着一座U型建筑—帕伽马博物馆。它位于整个博物馆岛的中心，是整座岛上修建时间最晚、建筑面积最大、知名度最高、游客人数最多的博物馆。馆如其名，它的名字就向我们透露了这座博物馆的来龙去脉以及最重要的展品——帕伽马大祭坛。

帕伽马原为塞琉古王国城市，后独立出来，经阿塔罗斯家族数代人的努力，发展为小亚最重要的城邦之一。它扼守要冲，易守难攻，曾数度击溃从欧洲入侵的高卢人，为希腊城邦的和平与安宁做出过重大的贡献。然而，它借以扬名的，不是其军事威力，也不是其险要的地势，而是其璀璨的文化。帕伽马的统治者优梅内斯二世和阿塔罗斯二世，接力完成了帕伽马宙斯大祭坛的修建。此外，他们还建造引以为傲的图书馆，其藏书量仅次于埃及的亚历山大里亚图书馆。

通过一系列的努力，帕伽马成为希腊化时代重要的文化中心，大有与雅典和亚历山大里亚匹敌之势。据说，为了制约帕伽马的文化发展，托勒密王朝禁止向帕伽马出口古代重要的书写材料纸草。作为应对，帕伽马人在已有技术的基础上，发明了羊皮纸的制造技术。之所以如此注重文化建设，是因为帕伽马建国时间短，且国民多为传统意义上的蛮族。出于此，帕伽马的统治者格外希望通过文化建设来加强自身的希腊身份认同。

帕伽马大祭坛就是在这种动机下修建的。在此之前，优梅内斯二世的父亲阿塔罗斯一世已经数次击败高卢人的入侵，成功地捍卫了希腊世界的独立。为了纪念自己的胜利，阿塔罗斯一世在帕伽马和其他城邦树立了一些胜利纪念碑，有将帕伽马建成希腊文化的庇护者与促进者的远志。其中，最为后世熟知的是《垂死的高卢人》和《杀妻然后自杀的高卢人》。此外，还有他捐赠给雅典的一组群雕。群雕刻画了诸神与巨人的战斗、雅典人与阿玛宗人的战斗、雅典人的马拉松战役与阿塔罗斯对高卢人的胜利。

无疑，通过这一组群雕，阿塔罗斯建立了一个从诸神到雅典再到帕伽马的谱系。确实，加强希腊身份认同，将帕伽马挤入希腊主流文化的代表，强调自身与希腊文化的传统代表雅典之间的关系不失为最明智之举。优梅内斯二世的军事胜利，较之其父，更进一步，兼并了高卢人的地盘——加拉太。除了军事上的超越，优梅内斯二世在文化建设上也更为野心勃勃，自比公元前5世纪中叶的伯里克利，将战争取得的金钱投入到剧院、图书馆、教育设施和神庙的建设上，实现了其父的愿望，将帕伽马建成了公元前3世纪的雅典。尽管岁月已经吞噬了许多当初辉煌的成就，但帕伽马大祭坛却奇迹般的保存至今，向人们诉说当日帕伽马文化的昌盛。

帕伽马大祭坛建在帕伽马祭坛卫城中心的平地上，位于卫城上另一座重要建筑——雅典娜神庙——的南下方。有观点认为，大祭坛是为了给纪念雅典娜的节日"尼克福利亚"（Nikephoria）增光添彩而建的，是雅典娜神庙圣地的一部分。祭坛呈长方形，基本上正南正北。它南北边长34.20米，东西长36.44米。祭坛西面开口，建有宽20米的台阶，供人拾级而上。其余三面皆有高高的基台，基台上刻有深浮雕，表现诸神与巨人之间的战斗，故又名"巨人之战"（Giantomachy）。"巨人之战"的主题与阿塔罗斯一世捐赠给雅典的群雕一脉相承，通过代表秩序的诸神与代表混乱的巨人之间的斗争，映射希腊文明与蛮族间的斗争，彰显帕伽马作为希腊文明保护者与促进者的地位。"巨人之战"浮雕是希腊化时代雕像的杰作，百余个形象栩栩如生，一气呵成，是仅次于帕台农神庙的希腊浮雕珍品。基台之上，立有华美的柱廊。东面柱廊为正厅，内有真正意义上的"祭坛"。祭坛四周亦有浮雕，表现的是传说中帕伽马的建立者，赫拉克利斯之子特勒弗斯的生平。

洪荒岁月，将大祭坛掩埋。直至1878年，大祭坛才由德国工程师卡尔·休曼等人挖掘出来，重见天日。此时，离大祭坛建成已有2000年。但同一种对于古希腊文化强烈的热爱将德国和帕伽马两个国家紧密地联系在一起。19世纪的德国，对希腊的崇拜之风正热。在文化上，德国出现了"希腊对德国的专制"，诞生了温克尔曼等希腊痴，建筑上流行"希腊复兴主义"等新古典主义的风格，涌现了申克尔这样的大师。希腊对德国的影响，不仅表现在德国当地，还将这股风吹回到它的源头——希腊。近代考古学之父，德国商人谢里曼受时代影响，从小痴迷荷马，自学古典语言和多门现代语言，接连挖出了特洛伊和迈锡尼两座《荷马史诗》中重要的城市。在他的激励下，德国人开始在古希腊故地各处进行发掘，其中最著名的就是帕伽马和奥林匹亚的考古活动。

考古发掘出来的内容大致分为三部分：大祭坛本身；祭坛底座上的"巨人之战"；散落的建筑配件。这些文物被运回德国，展出于老博物馆中央大厅，当即引起轰动。对德国人而言，这不但是文化上的盛举，也为德意志民族增添了光辉，使得德国在希腊文物馆藏方面能与英国或法国一较高下。此后，德国人还在玛格内西亚（Magnesia）、普雷恩（Priene）、米利都等地进行考古活动，均有重要发现。在米利都，他们甚至挖出了罗马皇帝哈德良时代建立的米利都南市集的大门。

此外，德国考古队在巴比伦、亚述等古代世界大都市亦有重大斩获。由于希腊人民族意识的觉醒，希腊政府在奥林匹亚考古队活动之初便与他们签订协议，不得将文物运出希腊，只能在原地修建博物馆展出。但除此之外的文物，都被一一运回德国。

随着文物数量的急剧增加，展藏地日益成为问题。1901年，一幢新建筑在帕伽马馆的位置建成，文物展出其中。但在1908年，由于地基下沉，这个新馆不得不被拆除。而早在1906年，柏林博物馆就联系到建筑家阿尔弗雷德·梅瑟尔，请他设计一个新馆，以容纳从国外发掘或接收的古典、两河与伊斯兰的文物。梅瑟尔的方案是一幢U形三翼单体新古典主义建筑。它总面积10500平方米，所有的立面都装饰有嵌壁柱、立柱和高高的窗户，两个侧翼还配有三角墙。

1909年，梅瑟尔故世，其友路德维希·霍夫曼接手项目。次年，施工正式开始。由于战火与革命，整个工程历经二十载，于1930年完工。这栋U形三翼建筑大致坐东朝西。东面为其中心部分，展出帕伽马大祭坛和其他古典时期的文物，乃真正意义上的帕伽马馆。馆分为三厅，中间为展示帕伽马大祭坛的帕伽马厅。大厅为单层建筑，高20米，纵深32米，宽51米，天花板为透明玻璃。祭坛正对大厅入口，背靠大厅东墙。祭坛底座的两个侧翼从东墙伸出，侧翼间为台阶，沿台阶而上可至祭坛和特勒弗斯浮雕。按照梅瑟尔的设计，"巨人之战"浮雕群并未按祭坛原样复原。除侧翼上的浮雕被复原回原位外，其余皆陈列在大厅剩余的南、北、西三面墙壁上（图1- 图8）。

帕伽马大厅两侧的大厅，则用来陈列其他希腊罗马的建筑部件或者文物，如米利都的市集大门。帕伽马馆南北侧翼皆为两层，其中南侧翼为近东文明馆，北侧翼为伊斯兰艺术馆。最初，这两个馆都在南侧翼，分别占据一楼和二楼，而北侧翼则为展出德国和欧洲雕像、绘画和工艺品的德意志馆。这些馆当初都有独立的名称，但后来逐渐被帕伽马馆的名声所掩盖，于是人们便用"帕伽马馆"来代称这三幢建筑中所有的博物馆。这也不足为奇，毕竟帕伽马宙斯大祭坛的辉煌气势，世所罕有，以至于有这样一种说法：如果在柏林的时间只够参观一座博物馆，一定要选择帕伽马博物馆。而官方网站在介绍帕伽马博物馆的时候，也特意用黑体字标明："由于施工和游客数量大，可能会遭遇长时间的等待（Please note that due to construction and the high volume of visitors, longer waiting times may be experienced.）。"这种情况，在柏林国家博物馆所有分馆中，都是仅见的。

除了是帕伽马博物馆的台柱子，帕伽马大祭坛还是德国柏林国家博物馆古典文物珍藏系列（Antikensammlung）的核心藏品。古典文物珍藏是柏林国家博物馆15个珍藏系列中非常重要的一个，也是全世界古希腊罗马文物珍藏系列中很有影响的一个。它有着悠久的历史，最早可上溯至1698年，其前身为普鲁士王室的私人珍藏。由于有着悠久的历史，古典文物珍藏系内容十分丰富，涵盖陶瓶、碑铭、建筑部件、雕刻、青铜像、赤陶、金银饰品以及象牙和玻璃制品，藏品时间横跨从公元前1000年代的爱琴文明到罗马帝国晚期的整个古典文明，文物产地亦不仅限于希腊本土和罗马帝国，还包括了黑海和塞浦路斯、小亚等希腊化地区，甚至连严格说来不属于古典文明的伊特鲁利亚文明的文物也位列其中。

该系列藏品质量非常之高，除上文提到的帕伽马大祭坛，还有许许多多堪称经典的古代艺术杰作，分布在上文介绍过的老博物馆、新博物馆和帕伽马馆。能与帕伽马大祭坛相媲美的，确实没有。因为大祭坛无论是整体的设计还是细节的雕刻都臻于完美。它既是优秀的建筑作品，气势恢宏，让人望而生畏，也是杰出的浮雕作品集。这些浮雕，已经远远超出了建筑装饰品的地位，和帕台农神庙的山墙浮雕一起，成为人类艺术史上永恒的经典和不朽的神话。那些无名的工匠在表现神话的同时，也创造了神话。诸神生而不朽，而艺术家通过双手让艺术挣脱时间的锁链，成为不朽。

能在整体设计上与帕伽马祭坛一较高下的，大约只有同在帕伽马馆的米利都市集大门了。它错落有致的造型、典雅的设计、优美的纹饰，静静向人诉说着展示米利都昔日的繁华。而博物馆精心的设计使得原本可能沦为一堆顽石的部件，重新挺立，焕发光芒，仿佛你穿过那道大门，就可以穿越时光的河流，走进古人的心灵（图9）。

除了整体的建筑遗迹外，小型的陶器也有着自身别样的美感。希腊的陶器可以分为红底黑像和黑底红像两种，器形也多种多样，最著名的就是双耳瓶，各自有自身的美感。不像金玉，为王公贵族所独享，也不像大型纪念建筑，只有国家才能操办得起，陶器乃平头百姓日用之物，常量极高，且广销各地，大凡欧洲的博物馆都会多少藏有几件。但正如当下的日用品有高下之分，古代作为日用品的陶器——虽然现在已经是不折不扣的艺术品——也有好坏之分。因此，并不是所有的博物馆都能像柏林国家博物馆那样，拥有如此众多的优质陶器。

与中国的瓷器不同，希腊的陶器好坏很大一部分取决于陶器上的画。或许希腊烧陶的技术比不上中国，但他们画师作画的技巧却弥补了自己的不足。

陶瓶画因其独特的造型、流畅的线条和欢快的风格，成为西方艺术史上靓丽的风景，对当下仍有一定影响。另外，作为日用品，陶瓶上的画常常反映希腊人的日常生活，如宴饮、竞技、战争、游戏，同时也描绘希腊神话和传说中的故事。正是因为其兼具美感、实用和信息丰富等特点，陶器特别为古人所喜爱，也成为现代古典研究的重要材料和各博物馆争相收藏的对象（图10-图17）。

相较陶器，希腊和罗马的雕像就更广为国人所知。希腊罗马的雕像多为人像，但刻画的对象是与人形象相近的诸神。说他们形象相近，是因为诸神比凡人更加健美、高大和漂亮。但凡人经过锻炼也可以达到这样的效果。故无题的雕像，往往不知道最初刻画的是凡人还是天神。

现代传世的古典雕像，以罗马人的仿制品居多，少有希腊人的原作。仿制品多为大理石材质，经久不坏，而原作有些可能是青铜甚至是木质，日久便腐烂了。故能收集到青铜像，无疑是极好的。柏林国家博物馆就藏有一件这样的雕像，它表现的是一个正在向神祈求的男孩。他两手摊开，两臂向上向前举起，眼光随着手的方向望向远方的天空，整体动作生动自然（图18）。祭祀和祈求诸神是希腊日常生活的重要内容，在《伊里亚特》第一章便有记载。这尊青铜像，完美再现了这一典型场景。更多的雕像是常见的大理石雕像。虽然博物馆岛上没有像"断臂的维纳斯"这样重量级的"选手"，但也有自己的爱神阿佛洛狄忒、艳后克里奥佩特拉等人像（图19、图20）。除了人像，柏林国家博物馆还藏有栩栩如生的动物雕像，最常见的是石狮子。与中国的石狮子不同，希腊罗马的石狮子并未被表现为形象夸张的祥瑞神兽，而是淋漓尽致地展现了希腊罗马雕像自身的写实传统，栩栩如生。

但希腊人并非没有自己的神兽，但是这些神兽往往是超自然的，或者说是自然界中没有的。如早期青铜器中常见的狮鹫，就是狮身和鹫首两种元素的混合。柏林国家博物馆藏有大量狮鹫装饰品。除了这类超自然的神兽，有些自然界的猛兽也会被神话为诸神的代理人，最著名的就是鹰。在希腊神话中，鹰是宙斯的神物，常常代替宙斯在人类的梦中和占卜之时表现很多意象。这一传统在罗马也有体现，鹰常常成为罗马军队乃至自身的象征，也常常在各种饰物上与罗马皇帝一同出现。

除了鹰的形象及其象征，罗马还继承了大批希腊

图1
帕伽马祭坛全貌

图2
帕伽马祭坛东山墙局部,上面是雅典娜组雕。

图 3
帕伽马祭坛北山墙局部，俄里翁和巨人。

图 4
帕伽马祭坛北山墙局部,卡斯托尔即将被巨人打败,其孪生哥哥波鲁克斯赶紧去帮忙。

353

图 5
帕伽马祭坛南山墙局部,诸神之母瑞亚像抓住了雄狮的头部,其左上方的雕是宙斯。

图 6
帕伽马祭坛北山墙局部

图 7

青年神（也许是埃忒耳，因为是蛇身）正在和雄狮搏斗，勒紧了雄狮的脑袋。

图 8

帕伽马祭坛东山墙局部，阿尔忒弥斯正在和巨人战斗。

图 9
米利都集市大门

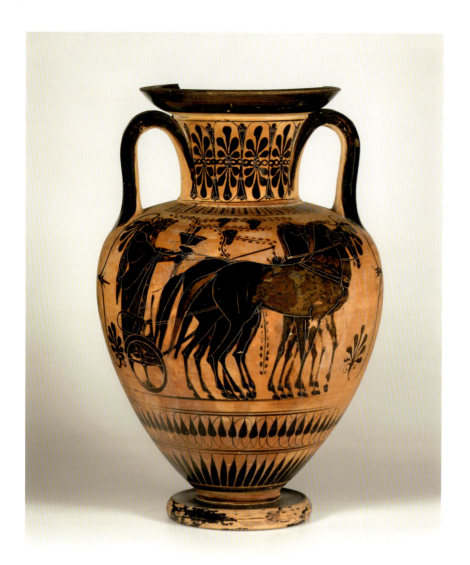

图 10
阿提卡双耳瓶

图 11
阿提卡酒碗,表现运动会场景。

图 12
阿提卡黑彩酒碗

图 13
阿提卡地区的碗,绘画内容是"运动员在准备比赛"。中间是一个掷铁饼者,旁边是他的教练。

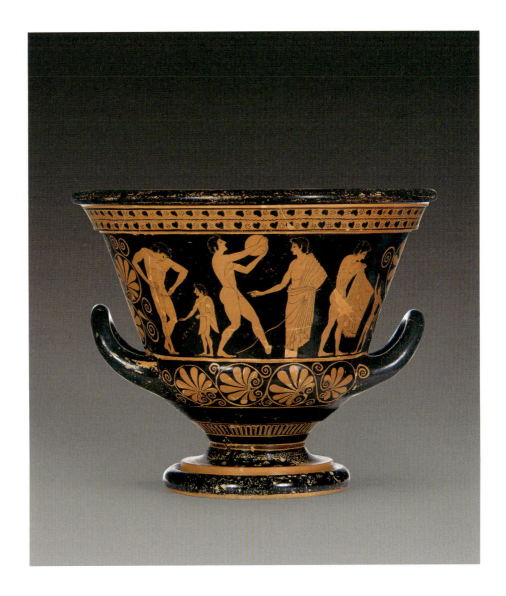

图 14
阿提卡的碗碟,表现战争场景。

图 15
阿提卡酒碗,表现包扎伤员场景。

图 16
阿提卡酒碗,中间是两个标枪运动员。

图 17
阿提卡的碗碟,表现奏乐场景。

图 18
祈祷中的男孩青铜像

图 19
阿佛洛狄忒大理石雕像

图 20
克里奥佩特拉七世头像

艺术的遗产，以至于自身几无特点可言。但也并非绝对没有，罗马的绘画，尤其是壁画水平就高于希腊。柏林国家博物馆就藏有若干罗马时代的绘画作品，其技艺之精巧，绝对堪称教科书级别——事实上，很多古典学专业的教科书封面就是来自该馆的各种藏品。

在这些让人赏心悦目的、现在被称为艺术品的藏品之外，博物馆岛还藏有大批可以算作手工艺品的器物，其中包括上文提到的首饰、小雕像和各种小玩意儿。此处不再一一介绍。不过必须强调的是，古代世界并无现代意义上的艺术，所有的看似是"艺术"的器物，实都有其实用的功能。某一个看似是装饰的首饰，其真实身份可能是驱邪避鬼的神符。被现代人当做范本的雕像，最初的身份是神像或者其他具有公共功能的产品。即便是被装饰成美女头像的水壶，也不是为了美才做的，它们在古代观念世界中，都有自己的位置。

然而，凡成为文物者，必定和当下的社会脱离了关系，成为死去的文明残骸。但就这些死物，是无法向我们言说任何信息的。就像《奥德赛》中，地府的亡灵只有饮过活物的血才能说话，过去的物件也是，只有通过当代人的发掘、整理和展示，才能将一个逝去的时空展现在我们面前。因此，当我们满怀敬意地欣赏博物馆岛的古典文物时，也应该在心底为近当代德国柏林博物馆人的不懈努力而喝彩。同时，通过这些文物和堂皇的建筑，更应该体味到自古至今传承下来的，对古希腊文明，乃至整个古典文明诚挚的热爱。如此，才真正能领会到当年威廉四世等人宏大愿望的动力源泉。如此，才不虚此行。

[1] 黄洋：《古典希腊理想化——作为一种文化现象的Hellenism》，《中国社会科学》，2009年第2期，第54页。

[2] Toews, John Edward. Becoming Historical: Cultural Reformation and Public Memory in Early Nineteenth-Century Berlin. Cambridge University Press, 2004, pp. 200-201.

作者 / 陈超 / 复旦大学历史系博士

阿什莫林博物馆所藏古希腊文物

牛津大学阿什莫林博物馆（The Ashmolean Museum）全称阿什莫林艺术与考古博物馆（The Ashmolean Museum of Art and Archaeology）。从翻译的角度讲，阿什莫林博物馆应该译为"阿什莫尔博物馆"。因为这个馆的建立源于一位名叫阿什莫尔（Elias Ashmole）的收藏家，"Ashmore"这个名字后缀变成"lean"，就变成了一个形容词，即成了"阿什莫林博物馆"了。1656年，阿什莫尔接管了英国自然学家约翰·特拉德斯坎特（John Tradescant）的藏品，公布了藏品的清单，这个清单在发表时被称作"Musaeum Tradescantianum"（特拉德斯坎特的藏品）。此清单的命名自有渊源。文艺复兴时期欧洲人把希腊罗马文化奉为经典，希腊神话里的缪斯女神（Muses）之名被重新启用，当时佛罗伦萨的统治者美蒂奇家族的藏品目录就叫作"Mouseon"。1669年，阿什莫尔获得牛津大学医学博士学位。1677年，他决定把特拉德斯坎特的藏品以及他本人收集的一些文物捐赠给牛津大学，希望大学能为这些赠品专门建一座房子收藏并向公众展示。牛津大学在1683年向公众开放了这座建筑，并把这座建筑称作阿什莫林博物馆，意即阿什莫尔的藏品（Museum）。故而，第一个用"Museum"这个词命名、概括一个机构的，就是阿什莫林博物馆。而现代"博物馆"概念，就是来自阿什莫林博物馆。其实，阿什莫林博物馆不是世界上第一座博物馆，可查的欧洲第一座博物馆是罗马的卡庇托里尼博物馆。然而，博物馆作为以收藏及社会教育为职能的一种非营利性公共文化设施，确切地说是从阿什莫林博物馆开始的。

图1
阿什莫林博物馆外景

这个博物馆规模并不算大，就是一个大学博物馆。一所大学里的博物馆，一定程度上是为大学教学服务的。牛津大学有两个很好的博物馆，一个是自然博物馆，另一个就是阿什莫林博物馆。阿什莫林博物馆对应人文和社会科学，如古典学、古埃及学、亚述学、艺术史等人文学科。最初的阿什莫林博物馆的馆舍现在成了一座模仿西方古典主义建筑的楼宇，三角形的山墙、横楣、爱奥尼亚式石柱，下面还有柱基，其形态可见古希腊建筑之风（图1）。

图2
阿什莫林博物馆内部展厅一角

博物馆虽然面积并不大，可是文物种类非常多，包括各种古文明以及史前各种文化遗物，主要分为五个部分：古器物部、西方艺术部、东方艺术部、赫伯登钱币室和石膏模型部，展出欧洲、古埃及、古希腊、美索不达米亚等地的文物。目前其藏品已多达一百多万件（图2）。古希腊文物集中在古器物部和石膏模型部。石膏模型部的成立是因为早期文物比较少，需要复制一些欧洲其他大博物馆的文物精品，如维纳斯雕像，复制品是供牛津大学艺术专业学生的静物临摹训练使用的。这里的石膏模型部是英国年代最长、藏品数量最多的一个古希腊文物石膏复制部门，完好地保存了很多希腊罗马雕像原型。其制作的时期比较早，所以一些已经遭到环境腐蚀的雕像的原始形态都由石膏模型保存了下来。

古希腊文物主要还是陈放在古器物部，其下还分七个二级部，即古代塞浦路斯（图3-1—图3-3）、古代埃及、苏丹、爱琴文明、古代希腊和罗马（图4、图5）、不列颠和欧洲考古。希腊半岛的陶器作坊广泛地生产彩陶，曾输往欧洲各地，所以陶器是留存至今的希腊文物中藏品最多的，阿什莫林博物馆的希腊藏品也是如此。除此之外，这里存有大量克里特文明和发现了克里特文明与米诺斯宫的阿瑟·伊文思捐赠的克里特文物，这里可谓是除了希腊伊拉克利翁市的博物馆外收藏克里特文物最多的博物馆了。

伊文思捐赠的藏品占一个展厅，位于博物馆入口处，体现了博物馆对捐赠文物的重视。捐赠物包括米诺斯宫发掘档案、出土文物和复原的壁画草图。其旁另有收购来的爱琴文明文物。档案中相对珍贵的是发掘计划、发掘记录、古遗址平面图、古建筑和壁画的复原方案草图。这是研究克里特文明的物证实证来源地。由于他的贡献，阿什莫林博物馆拥有了除希腊外最好的克里特和迈锡尼文明的藏品，成为希腊史研究、希腊艺术史研究者最关注的地方之一。

伊文思曾受到德国考古学家谢里曼的启发，谢里曼从小相信《荷马史诗》不是传说而是真实历史的记录。所以，他立志要挖出史诗中所说的阿伽门农的迈

图 3-1

塞浦路斯位于地中海西南部，与希腊西部紧密相连。根据古罗马作家普林尼（Gaius Plinius Secundus）所说，"Cyprius"（拉丁语 Cypriot）又意为"铜"。塞浦路斯人通过铜矿开采以及在地中海区域运输金属铸块而致富。这片富饶的岛屿同时也盛产木材、酒、纺织品、玉米和药用植物。阿什莫林的藏品充分体现了古塞浦路斯文明的面貌。这是公元前 8000—前 3900 的一组石器，1—6 是用于切割的燧石刀片，来自塞浦路斯的索蒂拉（sotira）、基罗基蒂亚（Khirokitia）等遗址。7—11 是用于抛光打磨的石器，分别为碾磨器、抛光器和碾槌等工具。

图 3-2

这一组陶器来自查托斯（Chatos）——塞浦路斯后期至几何时期早期的一处墓葬，可能属于某聚落。这一组陶器自左向右依次为公牛像，公元前 1400—前 1200 年；双手托胸的女性坐像，双色彩绘，公元前 1400—前 1200 年；三孔瓶，公元前 1200—前 1050 年；瓶子，原为白底着色，公元前 1100—前 950 年；有盖子的三脚箱，白底着色，公元前 1100—前 950 年。

图 3-3

一组祈福人像。自左向右依次为戴头盔、留有胡须的勇士，公元前 700—前 500 年；女神或妇人，公元前 900—前 600 年；胸戴珠宝的裸身女性，可能是腓尼克人（Phoenician）的性和生育女神阿施塔特（Astarte）或塞浦路斯的阿佛洛狄忒（Aphrodite），公元前 650—前 550 年。

图 4

古希腊奥林匹亚宙斯神庙阿波罗像，雕成于公元前约 460 年。这面无表情的阿波罗像庄严、简朴而又写实，是非常典型的"早期古典主义"风格之代表。这裸身的神明站立在神庙西三角楣的中央，他左手执弓，右手臂伸展，宣告希腊人与人马兽之间的战役即将展开。其背部开有一槽，用来连接神像和三角楣。这尊雕像是以爱琴海上的帕罗斯岛出产的高品质大理石雕刻而成的，如今安置于石膏支架中。

图 5

此雅典墓碑立于公元前 4 世纪，形似一座带有简易屋顶的建筑物，刻有一位坐着的女子和一个留胡子的站立的男子，分别代表已故者和哀悼者，它可能是为女神西布莉（Cybele）的信徒或女祭司而立的，女神的身份从匍匐于座位下狮子和女子手中的乐器可见。

图 6
"米诺斯王座"的等比例复制品

图 7
章鱼图案陶器

锡尼与特洛伊城。于是,他筹集了足够的资金,与妻子前往小亚细亚与南希腊去挖掘,最后获得重大考古发现。伊文思步其后尘而往。其所获王座是安放于米诺斯王接见来人的大殿里的,阿什莫林的展厅里放置的则是"米诺斯王座"的等比例复制品(图6)。现在复原的米诺斯宫在重建时也颇有争议,当时没严格遵从原始建筑构架,还使用了水泥钢筋。复原壁画中海豚栩栩如生,而天顶是彩绘的,充满了自然的气息。大殿用了水彩,很难说那就是古代的样子。故而此处展厅陈列说明中也提到,伊文思虽然功不可没,但其浪漫的重建还是为其时代所局限。当然,更多的建筑是没办法复原的,因为尚缺乏足够的依据。

此外,伊文思还捐赠了不少陶器、青铜器,从基克拉泽斯文明到迈锡尼文明都有。基克拉泽斯的艺术品中,有典型的女性雕像——面部是平的,鼻梁突起,标准化的造型,而且都在墓葬中发现,基本上认为那是女神的雕像。还有一些器物,灵动的章鱼图案非常独特(图7)。而今,大的文物都在克里特的伊拉克里翁考古博物馆收藏,在那里,伊文思的手稿、笔记、米诺斯宫的平面图以及发掘记录仍被频繁使用。

伊文思制定的克里特文明分期也沿用至今,即米诺斯文明的早、中、晚分期。楔形文字泥板是古希腊人从西亚学来的,苏美尔人在公元前3000年发明了这种文字。因为古代西亚岩石少,黏土多,靠黏土合成泥板,用金属木棍压制的文字就是楔形文字,也叫钉头文字。晚期克里特人学习了这种书写方法,当然,所用字符不一样。泥版文书中有书本,有长篇诗文,也有袖珍小书,都曾被早期的克里特人采用过。

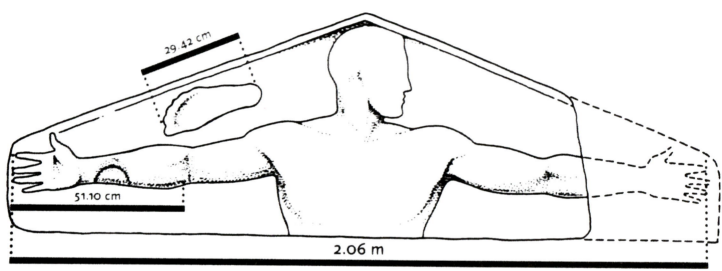

图 8
浮雕度量标准器

阿什莫林博物馆藏有一件精品，是一个浮雕度量标准器（The Metrological Relief），造于公元前 5 世纪（图 8、图 9）。在 1985 年发现另一件标准器之前，这是世界上唯一的一件。三角形，像是一个希腊建筑的山墙的浮雕装饰，其实不然。男子头扭向左臂，从左手到右手，总长是 2.09 米，中央最高处高 62 厘米，两边高 21 厘米，大理石板厚 10 厘米。此大理石的原产地比较特殊，并非采自希腊传统的大理石产地，而是从小亚细亚采来的。它发现于 1625 年或 1626 年，下部已经损坏。在基克拉泽斯群岛、圣托里尼岛等地，房子都涂了白色涂料。所以，雕像的下部被打得残缺不全，应该是被打掉去烧石灰了。研究学者认为，这是古希腊度量尺度的一个标准。比方说，臂长恰好等于古希腊的一个基本长度单位，右臂上方有一个脚印似的形状，长 29.7 厘米，相当于古希腊的一尺，握着的一个拳头长 11 厘米，两个手指分别长 1.85 厘米和 2 厘米，它们都是古希腊的长度单位，故而，这是放在市场内或度量官员的办公室柱廊当中的，供需要度量的商户和顾客使用。后来，在萨拉米斯岛，也就是雅典西部隔海相望的一个岛屿上，又发现了另一件同样的浮雕，于是现在存世的共有两件。

阿什莫林博物馆和世界闻名的大博物馆的藏品

图 9

日耳曼尼库斯（Germanicus）之墓。自左向右依次为：赫尔玛弗洛狄忒斯（Hermaphroditus）的大理石雕像；朱庇特大理石雕像；阿佛洛狄忒大理石雕像。这一组雕像来自阿伦德尔的收藏。最初为威廉·费莫尔先生（William Fermor）所得，于 1691 年带到了伊斯顿·内斯顿府邸（Easton Neston），立于园内各角落。当时，诸多雕像、半身像及一口石棺是一同放置在花园的一个壁龛中的，并以石棺上古罗马王子日耳曼尼库斯的雕像命名为"日耳曼尼库斯之墓"。"日耳曼尼库斯之墓"正中上方镶嵌的那一块三角形大理石浮雕，刻有双臂舒展的男子，就是著名的浮雕度量标准器（The Metrological Relief）。

中间带有胡子的大理石雕像，可能是朱庇特。此雕像在 1600 年—1750 年间经历了多次整修，原件雕成于罗马公元 100—200 年之间。赫尔玛弗洛狄忒斯的大理石雕像为其中一件，他是希腊神话中阿佛洛狄忒与赫尔墨斯的儿子。此雕像完成于公元 1—200 年，罗马。阿佛洛狄忒大理石雕像同样完成于公元 1—200 年。

图 10
帕罗斯大理石年表

不一样，阿什莫林是一个地方性的博物馆，它可能收集不到精品雕像，但可以收集到一些独一无二的藏品。比如帕罗斯大理石年表，是一件传世文物，由一位收藏家捐赠给牛津大学（图10）。这是保留至今最古老的希腊"年表"，用希腊文记载了可追溯至公元前1581—前1580年的重要事件。早期的事件富于神话色彩，包括国王凯克洛普斯（Cecrops）在公元前1581至公元前1580取得雅典王位，丢卡利翁（Deucalion）于公元前1528至前1527年从神降洪灾中幸存下来，女神得墨忒尔（Demeter）在公元前1409至前1408年发明玉米，还有公元前1209至前1208年特洛伊的沦陷。这块残片还涵盖了公元前895至前355年之间的历史。一些著名的战役，如公元前490年的马拉松平原战役、公元前480年的萨拉米斯海战和公元前479年的普拉提亚战役，另外还提及了索福克勒斯在公元前469年举行的戏剧盛典上荣获了第一次胜利。索福克勒斯之死被记录为公元前400年，但我们从其他资料上得知，他实际上是死于公元前399年。从亚历山大继位到东征这样一些大事件都记载于其上。尽管这很大程度上是后人"假设"的一个年表，如同司马迁制定的三皇五帝年表一样，不可避免地混入了许多传说成分，但它毕竟是罕见的、珍贵的文字史料，因而是阿什莫林博物馆最珍贵的古希腊藏品之一。1667年，这块残片被送到牛津，另一

图 11
阿什莫林物馆门口的海报，上书："英国最早的博物馆"。

块则于内战期间在伦敦遗失。1897 年，第三块残被片发现于帕罗斯岛。

当时，比较容易获得的藏品是一些精美的彩陶。阿什莫林博物馆藏有一批精美的彩绘陶瓶，类型广泛，制作工艺的水准很高，包括在雅典与今天的意大利塔林敦、黑海沿岸与利比亚地区出土的陶瓶。藏品中，有一件黑绘红底陶瓶，描绘日常生活的情景，一个制鞋匠正在制鞋的场面，出土于罗德斯岛，是公元前 5 世纪的器物。古希腊的手工业很发达，古典时代已经有了详细的内部分工，形成了一些较大的手工作坊。现在有确凿史料记载的最大的手工工场，可以达到 120 个奴隶工匠，他们做家具，做盾牌武器。这 120 个工匠会进行分工。也有中等规模的作坊，比方说 40 至 50 人的作坊，10 至 20 人的作坊。随着古代区域性市场的发展，商品货币关系、商业资本、货币资本、高利贷资本、金融资本，古代一应俱全。

在阿什莫林物馆的门口，有一张海报，上书"Britain's first museum（英国最早的博物馆）"（图 11），名副其实。其"第一"之概念，不仅仅是时间意义上的，从名称到精神气质，英国的博物馆正肇始于此。

作者 / 郭小凌 / 首都博物馆馆长

大英博物馆藏古希腊文物

大英博物馆创建于1753年，是世界上第一家公立博物馆，目前拥有约710万件藏品。由于馆藏古代文物数量日渐增多，独立的古希腊罗马文物部正式成立于1860年，首位主任为著名考古学家查尔斯·牛顿（Charles Newton 1816—1894），藏品超过10万件，是世界上最全面、最重要的古希腊罗马文物馆藏之一。其中古希腊文物藏品所覆盖的时间跨度很大，从史前希腊到拜占庭早期都有收藏，雕像和陶罐为馆藏特色。

◎ 史前希腊

新石器时代（约公元前6500—前3000）的爱琴海地区出现了固定的农耕村落，开始制作造型拙朴的人物雕像和陶罐。大英博物馆中最引人瞩目的史前希腊文物来自青铜时代（约公元前3000—前1150）。根据考古发掘的成果，分布于爱琴海地区的古老史前文明被划分为三个主要的区域文明，它们分别在青铜时代的三个阶段兴盛：

青铜时代早期：克里特岛和希腊主岛之间的基克拉泽斯群岛上的基克拉泽斯（Cycladic）文化；

青铜时代中期：克里特岛上的米诺斯（Minoan）文化；

青铜时代晚期：希腊主岛的迈锡尼（Mycenaean）文化（迈锡尼人把自己的国家称为"Hellas"，自称为"Hellenes"人，而"Greece"和"Greek"则是罗马人对希腊的称呼。在考古和艺术史研究中，也用"Hellas"的形容词形式将这个时代称为"Helladic"时代）。

在青铜时代早期（公元前3000—前2100），生活在基克拉泽斯群岛的人们创造了很多大理石人像和容器。从19世纪80年代开始，英国和德国的学者开始发掘和研究这些大理石人像，并把它们当做这个时期艺术的代表性作品。

青铜时代中期（公元前2100—前1600）时，通常认为大约公元前2000年左右最初的希腊人（他们使用希腊语，此前克里特岛和希腊主岛上的居民并不使用希腊语）侵入了希腊主岛及其邻近岛屿，破坏了那里的居住点。主岛的衰落使得克里特岛显得更加强盛，其势力和文化也开始影响基克拉泽斯群岛和希腊主岛。公元前1500年左右，克里特岛的克诺索斯等地开始建造数个结构复杂、功能繁多的王宫建筑（palace）。英国考古学家约翰·伊文思于1899年在克里特岛展开考古发掘，发现了克诺索斯王宫。严格地说，将这些大型建筑群称为王宫并不能准确表达它们的性质，这些互相连通的房间有的用于储藏和分配，有的是商铺、手工作坊和宗教仪式场所，并有露天集会的空间，同时也是统治人物的住所。截至目前，已发掘的克里特岛王宫建筑都没有防护墙，这可能说明米诺斯文化当时有绝对的制海权。

克里特岛的文化被伊文斯命名为米诺斯文化（米诺斯是克里特岛传说中的王；当然，关于米诺斯的神话故事是在希腊被罗马统治之后才开始流传的），它的商贸关系从爱琴海一直延伸到安纳托利亚（现土耳其）海岸。现存青铜时代文献中，关于青铜时代中期商贸往来的记录最充分。例如，幼发拉底河畔的马里城（Mari，今叙利亚境内）曾是锡金属的转运地，这里发现的一份名单中提到曾向迦斐他拉（Kaptara，即克里特）来的一位商人提供锡。

我们今天看到的克诺索斯王宫遗址是在公元前1700年左右地震后的王宫废墟上重新修建起来的。约公元前1700—前1500年的这个时期被称为新王宫时期，是克里特最强盛繁荣的时代。克里特与希腊主岛之间往来频繁，从一些文物可以看出，希腊主岛模仿了米诺斯的艺术品。米诺斯与爱琴海其他地区文化交流也非常频繁：在近东发现了米诺斯风格壁画，而在埃及也发现了描绘跳牛仪式的米诺斯风格壁画作品。

锡拉岛（桑托林岛）上的活火山在大约公元前1530年大规模喷发，岛上的米诺斯文化重镇被火山灰和浮石岩掩埋——但是其遗迹也因此被完整保留。这次自然灾害也沉重打击了克里特岛，但并未就此终结米诺斯王宫时代，50年或更多年以后，这个时期才终于寿终正寝，其具体原因不明。

不同区域此衰彼长，希腊主岛的势力此时渐渐上升。约公元前1500年，克里特岛的自然灾害和衰落最终使希腊主岛得以将之纳入势力范围，希腊主岛的书写系统（伊文斯将之命名为线形文字B，是一种希腊文的早期形态，已于20世纪50年代由一位英国建筑师解读）取代了克里特岛以及爱琴海其他一些岛屿上发现的早期米诺斯书写系统（伊文斯将之命名为线形文字A，基本处于未被解读的阶段）。青铜时代晚期（公元前1600—前1150年）希腊主岛的居民被考古学者称为迈锡尼人，迈锡尼文化逐渐兴盛后，接管了米诺斯的商路，建造了有护墙的宏伟宫殿和大型石墓。迈锡尼文化的那些文化重镇在公元前1200—前1000年左右由于地中海东部地区的频仍战火逐渐被摧毁。虽然众说纷纭，这场崩溃的原因尚不确定。青铜时代之后的一个时段，大约公元前1150—前700年，被称为黑暗年代（Dark Age）。此时王宫政治崩溃、经济凋敝，过去的再分配制度和贸易通道都分崩离析，人民生活困苦，人口大量迁移，有些甚至到了巴勒斯坦和塞浦路斯地区，文化也随之凋零，不再有大型建筑，文字记录消失。这个地区的发展总体来说变得迟缓，但并非完全停滞。

大英博物馆的青铜时代古希腊藏品选析如下：

1. 基克拉泽斯雕像

20世纪初，随着考古的发展，欧洲对古希腊艺术的了解逐渐加深，其中很重要的一个现象是新石器时代晚期和青铜时代早期的基克拉泽斯雕塑艺术风格对西方雕塑艺术产生了重大影响。一些著名的现代雕塑家，例如罗马尼亚裔的布朗库西（Constantin Brancusi，1876—1957）、意大利的莫迪里阿尼（Amedeo Modigliani，1884—1920）、俄裔的阿尔西品科（Alexander Archipenko，1887—1964）、立陶宛出生的里普希茨（Jacques Lipchitz，1891—1973）、英国的赫普沃思（Barbara Hepworth，1903—1975）和亨利·摩尔（Henry Moore，1898—1986）等人的作品都从基克拉泽斯雕像汲取养分。摩尔曾写道，基克拉泽斯雕像"具有如此强烈的根本性的单纯。"

这座大理石裸女雕像保存完好，高达近80厘米，工艺细致，线条朴实圆润（图1）。雕像头部有一个平顶的冠状物，可能代表某种帽饰或发型。鼻为基克拉泽斯雕像常见的细长三角形突起，双耳微微凸出，面部其他部分光滑。雕像脸型接近橄榄形，面部和颈部还可以发现明显的彩绘痕迹：杏眼、一条项链，眉部有两行点状图案。唇部可能也曾用彩色勾勒，右颊有清晰的点阵图案（这类由彩点构成的图案在基克拉泽斯雕像中很常见）。雕像面部的这些色彩痕迹表明它曾有过大面积彩绘，很可能显得略为俗丽，正是当漫长的时光磨灭了这些浓艳的色彩之后，我们见到的基克拉泽斯雕像才有了现代雕塑家们所盛赞的单纯简洁。

雕像颈部圆实，胸颈线条柔和；两臂叠放，左上右下置于双乳下（大部分站姿的基克拉泽斯雕像手臂都如此放置，但也偶见双臂右上左下的，早期雕像也有两臂放开、手指相对交叉者），手指脚趾均凿出线条表示。私处三角形表现简略，背部平坦。大小腿骨肉停匀，正面连接处刻画了膝盖形状，大腿背面有两条浅刻线表示与臀部的分野，并塑造了膝盖后的微凹；两小腿间的大理石大部分镂空，只在两踝处留下一层短薄的连接。

雕像上彩绘痕迹的红色是朱砂，黑色是黑辰砂（朱砂氧化后的产物）。很难说黑色是制造雕像时原本使用的，还是朱砂历经沧桑而泛黑。

基克拉泽斯雕像大多发现于墓葬中，主要为女性雕像，少量为男性。

图 1
基克拉泽斯女性大理石雕像（公元前 2800—前 2300）

图2
米诺斯跳牛人青铜像（大约公元前1700—前1600）。

2. 米诺斯跳牛人青铜像

描绘跳牛的壁画、浮雕、印章、铜像、象牙雕像等在米诺斯文化中多有出现，在迈锡尼文化中也有发现，甚至在埃及和叙利亚等地也发现了公元前17至前16世纪对跳牛的描绘。通往克诺索斯王宫的主要通道两侧墙上的壁画就有对公牛和跳牛的描绘。

考古学家们根据现有图像资料中跳牛人的不同位置对跳牛的过程做了一些猜想，甚至有学者认为跳牛过于危险，不可能真正存在，这些图像是来自近东文化的影响，是关于宇宙秩序的神话或是宗教想象的象征表现，因此跳牛的图像也容易被近东接受而传播。关于这些问题，正如很多关于古希腊文化历史的争论和疑团一样，目前尚无望达成一致意见。伊文斯认为跳牛人先是面对公牛抓住双角，接着并足后空翻跳上牛背，再从牛背上跳下，牛背后可能会有助手协助保持平衡和护卫安全，他的主要根据之一即这座铜像。

这座铜像中的跳牛人已经翻身飞上了正在撒蹄奔跑的公牛，波卷的过肩长发刚好扫到了牛头上，成为人像的巧妙支撑，纤秀轻盈的灵巧人体凌空处于健硕强劲的庞大牛身之上，形成鲜明对比。铜像为失蜡法铸造，所用材料据研究者称含有96%铜、1.5%锡、1%锌，很可能由于这种合金熔化后流动较缓慢，未能充分注入模具的细巧末端，因此跳牛人的小腿和双臂都未能铸成（图2）。

可以说跳牛表现的是人类对大自然的控制，强调了人的力量能超越动物的蛮力，如果将这种控制置于人类社会中，那么可以说它象征了上层社会对下层的操控。或许这就是为什么在克诺索斯王宫这个管理中心，表现跳牛或是牵牛、给公牛上缰绳的图像屡屡出现。

图 3
迈锡尼单柄高足金杯

3. 迈锡尼金杯

1871 年，德国富商和考古爱好者亨利希·谢里曼（Heinrich Schliemann，1822—1890）在同样爱好考古的英国外交官弗兰克·卡尔伏特（Frank Calvert，1828—1908）的建议和帮助下，根据希腊传统记载和《荷马史诗》中的细节在土耳其的小亚细亚部分进行考古发掘，发现了后来被认为是特洛伊古城的遗址，因此确证了特洛伊文化的存在。在此以前，人们大多认为特洛伊和特洛伊战争只存在于神话传说中。这次发掘让谢里曼相信，《荷马史诗》中的故事并不完全是神话故事。

1876 年，谢里曼又在迈锡尼展开考古发掘，试图寻找迈锡尼国王阿伽门农和他手下将领的墓葬，在《荷马史诗》中《伊利亚特》里，阿伽门农率军从特洛伊凯旋回归迈锡尼后，随即被妻子和她的情人谋杀，他手下的将领们也未能幸免。在寻找阿伽门农墓的过程中，谢里曼在迈锡尼发现了一批有华美金银器物随葬的竖穴墓。这些精致华贵的金器或许可以用来印证《荷马史诗》中所谓"多金的迈锡尼"的称呼，并表明当时的迈锡尼社会中存在着一个手握权柄而生活优渥的统治阶层。

这件单柄高足金杯的来源已经无从确知（图3）。它是由黄金薄板捶打而成的，整个器物线条流畅，从口沿、圆鼓形杯身到高细圈足的过渡非常自然柔滑。口沿和圈足都略向外凸出、边缘修整得很光润，口沿较薄，圈足较厚，圈足内部的下半部分用青铜加固，这样也使得杯身的重心下移，平放时更稳定。弧形杯把的材质是镀金的白银，正中有三道凹槽，两侧饰有短横纹，高出口沿，尺寸不是很大，与圈足协调。杯把上下各用两枚黄金铆钉固定在杯身上。

这件金杯虽然并不是出自谢里曼发掘的那些竖穴墓中，却和这些器皿来自同一个时期的迈锡尼，在风格和制作工艺上同样显示了米诺斯文化和迈锡尼文化的交融。

图4

刻有男子牵牛图案的米诺斯玛瑙印章

4. 米诺斯玛瑙印章

前文已经提到，在米诺斯文化中，公牛的形象很常见，几乎在任何一种载体都可发现。这枚玛瑙印章为透镜状（lentoid，打磨成圆形、椭圆或是橄榄形的凸透镜镜片形状），这是米诺斯印章最常见的形制。印章直径约2厘米，色泽华丽，浅色带有彩斑，雕刻精致（图4）。印面雕有一人以绳系于牛角而牵着牛的图像。人物形象塑造虽然简略，却可以看出是裸体，上臂和小腿结实有力，头发卷曲。牛身肌肉线条饱满，后颈有长鬃毛，牛角和牛尾的弧线相互呼应。

印章是米诺斯文化用来控制商品和农牧产品流动和分配的工具，大部分比较小，便于携带，但也有一些形制较大。使用的材料在米诺斯文化早期多为较容易雕刻的材料，如黏土、象牙、软质石料等。随着技术发展，米诺斯文化中晚期则开始使用更坚硬的材料，除了玛瑙以外还使用碧石（jasper）、石榴石（carnelian）、石英（rock crystal）、玉髓（chalcedony）、赤铁岩（hematite）等。在门、罐、盒，或是成捆刻字黏土板上附着黏土后，这类印章被用来在黏土上留下独特的印记，用于表示所有权或是控制权。这枚印章图像中描绘的牵牛人对牛的控制或许正象征了印章的这类用途。印章一般都带有孔，既便于携带，或许也同时被作为饰品使用。

阿瑟·伊文斯于1894年前往克里特岛，他注意到了当地人佩戴的印章，以及印章上的图像与文字，后来发掘出克诺索斯王宫。那时的克里特人把这些印章叫做乳石（galapetres），认为把它们挂在胸前就能增加哺乳期母亲的产乳量，而挂到背后就能帮助断乳。

5. 埃癸那宝藏

大英博物馆于1892年从一个英国海绵进口公司那里购买了一批10多年前在埃癸那岛上发现的黄金和宝石首饰，一组54个圆形殓布饰品及一个金杯。宝藏被发现的具体情况不为人知，据称发掘地点是埃癸那的一个葡萄园，来自一个小规模的青铜时代中期墓葬群（据1904年对葡萄园的考古发掘，可能其中一个墓的墓主为男性，另有两三个墓为女性墓主），在埃癸那岛的主要港口的阿波罗（曾被认为是阿佛洛狄忒）神庙（建筑时间比墓葬时间晚）东侧被发现。1893年伊文斯发表了相关文章介绍这些文物，但并未提供更多细节，他指出由于将文物带至希腊境外是违法的，这些文物应当是非法发掘并通过走私运送到英国，因此无法获得更详细可靠的信息，无法确认它们的出处。

这些饰品中最引人注目的是一件链坠（图5-1）。一男子伸出双臂，双手各握一只水鸟的颈项，这种神祇所特有的站姿被命名为"动物之主"，显示了神灵对野生动物的驯化，亦即对大自然的主宰。此件链坠特殊之处在于，据目前所见的类似形象来看，"动物之主"姿态的中心人物以女神形象居多。这位男性神祇站于三朵莲花之间的两个空隙，有脊纹的头饰分两层，方正高耸。短裙式的服装有腰带并缀流苏，着靴，两侧各延展出一对带花苞状尾端的脊纹装饰弧线（或许象征着牛角），两只水鸟的双足就落在内侧的弧线上。长短不同的脊纹在这件链坠主体部分多处使用，形成了风格上的统一。链坠的下方悬有五个简单的圆碟形饰物，边缘和中心用凸起的小圆点装饰，最左边的一个在古希腊时代即被修补过。链坠系用薄金

图 5-1
埃癸那宝藏中发现的金链坠

图 5-2
埃癸那宝藏中的弧形胸饰

片捶打成，背面又衬了一片平整的薄金片。

另一件弧形胸饰也同样设计精巧，（图5-2）弧形两端都饰有一个披着卷发的人头侧面像，头顶各有圆形小挂孔，与胸饰的挂链相连接，一个挂孔显示轻度使用痕迹和古老的补痕。头像的塑造非常强调眼部，仍可依稀看出眉眼曾以蓝色物质镶嵌。挂坠下方也有十个平整的圆碟形饰物。

这两件饰品都显示了来自希腊世界以外，尤其是埃及和黎凡特地区（Levant，泛指地中海东部埃及与小亚细亚之间的地理和文化区域，是地中海东部、西亚、东北非的交接地带，大致覆盖今黎巴嫩、叙利亚、约旦、以色列、巴勒斯坦等国家和地区）的风格影响。比如说，链坠中的莲花在埃及艺术中较多见，而男神脚下程式化表现的船也带有埃及风格。

关于埃癸那宝藏的这些文物，至今仍有很多疑团，目前推测可能是公元前1850—前1550年间居于埃癸那岛的米诺斯珠宝匠人所制作。

6. 泥板文书（线形文字B）

这块泥板文书是伊文斯在克诺索斯王宫发现后交由大英博物馆保存，为祭祀中向神祇奉献油脂的记录（图6）。

这些在克诺索斯王宫发现的泥板文书刻写在非常容易碎裂分解的黏土板上，可能只是用于记录一些不需要长久保存的信息。然而，公元前1375年左右，一场摧毁了克诺索斯王宫的大火却意外地将这些黏土板烧制成了耐久的陶土板，这些文书因祸得福，历经数千年而不朽坏。

线形文字B的使用时间是青铜时代晚期，早于希腊字母，是一种音节文字，从线形文字A发展而来。它于20世纪50年代被一位爱好古文字的英国建筑师成功解读。线形文字B一般在王宫中用来记载与治理相关的信息，当王宫文化衰落后，它就消失了。古希腊的黑暗年代之所以得名，即因为对这个时期的考古发掘还没有发现任何该时期的文字记录。

古希腊早期

（约公元前1050—前480）

最近几十年的考古发现显示，希腊在所谓的"黑暗年代"（约公元前1150—前700）并不如20世纪初的学者们设想的那样完全凋敝穷困、停滞不前。虽然此时的艺术创造不如迈锡尼王宫时期那么辉煌，但技术上的革新仍在缓慢积累，城邦的雏形也在这个时代的末期形成。王宫制度彻底消失后，新的城邦制度开始出现，一些早期的城市如以弗所等逐渐繁荣起来。

从艺术的角度来说，这次复兴以所谓"原始几何陶"（protogeometric pottery）在雅典等地的出现为标志。约公元前1050年时，新的制陶工艺形成了：陶轮的转速提高，工匠们开始采用一种装有多支笔头的圆规，用来在陶器上画出规整的弧线、半圆、和圆形。一个新的发端就此到来。冶金技术也在发展，到公元前950年，武器和工具的制作基本都采用铁而不是青铜。此时，贸易开始恢复：优卑亚岛上铁器时代的勒夫坎地墓葬中发现了很多用于祭祀的来自近东的物品；同时，雅典的原始几何陶也销售到爱琴海及其沿岸的一些地区。

约公元前900年时，陶器装饰图案的母题又出现了一次明显转变，所谓"几何时代"（geometric period）（公元前900—前700）开始了。新出现的直线图案中最著名的直线回纹（或称希腊钥匙纹）是几何时代最典型的装饰纹样。工匠们又开始用黄金、象牙制造奢侈的消费品。公元前9世纪以前，陶画基本只有几何纹样，偶然出现一些简略的动物和人像；到了公元前8世纪之后，制陶工作坊的数量剧增，人像和动物大量出现在陶画中，画法也更成熟，几何纹样渐渐成为背景的填充纹或是框架。叙事画出现了，偶然可见神话故事或者英雄人物的主题。

公元前8世纪时，商路已经恢复，希腊人继续向东发展，一般认为，在此时期希腊人可能在地中海东部接触到了腓尼克人用的字母，由于腓尼克字母只有辅音，希腊人就对之加以改造，将一些原本的辅音字母用于表示元音，以之书写希腊文。

大约从公元前720年开始的一百年中，近东装饰图案涌入并盛行，打破了几何时代艺术的单调风格。小亚细亚海岸和附近岛屿（如罗得岛）上的希腊城市是希腊与近东（如叙利亚、亚述、腓尼克、埃及等地）联络之路上的要冲。在这里发现了近东神话中的神怪禽兽如狮身人面斯芬克司（sphinx）、狮鹫格里芬（griffin）、人首鸟身的海妖塞壬（siren）等装饰母题。这个时期通常被称为东方化时期（Orientalizing piod）。

公元前700—前480年左右的这个时段一般被称为古风时代（Archaic Period），这个概念是温克尔曼（Johann Joachim Winkelmann）在他的《古典艺术史》（*Geschichte der Kunst des Alterthums*，1764年首版，1776年修订版）中首先使用的。此时希腊势力扩张到了地中海周边和黑海一带。古风时代的城邦在艺术上发展出了各自的特色，尤其是风格迥异的陶器，以公元前7世纪从科林斯发源的黑彩陶器和前6世纪晚期从雅典发源的红彩陶器为代表。偶然可以发现雅典的制陶匠和绘陶者在作品上署名，制陶匠的署名方式是某某制，绘陶者则署某某画，有时只有一人署名，有时两人共同署名，有时制陶和绘陶是同一人：一般来说这代表着匠人的社会地位有所上升。所署的名字和拼写方式也提供了理解这些工匠社会身份的重要线索：他们包括公民、外邦人（metoikoi）和奴隶，有些只是粗通文墨，拼写甚至会出现错误。黑彩陶器侧重神话故事或是英雄事迹，红彩陶器的绘画主题则加入了现实生活场景，为我们提供了理解古代雅典社会文化的途径。

纪念碑式的雕像在公元前7世纪的末期开始出现，其中包括青年男子裸立像（kouros）、披衣女立像（korç）和男女坐像，造像风格深受埃及与近东的历史更为悠久的纪念像风格影响，并且开始用坚硬的大理石代替较软的石灰岩。这类雕像或是作为圣殿中的供奉，或是墓地的纪念像，与后来的古典时代雕像相比，它们显得更程式化，风格更拘谨，甚至生硬。

7. 蛇发女怪头像装饰碗

就陶器史来说，公元前7世纪属于科林斯。黑彩陶画这种古风时代的典型陶画技法是在科林斯发展完善起来的，后又传播到优卑亚、玻俄提亚、斯巴达和雅典等地。这是一种刻绘结合的方式：在黑釉剪影上用细刻刀尖刻透彩绘层露出陶土层，形成浅色的线条或色块，有时还加以白色或红色的描画以增强效果。这种技法在公元前7世纪中期臻于完善，代表作品是随处可见的科林斯芳香油瓶。

这件陶碗是古风时期典型的科林斯黑陶风格，制

图 6
泥板文书，线形文字 A 与 B，藏于大英博物馆。

图 7
蛇发女怪头像装饰碗

作于公元前 7 世纪初期。其内部边缘装饰了一圈动物画，其中既有真实的动物如豹子、鹿等，也有神话中的生灵，包括东方化风格的塞壬、狮身人面兽等。这类真实与虚构混杂的动物画是科林斯陶器的特征，在这个时期，动物本身和周围的装饰都刻画细致。公元前 6 世纪以后，科林斯陶器不再限于广受欢迎的芳香瓶，器形也逐渐变得更大，但随着科林斯黑陶销量的增大，陶器上的图案开始因为逐利而草草画就（图7）。

陶碗中央的图案是美杜莎的头像，她是传说中三位蛇发女怪戈耳工（gorgon）之一，凡人只要看到她们的眼睛就会化为岩石，《奥德赛》也描写了奥德修斯对美杜莎的恐惧。珀尔修斯（Perseus）在诸神的协助下杀死美杜莎以后，将她的头颅镶嵌在雅典娜的盾牌中央。陶碗中美杜莎的双眼圆睁，是中央图案面积最大也最引人注目的部分：她犹如死者一般瞳孔放大，恰好瞪视着观者。一方面这是以美杜莎头像（更准确地说是她的眼睛）作为驱邪之用的通常表现方式，另一方面，从观者与这件艺术杰作的关系来看，观者在陶碗前伫立凝视之姿仿佛正是被美杜莎——或者说陶画匠的精湛技艺——所石化。

8. 索非洛斯酒瓮

艺术史中出现的古希腊陶匠名分为两类，一类是陶匠们自己留下了名字，另一类则是研究者们为叙述方便而冠名。据目前所知，索非洛斯（Sophilos）是本名得以流传的最早的一位雅典陶器画匠，他画了这件球形底面酒瓮和底座（dinos，本义为饮杯，在古希腊对陶器的分类中用来指平底的混酒器皿，但在现代考古中被用来指称球形底面因而需要底座的陶酒器[lebes]，本件器物即为一例）(图8)。

这件酒器和分体的底座都画有动物画横饰带，索菲洛斯的动物画比较循规蹈矩，具有明确的科林斯风格，但最上方的一圈横饰带的人物画却显示了他在构图和人物刻画上的创造力。这里画了一行人物，共44人，都附了名字：这个场景是奥林波斯的神祇去庆贺海中女仙忒提斯（Thetis）与凡人珀琉斯（Peleus）的婚礼。索菲洛斯的画风质朴，面部的刻画略有些呆板，而整个场景动静得宜，人物彼此之间的互动使画面充满活力，婚礼的前因后果也被巧妙地暗示了。女神们的皮肤都被绘成白色，这在当时已经成为流行的做法。

珀琉斯位于正面最右侧，在红门白柱黑墙端的宫殿外迎接神祇们的到来，一手摊开，一手执高把酒杯欢迎尊贵的客人。陶画匠索菲洛斯的签名就写在珀琉斯身后宫殿黑色和白色柱子的旁边："索菲洛斯画了我"。诸神的使者伊丽丝（Iris）女神走在队列的首位，她已经走到珀琉斯身前，身着短裙，脚上是有翼的短靴，右手执杖，左手指向身后的四名女神，将观者的视线导向后方。这四位女神彼此间都是姻亲，又都与伊丽丝有姻亲关系。其中最外侧的大地女神得墨忒尔（Demeter）双臂舒展，似乎正等待着与新郎拥抱，庆贺他的喜事。在得墨忒尔的身后，也就是这件酒器正面图案的中间（根据下方横饰带动物和花纹布局判断），酒神狄奥尼索斯（Dionysos）手执果实累累的葡萄枝跟随着，这对一件宴会用的酒器来说，是个恰当的点题。忒弥斯身后是以宙斯和赫拉为首的一系列战车上的神祇们和其间步行的缪斯、海中女仙等。

在狄奥尼索斯的身后，首先是穿着古希腊长衣的青春女神赫柏（Hebe），长衣上也装饰了一圈圈的动物纹，其次是肩扛猎物的睿智半人马客戎（Cheiron），他后来成为忒提斯和珀琉斯未来儿子——勇敢善战并参加了特洛伊战争的英雄阿喀琉斯（Akhilleus）——的养父。然后是手拿权杖、端庄威严的智慧与正义女神忒弥斯（Themis），正是她预言说：忒提斯所生的儿子成年后将战胜自己的父亲。这个预言使得原本热烈追求忒提斯的宙斯和海神波塞冬都退却了，决定将忒提斯嫁入凡间，以避免破坏神界的秩序。为了安抚下嫁的忒提斯，这场婚礼格外隆重。而这场婚宴，正

图8
索菲洛斯酒瓮

是古希腊神话中最重要的宴席之一：宴请的客人们包括了几乎所有的神祇，但纷争女神厄里斯（Eris）未获邀请，她一怒之下决定制造麻烦，将一个写着"给最美女神"的金苹果掷上酒桌。宙斯的妻子赫拉（Hera）、智慧女神雅典娜和爱神阿佛洛狄忒（Aphrodite）因此争执而最终导致了特洛伊战争，新郎珀琉斯和新娘忒提斯未来的儿子也将在这场战争中死去。

9. 斯特兰福德青年男子裸立像

斯特兰福德青年男子裸立像（kouros，意为青年男子）(图9)比常人体型小，是用帕罗斯岛的大理石雕成的。斯特兰福德子爵六世（Strangford，1780—1855）是1820至1824年间大不列颠及爱尔兰联合

图 9
斯特兰德福德青年男子裸立像

王国驻康斯坦丁堡大使，他获取了这座裸立像，据称它出自基克拉泽斯群岛中锡拉岛附近的阿纳菲（Anafi）。这类裸立像在早期被当做是阿波罗的神像，因此这座雕像常被称为斯特兰福德的阿波罗像。斯特兰福德子爵八世将这座雕像出售给大英博物馆。

这类裸立像的共同特点之一是受埃及人物造像影响的站姿：双臂垂放身侧，上半身左右对称，一腿迈出。早期的裸立像脸上常带着程式化的微笑，被称为"古风微笑"。这座雕像的制作恰在古风时期和古典时期之间，将微笑表现得更为微妙含蓄，而身体的塑造也更倾向于写实。雕像身体的重量均匀地分布在两腿上，即便一腿迈出，还是遵守裸立像的程式将胯部和髋部塑造成完全对称，双臂和膝盖以下部分已缺失。青年的长发编成辫子环在脑后，额前的头发卷曲排列。头顶上的头发呈波浪形并从上到下渐宽，头发的质感和体量变化显得很真实，头部周围有孔，可以系上装饰的发带或是发冠。面部眉眼部分的塑造都比较简略，但轮廓清楚，鼻的末端有些磨损，面颊饱满。

青年男子的身体结构从整体来看显得比早期的古风时代裸立像更自然，尤其是他的肩膀、背部（包括肩胛骨、脊椎、后腰等）和臀部都比较明确的写实，身体各部分的连接方式清晰合理，但锁骨、胸肋、腹肌、髋部和腹股沟的塑造仍是程式化和图案化的。他的身体线条流畅，双肩有力，背部和臀部结实，腹肌清晰，但腰部至髋部瘦窄，肌肉并不突兀，大腿看上去结实而有弹性，似乎是一位矫健的运动员。总体来说，雕像的背面与上半身正面相比，显得更真实。此时的雕像者或许还未能把人像塑造得栩栩如生，或许他们并不将自然主义的造像作为自己的目标。这类青年男子裸立像并不表现个人，而是希望体现理想化的男性品格和身体特征，比如匀称的身体、端正的五官、梳理整齐的长发、强健的手臂和腿部、平坦的腹部等。

◉ 古典时期

公元前546年，波斯阿契美尼德帝国的居鲁士二世征服了吕底亚，这意味着居住在小亚细亚的希腊人都成了波斯的子民。当公元前499年小亚细亚的爱奥尼亚（Ionia）发生反对苛捐杂税的起义时，希腊人向起义提供了援助。平定叛乱后，对希腊人心怀不满的波斯帝国大流士一世决定入侵希腊，谋求报复，希波战争（公元前492—前449）开始了。他的军队在公元前490年被雅典人在马拉松击败；公元前480—前479年间，他的儿子薛西斯一世再次入侵希腊，一度占领雅典，最终被击败。希波战争对雅典社会生活各方面的影响巨大。例如，战争期间，执政官（archon）开始从500人的集合中抽选，公民得以更有效地参政，贵族政治被弱化。公元前449年交战双方签订合约，希波战争结束。从希波战争起，直到被亚历山大大帝征服前，波斯一直都是影响希腊政治（比如通过在伯罗奔尼撒战争中与不同城邦联盟）的一个重要因素。

希腊的艺术在这个时期发生显著的变化，古典时期（尤其是五世纪后半）的艺术被后世认为是希腊艺术的巅峰。整体来说，可以觉察到古风时代浓重的埃及和东方风格消退了——这或许是因为波斯帝国的入侵而造成了针对近东的敌对情绪。在这个时期，制陶和雕像都迅速发展成长。由于红彩陶画的技法是在陶器上用黑釉填入背景，露出红色的陶器底色构成人与物的轮廓，然后再用画笔描绘细节，因此线条比刻绘的黑彩陶画更流畅舒展，人物显得更自然。红彩陶画采用两种浓度不同的黑釉——深浮雕的黑色线条和浅黑色线条，并使用各种粗细的笔触；此外和黑彩陶画一样，也会用红和白色勾勒。

就雕塑艺术来说，拘谨的风格化造型被理想化的自然主义处理方式所代替，古风时期雕像脸上常有的微笑造型在希波战争期间消失了。雕塑家们对肌肉骨骼的理解非常深入，他们不但使用大理石，更偏好使用有延展性的青铜造像。他们的名字也开始为人所知：比如最受古希腊作者们推崇的雕塑家菲迪亚斯（Pheidias，约公元前490—前430），制作了著名的掷铁饼者像的米隆（Myron，约公元前460—前440）等人。波留克列特斯（Polykleitos of Argos）以制作匀称而充满活力的运动员青铜像闻名，他撰写的《典论》（*Kanon*，已失传）讨论了理想男性裸体雕像应采用的最佳比例，正是采用类似比例的那些古典时期雕像在后世被当做古希腊艺术全盛期的最杰出作品。

为防御波斯再度入侵，一些希腊城邦于公元前478年组建了提洛同盟（Delian League）。公元前454年左右，为防止波斯海军袭击，提洛同盟的金库从基克拉泽斯群岛的提洛岛迁移到雅典卫城，此后的几年内，同盟在实质上转化成一个雅典帝国，雅典成为希腊的政治和文化中心。希波战争结束后，雅典民主派领袖伯里克利（Perikles）开始利用提洛同盟的财富在卫城大兴土木，重修那些被波斯军队摧毁的神庙。卫城修建的中心项目是帕台农神殿，并选定菲迪亚斯为监督。这些大规模的建筑项目靡费巨大，促进商贸，提供了就业机会，既为伯里克利带来拥护者，也带来了批评和敌人。

公元前431年，雅典和斯巴达之间的积怨促成了伯罗奔尼撒战争的爆发，伯里克利尤为主战，希腊人由于波斯入侵而形成的团结彻底破裂了，战争期间雅典爆发了瘟疫。战乱和疫病可能使得一些建筑师、雕塑家以及陶工离开了雅典，古典时代雅典的建筑和雕像风格广为传布，在现土耳其境内的吕底亚地区也发现了规模宏大的作品。公元前430年代期间，红陶画在雅典以外的希腊地区再次盛行，在意大利南部出现了数个尤为重要的陶坊。公元前350年左右，红陶工艺就基本从雅典消失了，在意大利南部却仍维持到至少公元前280年。意大利南部的红陶工坊中，阿普利亚（Apulia）地区的是最优秀的，它的一些杰作能与雅典的臻品相媲美。经过了二十余年间断续的苦战，无数生灵涂炭，战争与和平多次交替。雅典于公元前406年打了漂亮的一仗，但六位参战的将军却因未能及时救援同袍而被处死，其中也包括伯里克利的一个儿子。最终，在波斯的协助下，伯罗奔尼撒战争以斯巴达的胜利告终。公元前404年，雅典被迫自毁护城墙，以示顺从，提洛同盟也被斯巴达勒令解散。然而，战争结束后不久斯巴达的领导权就难以为继，希腊的城邦们又卷入了两败俱伤的纷争，忒拜（Thebes）于公元前362年击败了斯巴达，战乱直到北方菲利普二世治下的马其顿王国崛起并领导希腊后才消停。

伯罗奔尼撒战争前后，艺术则仍在希腊世界中繁荣发展。此时最重要的雕塑家是普拉克西特列斯（Praxiteles，约公元前375—前335），他以首先塑造全裸女性形象闻名：克尼多斯的阿佛洛狄忒像是第一座裸体的女性雕像，表现爱与美的女神出浴的时刻（梵蒂冈博物馆存有大理石复制品）。在普拉克西特列斯之后，女性裸体雕像渐渐成为风潮，这或许表现了女性地位的提高，他还塑造了一系列男神像，其中最著名的是奥林匹亚的赫尔墨斯，雕像的站姿是普拉克西特列斯作品中典型的S形曲线体态，显得慵懒松弛。他制作的男神像与公元前5世纪后半叶古典艺术全盛期那些身材健壮的神像相比，显得更纤秀文雅，头部与身体的比例也更小。另一位雕塑家勒奥卡瑞斯（Leochares，约公元前365—前325）也非常重要，他活跃于公元前360年代至前320年代，雅典一些雕像基座有他的签名。据史料记载，他在艺术生涯晚期为马其顿王族服务，与留西波斯（Lysippos）合作塑造了德尔斐神庙的猎狮青铜群像，在奥林匹亚的菲利珀翁（Philippeion）制作了马其顿国王菲利普家族（包括亚历山大大帝等人）的黄金象牙雕像。他也被列为摩索拉斯王陵的多位雕像师中的一员。

这个时期的雕像最受罗马帝国时代的推崇，罗马复制的希腊雕像原作很多出自这个时段。古典时期的雕像往往仍是彩绘的，其后的希腊化时期也延续了这个习惯。新近的影像技术已经显示了一些帕台农神殿原本彩绘的痕迹。其他的工艺，譬如宝石切割、模具雕刻和青铜铸造，都在主要的希腊城邦得到发展。自公元前5世纪后期起，财富的增加也使黄金饰品更为常见。古典时期的大型绘画虽然精美，却极少流传，大部分已经漫漶佚失。

10. 大理石伯里克利胸像

伯里克利（Perikles，约公元前490—前430）的父亲是雅典舰队司令克赞提普，他于公元前466年左右开始追随雅典民主派首领反对以西门为首的雅典寡头势力，最终取得胜利。从公元前444年开始（除了公元前430年因伯罗奔尼撒战争失败的短暂革职），伯里克利连任15年首席将军，成为雅典的实际统治者，直至他死于公元前429年。伯里克利以擅长辞令著称，他的执政时期被称为雅典的"黄金时代"，政治经济鼎盛、文化艺术繁荣。他支持剧作家、哲学家和雕塑家们的工作，曾于公元前472年赞助雅典的悲剧作家埃斯库罗斯（Aeschylus，公元前525—前456）写作波斯三部曲。公元前447年，他利用提洛同盟的资金兴建雅典卫城。这座胸像制作于二世纪，出自热爱希腊艺术的罗马皇帝哈德良（Hadrian，76—138）的蒂沃利别墅（位于罗马附近），是罗马时期对伯里克利肖像雕像的仿制。然而，古典时期的历史人物肖像往往都是类型化作品：政治家、演说家、英雄、诗人、奥利匹克冠军等，描绘的并非本人而是一系列理想化的外貌特征，这很可能不是伯里克利本人的容貌而是理想化的希腊战士或政治家。

雕像的短须卷曲，下颌强壮宽厚，鼻梁挺拔细直，面部表情沉静坚毅，双眼的虹膜和瞳孔并未表现，希腊原作在表现这个部分时应当采用了彩绘。雕像的头

图 10
大理石伯里克利胸像

11. 斯芬克斯形陶器（索塔得斯制）

大不列颠博物馆中工艺最精美的雅典陶器之一是一件从墓葬中出土的复合型角形杯（rhyton），角形杯倾斜穿过踞坐的斯芬克斯（狮身人面）背部，前端在两腿间露出，杯底还有一个长方形的黑陶底座；往杯中注酒时需用手指或其他物品堵住斯芬克斯腿间的小孔，再松开手指将酒从小孔倒出，或任其流出，可以起到醒酒的作用。有些绘画中，饮酒者手执角形杯，仰头直接饮用从小孔流出的酒液。

在埃及，斯芬克斯的头颅是男性，而这个形象传播到希腊后，变成了有着女性头颅、鹰翼狮身蛇尾的怪物。索塔得斯（Sotades）陶匠塑造的斯芬克斯并不可怖，她秀眉直鼻，眼部勾画清晰，面部神情比较平和，全身覆盖白釉，更显柔美，典型上扬的两翼紧贴着角形杯，胸前饰有三个鎏金的美杜莎头像（gorgoneion，指美杜莎被斩下的头颅），鎏金的头饰下是红色的头发。角形杯施以黑釉，几何装饰带上方有红陶人像装饰带，与白色的斯芬克斯形成强烈的对比。希腊神话认为斯芬克斯有守护的作用，在埃及神话中也是如此，往往将斯芬克斯摆放在神庙入口处，因此这是件恰当的随葬品，可以寄寓守护死者的愿望（图11）。

角形杯上红陶人像装饰带的刻画与角形杯在墓葬中的用途似乎有着紧密的联系，点明了祭祀、死亡和新生等主题。中间一组人物是神话中雅典的创建者和第一位国王：下半身为蛇的刻克罗普斯（Kekrops）正和生有羽翼的胜利女神尼克（Nike）一起行浇祭礼，尼克手执祭祀用的三叶嘴曲柄酒壶（oinochoe），正要向刻克罗普斯手中的奠酒浅底碗（phiale）倾倒。刻克罗普斯在古籍中被认为是过渡仪式（rites of passage）如婚姻等的创造者，他取缔了血祭，并创造了书写系统。这组人物的两侧是刻克罗普斯的四个儿女，分为两组：两个女儿正在奔跑，其中一位伸展双臂并回头张望，这大约是表现在传说中她们因为不遵从雅典娜的指令，由于好奇而偷偷打开装着婴儿的盒子，却被守护的蛇惊吓而疯癫了，并从卫城上跃下死去。斯芬克斯的两足之间，一侧大约是刻克罗普斯的妻子，另一侧是一个半人半羊的萨梯——酒神狄奥尼索斯的随从——手执短杖一边奔跑一边回头观望，另一只手兴奋地挥舞着。酒神狄奥尼索斯常被表现为手执角形杯，并与死亡后的新生联系在一起。

陶器的斯芬克斯像部分和底座都是用模具做的，

盔是罗马化的科林斯风格：圆顶，面部覆盖上只留两孔，鼻梁处抬高。整个头盔被推到额部以上。由于罗马式的科林斯头盔为了不阻挡视野，戴法如帽子一样，而不再像希腊人那样拉下覆盖整个面部，因此古风时代和早期古典时代最常见的希腊的科林斯头盔在嘴部留出或大或小的缝隙就被取消了，伯里克利胸像带的头盔甚至有一个浅帽檐状的凸起。

雕像底部刻有伯里克利的名字，底面平整，切割成方形，这说明它是柱式胸像（terminal bust），原是陈设在柱上的（图10）。

图 11
斯芬克斯形陶器

图 12
查兹沃斯的阿波罗头像

穿过斯芬克斯背部的角形杯则是手工用镟铲拉坯。索塔得斯很擅长此类的混合制作,角型杯也是他现存作品中的一个主要类型。他被认为是雅典最有创造力和想象力的陶匠,他用模具制作的器物在当时是杰出的,获得很高评价。他制作的陶器被销往各地,不但在意大利,甚至远至苏丹麦罗埃的墓葬中也有发现;阿提卡、希腊北部岛屿萨索斯、塞浦路斯和意大利的一些圣殿中也使用。那些他制作的销往近东的陶器往往融入当地文化的元素,比如在埃及发现的骆驼像,出口到波斯的陶器则模仿了波斯风格。索塔得斯制作的人像中还有表现非洲人物的题材。

发现了这件斯芬克斯陶器的布里戈斯墓葬位于意大利卡普阿,其中还存有另外六件雅典陶器,其中两件制作于更早期的器物可能是墓主生前的用品:其一是伊厄戎(Hieron)制陶、马克戎(Makron)绘陶的深酒杯(skyphos),其二是一件该墓葬因之得名的大型布里戈斯(Brygos,绘陶人的署名)杯。

12. 查兹沃斯的阿波罗头像

根据罗斯在《爱琴海希腊诸岛旅记》(Ludwig Ross, 1806—1859, *Reisen auf der Griechischen Inseln des Ägäischen Meeres* 卷4, 第161—163页)中的记载, 1836年, 一些农民在塞浦路斯中部古城塔马斯索斯(Tamassos)城墙以北1公里左右两个小村庄之间干涸的河床挖掘, 寻找水源时, 发现了一个完整的、略大丁真人尺寸的阿波罗铜像。用公牛拖运雕像时, 构成铜像的各部分脱开了, 手臂和腿都断落, 而头部从颈部中间焊接处断开, 断裂部分的内部可以看到原先焊接的痕迹。

据罗斯转述他所访问的农民说法, 铜像原造型是站立的, 左腿如古风时代男立像那样微微向前, 手臂在身体两侧自然下垂, 铜像为裸体, 只是腰间系着宽腰带。当时该地区在奥斯曼帝国政权治下, 农民们唯恐引发事端, 把铜像的大部当做废物抛弃了。然而头部被保留, 辗转数人之手后于1838年被第六代德文郡公爵收购。铜像的右腿可能也得以幸存。1862至1863年间埃德蒙·迪图瓦带去法国并被卢浮宫收藏的一件青铜像右腿的合金成分与铸造工艺都与这件头像类似，或许是同一件铜像的部分（当然也有可能是塞浦路斯岛上同一批工匠制作的另外一件铜像的部分）。

铜像使用的青铜合金主要成分为10%锡，89%铜，0.09%银，以及微量的黄金等其他金属，由几个用失蜡法分别铸成的部分焊成：头部、身躯、手臂、和双腿。十多缕长的发卷也是分开铸成后焊接上去的。头像的长发卷曲下垂，几乎及肩。研究者们正是通过长卷发这个特征，以及铜像比真人更大的体量，猜测这是阿波罗的铜像（图12）。铜像右耳被头发覆盖，但从头像内部的凹陷可以看到右耳的形状，左耳单独铸成后再焊上。双耳上方的头发向前梳，并在额前束发结。头像后脑上部有Y形的孔洞，很难断定是破损还是设计的一部分。双眼本采用镶嵌工艺，右眼的空洞中可以看到用来安装眼球的托架，托架延伸出来的末端磨损严重，现在只能看到一些凹凸不平的残余，或许原本是睫毛的造型。从类似的铜像来看，在当时往往用玻璃、象牙或者大理石制作眼球，其上有彩绘或是用黑玻璃镶嵌来表现的虹膜和瞳孔。头像表情凝重，下颌宽厚，鼻梁挺直，唇部饱满而匀称，但嘴型相对来说较小，整体具有古典时代早期的风格特征。

这座阿波罗像的制作年代一般认为大约是公元前460年，此时波斯帝国是塞浦路斯名义上的统治者，但希腊和塞浦路斯关系仍然紧密。树立这座阿波罗神像的时间，差不多正值雅典人把提洛同盟的资金从阿波罗的圣地——提洛岛转移到雅典的时刻。

图13-1
帕台农神庙东山墙残存雕像

这座雕像曾长期被德文郡公爵放置在德比郡的查兹沃斯寓所（Chatsworth House），因此得名。

13. 帕台农神殿雕像

帕台农神殿的建筑师据说是伊克提诺斯（Iktinos）等人。神殿建筑风格融合了多里斯和爱奥尼亚风格。内殿中原有菲迪亚斯（Pheidias）的雕像作品——一座制作材料包括黄金和象牙的雅典娜雕像，神殿外东侧还曾有一座他制作的青铜雅典娜像，这两座神像都已不存。帕台农神殿后殿是雅典的金库，当提洛同盟的金库搬到雅典后，也存放在这里。菲迪亚斯被誉为古希腊最杰出的雕塑家，遗憾的是，他所有的原作目前都已不存，但据称帕台农神殿中的大理石雕像是菲迪亚斯设计并监督完成的。这些大理石像中保留下来的精髓部分至今仍在大英博物馆展出（图 13-1—图 13-7）。此外，黄金与象牙制成的帕台农神殿雅典娜像和奥林匹亚的宙斯像都是菲迪亚斯最出名的作品，罗马人用大理石和青铜复制了这两件神像，虽然复制品的尺寸比原作缩小了很多，但仍可看到原作的一些风采。这座河神裸像原位于西三角墙的最左侧，恰当地利用了三角墙末端局限的空间。河神是侧卧的姿势，强壮匀称的上身抬起，胸部挺拔向前，但头部、右臂、左手都缺失，右腿比较完整，只缺右足，左腿胫下开始缺失。河神左臂搭着的披布一端可见，另一端缠绕到身后，又出现在右膝上（图 13-8）。三角墙的这些雕像背面都塑造得很完整（实际在神殿原位无法见到），河神像的背面通过对披布在水中飘荡和水纹的塑造，让我们意识到，这位河神单臂支撑、挺胸向

图 13-2
帕台农神庙东山墙残存雕像（背面）

图 13-3
南柱间壁上希腊人与人马之战

图 13-7
帕台农神庙西山墙残存马头雕像

图 13-8
帕台农神庙河神雕像

前，一部分身体仍在水中。

帕台农神殿在6世纪时被改为一座教堂，雕像遭到破坏。在法国画家雅克·卡雷（Jacques Carrey，1649—1726）于1674年画的帕台农神殿红垩与炭笔素描图中，这座河神雕像就已经是这样残缺不全了。卡雷作画13年后，帕台农神殿又经历了一次灾难：1687年奥斯曼帝国将帕台农神殿用于存放军火，被威尼斯军队的炮弹击中而引发爆炸，帕台农神殿遭严重毁坏。但1687年的这次爆炸并未对这座雕像造成更严重的破坏。1801年，第七世额尔金伯爵（即托马斯·布鲁斯，1766—1841）当时是英国驻奥斯曼帝国大使（额尔金家族与中国也颇有渊源，其子第八世额尔金伯爵为领兵劫掠焚烧圆明园者之一），他获得奥斯曼帝国的准许（希腊当时在奥斯曼帝国统治下）而陆续从帕台农神殿切割并带走了后来被大英博物馆收购的神殿雕像，其中包括尚存装饰带的大半、十五块保存情况最好的高浮雕陇间壁（metope）、最出色的三角墙雕像、金属钱币、建筑构件、陶瓶等。同时，他还带走了邻近的厄瑞克忒翁神殿的一座女像柱和一组廊柱及其他文物。这些雕像在运送到英国的途中不幸又在英国海岸经历了一次沉船和打捞，才成为额尔金伯爵的私藏。第七世额尔金伯爵最终破产后，1816年，英国国会下院决定以三万五千英镑的价格购买这些雕像，它们随之被安放在大英博物馆。这对下院来说是个史无前例的举动，因此特别成立了负责此事的委员会，而委员会推荐这次购买，目的在于让这些雕像成为英国艺术家学习的典范，就像16世纪时罗马人复制模仿的古希腊雕像给米开朗琪罗和拉斐尔带去灵感一样，促成英国的"文艺复兴"。当然我们现在知道，这个目的并未达成，在19世纪欧洲，渐占鳌头的是法国艺术。而对古希腊艺术的推崇虽然至此已经在欧洲延续了千余年，艺术潮流却即将在19世纪后期发生巨变。

19世纪上半叶的著名英国诗人拜伦（Lord

图 14-1
雅典娜胜利神庙南装饰带浮雕局部

Byron）对额尔金的行为非常愤慨，他参观过大量雕像已被切割运走的帕台农神殿，在《恰尔德·哈罗尔德游记》中也用诗句谴责。但同时，歌德却侧重这些艺术品对欧洲的巨大影响，认为它们带来了"一个新艺术的伟大时代的开端"，另一位英国诗人济慈（John Keats）于这些雕像进入大英博物馆后不久就去参观，于1817年写了两首相关的十四行诗。这组雕像在1816年左右以石膏复制品的形式在德国、法国、俄国等多处展出，1814年歌德在达姆施塔特看到的帕台农雕像就是大英博物馆藏品的石膏复制件。英国国内就是否归还帕台农神殿雕像的争论从未停息，近年来，希腊也一直在向大英博物馆要求归还这些雕像。

14. 雅典娜胜利神庙南装饰带浮雕局部与奥林匹亚的宙斯像（罗马复制品，菲迪亚斯原作）

罗马人对古希腊的青铜像进行了大批量的复制，使用的材料主要为大理石，也可见青铜复制像，同时也仿照古典时期的希腊雕像创作。这些复制品被用于建筑装饰和摆设等用途，由于大量古希腊原作现已不存在，这些大理石复制品是了解古希腊雕像的重要途径。

这件主神宙斯像是将菲迪亚斯作品按比例缩小的复制品：原作制作于公元前5世纪晚期，大约完成于公元前420年，曾被列为所谓的古代"世界七大奇迹"之一，高达13米，是奥林匹亚的宙斯神殿中的神像，和帕台农神殿的另一件菲迪亚斯名作雅典娜像一样，表层为黄金与象牙。原作的神座装饰也非常繁复精美，以黄金、象牙和乌木制成，并镶有不同的宝石。

宙斯被表现得威仪不凡，他身披长披风，右手执雷电，左手执权杖，头戴橡树叶冠，坐在神座上。他的双眼本是镶嵌的，现在眼球部分已缺失。（图14-1、图14-2）

奥林匹克运动会于公元前776年起源于奥林匹

图 14-2
奥林匹亚的宙斯铜像

亚，既是泛希腊世界的运动盛会，也是重要的礼敬宙斯的宗教仪式。每四年一次在奥林匹亚召开的奥林匹克运动会也是古希腊史编年的一个重要根据。运动员们通常以个人身份参赛，他们的胜利当然也会给故乡带来荣耀。在罗马时代，信奉了基督教的君士坦丁一世视奥林匹克运动会为崇拜异端的仪式，于392年勒令停办。奥林匹亚的宙斯神殿于425年被焚毁，宙斯神像大约也是此时被毁。

首届近代国际奥运会于1896年在奥林匹亚召开，奖牌上的宙斯形象参考的就是这座雕像的宙斯面容。

15. 涅瑞伊得碑

涅瑞伊得碑的形制是高底座上的一座大理石神庙建筑，但实际上，它是一座宏伟的墓碑，复原后总高约10米。这座墓葬原高达15米左右，曾经雄峙在通往城墙耸立的桑索斯城（Xanthos，古吕底亚城市，今土耳其西南安纳利亚省境内）的路上。它的名字则来源于在神庙建筑前廊的爱奥尼亚柱间雕刻的披着松褶长袍的女性形象：提坦神涅柔斯（Nereus，波塞冬之前的海神）的众多女儿们——她们都被称为涅瑞伊得（Nereid），友好善良，经常向水手们伸出援助之手。前文提及索菲洛斯酒瓮上所画的忒提斯是最著名的涅瑞伊得之一。她们的长袍看起来被风吹拂着，姿态各异，并且在脚下点缀着海豚、鱼类、蟹类和海鸟之类海洋生物的形象（图15）。

这座涅瑞伊得雕像的头部和四肢的末端都缺失了，但从上身和腿部的线条仍可感受到她轻盈的步态。她原来应该是踩在展开双翼的海鸟的背上，现在残留的只有她的长袍（chiton）边缘露出的一部分海鸟形象。长袍没有腰带，上半身用饰带绕过双肩，在乳下又交缠。右腿外侧衣料的纹理显示，她原本应该右手提着长袍的底边。她的长袍面料轻薄，似乎被海风吹拂而紧贴在身上，勾勒出涅瑞伊得柔美的身体线条。长袍贴身部分的衣纹细腻紧密，经过腿部垂下后又散成美丽宽松的褶皱，被轻风吹拂而形成弧线。左肩上的披肩面料更厚重一些，从身侧披下，她的左手抬起握着披风的一部分。

这座神庙建筑式墓葬的墓主可能是吕底亚的桑索斯城的最后一位伟大的统治者（约公元前390—前370）厄比纳（Erbinna）。在《伊利亚特》中，吕底亚是特洛伊人最强有力的盟友，而桑索斯则是吕底亚的主要城市。这座墓葬建筑遍布雕像：除了前廊柱间的水仙女们，在三角墙（厄比纳家族以及战争景象）、神庙屋顶、柱子上方横梁的装饰带、内室的外部装饰带（血祭和宴席场景）以及底座的两层装饰带都有雕像。

吕底亚于公元前6世纪中期被波斯人攻陷，因此在雕像的安排和风格上，不但可以发现古典时期雅典造像风格的影响，还能看到波斯王朝和当地吕底亚艺术风格的融合。高底座上有宽窄两圈装饰带，下方的宽装饰带表现的大致是特洛伊战争：其中赫拉克利斯带着他的狮子皮头盔，另外还有一些穿着东方服饰的人物。上方较窄的装饰带四面都表现攻城及受降的场景，这可能是在宣扬厄比纳的武功。他身穿的波斯服饰和侍者手执的波斯华盖反映了吕底亚地区和波斯之间政治上的联系，但他的随从则穿着传统的希腊风格及膝长袍。

英国考古学家查尔斯·费洛斯（Charles Fellows）于1842年辗转从当时奥斯曼帝国的苏丹处获得向英国运输数十箱文物的许可，1844年他从桑索斯运走了27箱文物，1845年他因此被封为爵士。

16. 厄瑞克忒翁神庙女像柱

位于雅典卫城北部的厄瑞克忒翁神庙（Erechtheion）的这座女像柱（caryatid）与卫城南部帕台农神殿东侧装饰带的浮雕人物很相似。大约公元前421年，帕台农神殿完成后，其北侧的厄瑞克忒翁神庙的建造就开始了。这是一座献给波塞冬—厄瑞克透斯（Poseidon Erechtheus）的神庙，虽然波塞冬在与雅典娜争夺雅典的竞赛中败北，但他对雅典来说，仍是重要的神祇，这座神庙的祭祀将他与雅典传说中的国王合祀。神庙建造时正值伯罗奔尼撒战争期间，因此工程屡次中断，最终大约于公元前404年雅典向斯巴达投降时完成。

神庙采用纯粹的爱奥尼亚式样，北侧有一个爱奥尼亚柱式的步廊，面对帕台农神殿的南侧则是著名的女像柱步廊（图16）。女像柱是用来代替柱子起支撑作用的女性雕像，厄瑞克忒翁神庙共有六座女像柱。这座雕像为白色大理石制成，丰容盛鬋，身着线条简练的珀普罗斯长袍（peplos）：把一块长方形布上端向外折叠，折叠部分下端大致及腰，围在身上，两肩用别针连接，形成披散的衣褶。女像柱背后是一件别在肩部的短披风（back mantle），整体衣型宽松大方。珀普罗斯长袍和短披风搭配的这种女性装束可能是古典时期未婚女性服饰，未婚的女神雅典娜和阿尔忒弥

图 15
涅瑞伊得碑雕像

图 16
厄瑞克忒翁神庙女像柱

斯也常以这样的装束出现。女像的一部分头发梳成两股辫子盘在头上,其余的浓发垂辫,长辫末端散开,卷发蓬松。女像头上顶着一座带卵箭纹饰的多里斯式柱头(Doric capital)。六座女像柱中有些能看到两耳侧也各有发缕下垂到锁骨处,但大英博物馆的这座女像柱肩前的发辫都在耳侧断裂了。从功能上说,女像颈后过肩的丰厚发辫既优雅美丽又增加了颈部总直径,从而在雕像颈项并不过分粗壮的情况下保证了承重能力。女像柱双臂肘部以下部分都已断裂遗失。她右腿直立而左腿放松略弯,是典型的"对应平衡站姿"(contrapposto),长袍的衣褶在承重的右腿上被塑造得略有些像科林斯柱身上的凹槽,左腿上的衣料更帖服,在膝下形成弧形衣纹。后世的罗马人非常仰慕这些女像柱,对之大量模仿并用于建筑和墓葬。

这座女像柱是和帕台农神殿的雕像一起被第七世额尔金伯爵带到英国的,开始被他作为家中摆设,出售给英国政府后才安置在大英博物馆。在希腊独立战争中(1821—1833),厄瑞克忒翁神庙因遭兵燹而成为废墟,原地剩余的女像柱却保留下来,只是饱受风雨侵蚀,目前已被移入雅典的卫城博物馆室内保存,原地展示的是复制件。

17. 巴塞浮雕装饰带

保护神阿波罗神庙坐落于伯罗奔尼撒半岛阿卡狄亚西南方,巴塞的荒野之中,科提利山岩石耸立的山脊上。大英博物馆古希腊罗马藏品部分的16号厅专用于展出从这座神庙剥离的浮雕装饰带,用出处的地名命名。

关于神庙的名称,自古以来即有争论。波桑尼阿斯(Pausanias,生活在公元2世纪左右的希腊旅行家)认为阿波罗的信徒给阿波罗加上的称号"保护神"(Epikourios)是指阿波罗在公元前429年的瘟疫中赐予阿卡狄亚地区的援助,虽然历史学家修昔底德(公元前460—前395)明确指出这场瘟疫从未波及伯罗奔尼撒,但这个联系并不是完全不可能:信徒们仍可因瘟疫未影响阿卡狄亚而感谢神祇。也有学者

图 17
巴塞浮雕装饰带

（Wade-Gery）推测"Epikourios"和"epikouroi"（援助者）这个希腊词有关，是那些帮助了雅典人和迈锡尼人抵抗斯巴达的阿卡狄亚雇佣兵的自称：他们将阿波罗视为雇佣兵的守护神。

保萨尼阿斯的记录称帕台农神殿的建筑师伊克提诺斯（Iktinos）建造了这座神庙，他很可能在完成了与帕台农神殿相关的工作后就开始了这个项目，或许是为了躲避伯罗奔尼撒战争而离开雅典。但也有学者认为伊克提诺斯在帕台农神殿之前就开始了这个项目，然后离开，由一些不知名的建筑师完成余下的工作。用三种产自本地的石灰岩筑成的这座神庙的构造和设计都标新立异：它面向北而不是通常的东向，不但有外部的多里斯式和内部一条连续的爱奥尼亚（Ionic）浮雕装饰带的混合，而且是希腊科林斯（Corinthian）柱式首次出现的地方。虽然神庙的内室中构成浮雕装饰带的全部23块大理石目前都保存在大英博物馆，总长度达31米，但遗憾的是，它们原来的排列方式已经无从知晓。其中12块表现的是雅典人和阿玛宗女人族之战的一场战斗（Amazonomachy），参战的有赫拉克利斯，10块表现拉庇泰人（Lapiths）与半人马（Centaur）们的冲突，还有一块表现牡鹿拉的车中的两位神祇：阿波罗和阿尔忒弥斯。

东面和南面的浮雕表现了亚马逊女战士和希腊人的战斗。赫拉克利斯通常一手持大棒，肩搭或手提兽皮。在这块浮雕中，他弓步侧身，正将武器举过头顶准备出击。他的肌肉紧绷、刚健有力，左肩上的狮皮却柔软贴合着他的身体垂下，刚柔与不同质感的对比使得场景更加戏剧化了。浮雕以极精练的手法表现了速度、张力和动感：赫拉克利斯身后的一位肩上披布（chlamys）的希腊战士左手牢牢抓住了马背上亚马逊女战士的右踝，女战士因此即将落马，上半身已侧翻朝向观者。而她身下的马匹已经前蹄跪地，后蹄也立即就要全然跪倒，马头抵在地上已经触及前蹄。这块浮雕所巧妙表现的力度感和拿捏准确的戏剧性时间点独出心裁，这也可以说是整个巴塞装饰带的特色。

描绘忒萨利的拉庇泰人与半人马战斗的一系列浮

雕讲述的是半人马在拉庇泰王庇里托俄斯（Perithoos）的婚礼上醉酒后发生的故事，不惯饮酒的半人马们喝醉了之后意图劫掠新娘和其他拉庇泰妇女，拉庇泰人奋起反抗。

其中一块浮雕表现了拉庇泰青年凯涅厄斯（Kaineus）与半人马（图17）。奥维德（Ovid，公元前43年—公元17）的《变形记》称凯涅厄斯本是个少女，却恳求波塞冬改变她的性别，成为了男性，并获得了刀枪不入的能力；维吉尔（Virgil，公元前70年—前19）也在《埃涅阿斯纪》中提到凯涅厄斯曾为女性。在更早的文学作品中，比如品达（Pindar，公元前522—前443）的诗歌和罗得岛的阿波罗尼奥斯（Apollonius of Rhodes，公元前三世纪）所写的《阿尔戈英雄传》中，凯涅厄斯就是男子，不存在变性之说。

当半人马们发现普通武器无法伤害凯涅厄斯，就用树干和石块将他砸入土中。这组浮雕中，凯涅厄斯正单臂举着盾牌抵挡攻击，半身已经陷入泥土，他身后两位半人马正举着巨石砸向盾牌。另一侧，一位拉庇泰青年伸展一臂似乎想攻击其中的一个半人马，另一臂执盾，挡在一位拉庇泰女性身前意图护卫；这位女性浮雕像的头部已经缺失，无法得知她的表情，在这场混战中，她略有些衣冠不整，右腿裸露在外，长袍的线条却刻画得流畅优美。这位女性显然正在急速向左侧奔逃，右手上举拉着披风，披风和长袍的下摆都在奔跑中飘拂了起来。巴塞装饰带其他同主题的浮雕表现的战斗场景更加惨烈，拉庇泰女性的命运也更令人担心。

这个故事在古希腊艺术中是个重要的题材，帕台农神殿也有对这场半人马之战（Centauromachy）的表现，故事结局是庇里托俄斯在好友忒修斯的协助下战胜了半人马。

18. 涡卷双耳喷口罐——"特洛伊沦陷"画师绘制

这件大型涡卷双耳喷口红彩陶罐（krater 酒水搅和器皿）绘画精细，着重表现了一个青年的坟墓和一些普通男女的形象。从画面来看，它应该是为墓葬定制的（图18）。

陶罐口沿和颈部的装饰画为纹样和动物的结合，几何纹样装饰带之间画着两头狮子各举起一只前爪对峙。罐身的主要部分描绘了一座构造和神殿建筑类似的爱奥尼亚双柱门廊中，一位青年倚在一个高度及腰的立柱盆边缘，左臂搭着短髦，右手执杖，他正用左手手指划动盆中的水面，凝视着自己在水中被打乱的倒影：这或许可以看成是一个对他自身死亡的譬喻。在双柱门廊的两侧台阶上，各有一名手执花环的青年男子和一名提着广口陶罐的女子前来献上祭品。陶器的上部左侧绘有正在坐着亲密交谈的一对青年男女，右侧也就是他们的对面则坐着一个手执拐杖和系带旅行帽（pilos）的青年。

陶罐主体画面上半部的三个半侧面人像还有右侧青年男子坐着的凳子都是从仰角绘制的，而站立的青年倚靠的水盆则采用俯视视角。绘陶者试图将不同的透视点结合起来，但手法并不熟练，看上去画面的拼贴感比较强，有些不协调。公元前5世纪晚期可能就有一些艺术家和作家开始探讨透视（perspective）的观念了，公元前1世纪古罗马建筑师维特鲁维乌斯（Vitruvius）的《建筑十书》认为阿伽塔耳科斯（Agatharchos）在为古希腊三大悲剧作家之一埃斯库罗斯（Aeschylus 约公元前525—前456）的悲剧演出绘制布景时采用了透视。

陶罐背面的主要画面中央是一根爱奥尼亚式的纪念柱，两侧各有一名坐着的青年男子和一名站立的青年女子，他们都手执祭祀和葬仪中常用的物品，如奠酒盘、花环等。

陶罐上的主要人物似乎都是普通男女的形象，但在两个涡卷上各有以浅浮雕和红陶绘塑造的一名萨梯和一名狂女（Maenad）。正在舞蹈的萨梯腰围豹皮，一边演奏着管乐器，一边回头瞻望，狂女则手执薛荔杖（thyrsos）坐在一旁观看：他们都是酒神狄奥尼索斯的追随者，而酒神不但与奠仪紧密联系，酒神秘密崇拜中更含有重生的元素，因此与酒神相关的图像也经常在墓葬中出现。

公元前4世纪后半叶，南意大利的阿普利亚建立了一个非常成功的陶器坊，陶工们在风格和题材上显然都深受仍在源源不断出口的希腊陶器的影响，但又有自己的独特创造。其中所谓的"特洛伊沦陷"画师（the Iliupersis Painter，因一件大不列颠博物馆收藏的、以特洛伊沦陷即"iliupersis"为主题的双耳喷口罐得名）的作品最为出色，对阿普利亚的制陶风格产生重要影响。"特洛伊沦陷"画师最先把与葬仪相关的图像志与意大利南部独特的葬仪风俗（诸如此类纪念碑式的墓葬——naiskos）联系了起来，他尤其擅长制作涡卷双耳罐，风格成为后世模仿的典范。

图 18
涡卷双耳喷口罐

图 19
哈利卡纳苏的摩索拉斯王陵中的雕像

19. 哈利卡纳苏的摩索拉斯王陵中的雕像

摩索拉斯（Mausolos）是地中海东岸的加里亚王国（Karia，都城哈利卡纳苏位于今土耳其西南部博德鲁姆 Bodrum）的国王，死于公元前353年，他的巨大陵墓后来被誉为世界七大奇迹之一。这座王陵可能在中世纪才崩塌，15世纪末年到16世纪初，圣若望骑士团（当时也称罗得骑士团）在博德鲁姆整修堡垒以抵抗奥斯曼帝国时，采用了王陵的石材作为建筑材料，并因此拆毁了一些当时残存的部分。大英博物馆先是收藏了从这座古堡获取的王陵雕像残件，其后才委派查尔斯·牛顿于1852年开始发掘这座王陵。它被依据摩索拉斯的名字称为"Mausoleum"——这个词后来被用于称呼一切宏伟的陵墓，王陵建筑也成为后世建筑师们模仿的对象。与涅瑞伊得碑相比，摩索拉斯王陵的规模形制更雄伟壮丽，但从风格上看，应曾受前者影响。发掘时这座高约3.1米的雕像位于王陵北侧，已经倒塌并破碎，它是摩索拉斯王陵雕像中保存最好的雕像，但也是由七十多块碎片拼成。

高耸的王陵位于哈利卡纳苏中心，俯瞰这座摩索拉斯兴建的新都城。根据其宏大的建筑规模和精湛的雕像工艺来看，很可能在摩索拉斯去世前，就已经开始计划建造，在他的姐妹和妻子阿尔忒弥西亚（Artemisia）于公元前351年去世后才得以完成。这座建筑既是陵墓，也是摩索拉斯王朝的圣殿。

根据现存的考古发现，对摩索拉斯王陵的原貌有过很多不同的构想，但都无法确认其原型。比较确定的是，在一个巨大的接近矩形的长方形基底上，爱奥尼亚式的环柱廊支撑着共24层的阶梯式金字塔形屋顶，屋顶最高处是驷马双轮战车群像，车轮直径约两米。雕刻装饰的另一个主要元素是基底上部的一圈装饰带，以及分属三种大小的无数圆雕人物形象。王陵总高度可能达40余米。

王陵出土了一座较完整的雕像，它是形制最大的圆雕人物之一。这些巨型雕像发现共有36座，可能原本放置在基底上方环柱廊的柱间。雕像身材健硕，两臂已断落，一腿承重，一腿略弯。雕像的容貌和服装是希腊与小亚细亚风格的混合：他身着厚实加里亚风格的长衣，外罩一件希腊披风（himation），脚穿精细编制的小亚细亚镂空便鞋。他保存良好的面部塑造得尤其有特色，额头宽直，深目厚睑，嘴唇饱满，蓄着厚而下垂的短髭，下颌有短须，长发及肩。一般认为这座雕像是肖像作品，也有人认为这是在古典的、理想化的雕像头部融入了某人（例如摩索拉斯的先祖）的明显特征 (图19)。

普林尼（Pliny the Elder, 23—76）在他写于公元1世纪的著作中提及了四位著名的希腊雕刻家，每位都各自雕刻了王陵四面的一座雕像——南面的雕像作者是提摩忒俄斯（Timotheos），北面是布律阿克西斯（Bryaxis），东面是斯科帕斯（Skopas），西面是勒奥卡瑞斯（Leochares）。除了这座雕像，大英博物馆还收藏了大量王陵雕像、装饰带和建筑构件的残片。

20. 克尼多斯的得墨忒尔坐像

查尔斯·牛顿于1858年将这座得墨忒尔像从克尼多斯（Knidos，位于小亚细亚西南部达特恰半岛 Datça Pennisula，今土耳其境内）运至伦敦，当时获得了奥斯曼帝国的准许。得墨忒尔（Demeter）是谷物和丰收女神，掌管季节的轮替。她的女儿珀耳塞福涅（Persephone）被冥王哈迪斯（Hades）劫去成婚，因此得墨忒尔也成了与冥府相关的神祇。

克尼多斯城所在的达特恰半岛极为狭长，延伸到地中海中80公里左右，两岸景色壮美。得墨忒尔圣殿的修建和这座城市的重建差不多同时于公元前350年左右开始。圣殿所在的山坡平台是人工筑成的，从那里可以俯视整座城市和大海的壮观景色，并通过一长片阶梯延伸到克尼多斯卫城，圣殿上方则是60多米高的陡峭悬崖。这里曾摆放过很多祈愿用的神像，其中保存最好的是这座得墨忒尔崇拜像，另外也有其他的冥府神祇，其中包括哈德斯和珀耳塞福涅。

女神得墨忒尔面向前端坐在铺着厚垫的神座上，表情凝重，眼神深邃。她的整对手臂从上臂中间开始的部分和背部都断裂遗失了，从残存的部分来看，神座本应有扶手，双臂的位置不同，双腿高度也有区别。她身着长袍，披面料厚实的披风（himation），布料全部形成细密层叠的衣褶和下垂的纹理，覆盖全身。披风又被从背后拉起，像头巾一样遮住了头部后侧和耳后的头发：这样含蓄稳重的装束是得墨忒尔的典型打扮，她作为一位成熟母亲的形象显得既威严沉着又端庄美丽 (图20)。

得墨忒尔的头部是单独雕刻成型后榫接到肩部的，比其他部分雕工更细致，打磨也更精密。她头部略微左转，头发并未完全被披风盖住，并且有几绺卷曲的长发垂至锁骨以下，因此有部分头发是榫接的两个部分拼成的。雕像的其他部分，尤其是背部的雕工

图 20
得墨忒尔雕像

图 21
庇顿绘钟形双耳喷口罐

相对而言粗略一些,由此可猜测这座雕像原本应当是放置在一个壁龛中。

虽然有研究者(B. Ashmole 等人)提出这座公元前 4 世纪最杰出的雕像之一是雕塑家勒奥卡瑞斯(Leochares)的作品,但证据并不充分。

21. 庇顿绘钟形双耳喷口罐

在希腊神话中,安菲特律翁(Amphitryon)误杀了岳父,被迫和妻子阿尔克墨涅(Alkmene)一起逃到故乡底比斯(Thebes)。阿尔克墨涅要求丈夫为她两个战死的弟弟报仇,主神宙斯趁安菲特律翁奔赴战场之机,变成了他的模样,用花言巧语蒙骗阿尔克墨涅与他同床。安菲特律翁归家后,误以为妻子与人私通,大发雷霆而威胁要杀死阿尔克墨涅。阿尔克墨涅逃到王宫广场中的宙斯祭坛寻求庇护,安菲特律翁却在祭坛旁堆起木柴点火,想要烧死失贞的妻子。宙斯命令云神降雨熄灭火焰,而安菲特律翁也后悔了。后来阿尔克墨涅产下双生子:宙斯的儿子赫拉克利斯(Herakles)和安菲特律翁的儿子伊菲克勒斯(Iphikles)。古希腊三大悲剧作家之一欧里庇得斯(Euripides)的戏剧《阿尔克墨涅》(已佚,仅存片断)讲述了这个故事。

庇顿(Python)绘的这幅红彩陶画选取了这个故事中冲突最激烈的场面,整个场景的设计很可能受到戏剧演出的影响。阿尔克墨涅占据画面中心位置,她坐在边缘有三陇板(triglyph)装饰的祭坛上,左手支撑后仰的身体,举起右手抬头向画面左上方的宙斯祈求帮助。宙斯手执权杖,头戴桂冠,下半身隐在云层中，左手微微伸出，看向阿尔克墨涅，似乎正在回应。画面左下方头戴尖顶帽的安菲特律翁和右下方的安忒诺耳（Antenor）则都是双手各执一支火炬点燃祭坛下整齐码放的柴堆，安菲特律翁脚下还有一个翻倒的祭祀用三叶嘴曲柄酒壶（oinochoe），这些细节精准地表现了他的暴怒。宙斯已经施放了雷电来阻止这两人，他身侧和祭坛对面又有两位云神抱着陶水罐（hydria）向祭坛倾倒雨水。在画面的右上方，和宙斯的形象相平衡的是黎明女神厄俄斯（Eos，庇顿将她的名字写成 Aos），这是庇顿在陶画中常用的点明故事发生时间的手法。神祇们都半身隐在云层中，这样的安排使得画面更加紧凑合理（图21）。

庇顿的陶画非常精美，所有人物的衣饰都极尽精工细绘之能事。阿尔克墨涅的棕叶纹饰点花长袍质料轻薄透明，在她丰满的身躯上随着身姿形成细致美丽的衣纹，长袍折边和底边又分别点缀着黑白格边饰，腰间系带。可能是为了表现雨水打湿衣料，阿尔克墨涅的身体曲线纤毫毕现，祭坛上方落下的雨点也都精心一一点出。

庇顿的签名则写在主要场景上方的常青藤叶纹装饰带中。他和另外一位公元前4世纪中期主要的帕埃斯图姆（Paestum，意大利坎帕尼亚和卢卡尼亚之间的边界地区）画师——年龄更大的阿斯特阿斯（Asteas）一样，喜欢在作品上用"egraphe"，就是"画"这个动词的未完成时（imperfect）形式签名，这是古风时代陶画师们常用的签名方式，而当时的雅典陶匠更倾向于用"egraphse"这个不定过去时形式（aorist），或许这是一种仿古的表现。普林尼曾经在《自然史》中认为古代画工除二三人外大多采用未完成时签名，用以自谦，表示作品还不完美。但从目前文物数据综合来看，使用过去式签名的陶画相当多，他的观点很难成立。

图22
塔兰托墓葬权杖

22. 塔拉斯女祭司墓

大英博物馆于1872年收购了一组三件设计独特的金饰，据说是在塔拉斯（Taras，罗马时代称之为Tarentum，现意大利境内塔兰托 [Taranto]）古墓葬中一起被发现的，其中包括一支权杖、一条大体完好的项链和一个戒指。

这三件物品都工艺精湛，其中的权杖最为引人注目（图22）。塔兰托的国王统治在公元前473年甚至更早就已经结束了，因此这件权杖不可能是王族的用品。同座墓葬中出土的戒指表面描绘了一位手执权杖坐着的女性，画面中的权杖与发掘出的很相似，也有叶片包裹果实造型的顶饰，似乎显示这座墓葬中的金饰是为一位女祭司特制的。而项链上的两个头像吊坠是头上有角的女性，这可能是象征着伊俄（Io）。

关于伊俄的神话有很多不同叙述，公元前5世纪的编年史家赫拉尼库斯（Hellanikos）也将她列为侍奉赫拉的女祭司之一。据神话传说，多情的宙斯开始追求伊俄后，怕被善妒的赫拉发现，把她变成了一头美丽的白色小牝牛以求瞒天过海。因此，伊俄的艺术形象的典型特征是头上的牛角。埃斯库罗斯的悲剧《被缚的普罗米修斯》中，伊俄在与普罗米修斯的对话中就自称"长牛角的处子"。从这些线索看，这些金饰的所有者或许是塔拉斯古城中侍奉主神宙斯的妻子赫拉的某位女祭司，权杖则象征着赫拉的力量。

权杖目前长度为51.4厘米，柱身直径1.2厘米。顶部是科林斯式柱头上支撑起的六瓣浅绿玻璃果实，玻璃果实外裹着黄金制作的大片的爵床叶饰（acanthus，科林斯柱头上的装饰也是这种叶片）。权杖顶饰下半部的科林斯柱头部分装饰的花朵上有蓝色釉的残余。权杖外裹着的金丝菱形格网由14段拼成，拼接处由中间填彩釉的上下两层金丝相连，中间的12段长度相等，最上面一段略长，最下面的一段曾被裁切，所以无法得知权杖原本的长度。所有的菱形格都不规整，金丝略有弯曲，而网格每个节点上都有一个小圆圈，间隔点缀着蓝或白的釉色，在柱身上形成交错的蓝色和白色螺旋。那些白色的釉彩原本应该是绿色的，在后世修复时被改成了白色。这些小圆圈让人联想到赫拉派去监视伊俄的百目巨人——无所不见的阿耳戈斯（Argus Panoptes）的一百只眼睛。

权杖的主干已经丢失，目前大英博物馆用一根白色的树脂棒来支撑外罩的金丝网格。

23. 青年死者的大理石墓碑

这座大理石墓碑（stele）出自基克拉泽斯群岛中的提洛岛。曾有学者误以为提洛岛既然是阿波罗的圣地，又曾有禁令不得在提洛岛埋葬任何人，这块墓碑更可能是出自临近的有大规模墓地的瑞涅伊阿岛。但据目前的考古发现来看，提洛岛确实出土了从公元前7世纪到前1世纪左右相当数量的大理石墓碑。

公元前4世纪的一些希腊墓碑制作非常精细，耗资也不菲。这座墓碑是一座带三角墙的神庙式建筑正面，两侧有立柱，深浮雕人物站在立柱之间（图23）。有些雕工复杂的大理石墓碑上除了墓主还会有其他人物，有时可以通过造型设计体现的人物关系或镌刻的文字了解墓主身份，但有时甚至难以辨认墓主究竟为哪一位。这块墓碑上的两个人物关系明确：右侧的青年为四分之三侧面，眼神似乎有些忧伤，思绪浓重，仿佛正沉浸在关于生死之间问题的思索。他身材健美，比例协调，身躯略侧，占据了墓碑的更大面积；而左侧的男孩则为侧脸，身体内侧角度也更大，他的目光引导我们看向青年墓主。男孩左肩披短氅（chlamys），手中拿着长身细颈油瓶（lekythos），递到青年手中，这种长颈瓶盛装的是给死者行涂油礼的香油，是典型的葬仪用品，常用来在艺术品中点明死亡或是失去之类的主题。

男孩和青年的站姿都是被后世的罗马人盛赞的典型"对应平衡站姿"（contrapposto），与古风时期受埃及大型男子立像影响的男性裸立像（kouros）两臂贴着身侧下垂、一腿向前迈出而略显僵硬的姿势大不相同。他们内侧的腿直立承担身体重量，另一腿放松略弯，姿态显得很松弛自然。青年墓主的头部向右倾侧，与下垂的左臂、伸出的右臂以及双腿形成了结构严谨而平衡和谐的构图。由于这种站姿会使得人体上身的中轴线发生偏移而形成不对称，对雕塑家来说，需要更高的技巧才能恰当地表现。公元前5世纪中期开始盛行的这种男型裸体立像塑造方式不仅后来在罗马帝国被模仿，并且成为了文艺复兴时代主要的典范，比如米开朗琪罗举世闻名的大卫像，就是这样站立的。

24. 赫尔墨斯大理石像（罗马复制品，普拉克西特列斯原作）

这座赫尔墨斯大理石像制作于公元1世纪的罗马，但它实际上复制了古典时代晚期的雕塑家普拉克西特列斯的作品，体现了拉克西特列斯创造的著名S形曲线站姿。

从身体的比例来看，普拉克西特列斯没有采用古典早期雕塑家波留克列特斯的著作《典论》中规定的比例，他塑造的赫尔墨斯肌肉线条紧致，但是并不过于壮实。赫尔墨斯右腿直立，站在一段高度到股骨中央的树干旁，左腿放松向左弯曲，而胯略向右方挺起。他的右手叉腰：右臂半曲，右手三指背面和伸出的拇指搭在胯上。左肩高于右肩，左臂则略弯而下垂，手执双翼信使杖的末端，杖头在手肘处。与对立平衡站姿相比，这种曲线站姿显得更慵懒优雅，肢体的各个部分也更精心协调安排（图24）。

赫尔墨斯身上仅着短披风，一端搭在左肩上，另一端则缠在左前臂，足踏镂空系带鞋，鞋上有翼——传说这是赫淮斯托斯（Hephaestus，火神和锻冶、工艺之神）用黄金所制，令赫尔墨斯能疾行如飞。赫尔墨斯若有所思的面容显得有些忧郁，嘴唇微分，似乎将发出一声若有若无的叹息；他低头的视线或许说明这座大理石像原本摆放在较高的位置，这个角度正能让人们看清他的面部。

这座大理石复制像在文艺复兴时期被罗马的法尔内塞（Farnese）家族收藏，后成为那不勒斯与西西里国王费迪南德二世的藏品，他于1864年将之出售给大英博物馆。据记载，雕像曾被打碎，主要分为三大部分以及一些小碎块。经过复原后，人们发现雕像的大部分都得以保留，但鼻梁、一些手指、下颚、一只耳廓、鞋上的两只飞翼等都是后人补上的。雕像左腿和左臂上都有连接构件的切断痕迹，左侧本应还有其他部分。目前展出的雕像在大英博物馆经过多道文物保护处理程序。在梵蒂冈也有仿制同一座普拉克西特列斯作品的大理石像，但该雕像双臂已断裂，对细节的塑造较粗略。

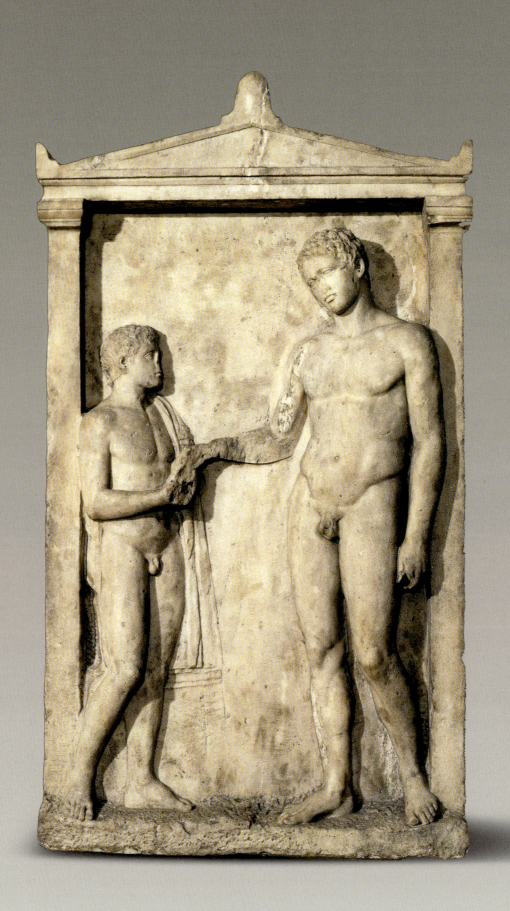

图 23
青年死者的大理石墓碑

图 24
赫尔墨斯大理石像

希腊化时代
（公元前 323—前 31）

马其顿国王亚历山大的父亲菲利普二世把马其顿从一个北部的边缘王国转变成希腊主岛的统治势力。亚历山大则建立了一个从希腊延伸到印度的帝国，广阔的疆域包括安纳托利亚、黎凡特、埃及、巴比伦和波斯等地。所谓希腊化时代（Hellenistic period）是19世纪德国史学家德罗伊森（Johann-Gustav Droysen）提出的政治文化概念，指波斯帝国灭亡后，马其顿王国的统治者们使得希腊文化在地中海东部及近东地区的非希腊世界中传播和交流，公元前323年亚历山大大帝的逝世和相继的领土分割通常被当做这个时代的开端。

亚历山大大帝死后，经过血腥的斗争，他的将领们分割了帝国的领土，最终各自建立了他们的世袭王国。在王国间的争斗中，三位将领和他们的后代建立了了公元前3世纪早期的三个主要希腊化王国：托勒密（Ptolemy）在埃及建立了托勒密王朝（Ptolemaic kingdom），塞琉古（Seleukos）在叙利亚和波斯帝国延伸到印度和巴基斯坦的领土上建立了塞琉古王国（Seleukid Kingdom），安提柯（Antigonus）在马其顿和希腊岛屿建立了安提柯王国（Antigonid Kingdom）。

就艺术来说，希腊化时代远比古典时代的希腊更丰富多彩，题材范围也显著扩大了。古典时期的雕像往往表现理想化的神祇或人物类型的美，而希腊化时期雕像的对象却代表了社会不同阶层的个人，例如失意的运动员或是战败自戕的战士，情绪表达也更加多样化。此时也出现了表现抽象概念的雕像，例如和平（Eirene）、丰盛（Ploutos）等。老普林尼则认为在希腊化时代早期"艺术死了"，到公元前2世纪才由于当时的古典主义而再度复兴。

最终，希腊化时代被崛起的罗马所取代。意大利南部和西西里的希腊城市在公元前3世纪末被征服，公元前168—146年间，希腊半岛落入罗马人手中。公元前133年，阿塔罗斯三世将帕伽马赠送给罗马，以图免遭兵燹。公元前31年，托勒密女王克里奥佩特拉七世（Kleopatra VII）在海战中被击溃，希腊化时代的伟大王朝就此全部终结了。

25. 亚历山大大帝像

据说亚历山大大帝（公元前356—323）只允许三位伟大的艺术家为他造像：雕像师留西波斯（Lysippos）、珠宝和钱币雕刻师皮耳戈忒勒斯（Pyrgoteles）及画师阿佩莱斯（Apelles）。

在留西波斯以前，古希腊的帝王和统治者的造像都是有胡须的，前文提到的古典时期伯里克利胸像正是如此。留西波斯塑造的亚历山大大帝像则表现了年轻的亚历山大大帝，面庞光洁无须，充满青春的朝气。如此风格的亚历山大大帝像成为当代和后世的古希腊模仿的典范，不仅亚历山大大帝像本身一直被塑造成面庞光洁，无须的形象也开始成为其他希腊化时代及罗马时代的统治者肖像雕像的标准风格。普鲁塔克称，是留西波斯"捕捉到了那些独特的面部特征……即微向左转的颈项和动人心弦的注视"，并且只有他"表现出了亚历山大的真实性格……塑造出了他内心的优秀。其他的雕像师由于过于热切地希望表现他颈部的偏转和深情而明澈的眼神，未能正确表达他的气概和雄狮般的气质"。

留西波斯制作的青铜塑像都已失传，但可以看到一些罗马的大理石仿制品。这座头像也按照留西波斯式的图像志来表现亚历山大：他正值青春岁月，但表情沉稳，略卷的头发较长，发缕看起来有些像雄狮的鬃毛，而头颅略抬起，眼神微微向上，充满动感。这个头像据称是在亚历山大城发现的。亚历山大大帝于前331年建立这座城市，此地也是他最终埋骨之处，在这里，亚历山大大帝被当做神祇和祖先供奉。亚历山大城后来成为希腊化王朝中统治时间最长的托勒密王国的首都，是希腊化时代重要的文化政治军事中心（图25）。

26. 青铜猎人

这座雕像高约47厘米，表现的是一位青年猎人。他赤足，身上仅着一件缠在左肩和手臂上的短披风（chlamys），全身肌肉紧张，正是发力的时刻。原本他双手执一支长矛，刺向迈出的左足附近的一只猎物，同时低头凝神看向猎物。铜像的面容、发型，以及强健的身躯和威武的气概显示这座铜像塑造的可能是亚历山大大帝。铜像由头部、腿、手臂、脚等数个分别铸成的部件构成。（图26）

狩猎在古代是一个用来表达力量和勇气的题材。在法老时代的埃及，狩猎是艺术中的常见主题。美索

图 25
亚历山大大帝像

图 26
青铜猎人

不达米亚地区从公元前3000年起就有关于狩猎的艺术作品，近东的波斯和亚述文化等都富有关于狩猎的艺术品。

狩猎往往与王族联系在一起，成为国王们的身份象征，真实或是虚构的猎狮场景尤其被用于宣扬王者的勇武。普林尼在《自然史》中提及数件关于王族狩猎的作品，包括留西波斯在德尔斐神庙的群像"亚历山大之狩"，留西波斯之子欧提卡耳忒斯（Euthykartes）的作品"亚历山大大帝特斯匹亚（Thespiai）之狩"，以及安提菲罗斯（Antiphilos）的作品"托勒密之狩"。

根据普鲁塔克在《亚历山大大帝传》中的叙述，德尔斐神庙的群像反映的是亚历山大大帝举行的一次真实的狩猎，其时亚历山大执意赴险，与雄狮搏斗，不仅是为了考验他自己的勇气和力量，也是为了训诫麾下的将领们，希望他们战胜波斯人之后切勿懈怠。当时亚历山大大帝幸得克剌忒洛斯（Krateros）及时救驾。普鲁塔克称，克剌忒洛斯后来"为纪念这次狩猎，在德尔斐建起了一座纪念群像，包括狮子和猎犬的青铜像，亚历山大大帝正与狮子生死搏斗，而他本人正在驰援。其中有些雕像的作者是留西波斯，另外一些是勒奥卡瑞斯。"

塑造亚历山大大帝猎狮的雕像不仅是对历史事件的纪念，也利用了传统的王族狩猎形象来确认他的帝王地位，并通过与同样猎狮的宙斯之子赫拉克利斯的联系，暗示了他的神性。这件青铜小雕像或许是克剌忒洛斯纪念群像的小型局部复制品。

27. 以弗所的阿尔忒弥斯神庙

以弗所（Ephesus，位于今土耳其西南部伊兹密尔省，地中海东岸）的这座阿尔忒弥斯（Artemis）神庙也曾被列为世界七大奇迹之一。公元前356年，靡费了百余年时光才建成的旧阿尔忒弥斯神庙被希望以此举留名青史的恶徒赫若斯特剌托斯（Herostratos）纵火焚毁，虽然以弗所当局决定不让此人得逞，不但将之处死，还将其名从以弗所的记录中抹去，但他的名字还是被史家流传，并形成了一个词组（herostratic fame，意为"不择手段猎取的名声"）用以谴责逐名之徒。以弗所人最终决定重建一座更宏伟的新神庙。当亚历山大大帝向爱奥尼亚推进时，神庙还未开始重建。亚历山大大帝从波斯帝国控制下夺取以弗所后，向以弗所人提出，希望由他来支付神庙重修需要的款项。以弗所人却圆滑地拒绝了，他们觉得让一位神祇来替另一位神祇的神庙付款是不恰当的。

新神庙建成后成为当时希腊世界最宏大的建筑。神庙前的柱子装饰繁复，老普林尼称神庙共有127根高达17.5米的柱子，其中有36根雕刻柱（columnae caelatae），这些雕刻柱的浮雕方形基座上还垫着浮雕圆柱础（drum），斯科帕斯雕刻了其中一块柱础。据维特鲁维乌斯（Vitruvius），神庙由两排柱环绕，前后两侧每排各有8根。3世纪中期，神庙由于哥特人入侵被破坏，遗址的建材被用于拜占庭时代以弗所的修建，有的大理石被用来冶炼石灰。一些墨绿色花纹大理石柱和其他石材后于6世纪被搬运到君士坦丁堡用于建造索菲亚大教堂，至今仍可在教堂内见到。到10世纪，地震已经彻底摧毁了神庙。

1871年，J. T. 伍德由大英博物馆资助，对埋藏在河床淤沙约600米下的这座神庙进行发掘。原址只遗留了一些零星的简单构件，36件雕刻柱的浮雕圆柱础大约只有这块高约1.8米、重达11吨的浮雕柱础得以留存，其上仍存留七个浮雕人物的局部。我们无法确认大英博物馆的这件藏品是否是斯科帕斯的作品。

浮雕柱础上这些端庄的人物形象栩栩如生，尤其是对衣纹的造型随势变化，含蓄而又生动地表现了衣料与人体的互动关系（图27）。背有双翼的死神腾纳托斯（Thanatos）腰间佩宽剑（用斜背带固定），举起左臂引领一位女性前行。这位女性身穿爱奥尼亚式希腊长袍（Ionic chiton，与多里斯式希腊长袍相比更宽大，袖更长），左手捏着披风边缘举到腰间，披风垂下的部分折叠形成的弧线和层次清晰自然，长袍顺着脚踝垂落而搭在足面上。众神使者、亡灵接引者赫尔墨斯（Hermes）走在她身后，他颈后挂着一顶宽边旅行帽（petasos），缠着短披风的左臂抬起，左手放在身后，右臂微举，右手中执的信使杖（caduceus，古希腊名称"kerykeion"）下垂、斜指地面，暗示旅程的终点。场景右侧是一位采用对立平衡站姿的女性和一位面向她侧坐着的男子：女像头部完全缺失，身着珀普罗斯长袍，背后披过膝的披风；男像自腰部以上缺失。两人身上的衣纹从细微之处到宽大的褶皱都塑造得惟妙惟肖，疏密、穿插、聚散、转折、起止都安排得当，让冷硬的大理石体现出了织物的质感和织物覆盖着的人体的动感。由于画面出现了死神、接引亡灵的神之使者，

图 27
阿尔忒弥斯雕像

图28
金橡树枝冠

以及去往冥府的逝者，这对男女一般被认为是冥王哈德斯和他的妻子珀耳塞福涅。

关于赫尔墨斯和腾纳托斯之间的女性身份仍然悬疑，主要的观点认为她可能是欧里庇得斯悲剧中要求替夫赴死的阿尔刻提斯（Alkestis），而后被其夫的好友赫拉克利斯从死神手中救出。另有研究者猜测她是欧里狄克（Eurydike），她的丈夫奥菲厄斯（Orpheus）为了她去冥界寻找哈德斯；她也有可能是伊菲革涅亚（Iphigenia），她的父亲阿伽门农（Agamemnon）为了希腊舰队能顺利起航去特洛伊而将她献祭给阿尔忒弥斯。

28. 金橡树枝冠

这件金橡枝冠据称是在达达尼尔海峡（连通爱琴海与现土耳其首都安卡拉和黑海的狭窄海峡）边的一座墓葬中与一件无装饰的葬仪用黄金薄片制腰带一起发现的。

橡树枝冠由两枝黄金薄片卷成的橡树枝组成。两枝橡树枝末端的部分通过一小片水滴形有浮雕纹的端板模拟了从树上掰下的枝条木端的形状。叶冠前方，两根橡树枝用一个顶端制成小蜜蜂型的开口销固定在一起。每根树枝都有6个小枝，各小枝有8片叶片和7—8个顶端突起的橡果，另外有大约12片单独的叶片直接连在树枝上。叶片共有三种，大小不同，橡果是用左右两片拼成的（图28）。

两根枝条上还各自栖息着一只用4片黄金薄片拼制成的蝉。古希腊典籍中有很多关于蝉的记载。亚里士多德的《动物志》中提到蝉的食用功能，对蝉的生长周期和习性比较了解。与古代中国相似的是，由于蝉的幼虫入土后会再次从土中爬出蜕壳羽化，蝉在古希腊也代表着永生或重生。同时，蝉的鸣声也象征着乐音或是噪音，古希腊著作中既有将蝉作为歌唱之象征的，也有提到蝉之无尽嚣叫的。柏拉图《斐德罗》篇中，苏格拉底与斐德罗的谈话背景就包括蝉鸣声，其内容也多次提到蝉。苏格拉底讲述了关于蝉的神话：在宙斯和记忆女神的女儿们缪斯出生前，它们原本是人类，缪斯出现后，获得了废饮忘食歌唱的能力，因永恒歌唱而死后则去告知缪斯们哪些凡人礼敬了她们。

公元前4世纪之后马其顿、意大利南部、小亚细亚和黑海地区北部的墓葬中都发现过金枝冠。希腊的神庙和神殿的献祭物品清单中列有大量这类金冠，它们的重量变化很大，例如帕台农神殿的金冠重量从100克到1300克不等。据史籍记载，在祭祀中也会佩戴金冠。不同的希腊神祇有与他们相应的树种或是灌木：比如这项金冠用的橡树枝是供献宙斯的圣物；另外，橄榄枝供献雅典娜，常青藤和葡萄藤供献狄奥尼索斯，月桂供献阿波罗，桃金娘供献阿佛洛狄忒。

29. 克尼多斯雄狮像

这座大理石雄狮像目前陈列于大英博物馆大中庭入口处。它曾面向大海，屹立在克尼多斯古城的海岬上，下方是高60米左右的悬崖。

理查德·普兰（Richard Pullan）是查尔斯·牛顿带领的克尼多斯岛考古队中的建筑专家，他于1858年5月发现了这座雕像，它当时面朝下扑倒在地，四周散落墓葬的大理石表层和石灰石核心的碎片。考古队中的理查德·默多克·史密斯（Richard Murdoch Smith）克服种种困难，将这座庞大而沉重的雕像设法运到英国。

巨大的雄狮像是用雅典附近的潘泰列山采掘的一整块大理石雕刻而成的。潘泰列山的大理石为带有金黄光泽的白色，修建雅典卫城时大量采用。为了减轻重量，雕像的内部被雕空，但重量仍达约7吨。这座雄狮像早已饱受苦涩的海风和蕨类丛生的侵蚀，并因为从高处的基座上掉落而下颚部和前爪缺失。然而，它威仪仍在。雄狮鬣毛较短而丰厚，头部向右后方扭转，眼睛现在是两个空洞，原先可能曾用青铜、彩色石或是玻璃之类镶嵌。雄狮的尾部得以保存，搭在蹲踞的右后腿上形成弧线（图29）。

它原本位于一座18米高的墩座型墓顶部，应当是土耳其达特恰半岛上的克尼多斯古城中一个重要家族的墓碑。普兰在史密斯的协助下，绘制了墓葬建筑复原图。墓葬为神庙型，建在一个占地约12平方米的方形平台上，并有一体的外围墙，当时大理石外层均已剥落，石灰石内核仍然耸立。墓葬内室是一个约12米高的巨大圆形房间，采用叠涩拱，入口在北侧。内室基部有12条放射状的通道，各自通向一个独立的墓室。墓葬外部每个侧面都装饰了四根多里斯半柱，两侧柱的间距比中间要宽。半柱上方有在一圈三陇板和陇间壁装饰带，其上是一段阶梯金字塔结构。金字塔上端还有一个中空的4米高双层长方形基座，身躯雄伟的雄狮像就伏踞在这个基座上。

一般认为普兰的复原图比较精准，虽然它并不一定完全反映墓葬原貌。毋庸置疑的是，该墓葬的形制显然深受哈利卡纳苏的摩索拉斯王陵影响，雄狮的形象也与摩索拉斯王陵的巨型雄狮像有相似之处。

30. 苏格拉底小雕像

苏格拉底（公元前469—前399）被认为是现代西方思想的智识源头。他的思考方法是与同伴一起通过谈话和辩论穷究问题，为追寻绝对真理而不懈探索知识的本质。据苏格拉底的学生柏拉图和色诺芬的说法，苏格拉底有点发福，塌鼻厚唇，和希腊当时理想的外貌相去甚远。然而，这看上去有点像森林中纵欲寻欢的半人半羊的萨梯的容貌下，隐藏的是高贵的内心和美丽的精神。所有的苏格拉底肖像应该都是在他逝世后制作的。这尊希腊化时期的大理石小雕像表现的苏格拉底形象或多或少有些理想化了，但面部和体型仍是可以清楚辨识的：头部较大，已经开始脱发，鼻子宽平，嘴唇丰厚，披风下显出了肚腩。

苏格拉底对真理的探寻使得他与故乡雅典的法庭发生了冲突。他被指控罪名"不敬神"（asebia）——不信奉城邦指定的神祇，另立新神，蛊惑青年；庭审之后，他被判死刑，饮下毒药而死。

既然这尊苏格拉底小雕像是在亚历山大城发现的，也许可以猜想它曾放置在亚历山大图书馆的某张书桌上；（图30）压力山大图书馆是托勒密一世建立的，是世界上第一个让各学科的学者能全心投入学术的研究机构。希腊化时代，这种小型雕像（不管是大理石、青铜，还是陶土）非常流行而且典型，应当反映了当时在城市新生有产者中文化的普及。

31. 躬身脱鞋的阿佛洛狄忒青铜像

公元前 4 世纪普拉克西特列斯塑造的裸体阿佛洛狄忒像一手执浴巾，站在水瓶旁，自此以后，将爱与美的女神阿佛洛狄忒表现为裸体并与沐浴相关的形象成为重要的创作主题。女性的裸体成为公共艺术可以接受的主题、并被认为是美的，这是古希腊社会对待女性态度的一个重要转变。当然，虽然裸体阿佛洛狄忒像被接受，但一般女性塑像并不会是裸体，只在表现强暴的场景中，或是描绘妓女时才有可能采用。

这座阿佛洛狄忒青铜像只用左足站立，右足抬起，正在躬身脱鞋，准备入浴（图31）。她已经双臂缺失，左胯残缺，但身体曲线依然流畅优美，肢体的安排节奏错落，形成一种音乐感。她的眼睛是用白银镶嵌的，

图29
克尼多斯雄狮像

图 30
苏格拉底雕像

图 31
阿佛洛狄忒青铜像

图 32
两女陶俑坐像

头上扎着发带，浓密的头发往后梳起，在脑后盘成圆形的发髻。

这件青铜像是查尔斯·默林（Charles Merlin）销售给大英博物馆的两件最昂贵的艺术品之一，于1865年售价500英镑。

32. 两女陶俑坐像

这座陶俑高约20厘米，表现了两位女性相处时较为亲密的一刻（图32）。陶俑为彩绘，色泽保存得相当完好。长凳的凳腿雕工细致，凳上的坐垫显得厚实柔软，垂下的装饰布为天蓝色釉。右侧青年女子身着粉色长袍，头系发带，头发在脑后盘起，侧身转向左侧，倚在左侧女子的肩上，似乎正在聆听。左侧女子则更年长，身着的白色长披风覆盖全身，又被拉起遮住头发，这是一个典型的母亲的形象。她一手撑着长凳，低着头，袒露右肩，左手托着右乳，她身体裸露的部分施以浅淡的粉色釉。两位女性倚靠在一起，雕像整体形成了金字塔形的构造。这座陶俑中两位衣着精致的女性所坐的家居布饰长凳，点明了私密的环境，也就是生活优越的女性通常生活的范围。

希腊化时代的女性并不能充分地参与到社会生活中，但她们的地位比起古典时期的雅典来说，要更高一些。在古典时代的雅典，男性主导的民主城邦中，女性社会地位非常低下，按照法律甚至没有签订契约的权力，父亲和丈夫是她们的监护人，可以控制她们的生活。斯巴达出于战争的需要而鼓励妇女参与户外运动以便培养更健康的后代，而且由于男性长期出战，女性在家中可能获得家长的地位，但最终也无非将女性看成传宗接代的工具。马其顿王国中，女性的地位明显提高，已经不需要监护人，有独立签订契约的权力，并开始有经济能力，可以拥有财产和负债。到了希腊化时代，尤其是托勒密王朝，由于出现了数位强大的女性君主，女性的地位和形象都有进一步改善。在雅典，女性也开始有可能因自己的工作而独立获取荣誉公民的地位。

这两位女性可能是母女，或者是友人。如果是随葬品的话，或许是死者的亲友在互相安慰，母亲托着乳房的动作有可能表现的是失去哺乳幼儿的伤痛。也有研究者认为她俩有可能是得墨忒尔与女儿珀耳塞福涅，得墨忒尔手托乳房的姿态强调了她作为谷物和丰收女神的身份。

33. 狄奥尼索斯青铜面具

酒神狄奥尼索斯在神话中是宙斯与凡间女子塞墨勒（Semele）的儿子，塞墨勒的父亲是底比斯（Thebes）的缔造者——第一位忒拜王卡德摩斯（Kadmos）。塞墨勒怀孕时，宙斯的妻子赫拉因嫉妒而设计使她死在宙斯的雷电之下。宙斯只得将获救的胎儿缝在自己的腿中，直到狄奥尼索斯再次出生。因此狄奥尼索斯的称号包括"复生"，随葬品上也常可见到他的形象和相关的象征。

这件青铜面具本来是祭祀用的桶（situla）上两个手柄的支撑之一，大英博物馆收藏了这两件作为支撑的面具，其中一件狄奥尼索斯头上的两个银质的角保存完好，另一件则缺失。这件狄奥尼索斯面具铸造技术精湛，发卷、胡须和头上的枝叶果实表现细腻，并采用多种金属来增加色彩对比：嘴唇、头上的葡萄和常青藤果都采用黄铜镶嵌，眼球用银表现白色，额头勒的发带则是铁制成的（图33）。

著名收藏家理查德·米德（1673—1754）曾收藏过这件面具，他是英国国王乔治二世（1727—1760年间在位）的御医，去世后藏品被出售。大英博物馆于1989年通过国家文化遗产纪念基金的赞助收购。

34. 昔兰尼的阿波罗像

昔兰尼（Cyrene）是锡拉人（Thera）在古风时代建立的一个殖民地，位于现利比亚境内，地中海的南岸。锡拉岛是一个面积不大的小岛，希罗多德称公元前7世纪的一场长达7年之久的旱灾迫使锡拉人开辟了昔兰尼的殖民地。锡拉人于公元前631年左右开辟昔兰尼后，不但商贸往来繁盛，也使之成为北非的希腊文化重镇之一，公元前5世纪达到鼎盛，在伯罗奔尼撒战争中支持斯巴达。亚历山大大帝去世后，归入托勒密王朝。

古希腊的殖民地一般由城邦建立，这些建立殖民地的城市被称为母城（metropolis）。建立这些远在殖民地的城邦时，母城首先在德尔斐神庙求询阿波罗的神谕，然后选出人员和首领，并与之签约，对开发殖民地人员的公民身份做相应规定。根据在昔兰尼发现的公元前4世纪的铭文，锡拉人去昔兰尼殖民前，首先获得了阿波罗的神谕，又从各家抽选成年男子，如果去昔兰尼殖民地5年后仍困难重重，他们都可以回到锡拉享受公民权，但如果逃脱奔赴殖民地的义务，则将被处死。

图 33
狄奥尼索斯青铜面具

昔兰尼的阿波罗神庙是一片规模宏大的建筑群，品达和凯利马科斯（Callimachus）的诗中都曾赞誉。理查德·默多克·史密斯（Richard Murdoch Smith）带领的考古队于1861年在其遗址发现了这座阿波罗像，当时它已经从台基上掉落摔碎，目前是由121片碎片拼成的，但原本举起的右臂和左手腕以下部分丢失。史密斯与合作者于1864年出版了相关考古记录，提及由于当时附近的伊斯兰居民可能出于不同宗教信仰破坏古希腊神像，这些碎片都在被运送到大英博物馆后才进行复原。

这座阿波罗像制作于罗马时代，但其风格完全模仿了希腊化时代的雕像。他的面容和身体结构都略有些女性化，左肩搭着的长披风从身后绕向右胯，又经过双腿到身体左侧垂下（图34）。作为音乐之神，阿波罗左手执七弦竖琴（lyre），这是他神性中柔和的一面。阿波罗的神性比较复杂，既包括七弦琴与琴声所象征的谐和优美，主宰音乐、诗歌和医药，也包括以弓箭为象征的凌厉之气，作为太阳神主宰理智、道德，发布神的预言。他左侧的树上盘着一条蛇，蛇头仰起，正与阿波罗的目光相接。在神话中，阿波罗杀死了原居于德尔斐的庇顿（Python，生于地上的龙，在古希腊雕像和绘画中用蛇的形象表现），将德尔斐变为他自己的神庙所在地。

35. 莱利的维纳斯像（蹲踞的维纳斯）

在罗马神话中，爱与美的女神阿佛洛狄忒被称为维纳斯。英国国王查理一世（1600—1649年在位）于1628年从贡扎加家族手中购得这座雕像。1649年，他以叛国罪被处死后，收藏家彼得·莱利（1618—1680）收购了这件藏品，因此这座雕像也被称为莱利的维纳斯像；莱利死后，英王室又将之购回。2005年大英博物馆举办了法兰德斯画家鲁本斯（1577—1640）特展，因鲁本斯曾与贡扎加家族关系紧密，见过这座雕像的可能性很大，他在《譬喻》（Allegory，画于1612—1613）中描绘的一个蹲踞女性人像很可能受到这座雕像的影响，英王室将之借予大英博物馆配合展出，目前仍在馆中常设部分。

这座罗马雕像也是复制希腊化时代原作的作品，原作显然很受欢迎，有多件复制品，主要从意大利和法国出土，罗马的法尔内塞家族、圣彼得堡及卢浮宫等地均有收藏，变化主要在于细节的塑造，有些添加了阿佛洛狄忒的儿子小爱神厄洛斯（Eros，罗马名为丘比特[Cupid]），或是在她手中拿着小陶瓶，手臂位置变化等。大英博物馆的这座复制品比较完整，对面部表情和腰腹部的表现更加细腻，手指的动作也更有个性。

女神的头转向右侧，看向窥视者（图35-1）。她蹲踞的姿态、护住身体的手臂，以及左股下方一个翻倒的水瓶，都提示了她情绪中的慌乱，然而她的面部表情并不夸张，依然冷静，只是混合着轻微却清晰的惊讶和不满。丰满的维纳斯的双手被塑造得仿佛有表情一般，左手小指由于紧张或惊吓而弯曲了起来。这件作品有意识地将观者也包含到作品中，形成了充满张力的关系：观者被放置在窥视者的位置上，维纳斯探究质问的眼神与观者之间形成了明确的视线交流，似乎提醒了观者，这次观看是不受欢迎的。然而雕塑家的匠心独到之处恰在于，这种拒斥和雕像本身美的吸引力形成的矛盾反而更突出了雕像在视觉上的诱惑力。

这座雕像出土于罗马五贤帝之一，安东尼·庇护（Antoninus Pius，138—161年在位）的别墅，底座为18世纪时添加。

阿克特翁（Actaeon）（图35-2）是古希腊神话中忒拜的一位英雄，是忒拜的缔造者卡德摩斯（Cadmus）的孙辈。他的故事有若干版本，根据奥维德的《变形记》，他带着猎犬狩猎时不慎窥见女神阿尔忒弥斯（Artemis）沐浴，阿尔忒弥斯气愤之下，将他变化成一头雄鹿，使他被自己的猎犬追逐咬死。

雕像中喜好狩猎的阿克特翁肩披兽皮，用兽爪部分系于颈前，头顶上已经长出了两截鹿角。他的右臂高举至头部后方，手至短棍，正要击打他身下露出利齿的猎犬。虽然雕像所表现的这个时刻正是阿克特翁即将失去人性以及生命的关头，但他的表情并不像奥维德在《变形记》中所写那样惊惧恐慌，而是显得平静或迷茫。阿克特翁的身体匀称结实，充满了活力，愈发衬托出故事最终结局的悲剧性。

◉ 古塞浦路斯

塞浦路斯土壤肥沃，拥有丰富的铜矿。西南部著名的古帕福斯（Palaiopaphos，位于库克利亚附近）圣殿周边的那些天然泉眼可能从很久远的年代起就是生育崇拜的中心。阿佛洛狄忒和该地区的联系在大约写作于公元前8世纪晚期至前7世纪早期之间的《荷

图 34
昔兰尼的阿波罗像

图 35-1
蹲踞的维纳斯

图 35-2 阿克特翁大理石像

马史诗》中也被提及:"爱笑的阿佛洛狄忒去往塞浦路斯,抵达帕福斯,那里有她的神庙和祭坛。"一些古希腊罗马的神话称阿佛洛狄忒自海涛中出现后,踏岸之地就是塞浦路斯。传说中的塞浦路斯之王喀倪剌斯(Kinyras)称号是"阿佛洛狄忒所眷顾的"。在塞浦路斯也有类似近东和希腊的行吟传统(bardic tradition)存在。喀倪剌斯也是一位行吟诗人,而荷马的女婿斯塔西诺斯(Stasinos)也传称为来自塞浦路斯。

在青铜时代晚期,塞浦路斯已经成为地中海东部商路中的重要环节,与埃及、小亚细亚、北非、希腊和罗马等地都联系紧密。在塞浦路斯的青铜器中,可以看到各地区风格的融合。通常认为,希腊语自前公元8世纪起已经成为塞浦路斯的主要语言,和腓尼克语以及原始塞浦路斯语一起使用,到公元前4世纪晚期,则成为唯一主要语言。希腊人虽然不把塞浦路斯看成希腊的一部分,而只是希腊世界边缘的东方异国,但塞浦路斯与希腊之间的文化联系非常紧密,不但有共同的语言和宗教习俗,也通过商贸和军事联系在一起。公元前6世纪上半叶,塞浦路斯被埃及第二十六王朝法老阿玛西斯(Amasis)征服,不久后落入波斯人之手。塞浦路斯也参与了公元前5世纪初引发希波战争的爱奥尼亚起义,但未能摆脱波斯统治。公元前4世纪末,塞浦路斯被亚历山大大帝及其将领控制,而在他死后又依附于托勒密王朝,直至公元前58年成为罗马行省。

36. 玻璃石榴瓶

这件玻璃容器为石榴形,瓶口有六瓣仿真的尖花萼。容器系用深蓝色透明玻璃制成,瓶身在玻璃尚未硬化的时候用淡蓝、橙色和白色不透明玻璃做出垂花链装饰。它与同时代埃及的石榴瓶相比,瓶颈更短,花萼末端变尖,与真实的石榴果实更相似(图36)。

在塞浦路斯发现了一系列这类容器。从恩科米的一座随葬丰富的墓葬中,和这件石榴瓶一起发掘了另外几件。这些都是型芯法(core form)制作的玻璃器皿,它们可能是在塞浦路斯制作的,与青铜时代晚期常见的埃及玻璃作坊制品相竞争。玻璃制作的型芯法无疑是埃及或者黎凡特的工匠带入塞浦路斯的。在希腊本岛,似乎工匠们只是熔化已经制作好的玻璃料块,再把熔化的玻璃浇入小型模具来制作项链的吊坠,玻璃通常是亮蓝色,偶然也有绿色,他们还没有学会用型芯法制作玻璃。

在地中海的很多文明中,多子的石榴是喜闻乐见的繁育象征。和在其他地方一样,在塞普鲁斯,石榴的形象也在悠久的历史中一直出现在女性佩戴的珠宝上。在希腊晚期的崇拜中,石榴与被冥王哈德斯掳去冥府的得墨忒尔的女儿珀耳塞福涅的联系尤为紧密;珀耳塞福涅在冥府吃了石榴籽,因而每年都必须在地府停留三个月。她回到阳间则给母亲带去了欢乐,就像春天给大地带去富饶。

地中海国家自公元前2000年中期开始培植石榴,自古以来人们就发现了石榴对胃痛、伤口和炎症的疗效。

这件石榴瓶发现于恩科米的66号墓葬,这是一座工艺精湛的地下拱顶石墓。墓主身侧放置了一大批奢华的陪葬品,包括金饰、埃及彩陶瓶和迈锡尼餐具等。

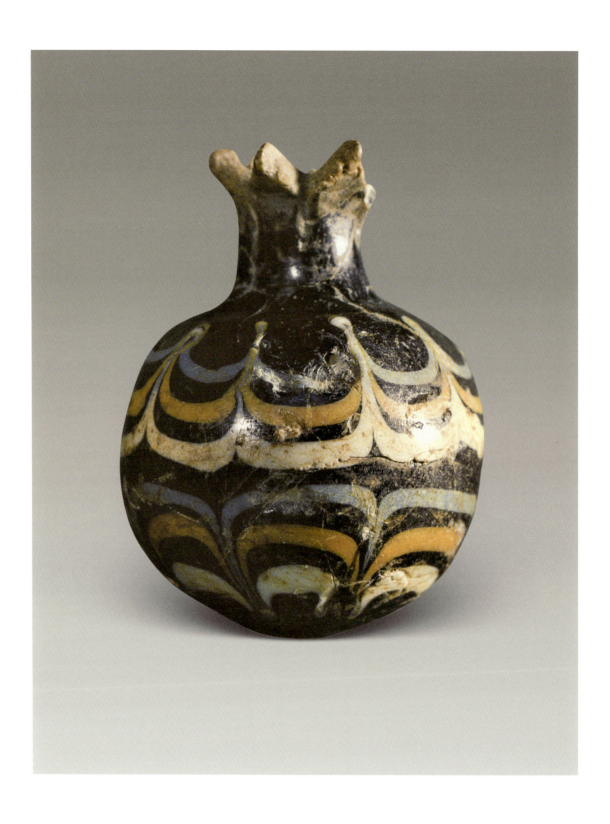

图 36
玻璃石榴瓶

图 37
青铜有轮器皿架

37. 青铜有轮器皿架

塞浦路斯盒型青铜架是显示了冶金术的杰出成就，像这件器皿架一样保存完好的并不多。它制作于青铜时代晚期，约公元前1225—前1100年。这个时期正是希腊主岛和附近岛屿人口大批外迁的年代，塞浦路斯岛上涌来了大量希腊人。大英博物馆在特纳遗赠款项的支持下，于1893至1896年在恩科米（Enkomi）开展考古工作，这件青铜架就在这次出土的文物中。这次发掘并没有采用后来的现代考古发掘的记录方法，很多器物并未入册，还有待研究。这件镂空装饰的器皿架，四面各有两组图案，每一面图案都分上下两个部分，上部为主要图案，下部面积更小，刻画不同的鸟类和鱼类，画面四周也有波浪纹装饰。器皿架的前后两面主要图案描绘的是希腊人熟悉的近东主题：一面是一只戴着帽子的狮身人面兽，另一面是抓着长颈水鸟脖颈的狮子；另两面是关于日常生活的人物图景，一面是一辆双轮战车，车上挂着箭囊，车轮和器皿架的轮一样都是六辐。对面的图案则是一位坐着弹奏弦乐器的女性，另一位女性站着弹奏类似乐器，一个穿短袍的男子则右手提水罐，左手执长柄杯，举到面部高度。器皿架顶部的浇铸圆环有一圈动物纹样浅浮雕装饰带，通过直纹方形铜板与架身连接。架下共有四个轮子，每两个六辐轮之间以长轴相连（图37）。

制作这件工艺繁复的器皿架同时采用了失蜡法和浇铸法，通过焊接和锤打连接在一起。已经发现了一系列这类有四面的器物架（有轮者较少），有些以人像为主，有些是动物纹，地中海各地一直向西到意大利和萨迪尼亚都有发现。

作者/高谨/耶鲁大学艺术史博士，现任清华大学
外国语言文学系讲师

菲茨威廉博物馆里的"时间胶囊"

古希腊是西方世界"追根溯源"、"寻根问祖"的焦点。公元前3000年左右,克里特岛点亮了爱琴海文明的第一支光。此后,希腊半岛及周边地区见证了在战争、扩张、殖民与侵略中交互诞生的具有不同特色的文明时期。古希腊文明的方方面面影响了之后征服并统治这一地区的罗马帝国,这些文明特色也随着罗马势力的不断扩张在欧洲继续生根发芽。

由于年代久远,古希腊文明长期笼罩在神话与史诗的神秘面纱下。19世纪以来兴起的对古希腊地区的考古活动终于用出土的实物解开了传说的魔咒,也逐渐丰富了欧洲各博物馆的相关藏品。较早时期的古希腊文明少有甚至没有能够破译的文字记载,因此这些流传至今的"时间胶囊"是了解、再现古希腊世界的珍贵资料。

正因为古罗马与古希腊之间母子式的密不可分的"家族情缘",菲茨威廉博物馆将这两大一脉传承的文明归并在同一展厅。本文就将介绍英国剑桥菲茨威廉博物馆中的这一展厅,着重围绕展品来源、布展模式的演变、展品背后折射的人文情怀展开。文章也将简要介绍菲茨威廉博物馆的历史、古希腊古罗马展厅的整修项目及与展厅内容相关的学术研究与公众教育活动。

◉ 小而精致的大学博物馆

位于英国剑桥市南北主干道南端的特兰平顿街(Trumpington Street)上、与剑桥大学最古老的学院彼得豪斯学院(Peter House)毗邻的便是被誉为"小卢浮宫"的菲茨威廉博物馆(Fitzwilliam Museum)(图1)。

菲茨威廉博物馆得名于菲茨威廉子爵七世——理查德·菲茨威廉(Richard FitzWilliam, 7th Viscount FitzWilliam)。1816年,菲茨威廉将他收藏的艺术品与书籍资料捐赠给母校剑桥大学,并出资10万英镑建造了博物馆。1848年,博物馆建成并向公众开放。在接下来的两个世纪中,博物馆馆藏通过捐赠、遗赠与购买等渠道不断丰富。1989—1990年,菲茨威廉博物馆曾在美国举办了巡回展,华盛顿国家美术馆的时任馆长在展册开篇评论中,称赞菲茨威廉博物馆藏品的广度与深度堪比大英博物馆,并将其誉为欧洲最精致的小型博物馆。

这座建于19世纪的博物馆与大英博物馆的门廊颇为相似,都仿效了古希腊的新古典建筑主义风格。博物馆最初由设计师乔治·巴塞维(George Basevi)负责设计,但不久后巴塞维意外去世,继由查尔斯·罗伯特·考可瑞(Charles Robert Cockerell)完成设计。但1848年建成的博物馆仅仅是现在主楼的部分。1870年,皇家学会的爱德华·白瑞(Edward M. Barry, R.A.)被任命为设计师,重新设计了主入口内的礼堂。1875年,新的主楼建成。1924年,南侧两层高的翼楼也宣告竣工。

2013年下半年伊始,菲茨威廉博物馆对其外墙进行整修,工程进展中博物馆已被严严实实地包裹上了厚重的防尘布和脚手架。外部的整修工程有条不紊,并未对博物馆内部的文化艺术气息产生丝毫影响。但遗憾的是,观众暂时不再能一睹博物馆主入口的风采:北侧的主楼门廊由八根科林斯式廊柱撑起,上方是查尔斯爵士(Sir Charles Eastlake, P.R.A.)设计的三角楣,雕刻了希腊神话中的九位缪斯女神。

在近200年的发展中,菲茨威廉博物馆因其来自世

图 1
菲兹威廉博物馆外景照片

界各地、古今中外的丰富馆藏，与得天独厚的大学学术资源，发展成了一座名副其实的小而精致的博物馆。博物馆的馆藏继续扩大，学术资源愈加充实，展览交流与公众活动不断增加。如今，菲茨威廉隶属剑桥大学博物馆（含9处向公众开放的博物馆、美术馆和植物园）系统，每年都吸引着来自世界各地的众多访客。

◎ "日日新"的古希腊古罗马展厅

古希腊古罗马展厅位于菲兹威廉博物馆主楼西侧的埃及馆与塞浦路斯馆之间。相比欧洲瓷器馆与意大利油画馆，这一展厅规格较小，整个方形空间仅仅100平方米左右。

走进展厅，正对入口的是一座灰色方柱托起的安提诺乌斯（Antinous）头像，略高过常人身高。他向左微微侧低头，卷曲的发丝与圆润细滑的脸庞勾勒出唯美的曲线，在亮黄色射灯的光线下部分阴影打在发际与颈边（图2）。这位罗马皇帝哈德良（Hadrian）的情人溺水身亡后，哈德良无比伤痛，借用亚历山大大帝纪念情人的方式，将安提诺乌斯尊奉为神，在各地修建庙宇以纪念这位"美少男"。展厅以这个带有传奇色彩的历史轶事开篇，也许正是借着其中关于人与神、生与死的隐喻与意象，来展开与古希腊古罗马——这两个富有传奇色彩的国度——相关的故事。

展厅的整体色调呈淡雅的白色，天花板上的浮雕精致而不繁复，中央是两排白色的希腊科林斯圆柱。一眼望去，展厅四周是明亮整洁的玻璃展柜（共13处），陈列着大部分展品，而中间则是开放式摆放的大理石棺木和各式大理石浮雕。但如今的展厅与博物馆建成之初已迥然不同。2010年，博物馆开展了古希腊古罗马展厅的整修项目，博物馆人员对众多藏品的状态进行了评估、修复、清理，并重新规划了展厅格局，更换了展览标签。这是自1963年以来博物馆首次对古希腊古罗马藏品进行大规模的调整（图3）。

在此之前，由于展厅直接通向更受游客欢迎的古埃及展馆，观众常常穿行而过，很少驻足欣赏这一展

图 2
以酒神狄奥尼索斯为原型的安提诺乌斯像(公元50—130)。

厅的藏品。这项为期近两年的研究与布展工作在19世纪原展展厅的空间基础上，充分利用了科技、学术与设计方面的进步，在布展方式上得以兼顾安全性与审美性。这是一次对古希腊物质文明的"复兴"，也是博物馆用现代化的视角与资源重新解读、展示古希腊古罗马历史风貌的契机。

菲茨威廉博物馆是全英国古希腊藏品最丰富的三大博物馆之一（另两处为大英博物馆和牛津的阿什莫林博物馆），藏品的时间跨度从青铜时期（公元前3000）到罗马晚期（公元400），涵盖青铜、陶器、象牙、金银器等多种材质的物品。藏品规模也大小不一，小型的物件堪称迷你，而两件大理石棺盒则重达2265公斤（超过一辆一般家用轿车的重量）。如今在展厅展出的693件物品仅仅是博物馆馆藏的12%。整修后新展厅旨在改变过去以藏品为中心的展览理念，转而更注重与这些物品息息相关的人，包括：制作物品的工匠，古时的"消费者"，"现代"社会中文物的挖掘者和收藏、保护并将它们出售给博物馆的收藏家，以及博物馆中修复、清理、分析藏品的文物修护者和馆员。同时，在学者们进一步的研究、探索后，对古希腊历史有了新的认识。比如在古代，大理石雕像往往是彩绘上色的，而不是如今所呈现的一派白色；古希腊的陶器花瓶是当时社会习俗的写照而不仅仅是对日常生活与神话场景的描摹。总的来说，新的展厅希望留给观众更多的思考空间，通过"人的印记"，来强调从古至今意义不断发生变化的历史文物。

图3
古罗马藏品

◉ 日积月累
——展品的丰富来源

距今几百年甚至几千年前的古希腊古罗马物品是如何来到剑桥菲茨威廉博物馆的？考古、收藏、买卖、捐赠等都可能是这些藏品的来源，这其中也不乏许多有趣味、有起伏、有惊喜的情节。而大部分的展品都是在逝去的岁月中几经转手，甚至"周游世界"，才最终在菲茨威廉安了家。

菲茨威廉子爵七世建立博物馆时，所捐献的藏品主要是西方油画、印刷品和手稿。但博物馆建立之初就不断收到来自大学成员的古董捐赠，包括各类古希腊、古罗马和古埃及的物品。之前，剑桥大学图书馆就已经收藏了许多此类古董，它们在博物馆建成后搬入了"新家"。约翰·迪斯尼（John Disney）是一位慷慨的捐赠者，1850年他将83件雕像捐赠给菲茨威廉，是当时博物馆古代展馆的核心展品。1883年—1889年间，查尔斯·沃尔斯顿（Charles Walston）担任博物馆馆长期间，古董收藏数量不断扩大，除了来自捐赠与购买的藏品之外，还有20世纪初在塞浦路斯科研基金支持下的考古挖掘发现，如在克里特岛多处遗址和斯巴达的阿尔忒弥斯女神圣殿遗址（Artemis Orthia）出土的文物。

展厅中的许多藏品来自哈德良别墅遗址（Hadrian Villa）。这一宝贵的历史遗址坐落在距离罗马东面30公里的小镇蒂沃利（Tivoli）。展厅入口处的安提诺乌斯头像就是1769年在那里发现的，随后在1772年被兰斯道恩侯爵（Marquis of Lansdowne）购入。在蒂沃利遗址共发现至少10尊安提诺乌斯头像。2000年，考古学家又在哈德良别墅附近发现一处类似神殿的建筑结构，很可能是专门纪念安提诺乌斯所造的纪念塔。自15世纪以来，哈德良别墅就吸引了大量古董收藏者和建筑师，但一直到18世纪这里才有了大规模的考古挖掘活动。大部分的藏品都留在了梵蒂冈博物馆，但许多英国的富有贵族购买了大量的古代雕像用以装饰他们的府邸。

这件十分罕见的深灰色石灰岩浮雕也曾是兰斯道恩侯爵的个人财产(图4)。当时，盖文·哈密尔顿（Gavin Hamilton）靠整理收集并出售古罗马雕像为生，他的客户尤以来自英国的富有收藏家为主。兰斯道恩侯爵曾雇佣哈密尔顿为他在伦敦的府邸收藏一些古代雕像。1796年，哈米尔顿在距哈德良别墅300米之外

图 4
深灰色石灰岩浮雕（公元 120—138）

的泥塘发现了这件浮雕。那里也曾出土了许多高质量的雕像，可能是基督教徒们在罗马帝国后期动乱时代为躲避抢夺者而故意埋在地下的。兰斯道恩侯爵热衷于收藏古董，这块浮雕曾被他摆放在长廊的正中位置。尽管府中的室内摆饰经历了多次调整，但这件物品从未被挪动过。20 世纪 30 年代，兰斯道恩府邸被拆除，大部分藏品被卖出，而这块浮雕则一直被保存完好。2004 年，菲茨威廉博物馆租得了对浮雕的展出权，并也最终在 2012 年筹得资金买下了这件物品。

这件浮雕作品大约可追溯至公元 100—150 年。浮雕上的精美装饰是希腊神话中与海洋有关的场景。从左至右，可以看到奥德修斯（Odysseus）和塞壬（sirens）；酒神狄奥尼索斯（Dionysos）通过海路将葡萄运往希腊；阿尔戈船英雄（the Argonauts）与斯廷法利斯湖怪鸟（Stymphalian birds）。两侧条形状的小浮雕上是树丛里的打猎场景、真实与想象中的海洋生物和从花朵和叶子中诞生的神话人物。棺木上遗留的红色颜料表明雕像曾经可能都是彩绘的，而空出的龛位里也曾经可能用来摆放雕像。展厅中大部分的古希腊花瓶也来自哈密尔顿的收藏，这些大多是他在意大利南部的墓堆中发现的。古希腊古罗马考古挖掘的范围，其实远远超出了如今希腊与意大利的版图。古希腊与古罗马的统治范围曾蔓延至如今土耳其、西班牙、英国等地区，而通过贸易往来与其他活动，这两个帝国的影响力一度辐射到了整个地中海区域。古罗马军队曾进驻英国，在英国留下了著名的哈德良长城及其他古罗马遗址。埃及的诺克拉底斯（Naukratis）遗址被认为是古希腊人进行贸易往来的重镇。虽然关于此镇的具体建立时间和创建者仍有争议，但遗址中发现的大量古希腊陶器表明这里曾聚集了大量的希腊人，他们带着陶器前来祭祀或是进行贸易（图 5、6、7）。可以肯定的是，与古希腊古罗马相关的考古及收藏活动都源于西方现代世界对古希腊古罗马文化的热情。如今英国博物馆中的古希腊古罗马的藏品捐赠多数来自英国贵族阶层。而究其根源，许多藏品的发现和收藏都与"大旅游"（Grand Tour）息息相关。简单来说，欧洲大旅游是 16 世纪兴起，并在 18 世纪达到巅峰的一项贵族传统。那段时期，出生自富有家庭的年轻人（尤以男性为主）通过大旅游来寻求书本学习所不能提供的体验，他们因而能够亲临著名的场所观摩艺术品与古董，感受古典时期与文艺复兴时期的遗风遗迹。对英国绅士来说，巴黎、罗马、佛罗伦萨和威尼斯是主要的几个大旅游胜地。18 世纪 70 年代，希腊也成了大旅游的热门之地。迪斯尼向博物馆捐赠的收藏也与大旅游有着不解的渊源。迪斯尼在 1816 年继承的财产中，有许多古代雕像，这些是托马斯·布

图 5
葡萄酒罐（大约公元前 720）

图 6
盖子上有马匹模型的盒子（大约公元前 740）

图 7
葡萄酒罐（大约公元前 590—前 570）

兰德（Thomas Brand）留给迪斯尼父亲的遗物。布兰德是迪斯尼父亲的好友，他与托马斯·霍利斯（Thomas Hollis）都是 18 世纪的政治改革人物。他们在 1748 年到 1759 年欧洲旅行时收集了大量古董用以装饰布兰德在埃塞克斯的家。

剑桥大学耶稣学院的爱德华·丹尼尔·克拉克（Edward Daniel Clarke）捐赠给剑桥大学的私人收藏也来自他亲自游历希腊的收获。他在多次旅行后积累了大量的钱币、花瓶、雕像和铭文。在与克拉克藏品相关的故事中，最为吸引人的是这件不起眼的雕像背后的奇闻轶事（图 8）。

克拉克与额尔金伯爵（7th Earl of Elgin）是同时代的人。虽然他对额尔金伯爵的做法一直持有异议，但他也很想得到一件来自帕台农神庙的雕像。因此，他亲自前往雅典问警备总司令部买来一块大理石雕，他们称那是从帕台农神庙自行坠落下的雕像。克拉克教授因此十分自豪，自称他带回的这件雕像是英国唯一一件通过合理、合法、正当的渠道得来的帕台农神庙上的大理石雕。而事实上，这件上半身雕像并不是帕台农神庙上的，而是罗马某座建筑（可能是剧院）上的装饰。诸如之类"以假乱真"的故事层出不穷，下文还将继续提及。

◎ 一度辉煌的希腊文明

希腊文明之所以在这么多年后依然吸引着众多学者的目光，是因为远在古希腊时期的社会生活形态与现代社会人们的生活与思想有着许多一脉相承的共通性，包括文学、艺术、政治、教育、宗教等各方面。博物馆中这些遗留到如今的物质文化如同一枚枚多棱镜，让我们得以欣赏万花筒般的历史过往。当这些展品被集中在同一个空间内展示时，能激发人们的想想，我们似乎能够穿越时空，感受曾在历史长河中流淌过的潺潺水波。在这一展厅中若能静下心来徘徊，我们似乎能看见古时的希腊人捏造陶器的场景，能聆听到酒神节上热闹欢庆的音乐，能感受到葬礼上人们肃穆、哀婉的情绪，能嗅到爱琴海海水清新幽远的味道。

面对同一件展品，我们能从许多角度来思考、探索它们对于古代世界和现代世界的意义。在此，笔者仅着重介绍菲茨威廉所陈设的展品反映的两个主题。

图 8
男性雕像（大约公元前100—前150），这座雕像被认为是帕台农神庙的遗迹。

人神共存的和谐世界

了解希腊神话的读者一定对于希腊文明中关于神的态度略知一二。希腊文化中关于众神的故事涉及了人类生活的方方面面,反映了当时的人们通过想象力与创造力所构建的精神世界,艺术化地再现了现实世界中的人际关系、心理活动与对自然世界的理解和诠释。古罗马人在征服希腊后似乎也被希腊人的智慧所折服,基本全套照搬了古希腊神话的各个典故与情节,只是将众神赋予了一套罗马名字。希腊神话绝不仅仅是一种文学成就,而是融入了人们的日常生活,成为一种精神寄托和文化标志。因此,在许多古希腊古罗马的器物上都能发现"神"的踪影与神话中的场景。

菲茨威廉博物馆有许多黑底红彩的希腊陶器。这件在雅典制造的水罐描绘的是马车边的神,雅典娜紧握缰绳,后面则是阿波罗和酒神狄奥尼索斯。陶器上的这些图案很可能是用来启发饮者们诵读关于这些神的故事(图9)。与此类似的以酒神为题材的陶器大多是在古希腊的会饮上饮酒的器具(图10)。

除了陶器,许多神像雕像也生动地展现了不同神话人物的特色。比如这件赫尔墨斯(Hermes)的头像就活灵活现地突出了传令之神的神态特点:眼神冷峻,双唇紧锁,准备传达神的旨意,而长满胡须的下颚微微上扬(图11)。

与这件保存良好的头像相比,许多雕像都已残缺不全,比如这件不知名的河神雕像(图12)。而一件希腊后期的雕像只剩下那一身长裙供人猜想,她可能是阿斯克勒庇厄斯(Asklepios)的女儿医药之神海吉亚(Hygieia)或者农神得墨忒尔(Demeter)的女儿珀尔赛福涅(Persephone),因为这是她们的典型装扮(图13)。

除了对神灵的直接描摹,考古挖掘中还发现了许多与古时人们祭拜神灵活动相关的物件。古希腊古罗马有许多神殿遗址,专门用来祭祀。这组青铜制品是当时用来还愿的动物雕像,做工十分精美。它们很可能是现土耳其海岸切什梅地区(Cesme)一处神殿的献祭物品。这组选出来展示的动物雕像包括一头狮子、一只正在吃草的公鹿、一只狗、两头公牛、一只山羊、一只绵羊、一只鼬鼠和一条鱼,还有一组耕地景象。有趣的是,仔细观察这组耕地雕像后,不禁让人纳闷,通过一条缰绳控制的两头牛为何是朝着两个截然相反的方向?同一组出土的青铜像中还有其他动物、神话人物和持刀战斗的战士,如今都散布在其他博物馆中。这里展示的动物雕像可能是献给丰饶女神希比利(Cybele)的物品(图14)。

图9
雅典黑底红彩水罐,描绘了马车边的神,雅典娜仕前,后面是阿波罗和酒神狄奥尼索斯。

图10
酒具,一面图案是狄奥尼索斯和侍随。另一面上,塞提尔正在追逐酒神的女随从迈那提斯。

图 11
赫尔墨斯（古希腊旅者之神）头像（约公元前100年—公元100）

图 12
河神（约公元前200年）

图 13
这座雕像缺少头部,但从披风下摆的样式来看应该是当时比较流行的阿佛洛狄忒的造型(约公元前 100—公元 50)。

图 14
用来还愿的动物雕像，可能是献给丰饶女神的物品。

死后的世界

如同世界上许多的古文明一样，古希腊古罗马人对于人去世后的葬礼及安葬都处理得十分"小心翼翼"。许多在博物馆展出的陶器、玻璃器皿、雕像、珠宝也正是由于被安放在墓室中才得以保存至今。由于文字资料的匮乏，我们对于当时人们的生死观知之甚少。但通过这些物质留存和一些文学作品中的描述，我们能大致了解他们的葬礼习俗。这些习俗在不同时期不同地域都各有差异。

这件公元前 470 年左右的陶土棺盒曾在希腊东部的富人中盛行了 100 多年，在罗德岛的加米路斯（Camirus）陵墓出土，因为棺木沉重，难以搬运，这件应该是安葬当地人的棺盒（图15）。展品在 1902 年运往菲茨威廉的漫长旅途中还是不幸遭到部分损坏。

展厅中央的两件大理石棺盒十分引人注目（图16）。公元 120 年之后，罗马的有钱人常常用大理石棺盒来下葬。而之前，罗马人更多的是通过火化来处理尸体，并将骨灰放置在大理石骨灰盒或是陶罐中。用棺盒埋葬的方式很可能是在哈德良皇帝推广希腊人文化后受希腊埋葬方法影响而盛行的。这些大理石棺盒上也经常雕刻有与希腊神话相关的场面。

这件棺盒表面的雕像主要是狄奥尼索斯从东方归来的胜利景象，四周围绕着他的随从萨梯和迈那得斯。酒神的马车由半人马（Centaur）驾驶，潘神则在前

图 15
绘有动物的棺盖（局部）
（约公元前 590—前 570）

面跳舞,一只象在前方领路,森林神西勒诺斯(Silenus)在场景中央醉醺醺地蹲伏着(图17)。这幅自由散漫的以酒神为中心的景象很适合装饰棺盒,因为酒神的神话形象象征着重生:狄奥尼索斯曾两度出生。这件棺盒是在罗马雕刻完工并被出口到克里特,很可能是用来埋葬一位有钱的罗马居民。

虽然富贵有别,但生者对死者的尊重不分贵贱。因此除了中央两件"富丽堂皇"的大理石棺盒,展厅还展出了一些普通人的墓碑。

这块墓碑是一位13岁男孩的父母为死去的儿子Tiberius Claudius Threpus所立的。他的父母虽然都是奴隶,却不惜重金为儿子建立一块刻字大理石碑,这在当时花费十分昂贵(图18)。

而这件年代较晚(公元3世纪左右)的墓碑发掘于英国坎布里亚(Cumbria),很可能是当时驻扎在英国一带的罗马军队成员在服役期间去世后所立,墓碑所用材料也是坎布里亚当地盛产的红砂石(sandstone)(图19)。

◉ 褪色的历史

历史是一个复杂的字眼。若只是将历史理解为"逝去"时光中静止的片段,将博物馆中的古代藏品理解为"幸存"至今的历史遗物,那就不免有些片面。历史是动态的,是时空中不断叠加的各种信息的总和。博物馆的展览绝不是对"历史"的复原,因为"历史"不可能复原,只可能解读。时光在器物留存下的印记不只是褪去的颜色与磨损的表面,更是不同时代人在不同的情境下对器物的不同诠释。每一代人在与这些物品的互动中都会或多或少留下自己的痕迹。

如何让观众理解这种处在动态中的物质文化,本身就是对陈展方式的一种考验,也是博物馆的馆员经常面临的矛盾。是将破损的古希腊陶器尽量完美地拼接成"完好无损"的样子,还是故意将破碎的线条暴露出来?而更多时候,"过去"是难以再"还原"的,比如岁月中逐渐褪去的颜色。

虽然展厅所显现的是一片平和静谧的白色,但研究表明古希腊古罗马时期的世界远比如今所呈现的要色彩斑斓。这些色彩可能是出于自然原因而褪色,也可能是因为收藏者或是修复者过度清洗而擦掉了颜料。展柜中古罗马玻璃器皿上原本五彩缤纷的图案就因长期埋葬在地底下而逐渐褪色(图20)。

当时的人们通过色彩来进行装饰或是模仿。罗马时期的有些建筑就用彩色的画作或是镶嵌画来装饰墙面。这件精美的马赛克作品曾是意大利巴延湾(Baiae)一处罗马别墅中的壁龛或是拱门上的装饰,大约可追溯至公元50—70年。这件马赛克作品的石膏背景上镶嵌着彩色的方块,壁龛中可能曾用来放置小型的雕像。而整个马赛克所呈现的是一派幽静的田园风光:三只飞鸟从上空飞来,一只五彩的孔雀栖息在地面。这些意象都说明出资建造这件作品的人想以此显现自己的身份和地位。罗马时期的地面多见马赛克装饰,但墙面和拱门上的马赛克装饰则不多。这件菲茨威廉唯一的罗马马赛克作品因此价值十分可贵,而且历经千年依然保存完好(图21)。

有些时候,人们也通过色彩的运用来表达某种象征意义。比如一些古希腊的花瓶上会突出女性白皙的皮肤,当时富有家庭的女性不用外出劳作,因而皮肤会显得更白。

历史可能会褪色,但现代人对历史的解读却能为文物描摹上更生动的色彩。此次新展馆的调整工程中,博物馆馆员也挑选展出了一些很有趣味,甚至是发人深思的展品。一些展品的"命名"也颇具"现代风味"。

这块不起眼的石头就是展厅调整后才展出的。这件被称作"海豚石"的物件是一块接近黑色的粗糙石灰石,可追溯至公元前550年左右。只有凑近仔细看才能辨别出表面的涂鸦:一条飞翔的鱼。画作边上还刻着"某某画"的字样。虽然通过画作很难判断鱼的类型,但这块石头来自克里特岛北部海岸,人们曾在那发现了许多类似的涂鸦,那里的地中海一带沿岸能见到许多海豚和海龟,因此这可能是当时的某位居民观察海边的海豚后受启发而即兴创作的。有趣的是,这块石头本身的形状看上去就像是一条海豚的尾巴(图22)。

这件陶杯在展柜被倒过来放置,是为了显示它底部美丽的花纹。大约4500年前,烧制这件陶杯的人可能为了不让陶器粘在桌上而将它临时放置在一片叶子上,也由此在不经意间创造出了意想不到的效果。当然,这也只是当代人的猜测(图23)。

古希腊古罗马时期富有贵族的生活绝不比当今社会逊色。且看这件盛放香水的陶瓶,是早在公元前480年在雅典生产的,也可以说是古代广告业的表率:瓶上所描绘的非洲黑肤色士兵站在芭蕉树边,穿着具有异域风情的长裤,双臂打开呈欢迎姿势。这样的装

图 17
大理石棺盖（公元 150—200）

图 18

大理石墓碑,是一位男孩的父母为死去的儿子所立的。

图 19

红沙石墓碑,是驻扎在英国的罗马军队成员去世后所立。

图 20

左:三足香水瓶(公元 300—400)
右上:紫黄色碗(公元 300—400)
右下:无色碗(公元前 100—公元 100)

图 21
马赛克壁龛(大约公元 1 世纪)

图 22
海豚石,由于上面涂鸦了一条飞翔的鱼而得名。

图 23
底部有叶子花纹的陶杯

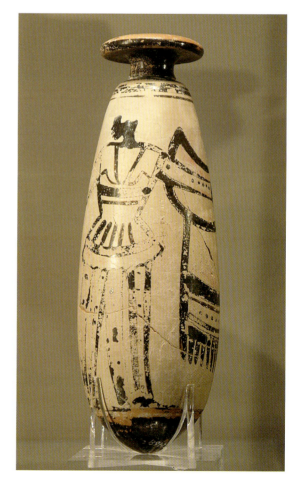

图 24
盛放香水的陶瓶,描绘了士兵站在芭蕉树边,双臂打开呈欢迎姿势。

饰想必能打动当时的消费者（图24）。

再看这件被称为"罗马瑞士军刀"的小物件。是谁设计了这件复杂的工具？又是谁第一次使用了它？这件银器虽然小，但工艺复杂，包含了一个小铲、一段尖针和一个小勺。小铲可能用来挑食蜗牛，小勺用来引倒细小颈口容器里的汤汁，而尖针的用途可能类似牙签。这很可能是当时富有的旅行者随身携带的物件（图25）。

新展厅中的某些展品还触及博物馆藏品中的一个敏感问题：对于赝品和仿品的态度。或者更确切地说，我们如何定义赝品和仿品？时间跨度和艺术创造是否能提升仿品的价值？这样的仿品是否值得珍藏和展览？

古希腊的文化艺术一度繁盛，留下了许多经典的作品。继承了古希腊文化的罗马人也因此难以创新，而是继续将古希腊的成就与特点发扬光大。也正因为如此，许多古希腊的原作和罗马时期的仿品才得以留存下来。西方近代的文化艺术一直潜移默化地模仿古希腊时期的经典作品，但一直到文艺复兴时期人们才真正意识到古希腊文化艺术的影响力。米开朗琪罗就曾通过临摹及修复古代雕像来锻炼自己的技艺。

在古希腊后期和罗马时期，许多较为流行的雕像都被重塑成各种大小与材料不一的复制品。有时，很难判断某件复制品出自希腊时期还是罗马时期。展厅中陈列有两件青铜的大力神赫拉克利斯（Herakles）小雕像，就如一组双胞胎。年代较早（公元前300年—前100）的一件，发现于希腊西部，曾用来装饰一个巨大酒碗的肩部。它的做工更为细致，大力神的手臂、大腿和躯干上的肌肉清晰可见，两脚横跨，甚至连腿部的张力也能被能工巧匠捕捉到了（图26）。而另一件年代较近（大约公元前100年），保存得更为完整，英雄手里的杯中可能盛放着赫斯珀里得斯姐妹（Hesperides）的金苹果。这两件作品其实都是依照公元前4世纪时更大的雕像版本制造的。

这枚雕有尼禄头像的大理石币被当做"真品"带到了英国，而它其实是一件文艺复兴时期制作的仿品。从某种角度来说，它是件"赝品"。18世纪时，

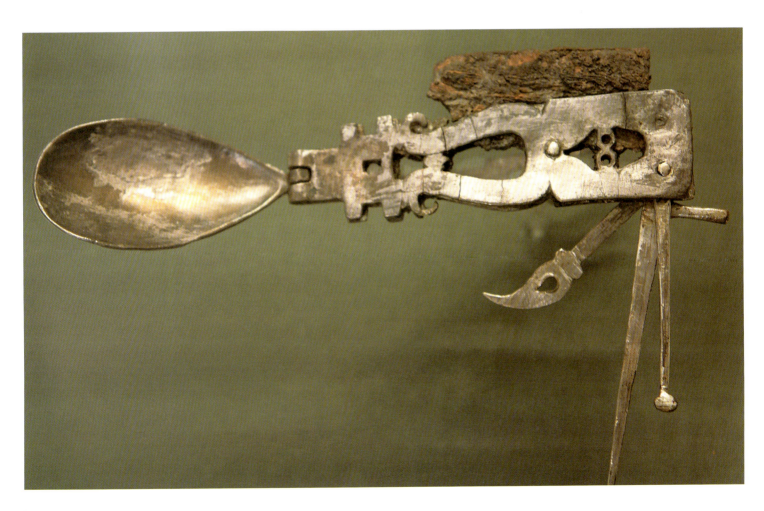

图25
"罗马瑞士军刀"，包含了一个小铲、一段尖针和一个小勺。

图 26
大力神赫拉克利斯青铜像

古董买卖是意大利十分兴盛的行业，托马斯·霍利斯（Thomas Hollis）购买这块硬币时被告知这是来自希腊阿提卡（Attica）用以装饰门廊的物品（图27）。

更有意思的是一件"阿波罗"雕像。整个雕像只有躯干部分是在古希腊阿提卡地区发现的，其余的手臂、腿部、头部和箭筒是1793年由英国艺术家约翰·斐拉克曼（John Flaxman）与意大利雕塑家安东尼奥·埃斯特（Antonio D'Este）在罗马完成的。原本神秘而不知名的人物在他们的创作下摇身变成了阿波罗神像。虽然他们"人为"的改造引来了不少争议，但他们的创作得到了许多专家的肯定，斐拉克曼也很得意自己的"杰作"。真正意义上的原作是否存在？在展厅中，许多藏品或多或少都是仿品或是经过人为修复的物品。正是由于不断的"模仿"与"创作"，这些古典艺术才得以保存下来，并不断激发人们的灵感。

⦿ 特别展览与公众活动

2011年，新的展厅布置完成后，菲茨威廉博物馆也增加了与展览相关的教育活动和公众活动。2011年博物馆开办了为期一天的研讨会，邀请参加新展厅整修工作的学者和专家介绍新展厅背后的策展理念。博物馆还邀请学生及公众利用馆藏资源进行学习，不但有向研究生开放的学习空间和资源，还有由馆员主持的面向中小学学生的解说。在这一展厅里，盲人们还被邀请带上手套，通过亲手触摸大理石棺木上的精美浮雕，来近距离地接触古希腊古罗马文明。

如今在展厅还留有一个展柜专门来展出一些临时展品，每年更换2—3次。这件双耳喷口杯就曾在流动展柜展出。这只公元前350到前325年在西西里（Sicily）制作的酒杯做工精细，是典型的希腊黑底红彩陶器。陶器的一面描绘的是一组众神：音乐之神阿波罗正在弹奏基塞拉（Kithara，一种较大的7根弦的里拉琴），他身后站着他的孪生姐姐阿尔忒弥斯（Artemis）。其他人物的身份并不好确认，倚靠在节状物边的可能是宙斯（Zeus），而在他身旁坐着的可能是他的妻子赫拉（Hera），也可能是爱神阿佛洛狄忒（Aphrodite）。陶器的另一面则是站在两位迈那提斯中间的塞提尔（图28、29）。

图 27
雕有尼禄头像的大理石币

图 28
西西里黑底红彩酒杯。一面描绘了音乐之神阿波罗,身后是姐姐阿尔忒弥斯。倚靠在节状物边的是宙斯,他身旁坐着的可能是赫拉,也可能是阿佛洛狄忒。

◉ 结语

在这次对展品的重新整理中,馆员们还发现了一件当代作品:1963 年留下的"时间胶囊"。

当时博物馆的工作人员将自己的名字刻在水泥石块上,并在缝隙里藏了两份当年的《剑桥新闻报》和几枚崭新的便士。制作"时间胶囊"的其中一位工作人员弗兰克·鲁克斯(Frank Rookes)近年还重访了博物馆。这位已经 90 岁高龄的老人,在重新见到这件勾起他回忆的物品时很是激动。受此启发,如今的博物馆工作人员也在考虑再次制作一个"时间胶囊",同样将《剑桥新闻报》或是其他相关物品放置其中。

其实,每一件展品都是一枚"时光胶囊",历史上曾制造、使用、收藏过它们的人们都留下了自己的印记。这也正是菲茨威廉博物馆新的古希腊古罗马展厅所要传达的理念:当我们欣赏、品评这些与古希腊古罗马文化息息相关的物品时,我们所关注的不仅仅是器物本身,还有它们所蕴含的"人文情怀"。从这个角度来说,古代展厅中的文物所展现的历史不仅仅是一场现代与古代的对话,更是一场如酒神节一般热闹的盛宴。

作者 / 袁雁悦 / 剑桥大学教育学博士

图 29
陶器的另一面则是站在两位迈那提斯中间的塞提尔。

慕尼黑古代雕像博物馆中的希腊雕像

绪论

古代雕像博物馆（Glyptothek）是慕尼黑最早的公立博物馆，也是世界上唯一一家只专注于收藏古代雕像的博物馆。"Glyptothek"是一个现代构建的词汇，由古希腊语的"glyphein"和"theke"两部分构成，"glyphein"意为"雕刻"，而"theke"则是指"仓库"。这里收藏着最卓越的古希腊罗马雕像，而这里也是最适合它们的地方：博物馆大厅的拱形建筑及其未加雕饰的砖体墙壁正是基于古罗马公共浴室的设计样式，古代雕像就在这里随意地站立着；朝向庭院的落地窗户则为展厅持续不断地提供着自然光，因而在这里，人们会感到像是置身于雕像林立的神庙或者古代城市的市场里。

在慕尼黑国王广场（Koenigsplatz）上，三座建筑构成了一个独特的古典建筑组合，在这你能找到希腊建筑的三大样式：广场东边建于1854—1862年的Propylaia（多里斯柱式纪念城门），是世上最大的希腊解放纪念碑——1827年的纳瓦里诺海战之后，希腊重获自治，路德维希·施万特海勒（Ludwig Schwanthaler）的浮雕充分说明了巴伐利亚在反抗奥斯曼霸权统治的战争中（1821—1829）曾给予希腊人的巨大支持；广场北边的古代雕像博物馆是爱奥尼亚式建筑（Ionian order），因其中的古希腊罗马雕像而闻名；而在南端则是另一个博物馆，建于1838—1848年间，为科林斯柱式（Corinthian order）建筑。自1968年，这里便成为了州立/国家文物博物馆（Staatliche Antikensammlungen），是世界上最好的古希腊、伊特鲁里亚（Etruscan）和罗马装饰艺术的收藏机构之一。

在路德维希一世（巴伐利亚国王，1825—1848年在位）的授意下，这座复合式建筑最终落成。他最喜爱的建筑师利奥·冯·克伦泽（Leo von Klenze）负责建筑城门和古代雕像博物馆，而广场南端的文物博物馆则由格奥尔格·弗里德里希·席布兰德（Georg Friedrich Ziebland）主持建造。为了给巴伐利亚民众树立文化榜样，路德维希一世在他还是王储的时候就开始广泛搜集古代雕像，他这么做同时也是为了给同时代的艺术家们塑造一种审美理想。

古代雕像博物馆（图1）建于1816—1830年间，其外表基于希腊神庙造型设计，而有着拱形天顶的内部及结构则是对罗马浴场的一种再现。十四座厅堂围绕着宽敞的庭院，这些厅堂本来有着彩色大理石地面、彩色灰泥墙面以及写顶，阳光从院墙顶端的半圆形窗户中稀稀落落地照进来；展品靠墙放置着，充当着整个建筑的附属品的角色（图2）。其实，克伦泽的设计并非是为了完美地展现雕像，而是更希望它能成为完整而典型的新古典主义设计作品。

在过去的百余年中，这间博物馆一直有着极佳的声誉。第二次世界大战爆发时博物馆曾被迫关闭，雕像藏在修道院内。博物馆在1944年夏天的空袭中被击中并失去了房顶，墙壁上的彩色灰泥装饰在接下来的几年中也遭到了严重的损坏。

1960年重建博物馆时，马丁·冯·瓦格纳（Martin

图1
国王广场上的古代雕像博物馆,设计者为利奥·冯·克伦泽,
建于1816—1830年。

von Wagner)设计的建筑体现了一种概念:他主张用彩色的沙粒墙面、平坦的地板、简约的基座和宽阔的窗子,而雕像应当置于房间中央。博物馆于1972年重新开放,清洗过的砖墙、蓝灰色的地板、石灰岩的基座、巨大的阳台窗都向人们昭示着这是一个低调,但从美学上讲非常适合那些杰出的古代作品的地方。

由于路德维希一世的支持,古代雕像博物馆的建筑本身及其展品都有着非同一般的品质。建造博物馆之时,路德维希一世还是巴伐利亚王储。他只想收藏那些具有最高水准的古代雕像,并把征集展品的任务交给了瓦格纳。瓦格纳是一名既了解罗马艺术品的商业价值、又能够以敏锐的眼光从学术角度研究其艺术价值的专家,仅仅经过几年的时间(1810—1820),博物馆就收藏了一批杰出的雕像,此后也不断有新的展品加入其中(图3)。

博物馆中的古希腊罗马雕像有1000余件,通常都是高品质的希腊神像、人物雕像、墓碑、半身像、人字山墙和石棺。展品的时间跨度从公元前6世纪到公元5世纪,终于罗马帝国时期,人们可以从中了解从古风时期到古典时期,继而到希腊化时期古代雕像的发展历程。

除了那些曾经伫立于神庙、广场和其他公共场所的雕像或墓葬雕像之外,博物馆中还有大量半身肖像,包括杰出的诗人、哲学家、政治家——从荷马到柏拉图,从亚历山大大帝到奥古斯都,他们的肖像都能在这里找到,世上很难再有与之媲美的罗马帝国时期半身像的收藏。

慕尼黑收藏的罗马雕像和小件艺术品中的一小部分陈列于阿沙芬堡的波姆佩雅努姆宫(Pompejanum)。这座位于巴伐利亚最北部的博物馆建筑的原型,是古罗马迪奥斯库里城(Villa dei Dioscuri)。

自16世纪开始,巴伐利亚王室成员就开始收藏古代艺术品,不过,路德维希一世在19世纪上半叶所收藏的艺术品才是藏品的核心。20世纪以

图 2
1938 年的古代雕像博物馆，彩绘师威廉·奥古斯特·哈恩。

来，"古代雕像与古董收藏之友"（Friends of the Glyptothek）和私人藏家也为博物馆提供了不少捐赠，此外还有一大部分藏品来自艺术品市场。而希腊埃伊纳岛（Aegina）的人字山墙（pediment sculptures）则来自 1811 年春天的考古发掘（由 Carl Haller von Hallerstein, Jacob Linck, Robert Cockerell and John Foster 几人负责发掘），发掘的详细报告和图纸也保存下来。此后，在博物馆专家的指导之下，人们又对埃伊纳岛上的爱法伊娥神殿（sanctuary of Aphaia）进行了两次发掘：一次是在 20 世纪初（阿道夫·福特万格勒 [Adolf Furtwaengler] 指导），另一次则是六七十年代（迪特尔·奥利 [Dieter Ohly] 指导）。早期的发掘所得为路德维希一世在扎金索斯岛（Zakynthos）的拍卖上所购买并加入其收藏，而 20 世纪的两次发掘所获碎片和小件艺术品则留在了希腊雅典国家博物馆以及埃伊纳岛上，不过人们还是带回了那些碎片的石膏模型，放在古代雕像博物馆中。

这些埃伊纳岛收藏可谓是博物馆中的镇馆之宝。除了因为它们具有极高的工艺制作品质之外，还因为这座纪念碑是世上唯一能够通过自身展现希腊雕像从古风时期到古典时期的发展演变的样品。除此之外，馆中还有两件杰出的作品，一件是古风时期最著名的泰内亚青年（Kouros of Tenea），另一件是巴尔贝里尼半兽人（Barberini Faun）——它是现存仅有的几件希腊化时期的作品之一；另外，众多罗马时期半身像中的奥古斯都·贝维拉瓜（Augustus Bevilaqua）也是一件难得的精品。

馆中藏品主要根据其风格发展历程排列，当然也有一些作品以其具有卓越的地位而未将其列入年代排序。在这里，参观者会被它们的美丽所震撼，同时能够了解古希腊艺术的多样性及其发展脉络。更重要的是，这些作品向人们生动展现了古希腊文化，包括宗教、神话、日常生活等，而这正是长期以来欧洲人最重视的文化遗产。

图3
2013年的古代雕像博物馆

◉ 巴伐利亚王储路德维希

博物馆的大厅里伫立着一尊大理石雕像（图4），人们用它来向路德维希一世（1786—1868）致敬，因为正是他发起建设慕尼黑古代雕像博物馆，并且一直赞助其发展。成为皇储之后，路德维希经常前往意大利，在那里他接触到古代艺术品并学会如何欣赏艺术。1818年，当路德维希在罗马的时候，当时仅次于安东尼奥·卡诺瓦（Antonio Canova）的著名雕塑家贝特尔·索万森（Dane Bertel Thorvaldsen）为其制作了半身像模型，1821年他又亲自完成了大理石半身像——这在当时可不是常事，一般来说这些工作是由工作室的其他伙计完成的。

这件雕像是路德维希32岁时的模样，以罗马皇帝的样式展现出来：他的肩上披着指挥者的斗篷，胸前斜挂着剑带，上书"巴伐利亚王储路德维希，罗马1821年4月29日（Ludwig Crown Prince of Bavaria Rome 29th April 1821）"。除此之外，躯干是裸露着的，以彰显其英雄气概。和当时流行的头发和胡子的造型相比，这身装扮显然是一种古典主义的表现手法。另外，在博物馆庭院入口的上方也有用拉丁文写成的建筑说明："路德维希一世，巴伐利亚国王，建此博物馆，并将其作为收藏从世界各处而来的古代雕像的专门之所。"

路德维希一世统治期间，其最重要的一项功绩便是促进文化艺术发展。他于1825年登基，而在此之前他就开始关注艺术，直到他去世。哪怕因1848年革命而被迫逊位也没有停止他对艺术的支持。国王发起了大规模的公共艺术收藏，而这又促进了建筑工程的繁荣。当时，越来越多的欧洲人认为教育体系应当尽可能地具有综合性，而路德维希的做法恰恰是为了用理想化的角色来教化巴伐利亚民众，因为和许多当时信奉人文主义的人们一样，对路德维希一世来说，古希腊的艺术就是一种模范样板。古代雕像博物馆于1830年开放，这是他第一个为文化艺术而发起大型工程；由于这项工程完全符合他的品位，也可以说是他最富个性的一项成就。

路德维希一世的御用建筑师利奥·冯·克伦泽，是19世纪希腊复兴风格最杰出的代表。他设计了古代雕像博物馆，还建造了圣彼得堡的新冬宫和慕尼黑老绘画陈列馆等博物馆建筑。其实，克伦泽不仅仅是一位建筑师，他还是一位优秀的画家和制图员，也是路德维希一世最重要的顾问。例如，他在路德维希一世收藏古希腊瓶饰的过程中就起到了重要作用，这些收藏现今陈列于国家文物收藏馆。除了克伦泽，另外一个重要的角色是马丁·冯·瓦格纳，如果没有他，古代雕像博物馆也同样不可能存在。

图4
巴伐利亚王储路德维希像（1821年），贝特尔·索万森

图 5
马丁·冯·瓦格纳青铜像，赫尔曼·恩斯特·弗罗因德

马丁·冯·瓦格纳

几十年之前，当这个半身像(图5)刚被发现之时，曾被认为是一件古代作品。人们从意大利西部的地中海沿岸发现了它，随即流入艺术品市场，最终为一个瑞士雕塑家所得。为了鉴定其真伪，人们找到了慕尼黑古代雕像博物馆的专家，然而结论是，这并不是一件古希腊罗马时期的作品。这个结论固然让人有些沮丧，但意外的是，这件作品表现的居然是19世纪最伟大的雕塑家、画家、考古学家，同时也是路德维希一世的艺术顾问——马丁·冯·瓦格纳。

瓦格纳生于1777年，维尔茨堡人。从1810年—1858年，他终其一生都是路德维希的艺术顾问。在一封信中，路德维希向瓦格纳提出了明确的工作目标："我希望你能找到并获得那些最精美的艺术品，只要能买得到。"瓦格纳接受了这个任务，并以过人的专业技术和坚持不懈的精神去完成它。除了精于绘画，瓦格纳还是一名学识超凡的考古学家，他对古代雕像的艺术价值有着精准的判断，时至今日人们仍全盘接纳他所作出的每一条对艺术品的评估意见。另外，瓦格纳砍价的功夫也十分了得，他为国王省了不少钱，当然这些钱后来也都用来采买更多的艺术品。

瓦格纳性格非常古怪，他那不顾他人、近乎粗鲁的直率性格常常让人心存畏惧，而那种阴郁不悦的神情也表现在这个雕像中。雕像的作者是赫尔曼·恩斯特·弗罗因德（Hermann Ernst Freund），丹麦著名雕塑家巴特尔·托瓦尔森（Bertel Thorvaldsen）的学生。当时这个雕像还有两个青铜版本：其中一个失落在第勒尼安海，因为当时运送雕像到罗马的船在途中失事了；而另一个则被完好无损地带到了瓦格纳罗马的家中，然而当瓦格纳去世后，人们在运送这件雕像及其他遗物到维尔茨堡的过程中又发生了意外——在奇维塔韦基亚港，这件雕像掉进了海里。现在，人们已经很难知道究竟是哪一个在一百年之后重现天日并被送到博物馆，但不管怎么说，经历了一番漫长的周折，瓦格纳的半身像终于来到了属于它的地方，并被放在了一个最合适的位置：雕像巴尔贝尼里半兽人（Barberini Faun）和埃伊纳岛爱法伊娥神殿人字山墙的右手边，这是当时瓦格纳获得的最著名的两件作品。

希腊雕像发展史

自公元前8世纪以来，人物一直是希腊艺术集中体现的对象，通常以雕像的方式展现出来。雕像一般由石头或青铜制成，也有一小部分是木头或者象牙的。

从最一开始，希腊人就知道从其他文明中汲取艺术灵感，并根据其自己的分类标准对这些灵感加以应用和发展。希腊雕塑艺术的精髓之一在于它对男性形象的强调——强调作为普遍意义的"人"，而不是"神"或者"王"；它本身是一种人文精神，而并非只是穿着希腊式袍子的形象。因此，从某种意义上讲，希腊艺术成为了一种永恒，并为后世奉为典范。

希腊艺术有两个最重要的特点：第一，它展现了人们对世界及各种现象的好奇心和开放心态；第二，它标志着制度化倾向的开端。在希腊艺术的每一个发展阶段中，艺术家都会创造和发展出一种范式（即用以展示人物形象的创作规则），在短时期内这种范式会被所有的雕塑家所接受和应用，这些不同的时期构成了整个希腊艺术发展的光谱。因此，如今对我们来说，想要整理希腊雕像的年代序列并不困难，因为通过比较不同作品的风格便可得出结论。由于存在着非常典型的风格差异，人们把希腊艺术大体上划分为三个时期：古风时期（公元前7—前6世纪）、古典时期（公元前500—前300年左右）和希腊化时期（公元前3—前1世纪）。

每一个时期内不同作品的特征共性并非一种巧合，它们是对古希腊人通过多元化的手法对人性认识的一种表达，并且揭示了当时人与环境的关系以及如何将个人情感纳入特定时代背景的问题。是什么使人成为人？是什么赋予人生命？人类如何界定自身？在每一个希腊艺术的发展阶段中，人们总是试图用新的手法通过雕像来回答这些问题，雕塑家也在不断寻求一种规范的表达方式来呈现这些理念。

希腊艺术家在看待人性本质问题的开放心态使得他们不断去观察发现，并不断在既有的艺术风格上增添新鲜的元素。长此以往，那些曾经或正在流行的体系会遭到一些质疑，最终会被人们抛弃，随之而来的便是新一轮人们对于艺术风格的探索，以适应全新的对于人文精神的认识，而这正是希腊艺术的发展动力所在。

古风时期的希腊雕像

古代雕像博物馆中尚没有收藏几何陶和古风初期的希腊雕像。在公元前7世纪初,艺术家开始以个体的方式分别展现人体不同部位,并逐渐发展出一套人体比例规则,这就为之后的人物雕像创造奠定了基础。

泰内亚青年像

这个以庄严的姿势站在我们面前的年轻人雕像(图6),以半透明的帕罗斯岛大理石雕制而成,因而其整个身体都焕发着光彩。尽管这座雕像小于真人大小,但这丝毫没有影响它成为伟大的作品。这种庄严不仅来自其正面直立,甚至近乎僵硬的站姿,更是来自其身体内部的强大张力。

这座雕像立在展厅之中,非常引人注目。自公元前650年左右的古风时期起,人们开始塑造青年男子或女子的雕像,它们通常大于真人尺寸,分别被称为"korai"和"kouroi",大致可以译为"少女"和"青年"。它们的风格和埃及雕像有些相似之处,但它们并非作为墙体或者支柱的一部分,而是独立的作品。因为从一开始,人类的"生命力"和"个体性"便是大型希腊雕像所要呈现的主题。

"Kouroi"(男青年雕像)的姿态通常都是一致的:左脚向前迈出。他的两条腿均衡地分担身体重量,因此人们不会看到重心倾斜。雕像所要表现的不是动感,而是一种灵活性,人物的双臂贴在身旁,拳头紧握。他的头朝着正前方,目光平视,嘴角微微向上抬,露出一种"古典式"的笑容;其眼部轮廓清晰,向外突出的眼睛直直地盯着参观者。

雕像的身体结构比例非常匀称,几乎与解剖学中的人体细节完全吻合。其手指、膝盖和脚趾的表现相对比较自由,但头发造型和胸腔的轮廓塑造却十分程式化。这充分显示出,古希腊人更乐于表现理想化而非天然的人物及其身体。

使雕像身体具有完美的比例有赖于精确的测量体系。最基本的测量单位——"一脚长"——在雕像中几乎随处可见,比如头部的长度和腰部的宽度。当然,雕像也不是完全对称的,轻微的不对称使作品看起来不那么刻板。

雕像赤裸着身体。古希腊人只有在参与运动时才会赤裸地出现在公众面前,但这个雕像人物并不是一个运动员,而只是为了表现纯粹的、毫无瑕疵的美感。古希腊人极度推崇人体美,并且认为一个完美的人应当智勇双全,这正是古希腊人所看重的品质"美与善"(Kalós kai agathós)。

我们现在涉及一个问题,即"神"和"人"的主题在古希腊雕像中是如何表现出来的。古希腊艺术作品中的神通常都是以人的形象出现的,并且由于许多青年雕像(kouroi)被放置在神殿或庙宇中,人们有理由相信这些雕像所展现的正是太阳神阿波罗。但是我们还可以作出另外一种解释:人们在科林斯附近的希腊殖民地泰内亚发现了这座雕像,由于它是墓葬雕像,其造型很可能是人们为了纪念死者而做的形象再现。然而,这座创作于公元前560年的雕像仍然一直被人们称作"泰内亚的阿波罗"。

1853年,奥地利公使Prokesch伯爵把这尊泰内亚青年像低价卖给了路德维希一世,从此这座迄今为止最漂亮的青年雕像就被置于古代雕像博物馆之中。

任何一个时期的古希腊雕塑家都非常关注一个问题,那就是如何使作品看起来更加生动。例如,古风时期青年雕像的生动性便体现在对其身体垂直塑造的形式上。让我们从他紧并的双脚看起:从小腿到大腿,身体线条逐渐拓宽,至腰部时突然收紧,接下来又逐渐发展至双肩。这样的设计并非由严密的解剖学基础决定的,也不是由材料性质决定的。相反,因为在雕刻过程中,特别是在塑造脚踝部分的时候,雕像会时有断裂,因而雕塑家特意将作品设计成这样。我们可以认为,这种造型是人想要摆脱引力束缚的一种方式。要想对古风时期的雕像有进一步的理解,我们需要对它们进行更深入的观察:我们经常可以看到雕像的躯体上有斜向的线条,特别是在躯干和四肢结合部更为明显,不同的部分相互嵌在一起形成一个有机整体。这种现象也体现在其他方面,比如脸部侧面、躯干、四肢等很多部位都被自觉地塑造出角度,这就为观察者提供了更大的观察纵深,因而即便是仅仅从正面观看,人们也会感受到形象的立体感。

图6
泰内亚青年像(约公元前560年)

◎ 慕尼黑青年像

在泰内亚青年像的正对面，伫立着另一座古风时期的青年雕像（图7）。它来自雅典附近的阿提卡，但因为保存在慕尼黑古代雕像博物馆里而被称为"慕尼黑青年像"。这座雕像身体比例与众不同，全身散发着一种力量和内在张力。来自不同地方的雕像有着明显的地缘特征——和伯罗奔尼撒或者东希腊的雕塑家相比，阿提卡的雕塑家很早就开始青睐于表现运动者的身躯；而运动员的短发造型则是从雅典率先流行起来，几十年后希腊其他地区才逐渐兴起。然而，这并不是说慕尼黑青年像所表现的一定是个运动员，而是在古风时期艺术家通常将运动员的身材视为一种理想化的标杆。

和泰内亚青年像相比，慕尼黑青年像所处的发展阶段要略晚一些，它的发型和肢体语言都较之前有所不同。这两座雕像都是正面像，双臂置于身体两侧，左脚前伸，但慕尼黑青年像是古风时期晚期的作品，大约创作于公元前530年。

雕像的一些细节在某种程度上体现出雕塑家对人体的细致观察，比如对锁骨的塑造；但在另外很多方面又表现出一种刻意的夸张，比如会给雕像安排六块腹肌，但事实上一般人们只有四块腹肌，这再次说明雕塑家并不是以客观再现人物自然特征为目的。从垂直分布上来看，人物身体造型可以分为三部分：雕像的底部细窄，至小腿部出现了一次线条扩张，随即又收回；之后再次丰满起来，直至大腿，到腰部突然又瘦下来；在第二次身体线条的向外扩张的基础上，雕像的身体从腰部以上开始舒展开来，直至出现一对强有力的肩膀。每一个雕像个体的造型都相当漂亮，丰满的轮廓已经成为一种潮流，这座雕像很容易让我们想到那些一身肌肉的健美者的样子。

除了人物，动物和半兽人也是希腊艺术的主题之一，它们的雕像一般被放在神殿或墓地。动物是人类的好伙伴，孩子们会和鸟或者猫玩耍，男人们则喜欢带狗打猎，当然也有些动物成为了人们祭神的牺牲品。

图7
慕尼黑青年像（约公元前530年）

图8
东希腊狮子像（约公元前 520 年）

◉ 东希腊狮子像

对于当代的参观者来说，这只狮子（图8）仍然是威风凛凛令人恐惧的，尽管它的身体已经残缺不全。它使劲伸着前爪，后腿却还没做好起跳的准备，整个身体张力十足，尾巴向右侧飞起和身体形成了一个圈。

这件作品非常精致。不仅其尾经过了细腻的刻画，连四肢也完美地无可修改。其头部和身体则微微向右侧转，这就使得左侧的肋骨凸显出来。雕刻家对动作把握地十分细致并且表现得非常真实自然，不像其他公元前 6 世纪典型的古风时期艺术那样程式化，比如非要把马的鬃毛刻成八组火焰。你可以清楚看见狮子耳朵所在的位置，但是耳朵则已经不见了。一溜长长的鬃毛一直延续到尾部。

站在这只强壮的动物面前，你能强烈地感受到有一股威胁的意味扑面而来，这与其本身的功能是密不可分的，因为这样的雕像通常可能会被成对地置于高处，作为墓葬或者神殿祭坛的守卫者。通过研究石材，我们知道这尊狮子来自小亚细亚或其附近的岛屿。由于早在公元前 1000 年就有希腊人在此居住，因此这一带地区一般被称作"东希腊"（East Greece）。东希腊的城市有以弗所（Ephesus）、米利都（Miletus）和士麦那（Smyrna）等，它们是古风时期希腊艺术和科学发展的中心地带，这座狮子就来自那里，其创作时期大约是公元前 520 年。

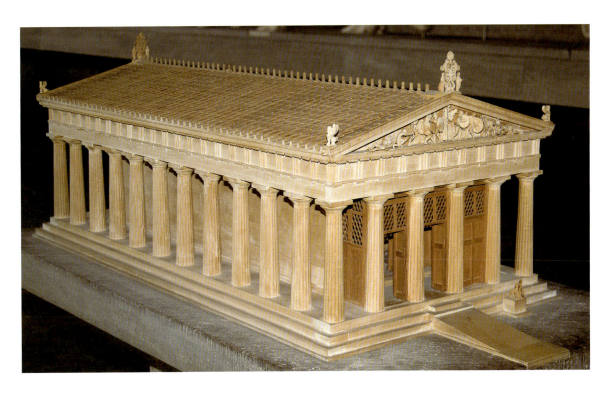

图 9
埃伊纳岛爱法伊娥神殿木制结构模型

◉ 埃伊纳岛爱法伊娥神殿的雕像

埃伊纳岛（Aegina）离希腊东部城市比雷埃夫斯（Piraeus）只有几海里。在公元前 7 世纪—前 6 世纪的古风时期，埃伊纳岛正处于政治经济鼎盛时期，人们正是在这座小岛上发现了古希腊最早的钱币。到公元前 5 世纪，埃伊纳岛的军事力量也发展到一个高峰，甚至能够与雅典相抗衡，虽然其曾几度与雅典发生战争，但当面对波斯人入侵的时候，他们仍然和雅典人及其他希腊城邦一起对抗外来者。萨拉米海战的胜利为埃伊纳岛赢得了巨大的荣誉，希腊城邦联盟将最好的战利品授予埃伊纳岛的战士以奖励他们作战时展现出的巨大勇气。

埃伊纳人从很早就信奉爱法伊娥女神（图9），并在公元前 6 世纪末在他们最重要的圣地开始着手为女神建造神庙。神庙于公元前 510 年左右动工，先建造西面，到东面全部完成一共花了 10 到 20 年的时间。神庙主体由石灰岩筑城，装饰以帕罗斯大理石雕像。两面山墙上的组合雕刻向世界昭示着埃伊纳人的强大：这些雕刻以特洛伊战争为主题，西侧表现的是《荷马史诗》中的《伊利亚特》的故事，而东面则是发生得更早一些的另外一场战役。

可以说，爱法伊娥神庙山墙上的雕像体现的正是古代艺术史上最重要的一次阶段性巨变，因此那些埃伊纳作品（Aeginetans）便成为了最佳的古代希腊艺术研究范本：爱法伊娥神庙雕像正好跨越了古希腊艺术发展过程中最重要的两个阶段，其西面是古风晚期风格，而东面则是古典早期风格。

1811 年 4 月，一组英国和德国研究者（其中有一人是纽伦堡建筑师卡尔·海勒·冯·哈勒施坦因 [Carl Haller von Hallerstein]）发现了爱法伊娥神庙雕像，一年之后，瓦格纳在拍卖中为路德维希王储竞买下了这些雕像。之后它们被送至罗马，在瓦格纳的指导下由丹麦雕塑家巴特尔·托瓦尔森（Bertel Thorvaldsen）进行了修复。从 1827 年开始，这些雕像就一直被放在慕尼黑古代雕像博物馆中；除了由于战争，它们曾于 1940 年被放到储藏室之外，在 60 年代人们拿掉了其中一部分错误的附加物。随后相关的考古发现又为进一步的研究提供的新线索，使人们得以根据这些发现对雕像进行再修复，这就是我们现在看到这尊雕像的样子。

西山墙

艺术家们在建造爱法伊娥神庙的西山墙时遭遇了双重挑战:第一是他们要努力制造出一种混乱、激荡、狂暴的战争场面,而这种场面又必须能让参观者清晰可见;第二则是山墙本身呈三角形的轮廓对创作是一种局限。然而,这些问题都被完美地解决了(图10)。

站在整幅雕像正中央的雅典娜是希腊英雄们的守护神,她全身穿着华丽的甲胄。在她身旁则是两名正在与特洛伊的敌人激战的希腊武士,特洛伊人现在只有腿部保存了下来(图11)。雅典娜左手边战士的盾牌上有个记号,它本来是彩色的,即便经历了严重的风化,它的色彩到如今仍然依稀可辨。这名战士旁有只嘴上缠绕着一条蛇的雄鹰,因此我们能断定这个战士就是希腊英雄阿贾克斯。而能够有幸被列在雅典娜右手边的人物则必定是希腊最著名的英雄阿喀琉斯。这二人挥舞着手中的长剑奋力战斗,身躯显得比雅典娜略矮一些,而他们的对手又被描绘得更加矮小——从阿喀琉斯敌人跪地的膝盖明显能看出,他已经落败了——这样的表达就恰好符合了三角山墙从

图 10
埃伊纳，西山墙（公元前 500—前 490）

中间向两侧逐渐降低的趋势。

在最重要的两个人物两侧，另有两个由四个人物组成的战斗小组，一直向下延伸至山墙的角落里。每一组都有一个希腊弓箭手、一个长矛兵或者持剑的战士，以及两个倒地的特洛伊人（图10）——尽管现在第二个倒地士兵的部分已经不见了，但是我们确信这组雕像中应该是有这样一个人物的。从这些东倒西歪甚至蜷缩在地的造型中，我们再一次看到雕像师是怎样使画面与山墙轮廓完美匹配的。左手边的弓箭手（图12）戴着皮帽，穿着有弹性的裤子，他有可能是阿贾克斯的兄弟 Teucros，他们二人正并肩作战。

如果再看一下整体构图，你一定会觉得艺术家对画面清楚精确的安排实在令人叹为观止：雅典娜身边的两对厮打形象是严格对称的，并且处理得清晰细腻；同时，两侧的人物转向相反的方向，这就使得形象刻画非常生动。试想，如果这组雕像还保留着当时的色彩，那么其表现力将有多么强烈。

在特洛伊战争中，希腊人最终击败了特洛伊人，

图 11
埃伊纳，西山墙（公元前 500—前 490）（从左自左）阿贾克斯、雅典娜、阿喀琉斯

而其中一个不争的事实便是，那些同样也出现在《荷马史诗》中的主人公如阿喀琉斯、阿贾克斯和 Teucros 等希腊英雄全部来自埃伊纳岛，因此就不难理解为什么埃伊纳人会如此积极地追求霸权并会树立这样一组雕像。

雕像中的人物形象是典型的古风时期艺术风格，这一点从右下角倒地的战士形象（图13）中就能看出来。很明显他在与死亡做着痛苦的挣扎，正想把插在胸前的箭镞拔出来，但是在他身上还有一些轻易无法为人察觉的表现内容。比如，他将自己置于旁观者的位置，他的身体依然富有张力和活力，四肢仍然坚挺，目光盯着画面之外。这组艺术作品并非为了描绘死亡，而是旨在彰显人的生命力。

图 12
埃伊纳，西山墙（公元前 500—前 490），希腊弓箭手（可能是 Teucros）。

图 13
埃伊纳,西山墙(公元前 500—前 490),倒地的特洛伊战士

东山墙

爱法伊娥神庙东山墙（图14）的艺术风格可以被归入古典时期，这点从左下角奄奄一息的士兵形象中表现得很充分：这个士兵也是被对手用一把剑插入胸膛，但与西山墙上的形象有所不同的是，从这个士兵身躯和肢体上我们看不到力量的展现。他已经无力支撑自己的上半身和头部，虽然其面部也是冲着观众，但目光却紧紧盯着地面。他就这么孤独地垂垂死去，其左手已经滑落，再也无力持着盾牌，而右手则绝望地撑着剑柄，用尽最后一丝力气企图让自己不要倒下。你能感受到，哪怕再多过一秒，这个战士就会一头栽在地上，随后被他自己的盾牌重重地击中并覆压其下。

在这一作品中，古典早期的艺术特征被放大了，它将刻画人物形象与表现其处境相结合，但并非仅仅是像快照似的将某个时间点上的内容凝固下来。它所要表现的内涵是十分严肃的，但同时又不乏个性和情绪，并且当时的人们用了一种全新的诠释方式来体现这种情绪。

图 14
埃伊纳，东山墙（公元前 490—前 480）

　　东山墙左下角奄奄一息的人是特洛伊国王拉俄墨冬（Laomedon, 图15），他的统治时期要略早于《荷马史诗》描述的特洛伊战争。拉俄墨冬违反了神意，因而神遣海怪去恐吓特洛伊人。力大无穷的赫拉克利斯（Heracles）最终击败了海怪并拯救了特洛伊，但拉俄墨冬却拒绝授予赫拉克利斯荣誉和奖赏，这对赫拉克利斯来说无疑是一种羞辱，于是他召集了各路英雄反抗拉俄墨冬，这群人里就包括忒拉蒙（Telamon）和珀琉斯（Peleus，阿贾克斯和阿喀琉斯之父）。赫拉克利斯带领众人最终攻陷了特洛伊城，并杀死了言而无信的国王。

　　东山墙的设计师一定是希望自己的作品能够超越西山墙，尽管西山墙的结构和设计都已经相当有创意。但是值得注意的是，古代艺术和当代艺术不同，它并不仅仅是为了追求一种原创性和独特性；其最重要的精神在于，人们希望将现存的技术手段和艺术表达用创新的手法进行重新组合，从而使新作品能够超越已有的艺术高度。

图 15
埃伊纳,东山墙(公元前 490—前 480)拉俄墨冬(珀琉斯)

图 16
埃伊纳,东山墙(公元前 490—前 480)雅典娜与希腊武士(珀琉斯)

图 17
埃伊纳,东山墙(公元前 490—前 480)赫拉克利斯

　　如果我们仔细研究东山墙雕像的细节的话,就能看出这一作品是如何超越之前的艺术水平而达到一个新高度的。第一眼看上去,雕像的内容和以往并没什么不同:中间依旧是雅典娜,身边是两个英雄(右边的尚完整,左边的一个由碎片拼成),他们正在与敌人进行战斗,身体朝远离雅典娜的方向倾斜(图16)。从西山墙上的阿贾克斯和阿喀琉斯进行推断,东山墙的这两个人肯定是忒拉蒙和珀琉斯。特洛伊人绝非忒拉蒙和珀琉斯的对手,尽管他们有帮手跳过来一同战斗,但还是不敌他二人,最终战败跪倒在地。

　　和西山墙一样,东山墙上的希腊弓箭手也是位于中间三组主要人物两侧,左边的一组已经破碎了,右边的一组尚且比较完整(图17)。看起来它好像就是原本照抄了西山墙的设计,但是从那些似乎很普通的微妙改变中,我们可以看到创作上的重大变革正在发生:弓箭手不再看向画面之外,并且隔着一段距离向敌人射箭;他们的箭远远地掠过中间的几组人物,稳稳当当地射中对面角落里敌人的要害(图14)。这种效果力道强劲,在典型的古典时期艺术中,人们更加倾向于将事件表现得更加写实,从而显得更加庄重和激动人心,并且这样一来,雅典娜两侧的画面开始有互动感并紧密联系在一起。

　　如果我们仔细研究这些图画的内涵的话,就会发现它们的设计是十分精当的:右边那个几乎保存完好的弓箭手(图17)头上戴着一顶狮皮帽,这就是赫拉克利斯,正射中了他的敌人拉俄墨冬。埃伊纳人忒拉蒙和珀琉斯得到了站在雅典娜身旁的殊荣,这显然是埃伊纳人为了彰显其荣誉和地位而如此安排的;尽管赫拉克利斯没有在这组雕像中占据中央的位置,但正像神话中讲述的那样,他才是这幕剧的主人公。

◎ 古典时期的雕像

公元前500年之后，希腊艺术经历了重大变革。古风时期的艺术风格完全被一种全新的形式所取代，而这种新的艺术形式在过去两百年中一直在悄悄地积蓄力量。古典时期风格一般指的是从希波战争开始到公元前323年亚历山大大帝去世的这段时间的艺术风格。作为一个罗马词语，它具有一定的价值判断导向：人们一般认为古典风格是一种权威或典范，其在希腊艺术史上的地位完全超越了其他的发展阶段。

但遗憾的是，几乎没有一件这个时期的原作被保存至今，像波利克里托斯（Polyclitus）、菲迪亚斯（Phidias）、（米隆 Myron）、克勒希拉斯（Kresilas）和普拉克西特列斯（Praxiteles）等名家的杰作我们都无法有幸见到真品。当时的作品一般由青铜制成，也有由黄金和象牙制成的，因此这些作品大都因其材料自身存在经济价值而被毁坏了，只有极少数大件青铜作品得以留存；除此之外，古典时期的（乃至随后的希腊化时期的）大理石作品能够流传下来的也是少之又少，因为很多大理石作品在后世被烧成了石灰。时至今日我们还能得到很多关于古典时期作品的知识，要归功于那些热爱艺术的古罗马贵族。他们用大理石复制了很多古希腊艺术的杰出作品，并将其置于公共场所或者私人庄园中，因此大多数"希腊雕像"是在意大利（主要是罗马及其附近）被人们发现的。

从古风到古典时期的转变大体可以归纳为是形式和体裁上的转变。和古风晚期作品会对人体形态进行夸张的手法相比（图7），古典早期的作品体现出一种完全不同的特点，即要求对形体进行精确的呈现。因此，人物的身体不再是呈楔形向上加宽，而是在肩部重新略有收缩。在古风时期，尽管人们已经对身体各部分有了精确的解剖学认识，但那时人们还不知道不同的部分是如何衔接在一起的。

最引人注目的变化是出现了新的站姿，这种站姿带有明显的古典风格。古风时期雕像的重心通常都是置于两腿之间，而古典时期的雕像则会由一条承重腿来主要支撑身体，这样就使形象显得更生动；而另一条非承重腿则被轻轻地置于旁边或者身后，以确保雕像的整体稳定性。同时，为和下半身保持平衡，雕像的上半身通常会在相反的方向有一些肢体动作。考古学家称这种新的风格为"均衡构图法"（contrapposto）。

这种新的站姿引发了一系列的反应，使人物的身体形态有了改变。人物身上的肌肉张弛有致，从前那种各个部位明显割离的状态再也看不到了，肢体各部分很好地嵌在了一起，同时古风时期讲究对称造型的习惯也被抛弃不用了。

我们可以从少数的文献资料中推断，这种均衡构图法及其带来的身体运动为整体的艺术表达增添了活力。然而，这种变化还不是最重要的。实际上，人物形象的这些动作还只是在一个很有限的范围内。更为重要的是，人体的消极部分（只受重力影响的部分）和积极部分（有自主的动作的部分）之间形成了鲜明对比，彰显出人类的一种自觉性，即有意将自身与其他物体区分开来。

慕尼黑王

这座被称为"慕尼黑王"的雕像（图18）是古代雕像博物馆中最具典型的古典时期风格的作品，是1815年路德维希一世从巴黎的阿尔巴尼藏品（Albani collection）中得到的。这个大于真人尺寸的雕像的小臂部分已经遗失，不过在路德维希买下它的时候，已经有人用大理石将遗失的部分修补起来了：其右手持剑，左手则握着剑鞘。很明显，这座雕像所表现的是一个神话中的英雄形象，但因其头上的发箍通常是君主的象征，所以人们将其命名为"王"。

这座雕像虽然是罗马人对希腊雕像的复制品，却很明显地遵循古典时期艺术品的风格：这是一个有胡须的男子，左腿作为承重腿，右腿放在后面，其姿态像是在走路。其腿部的不平衡导致臀部有所倾斜，而这种倾斜又被其身体其他部分向另外一个方向的动作平衡掉了。这种迁移重心的做法（也就是前文所说的"均衡构图法"）以及人物带有步态的站姿正是希腊艺术古典时期的重要特征。

我们依据慕尼黑王有棱角的轮廓造型——尤其体现在其高耸的腿和正面直立近乎长方体的身躯上——可以推断出这座雕像大约成于公元前460年。人们通常认为它是古典早期的 Severe Style。它有可能是火神与锻造之神赫菲斯托斯（Hephaestus），公元2世纪小亚细亚的尼凯亚城（Nikaia）的钱币上印的也是赫菲斯托斯的形象：他右手拿着锤子微微下垂，而左手拿着一块金属锭。尼凯亚钱币上的形象和这尊雕像非常相近，特别是躯体的僵硬轮廓几乎都是一样的。

图18
慕尼黑王（约公元前460年）

◉ 阿波罗

这副身躯曾经属于一尊著名的阿波罗神像（图19），和其他很多复制品一样，它的青铜原始作品也早就遗失了。阿波罗左手持着他的标志性武器弓弩，略微下垂；右臂向上举起，手握月桂树枝，象征着他是预言之王（master of the oracle）。这件作品的原作大约成于公元前460年，处于古典早期，对于它的作者究竟是谁，考古学界还没有得出一个定论，似乎几个当时的著名雕刻家都有可能是它的作者。

从这个雕像身上我们能看出明显的古典时期特征，即下半身重心偏移，以及随之产生的髋骨和上半身的倾斜。在公元前500到前450年间，这种形式上的改变其实还是比较有限的，因而非对称式的艺术特征也发展得相对缓慢，这种造型有时比较贴近真实的人的形象。

这个雕像的右腿是承重腿，另一条腿则放松地置于左边；上半身向反方向略微转动，以保持整个身体的平衡。其腹肌和胸肌的刻画则体现出古典早期的艺术家开始更加注重对细节的精确表达。

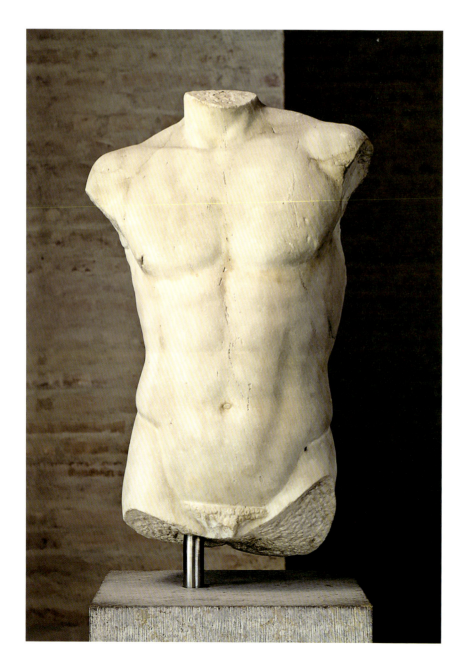

图 19
阿波罗的身躯（约公元前 460 年）

戴奥米底斯

英雄戴奥米底斯带着胜利的荣誉回到希腊。他曾和奥德修斯一起悄悄地潜入特洛伊并从神庙中偷走了守护神雅典娜女神的木制雕像，因为他们相信，只有当别的城市不再受雅典娜保护的时候，希腊人才有可能征服这些城市。

据传说，这两位英雄在从特洛伊回来的路上曾发生了戏剧性的一幕：戴奥米底斯从神庙里拿到了雅典娜神像，于是奥德修斯担心，如果让戴奥米底斯一路将神像带到希腊人大本营，会使本来属于二人的功劳全部让他占去，因此二人反目成仇。奥德修斯一直在犹豫要不要拔剑进攻跑在前面的戴奥米底斯，而这时戴奥米底斯用余光发现了身后闪闪发亮的剑刃，于是他迅速亮出武器，转过身来趁奥德修斯一个没留神将其生擒活捉。这件事让奥德修斯丢了大脸，同时也为戴奥米底斯赢得了巨大声望。

公元前 440 年左右，著名雕塑家克勒西拉斯（Kresilas）将这个事件用青铜像的方式记录了下来，这尊雕像就被放在了戴奥米底斯的家乡阿尔戈斯城（Argos）。我们至今能够看到的是公元 2 世纪罗马人的仿制品（图20）。为表现戴奥米底斯的英雄形象，雕像赤裸着身体，只披着一件短披风，胸前斜挎着剑带，上面挂着空剑鞘。

一些瓶饰画或者小浮雕同样有着对戴奥米底斯的描绘，通过它们我们能够了解这个雕像丢失的那部分应该是什么样子：其右手持剑，左手则拿着雅典娜神像。他坚毅的目光凝视着奥德修斯，不让他从视野中逃走（奥德修斯并没有出现在作品中，而是一种想象的存在），因此在这件作品中我们看到他的头坚定地转向左边。和运动健儿的造型一样，戴奥米底斯的头发较短，并带有镰刀形的发卷；大耳朵意味着他是一个优秀的拳击手和摔跤手，而两鬓浓密的毛发则显示出他很年轻。

雕像灵活的站姿和向左转头的造型使其显得非常生动，雕塑家正是通过肢体语言而非面目表情来表达情绪。典型的古典时期风格的作品就是像这样，身体各部分比例极其协调、身材健美，头上的发卷浓密清晰、形态漂亮。这件作品是路德维希一世于 1815 年在巴黎，从罗马人阿尔巴尼收藏品中购得的。

图20
戴奥米底斯像（约公元前 440 年）

雅典娜半身像

雅典娜女神戴着头盔，微微颔首像是陷入沉思。其空洞的眼眶进一步加深了对沉思状的表现，并使其面部呈现出一种高深莫测甚至让人心生畏惧的表情。原始雕像的眼睛是着色的，以表现雅典娜的目光聚焦在某个地方。

呈现在我们面前的这个半身像（图21）是一个大理石全身像的一部分，1770年人们在罗马东南20公里左右的图斯卡伦城（Tusculum）发现了它。它可能是古代村镇设施中的一件装饰物，后来成为罗马亚历山德罗阿尔巴尼大主教（Cardinal Alessandro Albani）的收藏品之一，路德维希一世于1815年购得并置于古代雕像博物馆中。

除了这尊慕尼黑的雅典娜之外，我们面前还有另一个罗马时期的、对希腊青铜像的复制品，这个复制品大概是克勒希拉斯于公元前430年左右创作的。通过其他的复制品，我们可以推断出原作的大致形象：通过其肩头的形态我们知道雅典娜的右臂是向上举起的，手持长矛；其目光略微向下，但并不是盯着虚无的空间，而是集中于其左手所持的某个物件上，很可能是一个祭祀酒杯或者胜利女神的小像。

雅典娜是雅典城的守护神，将其科林斯式的头盔向后推了推，就像战士在作战间歇时所做的那样。她将其最令人畏惧的装备羊皮披风系在肩头，其顶端缠绕着一条蛇，看起来就像她的领子一样。只要雅典娜将披风向她的敌人挥一挥，他们就会被恐惧包围并丧失所有的勇气和力量，而她的战友则会因此倍受鼓舞。女神胸前的胸针装饰是美杜莎头像，它能用目光将敌人变成石头。

图21
雅典娜半身像（约公元前430年）

◉ 龙达尼尼的美杜莎

这个正向下盯着我们的奇怪女人正是美杜莎（图22），她是希腊神话中最丑陋可怕的形象之一，因为她的目光能使一切活的生命体瞬间变成石头。英雄珀尔修斯（Perseus）在神灵的帮助下几经努力最后终于将她的头剃下，但这个怪物脑袋仍然具有致命的杀伤力。珀尔修斯将这颗头颅交给了他的守护神雅典娜，雅典娜从此就将美杜莎的头像胸针一样别在胸前，作为她的两件威力武器之一，另一件正是有着神秘力量的羊皮披风，把它系在肩头就像穿着铠甲一样。在古代雕像博物馆中，还有其他很多以雅典娜为主人公的作品（图21），我们同样可以从中找到披风和美杜莎头这两样东西。

在古希腊艺术中，美杜莎的头被描述得异常丑陋，就像是戴着一个奇形怪状的面罩，牙齿呲在外面，舌头也吐出来，就像我们在公元前6世纪的古风时期瓶饰画中看到的那样。然而，当你第一眼看到古代雕像博物馆中的这个美杜莎时，却并不觉得她有那么令人毛骨悚然，因为她有一张平静的，甚至说是尚有几分姿色的面庞。这正是典型的古典时期艺术，它们不像早期艺术那样将人物形象刻画得夸张甚至极端，同时又并没有忽视对形象内涵的表现。比如，一个有经验的观众会从美杜莎微微张开、露出上牙的嘴巴上感受到一丝凉意，她那目光坚定的眼睛和满头复杂缠绕着的头发对人来说也是一种威慑；她头上长出的翅膀和下巴上打结的毒蛇身子（蛇头已经遗失，它们原本应该在美杜莎的鬓角旁吐着兵子）再现了神话当中的可怕模样，让人不禁心头一颤。

诗人歌德十分推崇这件作品，它曾经被置于罗马的龙达尼尼宫（Palazzo Rondanini）并因此而得名。这尊罗马仿制品的原型很可能是根据希腊古典时期最有天赋的雕塑家菲迪亚斯（Phidias）于公元前440年创作的作品，它最初是雅典卫城帕台农神庙中11米高的雅典娜神像的防护者。在古代雕像博物馆中，美杜莎的头像被放在与其原本的位置一样的高度，在4.8米高的盾牌的正中央。阿道夫·富特文格勒（Adolf Furtwängler）这样描述她富有诱惑力的面容："美杜莎的脸庞不是简单地象征着死亡或挣扎。她那睁大的双眼看起来波澜不惊，但其面如冰霜让人不寒而栗。从她的目光中你看不到丝毫情绪，就那么寂寂地盯着你，让你后脊梁一凉，觉得她要把你变成石头。"

图22
龙达尼尼的美杜莎头像（约公元前440年）

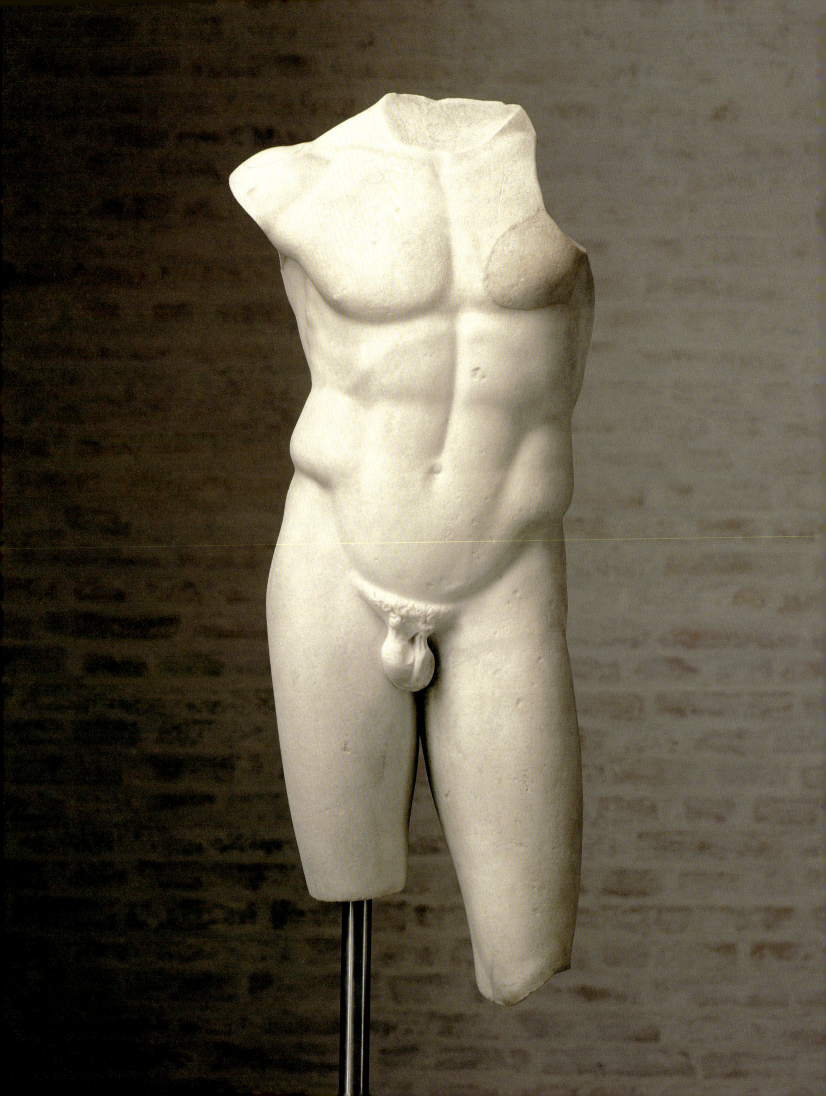

◉ 戴埃杜门诺斯

这尊罗马时期复制的裸体男身雕像（图23）的原型是著名雕塑家波留克列特斯（Polykleitos）于公元前430—前420年间创作的青铜像。波留克列特斯的作品几乎都是深入地采用了我们所说的"均衡构图法"，即通常体现在古典时期希腊雕像中的重心前移并通过肢体动作来尽可能保持平衡的做法。他非常关心的另外一个问题则是如何完美地展现人体比例，并撰写了一部题目为 *Kanon* 的艺术理论专著，但很遗憾，这部著作已经失传了。

我们还见过很多其他保存下来的同源复制品。这个年轻人头向左转略往下低，双手向上举起，想要把发带箍在头上。这座雕像的希腊名称可以追溯到其罗马人作者老普林尼（Pliny the Elder），他说波留克列特斯创作了这尊头戴象征胜利的冠形头饰的雕像名叫"戴埃杜门诺斯"。人们对这座雕像造型的解读是多种多样的，有人说他是一名获胜的运动员，也有人认为他是一个希腊英雄，或者是太阳神阿波罗。

古典早期的那种由客观需要驱使而产生的人体形态变化，发展到现在已经变为一种特定的、有韵律的S形曲线造型。一条加重的中心线从雕像正面肚脐上方往上延伸，同时背部也有一道深深的线，清晰地显示出对形象的塑造正沿着垂直面展开。竖直方向上各部位的停顿节点已经被消弭了，因为身体各个部位的细节（比如一块一块的腹肌）都完美地和其他部分结合在了一起。在髋骨和肩部，你依然可以明显地看到两个不同方向的倾角，但这种设计已经不再是一种出于力学动机上的需求，而是因为古典时期风格在当时已经成为了一种格式和惯例。这种效果已经开始被一些矫揉造作的人夸张地使用，因而使对自然形态的观察和展现有所弱化。古典艺术风格发展至此，已经在某些方面出现退化，而此时还尚无另一种成熟的艺术形式能够将其取而代之。

图23
戴埃杜门诺斯（公元前430—前420）

阿瑞斯

青年战神阿瑞斯正低着头（图24），他的目光凝重甚至有点忧郁，其微微张开的嘴巴象征着他内心的觉醒。他的头发呈线条缕状垂下来，从眉毛处分开两侧一直到肩头，脸颊上有卷曲的小绒毛。他戴着一顶繁复装饰有海螺和棕叶等物的头盔，那些具有象征意义的图案是战争死亡的一种暗示，比如长着翅膀的半狮半鹫的怪物，正是复仇女神涅墨西斯（Nemesis）的守护者；而护眉上的狗则与战神本身关系密切，因为那些狗会像秃鹫一样啃食战场上死人的尸体。通过其他更加完整的罗马复制品，我们知道这个头像应该属于一个全身雕像，它以非常放松的姿势展现在人们面前，右腿略往前伸；他的右臂随意垂着，左臂上则挂着一面圆盾，左手持一柄长矛。这尊站在我们面前的预兆战争的神，其原型很可能是雅典雕塑家阿尔卡美涅斯（Alcamenes，菲迪亚斯的学生）的青铜作品，创作年代大约是公元前420年。这件作品最初的用途很可能是祭祀，一开始被放在阿卡奈城（Attic town of Acharnae）的祭祀战神之处，几百年之后在罗马帝国时期被挪到雅典广场（Agora of Athens）的阿瑞斯神庙中。

1812年，古代雕像博物馆从罗马的布拉斯奇收藏（Braschi Collection）中购买到了这件阿瑞斯头像。很多罗马时期的大理石仿制品都很好地保留了古希腊原作的风貌。

图24
阿瑞斯（约公元前420年）

◉ 戴发箍的青年

从古典早期开始,古希腊雕刻家就十分偏爱用青铜来创作。这些作品很难流传下来,因为青铜本身作为一种贵重金属,人们对其需求量巨大。如今我们几乎只能通过罗马时期以来的大理石复制品来了解当时都有哪些著名的雕像作品。

目前,只有极少数高品质的古典时期大型青铜像存世,而这尊青年像就是这些罕见作品之一(图25),它曾经是一整座雕像的一部分。18世纪初,两名工人在那不勒斯王国发现了这座雕像,当时它几近完好。但由于这座雕像太大了,这两人担心被别人知道了他们的发现,因此决定将它分割成几部分,其中头像通过古董商辗转至罗马大主教阿尔巴尼手中。当时,这尊头像的唇部还有一层镀金,眼部则镀银并镶嵌着红色的亚宝石。但在1800年左右,大概是在将它从罗马运往巴黎的途中(拿破仑征服意大利之后,曾将阿尔巴尼庄园的古典时期雕像劫掠到法国),这些贵金属和宝石都遗失了。1815年,路德维希一世将其买到手中。

站在我们面前的青年像展现的是一个尚处在青春期阶段的运动员,刚刚赢得了一场比赛,因而获得了被铸雕像的殊荣。其头部比例极其协调,面部表情非常沉静,这些都要归功于古典鼎盛时期的艺术风格,我们从他清晰的卷曲发型中也能看到这种风格的特征:他蓬乱的头发长长地打着卷,从后脑勺一直到前额,到两鬓,到脖子后面。除了发型之外,其柔和的面部造型也体现出这尊雕像的高端品质。近来,考古研究发现,这尊青铜像很可能是在公元1世纪时,人们用古典时期的模具重新铸造或改造而成的作品,但从中我们可以领略到公元前450年的希腊风格。阿道夫·富特万格勒认为,这尊青年像是"古代雕像博物馆中最珍贵、最精巧的一件作品,堪称是镇馆之宝"。

图25
戴发箍的青年(约公元前450年)

◉ 那喀索斯

这个男孩的雕像现在只有躯干部分保存了下来（图26），小腿和手臂都已经遗失了。但是我们依旧能够通过保存下来的这部分来推断这个男孩本来的站姿是什么样：其重心应该是在右腿上，左腿向左后方轻轻地放在地上。他倚靠在一根柱子上，用左臂支撑着自己，那根柱子大约就和现在这根一样高。他的右臂则弯曲着，手背放松地抵在腰间。男孩的头转向柱子一侧微微低下，头发华丽地打着卷，像是要颤动飞扬起来的样子，从前额一直延伸到脖颈后。

这座帕罗斯岛大理石雕像大约成于公元2世纪，其原型是公元前410年左右的古希腊青铜作品——它毫无疑问是青铜的，这一点我们从发卷的制作工艺上就能确定。这件原作的作者很可能是波留克列特斯（Polykleitos）的学生，而波留克列特斯是古典鼎盛时期仅次于菲迪亚斯（Phidias）的著名雕刻家。这件作品体现了古典时期的艺术传统，并在某种程度上将这种风格进一步提升了：其交叉互补式的造型保持了常见的古典传统，比如其承重的右腿有向上提拉的态势，而左臂垂直向下，左腿及相应的手臂则是呈角度弯曲。这种S形的动机，本来源自承重和非承重部分的交互需要，到现在则变得十分常见。从这个雕像中我们还能看到一种新的表现元素：其髋部的弯曲非常明显，上身的倾斜角度也很大，这就使得这个男孩的站姿并不稳定，因而需要靠在柱子上。

那么这个男孩是谁？有人认为，这个男孩低着头略显悲伤，因而可能是一个悲剧神话人物那喀索斯——他爱上了自己镜子里的形象，并因此日渐消瘦。当然，其低着头也未必一定是悲伤的表现，也有可能是为了展现其纯洁、谦逊的品格，或者仅仅就是体力上的筋疲力尽。他似乎是一个刚刚赢得了比赛的年轻运动员，因耗干了力气需要休息，而即便是休息也并非是完全松弛下来，而是用坚实的手臂支撑着自己靠在柱子上。

古风和古典时期的女性形象也遵循着与男性形象相类似的风格，主要的不同点在于公元前4世纪晚期之前的女性形象通常都围着长袍，因而我们一般可以通过她们袍子的造型和褶皱来推断人物站姿、形象塑造和铸造技术等方面的发展变化。希腊雕塑家在艺术领域探索出了许许多多的设计思路，有些朴实无华，而有些则繁复精巧。

古代雕像博物馆中没有古风时期或古典早期的女性雕像，因此无法将涉及这一部分的艺术风格变革展现给观众，我们只有从公元前440年左右的古典鼎盛时期来谈起。

图26
那喀索斯（约公元前410年）

◉ 雅典娜

这座帕罗斯大理石雕像(图27)要小于真人尺寸，也不像其他很多雕像那样引人注目，因而很多人在经过它时并没有多加留意。但这却是件非同一般的作品，值得我们在它面前驻足，因为它是极少数存世的古典鼎盛时期的大理石原作之一，其年代大约是公元前5世纪，而其他的大多数收藏都是罗马时期的复制品。

从对衣物褶皱和人物外表的塑造上，我们可以判断这尊雕像大约制于公元前440年。中世纪或近代早期，当威尼斯统治地中海东部的时候，这尊雕像被纳入威尼斯的朱斯蒂尼亚尼-雷卡纳蒂收藏（Venetian Giustiniani-Recanati）当中，1900年时又被古代雕像博物馆购得。

这尊雕像已经没有头和胳膊了，但即使是这样，我们也能确认这是雅典娜女神，因为身披长外衣（peplos）是雅典娜典型的装束——她将一片长长的平布披在身上，在肩部打上结，长袍自然地打着褶皱拖将下来。长大的外衣里面是一件长衬衣，一直拖到地上。在其身体左半面，我们可以看到一件衣物的残留部分，那正是她那具有魔力的、以蛇为装饰品的羊皮披风，它可以作为防御装备，同时也是一件富有威慑力的强大武器。

图27
雅典娜（约公元前440年）

女神

这个穿袍女性雕像（图28）曾经收藏于罗马的巴尔贝里尼宫（Palazzo Barberini），1814年被古代雕像博物馆获得。其头部已经遗失。

长袍覆盖住了雕像身躯的大部分，但典型的古典时期站姿和动作仍清晰可见：其左腿为承重腿，但被隐藏在了长袍的层层褶皱之中，并又为从左肩上垂下来的大外衣所覆盖，只有从正面的褶皱凹下去的部分我们能看到腿的形状；右脚向后收，脚尖触地，长袍边缘只达到脚腕，以免将人物所有动作姿态都覆盖住，同时大衣也只直接盖住了腿的正面，透过衣物我们可以看到一部分大腿和小腿。

在刻画人物髋部的时候，雕塑家采用了同样的手法。我们可以看到其腰腹部有大量的衣物褶皱，并且它们因为人物造型的倾斜而顺势垂下。女神的上半身展现得非常清楚，人们能够透过轻薄如纱的上衣看到其美丽的乳房；上半身衣物的褶皱较窄，更加明显地体现出躯干与腿部动作相反方向的姿态。

我们看到的这座雕像是公元1世纪左右罗马的作品，从它身上，我们能够看到一种当时的人们对公元前5世纪末希腊原作的大胆诠释。原作很可能是要表现一位女神，但人们尚且不清楚这位女神到底是谁，她的手里原先很可能拿着象征她身份的独特标志物，而我们现在看不到了。她有可能是天后赫拉，也可能是爱神阿佛洛狄忒，因为女神的上衣从右肩滑落，酥胸外露，赋予了她强烈的性感色彩。

从这些雕像身上，比如戴埃杜门诺斯（图23）或者那喀索斯（图26），我们看出公元前5世纪的雕塑家是多么关注对身体动态感和韵律感的展现，而不是将最大限度地、精确客观地展现人体各部分器官和组织的相互联系作为最高目标。这种特征在公元前420年之后的近三个世纪内的诸多作品中都有所体现。而这种特征的精华非常充分地展现在了穿着衣服的女性形象中，比如我们刚看到的女神躯干像。这些艺术品的最高价值并不在于精确地展示从解剖学角度而得的数据，而是通过优雅的线条来展示一种美感，其主要目标是创造一种装饰性的效果，以及创造更丰富的装饰细节的手法。

经历了古典时期艺术形态的建构过程之后，在公元前4世纪左右人们重新开始关注对人物真实形态的体现并尽量兼顾良好的视觉效果。雕像造型设计中融入了一定的严肃冷静的成分，这让人想到了公元前500年左右古典早期的Severe Style。这一点从那些将身体几乎完全隐藏在厚重长袍的褶皱里的女性雕像身上表现得很明显。

图28
女神像（公元前420—前400）

◉ 艾瑞涅

公元前370年左右，在经历了一个世纪之久的军事冲突之后，雅典人终于厌倦了战争。雅典曾经为了其生存而经历了若干次战争：公元前480年，雅典在希波战争中惨遭破坏，而在最后关头雅典人在萨拉米斯海战中反败为胜。在随后的50年中，雅典成为地中海的强权之一，那时雅典的建筑都是这座城市光辉历史的见证。然而，在公元前5世纪末，在长达30年的与斯巴达对抗的伯罗奔尼撒战争中，雅典卫城遭受了重大打击，这场战争对其军事力量、霸权地位以及物质财富的破坏都是难以弥补的。

战争结束后，雅典恢复元气的速度非常缓慢。虽然大战已经过去，但雅典时常会卷入一些小规模战争中，几乎都是希腊城邦之间的自相残杀。希腊人最终在海上战胜了其宿敌斯巴达，两个城市在公元前374年达成和平协议。至此，雅典人开始庆贺其胜利，然而却没有一座雕像是描绘战争场面的，相反，他们用了另外一种表达方式：人们开始在雅典的市镇举行对和平女神艾瑞涅的祭祀。

当时被竖立在祭坛上的艾瑞涅青铜像（图29）的作者是凯菲索多托斯（Cephisodotus），他是著名雕刻家普拉克西特列斯的父亲。这尊雕像塑造了一个穿着厚重长袍的妇女形象，只有从几个有限的地方你才能透过衣服看到她的身体，这些肢体的显露虽然不足以展现特别的美感，但是却能清晰地显示出其姿态从承重腿到非承重腿是如何转变的。艾瑞涅右手持权杖，左臂则抱着一个小男孩，他是象征着财富的浦路托斯（Ploutos），其手上拖着装满水果的羊角杯。女神用慈母一样的目光看着这个孩子，他也向女神回报以目光。这样的形象要传达的信息无疑是清晰的：财富源于和平。

这尊雕像希望传达一种对理性的诉求，而这种诉求被后来的雅典人置若罔闻，因为随后雅典又卷入了无数的战争。不过，在当时这件作品仍不失为一件极具表现力的和平丰碑。我们看到的这件大理石作品是原作青铜像的仿制品，大约成于公元元年，1815年时路德维希一世在巴黎从罗马阿尔巴尼收藏中得到了这件作品。

图29
艾瑞涅（公元前370年）

⊙ 泼油的运动员

这个名为"泼油者"（图30）的雕像是一件罗马时期的大理石复制品，它代表了公元前4世纪古典时期雕像的一个新的发展高度。公元前5世纪晚期，雕像形态已经以明显的弯曲造型为主，而在公元前400年之后的一段时间内，"均衡构图法"又回归到一个更客观更温和的层面上。其非承重腿在身体侧面，脚掌轻轻触地；承重腿稳定地站立着，没有丝毫向两侧偏离，从而形成了坚实的垂直结构。

公元前400年之前的雕塑家在使雕像的上下肢能很好地保持平衡的基础上，经常将古典风格站姿夸张化，导致其在方向上的变化逐渐走向了一个极端。和同时期的雕像相比，如那喀索斯（图26）或者戴埃杜门诺斯（图23），这尊"泼油者"因其身形长大而显得非常突出。他那宽宽的肩膀和随意的站姿让我们想起公元前5世纪早期Severe Style风格作品的类似处理方法。

到公元前4世纪，人们可以感受到，雕像用其身体及姿态定义了周边的空间，这在历史上还是头一次。这个年轻人的右手曾经向上举着，手里拿着一个小瓶子，膏状的油脂从瓶子里面流出来，流到他的左手里——这些部分现在我们都看不到了。这个雕像刻画的是一个运动员，在比赛之前往自己身体上涂油膏。这尊雕像的希腊原作大约创作于公元前360年，最初可能是被一名获胜的运动员用于祭祀的作品。

图30
泼油的运动员（公元前360年）

图 31
猎犬（约公元前 350 年）

◉ 猎犬

这条猎犬（图 31）头上长着细细的耳朵，警觉地朝前立着，它的鼻子蹭着地面仔细嗅着气味。它用力向前伸展着前腿，这样就使它不用弯着脖子就可以将鼻子贴在地上。其细窄的四肢借助（by means of ridges）固定在基座上，以保证它们不会断裂；而它的尾巴很可能曾经是贴着一条后腿。这件大约成于公元前 350 年的作品展现了雕塑家的高超技艺，其生动性和表现力使它成为古代动物雕像中的佼佼者。

在古希腊社会，打猎被视为一种贵族特权。在民主时期只有那些有钱人才养得起狗，那些苗条健美的、有点像灵缇犬的动物被专门训练来猎野兔。这些狗将猎物追赶至主人的面前，以便主人掷出棍子打死猎物。这种狩猎方式需要高超的技巧，猎狗必须经受过严格的训练，并且要与主人能够密切配合。

这件作品最初很可能被置于墓穴中，以显示墓主人及其家庭的显赫地位；同时，猎犬在古希腊也是忠诚的象征，就像许多故事里说到的，忠心耿耿的狗一直待在已故主人的墓穴中，直到它们自己也死去。

除此之外，狗还和地狱有着千丝万缕的联系：冥府之门的看守者是条三头犬，而墓葬恰恰又被认为是阴曹地府的入口，因而狗的雕像也经常被用于镇守墓葬。

◉ 倚树而立的萨梯

古代雕像博物馆中有两件作品，它们都是罗马时期的复制品，其原型却是同一件成于公元前330年左右的古希腊雕像，作者是凯菲索多托斯（Cephisodotus，其作品包括上述的和平女神艾瑞涅像，图29）的儿子普拉克西特列斯（Praxiteles）。普拉克西特列斯与波留克列特斯（Polykleitos）、菲迪亚斯（Phidias）、留西波斯（Lysippos）一起，被列为古希腊最著名的雕塑家。当时，青铜被看做是一种高贵的雕铸材料，而普拉克西特列斯却使用了大理石。

这个青年萨梯（图32）是酒神狄奥尼索斯（Dionysus）的随从，他正悠闲懒散地倚靠在一个树桩上，因而其大幅度弯曲的、显得松弛的身躯有了一个正当而自然的动力来源；相比之下，公元前5世纪晚期作品中那些强扭的"均衡构图法"显得相当生硬，甚至有些无理取闹。这尊雕像的姿态实际上是生发于一点，因为人物的双脚几乎紧紧并在一起，所以就有必要为其设置一个支撑物以稳定整体重心。和一个世纪之前的戴埃杜门诺斯（图23）类似，我们再一次在人物身体曲线上看到了雕塑家夸张地体现古典风格的结果。

和公元前4世纪的作品相比，这个人物显得并不是那么健硕，而是比较苗条。典型的普拉克西特列斯作品通常是洁净无瑕的，但同时显得有些骨气不足。

萨梯是半人半马的神，但这里我们几乎看不到这样的痕迹了，只有他那尖立的耳朵和横在肩上的豹纹皮肤，能让人知道这件作品和酒神有关，因为那些是酒神狄奥尼索斯及其随从的典型标志。随着萨梯在希腊神话及信仰中的重要性的提高，大量的萨梯形象不断涌现，并且开始脱离于其主酒神而单独出现，而在普拉克西特列斯的萨梯形象中，兽性的因素已经在很大程度上被淡化了。

图32
倚树而立的萨梯（约公元前330年）

尼多斯的阿佛洛狄忒

我们现在看到的是一尊裸体的爱神阿佛洛狄忒雕像(图33)——出浴的美人正要拾取放在水桶上的衣物,而恰在这个瞬间她停顿下来仿佛想起了什么。她的目光没有与人相接,那些站在她面前的参观者都被她无视了,她的眼神向更远处延伸。女神独自站着,沉浸在她自己的思想世界中。

在希腊人的眼中,阿佛洛狄忒是美丽之神,但更重要的是,她是航海者的守护神——她诞生于海洋,因而具有强大的掌控力。在希腊历史的早期,对于阿佛洛狄忒的崇拜,就通过腓尼克商人由塞浦路斯带入希腊。如果希腊商人希望驶向腓尼克,则会有人强烈建议他们要祈求得到这位女神的庇佑。

公元前350年左右,普拉克西特列斯创造了我们现在面前这尊雕像的原型作品。他采用了当时最典型的塑造人物的身体比例来创作这件作品:长腿、短身、小头。女神的站姿依旧是由承重腿和非承重腿体现的,其臀部和肩部也相应地依势而动,头部转向非承重腿的一侧,这是典型的古典晚期风格。

普拉克西特列斯创造这件大理石雕像曾经轰动一时,因为他是第一个敢于尝试用相当挑逗的方式来塑造女神裸体形象的希腊艺术家。只要你看看其右臂的姿态就能发现这一点:女神的右手(古代雕像博物馆中的这件作品的右手已经遗失了),曾经有意无意地恰好遮住了其私处,而整体来看暴露的身体部分要多于遮住的部分。为了以防万一,普拉克西特列斯还创作了一件穿着衣服的阿佛洛狄忒女神雕像,事实证明,他的雇主科斯岛的人们确实不喜欢裸体造型,而更倾向于购买那尊穿着衣服的女神。

然而在尼多斯(位于小亚细亚海岸,正对着科斯岛),人们却十分欢迎女神的裸体雕像,并且把她放在圆形神坛上,以便人们能从各个角度看到她。这尊雕像成为了尼多斯的著名景观之一,几百年来吸引了无数参观者前来。古罗马时期的很多针对这尊雕像的复制品保存了下来,但它们当中很难有哪件能被看做是对普拉克西特列斯作品的原汁原味的再现。原因很简单:尼多斯人不愿意看到有大量同样的复制品出现,这也是出于市场角度考虑的,只有这样,那些希望一睹阿佛洛狄忒风采的人们就不得不亲自跑到尼多斯来。

慕尼黑所存的阿佛洛狄忒版本创作于公元1世纪左右,她来自罗马的布拉斯奇宫(Palazzo Braschi),1811年被慕尼黑古代雕像博物馆收藏。

图33
尼多斯的阿佛洛狄忒(公元前350—前340)

萨梯和童年狄奥尼索斯

一个老人正带着慈父的目光看着他臂弯中的孩童(图34),这组雕像的特点在于孩童幼小的造型与男人强健的肌肉与面部表现力之间形成了巨大反差。

然而,在我们面前的并非是一对父子,他们的主从关系恰恰是相反的:这个小孩是酒神狄奥尼索斯,而成年男人则是他的随从。

狄奥尼索斯是天神宙斯的私生子,因而需要有人来保护他以不受到天后赫拉的妒忌伤害。神话中说,酒神被森林之灵西勒尼(sileni)和萨梯(satyrs)抚养长大,他们后来都成了成年狄奥尼索斯的随从。萨梯非常容易为人辨识,他是半人半马的精灵,长着尖尖的耳朵,尾巴顶端贴在背上。只有通过这种与神话描述相符的人物关系背景,观众才能知道这个小男孩实际上是一个神。

萨梯的站姿非常独特并且很难为人察觉。从这件复制品的碎片中来看,他的右腿承受了所有重量,臀部向上抬;左腿作为非支撑腿轻轻地放在前面,两腿前后紧紧相随。萨梯的造型重心并不稳定,因而在旁边需要有一个支撑物,所以我们看到他用左肘倚着一个高高的树桩,树桩上缠绕着葡萄藤。

慕尼黑古代雕像博物馆里的这组藏品是罗马时期的复制品,其原型是留西波斯(Lysippos)创作于公元前310年左右的青铜像。留西波斯曾是亚历山大大帝的御用雕塑家,其作品恰好处于从古典晚期到希腊化时期的转换阶段:此时的雕像的表现张力已经超越了它们本身的空间范围,而进一步深入到它们周边的环境中,并需要观众从各个角度来观察它们。同时,这些作品开始更多地强调采用对比的手法,比如我们现在看到的这件作品,成年男子健硕的身躯与孩童弱小的身躯形成强烈对比,萨梯那种因要承担监护责任而显得严肃的表情和小孩无忧无虑的情态也形成了鲜明对照。和古典时期的艺术作品相比,这些作品更加注重表现人物情绪。这组雕像表现的是被寄养的小孩和他将来的监护人相互熟识的一个瞬间。该雕像最初被置于胡斯波里(Ruspoli)家族在罗马的宫殿中,1812年被慕尼黑古代雕像博物馆收藏。

图34
萨梯和童年狄奥尼索斯(公元前310年)

伊洛纽斯

19世纪时,这尊跪地青年的大理石身躯(图35)一度被视为"古代雕像博物馆的瑰宝"。这尊雕像的头部和手臂都已经遗失了,但是我们仍然能够大致了解他曾经的姿态:其头部转向右边并向上抬起,左臂向远处伸展,右臂高高举起。我们认为这个青年正在拼命地尝试要保护自己,以抵抗来自右上方的逐渐迫近的危险。那么这种隐隐出现的危机究竟是什么?

人们认为这尊雕像是尼俄伯(Niobe)之子。据神话记载,底比斯王后尼俄伯出于骄傲,她拒绝向勒托(Leto,月亮女神阿尔忒弥斯和太阳神阿波罗之母)献祭,因为她生养了七个儿子和七个女儿,而勒托却只有一对儿女,她认为应当位居勒托之上才对。她的狂妄自大最终受到了惩罚:来自奥林波斯山的弓箭手阿尔忒弥斯和阿波罗杀死了尼俄伯所有的孩子,包括其小儿子伊洛纽斯,即我们这尊雕像描绘的人物。因而这尊雕像所展现的,很可能正是伊洛纽斯奋力抵抗来自复仇者无情的射弹的瞬间,然而其所有抵抗都将是徒劳的。

虽然如今我们无法了解它当初到底是怎么着重表现这一场景的,但伊洛纽斯仍然不失为一件精致细腻的雕像作品。特别值得注意的是,我们很明显能看出来这是一件独立完成的作品,身体所有部分都由雕塑家亲自完成,包括伊洛纽斯展开的手臂。基于这个原因,我们看到的伊洛纽斯像很可能是一件古希腊时期的原始作品,其所处时期大约是公元前300年左右的,古典时期向希腊化时期过渡年代。

这尊雕像还因为它的收藏流传历史而出名:早在1402年就有文献记载,这尊雕像的拥有者是洛伦佐·吉贝尔蒂(Lorenzo Ghiberti),其著名佛罗伦萨大教堂洗礼堂大门上的青铜浮雕中的以撒像正是以这尊伊洛纽斯像为模特而创作的。后来,这件作品成为维也纳的哈布斯堡皇帝的藏品,1782年时它被卖掉了,落到布拉格的一个石匠手中。最后,皇帝的御医、维

图35
伊洛纽斯(约公元前300年)

也纳的眼科专家约瑟夫·巴斯(Joseph Barth)仅用了区区三个金币就从这个石匠的寡妇那里得到了这尊雕像。随后,巴斯医生就辞去了宫廷职务和教务,转而过上了种菜养鸡的生活。这尊雕像吸引了很多艺术爱好者和学者慕名而来,但据说它就被安置在巴斯医生家中"做德国泡菜"的炉子旁边。1814年巴斯医生出席维也纳会议的时候,巴伐利亚王储路德维希面见了他,并以30000金币的价格从他手中购得了这件作品,这个价格比巴尔贝里尼半马神(Barberini Faun)的价格还要高出50%。

◎ 希腊化时期的雕像

公元前 323 年亚历山大大帝去世，标志着希腊化时期的开始。作为亚历山大征服的结果，希腊的意识形态和文化迅速传播到帝国的每一个角落，随之传播的还有希腊艺术、哲学、科学、宗教和神话。与此同时，在海外的希腊人也史无前例地面临着其他文化的影响。希腊化时期一直持续到公元前 1 世纪罗马人最终击溃希腊城邦为止。

在希腊化时期，那些正规的艺术形式不再处于最重要的地位，艺术家开始从生活当中汲取灵感。古典时期的艺术家在设计作品时，时刻把人体的结构、功能和组织放在心上，那种带有理想化美感的人体形态在随后广受欢迎。公元前 3 世纪之后，艺术家开始更多地关注个性化和非常规的方面；同时，作品也开始对人体的非完美性有所展现，比如衰老、幼弱、痛疾和伤残，因而将生命的多样性和复杂性展现得更为充分。

除此之外，艺术家开始探索表面背后的内容，人物心理状态得到了相对更加细腻的表达：酣畅酩酊、志气高昂、欢喜雀跃、贪婪渴求、忍耐煎熬，无不得到了体现。与此同时，形象的皮肤质地和衣物褶皱也是表达情绪的媒介，艺术家绝不放过任何一个增加表现力的可能性。

男孩与鹅

这是一个大约3岁的小男孩，正在和一只鹅较劲（图36）。他可能是只想和这只大鹅玩耍，或者想亲昵地与它拉近距离。不管怎样，这个小男孩用胳膊勾住了大鹅的脖子，为了能使自己用上力，他双腿打开，使劲朝后仰靠。那只大鹅也奋力地岔开两脚以抵抗。

乍一瞧，这件作品的风格非常现实，但是在真实生活中真的有小孩子能这样抓住一只大鹅吗？可能过不了多久他就会发现，大鹅能够从他的手臂中挣扎脱离出来，然后用嘴巴狠狠地进行反击。但是雕塑家在设计时为这个小战士留了一个可能让他获胜的优势：他抓住了鹅的一只翅膀，因而鹅的动作受到了一定程度的限制，从格斗技术的角度上看这真是个不错的策略！

类似于这样能够平衡真实感和戏剧性二者关系的表现张力，在公元前3到1世纪的希腊化时期的艺术中相当常见和流行。其表现形式让人捉摸不清它究竟是严肃的还是幽默的，而这也恰恰暗合了这种张力：雕塑家将嬉戏的形态赋予了一种英雄式的意义，让人想起大力神赫拉克利斯（Heracles）和尼米亚猛狮搏斗的场面。可是，小男孩脸上流露出的愉快神情告诉我们，这并不是一个严肃的场景。

和其他同时期作品类似，这件雕像的安排设计也蕴含着一种张力：对自然真实状态的研究和体现并不是雕塑家的首要及最终诉求，对不同形象（比如小孩和家养动物）的个性化才是艺术家的关注所在。这个小男孩对待大鹅的肢体动作相当粗暴，但其脸上却带有天真无邪的笑容。只在希腊化时期，艺术家才开始表现出意愿，去展现不同年龄阶段的人物形象及其行为。在古典时期，小孩子通常被塑造为小一号的成年人。与之相比，这个与大鹅作斗争的小娃娃所展现的是小孩子特有的身体比例——他明显的有些婴儿肥，面颊丰满，略显稀疏的头发铺在额头上；其小孩子的特征还体现在他骄傲的神情及缺乏严肃的态度上。

从构图上来说，这件作品的生命力还体现在两个身体的相互拉扯的冲突中，这种对抗冲突最后融合成为一种螺旋向上的运动姿态。从远处看，这组雕像越往上越窄，有点像金字塔形，鹅的身体强壮有力，占据了重心下层，而小男孩的位置则明显地偏向上部。

这组"男孩与鹅"在古代就已经是非常出名的作品。它的希腊原型作品的年代大约是公元前220年，可能是

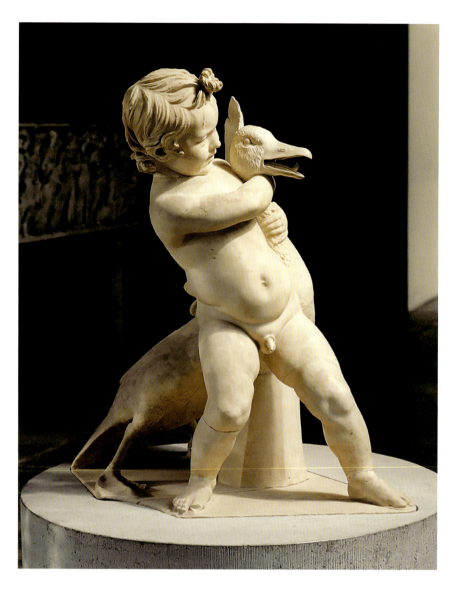

图36
男孩与鹅（约公元前220年）

青铜材质，作者可能是波厄多斯，随后它被带到了罗马并被安置在尼禄的宫殿中。我们在大理石复制品中看到的笨拙的支撑物（位于小男孩的两腿中间以及鹅的两腿中间）在青铜原作中是不需要的，因而不像这样有碍视觉。

慕尼黑收藏了这个主题当中最漂亮的一件罗马复制品。它来自罗马南部的阿庇亚古道（Via Appia）上的昆提利镇（Villa of the Quintilii），当时它是一个喷泉组件，人们从鹅的脖子里钻了一条细管，让水从中喷流而出。1792年，这件大理石作品被发掘出来并成为布拉斯奇收藏中的一件，1812年瓦格纳从布拉斯奇收藏中为路德维希一世购得了它。

醉酒的老妇

我们看到一个衰老憔悴的老妇蜷缩在地上（图37）。她的衣裳从肩头滑落，正好遮盖住了骨瘦如柴的身躯。透过肌肤，人们能看到她无力的肌肉和骨骼。这个老妇抱着一个缠绕着常春藤的酒罐子，她的头使劲向后仰，眼睛看着天空。她的嘴张开着，露出一嘴牙床，嘴唇嚅动着似乎在唱着什么——这个老妇醉倒了。

与其正在垂垂老去的身躯形成对比的是，她的衣着并不差劲。她的手指上戴着戒指，耳朵上穿着耳洞，之前很可能戴着真的黄金珠宝。其内衬衣物显得非常讲究，那些斜在肩头的细窄的皮带及其最上面覆盖的毛质斗篷也显示着这个老妇不是个穷人。另外，其精心修饰的发型和头巾也绝不可能是在没有仆人帮助的情况下凭一己之力完成的。

这件令人心情不安的作品想要表达什么？只是想表现一个因酗酒而变得颓废干枯的老人的形象吗？这个女人会不会是红极一时的交际花或者高级妓女，凭借酒精来缓解因丧失肉体吸引力而造成的精神痛苦？

若想回答这些问题，我们首先需要明白一点：古希腊的大型雕像几乎都带有宗教色彩。酒罐和常春藤象征着狄奥尼索斯，他不仅是酒神，据说其权力甚至能够超越死亡的边界。

希腊化时期的艺术作品经常暗含对神祇的寓指。比如这件公元前200年的作品，表面上并没有出现任何神的形象，但它像镜子一样折射出神对人的影响作用。看这个蜷缩在地上的老妇，之前她曾穿上精致的衣服、戴上贵重的珠宝打扮停停当当去赴酒神的盛宴，但如今她沉醉在酒神的力量当中，再也顾不上其他的事情，甚至都忘了自己是谁。简而言之，这个形象旨在说明，狄奥尼索斯力量强大，哪怕是那些看起来最不可能受其蛊惑的人实际上也难以逃脱。就拿我们这个例子来说，这个年长并且富贵的女人，她可能一辈子都活得庄重体面，但在酒神的威力之下那些都灰飞烟灭了。

古代的人们可能会在狄奥尼索斯神殿中见到这样的雕像，因而他们也可以将这尊雕像解读为"死亡的警告"，暗指其不可避免的死亡的命运。当然，在这个颓颓老去的面庞和身躯面前，参观者也可能庆幸自己尚且年轻力壮，但他一定仍然能够感受到酒神的超越年岁甚至生死的强大力量。

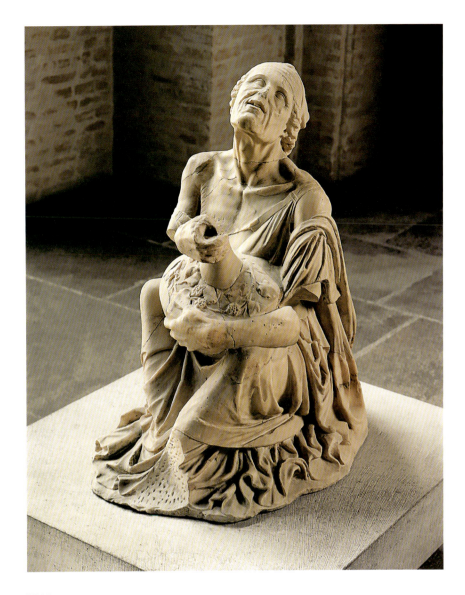

图37
醉酒的老妇（约公元前200年）

我们面前的这件大理石雕像创作于公元1世纪的罗马时期，是对希腊化时期作品的仿制品。1714年人们在罗马附近发现了它，随后被运往杜塞尔多夫。最初它被莱茵选帝侯约翰·威廉（Rhineland Electoral Prince Johann Wilhelm）收藏，1803年时途径曼海姆被送到慕尼黑的珍宝馆。由于这尊雕像的造型极其丑陋，最初它并没有在古代雕像博物馆中陈列出来，而只是存在储藏室里，直到1895年之后才被列为展品。

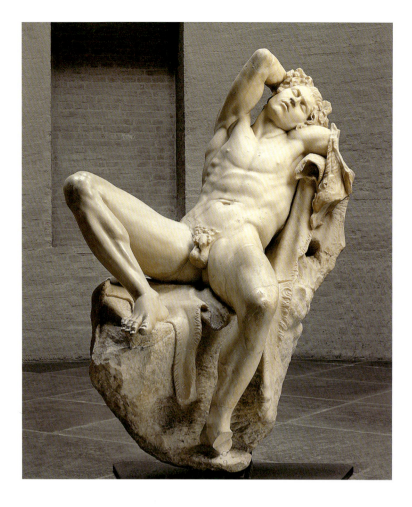

图 38
巴尔贝里尼半兽人（公元前 220 年）

◉ 巴尔贝里尼半兽人

我们看到一个年轻健美的男子四肢伸展躺在石头上（图38），他的姿态给人的印象是，这是一个好色之徒。他躺在一件豹皮上，以稍微缓解石头的坚硬带来的不适。他的脑袋垂到肩头，其右臂在头部上方弯曲并指向身后，左臂（已遗失）则垂下来放在石头侧面。

这个年轻人像是处在熟睡状态，平静而放松。但如果仔细观察的话，我们会得到一些不一样的发现。他的右腿膝盖向前凸出，只用一只脚支撑在石头和兽皮上，其臀部和脚中间的兽皮褶皱也进一步强调了其肢体动作之夸张，使其腿紧紧地绷在石头上。类似的兽皮褶皱也出现在其左腋窝处和股间，展现出这个年轻男子不安且不自然地伸展的身体。只有当我们围着雕像转过一圈并从后面观察它的时候，才能发现它为什么呈这种姿态（图39）：他并非用双肩倚靠在石头上，而是仅用左肩作为支撑。其背部肌肉紧致地收缩在一起，显示出他的坐姿有多么紧张和不稳定。

我们回到前面来看：他那粗俗的甚至色眯眯的脸上流露出一种紧张不安的神情；他眼皮低垂，眉毛紧缩；嘴巴张开着，显示出他呼吸困难，上气不接下气。他头上戴着常青藤的花环，通常这是纵饮狂欢者的标志。他醉于豪饮，歌舞欢腾使其力量耗尽，最终精疲力竭地倒在石头上昏睡过去。

如果你想知道这尊雕像的寓意，则还需再围着它走一圈。从后面我们能看见一条小的马尾巴，因此我们能够确定他是个萨梯，酒神和欢宴之神狄奥尼索斯的半马神随从。所以这并不是一个人的形象，而是一个神话形象，从其大于真人比例的规格中，我们也能得出这一结论。

这个形象集中体现了萨梯几乎所有的基本特性：

图 39
巴尔贝里尼半兽人（公元前 220 年）

嗜酒、纵情声色、淫荡。这些特性体现着狄奥尼索斯的强大力量，因此这尊雕像很可能曾经被树立在其神庙中。但是参观者可能很难在第一时间通过正面观察这尊雕像而正确领会雕塑家希望表现的内涵，况且他还把能够揭示萨梯身份的马耳朵隐藏在头发和手臂下面了。喜欢和参观者玩这种小把戏也是希腊化时期作品的一大特点，公元前 3—1 世纪的艺术作品经常会包含这样刻意而为的因素。这样的做法很讨巧，但其主要目的是为了增加人物形象的表现力和内在张力，你围着雕像观察的时间越久、程度越深，就会越多地发现作品的丰富内涵。

1624 年，这尊雕像被人们在罗马的哈德良皇帝陵墓（Castel Sant Angelo）附近发现之后不久，就引起了一阵轰动。毫无疑问，这是一件希腊化时期的珍品，其雕工之精细，即便经过了岁月的打磨，人们还是能够相当清晰地看到艺术家对雕像的胸部和腹部细微结构精心塑造的痕迹。这件作品完成于公元前 220 年左右，罗马统治时期它被人们从希腊偷运到意大利。当它一面世，来自巴尔贝尼里家族的教皇乌尔班八世就宣称这件作品是其家族的财产。在克服了重重困难之后，瓦格纳靠着整整十年的不懈努力而最终为路德维希及其古代雕像博物馆争取到了这件作品。1820 年 1 月 6 日主显节那一天（the Feast of the Epiphany），这件巴尔贝里尼的半兽神被运到了慕尼黑，并从此成为古代雕像博物馆中的一件镇馆之宝。

◎ 浮雕

从古风早期开始，浅浮雕和高凸浮雕成为古希腊建筑（比如神庙、国库 treasuries、墓葬、纪念碑等）上的常见装饰。在古代雕像博物馆中，参观者可以看到一些品质超群的墓葬浮雕以及祭坛浮雕（votive reliefs）。

◉ 刻有竖琴演奏者的墓葬浮雕

这是古代雕像博物馆中最古老的一件墓葬浮雕（图40），它来自意大利南部的一间希腊手工作坊。早在公元前8世纪，希腊商人和殖民者就已经在西西里和意大利南部建立起了众多殖民地，尽管新的定居点的规模和财富在发展一段时间之后通常会超越殖民者在希腊西部的家乡地，但这些殖民者仍然坚定地保持着他们对于故土及其文化根源的深切依恋。

从这件作品中，我们看到一个眉骨秃秃的老头放松地坐在一把优雅的高背座椅上，这个老头的原型很可能就是墓中的死者。他腰间围着一件衣服，上半身赤裸着，双脚向前伸；其双手放在腿上，抱着一架竖琴。在他对面站着一个光着身子、手持卷轴的小男孩，很显然他在和这个老人一起合奏或合唱一首诗歌。我们无从知道这个老人生前是否是一个音乐教师，也许他只是希望子孙能够记住他是一个热爱音乐的人。

这个墓葬浮雕大约成于公元前420年。这一时期浮雕艺术的特征之一，就是整体描绘人物轮廓（depicted in a full profile）。只有老人的胸部微微显示出一些角度，让人觉得其躯干还有一些空间纵深。我们之所以能够确认老人对面的形象是个小孩，是因为他的身躯非常小，但其身形比例则完全是成年男人的模样。这说明在古典时期的雕像中，人们还没有尝试去表现不同年龄阶段人物的不同形态特征。

图40
刻有竖琴演奏者的墓葬浮雕（约公元前420年）

图 41
"Mnesarete" 墓葬浮雕（约公元前 380 年）

◉ "Mnesarete" 墓葬浮雕

"Mnesarete 带着所有美德走到了生命的终点，她安息于此，冥后珀尔塞福涅之所。"这座由雅典石匠所造的宏伟墓葬大约建成于公元前 380 年，从墓葬门楣上所刻的铭文上看，人们对这位年轻女子的去世抱有深切的悲痛。她的名字是"Mnesarete"，意为"苏格拉底之女"——不过，这个"苏格拉底"并非是那个在公元前 399 年因"亵渎神明"而被雅典人判了死刑的著名哲学家，这个"苏格拉底"要比哲学家苏格拉底年轻两代左右。Mnesarete 死去的时候还很年轻，根据她的墓志铭我们得知，她已嫁为人妇并育有一个孩子，她的孩子现在已经交由悲痛欲绝的祖母抚养。墓志铭高度赞扬了这个年轻女子的美德，其实从她的名字中我们已经能略知一二："Mnesarete" 的意思就是"拥有美好品德的女子"。

这件墓碑上的浮雕（图41）品质超凡，从中我们深切地感受到人们对于早逝的悲伤：Mnesarete 沉默地坐在凳子上，凳子腿上有着精致的圆形节状装饰；她的双脚上穿着平底凉鞋，放在脚蹬上。她穿着一件长袍，外罩礼服，她的左手松松地裹在长袍里面并放在腿上，右手则轻轻地用一种非常优雅的姿势持着长袍一端，似乎正想要将袍子盖在头上。她的面庞十分美丽清秀，但目光却饱含忧伤，整个人似乎完全沉浸在她自己的苦难当中。有个仆人站在她面前，双手交叉在身前，低着头，悲伤地望着地面。这对年轻太太和女仆的关系似乎非常近，因为雕刻师将她们两个放进同一个图画空间里；但在现实生活中，她们已经处在了完全不同的区域，没有任何交集：一个尚在人世，而另一个却已躺在了冥后之棺中。

图 42
"Paramythion"墓葬浮雕（约公元前 370 年）

◉ "Paramythion" 墓葬浮雕

这块墓碑（图42）作于大约公元前 370 年，出土于埃莱夫西斯神道（Sacred Road to Eleusis）。正面的图画仅仅展示出一只朴实的三耳祭祀礼器瓶，其功能一为出生洗礼，另一功能则是死亡洗礼——至少我们能从这幅图中得到这样的信息。

如果我们仔细地看这个大理石浮雕的表面，就能发现曾经的颜料还有残存，只有通过现代技术手段我们才有可能知道这些曾经的颜色是什么样子。在紫外线的照射下，我们能拍到它们的照片。

这些浮雕着了颜色将是另外一番模样：大花瓶立在前面，而顶部装饰有棕叶的墓碑则置于其后，瓶的左侧和右侧是用于葬礼的装涂油的器皿，这些都是画上去的。沿着这些物品后面的布往上看，能看到一种叫做的"tainiai"的东西从钩子上垂到左边的瓶颈，在人们参观墓葬的时候，这个"tainiai"将会在墓碑上打成结。

带了颜色的这件容器也显得与之前完全不同了。其颈、肩和主体部分都有颜色。我们现在能在其中间看到两个人物形象，二者有所互动。旁边刻着二人的名字：右手边的年轻人是 Pheidiades，我们不知道他和死者是什么关系，也许是她的兄弟；另外一个是 Paramythion，这个在希腊古典时期常见的名字意为"勇气、救济、安慰"。

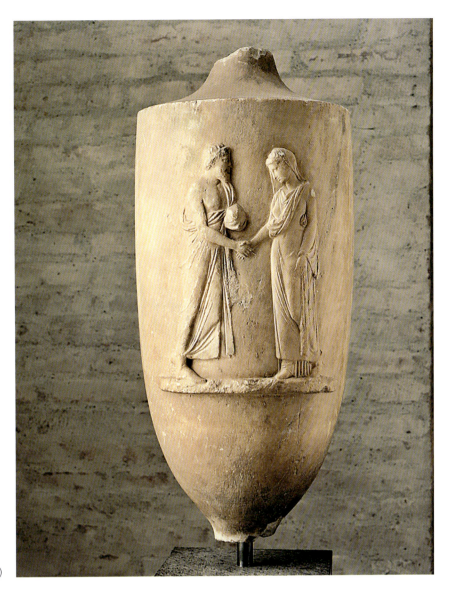

图 43
慕尼黑油瓶（约公元前 370 年）

◉ 慕尼黑油瓶

这个瓶子已经没有瓶口和基底了，但这件公元前 370 年左右的瓶子（图43）却是最杰出的一件墓葬品。

在葬礼中用作祭祀的油瓶通常用黏土制成，称为 Lekythoi，用来为死者涂油。死者要先被清洗干净，其头发要梳理装饰整齐，然后穿上最好的衣服，因为人们相信死者被埋葬时的好坏决定其在彼世的生活状况。

对死者涂油并不是为了掩盖身体腐烂的气味，因为葬礼通常是在死亡当天举行，其更重要的意义是为了使死者得到其身边生者的关注。这也就是为什么我们能在墓葬中找到大量的油瓶，这些油瓶是后人们纪念其先祖的形式之一。

慕尼黑油瓶的浮雕图案展示的是一组告别仪式。那个年岁大一些的人以一种典型的公元前 4 世纪 Attic citizen 的站姿倚在某个东西上（这个东西是画上去的）；那个女人则很可能是他年轻的媳妇，她大概在结婚几年后就去世了。

整个构图将观众的视线引向两个人的面部。他们的目光没有交接，女人的手看起来相当无力，其手指都无法握住丈夫的手——她正处在弥留之际，即将走向另一个世界。

529

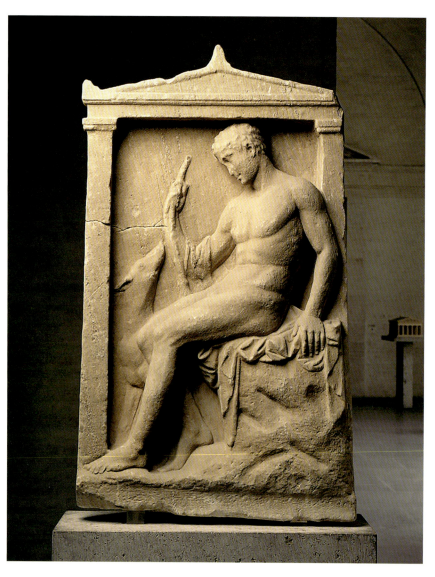

图 44
猎手的墓葬浮雕（约公元前 360 年）

● 猎手的墓葬浮雕

一个赤裸的年轻人正出神地坐在石头上（图44）。他将衣服铺在石头上当座位，右腿微微向前伸出，左腿收回，脚后跟搭在石头边上。一条狗焦躁地看着他，正等着它的主人将右手里的棍子用力扔出去。这种被雅典人称作"Lagobolon"的棍子一般用在打猎中，特别是用来打野兔或者禽类，这说明这个年轻人的身份是个猎手。

虽然猎狗热切地看着他，但他并没有给予任何回复。他的目光空洞洞的，因为他已经死了。我们认为他出身于一个富有的希腊家族，正是他们在公元前360年左右为这个年轻人树立起这尊大理石墓碑。我们从墓碑顶端能看到一面平缓的小山墙，其底部非常粗糙，很可能是被镶嵌上去的。

这幅浮雕所表现的并不只是猎中小憩的图景，年轻男子赤裸着身体也并非是一种写实的表现手法。浮雕上的人物无论外形还是内在魅力都是美好的，因为狩猎的主题显示出这个人具有社会高级阶层特有的特权与美德。那条站在死者旁边的猎犬具有特殊的意味，因为通常情况下，人们希望在离世时能有父亲、妻子或仆从陪伴在身边。这条优雅苗条的狗有着长长的嘴巴、尖尖的耳朵，是一条拉哥尼亚猎犬，它也希望分担这份死亡的沉痛，实际上它象征的是其主人生前英勇有为和一切其他美德的化身。

并不是所有的墓葬雕像都装饰以充满寓意的图案，还有相当一些希腊墓碑是没有任何雕饰的。

◉ "Xenokrateia" 墓碑

这座公元前 350 年左右的墓碑造型很简朴，但是却相当不一般（图 45）。这个高高的圆柱形石头，底部已经没有了，因而在它被收到古代雕像博物馆的时候，人们给它加了一个底，其顶部有水平镶嵌的檐口，之上是半圆形的、带有抽象棕叶的顶饰，除此之外，这个向上逐渐变细的石头就没有其他什么装饰了。其上部的两个圆形装饰曾经是彩绘的玫瑰花，这个墓碑的其他部分大概也曾有光鲜的色彩。

在古希腊，一般富裕的家庭会在死者墓中放置这样的圆柱墓碑。墓葬由墙体围成一个空间，家族中的很多人都埋在一处，因而在过了多年之后，墓葬中就会有各种各样的墓碑比肩而邻，透过墓碑我们能够看到这个大家族中不同人的地位差别。

墓葬中的铭文是为了让子孙能够记住死者。在墓碑上的玫瑰花和檐口之间，我们能够读出，死者 Xenokrateia 是 Eucleides 之女，来自雅典附近的 Oie。其父 Eucleides 的名字在石碑断裂点的右上方，是后来修复上去的。很显然，他在女儿去世一段时间之后才离世，并被埋葬在同一个坟墓中。

图 45
"Xenokrateia" 墓碑（约公元前 350 年）

◉ "Plangon"墓葬浮雕

我们看到的是一个手拿娃娃的小姑娘,她既没有看着我们这些观众,也没有看着她的娃娃,其神情充满忧伤,出神地望着虚空。她有个玩伴,一只鹅,正伸着脖子看着小姑娘手中的娃娃并且抬起仍依稀可辨的左腿,像是要跟谁握握手,但这个小姑娘好像完全忽视了它的存在。这个墓碑(图46)的年代大约是公元前320年,材质是灰白色的大理石。最初它被镶嵌的一个底座上,而且我们还能隐约从墓碑上隐约看到作为背景色的红色。

这个女孩已经去世了,她的名字"Plangon"被刻在了周边的楣构上,其意为"蜡娃娃",让我们想到那就是她右手里的那个娃娃。那个娃娃赤裸着身体,其双腿就是两根木头棍,风格非常古旧。在古代,娃娃是女孩们最喜欢的玩具,在结婚之前它们将被献祭给阿尔忒弥斯女神,以及其他一些女神,诸如赫拉或者阿佛洛狄忒。Plangon仍然拿着她的娃娃,这说明她英年早逝,还未来得及成家,更未来得及当上母亲。

墓碑上的女孩像是在家中,和她的玩具们在一起,她左手里有只唱歌的鸟,墓碑底面背景中还有一个大袋子,以及两个奇怪的东西,可能是一副响板。大袋子里很可能装着骰子或者球。当时女人们的耳房里通常会养一些小动物,比如鸟、鹅或者狗,让小孩子们亲自来喂养它们。

Plangon穿着长长的并且轻薄的衣服,身上有几条紧身褶用来固定这套富贵的衣裳,以免其在玩耍的时候掉落下来。从其胖嘟嘟的脸蛋和胳膊上判断,这个小姑娘大概有三四岁的年纪,卷卷的头发垂到脖子上。Plangon戴着一顶金属的头冠,这可不是一种日常的儿童饰物,而是只有死者才会戴。同一时期雅典墓碑的共同特征是在描绘图景中,让死者直接面对她最亲爱的陪伴者,在这件作品中就是这个女孩的玩伴——鹅。

在墓地中,很多浮雕起到标识墓葬的作用;当然也有很多是为了做建筑性装饰,比如纪念碑、神庙、库房等建筑上的浮雕;还有一种可能是为了向神灵还愿。

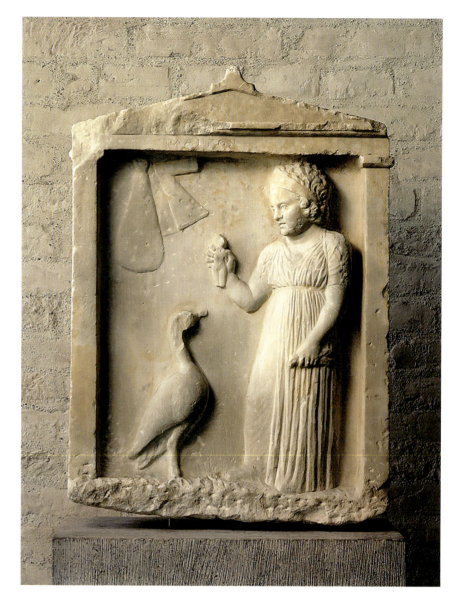

图46
"Plangon"墓葬浮雕(公元前320—前310)

带有面具的献祭浮雕

这座浮雕宽一米有余，是用来祭祀阿尔忒弥斯和狄奥尼索斯的，这是我们所知道的公元前4世纪以来的同类浮雕中最大的一件（图47），也是内容最丰富和复杂的一件。

从阿提卡祭祀浮雕一贯的样子来看，这种作品通常会有一个建筑框架。两根柱子架着装饰以瓦片的屋顶。左手边的人物是月亮与狩猎女神阿尔忒弥斯，其右手撑在臀部，左臂张开，斜倚着一棵树；其同父异母的兄弟狄奥尼索斯坐在她身旁的一块石头上，带着一只黑豹，它像一只忠心耿耿的狗一样乖乖坐在主人旁边。狄奥尼索斯的手里曾经有一根长长的生命之杖——一棵巨大的茴香——就像一柄权杖一样，但现在这根手杖连同他的左手一起都不复存在了。在浮雕上部我们还能辨认出手杖底部的一些枝叶，旁边还有一串五个喜剧面具。

面具之下掩盖的是一些前来的人们。其中一个男孩抬头看着神，他举起右手做出礼拜神灵的姿势；紧跟着男孩的是一个长胡子的男子，他是整个家族的家长，其左手放得较低，拿着一把长笛，其举起的右手很可能也拿着一把长笛，因为这种长笛通常都是要用一对才能演奏，但我们猜想这另一把长笛是被画上去的；在这个男子身后是其他家族成员，都是女眷。

其中两个人的形象我们现在已经看不到了，因为他们当时是在浮雕的最前端，是纯"浮"在表面上，没有和底板相接触，所以已经被人凿取下来了。但是我们还能看见他们的手，举起来做出一种欢迎的手势。队列当中的最后一个人是一个女孩，她顶着一个大的圆柱形的盒子，里面装着向神祭祀的礼品。

在背景图画中央，我们能看到一只牡鹿，它并不是进献的牺牲品，而是阿尔忒弥斯的坐骑或宠物，就像狄奥尼索斯的黑豹一样。

在墓碑的底部我们能看到铭文。在左侧有字母"iota"（希腊语第九个字母）和"sigma"（希腊语第十八个字母），即阿尔忒弥斯名字的最后两位。在已经被敲掉的那个女人形象之下，是一个名字"Athenais"，这可能是代表整个家族捐赠这块浮雕

图47
狄奥尼索斯和阿尔忒弥斯的祭祀浮雕（约公元前360年）

的人的名字。这个浮雕曾被放在神殿中高高的基座上，基座则很可能写有铭文来解释这场祭祀的始末。

通过浮雕上的人物形象风格我们得知，这件作品的年代可以追溯到公元前350年左右。有趣的是，我们在这件浮雕中看见了一个熟悉的女子名"Athenais"，它曾在另一个地方也出现过，那就是在雅典卫城阿尔忒弥斯神庙中的公元前345年的铭文中，而这个名字实际上是非常罕见的。根据那份铭文，Athenais把两件衣物献祭给女神阿尔忒弥斯，其中有一件是青绿色斗篷。

◉ 慕尼黑祭祀浮雕

这件慕尼黑祭祀浮雕（图48）毫无疑问是世上最美最杰出的一件浮雕作品。它创作于公元前200年左右。在一个建筑框架之下，我们看到这件浮雕描绘了一个正在祭祀地举行仪式的家族：一棵坚挺的老悬铃树向边框的方向伸展着枝条，其树干上裹满了带子，说明此前就有不少宗教朝圣者来过这里。在树旁边的柱子上有两个雕像，他们占了这个浮雕右侧大概三分之一的面积，看起来像是古风风格，其背景元素由像帘子一样系在树上的布构成。两个神都手持权杖，以显示其高贵的地位。这两个形象很可能是医术之神阿斯克勒庇俄斯（Asclepius）及其女儿，象征着健康的海吉亚（Hygieia）。

从左边走过来一个家族，他们的形象要比神的形象小得多。我们看到其中的父亲和长子已经在祭坛之前忙着准备祭祀礼仪了，家族的其他人则随后来到。妻子用斗篷的边缘罩着头部，端庄地向神灵施礼，女儿们站在她的左手边，其中有一个优雅地戴着高高的太阳帽，她们也在向神施礼。在祭坛和女人们之间，小孩子们手捧着祭品，其中有一只小公鸡。有个小姑娘手捧着一个覆盖着布面的大篮子。这件浮雕就是为了使这次虔诚的祭祀被永久记录下来。它当时很可能被镶嵌在其画面中展现的这个祭祀地，以使这个家族的子孙后代和神灵都能够记住这次献祭。

这件慕尼黑祭祀浮雕的重要性在于其绘画做工的精细高质。其祭坛的视角及画面中大量展现的人和物品，都为整体图像增添了生机，而且这件作品曾经是涂有颜色的，这就使它更加具有表现力。

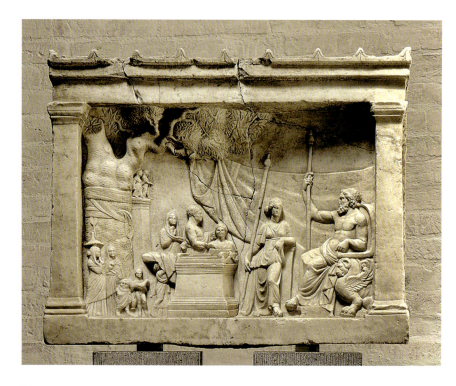

图48
慕尼黑祭祀浮雕（约公元前200年）

"Hiras" 的葬礼浮雕

这个男子以一种十分自信的姿态站在一扇半掩的坟墓门前（图49），那是他自己的坟墓。从柱子上的铭文中我们得知，这个男子叫Hiras，他是Nikanor的儿子。另外一个词"chaire"意为"欢迎"，同时也可以解释为"告别"。尚活在世上的人们希望Hiras的名字能够为人记住，并希望他能在另外一个世界里继续生活。

非常遗憾的是，Hiras的面部现在已经遗失了，所以我们无从判断他的年龄。他身上只穿了一件宽松长衫，穿这种衣服的希腊人一般是不会去做体力劳动的。他的身体比例相当协调，因而我们认为这是一个运动者，身体状况非常不错。他的左手撑在臀部，右肘抵在一根柱子上。Hiras的右手已经不见了，它很可能曾经拿着一捆卷轴；在他的左手边有个侍从，拿着书写工具，因为侍从的地位比Hiras低很多，所以在浮雕上的形象也相对较小。

这件浮雕是为一座葬礼纪念碑的正面所设计的：高高的基座上雕饰以花环，花环悬浮在斯芬克斯和牛头骨之间。刻有柯林斯字母的光滑的柱子支撑着木质结构，木头上刻有人物形象。在角落里，我们看到跪着的波斯人，它们用手臂和翅膀支撑着山墙。

这件Hiras葬礼浮雕大约成于公元前100年，那时的葬礼讲究大操大办，哪怕是那些并不富裕到足以支付这样的葬礼建筑的人们也很重视葬礼规格。Hiras生活的地方并不是希腊的大城市，而是小亚细亚沿岸一个叫做埃里斯来（Erythrai）的乡村小镇（今伊兹密尔附近），但即便是在小地方，人们的生活也明显受到了当时艺术潮流的影响。

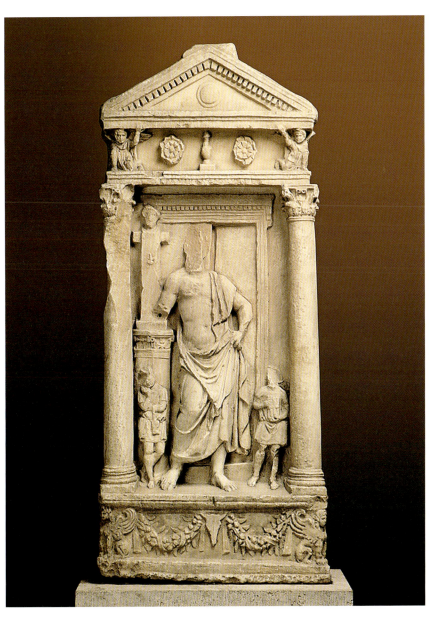

图49
"Hiras"的葬礼浮雕（约公元前100年）

◎ "Domitius-Ara"浮雕横条

这件非常具有表现力的浮雕横条（图50）曾经是一组雕像的长方形基座，这个基座有长5.5米，深2米。在这个厚板正面的两侧，我们看到对希腊神话图景的描绘：海神波塞冬（Poseidon）与女神安菲特律特（Amphitrite）的婚礼。厚板背面描绘的则是罗马政治生活图景：一场税产评估和随后对战神的献祭。这两块浮雕本来没有关系，婚礼一幅创作于大约公元前150年希腊化时期的希腊东部，罗马共和国时期的一个指挥官将其作为战利品带到罗马，在公元前1世纪左右这件浮雕被替换成了税产评估的图景，这块石头也就被用在了一个新的纪念碑上。

人们花了很长时间才借助考古技术了解到了这个复杂的故事。如今我们在古代雕像博物馆中看到的这件浮雕的样子也证明了一点：如果你靠近一些瞧，就能看到浮雕正面及其两侧由大理石构成，但后面则是石膏。后背的这件浮雕的真品现在在卢浮宫，1816年建筑师利奥·冯·克伦泽从巴黎红衣主教约瑟夫·费什（Cardinal Joseph Fesch）手中为古代雕像博物馆购得希腊婚礼浮雕的时候，他并没有意识到，那件看起来风格迥异的罗马浮雕也出自同一处，所以他就把它留在了巴黎。1896年，慕尼黑考古学家阿道夫·福特万格勒（Adolf Furtwaengler）率先指出这件浮雕作

图 50
"Domitius-Ara"浮雕横条（约公元前 130 年）

品两部分之间的联系。因此，人们根据巴黎的浮雕制作了一件石膏模型并将其带到慕尼黑，与大理石的另一面结合在一起。

石板的正面展示了海神夫妇的婚礼场景。波塞冬手持缰绳，他的新娘安菲特律特将斗篷拉起来罩在头上。在海神夫妇的身边还有其他一些人物形象，以及他们治下的一些神话生物。我们看到画面中有两个特里同（Triton），它们是来自海里的一种人身鱼尾的东西，正一边演奏音乐，一边为新婚夫妇拉车。在它们前面，新娘的母亲驾着一匹海马，她举着两支火炬为夜间行进的队伍照亮。画面两侧则是骑着海马或海牛的人鱼，她们搬着礼物。长着翅膀的小丘比特熟练地持着缰绳，驾驶着那些强有力的神话动物。在边板上我们同样能够看到婚礼行进队列。

这件"Domitius-Ara"非常独特，因为它上面有两幅从主题到风格都截然不同的作品并存。直到如今人们也不知道这件作品的两部分的主人是谁，以及它们分别在什么时候第一次被建立起来。它的名字"Domitius-Ara"在今天看来已经没有什么意义了，但我们仍这样称它。其名字来源要追溯到 19 世纪，当时人们认为是罗马执政官 Gnaeus Domitius Ahenobarbus 曾持有这件曾被重新应用于罗马时代的希腊浮雕。

肖像

从公元前7世纪中叶开始，纪念碑雕像就开始描绘凡人的形象。在基座或者雕像本身上面的铭文通常能够告诉我们这些死去的人们的名字和家乡。然而在古风时期，雕塑家并不以描绘人物面部的自然特征为目的。像泰内亚青年像（图6）这样的墓葬雕像，雕塑家更倾向于用一种理想化的美来表现人物形象，而不是真实地表现死者的本来容貌。直到公元前5世纪早期，人们才开始对描绘名流的真实容貌感兴趣，但即便是这样，古典时期的雕像仍然更重视表现人物的性格特征，而不是相貌的精确性。

荷马

这是最早的希腊肖像之一，描绘的是史诗《伊利亚特》和《奥德赛》的作者荷马。荷马是公元前8世纪希腊文学的代表人物，而且人们早已得到共识，《荷马史诗》是古希腊文学的一座高峰。

荷马死后的250年后，希腊正处于古典早期阶段，当时的艺术已经开始可以真实地描绘人物面目。然而，在塑造荷马雕像时，并没有任何模特可供艺术家参考，也没有人能从他此前的文学作品中得知荷马长什么样——他已经成为了一个传奇，但有一点是可以确定的，那就是，他是个盲人。他的这一外貌特征与其源自灵魂深处的强大力量有着密切关系。

塑造这尊肖像的艺术家生活在公元前460年左右，他将荷马描绘成双目半睁、眼帘低垂的模样（图51），以说明他是个盲人。这尊肖像向人们展示了一个庄严的、卷发上戴着发箍的老人。他的头发和胡子都被收拾得一丝不苟，前额上有两束头发充满艺术感地交织在一起。他的后脑勺上戴着一顶花冠，长长的卷发被梳向前面，因而遮住了发际线。

这尊肖像并没有真实地展现荷马的容貌，但我们从中可以看到古典时期希腊人印象中的荷马是什么样子。这位伟大的诗人显得十分与众不同，他没有被描绘成那个年纪的老头衰弱不堪的模样，只有其额头的皱纹和略微瘪下去的脸颊能让我们感到他的年纪不小了。他的嘴巴微微张开，好像在轻轻吟唱他的诗句。

罗马时期有很多对于原始青铜荷马肖像的复制品，而慕尼黑古代雕像博物馆中的这一件则以其高超的雕琢质量而显得卓越不凡。这件作品来自罗马的艺术市场，相传还曾被城里的一个买栗子的商贩当做脚蹬用了好多年。

图51
荷马（约公元前460年）

苏格拉底

面前这个年迈的男人正用一种亦正亦邪的目光看着我们（图52）。他有着长长的呈三角形的胡子；其狭窄而高耸的脑门光秃秃的，头发覆盖住了后脑和两侧和耳朵上方，脸上斜着镶嵌着一对小眼睛，眉骨向上隆起；他有着高颧骨和宽鼻梁，但遗憾的是其鼻子已经脱落了。

在古希腊，这样一张不堪的脸放在森林之神西勒诺斯（silenus）身上还差不多。那是一种半人半马的生物，酒神狄奥尼索斯的随从，我们从其他的瓶饰画中可以知道他们醉酒之后会丑态百出。那么为什么一个历史名人会被塑造成这副模样？

雅典作家色诺芬（Xenophon）告诉我们，苏格拉底曾有一段关于自己容貌的话，说他长得就像是西勒诺斯。但苏格拉底却觉得，他粗糙的面目特征不仅并不丑陋，而且还相当英俊，因为这些特征都是有用且有目的性的：那双突出的眼睛能让他看得更广，宽大的鼻孔能让他嗅得更灵，阔口厚唇能让他更好地品尝食物和热吻，而扁平的鼻梁则不会挡住他的视线——他用这样的方式愚弄了当时流行的审美观念，即认为"善即是美"。

苏格拉底狡黠的幽默感不仅为他赢得了朋友，也招致了不少敌人。他生活地十分简朴，在冬天甚至都光脚走路，而且一年四季都只穿一件衣裳。他曾经也是一个雕刻家，但那并未成为他的职业。公元前399年，70岁的苏格拉底因亵渎神明罪而判以死刑，这也是他在面对审判时毫无悔改之意并过于自信地显示出好斗神情的结果。我们通过柏拉图知道这些事情，因为他曾写下一篇《辩护》，那正是他的老师苏格拉底的辩护词。苏格拉底最终被毒死在监狱中。

在这场并不公正的审判过去20年后，第一个苏格拉底像诞生了，现在还有几件它的复制品存世。那件作品就将苏格拉底的容貌描绘成西勒诺斯的样子，但其神情平静。慕尼黑这件大理石作品是罗马时期的复制品，其参照的那个更严肃更卓越的版本可以追溯到亚历山大大帝的御用雕像师留西波斯，其年代大约是公元前330年。尽管苏格拉底的神情已经被柔和化了，我们仍能从他的面部特征，比如眼睛中，看到一些为当时人所厌恶的讽刺意味（其讽刺以那句"我知道我什么都不知道"而达到顶点）。

图52
苏格拉底（约公元前330年）

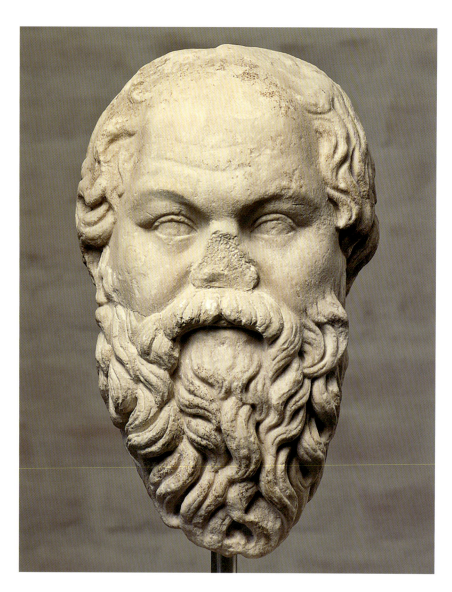

图 53
柏拉图（约公元前 350 年）

◉ 柏拉图

公元前 427 年，柏拉图生于雅典的一个贵族家庭。正常情况下，以其良好的家境和他自身的智力条件，他应该完全可以得到一份不错的公职。然而，家人的不幸命运及其老师苏格拉底被判死刑，让他不愿意参与政治。

公元前 385 年左右，柏拉图彻底从政治生涯中脱身出来，并建立了他自己的哲学学校"雅典学院"。在那里他和他的学生一起生活，并且通过讲座以及哲学讨论的方式来向学生传授他的思想。他的学生里有一位叫做亚里士多德，被认为是古代最具天才的思想家。

他的作品被广泛阅读，这些作品通常也都是用对话的形式书写的，其对话的主角是他的老师苏格拉底，而参与辩论的另一方则通常被称作"诡辩家"。这些诡辩家也都是才智超群的人，他们希望自己的学生能够成为成功的、积极参与政治生活的雅典公民，而他们授课的目的则是能够从中获取收益，因此他们的价值观念与苏格拉底截然相反。

柏拉图强烈支持一种观点，即终极真理是存在的，而且人可以通过运用理智而认识它。他认为终极真理存在于观念之中（ideas），它并不是有形世界的一部分，而存在于精神世界中。他的"theory of ideas"成为了为西方哲学史上重要的一笔。

这件柏拉图肖像（图 53）全然没有体现出他的任何思想，特别是没有体现出他对希腊政治现状的怀疑。这位雅典学院的创建者发型朴素，留着很长但是精心修理过的胡子，面部表情严肃而平静——简而言之，他就是理想的雅典公民的形象，我们从很多同时代其他的浮雕中也能看到类似的特征。早在公元前 347 年，也就是柏拉图死后不久，一位古典晚期的著名雕塑家西拉尼昂（Silanion）就为其创作了这样的形象。在众多的复制品中，古代雕像博物馆收藏的这件罗马时期复制品无疑是最好的一件，它的年代约为公元 1 世纪早期。

施瓦岑贝格的亚历山大

这件肖像作品略微大于真人比例(图54),其展现的是古代世界最著名、最具传奇色彩的统治者——亚历山大大帝。亚历山大在20岁的时候就已经成为了马其顿(位于希腊北部)国王,而仅仅在10年中,他就通过一系列战争征服了几乎每一寸当时人们所能认识得到的土地,从埃及跨过波斯到阿富汗一带,再到印度。如果不是他在公元前323年突然死去,他对权力的追求想必不会这样戛然而止。

如今这件肖像的名字来源于其曾经的持有者,施瓦岑贝格王子(Prince von Schwarzenberg)。这件作品表现的是处于权力巅峰时代的亚历山大,虽然这是一件个性化的肖像,但我们能看出其造型符合当时几乎所有亚历山大像的特征。在这件作品中,其他部分还都完好无损,只是鼻子在古代就已经断掉了,并曾被修补过,但在这尊头像被埋入土时,人们就通过其修补部分的熔结痕迹知道这是一件经过修理的作品。

头像略微向左倾斜。非常引人注目的一点是,他的头发略微向上竖,像喷泉一样立在头上。在古代文献中,我们可以找到对于亚历山大大帝这种发型的隐晦描述。这种"anastole"或者"brushing up"从前额旋转向后的头发是亚历山大像的共同特征,很可能是"狮子般勇气"的象征。另外一个亚历山大的典型特征是他光滑的脸以及齐肩长的头发,他的头发层次分明、结构清晰,并且有深深的纹路,因此我们能感受到更明显的光影效果,使其浓密的头发与光滑的面部区分开来。

慕尼黑古代雕像博物馆中的这件头像是罗马时期的复制品,其原作是希腊时期的青铜像。由于同样还有其他类似的复制品传世,我们推断这些复制品的原型在当时是一件非常著名的作品。而且,我们从脖子底部的平滑的断面来看,它之前曾被嵌入到一尊雕像上,而并非是从整体雕像上断裂下来的。通过与其他雕像相比较,我们知道那件原作展示的是一位年轻的统治者,其右手举起并持着一柄长矛,身穿指挥官的长袍。这件"拿着长矛的亚历山大"很可能是出自备受世人推崇的宫廷雕塑家留西波斯之手,因为根据一些文献记载,亚历山大在登基之后,只允许这位著名的古典晚期雕塑家为其雕像。

图54
施瓦岑贝格的亚历山大(约公元前330年)

现存的众多亚历山人肖像之间存在 些差异,这就使我们无法准确地知道这位马其顿国王到底长什么样。很多亚历山大的肖像相当理想化,就像表现神或英雄那样,但从不同的雕像中我们可以总结出两处共同点,即脸型瘦削、眼窝深邃,这使他看起来脸色更加严峻并更具威慑力。因此,这尊施瓦岑贝格的亚历山大可能是所有现存肖像当中比较接近亚历山大本人对自身肖像刻画的要求的,在这里我们看到的是一位熠熠生辉的骁勇武士,也是一位强有力的统治者。

龙达尼尼的亚历山大

这件作品是路德维希一世于 1814 年从罗马的龙达尼尼宫购得的(图 55),被古典考古学的创建者约翰·约阿希姆·温克尔曼(Johann Joachim Winckelmann)誉为"唯一一件展现亚历山大真实面貌的作品"。它向人们展示的是年轻的英雄,其目视远方,火焰一样的头发立在头顶。人物的重心放在左腿,像是做好了弹跳的准备,其右腿则置于身前一个略高的位置,好像正要登台阶。他的身躯微微向前弯,其已经断掉的双臂很可能曾经是向前伸的。

这尊雕像是罗马时期的复制品,其原型是公元前 330 年左右的古典晚期作品。从这件作品在 18 世纪被发现以来,人们就对它进行了各种各样的解读。一种说法认为,这尊雕像展示的是军事指挥官亚历山大正试图登上战车的模样,他正要转过身来向他的士兵发表演说,或者正手持长剑远眺战场。然而近代考古学研究却在很大程度上忽视了一些传统表意。如今,人们认为这个人物表现的是特洛伊传奇中的史诗英雄阿喀琉斯,但仍存在争议:阿喀琉斯是不是像《荷马史诗》中的《伊利亚特》描写的那样,配着火神赫菲斯托斯为他新打造的装备?或者他是从母亲忒提斯那里得到的这套装备?从图像主题上看,这尊雕像的姿势很像公元前 4 世纪的南意大利瓶饰画中展现的阿喀琉斯。

但如果这个人物是阿喀琉斯,那么为什么他的头部设计和亚历山大大帝的形象那么相像呢?一种解释是,通过亚历山大传记我们可以知道,他不仅把自己的家世由母亲血缘一方追溯到阿喀琉斯,他还在大庭广众之下用行动宣称他是阿喀琉斯的后代。比如,他曾在准备进军亚细亚的时候就先到特洛伊的阿喀琉斯墓进行祭拜。换句话说,他就是想远征波斯,成为第二个阿喀琉斯。

因此,我们就不难理解为什么这尊雕像既像亚历山大又像阿喀琉斯。他们两人都被刻画成希腊英雄的模样,最终导致两人在功能角色上是可以互换的,从而在身份确认上也造成了困扰。

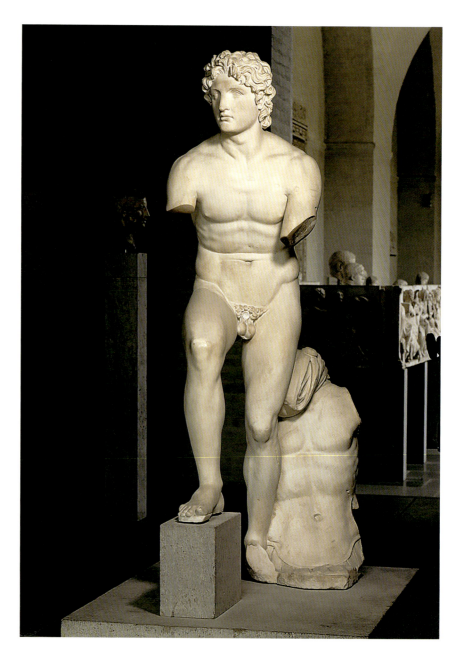

图 55
龙达尼尼的亚历山大(公元前 340—前 330)

德摩斯梯尼

雅典的德摩斯梯尼是古希腊最有名的雄辩家和演说家，据说他生来就声音细小而且还有口吃，可这并没有阻止他走上雄辩家的生涯。与如今的政客和法学家不同，古代的演说家不得不在没有任何扩音设备的条件下在室外向众人宣讲，而且通常没有讲稿。在演说过程中他们要沿着廊台座位不断走动，演说当中的每一个措辞都必须完美精准，每一个手势都必须清楚适度。

德摩斯梯尼并没有丰富的法律和政治知识，但他具备优秀的表演天赋。当然，为了能够达到演说的声音需求，他还必须勤于练习：据说他通过在舌下含鹅卵石的方法，成功地克服了口吃的毛病。在演说中有时会遇到因观念不同而在听众中引发反对声四起的状况，因此他还必须具备在这种情况下用自己声音的强度和持久度平息噪声的能力。因此，他的演说一般会包括两种形式内容，一种是在踱步或慢跑过程中向众人慷慨陈词，另一种是在反对声打断时针锋相对地辩论。

德摩斯梯尼对自己的训练相当成功。他出生于公元前384年，从30岁时开始就在家乡担任重要的法律政治角色。他所在的阵营极力抵制马其顿菲利普二世和亚历山大大帝试图将整个希腊都置于其统治之下的扩张野心，因此他一生都在向人们做着反对马其顿扩张和统治的演说，而且在公元前338年雅典在喀罗尼亚战役（Battle of Chaeronea）中战败之后，他依然占据着雅典的政治领导地位。

具有讽刺意味的是，德摩斯梯尼的影响力结束的时候正是亚历山大大帝死去的那一年：他因滥用公款而被判以死刑，他在行刑之前逃脱了，但一年之后在逃跑途中自杀身亡。

在德摩斯梯尼死后的42年，雅典人在城市的地标集会地为这位伟大的政治家树立起一尊青铜像。其头部以置于碑柱上的罗马复制品的形式流传至今（图56）。这种碑柱源自赫尔墨斯（Hermes）的祭祀柱子，人们在赫尔墨斯的头上钻孔安到柱子上，柱子上展示有生殖器官。罗马时期以来，赫尔墨斯碑柱被广泛用于肖像展览中。

德摩斯梯尼被描绘成一个老年男子，长着胡子，有些秃顶。他的目光严肃紧张，显示出他精神高度集中并持有强烈意愿。雅典人为他们敬重的人树立的雕像通常都是头向右转。德摩斯梯尼雕像赤裸着身躯，

图56
德摩斯梯尼（约公元前280年）

只穿着一件斗篷，双手在身前交叠，似乎他正在为展开一场精彩的演说蓄势待发。雕像基座上有一句总结了他一生的铭文："德摩斯梯尼具有敏锐的洞察力，如果当时他也掌握着与之相匹配的政治权力，希腊绝不会被马其顿人征服。"

贝蕾妮斯二世

这个女性肖像(图57)要大于真人尺寸，她是埃及皇后贝蕾妮斯二世。公元前246年，北非公主嫁给了希腊在埃及的统治者托勒密三世（Ptolemy III Euergetes）并成为了他身边最有权势的人。当她的丈夫长期征战在外时，她一度作为副手协理国家事务。

贝蕾妮斯有着一双向外凸出的大眼睛，眼睑长大，眉骨高耸。其双唇较厚，嘴角略向下垂，显得她严肃冷静，甚至神情有些忧伤。她的下巴圆润小巧，双颊上有酒窝，其下颚和颈部充满质感的线条使整张脸看起来非常丰满。

这件有着"托勒密眼睛"并充满质感的肖像，其展现的特征在公元前3到1世纪统治亚历山大里亚的王室成员的肖像中非常典型。她的头有力地转向一侧，这继承了亚历山大大帝肖像的风格传统——正是亚历山大大帝开创了希腊人在埃及的统治。

通过颈部粗糙的削割线，我们得知这尊头像最初是被镶嵌到皇后的雕像上的。贝蕾妮斯的头上戴着一顶金属王冠，它在头顶处与大理石部分接合在一起。最早的时候这尊头像的脑后很可能罩有一块纱巾，纱巾用另一块灰泥制成。

贝蕾妮斯的丈夫死于公元前222年，之后她便成为了埃及女王，但没过多久，她就死于其子忒惠的一场谋杀。她是希腊化时期尼罗河流域为数不多的几位女性统治者，她在宗教和政治方面都曾扮演重要角色。在她还活着的时候，就曾被尊称为"贝蕾妮斯女神"，后来人们甚至用她的名字命名了一个星座"后发星座"（Berenice's hair），它闪耀在春季的星空，用以纪念这位卓越不凡的女人。

图57
贝蕾妮斯二世（统治时期为公元前246—前221）

展览与服务

得力于慕尼黑古代雕像博物馆中多样并且精美的收藏，我们能够利用自身的资源举办很多展览，比如2004年的"色彩之神"和2011年的"特洛伊战争"。在某些情况下，我们也会举办以从国外博物馆暂借的展品为主的特别展览，比如1998年的"身躯——名气与神秘（Der Torso-Ruhm und Rätsel）"。古代雕像博物馆也致力于研究，比如托瓦尔森（Thorvaldsen）对埃伊纳的重建，而这些研究最终都会转变成我们展览的一部分。目前我们不仅针对特别展览推出展品目录，对一些常规展览以及存储藏品也有目录印刷品。

这里也吸引了很多当代艺术家前来，你经常可以看到这里有古代雕像、传统建筑与当代艺术并存的场面（图58）。

我们大多数重要藏品都有印刷品，可供研究者征询索取相关资料信息。如需提问或预约参观，可以通过信件或电子邮件联系我们的策展员。

作者 / 弗洛里安·S.克瑞斯（Florian Knauss）
慕尼黑古代雕像展览馆和州立文物博物馆馆长

翻译 / 甄兆平

图58
金属神话（2009年），克里斯托弗·伯格曼。

埃及亚历山大里亚希腊罗马博物馆与希腊罗马时代的亚历山大里亚城

埃及亚历山大里亚希腊罗马博物馆始建于19世纪末。当时，学者们在亚历山大里亚城的考古发掘活动已逐步展开，许多埋于地下或沉入海底多年的考古遗存得以重见天日，这一古代城市的辉煌也开始重新为人们了解，正是在这一契机的推动下，在当地兴建一座希腊罗马博物馆的计划被提上议事日程，并得到时任奥斯曼派驻埃及总督的支持。1892年10月17日，亚历山大里亚的希腊罗马博物馆正式开馆。起初，博物馆面积较小，只有5间展厅。到1895年，博物馆搬迁至现在所在的位置，面积扩大，展厅的数目也增加为10间。此后，这座博物馆历经数次翻修扩建，如今有展厅27间。博物馆的建筑本身效仿了古城历史上宏伟的缪斯宫（Museion）和亚历山大里亚图书馆的外观，带有希腊建筑艺术的特点。博物馆建馆百余年来，通过官方的努力再加上私人的慷慨捐赠，馆内藏品的数量、种类和范围都大大增加：藏品数量达4万余件，时间跨度从公元前3世纪托勒密时期直至公元3世纪的罗马时代，种类包括雕像、陶器、钱币、马赛克镶嵌画、玻璃制品等。这座博物馆丰富的藏品为我们提供了生动、全面、可靠的实物史料，对于我们了解古希腊罗马时期的亚历山大里亚城乃至整个地中海世界都具有重要意义。

◉ 亚历山大里亚的城市建设及其统治者

亚历山大里亚城的修建与一位伟大人物密不可分，即历史上第一位将统治范围扩展至欧亚非三洲的马其顿国王亚历山大三世，后人称之为亚历山大大帝。他出生于公元前356年，出生地是希腊北部城市培拉（Pella），父亲是马其顿王菲利普二世（Philip II），母亲奥林匹亚斯（Olympias）拥有埃皮鲁斯王国（Epirus）的王室血统。菲利普二世统治马其顿期间，励精图治，实行了一系列改革措施，涉及军事、政治、经济等多个方面，马其顿由此发展壮大为希腊北部强国，尤其是军事强国。公元前336年，菲利普遇刺身亡，16岁的亚历山大即王位。亚历山大虽然年少登基，但作为菲利普和奥林匹亚斯的长子，在继位之前，他的军事领导力、执政能力等都经受过相当程度的考验。此外，在亚历山大少年时期，菲利普还将希腊著名哲学家亚里士多德邀请到马其顿王庭，担任亚历山大的老师。因此，亚历山大接受了系统的希腊式教育，他尊重、向往希腊文化，将《荷马史诗》中的英雄人物奉为效仿的榜样。公元前334年，亚历山大率军东征，他最初的目标是希腊的宿敌波斯，但最后征服的范围远大于此，整个地中海世界的历史由此发生改变。公元前323年，亚历山大病逝于巴比伦，年仅33岁。他的遗体最终落入其部将托勒密（Ptolemy）手中，被带到埃及，初葬于孟斐斯（Memphis），后迁至亚历山大里亚。

亚历山大里亚城的建设始于亚历山大对埃及的征服。公元前332年，亚历山大在率军东征途中暂时调转了大军的行军方向，向西进入埃及。此时的埃及已结束了法老时代，正处于波斯人的统治之下。埃及人对波斯的统治政策不满已久，因此，亚历山大不费吹灰之力就赶走了不受欢迎的波斯人，占领了埃及，由此为埃及带来了本土文化与外来希腊文化深度融合

图1
亚历山大大帝粉红色花岗岩头像（公元前1世纪），高34cm。藏于埃及亚历山大里亚希腊罗马博物馆（The Graeco-Roman Museum）。

的契机。亚历山大在埃及仅停留了半年时间，主要完成两件大事：一是前往埃及西部沙漠中的锡瓦绿洲求取阿蒙神谕，并取得"阿蒙之子"的封号，由此获得他对埃及的合法统治权；二是精心挑选尼罗河三角洲西端的一个地点，规划建设了以他的名字命名的第一座城市——埃及的亚历山大里亚城。有关亚历山大里亚的建城传说见于罗马史家阿里安撰写的《亚历山大远征记》。传说亚历山大最初打算在地上画出城墙的具体方位，以便建设者可以按他绘制的线条修建，但因一时找不到画线的工具，只好将士兵的粮食撒在地上，以此标记城墙的位置。随军的占卜师由此预言，这个城市未来必将繁荣兴旺、谷物满仓。（Arrian, *Anabasis Alexandri*, 3.2）上述故事只是后人记载的一个传说，不足为信。但在之后相当长的一段历史时期，亚历山大里亚作为托勒密和罗马埃及的首都，的确发展成一座繁荣、富足、有活力的城市。

在随后的托勒密时代，亚历山大除了被认作亚历山大里亚城的创建者，更被尊为托勒密王朝的缔造者，亚历山大里亚的希腊罗马博物馆收藏了许多亚历山大的头像，其中大多是公元前2—前1世纪的作品。这些雕像具有宗教意义。在当时，对亚历山大的宗教崇拜遍布整个托勒密埃及，例如，在一年一度庆祝亚历山大里亚建城的节日上，就举办崇拜亚历山大的宗教仪式。这些头像使用的材质不同，包括大理石、埃及雪花石膏和陶土，高度从6厘米到35厘米不等。亚历山大的头像反映出希腊与埃及造像艺术的混合特征。以展品亚历山大大帝粉红色花岗岩头像（图1）为例，这件展品高34厘米，时间是公元前1世纪，使用的材质是产于埃及阿斯旺地区的粉红色花岗岩。该头像一方面有眼镜蛇造型装饰，这是埃及法老的象征；眼眶内镶嵌着象牙或玻璃，这也是埃及的特色；另一方面，其前额垂下的卷曲头发、凹陷的眼眶以及精致的面部特征又体现了希腊艺术的特点。此外，亚历山大的头部肖像还出现在托勒密时期的一些钱币上，反映了他作为宗教崇拜偶像以及托勒密王朝缔造者的双重身份。

亚历山大里亚城的奠基人是亚历山大，但这座城市的全面建设则是在托勒密王朝时期展开的。随着亚历山大的去世，他的将领们为争夺统治权展开旷日持久的战争，他所创建的大帝国由此分崩离析，最终形成希腊化时代三足鼎立的局面，即马其顿的安提戈努斯王朝、埃及的托勒密王朝和亚洲的塞琉古王朝。埃及地区为托勒密控制，他出身马其顿贵族家庭，是亚历山大的挚友和忠诚部将。亚历山大死后，托勒密先是担任埃及总督，后于公元前305年宣布自己为国王，从此开启了埃及的托勒密王朝时代。

在王朝前几位国王统治期间，托勒密埃及政治稳定，经济发展，文化开明，到托勒密三世时代达到鼎盛，之后一直延续近两百年，亚历山大里亚城的建设是这一时期各方面成果的集中体现。托勒密一世倡导兴建亚历山大里亚的缪斯宫和图书馆，意图将该城建设成为整个地中海世界的文化中心。到托勒密二世时代，他继续父亲的城市建设计划，进一步扩建缪斯宫和图书馆，同时还建造了著名的亚历山大里亚灯塔（Lighthouse of Alexandria），使亚历山大里亚在成为文化中心的同时，也成为地中海世界的贸易中心。这座古城一边临地中海，另一边是马瑞奥提斯湖（Mareotis Lake），这一地理位置有利于它与埃及内陆地区和外部西方世界的双向交流，使其得以发展成为埃及与西方沟通的桥梁。整座城市经过细致的规划设计，街道排列整齐、纵横交错，全城分为五个区域，分别以希腊语前五个字母命名。其中最重要的是王室区，面积大约占全城的四分之一，大部分重要建筑都集中于此，包括王宫、王陵、缪斯宫、图书馆、体育场等。被称为古代世界七大奇迹之一的亚历山大里亚灯塔立于海滨的一块大岩石上，与王室区遥相对应，俯瞰着地中海上来往的船只。

图 2
刻有托勒密二世与王后阿尔西诺伊二世头像的金币（公元前 3 世纪）

托勒密的国王们乐于向臣民展示自己的形象，以巩固统治。王室形象大量出现在雕像、马赛克镶嵌画等艺术作品中，也出现在各种材质的钱币上。亚历山大里亚的希腊罗马博物馆收藏了大量表现托勒密王室形象的钱币或艺术品，其中许多同时出现了国王和王后的肖像。如展品刻有托勒密二世与王后阿尔西诺伊二世头像的金币（图2）是一枚公元前 3 世纪的金币，正面是托勒密二世与他的王后阿尔希诺埃二世（Arsinoe II）的肖像，背面则是托勒密一世与王后贝莱尼斯一世（Berenice I）的肖像。托勒密王室婚姻沿袭了法老埃及的特点，主要实行兄妹婚。从托勒密二世开始，多数托勒密国王的王后都是他的近亲姐妹，这样的婚姻关系使得托勒密王室的妇女们拥有相当高的地位。希腊罗马博物馆中的一些藏品表现了王室女性的形象。展品贝莱尼斯二世马赛克镶嵌画（图3）是一幅公元前 3 世纪末的马赛克镶嵌画，高 2.77 米，宽 2.16 米，画上的人物是戎装打扮的贝莱尼斯二世，她是托勒密三世国王的堂妹和王后。在镶嵌画上，这位王后手持权杖，象征着对地中海的征服，头戴象征战船船头图案的头饰，上面还装饰着象征佑护的眼睛以及象征胜利的花冠，体现了埃及军队在叙利亚战争中的胜利。镶嵌画上还签着创作者的名字"Sophilos"。另一幅圆盘状的马赛克镶嵌画（GRM21736, Room 6）也是同样的题材，表现了贝莱尼斯二世的戎装形象。托勒密三世死后，她曾与儿子托勒密四世共摄朝政，但最终被儿子毒死。到托勒密王朝后期，王室女性发挥了更加重要的作用，其中最著名的就是"埃及艳后"

图 3
贝莱尼斯二世马赛克镶嵌画（公元前 3 世纪末），高 2.77 米，宽 2.16 米

克里奥佩特拉七世（Cleopatra VII）。她出生于公元前 69 年，是托勒密十二世的女儿，先后成为她的弟弟托勒密十三世、十四世的王后和共同摄政王。她成功利用美色和智慧，先后成为恺撒和安东尼的情妇，以此保障她自己的政治地位和托勒密王朝的延续。公元前 31 年，安东尼在亚克兴海战中败给屋大维。次年，克里奥佩特拉自尽。之后，屋大维又杀死了克里奥佩特拉和恺撒所生的儿子，托勒密王朝灭亡。在希腊博物馆收藏的一枚青铜币上出现了这位传奇王后的头像。这枚铜币直径 1.8 厘米，正面是克里奥佩特拉七世头像，背面是一只鹰的图案，面朝左侧。

托勒密王朝灭亡后，埃及成为罗马元首的私人领地，是罗马帝国的一个特殊行省。埃及土地肥沃、农业发达，是罗马不可或缺的粮仓，因此对罗马帝国来说，埃及具有极其重要的经济价值和特殊的政治地位。亚历山大里亚城虽然辉煌不及从前，但仍然是重要的港口和商贸中心。亚克兴大捷之后，屋大维在亚历山大里亚以东修建了一座新城，名为"胜利之城"（Nicopolis）。他还下令挖掘一条 35 公里长的水渠，为亚历山大里亚供水，这一事件以希腊文和拉丁文两种文字被刻写在一块石灰岩石柱上，我们在希腊罗马博物馆的大厅可见到这一石柱。有一尊屋大维（奥古斯都）小头像，高仅 3 厘米，黑曜石材质，时间是公元前 1 世纪到公元 1 世纪。头像的发型被称为亚克兴发型，他在亚克兴胜利之后的许多雕像都采用这一发型，即在前额垂下的发绺中，三绺向右，两绺向左，其余的在中间。奥古斯都之后其他罗马皇帝的雕像在希腊罗马博物馆中也有收藏。其中一尊马可·奥勒留的全身像非常宏伟，雕像以大理石雕刻而成，高 2.5 米，时间是约公元 175 年。这位皇帝曾于公元 176 年到访埃及，谅解了亚历山大里亚人支持叛乱者的行为。这尊雕像出土于亚历山的里亚，在古代可能立于某一广场内。马可·奥勒留身披战袍，胸甲上方是美杜莎头的图案，其下是一对狮鹫。再下方的图案通常是一只鹰，但这尊雕像却刻了一个十字，这应该是后人改动的结果。皇帝左手持一把剑，身体右侧是一个丰饶角（horn of plenty）。事实上，马可·奥勒留是一位哲学家皇帝，崇尚斯多葛派哲学，但这尊雕像并没体现他的哲学家色彩，反而着力强调他的军事力量，其目的很可能是要提醒亚历山大里亚人时刻记得罗马强大的军事实力。

亚历山大里亚的宗教信仰

亚历山大里亚城是东西方文化的交融中心，这一特点也体现在宗教方面。亚历山大里亚的宗教崇拜是希腊宗教与传统埃及宗教融合的产物，其崇拜的神祇也常常是埃及神与希腊神的结合。托勒密时代的国王们试图通过宗教巩固自身的统治。托勒密一世开创了兼容并包的宗教政策，他一方面尊重传统埃及的宗教信仰，另一方面又将希腊神的特点赋予埃及的神祇，创造出埃及人和希腊人共同崇拜的神，这成为托勒密王朝宗教信仰的最突出特色之一，而这一宗教特点也一直流传到罗马时代。

依据传统埃及宗教中重要的"三联神"组合——奥西利斯、伊西斯和荷鲁斯，托勒密一世创立了新的"三联神"，即塞拉匹斯（Sarapis）、伊西斯（Isis）和他们的儿子哈尔珀科拉底斯（Harpocrates）。

塞拉匹斯是托勒密王朝的保护神，是古代亚历山大里亚最重要的神祇，对他的崇拜甚至突破埃及的范围，盛行于整个希腊化世界。在埃及神话中，奥西利斯与圣牛结合形成奥西利斯——阿庇斯神，以牛的形象示人，这也就是希腊化时期的塞拉匹斯神的前身，但托勒密一世不再用圣牛形象，而是人的形象，表现这位神祇，这完全符合希腊神话的特点。希腊罗马博物馆中的许多藏品都展示了塞拉匹斯神的形象，包括雕像、钱币等。以一尊托勒密时代的塞拉匹斯神胸像为例（图4），大理石材质，高 81 厘米，发现于亚历山大里亚的塞拉匹斯庙遗址，这是托勒密三世时期修建的一座希腊建筑风格的神庙，是塞拉匹斯神最重要的崇拜中心。与大多数塞拉匹斯神的形象一致，这位神被表现成一位长者的形象，头顶一个盛东西的器物，器物外部装饰有橄榄枝，其浓密、卷曲的须发，身上带有褶皱的衣袍，与一些希腊神像的艺术风格非常接近，很容易使人联想到希腊神话和艺术作品中的神王宙斯的形象。因此，塞拉匹斯神崇拜最大程度地体现了埃及宗教与希腊宗教的交融。在托勒密王朝治下同时生活着希腊人和埃及人，这样的宗教信仰有助于他们思想的统一，减少民族与宗教矛盾，巩固统治者的统治，这也正是托勒密王室大力推行这一宗教崇拜的原因所在。

伊西斯在古埃及神话中是奥西利斯的妻子、荷鲁斯的母亲，地位十分显赫。到托勒密时代，伊西斯女神的名字被原封不动地保留下来，但身份已转变成塞拉匹斯的妻子和哈尔珀科拉底斯的母亲。而且除此之外，她还对应有其他许多身份，如爱神阿佛洛狄忒（Aphrodite）、谷物神得墨忒尔（Demeter）、命运女神提刻（Tyche）等。与希腊神的结合使伊西斯崇拜达到全新的高度，盛行于希腊化世界的各个地区。托勒密王朝的女统治者阿尔西诺伊二世、克里奥佩特拉七世都将自己等同于伊西斯，克里奥佩特拉还热衷于模仿这位女神的装束，由此使这一崇拜得以在罗马上层女性中流行。伊西斯雕像（图5），大理石材质，高185厘米，时间是公元140—150年代。在这尊雕像中，女神身披长袍，胸部系着饰带，头上戴着传统埃及宗教中的哈托尔王冠，左脚下踩着一只鳄鱼，左手提着她最喜爱的器物，一条蛇环绕右手的手腕。这尊雕像1936年出土于亚历山大里亚的拉斯·埃斯-索达神庙（Temple of Rases-Soda），女神此处的装扮与这座神庙的来历密切相关。神庙的敬献者曾经脚部受伤，痊愈后建造这座神庙献给治疗神伊西斯，伊西斯右手臂上的蛇也是希腊医药神阿斯克勒庇俄斯（Asclepius）的象征。

新"三联神"中的另一位重要神祇是哈尔珀科拉底斯，塞拉匹斯与伊西斯的儿子。他的原型是埃及神荷鲁斯，但在希腊化时代又表现出希腊神的特点，因此哈尔珀科拉底斯常常展示出埃及神与希腊神的结合。在希腊罗马博物馆的藏品中有许多青铜或黏土材质的哈尔珀科拉底斯雕像，形态各异，有头戴太阳神赫里奥斯（Helios）王冠的幼年形象，有面容体态完全满足希腊雕像特点的青年形象（图6）等，大多来自罗马时代。

托勒密统治者在宗教上的另外一项重要举措是国王和王后的神圣化。托勒密一世自立为王，建立托勒密王朝，从本质上讲他是一个篡夺王位者，因此他和其后的统治者们都急需为自己的统治寻求合法性。首先，托勒密一世试图确立自己与亚历山大的继承关系。亚历山大死后，他夺得亚历山大的遗体带回埃及下葬。之后他又着意强调亚历山大的神圣地位，在托勒密埃及广泛建立起对他的宗教崇拜。其次，托勒密的国王和王后也被宣布为神。在托勒密一世死后，托勒密二世立即宣布他的父亲为神，托勒密一世的王后死后也是如此。而托勒密二世和他的王后更是在生前就已等同为神，接受人们对他们的崇拜。此后托勒密的国王们也沿袭了这一做法。为了宣扬统治者的神圣身份，托勒密积极将自己神圣化的形象融于钱币和艺术品当中，如上文提到过的公元前3世纪的金币，其正面是托勒密二世与他的王后阿尔西诺伊二世的肖像，背面则是托勒密一世与王后贝莱尼斯一世的肖像。这一钱币的铸造实际上配合了托勒密二世将王室神圣化的举措。他与他的王后是现世的神，而他故去的父王和母后也被宣布为神，这自然使人联想到"三联神"的神话，使得神圣化的王室形象深入人心。值得注意的是，托勒密王朝的统治者是希腊人，而在希腊人的宗教中，并没有王权神圣化的传统，对国王进行宗教崇拜实际来自埃及传统，这也体现了托勒密统治者对埃及元素的吸收和利用。

托勒密时期的墓葬同样反映了埃及元素与希腊元

图4
塞拉匹斯神大理石胸像（托勒密时代），高81cm

素的融合。亚历山大里亚的地下墓穴结合了埃及和希腊的特点，体现在建筑结构、装饰图案等诸多方面。但总体来讲，这些地下墓穴还是反映出高度希腊化的特点，希腊罗马博物馆的藏品也证明了这一点。博物馆收藏有许多石碑（Stele），都是在亚历山大里亚或其周边的墓葬中发现的。它们具有希腊墓碑的形制，大多为矩形，顶端呈圆弧状，材质基本为石灰石，极少数是大理石。石碑上通常刻有死者及其父母的名字和他的出生地。一些石碑通过浮雕或彩绘的形式展现了告别的画面，或者是死者生前的一些场景。这些墓碑上的铭文基本都是希腊文。因此，石碑的形制、艺术特征及其上面刻写的铭文都体现了墓碑主人的希腊人身份。但其中的部分元素也具有传统埃及文化特征。一块出土于亚历山大里亚以西贾巴里（Gabbari）墓地的墓碑，碑高83厘米，石灰石材质，时间是公元2—3世纪。墓碑整体表现了一座埃及神庙大门的形象，门口还有阿努比斯神（Anubis）的浮雕，但门内站立的儿童墓主人却身着希腊服饰，因此整个墓碑体现了希腊与埃及元素的融合。与墓碑相比，骨灰瓮更明显地体现了希腊人的墓葬传统——火葬，这与埃及传

图5
伊西斯大理石雕像（公元140—150），高185 cm

图6
哈尔珀科拉底斯大理石雕像（公元2世纪），高120cm

统截然不同。在亚历山大里亚的艾尔-哈达拉（El-Hadara）墓地出土了许多双耳彩陶骨灰瓮，时间从托勒密时期直至公元前1世纪，上面的希腊铭文显示了死者的身份。这些陶瓮以瓶身上绘制的多彩图案闻名于世。有一个精美的红底黑像陶瓮，高38厘米，时间是公元前215—前214年。陶瓶的颈部和瓶身上部都绘有花卉图案，而瓶身上的主体画面则表现了斗鸡的情景，这是当时亚历山大里亚社会十分流行的一项娱乐活动。

亚历山大里亚的经济、文化与社会

亚历山大里亚是一座国际化都市，希腊文化的元素在其中居于优势地位。在当地众多的人口中，部分希腊贵族是全权公民，他们数量有限，处于社会顶层，拥有政治和经济方面的特权。然而需要注意的是，也有一些来自希腊的新移民处于这座城市的下层，他们在希腊故乡城市原本就生活穷苦，因此移民到亚历山大里亚寻找机会，他们通常都从事一些并不体面的工作。马其顿人是精英统治阶层，在政府机构和军队中担任要职。数目众多的埃及人虽然构成了社会的基础，但却难以进入上层社会，他们大多在农业、手工业等领域劳作，以此参与亚历山大里亚的经济和社会生活。

在托勒密和罗马时代，亚历山大里亚城乃至整个埃及都被纳入地中海经济体系之中。土地和财富日益集中到少数权贵手里，手工业和商业空前繁荣，那里生产的农产品、矿产、手工产品等源源不断地注入整个地中海市场。优越的地理位置使这座城市发展成为当时地中海世界最重要的港口之一，也是亚欧之间贸易与商业的集散地。亚历山大里亚的标志性建筑是亚历山大里亚灯塔。它修建于托勒密二世时期，建筑宏伟、技艺高超，其作用是为频繁往来于亚历山大里亚港的船只照明导航，足见当地海上商贸活动的繁荣。公元前1世纪希腊地理学家斯特拉波（Strabo）的记载也证明了这一点：

"至于亚历山大城的大港湾，它得到人工码头和自然冲积堤的环绕与保护，而且那里的海水很深，即使是最大的船也能顺利地停泊在码头边的阶梯上。这个大港湾被分成几个小港湾……出口大于进口。任何亲自到过亚历山大城和迪卡阿奇亚（Dichaiarchia）（意大利那不勒斯海湾的大港口——译者注）的人都能轻松地判断：从亚历山大的大港湾驶出的货船更大更重。"（斯特拉波：《地理志》，17.1.6,7）

由于贸易的活跃，钱币在亚历山大里亚的经济中占据重要地位。价值不同的钱币用不同的金属铸造，包括金币、银币和青铜币，铸币权掌握在国王手中。在托勒密时代，钱币上图案通常是国王或城市保护神的头像，王国缔造者托勒密一世的形象最多。王后图案的钱币也有出现，最著名的是托勒密二世的王后阿尔西诺伊二世，许多金币上的图案都是她戴着王冠的头像。钱币除经济用途以外，对巩固国王的统治也具有重要作用。

在托勒密和罗马时期，除农业以外，亚历山大里亚城的工业和手工业生产也非常发达，包括矿物、石材的开采，橄榄油、食盐、纸草、皮革等食品和日用品的生产，这些产品的出口贸易构成了这一城市重要的收入来源。在希腊罗马博物馆的藏品中，有许多精美的手工艺品，如玻璃器、银器、彩陶、马赛克镶嵌画、象牙制品等，可以使参观者领略到工匠们高超的手工技艺和艺术鉴赏力。

除了重要的经济地位，亚历山大里亚更为突出的还是其文化上的地位。作为希腊化时代的文化中心，亚历山大里亚影响了整个希腊世界的知识生活。依靠托勒密王朝雄厚的财力保障，托勒密一世及之后的几代国王都采取措施，吸引有名望的希腊科学家、作家等学者来到他们的都城，并建立文化机构，为他们提供治学条件，从而推动了文学、艺术和科学的发展。其中最著名的机构就是缪斯宫和图书馆。缪斯宫因其奉献给九位缪斯女神而得名，受国王邀请而来的著名学者在此治学。这里环境宜人、条件优越，使学者们可以安心向学。在此基础上，为了进一步促进学者们的研究，托勒密一世又支持建设了图书馆。这座举世闻名的图书馆藏书最多时达50万卷，为亚历山大里亚各领域的学者提供了史无前例的学术研究资源。与今天大多数图书馆不同，亚历山大里亚图书馆实际是一座研究机构，这里的学者们在语言学、文学、自然科学、医学等领域都作出了巨大贡献，为之后的研究奠定了基础。另一方面，这些一流学者不仅影响了学院派的研究，也同样带给普通人以文化熏陶，从而形成了整个社会崇尚文化生活的风气。希腊罗马博物馆藏有许多古代学者、演说家、教师和学生的雕像，生动再现了当时的文化生活。有一尊演说家雕像，高163厘米，大理石

图 7
演员陶俑，高 16cm

材质，时间是公元 2 世纪。雕像头部缺失，左手持纸草书卷，身体右侧的地上放置着一个金属箱子，箱顶是一捆纸草书卷。还有陶土材质的女学生小雕像，其膝上放着书写用的泥板，表情专注。事实上在亚历山大里亚，许多孩子从 10 岁起就开始学习希腊文，进而在教师的指导下阅读希腊文学作品。对体育训练和比赛的重视也是希腊文化的重要特征之一，亚历山大里亚城建有大型体育场，为青少年接受体育训练创造了条件，甚至许多居住在城外的年轻人也被送到这里接受更高级的教育。

亚历山大里亚丰富的文化生活还体现在戏剧演出、音乐、舞蹈等方面。在几乎所有希腊城市中，体育场和剧场都是必要的组成部分。亚历山大里亚建有剧场，经常举办戏剧演出，优秀的戏剧演员非常受欢迎，甚至拥有特权。当时的演员在表演时都戴着面具，以表现他们所扮演的角色，由此男人可以扮演女人，年轻人可以扮演老人。希腊罗马博物馆收藏有一些戏剧演员的雕像，我们可以借此了解当时戏剧演出的情景。如演员陶俑（图 7）是一尊陶土小雕像，高 16 厘米，出自罗马时期。雕像中的演员身着祭司服饰，右肩裸露，双足分开站立，左手高举一个神情严肃的女性面具。舞蹈和音乐也是希腊文明的重要元素，希腊的公共节日常常伴随有唱歌舞蹈的内容。亚历山大里亚最著名的节日是托勒密节（Ptolemea），由托勒密二世创办，为纪念他的父亲托勒密一世，后者在世时非常重视音乐，亲自管理一个由专业音乐家组成的团体。"盲人乐师弹奏里拉琴"（图 8）是一座墓碑，大理石材质，高 36 厘米。墓碑上的浮雕表现了一位盲人乐师坐着弹奏里拉琴（lyre）的情景，墓碑上部以希腊文刻写着他的名字——提奥菲罗斯（Theophilos）。

亚历山大里亚的女性享有很高的社会地位。在政治上，宫廷内的一些女性以王后或女王的身份与男性国王共同执掌政治权力，著名的克娄帕特拉七世甚至曾独自掌握最高权力。在社会生活中，女性也扮演着重要角色，她们中的许多人接受文化教育，积极参加节日庆典，一些贵族妇女出资兴建神庙等公共建筑。希腊罗马博物馆藏有许多妇女题材的浮雕或雕像，这些女性衣着华美、体态雍容、神情安详，表现了当时生活在亚历山大里亚城的妇女们优雅、时尚、有教养的形象。值得注意的是，在希腊罗马博物馆的藏品中有大量被称为"Tanagras"的女性小雕像（图 9）。这一名称来自希腊彼奥提亚（Boeotia）的一个小城，那里曾发现许多类似的手工产品，在希腊化时代，这种小雕像的制造工艺从希腊传入其他地区，如小亚

图 8
盲人乐师弹奏里拉琴，高 36cm

图 9
女性小雕像（公元前 250 年），高 21cm

（Asia Minor）、意大利、埃及亚历山大里亚城等。希腊罗马博物馆中的这些小雕像的时间从公元前 4 世纪末到 3 世纪初，雕像人物都身着希腊服饰，表明了她们的身份，人像头部装饰有鲜花、花环或形态各异的帽子。除了普通立像之外，一些雕像还展示了人物在文化生活中的场景，包括弹奏乐器、阅读等，表现了当时女性丰富多彩的社会生活，也从一个侧面体现出古典时代亚历山大里亚城繁荣、祥和的社会氛围。

纵观亚历山大里亚城的历史，在希腊化时代，这座城市成为埃及托勒密王朝的首都，开启了它的辉煌历程。优越的战略位置，再加上统治者开放的姿态，使这一城市很快发展成当时世界上最著名的国际大都市之一。以希腊文明为代表的西方文化与古老的东方文化在这里交流融合，形成全新的气象。它甚至一度取代雅典，成为地中海世界最具影响力的文化中心，那里的缪斯宫和图书馆集合了当时地中海地区的知识精英以及他们的智慧结晶，有力地推动了人类社会多个领域的知识进步。到了罗马统治时代，埃及成为罗马的一个行省，虽然多位罗马皇帝对亚历山大里亚仍保持兴趣，但这座城市还是无奈地走上衰落之路。在罗马征服时期，著名的亚历山大里亚图书馆遭大火洗劫，损失惨重；后来基督教徒的偏狭行为更进一步摧毁了古城的神庙和文化中心；地震等自然灾害使其他宏伟建筑也变为废墟。到公元 641 年，阿拉伯统治者进入亚历山大里亚，这一城市由此开始了全新的时代。如今，只有通过文献记载和考古发掘，我们才可能在一定程度上了解这座富有传奇色彩的古典城市，这也是亚历山大里亚希腊罗马博物馆最重要的意义所在。

作者 / 邢颖 / 中国社科院世界历史研究所副研究员

以色列博物馆的希腊藏品

以色列博物馆坐落于耶路撒冷，其考古学常设展览（撒母耳与赛迪布隆弗曼考古学馆）致力于展示在以色列地区留下过印记的众多文化和文明。大部分展出文物出自系统化的考古发掘，并从以色列文物管理局以及朱迪亚和撒马利亚地区行政公署考古参事处长期租借而来。在展示以色列地区考古学的展厅里，有波斯时期进口的希腊物品，以及亚历山大大帝征服以色列地区之后的希腊化物品（此时以色列地区的居民开始将目光转向西方）。除此之外，在表现其他文化对以色列地区深远影响的主题展里，还陈列着以色列博物馆的考古收藏，以及私人收藏家和捐助者的慷慨馈赠。

从史前和早期希腊文明到希腊化时期的尾声，希腊艺术发展了几千年。它始于爱琴海岛屿基克拉泽斯文明那近乎抽象的小型雕像，继而出现米诺斯和迈锡尼优美的装饰艺术作品。这些先进的早期文明崩溃之后，希腊经历了一段黑暗时代，艺术表现力衰落。希腊艺术再次崛起于几何时期（约公元前9到8世纪），此时的作品显示出极强的清晰度和秩序感，预示着后期希腊艺术的特点。在古风时期（约公元前7世纪），纪念性建筑得到发展；彩陶描绘的主题范围扩大，技艺日益复杂精湛；出现了大型石雕和陶土雕像；青铜加工技术更加多样化。希腊艺术家描绘人体、动物形体，以及希腊神话传说中的神怪，但随着时间的推移，人体成为最主要的造型题材。用作庙宇和避难所祭品或坟墓标志的雕像，体现了这样一种理念："人是万物的尺度。"自然形式以一种敏感的方式被表现出来，这种敏感性就证明了上述理念。

古典时期（公元前5到4世纪），雅典引进了民主制度，文化的各个领域都得到迅速发展。希腊雕塑家可以更加娴熟地描绘人体的理式之美，创造出更加逼真自然、有机统一的姿势形态。人体造型的僵硬感和古风时期的典型微笑不见了，取而代之的是一种郑重的面部表情、一种尊严感、一种新的比例感。

公元前4世纪，亚历山大大帝东征西战，在此之后，希腊文化变得更加不拘一格，吸收了融入希腊的其他各民族的文化。男女老少的写实画像、戏剧性的姿势和情感、光影的强烈对比、普通生活题材，都成为可以接受的艺术形式。两个世纪之后，罗马统治了希腊的土地，而希腊艺术的原则依然保持活力，并最终成为整个西方世界的文化基础。

◉ 史前和早期希腊艺术

早期希腊文化出现之前，有三大文明曾经兴盛于希腊：基克拉迪文明、米诺斯文明和迈锡尼文明。基克拉迪文明出现在公元前3000年爱琴海提洛岛周边岛屿。这些岛屿没有肥沃的土壤，每个小岛只能供养不超过几千人。由于缺乏文字记载，我们对这一文明知之甚少。大批程式化的、迷人的大理石雕像，是这一文明的代表作。虽然这些小雕像彼此相似，其实每一个都有独特之处。多数雕像是呈后仰姿态的女性形象，但也有男性雕像和其他姿态的雕像。我们并不清楚这些雕像的确切用途，由于这些雕像主要是在墓葬中发掘而来，其用途很可能与丧葬礼俗有关。然而，由于在居住区也发现了一些类似的雕像，我们可以确

图 1
卡普萨拉样式（Kapsala Style）女性雕像（公元前 2600 年前后），阿莫尔戈斯岛或纳克索斯岛出土，由纽约的伊西多尔·科恩向"以色列博物馆美国之友"组织赠送。

图 2
迈锡尼 Phi 小型女像（公元前 1300 年），似为某女神像，赤陶土，由纽约的克莱尔·于歇—毕肖普夫人向"以色列博物馆美国之友"组织赠送，以纪念亚瑟·布里斯奇耶博士。

认，这类雕像并非墓葬专用。它们可能是生育标记、护身符，或象征永续常新的标志。如左图（图1）所示的这尊卡普萨拉样式（Kapsala Style）女性雕像，由"以色列博物馆大师"于公元前 2600 年前后创作。由于类似的六个雕像被认定出于同一个雕塑家之手，且其中最完好的作品都保存于以色列博物馆，因此，该雕塑家被命名为"以色列博物馆大师"。

公元前 1800 年前后，基克拉泽斯文化逐渐衰颓，克里特岛的米诺斯史前文化开始兴起。这一文明是以传说中米诺斯国王的名字命名的，而此地巨大而复杂的宫殿能够集中体现这一文明高度组织化的特点：米诺斯文明的经济和政治力量，以及文学和艺术活动，都汇聚在宫殿。公元前 1450 年左右，米诺斯文明的各个中心遭受广泛破坏，其后，公元前 2 世纪中叶繁盛于希腊大陆的迈锡尼文化逐渐强烈地影响到克里特岛。迈锡尼人设计并建造了不少宫殿、堡垒、桥梁、纪念性陵墓，以及复杂精巧的排水和灌溉系统。他们的书吏使用一种新的字母系统，即线形文字 B，作为某种早期希腊文字的书写形式。许多避难所和陵墓里都发掘出了迈锡尼的小型女像雕像，大部分雕像头戴王冠、身着长裙，表现的大概是女神（图2）。根据雕像的各种形态与不同希腊字母的相似度，我们用"phi"、"tau"和"psi"来命名不同类型的雕像。

公元前 1200 年前后，富庶而强大的迈锡尼文明灭亡，希腊进入了黑暗时代。人口减少，贫困加剧，很多技艺都失传了。公元前 9 世纪到前 8 世纪，才出现文化上的复苏：一种新的艺术风格——几何风格——产生了，同时出现了城邦，也引进了希腊字母。第一

图 3
装饰有两匹马造型的首饰盒（公元前 8 世纪中叶），几何时期中期，陶器，高 22.5cm，直径 32.5cm，纽约的诺伯特·舒密尔向"以色列博物馆美国之友"组织遗赠。

届奥运会在此时举行，荷马写出了伟大的史诗《伊利亚特》和《奥德赛》。正当希腊文化逐渐走出黑暗之时，与日常生活和埋葬相关的新习俗开始出现。举例来说，用小型塑像和私人物品作为陪葬品放置于坟墓里死者旁边的做法越来越普遍。秩序和几何形状、直线图形以及图表形式在艺术表现上占据主导地位，即使在对人类和动物的描绘中也充斥着此类形式。一个常见的母题是"马"（图3），它寓意着死亡，但也代表着贵族、英雄主义以及财富。

希腊文化的形成

公元前 8 到 7 世纪晚期，希腊人在本土以外建立了殖民地，并接触了东方的文明古国——埃及、叙利亚、腓尼克（以色列北部和黎巴嫩），甚至一些内陆文明，如弗里吉亚和乌拉尔图（在现今土耳其东部）。科学、文学和军事领域都有发展，希腊建筑的基础也已经奠定下来。伟大的东方文化对艺术的影响尤为显著，早先的几何图形风格逐渐被抛弃：出现了自然主义的人物造型，表现主题增加了怪物和异域动物等新内容，花卉图案越来越普遍。

怪物和野兽在古风时期（公元前 7 世纪）的希腊艺术中一亮相，就成了希腊神话中一个不可分割的组成部分。受到近东艺术形象的影响，这些怪物和野兽被描绘成许多动物的合成体，共同具有这些动物的特殊能力。令人惊奇的是，这些可怕的动物，竟然被视为人类的保护者和卫士。以格里芬为例，它就有着东方文化血统，长着狮子的躯干、猛禽的头和羽翼。在庇护所里华丽的青铜水缸上，常常装饰着鹰眼鹰喙、马耳蛇颈的格里芬，大概是用来保护缸里的东西。一个制造于公元前600年的早期科林斯阿拉巴斯特瓶上（用来盛放香料或油的容器），有一个巨型的格里芬装饰图案（图4）。科林斯容器上的主要装饰图案是动物和怪物，周围点缀着玫瑰花饰、圆点和其他饰物，似乎是对东方纺织品的模仿。怪物的形象，连同那些战胜了它们的勇敢英雄的形象，在希腊艺术和文学中持续存在了数个世纪。可以证明这一点的典型例子是一个公元前4世纪的昂贵青铜罐（据推测是骨灰罐），罐子上装饰着塞壬的形象（图5）。塞壬是神话中半人半鸟的女性角色，住在一个小岛上，用她们的音乐引诱过往船只驶向小岛的岩石海岸。塞壬的形象往往被放在丧葬纪念碑顶端，起着守卫墓穴的象征作用。

自公元前4世纪起，动物主题逐渐流行，这时候如狮子、豹子和公鸡这样的东方动物也进入希腊艺术的表现范围。动物是古代艺术领域一个反复出现的主题；在古代近东地区，它们象征着超越人类的力量；在埃及，它们直接就是神的化身。然而，在希腊观念中，动物是现实世界中的一种存在，它们生活在现世这个既和谐仁爱，又残酷可怕的地方。家养宠物象征着家庭，而野生动物则代表未开化的世界。在古代近东，某些动物被赋予某种神性特质。希腊艺术中也会表现普通的家养动物，例如当时的一个山羊造型（图6），用来装饰一个羊奶奶酪刨，非常恰当。这个有趣的外形很好地呼应了其功能，因为在古代，奶酪几乎完全是用羊奶制作的。奶酪刨往往放在男人的坟墓里。

希腊艺术逐渐注重对人体的自然主义表现，于是，男男女女的人类世界也成为普遍的艺术主题。男人的世界与希腊的"美德"（arete）概念紧密联系，这是希腊人价值观里的一种最高形式，既指肉体之美，也包括内在品质，集中体现在对男性身体的描绘上：从古风时期库洛斯青年男子像（kouroi）（图7）僵硬的直立站姿，到后来用更加自然主义的方式表现男性典型活动（如田径、战斗）的人物雕像和艺术作品。在一个白底色的瓶上（油缸，lekythos）（图8），"爱斯基内斯画家"（the Aischines Painter）描绘了一个站在神坛旁边的青年，一手握着一支矛，而另一只手伸向神坛上方。青年献给神坛的这支矛，是获胜的运动员和战士向神奉献的典型祭品。

女性的情况大不相同，她们大多被局限在家里，承担抚养孩子和操持家务的任务。她们没有投票权，无法获得权力地位，也无权占有金钱和资产，她们几乎没有受过正规教育。由于妇女实际上被排除在公共生活之外，她们往往过着与世隔绝的生活。婚礼、葬礼和宗教节日是她们仅有的社会活动。因此，女性在艺术中的形象通常是正在从事日常活动。一座持扇女子雕像（图9）是塔纳格拉雕像的典型代表，因希腊制造业中心位于彼奥提亚的塔纳格拉，这一类雕像就以此得名。塔纳格拉雕像是赤陶土小型雕像的流行体裁，主要表现女性和日常生活场景。这些雕像被用作神庙献祭、坟墓装置，甚至家居装饰。

公元前6世纪的希腊世界，最主要的特点是希腊城邦这一体制的明确和发展。每个城邦有一个宗教中心——例如希腊的卫城，还有一个市民中心——包括主要的行政建筑和市政广场。在城邦中，艺术的目的是为市民和城市里其他居民的行为规范制定标准。而到了古典时期（公元前5世纪），雅典的城邦才在建筑与艺术上达到完美的高度。个人自由和思想自由成为希腊社会的核心价值，许多领域都在追求完美的理式。著名雕塑家和理论家波利克里托斯，试图通过研究人体的内在和谐、平衡和对称，来获得人体美的理式。毫无色情或异教色彩的人体、对人与世界理想比例的崇拜、对宇宙完美和谐的探索兴趣，这些都是古典文化鼎盛时期的特征。

公元前6到前5世纪雅典制造的花瓶，展示了希腊文化方方面面，包括日常生活、战争、竞技、丧葬礼俗和神话故事。黑像画法装饰是公元前6世纪雅典及其周边地区主要使用的陶器装饰方法。这种技术会采用特殊的烧制方法，把人物表现为黑色的剪影，再用雕刻的方法添加细节图案，雕刻处会露出容器本身的红色。在公元前6世纪晚期发展的赤像画法风格，则用黏土原本的红色来表现人物，用一层闪亮的黑色来覆盖背景，细节不是雕蚀而成，而是涂画上去的。这使得线条更有表现力，也增加了景深。艺术家从此可以有更开阔的空间来创作从事各种活动的立体的人物形象，刻画情绪更加复杂的场景。花瓶上的署名往往是设计此花瓶的陶艺师或装饰此花瓶的画家。希腊花瓶根据用途不同而呈现不同的形状，在保持极强功能性这一本质特征的同时，希腊花瓶也愈发美观悦目。用来在酒宴上盛酒、晾酒、掺水入酒的杯子和容器逐渐流行起来。节日的会饮（symposium）和欢宴（Komos）是雅典著名的男性社交场合，也是男性生活中的重要组成部分：朋友伙伴们聚集一处，谈笑晏晏。在场的

图 4
有格里芬装饰图案的科林斯阿拉巴斯特瓶（公元前 600 年）（盛放香料或油的容器），古风时期，早期科林斯风格，陶器，由纽约的扬·米切尔向"以色列博物馆美国之友"组织赠送。

图 5
装饰着塞壬形象的水罐（Hydria）（公元前 400 年—前 325 年前后），古典时期晚期，青铜，高 44cm，宽 38cm，由纽约的蒂莉·戈德曼向"以色列博物馆美国之友"组织赠送。

图 6
山羊造型的奶酪刨（公元前 6 到前 5 世纪），小亚细亚（土耳其），古风时期晚期，青铜，高 8.5cm，宽 7.5cm，纽约的诺伯特·舒密尔向"以色列博物馆美国之友"组织遗赠。

图 7
头戴金冠的裸体青年（kouroi）（公元前 570 年），小型雕像，古风时期，青铜，表面敷金箔，高 18cm，宽 5cm，纽约的约瑟夫·顿巴向"以色列博物馆美国之友"组织遗赠。

图 8
白底色的莱基托斯陶瓶（油缸，lekythos）（公元前 460 年前后），"爱斯基内斯画家"，画面描绘了一个获胜的运动员或战士，献出自己的矛作为祭品。古典时期早期，陶器，高 20cm，宽 8cm，从安娜·D.顿巴遗产基金会购得，以纪念约瑟夫·顿巴。

图 9
持扇女子雕像（公元前 4 世纪晚期），希腊化时期，赤陶土，高 17.5cm，宽 6.3cm，里斯本的萨姆·里维的遗赠。

女性，只是由于她们的职业化功能——为男性提供娱乐表演而存在。正派的妇女不会参与这些场合。随着夜色加深，酒劲生效，参与宴饮的人们经常走向街道，上演一出出放浪形骸的闹剧，惊扰左邻右舍。古典时期早期酒杯绘画的一个主要画家（被称为"安提芬画家"the Antiphon Painter）在一个阿提卡赤像画法酒坛樽（kylix）上，描绘了会饮的最后阶段（图10）。画面中，有着与葡萄酒相关的各种容器：一个用来往酒里掺水的大口碗，一个青年手里拿着的深杯和一个倒酒器。兴奋放肆的情感是通过一个舞蹈的青年、一个醉酒呕吐的狂欢者和另一个醉酒的欢宴参与者来表现的。醉酒男子旁边写着"telos"字样，意思是"结束"，可能是指他的酒杯空掉了，也可能是指会饮接近尾声。

神、英雄和怪物是黑像画法和赤像画法艺术作品最流行的主题。十二个奥林波斯男女主神，不管是在形体方面还是在感情方面，都被表现为类似凡间男女的一家人。他们统治的世界，因为有可怕的怪物和善良的其他生物而变得丰富多彩。英雄通常是神和凡人的后代，他们为了让世界更适宜人类居住而去消灭怪物。许多英雄拥有特殊的能力，或从助其降魔的神那里得到馈赠。包括赫拉克利斯在内的几个英雄，最终成为了神。他们的光辉事迹经过荷马和赫西俄德的讲述而流传后世。人们把神和英雄供奉在神社里，造塑像以敬拜之。神和英雄在人们日常生活中占据重要地位，人们可以轻松辨识他们的形象。

古风时期晚期制造的阿提卡黑像画法缸（酒水混合器皿 krater）（图11），表现了"抢掠欧罗巴"这一神话故事。欧罗巴是提尔国国王阿革诺耳的女儿，万神之神宙斯变成一只公牛的样子，诱拐了她，把她带到克里特岛。该酒水混合器皿的背面描绘着酒神和戏剧之神狄奥尼索斯，象征着疯癫和狂喜，还刻画了他的妻子阿里阿德涅和两个西勒诺斯（神话中的生物，半马半人）。人脸大小的狄奥尼索斯面具（图12）很可能是挂在杆子上，搭配着圣衣，在乡村的酒神节上用来象征狄奥尼索斯的。在这个欢乐的崇拜活动中，女性扮演着重要的角色，她们抛开家庭和孩子，在山上漫步，在酒神面前跳舞狂欢。古典时代晚期的阿提卡赤像画法罂（水瓶 hydria）（图13）表现了阿密摩涅和波塞冬的故事。时值干旱，阿密摩涅外出为父亲丹尼亚斯寻找水源，被一个萨梯骚扰，随后波塞冬出手相救，并开始追求阿密摩涅。在这个花瓶描绘的场景中，阿密摩涅专注于与海神的对话，并没有想要逃脱的意思。和其他一系列类似花瓶画一样，这一画面很可能是受到埃斯库罗斯（公元前525—前456）一出羊人剧的影响。阿提卡赤像画法罐（图14）是波里格诺托斯画派作品，它表现了雅典民主的英雄忒修斯攻击阿玛宗女战士的场景。靠近罐口的铭文说明了画面中的主要人物。忒修斯得到其妻安提厄普的帮助，安提厄普虽然是阿玛宗女子，却站在了丈夫这一边，与自己的姐妹们作战，直到战死沙场。在文学艺术作品中，这场战斗常常被用来表现文明世界战胜野蛮民族这一主题。

众神与英雄也是雕塑艺术中常见的主题。希腊伯罗奔尼撒半岛的一个青铜像，表现的是潘神——牧羊人和羊群的神（图15）。潘神通常被描绘成半人半羊的样子，长着羊角，手持芦苇做成的排笛、牧羊人的手杖，头戴松枝松叶做成的王冠。潘神是赫尔墨斯之子，之所以得名"潘"（意思是"一切"），是因为他可以让一切都感到高兴。如酒神小型雕像所示，这个长着山羊腿的神，金鸡独立、两臂伸展，手掌张开，手指弯曲，好像在拿着什么东西（或许是一种乐器）。他张着嘴巴，仿佛在歌唱。潘神形象的青铜像非常少见，而已知的几个潘神雕像几乎都是容器边缘的装饰而已。

拥有和谐构图的理想化古典雕像风格，在丧葬艺术中有着清晰的体现。刻画了死者形象的墓葬石碑成为纪念性墓葬的典型特征，而这种纪念性墓葬在古典时期变得格外繁复，画面上会表现死者与家人离别的场景，以抒发离丧之痛。在公元前330年的一个雅典石碑上（图16），坐着的女人（可能是死者）握住一个亲戚的手，一个男子垂着头，手托下巴，这是象征哀悼的姿势。

古典时期的成就还包括埃斯库罗斯、欧里庇德斯、索福克勒斯的著名戏剧。这些戏剧最早是在雅典卫城南坡露天剧场上演的。戏剧与宗教（尤其是与酒神崇拜）密切相关，也与阿斯科勒比俄斯（医疗之神）崇拜有关。今天，看戏是一种娱乐形式，但在古希腊，戏剧是人们生活中不可或缺的一部分。悲剧通过唤起怜悯和恐惧来净化情绪；喜剧通过欢闹和笑声来解放灵魂；悲剧和喜剧能够教育公民，鼓励他们在公共和私人领域都过上一种有德行的生活。演员常常一人分饰多个角色，只需改变面具即可。悲剧的面具比较简单，喜剧的面具比较怪诞。面具的嘴部通常做成扩音器形状，便于把演员的声音扩散出去。

图 10
阿提卡赤像画法樽（kylix）（公元前490—前480），古典时期早期，"安提芬画家"，陶器，纽约的诺伯特·舒密尔向"以色列博物馆美国之友"组织遗赠。

图 11
阿提卡黑像画法缸（酒水混合器皿 krater）（公元前 520 年—前 510 年前后），表现了"抢掠欧罗巴"这一神话故事。古风时期晚期，陶器，高 31.7cm，宽 33.7cm，由纽约的科普林和贝宁森家族向"以色列博物馆美国之友"组织赠送，以纪念艾文·科普林。

图 12
狄奥尼索斯面具（公元前450年前后），古典时期，赤陶土，高31cm，宽23cm，纽约的诺伯特·舒密尔向"以色列博物馆美国之友"组织遗赠。

图 13
阿提卡赤像画法罂（水瓶 hydria）（公元前 430—前 410 年），表现了阿密摩涅和波塞冬的故事。古风时期晚期，陶器，纽约的约瑟夫·顿巴向"以色列博物馆美国之友"组织遗赠。

图 14
阿提卡赤像画法罐（公元前 440 年前后），表现了忒修斯攻击亚马逊女战士的场景。波里格诺托斯画派，陶器，高 50.5cm，宽 27cm，由纽约的扬·米切尔向"以色列博物馆美国之友"组织赠送。

图 15
潘神小型雕像（公元前 4 世纪到前 3 世纪早期），希腊伯罗奔尼撒半岛，希腊化时期，青铜，纽约的诺伯特·舒密尔向"以色列博物馆美国之友"组织遗赠。

图 16
描绘了丧葬场景的墓碑（公元前 330 年前后），古典时期晚期，彭特利克大理石，高 81cm，宽 50cm，由北卡罗来纳州达勒姆县的艾拉·布鲁默向"以色列博物馆美国之友"组织赠送，以纪念其夫欧内斯特·布鲁默。

意大利南部（大希腊）的希腊人

希腊殖民者被意大利南部肥沃的农田、安全的港口、丰富的原材料（特别是金属）所吸引，于公元前8世纪在那里建立了第一个希腊殖民地。这一地区包括西西里岛，后来被称为大希腊（Magna Graecia）。希腊定居者带来了他们自己的语言和文字体系、艺术和工艺、宗教和生活方式。他们组织成独立的城邦，对当地的意大利人，包括北方的伊特鲁里亚人，产生了很大的影响，特别是在艺术方面（图17）。疑似珀尔赛福涅的女神雕像，清楚地证明了这种文化影响，也显示了古典希腊风格是如何适应于当地传统的。在大希腊和西西里岛地区，赤陶的小型女性头像或胸像往往与珀耳赛福涅崇拜有关，因为珀耳赛福涅既是冥界女神，又是掌管生育的女神。希腊的古风和古典风格也在次要艺术和铸币工艺上反映出来。事实上，大希腊的钱币是钱币艺术史上最优秀的作品之一，表现出古风和古典艺术的所有典型特征；无论在样式上还是铸造工艺上，都比同时期的希腊钱币更先进。一些大希腊钱币上甚至有雕刻者的签名。一枚四德拉克马银币（tetradrachm）描绘了被海豚环绕的女神（图18），展示了此类硬币的卓越品质。锡拉丘兹城市守护女神是阿尔忒弥斯·俄耳提吉亚，也被称为海上仙女阿雷瑟萨。根据希腊神话，阿雷瑟萨为躲避一个多情河神的追求，跳入海中，继而以一股淡水清泉的面目在锡拉丘兹咸水港口出现。

意大利南部的建筑与雕像紧紧追随希腊风格，但在陶瓷领域，尽管使用相同的装饰技术，希腊殖民者却开发出一种迥异于故乡的新风格。这可能是由于雅典在伯罗奔尼撒战争（公元前404）失败之后就停止向意大利出口阿提卡陶器的结果，于是，以色彩丰富、形象自然为特色的当地风格在意大利南部几乎所有重要城市流行开来。此类风格的陶器在黑底色上附加了大量其他色彩，尤其是白色、黄色和红色。构图精妙，而花卉纹饰极为丰富。表现内容包括神话、戏剧、丧葬、酒神主题、以及女性的生活场景。赤像画法阿普利亚钟形缸（图19）可能是"雅典画家（1714号）"的作品，它描绘了一场在酒神狄奥尼索斯面前上演的戏剧。酒神头戴冠冕，手持酒杯，坐在一个高台的椅子上，观看一裸女跳舞击鼓。裸女左边站着一个女演员，手持水桶和代表女性角色的面具。在这些主要人物上方，悬着两个面具，象征着舞台装饰。狄奥尼索斯是意大利南部以华丽的花瓶装饰而著称的阿普利亚学派经常描绘的神。他是一神多职，既是酒和戏剧之神，也在与流行的希腊文化不同的一种观念里充当生育和丧葬之神、个体救赎和来生之神。赤像画法浅圆盘（图20）可以很好地表现狄奥尼索斯在这些方面的司职。浅圆盘通常是在婚礼一类的仪式上用来洗涤手脚的，图中所示的圆盘也是阿普利亚画派（Apulian School）的作品。现在这个浅圆盘已经被认定为大流士工作室（Darius Painter Workshop）的作品，该工作室以制作精巧的帷帐和华丽的装饰而著称。浅圆盘上的场景关涉到新娘的生育能力。

面对新的领土

在公元前336年，亚历山大大帝开始了领土扩张的计划，将希腊世界的边界向南推进到埃及，向东推进到印度。他把希腊文化传播到广阔辽远的地方，也给希腊人带来了与遥远国度丰富文明亲密接触的机会，标志着希腊化时期（公元前336—前330）的开始。

希腊化艺术较少用理想化的方式表现客观世界，而较多地表现人类情感的主观世界。它体现在形式的动感、运动的姿态以及概念的广度。希腊化艺术中最重要的领域之一是雕像，其特点是形式多样、新颖复杂，虽然在某些情况下还延续着后期古典风格，但还是表现了更多的主题内容，采用了更多样的形式。古典主义母题以新的方式描绘出来，可怕的怪物变成了受到天神惩罚的痛苦形象。例如美杜莎青铜头像（图21），创作于公元前3到前2世纪，这里的美杜莎并不是那个毒辣犀利目光能将人石化，最终被希腊英雄珀尔修斯砍了头的怪物，而是一个受难的可怜鬼。这张表情痛苦的脸庞，属于较晚近的人性化表现风格：根据另一种传说，美杜莎曾经是个漂亮的女孩，敢于和雅典娜比美。美丽的五官和扭曲的表情之间形成鲜明对比，体现了希腊化雕像所探究的身心状态。

这一时期，一个引人注目的创新是对受崇拜女神的裸体描绘。爱与美的希腊女神阿佛洛狄忒，是唯一被描绘成真人大小裸女形象的女神。第一个敢于创作这种形象的雕塑家是公元前4世纪中期的普拉克西特列斯。在整个希腊化时期和罗马时期，对他这一著名雕像的模仿和变体层出不穷。其中一个变体就是阿佛洛狄忒的躯干（图22），它是模仿公元前3世纪希腊雕像的罗马复制品。这尊雕像有几绺头发贴在右肩背

图 17

女神胸像（公元前 5 世纪），疑似珀耳赛福涅。赤陶土，由纽约的亚当·卡茨向"以色列博物馆美国之友"组织赠送。

图 18

四德拉克马银币（tetradrachm）（公元前 460 年前后），描绘了被海豚环绕的女神阿雷瑟萨，西西里，锡拉库扎，哈利·斯特恩藏品，伦敦的库尔特·斯特恩的遗赠，以纪念他在索比布尔集中营去世的父母兄弟。

图 19
赤像画法钟形缸（公元前 380 年前后），意大利南部，阿普利亚。表现了一场在酒神狄奥尼索斯面前上演的戏剧。在巴塞尔的大卫·卡恩帮助下，通过赛迪·布隆弗曼考捐赠基金会购得。

图 20
赤像画法浅圆盘（公元前 330—前 325 年），意大利南部，阿普利亚画派大流士工作室制作。高 15.5cm，宽 43cm，由纽约的罗宾·贝宁森向"以色列博物馆美国之友"组织赠送。

图 21
美杜莎头像（公元前 3 世纪到前 2 世纪），希腊化时期，青铜，纽约的约瑟夫·顿巴向"以色列博物馆美国之友"组织遗赠。

面，右手抬起，表明这是阿佛洛狄忒从海里诞生的场景，女神赤裸着身体从海里上升，正用手去抚顺自己湿漉漉的头发。从风格上看，这个雕像很像普拉克西特列斯的作品，因为这副躯体是正面对人的，体现了古典主义风格；姿态呈现和谐的 S 形；前部的身体轮廓创造出流动的韵律感；坚挺的乳房有着丰满的形状；肚脐圆而深；躯干和肢体有平滑和圆润的微妙曲线。这尊雕像可能受到普拉克西特列斯雕像的影响，更可能是受到阿佩莱斯绘画作品《从海中升起的阿佛洛狄忒》的影响。科斯岛的阿佩莱斯是公元前 4 世纪后期的画家，在他的画中，阿佛洛狄忒赤裸着从海上升起，用手抚摸自己的湿头发，几绺头发飘落在脸的左右两侧，仿佛马上就要被卷向更高的空中（普林尼，《自然史》35.79.91）。罗马皇帝奥古斯都都花了一百塔兰特（相当于 2000 多公斤银子）购得此画，运到罗马，安放在恺撒神庙之中。这幅画中的形象在众多警句诗里都有提及，因此长久流传；公元前 3 世纪中叶，阿佛洛狄忒诞生的裸体形象从二维艺术传统发展到立体的雕像，虽然我们并不知道雕塑家在多大程度上依赖于原来的绘画作品。

希腊化时期，社会越来越不稳定，人们开始信仰新的神和外来神，如命运女神堤喀、来自埃及的塞拉匹斯和伊希斯，以及"命运"、"财富"等概念的人格化身。开始出现对个体的重视，反映在现实主义而非理想主义的雕像上。衰老现象和种种感情得到表达，穷人、病人和老人在这时被当做有价值的表现主题。此外，由于个人财富的增长，对奢侈品的需求也提高了，从而产生了"品位"的概念。黄金更容易获得，精致的金匠工艺传播到希腊东部、意大利南部和黑海地区。希腊化珠宝（图23）通常由一系列小部件组成，每一个小部件都由高品质的金箔片做成。装饰手法包括掐丝、造粒和珐琅，通常使用蓝绿色调。尽管各个小部件都

图 22
阿佛洛狄忒的躯干,模仿公元前 3 世纪希腊雕像的罗马复制品,大理石,哈利·斯特恩藏品,伦敦的库尔特·斯特恩的遗赠,以纪念他在索比布尔集中营去世的父母兄弟。

图 23
项链(公元前 4 世纪晚期),黑海地区,可能是特拉比松。金、掐丝、造粒,长 34.3cm,纽约的诺伯特·舒密尔向"以色列博物馆美国之友"组织遗赠。

很微小，在制作过程中却不需要使用放大镜。

在公元前323年亚历山大去世之后，他的帝国分裂成一系列的独立王国。这些王国中最后灭亡的埃及被罗马帝国攻占之后，希腊化时期也走到了尽头。

◉ 以色列地区的希腊和希腊化考古

以色列地区早在铁器时代（公元前10到前9世纪）就进口希腊几何纹样陶器了。对于地处东西方交叉路口的以色列地区而言，装饰性的陶器被看做富有异域风情。从希腊进口的陶器和小型雕像在波斯统治以色列地区之时广泛流传，并在公元前332年亚历山大大帝征服之后的希腊化时期继续流行。

波斯帝国分为几个大的统治区，称作"总督辖区"（satrapies），其下又分设诸省。以色列地区（耶胡德）是波斯帝国第五总督小区的一个小省，包括幼发拉底河西岸的从叙利亚到埃及的地区。波斯统治下的政治稳定促进国际贸易发展到一个新的高度。在此期间，与希腊的贸易蓬勃发展，在许多地方都发掘到来自科林斯、雅典和希腊东部的陶器，以及从意大利、塞浦路斯、埃及和波斯进口而来的商品。黑釉、黑像画法、赤像画法的酒具非常常见，用来搭配酒具的进口餐具也大受欢迎，这些进口餐具及其在当地的仿制品几乎取代了当地的同类产品。其他类型的进口品包括盛放油或香水的瓶（lekythoi）和存放首饰或化妆品的宝石盒（pyxides）。该地区的希腊人住在贸易活动旺盛的沿海殖民地，比如阿卡和雅法。这些地区的进口陶器数量证明该地建有商人仓库或商店。从希腊进口的商品似乎在移居沿海城市的希腊商人和雇佣军中很有市场。确实，波斯统治期间，希腊在以色列地区的政治和文化发展，为亚历山大大帝征服之后以色列地区的希腊化铺平了道路。相反，在发掘的陶器中只有很少一部分是来自波斯的，尽管当地陶工在黏土设计方面会模仿阿契美尼德金属制品，例如角形杯（rhyton）这种常用的酒具。从阿提卡花瓶上的图案，我们可以得知角形杯的使用方法。人们举杯的时候要用大拇指堵住角形杯底部的孔，放开拇指，酒就可以从角形杯喷洒到另一只手拿着的酒杯里了。类似的酒具在希腊也有制造，是模仿阿契美尼德原型的。阿提卡角形杯（图24）来自下加利利的西弗里斯，制造于公元前4世纪，以希腊的赤像画法技术装饰呈现出东方传说中的某种动物造型——长角的狮头马身怪兽。

这个角形杯结合了东西方特点，很好地体现了这一时期的混合主义风格。

亚历山大大帝在公元前332年征服了以色列地区，标志着古代世界历史的一个转折点，即希腊化时期的开始，以及催生了西方文明的东西方融合的开始。在这一时期，希腊的语言和文化、社会、政治制度融入到了以色列地区的生活机理中。然而，尽管产生了这些影响，犹太人和以色列地区的其他民族仍然可以自由选择信仰和崇拜，这得益于古希腊包容性很强的世界观，而亚历山大大帝为这一世界观打下了坚定基础。

关于亚历山大的性格、健美形体以及诸多成就，有许多令历代历史学家和艺术家们着迷的传说。他的形象，以其特有的卷曲头发和微微翘起的头颅，在整个希腊世界享有盛名。例如，在伯珊发掘出的一个精美的大理石头像（图25）就保存了亚历山大的形象。在头发上可以看到一些钻孔，证明原作在亚历山大的微红卷发上还装饰了一圈金色花环。

公元前323年，在完成对以色列地区的征服之后接近10年的时候，亚历山大大帝突然去世，留下了一个陷入混乱状态的帝国。他死后并没有出现和他一样有能力团结不同民族和土地的领导者，于是，争夺帝国的斗争立刻爆发。帝国最终被亚历山大的将领们瓜分为三个部分：马其顿王国、塞琉西亚王国和托勒密王国。以色列地带是塞琉西亚叙利亚和埃及托勒密王朝之间的战略要地，因此成为了常年征战之地。整个公元前3世纪，以色列地区为托勒密王朝所统治；到了公元前2世纪初，又落入塞琉西亚王国手中。

亚历山大的后继者在建立各自统治之时，不得不面对完全陌生的文化和宗教。拥有强大的军队和地方精英的支持做后盾，他们创建了一个复杂的政府系统，运行语言是希腊语。每个王国被分为几个总督辖区或省。以色列地区属于科依列叙利亚和腓尼克总督辖区。每个总督辖区的最高管理者是一位总督和一位负责庇护所、税收等行政职能的监督官。

塞琉西亚帝国的皇家法令始终是以国王和臣民之间书信的形式被复制到石板上，在公共场所公之于众。公元前201—前195年的一块石板上，以五封官方信函的形式记录了当时托勒密和塞琉西亚对以色列地区控制权的末期之争。这五封信记述了叙利亚——腓尼克统治官兼大祭司色拉西阿斯之子托勒密所经历的种种困难。托勒密在这些信里要求塞琉西亚国王安条克

图 24
来自西弗里斯的阿提卡角形杯(酒具)(公元前 4 世纪),陶器,高 29.5cm,宽 19.7cm。

图 25
伯珊的亚历山大大帝头像(公元前 3 世纪到前 1 世纪),大理石,微红上色,高 40cm,宽 30cm,直径 25cm。

三世制止士兵强占当地民宅，强迫当地人民入伍。国王做出回应，要求部下约束和惩罚一切冒犯当地居民的行为。该命令被刻在这个石碑上，并竖立在公共场所昭示天下。

另一座历史可以追溯到公元前178年的纪念碑（图26），树立在位于犹太山麓[1]中玛黎撒市。它记录了国王塞琉古四世委任奥林匹奥多罗为科依列叙利亚和腓尼克"庇护所监督官"的命令。该任命状由国王总督赫里奥多拉斯发布给下级，并层层向下传递。任命一个政府官员来管理神圣的庇护所，这被犹太人视为对宗教自主权的侵犯。在旧约《圣经》的《马加比二书》中，就有对这件事的戏剧性、文学性的再现：国王派来的赫里奥多拉斯企图没收耶路撒冷圣殿的金库财产，却被一个可怕的骑士和他的两个强壮随从制止。赫里奥多拉斯碑的碑文完成之后大概10年，犹太人和塞琉西政府之间的矛盾达到了一个高峰：塞琉西国王安提亚古四世（神灵显赫者）颁布法令（公元前175—前164），禁止犹太人遵守犹太教律法，从而引爆了以哈斯蒙尼的玛他提亚父子为首的马加比起义。"在这个时候，玛他提亚家的一些人……出现了。玛他提亚是约阿黎布家的祭司，玛他提亚……有五个儿子……那些强迫我们背教的国王的官员来到莫丁这个地方，看到我们还在献祭……国王的官员对玛他提亚说……'你现在要第一个站出来，执行国王的命令……'玛他提亚回答说……'我和我的儿子、我的兄弟，会遵循我们祖宗所立的约……我们不会服从国王的命令，我们也不会偏离我们的敬拜形式哪怕一步……跟我来，'他大叫着穿过整个城市，'每一个热心拥护律法并努力维持誓约的人，跟我来！'"（马加比一书 2: 1-27）

经过25年的战斗，一个自治的犹太王国建立起来，在其后一个世纪里，这个犹太王国向南北西方向扩张，最终，内部纷争导致了它的灭亡。哈斯蒙尼硬币上的犹太符号和铭文，记录了这一王朝的各个君王以及他们所取得的政治主权。

⊙ 面对西方

希腊化，即东方诸多民族对希腊文化各个方面的吸收，是一个漫长而复杂的过程，持续了数百年。希腊文化的传播者是希腊殖民者，他们在东地中海地区建立城市，并以自己的希腊生活方式为荣，这种生活方式的典型表现包括神庙、剧院、竞技场等极有特色的社会和宗教机构，也包括希腊式的政府和管理系统。希腊语成为了当地的共同语言，该地区的许多居民，包括犹太人，都取了希腊名字，接受了西方的道德观。这一时期的物质文化反映了希腊特色和当地的东方特色相融合；新的风尚得到采纳，而当地的传统和技术也仍在使用。对希腊哲学和神学的接触，虽然使犹太人的社会产生了一些分化，但也为犹太人的思想和信念注入了大量新的影响。

以色列地区各地兴建的希腊风格城市里，有居民区、公共建筑和中央集市。这些集市上充满了来自希腊化世界各个角落、通过陆运或水运而来的进口产品。贸易是由执政当局指定的官员来管控的，他同时担任市场度量称重系统的实施和监督工作。石桌（图27）是当时的一种测量工具，玛黎撒的市场督察官（agoranomoi）用它来检测玛黎撒商贩们使用的容器容量。其上的希腊文题词是："170年（塞琉西亚纪元170年相当于公元前143）市场督察官某某多勒斯之子安提帕罗斯和阿里斯顿某某之子阿里斯托德穆斯。"该石桌是由软质石灰石制成，其上刻着四个大小不同的漏斗状凹槽，并标示有各自的容积。当凹槽填满了液体，挡在凹槽底部的塞子就会被移除，于是有着标准量体积的液体就会流入放置在它下面的容器中。希腊葡萄酒是这个时期最流行的进口品之一。人们用一种叫做"罐"（amphora）的大罐子来储存和运输葡萄酒。罐有两个手柄，罐嘴的设计既易于倒酒，又易于密封。手柄处有时会印上酿酒师的名字、罐子被密封的日期以及罐中葡萄酒产地的城市符号。

当时盛行的时尚和艺术风格被保存在许多遗迹里，包括如今在全国各地发掘出的墓葬。出人意料的是，犹太人和异教徒的墓葬遗迹表现出了明显的相似性。当时的一些颜色鲜艳的赤陶零件（图28），最初是用来装饰玛黎撒附近一个异教徒坟墓里做工精巧的木棺。这些零件的造型多样，有玫瑰花式、莨苕叶式、公牛头式和面具式。种种样式，就像装饰此木棺和棺材里物品的隐喻式图案和符号一样，都是在整个希腊化世界广泛流行的主题。该发现表明，这是一个移民家庭的墓穴，他们世世代代延续着自己故乡的埋葬传统。在繁荣的犹太村庄恩盖迪，也发现了一个犹太人的棺材是用玫瑰花式样装饰的（图29）。玫瑰花、圆圈和石榴都属于犹太棺材装饰最流行的图案样式，它们都在这一时期的犹太艺术上占有一席之地。

图 26
赫里奥多拉斯碑文(公元前 178 年),国王塞琉古四世和国王总督赫里奥多拉斯的通信记录,玛黎撒,石灰岩,高 145cm,宽 58cm,迈克尔·斯坦哈特和朱迪·斯坦哈特夫妇提供的长期租借品。

图 27
玛黎撒测量液体容积的石桌(公元前 143 或前 142 年),软质石灰石,长 74cm,宽 25cm。

图 28
某异教徒精致棺椁中的赤陶零件（公元前 4 世纪到前 3 世纪），扎阿库卡，临近玛黎撒，赤陶土，高 3.5—5.8cm，宽 6.4—2.7cm，直径 0.50—0.51cm，耶路撒冷的波斯巴姆·尼他基金会的捐赠。

图 29
某犹太人的精致木棺（公元前 1 世纪），大卫河绿洲，临近恩戈地，西卡莫木、骨、木质镶嵌画，高 73cm，长 102cm。

图 30
异教小陶俑（希腊化时期），a. 玛黎撒发掘的胖脸小孩雕像，赤陶土，高 8.6cm，宽 3.7cm。b. 玛黎撒发掘的怀抱婴儿妇女像，赤陶土，高 11cm，宽 5.2cm，IAA 1987-454；c. 阿卡发掘的青年雕像，赤陶土，高 10cm，宽 4cm。

图31
爱与美的女神阿佛洛狄忒的小型雕像（公元前1世纪），a. 用披巾半掩着身体从浴池站起的阿佛洛狄忒，发掘自伯珊，着色赤陶土，高26cm，宽9.1cm，直径5.4cm。b. "谦逊得体"的阿佛洛狄忒，着色赤陶土，高25.2cm，宽8cm，直径3.6cm。

东方和西方的相遇，催生了一些融合了希腊古典宗教与东方信仰部分特征的当地教派。当地人民对希腊诸神的信奉，以及将希腊诸神纳入当地万神殿的行为，体现了这一融合过程（宗教的融合）。在以色列地带的一系列丰富的考古发现，包括神庙、佛像、雕像、法器、碑刻和硬币，证明了这一时期各种各样宗教信仰和崇拜的存在。完美体现这一现象的城市是玛黎撒。该城市里杂居着许多民族，如希腊人、以东人、西顿人、埃及人和犹太人，形成了丰富的宗教和文化结构。当时三件小陶俑（图30）可以生动地证明许多狂热的敬拜活动曾在玛黎撒这个城市里进行。陶俑上描绘了各种神灵和人物形象，有些反映了东西方的融合。在其他地区，发现了爱与美的女神阿佛洛狄忒的小型雕像（图31），一个雕像摆出"谦逊得体"的姿势，另一个用披巾半掩着身体从浴池站起。

随着罗马在公元前63年对希腊化地区的征服，希腊化时期走到了尽头。罗马人让大希律王（公元前40—44）坐上犹太王国的宝座，从此迎来了被后世称为希律王朝（或第二圣殿时期）的新时代。

〔1〕 犹太山麓（Judean Foothills），又名谢菲拉（Shfela），是以色列中部山脉到沿海平原之间的低地区域。
——译者注

作者 / 西尔维娅·劳森伯格（Silvia Rozenberg）/ 以色列博物馆研究员

作者 / 大卫·梅沃拉赫（David Mevorah）/ 以色列博物馆研究员

作者 / 拉塞尔·凯恩·克雷宁（Rachel Caine-Kreinin）
以色列博物馆研究员

翻译 / 马骧

卢浮宫与古希腊文明

卢浮宫博物馆是世界上最出色的博物馆之一。评判一座博物馆的好坏优劣，一个重要指标是藏品的质量。当然还有其他衡量标准，如馆舍条件、展览创意、陈列设计、设备设施、观众服务、文保技术、科研能力等，但藏品的质量与数量是对一个博物馆价值评估的最重要参数。

卢浮宫博物馆与世界上的其他大馆相比，藏品的绝对数量与相对数量都不算多，但它的精品和精品的覆盖面却胜过绝大多数大型艺术馆。这也是为什么卢浮宫博物馆会成为国外博物馆当中每年观众人数最多的一个馆，达 800 万人以上，其他著名大馆，比如大英博物馆每年观众量达到 600 多万，埃尔米塔什博物馆有 400 多万，纽约大都会则是五六百万。卢浮宫博物馆为什么这样受人欢迎，我们只能从历史角度来加以解释。

卢浮宫博物馆的馆舍建筑和故宫博物院一样，是历史建筑遗址。其前身是法王菲利普二世（Philippe Auguste）于 1190 年在塞纳河边建造的一座古堡。原来具有防御和仓储的功能。14 世纪的时候，法王查理五世（Charles V le Sage）把王宫迁到卢浮城堡，这样就开始了卢浮宫作为王宫的过程。这个过程持续了差不多 500 年。中世纪的时候，生产力水平低下，基督教禁欲主义影响很大，社会财富的积累与贵族享乐文化也不繁盛，所以王宫还很简陋，大家看莎士比亚（William Shakespeare）的戏剧，看那些道具和布景就可以看出来。到了文艺复兴以后，风气变了，王室和贵族们的生活开始特别讲究起来，楼堂馆所的装饰与家具就日渐奢华。1546 年，法王弗朗索瓦一世（François I）对卢浮宫的建筑做了较大的改建，修建了现在卢浮宫建筑群东端的卡里庭院，就是最东边的那一个很大的庭院。还收购了一批文物，包括文艺复兴时期的精品文物，比方说，达·芬奇（Leonardo da Vinci）的肖像画《蒙娜丽莎》（*La Gioconda*）。当然藏品扩充很大的年代还是路易十四（Louis XIV）时代，这是法国君主专制最繁盛的时代。路易十四是武功赫赫的国王，历史上名气很大，人称太阳王。他登基时只有 5 岁，在卢浮宫里做了 72 年国王，这比中国的任何一位皇帝在位的时候都长，是法国历史上在位时间最久的国王，他的儿子最大的孙子，都先于他去世了。继承他王位的是他的曾孙路易十五（Louis XV）。路易十四有点像乾隆，不仅政绩、军功显赫，而且颇有文化品位。他倡导和支持各种文化事业，开创了一个所谓的"路易十四时代"。启蒙时代的重要旗手是伏尔泰（Voltaire），他写了一本代表性史作《路易十四时代》（*The Age of Louis XIV*）。但主要内容并不是关于路易十四的故事，而是写路易十四时代的人文文化、科学文化的繁荣。伏尔泰认为，历史的真正创造者是知识分子、艺术家、科学家、思想家，而不是杀人如麻的国王。这样一来，伏尔泰就以《路易十四时代》这本书开创了历史学的一个新方向——文化史方向。

路易十四当政的时候，卢浮宫被改造成正方形的庭院，庭院的外边修建了富丽堂皇的画廊。路易十四购买了欧洲各个流派的众多绘画，丰富了卢浮宫的藏品。他在位时，卢浮宫已具有了博物馆的功能，它虽然不对公众开放，但是经常举办各种艺术展览，向他的亲朋好友，向他的臣下显摆他的藏品、他的雅兴。另外，卢浮宫还有一些附设机构。因路易十四有文化目光，所以他在卢浮宫设立了法兰西学院、绘画和雕像学院、纹章院以及科学院。这是因为路易十四在位时修建了自己的新居所——凡尔赛宫，卢浮宫便交给科学院等部门来使用，这是卢浮宫博物馆的胚胎和萌芽期，有了基本建筑和收藏（图1）。

1789年，法国大革命爆发，起义的民众在凡尔赛宫扣押了法王路易十六（Louis XVI），把他从凡尔赛宫押到卢浮宫，软禁在卢浮宫内的杜勒里宫，现在很著名的展厅。1791年，即两年后，路易十六携家人乘马车从杜勒里宫逃走，在法国和卢森堡边境被国民警卫队抓获。国民会议随后以微弱多数通过处决路易十六死刑的决议。这是法国大革命逐渐走向狂热的一个代表性事件。路易十六和穷兵黩武、好大喜功的路易十四以及昏聩无能的路易十五相比，还算是一个性情温和、善良、行为适度、性格软弱的国王，而且也愿意改革，但他处在不适当的时间，和王后玛丽·安托瓦内特（Marie Antoinette）一起，被前朝积累的深刻矛盾送上了断头台。这是法国大革命史上的重大事件。群众运动一旦爆发，局面就难控制，连革命者自己也无法控制自己了，所以血腥浪潮此起彼伏。把路易十六送上断头台的革命领袖罗伯斯庇尔（Maximilien François Marie Isidore de Robespierre）没过多久，也被送上了同样的断头台。革命的闸刀，一旦开启，就一时半时停不下来。如1793到1794年，仅仅一年，巴黎的断头台就切掉了17000人的脑袋，每天都有贵族们、革命者们，一批又一批。革命者革了别人的命，随后又自己被革命。这是历史教训。

在1793年8月10日，共和政府决定把收归国有的王室收藏集中在卢浮宫，并把它作为公共博物馆对外开放。这样做并非偶然，因为此时欧洲已经兴起了

图1
卢浮宫博物馆外景

公共博物馆的建立过程。最早的博物馆兴起于意大利，随后欧洲其他国家也相继效仿。卢浮宫博物馆建立前，法国成立了一些私立博物馆，但没有公共大型博物馆。法国大革命之后，由中央政府出资，将集中了法王藏品的卢浮宫辟为公共博物馆，当时起名为中央艺术博物馆，1793年10月8日正式对社会开放。但起初上展的藏品很少，不过587件，相当于我们现在一个大展厅的展品。如果一个博物馆由中央政府主办，征集、收藏、扩展文物来源当不成问题，这是卢浮宫博物馆能够成为名馆的主要原因。法国政府随后大力支持这个博物馆，把从教堂、贵族手中没收来的艺术品，从地方政府收集来的艺术品，源源不断地输入卢浮宫。尤其在拿破仑一世（Napoléon I）当政期间，卢浮宫进行了大规模扩建，包括卢浮宫建筑与四面包围起来的广场上的卡鲁索凯旋门。拿破仑一度是欧洲的征服者，由于他热爱文化艺术，当时又奉行弱肉强食的国际关系准则，所以他傲慢地认为每一幅天才的作品都应属于法兰西。随着拿破仑的扩张得手，欧洲各国不计其数的艺术品从被征服国家运到巴黎。卢浮宫当时堆满了拿破仑夺来的艺术品，卢浮宫也改名为拿破仑博物馆。

1815年，拿破仑一世倒台，击败拿破仑的神圣同盟各国君主们，向卢浮宫秋后算账，要回了5000多件精品。但这只是拿破仑抢来的大量艺术品中很小的一部分。18、19世纪是博物馆在欧洲大量兴建的时代，也是文物收集的黄金世纪。欧洲文物收藏者在全球各地搜寻奇珍异宝、文化遗存，然后填充到欧洲列国的公立私立博物馆与个人收藏室中。中国恰好在这一时期闭关锁国并开始向下沦落的过程，错过了千载难逢的机会。所以，现在走遍中国艺术博物馆，看到的都是自己的艺术品，只有极为稀少的在不同时期进入我国的其他文明的工艺品。但是在欧美国家，任何一个国家的艺术博物馆都能看到不同程度的多文化类型的藏品，不管这些藏品是合法还是非法收集到的，几乎每个博物馆都有，哪怕一些小型馆都有其他国家的艺术品。卢浮宫不仅没有错过这个黄金时期，而且是这个时期的弄潮儿，是既得利益者。

1848年，拿破仑三世（Napoléon III）当政，这是法国近代历史上的一个繁荣发展时期，政治稳定了，社会也因此稳定，经济自然得到发展。卢浮宫在这一时期得到扩建，新建的馆舍比先前的旧馆舍面积还大，形成了今天卢浮宫的马蹄形平面布局。1871年5月，巴黎公社起义，法国共和政府和德国普鲁士政府勾结起来，残酷镇压了起义。其间整个巴黎城都因激烈的战斗而遭到近代以来最严重的破坏，卢浮宫也不例外，公社战士决定烧毁代表封建制的这批建筑，杜勒里宫被彻底焚毁，其他建筑也受到严重损毁。第三共和国建立后，对卢浮宫进行了修复，自此卢浮宫的发展便不再有大的波折。随着藏品的不断增多，原来的卢浮宫不敷需要，1981年，密特朗（François Mitterrand）当选总统后，决定把卢浮宫建筑群所有的建筑物划拨博物院，要求占据卢浮宫的其他单位把房子全部腾出来，包括被法国财政部占据的黎塞留侧楼，这样就使卢浮宫增加了展览面积，达到21000千平方米。密特朗总统还对卢浮宫进行了大规模的整修，作为1989年法国大革命二百周年纪念的十大项目之一。

法国总统都重视政绩工程，一般是修筑博物馆、美术馆，或者公共文化设施。比如萨科齐（Nicolas Paul Stéphane Sarközy de Nagy-Bocsa）总统，就曾改造了巴黎西区文化区。希拉克（Jacques René Chirac）总统新建了一个凯布朗利史前文化博物馆，在埃菲尔铁塔不远处。密特朗总统建了奥赛美术馆，把巴黎的一个废弃火车站改造成了出色的近现代艺术博物馆，是人们到巴黎旅游的必参观之地。密特朗总统主持了卢浮宫中央大厅的修建，也就是现在玻璃金字塔的改建，从地下挖出一个中央集散空间，还有展厅。这是一个很大的工程，贝聿铭负责设计，在广场地表设计了一个采光的玻璃金字塔（图2）。但当时巴黎人对此很不满意，与蓬皮杜艺术中心一样，大多巴黎人认为该设计与周围建筑风格反差太大。我们说实践或历史是检验好坏优劣之类价值评估的唯一标准。几十年过去，这些新颖的设计都被巴黎人所接受，成为巴黎新景。

目前卢浮宫收藏文物计40万件，占地面积24万公顷，建筑占地面积是4.8公顷。建筑物全长680米，馆内陈列面积5.5万平方米，也就是说卢浮宫的展厅面积超过上海博物馆的整个建筑面积，由此可见卢浮宫博物馆的规模。如此面积的展厅，自然要求更多的上展展品。目前卢浮宫博物馆展厅内有5.5万件文物，对于其他馆而言几千件件件都是"宝贝"，彰显卢浮宫家底之厚。如前所讲，这有赖于卢浮宫的"东家"。

卢浮宫迄今为止一直归国家所有，也就是归法国中央政府所有，20世纪90年代以来，它的独立性逐

图 2
贝聿铭设计的玻璃金字塔

渐增大。主因是 2006 年以来，政府提供的资金占年度预算从 75% 下降到 62%，迫使卢浮宫不得不积极采取一些找钱或创收的措施，利用自身有利资源，大力推动有偿借展、巡展的策略。例如首都博物馆 2007 年举办的卢浮宫希腊藏品展就是恰逢该馆预算紧缩，同时古希腊伊特鲁里亚（Etruria）和古罗马艺术展区（馆）进行大规模翻建，展线上的文物撤下来处于闲置状态。于是，首都博物馆抓住这个时机，主动与该馆接洽，便有了一个极为成功的展览。

目前，卢浮宫共有六个展馆或展区，198 个展厅。最大的展厅长 205 米。六个展馆分别是东方艺术馆，古希腊、伊特鲁里亚和古罗马艺术馆，古埃及艺术馆、珍宝馆、绘画馆、雕像馆。这些馆类似中国博物馆的二级部门，内部有行政、研究和保管人员。绘画馆面积最大，其次是古希腊、伊特鲁里亚和古罗马艺术馆。两馆合用德农侧楼，包括古希腊、伊特鲁里亚、古罗马的雕像，17—18 世纪的法国油画，意大利和西班牙的油画。可以说德农侧楼是卢浮宫文物观赏性最强的一处展区。

观众从德农楼的门进入，那尊有名的萨摩色雷斯的胜利女神像（Victory of Samothrace）、展开双翼的胜利女神像尼克（Nike）就立在这个地方，即楼梯上方的平台上（图 3）。

古希腊藏品属于古希腊、伊特鲁里亚和古罗马馆。伊特鲁里亚位于意大利半岛，它的历史也是罗马史的一部分，属于罗马史早期阶段的一个区域的历史。在这个区域里，曾经存在过一个特殊的民族，叫伊特鲁里亚人（Etruscans）。他们不属印欧语系，因此与罗马人不属于同支。他们可谓来无影去无踪，不知从哪来，一度还入主罗马。他们的领袖成了罗马的国王，后来被罗马人推翻。在这个期间，他们给意大利带来了文化新风。我们都知道角斗士这一娱乐活动，这种

图 3
萨摩色雷斯的胜利女神雕像（公元前 190 年），藏于卢浮宫（Musée du Louvre）。

图 4
米洛岛的维纳斯雕像（公元前 2 世纪）

残忍的娱乐形式起源于伊特鲁里亚人。当然伊特鲁里亚文化不仅如此，它作为一种文化类型与古希腊罗马合到一个展馆当中，或者毋宁说是大的展区当中。这一展区的编年范围从新石器时代开始，到公元6世纪止。藏品包括希腊基克拉泽斯（Cyclades）文明至罗马帝国的灭亡。这个展馆或展区是卢浮宫年代最久的展馆之一，基本藏品出自王室收藏。有些藏品的入藏时间非常早，如弗朗索瓦一世统治期间。起初，希腊藏品主要是雕像，19世纪征集和受赠了大量希腊陶瓶、珠宝。目前在卡帕纳长厅就展出了1000多件精美的陶瓶。其陶瓶藏品的种类、绘画的精美程度、选题的多样性，为其他博物馆所少见。

对公众而言，古希腊精品中最著名的是卢浮宫三件镇馆之宝中的两件。所谓镇馆之宝的说法是一种宣传手法。对于专业博物馆人而言，没有什么"镇馆之宝"一说，所有的文物都是珍贵的、独特的、不能复制的，都是宝贝。所谓的精品，或者说最好的藏品，和人的价值评估标准紧密相连。一个时代的人认为最好的东西，另一个时代的价值评判标准发生了变化就不一定是最好的了。"最好"是相对而言的。

卢浮宫所谓三大镇馆之宝有两件是希腊的艺术品。一件是萨摩色雷斯的"胜利女神"雕像，高2.44米。这是希腊化时代的一件雕像，是迄今世界上唯一一尊如此高大的胜利女神像。希腊化时期，在欧亚非有几个希腊人统治的王国。希腊半岛和爱琴海岛屿由马其顿（Macedonia）王国统治。这尊雕像是马其顿国王为纪念对另一个希腊化王国即埃及托勒密王国（Ptolemaic Kingdom）的海战胜利而制作的，1863年被发现，已失去了头部和双臂。它的材质非常好，是帕罗斯岛（Paros）产的大理石，洁白如雪。现在因为长期摆在展厅内，被严重污染，本来雪白的大理石变黑了，并出现一些裂纹。所以目前这件雕像已被封存起来，正在进行维修。卢浮宫募集到500多万美元维修款，计划9个月完成，2014年底向公众开放，待维修之后，可再现帕罗斯大理石的美妙色泽、灵动身姿、飘逸的罩衣、昂扬的气势。胜利女神在希腊语中念做"尼克"。

另一所谓镇馆之宝是"米洛岛的维纳斯"（Venus de Milo）雕像，又称"断臂的维纳斯"。这其实是个错误的名称，因为维纳斯是拉丁人的爱神，而这座雕像是希腊化时期的作品，出自靠近小亚细亚的一个岛屿，被当地农民发现，中间已经断裂。所以这尊维纳斯女神像应该叫做米洛岛的阿佛洛狄忒（Aphrodite）。希腊人的爱神叫阿佛洛狄忒，维纳斯是罗马人对阿佛洛狄忒的换名。罗马人早先没有多少文化细胞，因为罗马四周都是强敌，这个国家又是由一帮好勇斗狠的男人建立和发展起来的，连他们的妻子都是抢来的，卢浮宫里有一些此类题材的油画。因为早期没有文化建设，罗马人在意识到需要精神文化建设的时候，并没有范本，就把被他们征服的希腊人视为老师，把希腊的神灵、希腊的文字、希腊的各种艺术形式和人文、自然科学等各门学科都一股脑儿借用过来。有些改变不过是给希腊的神替换了罗马的名字。爱神"阿佛洛狄忒"改成了"维纳斯"，宙斯（Zeus）成了朱庇特（Jupiter），狩猎之神阿尔忒弥斯（Artemis）成了狄（戴）安娜（Diana）。阿佛洛狄忒被艺术家处理成一种微微弯曲的站姿，右腿支撑着半裸的身体，露出多少有些用力的右脚；非支撑的左腿略微弯曲，轻放在地上，显示女神处于一种闲适状态（图4）。女神的臀部和腿部的衣褶，同样显示艺术家技巧精湛，把古希腊人穿的白色亚麻布袍处理成自然垂落，褶皱的起伏恰到好处，与平滑的、充满质感的上身形成鲜明对照。这是一件希腊雕塑艺术的杰作。然而，她的面部和我们看到的很多生动的、富有表情的面部表现是有所差别的。这件作品的表情缺少神采，略显呆板。那它为什么名闻遐迩呢？除了这么大型的作品件数稀少之外，还与不同时期人们的评判标准不一样有关。另外，还可能有政治因素的介入。如"断臂维纳斯"被视为整个法国收藏的精品，这是有历史背景的。拿破仑战败之后，神圣同盟诸国索要拿破仑在战争期间掠夺的文物精品，法国被迫在1815年把一尊完整的维纳斯雕像，即原来由意大利乌菲齐美术馆收藏的维纳斯像归还给了意大利。佛罗伦萨（Firenze）拥有意大利最好的美术馆，叫乌菲齐美术馆。这个美术馆的馆舍原是佛罗伦萨统治者美第奇（Medici）家族的宫殿。美第奇家族是文艺复兴运动的支持者、赞助者，在很大程度上是佛罗伦萨文艺复兴运动的推手。特别是在美第奇家族的代表人物洛伦佐（Lorenzo）当政期间，大力资助人文主义者。所以文艺复兴运动并不是激烈的反封建运动，人文主义艺术家们受到国王、教皇、贵族们大量金钱赞助和资助，它是一场非常温和的思想解放运动。教皇和封建统治者也喜欢洋溢着人文气息的各种艺术形式。美第奇家族收集了大量艺术精品，包括维纳斯女神像，比断臂维纳斯更漂亮，但这尊雕像被

图 5
科尼德斯的阿佛洛狄忒雕像
（公元前 1—前 2 世纪）

拿破仑抢走后放在了卢浮宫。法国人自称拥有世界上最好的雕像，1815年还回那尊漂亮的维纳斯像之后，法国人很想填补这个空白。恰好米洛岛的"断臂的维纳斯"被发现并落入法国人手中。于是法国就制造舆论，艺术鉴赏家、批评家都说这尊雕像举世无双，致使断臂维纳斯名声大噪。但法国也有一些艺术家并不附和这个观点，其中包括印象派主力画家之一·皮埃尔·奥古斯特·雷诺阿（Pierre-Auguste Renoir）。他就严厉批评政府不应这样主导宣传一件收藏品。他把"断臂的维纳斯"称作为"大个头的宪兵"。意思是说这是一件听命于政府的雕像。尽管如此，它还是一件希腊化时期的雕像杰作。

第一个塑造阿佛洛狄忒的是公元前4世纪的雅典著名雕塑家普拉克西特列斯（Praxiteles），他塑造了"科尼德斯的阿佛洛狄忒"，创造出了阿佛洛狄忒雕像的标准样式（图5）。"科尼德斯的阿佛洛狄忒"现在有50多件复制品，可见罗马时代的复制品受人欢迎之甚。不同样式、不同时期的阿佛洛狄忒之间是否有工艺高下之分呢？如果有，又依怎样的标准来判断呢？这属于价值评估，很容易主观介入。观者完全可以自己判断。

除了两件镇馆之宝，卢浮宫展厅内还有不少古希腊雕像精品。"追猎的阿尔忒弥斯"就是其中之一。这是罗马时代的复制品，希腊原作是在公元前4世纪问世。阿尔忒弥斯是月亮神，也是狩猎之神，和太阳神阿波罗（Apollō）是兄妹关系。这尊雕像是1556年由教皇保罗四世（Pope Paul IV）赠给法王亨利二世（Henri II）的，属于法国获得的最早的希腊雕像作品之一。起初它被放在皇室的枫丹白露宫，后来移到了卢浮宫（图6）。

以上是卢浮宫的几件最具代表性的古希腊藏品。而当年卢浮宫曾经呈现给中国观众、展陈于首都博物馆的古希腊文物精品（"卢浮宫珍藏展——古典希腊艺术"展），也都是卢浮宫希腊藏品中的精品。这个展览分为三个专题：

第一部分是"生活在古代雅典"。以雅典文物为主，体现包括平民在内的雅典人的生活。这一专题又细分成"男人的世界"、"妇女和儿童的世界"、"冥府"三个组成部分，涵盖了雅典上、中、下层百姓从出生到死亡的全景生活图像。

其中包括古希腊男性专有的生活类型，如"公民与战争"、"诗歌与会饮"、"希腊戏剧"和"工匠与劳动"。基本覆盖了雅典以及希腊男性公民的一般社会、经济、文化和军事生活的方面，给观众提供了立体的男性雅典人的生活形象。"妇女与儿童的世界"二级标题下则有"闺房：女人的天地"和"儿童"两部分展开的内容。

雅典是男人的世界，整个希腊也都是男人的世界，所以希腊城邦被称作男人俱乐部。男人的世界首先是和战争联系在一起。古代家国安全是第一要义，因为城邦林立，总会出现厉害的冲突，所以战争是题中应有之义。而男性公民是各国军队的绝对主力。上展的文物涉及战争。这件著名雕刻是希腊骑兵形象（图7），当时没有发明马镫，骑手在马上坐不稳，所以骑兵在当时的战争中扮演次要作用，是辅助兵种。战场的主力是重装步兵。

有一个陶瓶（图8）上的瓶画描绘的正是标准的重装步兵形象。他在整理自己的装备，右侧放着他的盾牌，还有他腿上的护甲、胸甲与肩甲。这里是他的头盔，头盔上有装饰物。重装步兵是古希腊军队的主要兵种，战场胜负取决于重装步兵方阵的布阵与厮杀。

另一幅瓶画虽小却很典型，在一些教科书上常见。描绘一只武装的猫头鹰，笨拙可爱（图9）。在古希腊，猫头鹰是智慧的象征、雅典的保护神。雅典这座城市的名字来自雅典娜，雅典娜最宠爱的动物是猫头鹰，因为它体现了智慧，同时也是战争的保护神之一、战争吉祥物。它被处理成重装步兵的样子，持盾牌长矛。

这是一件精致的彩陶瓶。黑底红绘，有战马、重装步兵、轻装步兵。轻装步兵是辅助兵种，装备简单，手持小盾，没有盔甲，主要成分是弓箭手或标枪手。轻装步兵在战场上同骑兵一样起辅助作用，当重装步兵尚未接战前，轻装步兵在阵前向对方方阵投掷铁饼、标枪或射箭，起较远距离杀伤作用。最终决定战场胜负的还是由重装步兵突击来决定（图10、图11）。

另有很多彩陶制品的画面是体育比赛。体育比赛和军事联系在一起。希腊城邦实行公民兵制度，全体男性公民都是业余军人，战时招之即来，战后挥之则去。所以公民强身健体是好军人的必要身体条件。这件单耳陶瓶上描绘的是火炬接力赛。我们现在的火炬接力就是从古希腊人那里学来的。奥林匹克运动会这一形式也是学自古希腊。古希腊人是古代世界最大的玩家，不仅一国范围内有各种体育和文化表演比赛，还有国际性的或泛希腊的周期性体育比赛。现代奥运会的一些田径项目直接起源于古希腊，如铁饼标枪赛、

图 6
阿尔忒弥斯雕像（公元前 4 世纪）

图 7
希腊骑兵（公元前 350—前 340）

图 8
瓶画"重装步兵"（公元前 480 年）

图9
瓶画"猫头鹰"(公元前410—前390)

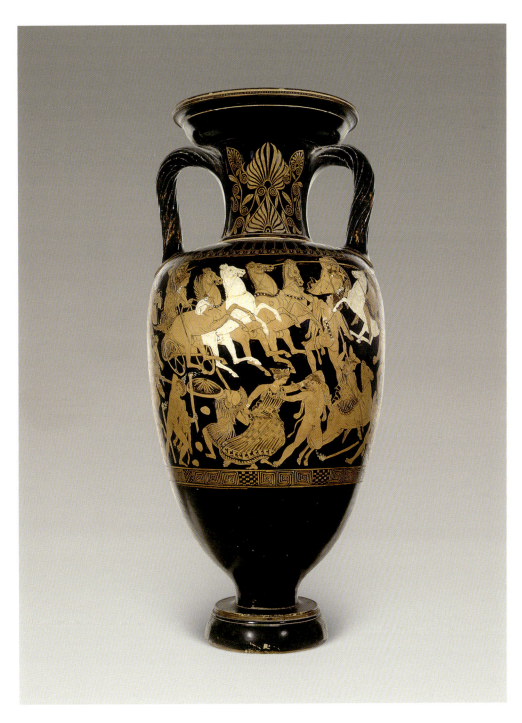

图 10
苏埃苏拉的红像陶双耳尖底瓶（公元前 410—前 400）

图 11
作坊中制作盾牌、盔甲的场景

图 12
掷铁饼者雕像(公元 1 世纪—2 世纪)

火炬接力,还有赛车、拳击、摔跤、赛跑,包括武装赛跑等。这些都是很精美的陶瓶与瓶画,是卢浮宫精彩的收藏。

还有一些瓶画展现的是泛雅典娜的节庆。泛雅典娜节是雅典最盛大的节日,是自己保护神的节日。画的左侧是雅典娜的形象。雅典娜是雅典的战争保护神,她是从她父亲宙斯的脑袋里出来的,人称智慧之神。

右图是在卢浮宫展线上的"掷铁饼者"(图12),他同样出现在首都博物馆的展厅内。这件雕像作品模仿杰出雕塑家米隆(Myron)的创意。米隆创作了"掷铁饼者"题材,但那个题材刻画的是运动员在发力的刹那间的形象。这件"掷铁饼者"像刻画的是投掷前的运动员,似乎在沉思,但下意识地有些紧张,因为右脚趾在用力。

几件相关文物表现出雅典男性的军体活动片段。接下来的文物单元表现雅典人的日常生活,如经济生活中的农业和手工业劳动。

其中一件手工工匠索希努斯(Sôsinous)的侧身坐像墓碑(图13)。希腊平民的墓碑也有浮雕。许多浮雕是墓主生前形象的"记录",包括现代全家福照片那样的浮雕群像。这是一个青铜工匠个人的墓碑。匠人索希努斯左手可能持手锤柄,右手持一圆形皮风箱。

而另一件家具工匠的墓碑(图14),很是别致。上面雕刻着圆规、角尺、曲线尺、木刨,下面是说明性的碑文:"布瓦特诺斯·赫尔墨,制床匠,我长眠于此。过路人啊,永别了。"

雅典男性公民社交的主要形式之一是会饮。一般

图 13
手工工匠索希努斯的侧身坐像墓碑(公元前 410—前 400)

图 14
家具工匠的墓碑(公元 2 世纪或公元 3 世纪)

雅典、中产阶级，当然更有贵族阶级，喜欢闲暇时小范围地聚在一起，饮酒作乐聊天。贵族阶级的会饮常有奴隶乐师伴奏，专门的奴隶斟酒服务。当然有时还有一些荒唐的举动。

另有一件歌颂会饮的诗人的雕像，即古风时代末期诗人阿尔基罗库斯（Archilochus）的雕像。但这个雕像不是古风时代的，那个时候还雕不出这么真切的形象。它是公元前2到公元前1世纪的作品。所以这尊雕像不一定就是真人，与我们现在看到的孔子像、岳飞像相似，多半是后人想象的结果。这是件颇具解读价值的头像。诗人眼睛低垂，一副若有所思的模样。头戴常青藤浆果和绿叶的花环，是一位花冠诗人。希腊在古风时代有一场思想解放运动，类似中世纪的文艺复兴，人本主义开始取代神本主义。阿尔基罗库斯的诗反映了这一时期希腊人的精神觉醒、个性解放。古风时代以前的诗颂扬神灵，描述神和人之间的关系，歌颂道德和集体主义精神。古风时代兴起的抒情诗歌颂人的自由选择，张扬个性。有些诗句写得很漂亮，但思想倾向不一定十分正确。比如阿尔基罗库斯有一首表达自我的诗：

> 每个人都有一颗自己的心，
> 用他自己的方式使它欢欣。
> 某个色雷斯人挥舞我的盾牌，
> 是我不情愿地把这件完美的装备丢在树丛那边。
> 我保住自己的性命，
> 我为何要为盾牌操心？
> 让它见鬼去吧，
> 我将买一副同样好的盾牌。

如此大胆地、不知羞耻地描写临阵脱逃，实话实说，在此前不敢想象。

右页雕像是"斟酒者萨梯"（图15），是创作了爱神阿佛洛狄忒标准像的雕塑家普拉克西特列斯的作品。萨梯是酒神狄奥尼索斯（Dionysus）的仆人，职能之一是斟酒。希腊会饮中少不了斟酒者，他们是类似萨梯的仆人。这尊萨梯雕像应该是右手执酒勺、左手持酒杯的斟酒状。但雕像的头部和右臂尽失，持酒杯的左手手掌也已不见，留下完整的躯干与双腿，特别难得之处是整个人像表面没有多少损毁，光洁的皮肤与肌肉极富质感。萨梯的形象原本是半人半羊，普拉克西特列斯把他刻画成完整的人形。

这幅瓶画是会饮的全景图（图16），艺术家用飘逸灵动的线条描绘了众多会饮中的男性，或载歌载舞，或弹琴吹笛，充满日常生活的乐趣。

接下来仍然是男人世界的展示——戏剧。古希腊是舞台剧的发源地。古希腊同为男权社会，舞台上的女角色只好由男性来扮演。男扮女不似我们京剧通过化妆加以实现，而是通过面具以及胸部、臀部填充物来模仿。

有一个丑角的陶俑（图17）非常生动。舞台剧是古希腊人的发明，公元前5世纪最先发明的是悲剧，悲剧之父是埃斯库罗斯。之后在悲剧基础上又发明了喜剧形式。舞台剧的发明致使所有希腊城市都设有公共空间——剧场，与广场、体育场、体育馆、神庙一起，成为古希腊城市建筑的必要组成部分。这一点与古代东方城市有所不同。

迄今为止，悲剧仍然是舞台剧的正剧。这件较大型的双耳罐上的绘画（图18）描绘的是古希腊最著名的悲剧之一《美狄亚》的剧情，悲剧作者是三大悲剧家之一欧里庇得斯（Euripides）。美狄亚是一王国的公主，爱上了一位希腊勇士伊阿宋。为了爱情，她不惜与伊阿宋私奔，还生了两个可爱的儿子。但伊阿宋移情别恋，致使怒火中烧的美狄亚把爱情的两个结晶一起毁灭掉。瓶画上的美狄亚一手抓住幼童的头发，一手持利刃刺入男孩的身体，鲜血从伤口处流出。

瓶画《美狄亚》的作者是克希昂，陶瓶出土于意大利半岛。这是关于悲剧家埃斯库罗斯（Aeschylus）的名剧《奥瑞斯泰亚》三部曲当中的第二部剧作《祭酒人》的瓶画（图19）。同样是卢浮宫馆藏精品。大家可能读过《荷马史诗》，其中有一个主角叫阿伽门农，迈锡尼（Myceaean）国王。他率希腊联军远征特洛伊（Troy）后胜利班师，带回特洛伊公主，成为他的爱妾。结果王后不高兴了。王后虽然也出轨，有私通的情夫，但不能容忍丈夫的多情。她和情夫勾搭起来谋杀了阿伽门农。杀夫事件属第一部剧情。到了第二部，就是这幅瓶画上的《祭酒人》。描绘阿伽门农的儿子俄瑞斯忒斯知道了真相，决定为父报仇，杀死了母亲及其奸夫。法庭审理弑母案。到底杀母之罪是否算罪？因为是男权社会，法官判决为父报仇不算罪。画面中央是俄瑞斯忒斯的妹妹，她非常痛苦，坐在阿伽门农的陵墓上。左侧是俄瑞斯忒斯，右侧是神使赫尔墨斯（Hermes）。阿伽门农的女儿带来了些祭品，下面放的都是祭品。

图 15
"斟酒者萨梯"雕像（公元前 370—前 360 年）

图 16
黑底红绘瓶画《会饮图》(公元前 480 年)

图 17
陶俑丑角（公元前 4 世纪早期）

图 18
瓶画《美狄亚》（公元前 330 年）

图 19
瓶画《祭酒人》（公元前 380—前 370）

图 20
戴头巾的女子雕像(公元 2 世纪)

雅典人的生活不只是男人的领域，还有妇女和儿童的世界。这方面的展品均出自日常生活。这是两尊妇女雕像（图20、图21），我们不知制作者和被制作者是谁。两位女子的头发都经过精心梳理与火烫，呈现不同的发型，反映古希腊妇女也颇为讲究化妆。两尊女像的神情均端庄沉稳，其中一位甚至有些严肃，这可能是男性眼中的古希腊妇女的标准形象。有趣的是，两位女子头上均蒙有织物，一位的头巾是披风的组成部分，如果欣赏者不知背景，会误以为这是身着风衣的当代妇女。另一位的头巾似乎也同披风连成一体。雅典所处的地中海气候并不需要妇女裹头巾，至少大部分时间无须裹头巾。这两尊大理石雕像告诉我们头巾如头带一样，多半是女性的装饰物。

还有一件妇女的陶制首饰盒，饰有黑底红绘图像（图22）。其功能同现代首饰盒一样，存放脂粉之类化妆品和首饰。图中有多个不同形态的女子，显示女性日常活动。图中唯一一位座椅上的女性手拿青铜镜，双眼直视。周围还有六位或站或坐的女子，坐者似为主人，立者显然是佣人，因为都有服务性活动。

这是一件彩陶上的片段，由两块陶片拼接而成（图23）。其富有价值之处是陶片上的瓶画展现两个拥在一起的青年男女，被织物严密包裹，只露出各自半个侧面脸部。女子的头发束有颇时髦的发结，画面洋溢着亲昵的气息。古希腊有许多表达男女关系的彩绘，甚至有不少类似春宫画的作品，不易登大雅之堂。这幅线条画恰到好处地表现了古希腊的男女之情。

这是另一幅在双耳陶杯上的类似绘画，上有雅典工匠西耶隆的题款。画面中有几对互动的男女（图24）：有的在卿卿我我，有的在做卖淫交易，定格了雅典社会生活的某个瞬间。

这是一组有关母亲和孩子的文物。古代各民族都有儿童玩具。这是陀螺（图25），与中式陀螺没有什么区别，是老少咸宜的玩具。

这是三件彩绘小酒罐中的一件，上面描绘了几个自娱自乐的男孩（图26）。如其中一个男孩蹲在小凳上，在逗引家犬跳过地上摆放的器物。另一幅描绘喂鸟的男童。

这件大型墓碑刻有生动的浮雕。墓主是位高大的妇人，对面是仰视她的怀抱婴儿的女仆。雅典是古希腊奴隶制最发达的城邦之一，多数公民家庭拥有或多或少的奴隶。这件浮雕不仅告诉我们不同女性的知识，也传递了有关社会结构的信息。

第二部分是"古希腊人的宗教"。古代文明的基本文化标志是宗教，因此历史上幸存下来的多是宗教艺术品。古希腊宗教有一些显著的地方特征，对古希腊文明的塑造起到了良好的促进作用。

宗教是延续最久的社会思想与制度体系。没有任何一种社会经济或政治体制比某种宗教延续的时间更长，尽管在历史上许多宗教都已经灭亡，如古希腊宗教就是已经死亡的宗教。但在它存在的时代，却是活生生的、统治着大多数希腊人灵魂的意识形态。古希腊人具有少见的创新和追求现实生活目标的活力，这与他们的宗教有很大的关系。

古希腊宗教始终没有越出多神教阶段，从家庭、部落到地区、城邦乃至泛希腊等不同层次的崇拜应有尽有。这同希腊城邦林立和政治的长期多元化密切相关。与此相适应，为各种神灵兴建的神庙和节庆祭典也多种多样，功能各异。在形形色色的信仰与祭祀当中，有一个最富影响的神灵系统，即奥林匹亚众神家族。这一家族由十二神组成：宙斯与赫拉（Hera）、波塞冬（Poseidon）与得墨忒尔（Demeter）、阿波罗和阿尔忒弥斯、赫淮斯托斯（Hephaestus）与雅典娜（Athena）（图27）、阿瑞斯（Ares）与阿佛洛狄忒、赫尔墨斯（Hermes）与赫斯提娅（Hestia）。有时希腊人也把狄奥尼索斯、赫拉克利斯（Heracles）、克洛努斯（Cronus）等神祇列入这一家系。

古希腊为自己创造的宗教崇拜有自身特点，这就是他们的神与人不仅同形，而且同性。神和人的差别仅在于神的不朽和某些超人的能力。而性格、为神处事却完全和俗人一般无二。神也有七情六欲，有人所具有的各种恶习和美德，如自私、偏狭、妒忌、吝啬、狡诈、懦弱和慷慨、大度、磊落、诚挚、执著、勇敢等。在希腊人那里，神的世界只是人的世界的再现，所以人并不是神的奴仆，可以抗争自己的命运。这同古代东方的宗教有很大的解释区别。

卢浮宫为希腊宗教单元提供了一些堪称极品的文物，一批高度在1.5—2.2米的大型雕像。比如陈列在卢浮宫展线上的战神阿瑞斯的立像（图28）、爱神阿佛洛狄忒左手持金苹果的立像（出水状）（图29）、捕杀蜥蜴的阿波罗立像、雅典保护神、全副戎装的雅典娜立像（图30），力拔山兮气盖世的赫拉克利斯的坐像与立像（图31、32）。每尊雕像背后都有不凡的故事。如左手持金苹果的阿佛洛狄忒雕像，被太阳王路

图 21
戴头巾的女子雕像（公元 1 世纪）

图 22
首饰盒（公元前 430 年）

图 23
瓶画"拥在一起的青年男女"(公元前 500 年)

图 24
雅典工匠西耶隆制作的阿提卡黑底红绘陶杯(公元前 480 年)

图 25
儿童玩具陀螺(公元前 5—前 4 世纪)

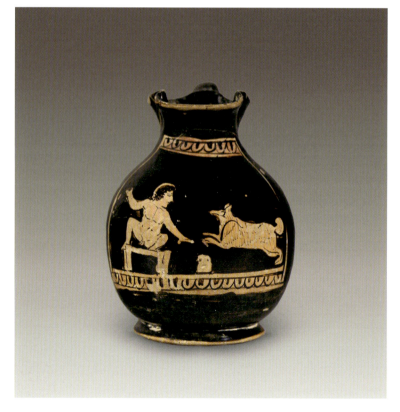

图 26
陶制小酒罐(公元前 450—前 430)

图 27
帕台农神庙的雅典娜雕像(公元 1 世纪或公元 2 世纪)

图 28
战神阿瑞斯雕像（公元前 1 世纪）

图 29
阿佛洛狄忒立像（公元前 1 世纪）

图 30
手持祭筐的雅典娜雕像（公元 1 世纪或公元 2 世纪）

图 31
桌边的赫拉克利斯雕像

图 32
法尔内塞的赫拉克利斯雕像
（公元前 15 年）

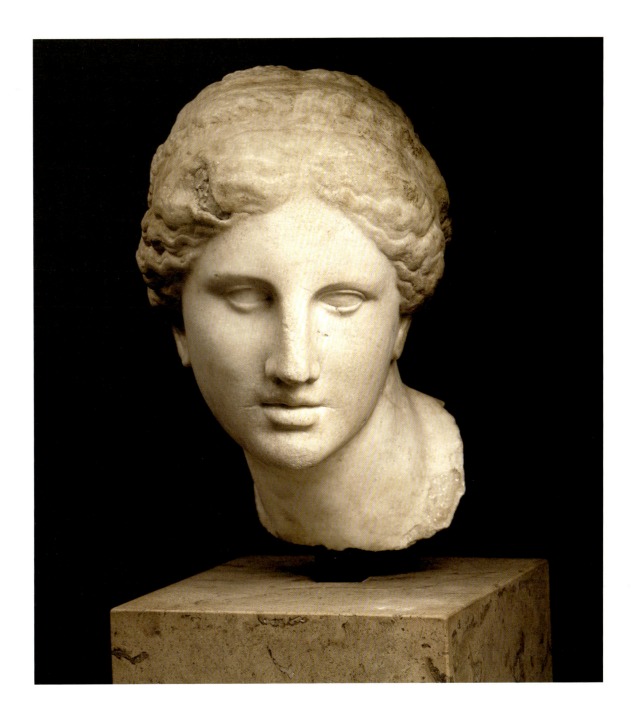

图 33
阿佛洛狄忒头像（公元前 150 年）

易十四安放在凡尔赛宫的主礼仪大厅镜厅之中。另一爱神像同样是路易十四的藏品，原存放于杜勒里宫。这两尊爱神像均不亚于"断臂的维纳斯"，我个人觉得较"断臂的维纳斯"的神情与体态还要好。

这里需要特别提一下仿普拉克西特列斯塑造的阿佛洛狄忒像残存的头像（图33）。在西方艺术史上，一般认为这是刻画爱神面容最好的一件作品。公元前4世纪的普拉克西特列斯是第一个塑造全裸女像的雕塑家，早在古代就有极其众多的仿制品。这件头像具有曲长的脖颈、沉静妩媚的神情、幽深的一对双眼，极具古典美感。

还有"捕杀蜥蜴的阿波罗像"（图34），这是载入西方艺术史教科书的希腊雕像代表作之一，系普拉克西特列斯的另一杰作的复制品（罗马时代）。英俊的阿波罗左手可能握着一根箭，准备刺向在树干上爬行的蜥蜴。这是仅存的两件同类题材的大理石雕像，另一件藏于梵蒂冈博物馆。

而"下蹲的阿佛洛狄忒像"（图35），虽然四肢残缺不全，但质感特别好，透着白色大理石的光泽，似鲜活的人体。

625

图 34
捕杀蜥蜴的阿波罗像（公元 1 世纪）

图 35
下蹲的阿佛洛狄忒像（公元 1 世纪）

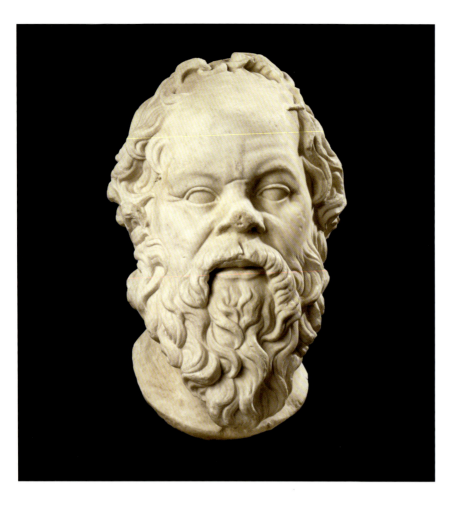

图 36
苏格拉底胸像（公元前 318—前 317）

图 37
柏拉图胸像（公元前 350 年）

图 38
修昔底德胸像（约公元前 150 年）

第三部分是"古希腊的伟人们"。卢浮宫带来的都是伟人们的标准像。古希腊人继承了古埃及人自我塑像的传统，无论达官贵人还是草民百姓，只要有可能，都要请艺术家为自己和家人刻画形象，如现代人到照相馆摄影一样，具有个人史或家庭史记忆的功效。因为这一传统，我们后人才能看到几千年前的政治家、军事家、历史之父、政治学之父、悲剧之父、戏剧之父等杰出人物的音容笑貌，也能看到一些家庭的"全家福"之类生活片断的再现。比如卢浮宫带来了它珍藏的哲人苏格拉底（Socrates）（图36）、柏拉图（Plato）（图37）、亚里士多德（Aristotle），历史思想家希罗多德（Herodotus）、修昔底德（Thucydides）（图38），戏剧家欧里庇得斯、索福克勒斯（Sophocies）、阿里斯托芬（Aristophanes），政治家与演说家德摩斯梯尼（Demosthenes），一代天骄亚历山大（Alexander）的半身胸像或坐像。这些人物以自己的聪明才智与实践活动推动了历史前进，他们的事迹被永久地记录在人类的历史当中，包括中国的初中与高中历史教材中。

总而言之，卢浮宫希腊罗马部分的每一件文物，都蕴含着有关古希腊历史和文化的丰富信息。这些珍贵的历史遗存，不仅令我们可以体验古希腊艺术之精之美、历史文化之博大复杂，而且可以帮助我们认识今天的西方文明。

作者 / 郭小凌 / 首都博物馆馆长

纽约大都会博物馆的古希腊艺术藏品

⊙ 纽约大都会博物馆的古希腊艺术收藏与展示

大都会艺术博物馆的希腊和罗马艺术藏品有17000余件，时间跨度从新石器时代（约公元前4500）直到公元312年罗马皇帝君士坦丁皈依基督教。博物馆以多文化的艺术品为特色，而且有北美最为丰富的藏品。代表性的地理区域为希腊和意大利，但是不受现代政治疆域的限制：希腊周边的许多小亚细亚地区是由希腊人建立的；塞浦路斯在其悠久的历史发展过程中变得越来越希腊化；而且在地中海盆地和黑海沿岸建立了诸多希腊殖民地。就罗马艺术而言，随着对希腊艺术的效仿与赶超，其地理界线与罗马帝国的扩张范围是一致的。

古典世界的艺术品表现出其所有的复杂性与丰富性。器物种类从小型宝石雕刻到黑彩、红彩陶瓶，再到超过真人大小的雕像，并且展现出古代艺术家和工匠使用的几乎所有材料：大理石、石灰石、红陶、青铜、银、金和玻璃，以及牙、骨、铅、琥珀、石膏和木头等更稀有的材料。特别令人震撼的藏品包括：米诺斯的雕刻宝石、希腊彩绘陶瓶、希腊墓葬浮雕、塞浦路斯石灰石雕像，它们仅次于在雅典的藏品。举例来说，库洛斯（Kouros）雕像，它是现存最早的希腊古代大型雕像，也是美洲最重要的希腊古风时期雕像。麦加克勒斯（Megakles）的有彩绘与雕刻的墓碑，超过3.96米高，顶上蹲着斯芬克司（sphinx）像，它是世界上保存最好的希腊古风时期的纪念性墓碑（图1）。

自1870年初创起，希腊罗马的藏品就是大都会博物馆的核心特色，而且主要通过购买、捐献和遗赠的方式来增加。博物馆在1874年—1876年收藏了最早的一批文物，当时博物馆利用捐款，从卢吉·帕尔玛·德·塞斯诺拉（Luigi Palma di Cesnola）上将那里购买了35000件古代塞浦路斯艺术品，塞斯诺拉后成为大都会博物馆的第一任主任（1879—1904年任职）。塞斯诺拉1865年—1872年在塞浦路斯任美国领事，通过自己的业余发掘和购买来收集文物。之后的几年里，塞斯诺拉收藏中大量的重复品被售出。但是大都会艺术博物馆的塞斯诺拉的收藏还剩6000件文物，依然是塞浦路斯以外，最丰富多样的一批（图2）。

随着古典考古学家爱德华·罗宾逊（Edward Robinson）被任命为大都会博物馆的第三代主任，在一个成熟的时机下从艺术品市场中收购大批文物，博物馆的希腊藏品经过不懈努力得到大幅度扩充，从而形成了古代希腊艺术成就的完整陈列。金融家J.P.摩根（J.P.Morgan）的捐赠品补充了博物馆的收购品，这些收购品尤其离不开罗杰斯基金（Rogers Fund）。罗杰斯基金是1901年用一位火车制造商雅各布·S.罗杰斯（Jacob S.Rogers）的遗产建立的。此外，一些材料来自于发掘，尤其是通过那些资助在萨迪斯（Sardis）探险的组织机构，还有的材料来自美国考古学会（Archaeological Institute of America）在克里特（Crete）岛上Praisos的发掘。萨迪斯的阿尔忒弥斯神庙（Temple of Artemis）的爱奥尼亚柱，

图 1
石灰岩男性头像（公元前 1000—前 480），希腊与罗马艺术展厅，174 号展室。纽约大都会博物馆（The Metropolitan Museum of Art）。

图 2
大理石男性雕像(公元前 6 世纪),
纽约大都会博物馆。

有着精致的凹槽和高浮雕装饰，它是美国最宏大的希腊古典时期的建筑物部件。1883年—1932年，大都会博物馆试图用古代杰作的复制品来补充从史前时期到希腊化时期的古代希腊艺术陈列，包括建筑装饰的石膏铸件、大型雕像品、建筑模型、古代绘画和壁画的电铸版和水彩版。1932年以后，博物馆就完全关注于对艺术品原件的收藏。

博物馆长期的希腊艺术的研究专家吉塞拉·李希特（Gisela M.A. Richter）在雅典的英国学校学习考古学，而且与田野考古学家培养了牢固的联系，例如哈里特·博伊德（Harriet Boyd）、霍伊斯（Hawes）和理查·贝里·西格（Richard Berry Seager），他们于1926年遗赠的特里特岛（Cretan）艺术品，成为博物馆爱琴海青铜时期藏品的核心。直到近几年，博物馆才通过笔者的野外工作，与希腊的考古发掘人员有更直接的联系。笔者是希腊罗马艺术部的研究人员，也是英国学院在雅典克里特岛东部帕莱卡斯特罗（Palaiakastro）发掘的考古学家。大都会博物馆对正在进行的青铜时期的聚落和希腊早期在帕莱卡斯特罗的宙斯神庙的考古学研究进行资助，其部分使命是为了加深我们对古代艺术和社会的认识，并且鼓励博物馆专家和考古学家之间的国际合作。

博物馆最近完成了长达15年的宏大计划，即将希腊罗马艺术品重新安置在27个新修缮的展厅里，展览面积超过57000平方米。第一阶段完成于1996年，展示史前与早期希腊艺术的"罗伯特与芮妮·贝尔弗展厅"（Robert and Renée Belfer Court）开幕。希腊最早的作品（约公元前4500—前700）被陈列在此，其后介绍了公元前7—前6世纪古希腊世界各地的艺术流派。第二阶段，展示古风时期（公元前600—前480）和古典时期（公元前480—前323）希腊艺术的7个展厅在1999年开幕，介绍主要来自雅典的艺术品的发展进程，雅典在许多方面成为希腊的文化先导，尤其在古典时期。器物被置于对各类材质文物进行梳理的全新陈列背景下，在McKim, Mead and White建筑公司于1912至1917年为藏品所建的宏大艺术空间里，焕然一新的希腊馆展现了宗教、葬俗、世俗生活和体育等主题内容。博物馆对东侧3个展厅里的希腊石雕原作的特殊排列最为突出，这得益于从面朝第五大道的窗户中投入的充足的自然光。位于博物馆建筑物中央的有半圆形拱顶的巨大展厅现叫做"玛丽和迈克尔·贾哈里斯展厅"（Mary and Michael Jaharis Gallery），它是纽约市最大的室内空间之一，很适合陈列大型的大理石雕像、青铜和瓶子（图3）。希腊彩绘陶瓶的杰作以及小型金属文物、首饰、宝石、核式玻璃和陶质小雕像是西侧展厅的重点。尽管展厅的时间顺序是由北向南的，但是不存在特定的参观线路。所有展厅之间的通道令参观者能够在博物馆中自由穿行。博物馆庞大的古代塞浦路斯艺术收藏在2000年4月重新与观众见面，它们位于第二层的4个重新修缮的展厅里。

2007年4月，随着希腊化时期、伊特鲁里亚、意大利南部和罗马艺术的展示空间的开放，陈列调整工作达到了最高潮。"利昂·利维和谢尔比·怀特 展厅"（Leon Levy and Shelby White Court）是重点，它是一座非常巨大、有天窗的列柱廊，有高耸的2层天井，陈列希腊化时期与罗马艺术品。希腊化时期艺术品有300年的跨度，从亚历山大大帝去世（公元前323）到阿克提乌姆海战（公元前31）。在阿克提乌姆，获胜的年轻将军屋大维自立为罗马帝国的独裁统治者，后来成为罗马皇帝奥古斯都。这段时期由3个展厅来呈现：一个展厅是希腊化时期的艺术和建筑，一个展厅是希腊化时期的奢侈艺术宝藏，还有一个展厅研究了希腊化时期艺术及其在古代罗马世界里的影响。这些新展厅陈列了希腊罗马展品中最重要、最闻名的杰作。

研究性藏品位于"利昂·利维和谢尔比·怀特展厅"（Leon Levy and Shelby White Court）上方的夹层，补充了各主要展厅陈列的器物。它包括3400多件各类材质的文物，覆盖了"希腊罗马艺术部"藏品的完整的文化与时间跨度，从史前希腊艺术直到晚期罗马艺术。研究性藏品的亮点包括1927年希腊政府给大都会博物馆的史前希腊陶瓶，以及著名水下探险家雅克·库斯托（Jacques Cousteau）给的罗马运输用的双耳细颈陶瓶。研究性藏品展柜里不再是传统标签，嵌在墙上的触屏令参观者可以获得展览器物的信息。这种专为大都会博物馆研发的互动系统，使得提供的信息与每件器物的最新学术研究同步更新。

大都会艺术博物馆的"希腊罗马部"组织以希腊艺术为主题的重要展览，并经常出借藏品给世界各地的博物馆展览。大都会博物馆举办的古代希腊艺术的主要展览有"纽约私家收藏中的古代艺术"（1959）、"爱琴海岛屿的希腊艺术"（1979）、"寻找亚历山大"（1982）、"画师阿马西斯和他的世界：公元前6世

图 3
玛丽和迈克尔·贾哈里斯展厅

纪的雅典瓶画"（1985）、"Christos G. Bastis 所藏古代文物"（1987）、"过去的荣光：利昂·利维和谢尔比·怀特（Shelby White and Leon Levy）所藏古代艺术"（1990）、"希腊的奇迹：公元前 5 世纪民主黎明时期的古典雕像"（1993）、"希腊的黄金：古典世界的首饰"（1994）、"帕伽马（Pergamon）：伟大圣坛的忒勒福斯（Telephos）装饰带"（1996）、"第一年：古代东西方世界的艺术"（2000），所有这些展览都配有展览图录。该部门也在用于临时陈列的一个全新的特展展厅里，推出较小规模的展览。此外，博物馆主要展厅也时常陈列非常出色的借展品。

大都会博物馆的全部藏品现在可通过官方网站来了解。除了在线数据库，博物馆网站不断增添新的、有创意的接近藏品的方式，如近期介绍 Connections 和 82nd & Fifth 的网站。大都会博物馆各类出版物涉及希腊艺术的各个方面，包括史前希腊艺术、塞斯诺拉的收藏、青铜器、大理石雕像、黑彩和红彩的阿提卡（Attic）陶瓶，金银器皿和雕刻宝石，还有近期一本介绍 500 件所藏精品的手册。下面挑选的杰出艺术品令人们感受到大都会博物馆的古代希腊艺术的深度以及古代希腊艺术家令人瞩目的成就。

◉ 新石器时代和爱琴海青铜时代的艺术
（约公元前 6000—前 1050）

大都会艺术博物馆的藏品中，历史最悠久的希腊艺术品可追溯至新石器期时代（约公元前 6000—前 3200）即石器时代晚期。希腊陶工首次将土与水塑制出手工陶器及其他日用品。经抛光与雕刻的陶器、彩绘装饰的器皿、使用过的石器，尤其是刀斧等工具以及雕像与首饰，证实了色萨利（Thessaly）、伯罗奔尼撒（Peloponnese）、克里特，尤其是克诺索斯（Knossos）等地发达的手工艺传统。近新石器时代末期，当地铜矿可能被利用来制作简单工具，金属加工的基本技术开始发展。在接下来的青铜时代（公元前 3200—前 1050），艺术传统迥然不同的三个文化声名鹊起，它们是：基克拉泽斯（Cycladic）、米诺斯（Minoan）及迈锡尼（Mycenaean）。

基克拉泽斯群岛位于爱琴海的西南部，公元前 3000 年就有人居住，居民来源尚不能确定。实际上，没有发现早期基克拉泽斯时期的聚落遗址（约公元前 3200—前 2000），该文化的许多证据来自出土器物组合，主要是岛民用来陪葬的大理石小雕像和容器。不同数量与品质的陪葬品表明了贫富悬殊，意味着基克拉泽斯在当时已出现某种形式的社会等级。早期基克拉泽斯雕像具有优美的极简抽象形式，给 20 世纪的前卫艺术家，如：巴勃罗·毕加索（Pablo Picasso）、阿米地奥·莫迪里阿尼（Amedeo Modigliani）带来灵感。博物馆藏品中有很具代表性的此类雕像。从人像造型的盛行、彩绘大理石的使用、比例关系的运用、各部位的协调来看，这些雕像开启了希腊大理石雕像的光辉传统。早期基克拉泽斯容器也呈现出粗率、简朴的造型，凸现基克拉泽斯文化偏爱各部位协调及对比例的有意保持。

克里特的史前文化被称作米诺斯，取自传说中的米诺斯王。根据希腊神话，宙斯化作公牛引诱了欧罗巴，并将她带到克里特，在那里生下米诺斯，米诺斯后来建造了著名的迷宫。在米诺斯艺术中，公牛是重要的权力与财富的象征。用考古术语来说，克里特居民于公元前 3000 年在岛上建立了大量聚落，制作了许多具有地域风格的陶器。米诺斯的精致陶器归功于青铜时代中期引入的制陶轮盘。器表装饰方面，米诺斯艺术家喜爱自然主义的设计，尤其是花卉和海洋图案。

随着神称作"宫殿"的中心的建立，米诺斯文化达到了它的高峰。宫殿汇集了政治、经济权力以及艺术活动。最早的宫殿在约公元前 1900 年发展起来。约公元前 18 世纪，岛上在大范围摧毁后，新建了一批宫殿。米诺斯宫殿在克诺索斯、菲斯托斯（Phaistos）、马利亚（Mallia）、扎克罗斯（Zakros）、彼得雷斯（Petras）、加拉塔斯（Galatas）等地都有发现。文字书写随着宫殿也一起发展起来，这可能是宫殿经营的记账需求所导致的。米诺斯人使用两种文字：一种是象形文字，灵感来源可能是埃及的线形文字；另一种是线形文字 A，可能受东地中海的楔形文字的启发。米诺斯的宫殿也用作仪式中心，尽管主要宗教活动发生在乡下的朝拜场所，例如：洞穴、泉溪、山顶圣所。考古学家仍在试图评定圣托里尼岛（Santorini）那次灾难性的火山爆发的影响，这场火山爆发（约公元前 1525）比公元 79 年维苏威火山的喷发力量高出 100 倍，其后的一场海啸或一系列海啸淹没了克里特岛的沿岸聚落。

约公元前 1500 年起，希腊本土的影响力来越大，有明确的考古证据表明在约公元前 1450 年米诺斯岛遭受了大范围的损毁。即便迈锡尼人与这次毁灭无关，他们肯定也从中得到了好处。在克诺索斯和干尼亚（Khania）发现的那时的行政档案是用线形文字B书写而成，这是一种迈锡尼文字，是希腊语的前身。在公元前12世纪早期，迈锡尼文化整体走向衰落。大都会博物馆中具有代表性的迈锡尼艺术品是印章。这些印章表现出对于各种材质及动态造型的非同寻常的敏感，无论其主题来源自自然界还是纯粹的装饰品，那些特色在其他材质上也同样显著，不管是黏土、青铜、玻璃、壁画、象牙还是黄金。

希腊本土的史前文化称做希腊青铜时代文化（Helladic）。直到公元前1600—前1450年，希腊的物质财富和手工业才变得引人瞩目，例如：迈锡尼的竖井墓（Shaft Graves）。在随后的400年间，以城堡为中心的文化繁荣兴盛，这些城堡因《荷马史诗》中的《伊利亚特》和《奥德赛》而流芳百世，比如迈锡尼、皮洛斯（Pylos）、底比斯（Thebes）。希腊青铜时代文化晚期通常叫做迈锡尼。出于当地统治者的经济和军事意图，迈锡尼的商品甚至前哨，遍布地中海地区，从意大利直到黎凡特（Levant）。除了是勇于冒险的商人，迈锡尼人还是勇猛的战士和伟大的工程师，他们设计建造了卓越的桥梁、用巨石堆砌的城墙、蜂窝状石墓以及复杂的排水与灌溉系统。当地作坊生产奢侈物件，如：经雕琢的宝石、首饰、贵金属瓶、织物、玻璃装饰以及日用和宗教用途的红陶器和青铜器。迈锡尼与米诺斯文化间的接触对彼此的艺术都产生了巨大影响。在公元前12世纪初之前，在遭受多番损毁、幸存居民外迁避难后，迈锡尼文明及其艺术就衰落了。依据考古发现，奢华艺术品在这段时间几乎消失不见。但是，彩绘陶器和少数金属器还在继续生产，生产规模逐步减小。

⊙ 几何风格时期和古风时期的希腊艺术
（约公元前1050—前480）

迈锡尼文明的几个主要中心在青铜时代晚期被毁灭，地中海世界东部曾经高度繁荣的文明也消失不见。从此之后，直到公元前10世纪中叶，希腊本土、基克拉泽斯群岛、克里特岛有长达约100年的困顿和停滞时期。在社会、经济、政治和手工艺层面，新的生命力在加速进程，最显著的证据是在阿提卡，该地区在公元前9世纪的中心正是雅典。从公元前1050—前700年这段时期，习惯上被称为"几何风格时期"，反映了艺术品上几何形状的流行，尤其是青铜像和陶器。这300年见证了对希腊文明至关重要的各项制度的建立：城邦或城邦国家，主要神庙例如：位于德尔斐（Delphi）和奥林匹亚（Olympia）的神庙，以及希腊字母的使用。当时的器物表明了哪些是重要的事物。大型陶瓶展现了葬礼仪式的部分场景，死者被放置在棺上，周围环绕着亲友和悼念者。位于下方的武士与战车的条形装饰可能令人想起死者或其光荣祖先的丰功伟绩。尽管装饰手法采用固定风格，但是陶瓶的规模与制作技巧体现了艺术家的成就。

像青铜时代一样，几何风格时期和古风时期的希腊是由许多独立城邦组成的，虽然每个城邦拥有自己的政治和社会组织，但却共享一种语言、诸神与英雄信仰，以及泛希腊的中心，例如：特尔斐的神示所。在古风时期（约公元前700—前480），希腊不仅包括本土，而且多亏密集的殖民开拓，还包括了从意大利到小亚细亚（今天的土耳其）及黑海沿岸的许多殖民地。博物馆的藏品反映了大部分主要地区——希腊东部、拉哥尼亚（Laconia）、科林斯湾（Corinth）、阿提卡、克里特岛和希腊西部。这些藏品证明艺术家使用了种类繁多的材料，尤其是来自异域的珍贵材质，例如：象牙、玻璃、宝石、金、银。

在展示古风时期希腊人生活与信仰方面，我们博物馆最为丰富的器物收藏来自雅典。现存数量庞大的陶器向我们展示了日常生活的各种场景，例如：婚礼队伍、织羊毛的妇女、全副武装准备战斗的男人。它们使我们想象出希腊人的神祇，例如：酒神狄奥尼索斯（Dionysos）或者雅典的守护神雅典娜。它们也为我们提供了关于特洛伊战争的描写，根据公元前8世纪的诗人荷马所述，特洛伊战争基本可追溯至公元前12世纪。古风时代最具里程碑式的工艺创造是从公元前7世纪晚期开始，用大理石建造建筑物、纪念碑和雕像。虽然大都会博物馆没有建筑物的藏品，但是拥有小型建筑的装饰部件，上面展现了雄狮攻击公牛的场景。博物馆也陈列了保存最完整的古风时期的大理石墓葬纪念碑，是献给一位叫做Megakles的雅典贵族青年。公元前6世纪最重要的成就之一，就是发展出真人大小的男性（kourou）和女性（korai）雕像。

古风时期的财富、活力和信心反映在其艺术作品中。这些品质受到严峻的挑战，当波斯帝国的统治者在公元前7世纪开始向西部扩张，并且在两次侵略中，差点攻克希腊。希腊各城邦齐心协力战胜了敌人，并且在马拉松（Marathon）、萨拉米斯（Salamis）和普拉蒂亚（Plataia）的一系列著名战斗中获得胜利。公元前479年，波斯人最终被打败。由小国家组成的希腊世界持续不断的结盟与对抗，当雅典变成占统治地位的强国时，希腊世界最终走到了尽头。

古典时期的希腊艺术
（约公元前480—前323）

公元前479年波斯战败之后，雅典在政治、经济和文化各方面称霸希腊。雅典人组建同盟以确保爱琴海诸岛和小亚细亚沿岸的希腊城邦的自由。所谓的提洛同盟（Delian League）的成员国要么提供舰船，要么提供定额资金，钱款放在阿波罗神诞生地提洛岛（Delos）的金库里。通过对资金和强大舰队的控制，希腊人逐渐将自愿的同盟成员国变成了从属臣民。公元前454至前453年之前，当金库从提洛岛转移到雅典卫城后，雅典城已成为一个富足帝国。它也发展成为最早的民主国家。雅典所有成年男性公民约3万人，他们参加选举和议会会议，议会既是政府也是法庭所在地。

伯里克利（Perikles）是公元前450—前425年间最富创造力、最有才干的政治家。在他统治下，雅典城面目一新。公元前480年波斯人洗劫造成的破坏景象，被卫城上大规模的建筑项目一扫而光，展现了新的财富和广泛民主才能实现的乐观与自信。献给城市保护神雅典娜的建筑物——帕台农神庙，全部由大理石修建而成，并装饰以丰富的雕像。神庙内部的巨大神像是伯里克利的艺术总监菲迪亚斯（Pheidias）用象牙和黄金制作而成。最能代表公元前5世纪中期古典风格顶峰的是帕台农神庙的雕像装饰，博物馆所藏的三件大理石浮雕正展现这种风格。石雕的图像题材（iconography）启发了其他材质的创作灵感，例如瓶画。

公元前5前4世纪的希腊艺术家掌握了传达生命活力以及永恒、清晰、和谐等感受的表现方式。阿尔戈斯（Argos）的波留克列特斯（Polykleitos）尤其闻名，因为他制定出一套比例系统，实现这种艺术效果并且可供他人复制。他的著作《法则》（Canon）虽然已佚，但他最重要的作品之一"荷矛者"（Diadoumenos）留下青铜原作的许多古代复制品。尽管希腊古典时期的艺术表现所达到的高潮很短暂，但必须意识到它是在希波战争（公元前492—前479）中开创，并持续到波罗奔尼撒战争（公元前432—前404）。雅典政权的扩张已经促使斯巴达（Sparta）和其他希腊城邦采取军事行动，最终导致雅典战败。尽管雅典丧失其首要地位，但是其艺术的重用性在公元前4世纪还继续着，丝毫没有减弱。在公元前5世纪末优美且书法般的雕像风格之后，是素面恢宏的独立式雕像和众多墓碑。在该时期影响深远的众多创新当中，有希腊雕塑家普拉克西特列斯（Praxiteles）制作的纤细优美的人物以及他创造的裸体的"克尼多斯（Knidos）的阿佛洛狄忒（Aphrodite）"。该雕像打破了希腊艺术根深蒂固的传统之一，在此之前的女性人像披着衣物。

当雅典在公元前4世纪开始衰落的时候，大希腊的诸城邦繁荣起来。意大利南部和西西里岛在公元前8世纪初被希腊人殖民，优卑亚人（Euboeans）在靠近那不勒斯（Naples）的匹斯科塞（Pithekoussai）和库迈（Cumae）建立了基地。同时在西西里岛，来自优卑亚和基克拉泽斯的移民建立了纳克索斯（Naxos），科林斯人（Corinthians）建立了锡拉库萨（Syrancuse）。殖民地开发持续到公元前5世纪末，移民不仅是来自希腊各地的族群，还有离开新家园另觅其他地方的殖民者。例如：梅塔蓬图姆（Metapontum）是公元前5世纪末由一支锡巴里斯人所建立的，而锡巴里斯（Sybaris）50年前是亚加亚人（Achean）的基地。大希腊城邦胜过意大利半岛的当地部族，在西西里岛胜过劲敌迦太基（Punic）的殖民地。

虽然与希腊本土的持续且紧密的关联非常重要，但在西方产生的艺术风格与图像则反映了新的环境条件。意大利南部缺乏制作精致雕像的大理石及其他坚硬石材。在他林敦（Tarentum）有些地方使用石灰石，但是陶成为制作立体雕像和浮雕的主要材料，即使用于大尺寸作品。

大多数殖民地占据沿岸地区，但其影响力传播到内陆的本土居民，他们乐意接纳希腊风格并雇佣希腊艺术家。许多南部意大利陶瓶描绘了当地武士，但是器型和技法都是希腊式的。同样，意大利的琥珀雕刻艺术品改造了外来主题和风格。在一个地区，意大利南部艺术品为我们了解希腊文化作出不可估量的贡献。雅典戏剧在公元前5世纪随着埃斯库罗斯（Aischylos）、索福克勒斯（Sophokle）、欧里庇得斯（Euripides）的作品而繁荣兴旺，它们非常受人们欢迎，当地制作的陶器描绘了悲剧和喜剧中的片断。

菲力雅士（Phlyax）瓶画描绘了一种特殊的滑稽戏（farce），演员穿戴着厚戏服和面具扮作各种类型角色（Stock Character），这也出现在红陶人像上。意大利南部的艺术品美轮美奂、生机勃勃，反映了希腊城邦从肥沃农田、矿产资源和商贸活动的开发中所积累的财富。此外，尽管在殖民西部中，希腊艺术有所改变，但是与多种多样、发展变化的当地文化的持续融合才确保了希腊艺术的活力。

公元前4世纪中叶，希腊北部的马其顿（Macedonia）在菲利普二世统治下成为一个强大的国家。菲利普二世的军事和政治成就为其子亚历山大大帝的远征（始于公元前334年）做好了准备。在11年间，亚历山大征服了西亚的波斯帝国和埃及，继而进入亚洲中部，最远到达印度河流域。当其33岁病逝时，亚历山大的部将们瓜分了他征服的地区，并建立了在希腊化时期改变政治和文化世界的几个国家。

希腊化时期的艺术
（约公元前323—前31）

公元前334—前323年，亚历山大大帝率其军队征服了大部分已知世界，建立了一个从希腊、小亚细亚，经过埃及和近东波斯帝国，一直延伸到印度的帝国。与遥远文化之间前所未有的接触传播了希腊的文化和艺术，希腊艺术风格也受到许多新的外来影响。亚历山大大帝死于公元前323年，通常标志着希腊化时代的开始。

亚历山大的将军们被称为继任者（Diadochoi），他们将帝国的许多领土瓜分为自己的王国，诸多王朝由此产生：近东的塞琉古王朝（Seleucides）、埃及的托勒密王朝（Ptolemies）、马其顿（Macedonia）的安帝哥尼斯王朝（Antigonids）。有的希腊城邦通过缔结联盟来维护国家独立；在希腊中西部最重要的是埃托利亚同盟（Aitolian League）和以伯罗奔尼撒半岛（Peloponnese）为中心的亚加亚同盟（Achaian League）。在公元前3世纪的前50年，诸多小国从庞大的塞琉古王国中分裂出来。小亚细亚的北部和中部被划分为比提尼亚（Bithynia）、加拉太（Galatia）、帕夫拉戈尼亚（Paphlagonia）、本都（Pontus）和卡帕多细亚（Cappadocia），分别由阿契美尼德（Achaemenid）时代遗留的各当地王朝所统治。伟大城邦帕伽马（Pergamon）的亚特利得（Attalid）王室开始统治小亚细亚西部的大部分地区，东部地区的主宰——巴克特里亚（Bactira）是由一个富足而强大的希腊与马其顿后裔的王朝所统治。希腊化时代的艺术和文化正是从这样一个伟大而辽阔的希腊世界里崛起的。

在希腊东部，希腊化时期的君主政体是主要政治形式，这在亚历山大大帝死后持续了近三个世纪。王室家族居住在豪华的宫殿里，有精美的宴会厅、装饰豪华的房间和花园。王室宫殿里举行的宫廷庆典和宴会为炫耀财富提供了机会。希腊化时期的国王们成为艺术品的主要赞助人，他们委托制作公共建筑物和雕像，以及证明其财富和品位的私人奢侈品。例如，珠宝展示了种类繁多的款式。人们采用之前从未使用的宝石，因为通过已建好的广阔的商贸道路，它们如今能被更广泛地获得。同时，越来越多的商贸和文化交流以及更多的金匠银匠的流动，导致希腊化时代一种希腊共通语（Koine）的确立。凭借共同语言，希腊化时期世界各地遥远的角落里，同时存在着非常类似的图像和式样。

希腊化时期的艺术品在主题和风格发展上都非常多样，并且在具有强烈历史感的一个时代里被创造出来。首先，包括亚历山大港（Alexandria）、帕伽马等地建立了一些博物馆和大型图书馆。艺术家们模仿和修改以前的式样，但是他们同样也是伟大的开创者。神祇的形象呈现出新的样子。例如：阿佛洛狄忒（Aphrodite）的裸体雕像的流行反映了传统奥林波斯山神信仰（Olympian religion）世俗化的加剧。酒神与著名的东方征服者狄奥尼索斯（Dionysos）和商业之神赫尔墨斯（Hermes）都受到了重视。爱神厄洛斯（Eros）被表现为如今小孩的样子。

希腊化时期，新兴的国际化环境的直接后果之一就是题材范围的拓展，这些题材在以前的希腊艺术中几乎没有先例。非传统主题如丑陋怪人（grotesque）、更多的普通居民，包括孩子和老人，以及外国人肖像如非洲人，这些新题材作品展现了一幅希腊化时期各色百姓的完整画面。艺术收藏者数量增多，造成对原作及以前名作的仿品需求。同样，许多富裕的消费者渴望改善他们的私人住所和花园，从而出现了种类繁多的奢侈商品，如：精致青铜小雕像、青铜浮雕装饰的木制家具、石质雕像、精美印花陶器，都前所未有地被大批量生产。

对希腊艺术最渴望的收藏者是罗马人，他们根据自己的兴趣和品位，用希腊雕像装饰其城中房屋和乡村别墅。位于博斯科雷亚莱（Boscoreale）的别墅壁画，其中一部分显然效仿了希腊化时代马其顿王室的绘画，还有大都会博物馆藏品中精致的青铜器，这都很好地展现了罗马贵族在他们的私宅内所营造的优雅的古典环境。公元前1世纪，罗马自身成为希腊化时期艺术的繁荣中心，希腊艺术家们前来罗马工作。

希腊化时代的终结通常被认为是公元前31年阿克提乌姆海战（battle of Actium）。在这场海战中，后来成为奥古斯都大帝的屋大维（Octavian）打败了马克·安东尼（Mark Antony）的舰队，结束了托勒密王朝（Ptolemies）的独立政府，令最后一个希腊化时期的王国归属罗马。在罗马帝国时期，对希腊艺术和文化的兴趣仍然很浓厚，在某些罗马皇帝的统治时期，如奥古斯都（Augustus，公元前7年—公元14年当政）和哈德良（Philhellence Hadrian，公元117—138年当政），希腊艺术有所复苏。最终，罗马艺术家在之后数百年里继续了希腊化时期的传统。

◉ 塞浦路斯的艺术
（约公元前3900—公元100）

很早开始，塞浦路斯岛就已经成为东方与西方之间的一处驿站。它不仅是停靠船舶的港口，而且是铜矿的主要产地，对青铜生产至关重要。塞浦路斯的政治与艺术的历史，就是一个接一个的入侵者的历史，他们留下了自己的印记，然后又被下一个外来政权所替代。在这方面，有必要记住的是：在飞机出现前，通往塞浦路斯岛的唯一方式是船只。

大都会艺术博物馆的塞浦路斯藏品是由卢吉·帕尔玛·德·塞斯诺拉收集的，他自1865年起在塞浦路斯担任美国领事长达10年。他以发掘、购买古董为业余爱好，即便在他当时的年代，也没有相应的约束。在将藏品出售给大都会博物馆并组织展览后，他于1879年成为博物馆的第一位主任。这批藏品的范围，尤其是年代顺序，反映了塞斯诺拉所选择的发掘地点。因此，他从未发掘到约公元前10000—前2500年之间的最早的史前地层。另一方面，他搜集了来自塞浦路斯以外、公元前1000年最精美的雕像。

在青铜时代（约公元前2500—1050）、史前时代晚期，塞浦路斯的各类材质的工艺生产都很繁荣——陶器、红陶、青铜、贵金属。与近东、埃及和爱琴海的邻近文化之间交往非常频繁。公元前6世纪，塞浦路斯人在一种克里特文字基础上发展出一套书写系统。塞斯诺拉藏品中的文物主要是墓葬中的陪葬品，因此它们展现了特定时期的物质文化的某一方面，而不是各个方面。尤其注意对陶土的运用；现在看来，这些雕像和瓶子均显露出在制作装饰精美、造型复杂的陶器过程中的一份活泼与欢愉。

从公元前1400年起，塞浦路斯就有大量已知是迈锡尼文化的希腊陶器。迈锡尼是最有势力的宫殿中心，这些宫殿中心在希腊有政治影响力，也控制地中海大部分地区的商业贸易。200年后，诸多希腊要塞被毁，在社会动乱、人口迁移的年代，避难者在相对稳定的塞浦路斯定居。这标志着希腊首次对塞浦路斯岛的大规模入侵，并且这反映在神话当中，神话记载了希腊英雄们在特洛伊战争后（公元前12世纪初期）返回祖国，建立了塞浦路斯王国。

青铜时代末塞浦路斯的复苏，与公元前9世纪腓尼克人（Phoenicains）入驻基蒂翁（Kition）有着密切联系。腓尼克人从他们的祖国（今天的黎巴嫩）出发，作为西扩的一部分，最终延伸到西班牙。在塞浦路斯，他们发现了金属和木材资源。通过远距离贸易，腓尼克人从埃及和近东引进了丰富的艺术主题和风格。政治上，塞浦路斯在公元前1000年组建成诸多王国，古代文献对王国数量的记载不尽相同。在公元前8世纪晚期，亚述（Assyria）控制了塞浦路斯岛，接着是埃及和波斯。亚历山大大帝在公元前333年确立了对希腊的统治。在希腊化时期，塞浦路斯受制于埃及统治者托勒密，在公元前30年，被并入了罗马帝国。

塞浦路斯的艺术反映了它动荡的历史。同时，多亏了历史悠久的陶器、青铜器和当地软石灰石的制作传统，塞浦路斯的艺术品保留了其明确无疑的特征。对新风格的快速与全面的吸收是非常惊人的。阿玛图斯（Amathus）石棺呈现出一种范例，它将近东、埃及和希腊的诸多特征融为一体。尽管塞浦路斯的艺术如同其他艺术一样，其品质在1000年中有所变化，但是不断经历新的潮流，它依然生机勃勃。

新石器时代和青铜时代的艺术

图 5

竖琴乐师坐俑,基克拉泽斯 I 晚期—基克拉泽斯群岛 II 早期。大理石,含竖琴高 29.2cm。

在早期青铜时代的基克拉迪艺术中,该器物是已知最早的少数乐师雕像之一。其与众不同之处在于庞大的竖琴与写实的细节,尤其是对胳膊和手非常细致地雕像,对口部的刻画,以及人像所坐得精致的高背椅。人像头顶上不同程度的大理石风化,表明该部位原本上过彩;人像可能戴着一顶头盖帽(skull cap)或留着类似平头的发型。该人像佩戴腰带,其性别显而易见。琴框上有一个正面装饰,很像一只鸟的头,可能是燕子。

这座雕像和其他少量的基克拉泽斯大理石竖琴乐师,可能代表了一批数量庞大的群体,他们履行着重要的职责:在无文字的年代中,保存、传播本民族的历史、神话和音乐。这些乐师可被视作英勇的迈锡尼时代的专业演奏家的前身,他们在荷马史诗(例如,奥德赛 8.477—81)和古希腊日后繁荣的口头诗歌传统中都有所提及。

图 6

四件银器，出土于安那托利亚（Anatolian）的西北部，早期青铜时代的后段，约公元前2300—前2000年。双耳杯为银和金银合金，高7.9cm；高脚杯为银质，高10.8cm；翁法洛斯碗（omphalos，祭器）为银质，高12.9cm；有盖瓶为金银合金，高（含盖）25.1cm。

这四件据说是一起发现的银器，与海因里希·谢里曼（Heinrich Schliemann）在特洛伊（地层学上称作特洛伊二期）发现的器物非常类似。从最晚的特洛伊IIg地层里发现的大量金银珠宝，令施利曼相信他发现了荷马在《伊利亚特》里描述的城市。事实上，这批材料的年代比特洛伊战争早1000年。

该银杯有两个中空的管状耳，口沿和足部用金银箔条装饰。该有盖瓶为蛋形器身，有中空的圆锥形足和圆柱形颈，其上加盖。盖和器身两侧的柄状突起都有穿孔，是为了系绳用于悬挂。

图 8

牛首器，米诺斯 II 晚期，约公元前 1450—前 1400 年，陶质，9.5×13.9 cm，Alastair Bradley Martin 捐赠。

该容器是一种角状器（rhyton，祭酒或饮酒器）。祭酒通过牛鼻上的孔倒出。该器或浸没在大容器中或通过头上的孔来加满。利用虹吸原理，只要手指封住牛首顶部的小口，液体就不会流出。

图 7

克努斯器（Kernos）是供奉多类祭品的器皿，基克拉泽斯 III 早期—基克拉泽斯 I 中期，约公元前 2300—前 2200 年。陶质，高 34.6 cm。

这组罐、壶和克努斯器是 1829 年由英国海军上校 Richard Copeland 在米洛斯岛（Melos）上发现的，1857 年由上校遗孀捐赠给伊顿公学。这三件器物中，克努斯器最为有趣复杂。虽然在青铜时代克努斯器的使用地区分布很广，但基克拉泽斯群岛发现的克努斯器尤其出色。该件是现存器型最大、最精致典雅的克努斯器之一。中心碗四周围绕二十五支类似长颈瓶的容器，它们可能是用于盛放种子、粮食、鲜花、水果或液体。

罐的彩绘与克努斯器相似，器身有一道道粗细交替的 V 形图案，白底黑纹。壶用更大面积的同类图案装饰。这三件器物都是基克拉泽斯陶器最精美、最成功的代表作，它们或许出自同一墓葬，可能是在岛上重要的基克拉泽斯文化聚落——菲拉科皮（Phylakopi）。

几何风格时期和古风时期的希腊艺术

图 9

双耳陶杯（Krater，调酒缸），绘有守灵仪式。出自希腊阿提卡，几何时期，约公元前 750—前 735 年，高 108.3 cm。

几何时期的陶瓶在希腊各地均有生产，但是造型与表现最为丰富的陶瓶出自阿提卡。纪念性陶器作为墓碑使用。该陶瓶上的主要场景是：死者被安放在棺木上，家属环绕四周，左右两侧是吊唁的女性。其下方描绘了一支战车和武士队列。使用战车和沙漏形盾牌作战是青铜时代的传统，一直流行到公元前 8 世纪中叶。该条形装饰赋予死者英勇战士的身份，由于在上方的场景中，死者没有任何特点，且主要由女性陪伴。另一件年代稍早的双耳盆口陶瓶展现了发生在船上和船周围的战争场景。画面中一艘船的中央有位坐在天篷下的人物，有两位持剑武士正在逼近船尾。另有一座绘有守灵场景的保存不佳的墙面，证实此件陶瓶确实是丧葬用品。

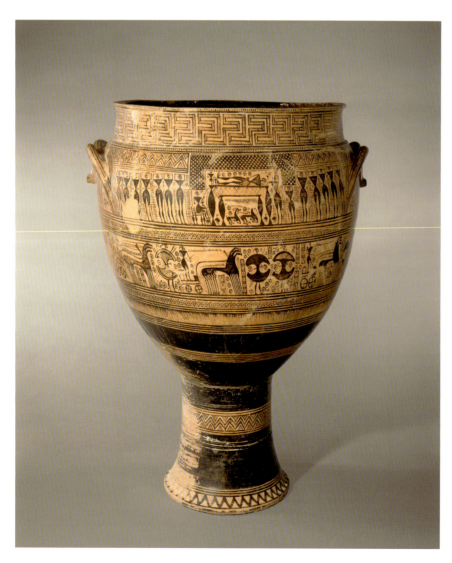

图 10

青年人和小女孩的墓碑，来自希腊阿提卡，古风时期，约公元前 530 年。碑座上刻有："献给亲爱的 Megakles，他的父亲和亲爱的母亲立碑，纪念他的亡故。"大理石，高 423.5cm。

古风时期的雅典贵族墓碑非常讲究排场。这件墓碑是保存最为完整的一件。碑座铭文说明此碑是献给麦加克勒斯（Megakles），由其父母所建。碑身上有一位年轻人，被描绘成手腕挂一个盛芬芳油类的圆瓿（Aryballos，油壶）的运动员。他身旁的小女孩可能是他的妹妹。碑顶上的斯芬克司（sphinx）站立守卫。还有许多保存下来的丰富的彩绘使雕刻更为细腻与精致。

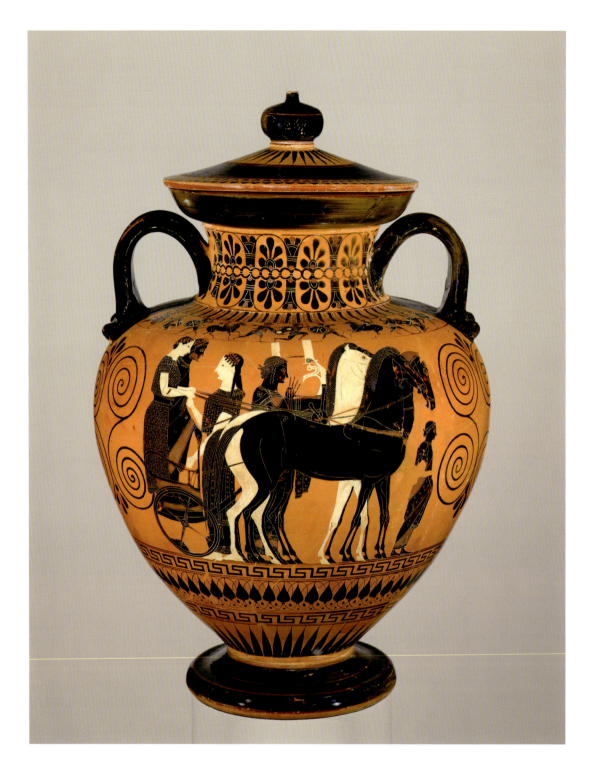

图 11

双耳细颈陶壶,器身绘有乘马车的一对男女、身旁女子、里拉琴琴师,器肩部绘有步兵与骑兵作战场景。来自希腊阿提卡,古风时期,黑彩,约公元前 540 年。Exekias 制作,陶质,高 47 cm。

黑彩技法起源自科林斯(Corinth),公元前 6 世纪的后 25 年里达到了高峰。制作者艾克塞克亚斯(Exekias)是陶工也是画师,他或许可算作最有成就的艺术家。器物装饰描绘精致,每处细节都完美吻合陶壶的潜在体积。器身主场景的题材尚不确定。驾车的女性人物暗示了该壶的特殊属性。

图 12

石盘,来自希腊阿提卡,古风时期,公元前 6 世纪。大理石,直径 11.4 cm。

在希腊人的生活中,战争与体育运动紧密相关。年轻人在体育馆里所受的训练为他们的军队服役与英勇献身做好准备。该石盘使用大理石制作,可能永远也不会使用。就像铭文告诉我们的那样,它属于 Telesarchos,是一件随葬品。

图 13

盛油细颈球形瓶,绘有矮人与鹤相斗,以及珀尔修斯。来自希腊阿提卡,古风时期,黑彩,约公元前 570 年。署名是陶工 Nearchos。高 7.8 cm。

该油瓶是运动员装备中的重要组成部分,因为它装有清洁和保护皮肤的油。这件器物颜色非常丰富,不仅是由于旋转的月牙纹,还由于生动活泼的题材,包括珀尔修斯、矮人与鹤相斗。身兼陶工与画师,Nearchos 是活跃在公元前 570 年最伟大的艺术家之一。他的儿子 Tleson 是其后一辈人里制作陶杯(Little Master Cup)的主要陶工之一。父子两人都能读会写。他们在其陶瓶上署名。这件油瓶因人物描画精确有力而独树一帜。

图 14

赫姆（Herm）碑小雕刻，来自希腊阿卡狄亚，古风时期，约公元前 490 年。青铜，高 9.2 cm。

赫尔墨斯因身为信使之神而闻名遐迩，但是他也保护旅人、道路、边界、出入口以及牲畜。石质的赫姆碑立于大道沿线，在边界和大门旁，以及坟墓边。赫姆碑为柱形，顶上是赫尔墨斯的头像，且常常有男性生殖器。这件精美小巧的青铜赫姆碑可能是一件祭品。

图 15

绘有蛇发女妖脸的台座,来自希腊阿提卡,古风时期,黑彩,约公元前 570 年。署名是陶工 Ergotimos,画师 Kleitias。陶器,直径 8.9 cm。

埃尔戈提莫斯(Ergotimos)和克雷提阿斯(Kleitias)曾在一件大型涡形双耳喷口陶缸(volute-krater)上署名,它现藏于佛罗伦萨考古博物馆,是名副其实的希腊神话缩影,尤其与阿喀琉斯(Achilles)相关。该台座是另一件保留他们署名的作品。三个蛇发女妖面目恐怖,任何见到的人都会变成石头。在古风时期的艺术品中,蛇发女妖脸是很常见的图案,一定程度上是由于它很适合安排在圆形设计中。

图 16

浅酒杯（Kylix），绘有武士和船，来自希腊阿提卡，古风时期，黑彩陶器，约公元前 520 年。高 9.5 cm。

有些阿提卡陶杯有所谓"哈尔基季基（Chalcidizing）"风格的器足，这就是其中的一件，是意大利南部陶工制作的黑彩陶杯。船的主题特别出现在公元前 6 世纪的双耳喷口陶缸（混合酒与水的容器）和浅酒杯上。古希腊文学作品中出现将航行比为酒宴（酒会）。的确，在斟满美酒的饮杯里航行的感觉本身就已经令人醉倒了。

图 17

雄狮扑倒公牛的山形墙残块,来自希腊阿提卡,古风时期,约公元前 525—前 500 年。大理石,高 64.1 cm。

该部件原本可能曾装饰一座小建筑物的山行墙(三角墙),它包括两头扑向猎物的狮子。紧挨着的碎块为右边狮子的前段和公牛的中段,1862 年在雅典的奥林波斯山被发现,现藏于雅典国家考古博物馆。该主题是古风时期各种材质的艺术品中最流行的一种。它令艺术家得以将对称作品与剧烈动态融为一体。它也可能代表了文明生活与自然界之间的冲突,在后来的艺术中,该主题用希腊人与人马族之间的争斗来表现。

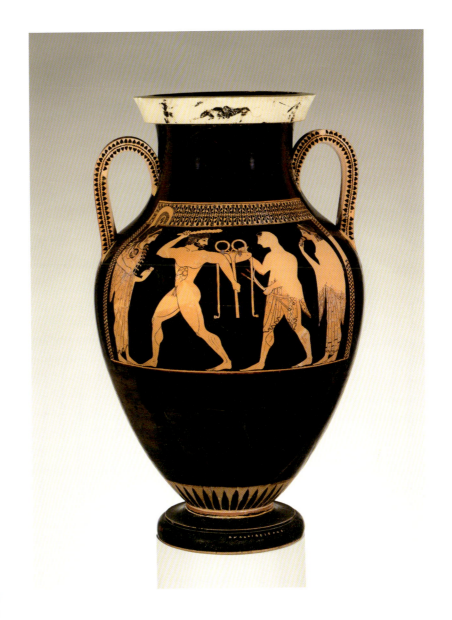

图 18

双耳细颈陶瓶,绘有赫拉克利斯和阿波罗为三足圣炉而决斗。来自希腊阿提卡,红彩/白地双勾,约公元前 530 年。陶工署名安多基德斯(Andokides)。高 57.5 cm。

约公元前 530 年,红彩技术被雅典陶工安多基德斯的作坊采用。尽管红彩技术成为主要的装饰手法,但开始时它还只是诸多试验性技术中的一项。这件双耳细颈陶瓶非常出色,因为它结合了红彩、黑彩并且运用在公元前 5 世纪将变得至关重要的白色泥釉。在器身的主要场景中,赫拉克利斯正试图带走三足圣炉来求得他希望的神谕。太阳神阿波罗挫败了他的企图,而雅典娜阿尔忒弥斯正在旁观。

图 19

浅酒杯，绘有武士和男孩，来自希腊阿提卡，古风时期，红彩陶器，约公元前 500 年。高 13.3 cm。

该陶杯的主题图案有力证明了在雅典年轻人的日常生活中体育与战争的关系。杯内有一幅非常精美且朴素的武士图像。武士手握一根长矛，身边有一个男孩，可能是随从。艺术家仔细清楚的描绘了武士衣着与盔甲的细节。通过将头盔放在一旁，他能显出陷入沉思、情绪低落的面容。

图 20

科林斯头盔，带有莲纹和棕叶纹，两侧为蛇形纹。属于希腊古风时期，约公元前 600—前 575 年。青铜，高 22.5 cm。

这件科林斯头盔是希腊战士佩戴的主流类型。特点是似钟形，长鼻甲，面颊片遮住全脸，仅露出眼睛和脸部下方一点。该头盔特别用一对浅浮雕蛇纹装饰，蛇之间是棕叶与莲纹装饰。

图 21

矛尾端，希腊，古风时期，约公元前 500 年，青铜，高 42.2 cm。

矛尾端是装在一根矛触地的一头。这件精美器物镌刻铭文"由赫赖亚人（Heraeans）供奉给廷达瑞俄斯之子"。廷达瑞俄斯之子指的是卡斯托耳（Kastor）和波吕丢刻斯（Polydeukes）。赫赖亚人是位于阿卡狄亚的一座城的居民，这件矛尾端是作为战利品从阿卡狄亚带回来的。

图 22

芬尼克斯立台，来自希腊阿提卡，古风时期，红纹陶器，约公元前 520 年。高 25.4 cm。

该立台可能用来盛放鲜花、水果祭品。它是一对立台中的一座，是造型独特的阿提卡陶器，表示说它如同许多阿提卡陶器一样，是为出口伊特鲁里亚而制作的。伊特鲁里亚本土器型通常是一种结实的黑陶器，它们在雅典作坊里被重新改造。这些希腊化的变体陶器被出售给西方的伊特鲁里亚顾客，后来又陪葬在他们的墓中。

图 23

青铜提水罐，来自希腊阿尔戈斯，古典时期，公元前 5 世纪中期。壶口上刻有"Argive Hera 授予的奖品之一"。高 51.4 cm。

如同所有形式的希腊艺术品，提水罐的特点是将各精密部件组合成为一个和谐、比例匀称的整体。素面的器身在肩部微微鼓出，向内转成一个柔和、如软垫般的弧度。器物肩部用舌状纹装饰，呼应了足部的垂直凸纹。颈部自肩部延伸出来，形成一个喇叭形口，从中冒出一座女子半身雕像。女子穿着长外衣，精心刻画的秀发勾勒出宁静的面庞，玫瑰图案的圆轮好似伸出的双手。我们从罐口铭文得知：这件 Hydria 是献给女神赫拉的运动会的获胜奖品，举办地在伯罗奔尼撒的阿尔戈斯的赫拉神庙。

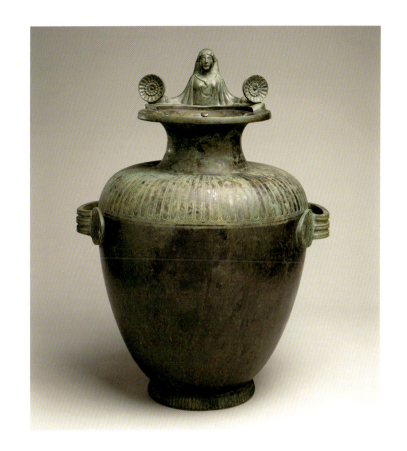

图 24

涡形花样双耳喷口杯，绘有希腊人与亚马逊族女战士之战，以及人马族与拉皮斯人（Lapith）之战。来自希腊阿提卡，红纹陶器，约公元前 450 年。由画师伍利·萨迪尔（Woolly Satyrs）制作。高 63.5 cm。

古希腊人几乎从不在艺术品上描绘当时或历史事件。因此，虽然公元前 5 世纪的文学作品清楚表明希腊人知道他们赢得波斯战争的重要性，但是艺术家们对阐述重大事件和人物毫不关心。相反，他们更加喜爱希腊人与敌人——著名的亚马逊族之间宏大的战争。亚马逊族是传说中的女战士族，她们的家园在遥远的东方和北方。5 世纪前 50 年，雅典最著名的"希腊人与亚马逊族之战"是装饰赫淮斯扛斯神庙（Theseion）、波伊奇列柱廊的大型壁画。希腊人尊重亚马逊族的英勇。相比之下，人马族与拉皮斯人之战，是酗酒、野蛮的人马族与色萨利（Thessaly）战士部落的对抗。

图 25

绘有帕里斯的评判的盒子,来自希腊阿提卡,白地陶器,约公元前 465—前 460 年。加盖高 17.1 cm。

公元前 5 世纪的中叶,白地技术普遍运用在一种细颈有柄长形油瓶以及其他造型的精美容器上。当古典时期的画师们努力用可能性有限的红彩来实现更为复杂的效果,白地技法全新地突出了釉面的线条与彩绘。这件盒子的图案反映了如画师彭特西勒亚(Penthesilea)那样的一位成功艺术家在描绘传统题材时的喜悦之情。

图 26

祭酒或饮酒器(Rhyton,来通),牛首状,绘有青年人和女子。来自希腊阿提卡,古典时期,红彩陶器,约公元前 460 年。高 14.6 cm。

该容器的模制动物部分是牛首形状。这类器物的含义很难知晓。在某种程度上,动物造型可回溯到自东方传至希腊的原型。在古典时期之前,选择标准可能包括新奇感,看起来要有别于雅典城里酒客(参加酒宴的客人)所在的普通的周遭事物。

图 27

狮子像,属于希腊古典时期,约公元前 400—前 390。大理石,高 79.4 cm,长 161.3 cm。

大理石狮子雕像有时用作墓的纪念碑或墓正面两端的守卫。与许多古典时期的艺术品一样,这座雕像是在罗马帝国时期被运到罗马的。

图 28

贝壳,属于希腊古典时期,约公元前 400 年。大理石,高 24.1 cm,长 15.2 cm。

该器物模仿了地中海常见的鹅足螺。大理石贝壳已知数量很少。这些生产大理石贝壳的希腊作坊同样生产充当死者墓碑祭品之用的美观的大理石器皿。

图 29

四件玻璃器皿，来自希腊地中海东部，公元前 6—前 5 世纪。从左到右：高 6 cm、8.7 cm、8.9 cm、8.3 cm。

古典时期希腊的玻璃器制造仅限于少量用核式玻璃（core-formed）制作盛香水或软膏的容器。这四件器皿代表了四种主要器型，它们都模仿同时代的石、金属以及陶制品。这些瓶子通常是用深色半透明或白色不透明玻璃制成，并用颜色对比强烈、被加工成锯齿状或羽毛状图案的线条来装饰。这些器物相对珍稀、贵重，加上其中盛放的昂贵材料，它们为死者提供了适当的祭品。所以，在地中海地区的墓葬中普遍发现这些器物。尽管制作这类核式玻璃器的工场地点还有待确定，但是玻璃器的分布证明了公元前 6 世纪末到公元前 5 世纪，希腊人有着大范围的商贸活动。

图 30

四件有盖盒子，属于希腊古典时期，公元前 5 世纪末和公元前 4 世纪初，大理石，高 20.2 cm、11.2 cm、8.9 cm、7.9 cm。

古典时期的希腊大理石制品通常与建筑物和纪念雕像有关。这些器皿非常精致。很可能最初时，它们是有彩绘的。它们或许被主人用了一辈子，而相似的石制品就充当墓葬用品。

图 31

刻有女子的墓碑，来自希腊阿提卡，古典时期晚期，公元前 4 世纪中叶。大理石，高 122.2 cm。

这位女子的高贵形象令人想起哲学家亚里士多德所描述的对死亡持有的普遍信念："除了相信那些死去的人是受到祝福而且快乐的，我们也认为任何虚假、诽谤死者的话都是不敬的，我们深知这冒犯了那些早已胜过或远优于我们的人。"（《论灵魂》摘自 普鲁塔克《一封给阿波罗尼奥斯的信 27》，*of the soul*, quoted in Plutarch, *A letter to Apollonius 27*）该墓碑上的女子要比真人大些，坐在一把类似王座的椅子上，人物呈现出几乎英雄人物般的匀称比例。

图 32

一对双耳长颈高水瓶之一,绘有神庙中的女子和仆人,两侧是青年人和女子。来自希腊,今意大利南部普利亚(apulian),古典时期晚期,红彩陶器,公元前 350—前 325 年。高 88.3 cm。

几何时期之后,大尺幅和复杂装饰在希腊瓶画中不常出现。在意大利南部的后续器物上,这两个特点都很突出。这对庄重的水瓶因其正面的建筑物而意义重大。内有人物的神庙立在高高的平台上。每座平台顶部是由三槽板(Triglyph)与柱间壁饰(Metope)相隔组成的饰带装饰带。瓶上面,柱间壁饰画的是希腊人大战亚马逊族女战士。平台稍低部分采用以植物为主的装饰图案来点缀,"神庙里的人物"这一构图是在希腊为墓葬而创造的,却广泛应用在意大利南部尤其是阿普利亚(apulian)的丧葬用器上。

图 33

公猪形的壶,来自希腊,今意大利南部坎帕尼亚(Campanian),古典时期晚期,黑釉陶器,公元前 4 世纪。高 10.5 cm。

意大利南部的陶器生产不仅包括彩绘陶器还有那些表面施黑釉的陶器。坎帕尼亚(Campanian)是它们的主要生产中心。这件作品显示如何将一件廉价的陶器与一件昂贵的小型立体雕像整合起来。

图 34

有潘神头像的镜盒，属于希腊古典时期晚期或希腊化时期，公元前 4 世纪晚期。青铜，直径 17.1 cm。

潘神的特点是瘸腿、尖耳和公羊角。他的脸常常是一副野兽般的样子，但在这里，他显然是一位美丽的青年人，有着蓬乱的头发和梦幻般的表情。他纤弱的尖耳朵和脖上系得很雅致的皮草是仅有的几处地方，显示他是一位不可捉摸的森林和高山之神。

图 35

四德拉克马银币（Tetradrachm），马其顿王国亚历山大三世时期，带有赫拉克利斯头像。属于希腊化时期，公元前 315—前 308 年。直径 2.7 cm。

这三件钱币象征公元前 4—3 世纪的马其顿王国的财富与权力。除了金币，亚历山大铸造了数量庞大的银币，都是大量取自征战中获得的战利品。亚历山大的四德拉克马银币在许多城市发行，作为他的新王国里的世界性货币，并且很快成为古代世界最常见、价值最高的货币之一。他采用一种早年的设计作为他主要的币型，正面是赫拉克利斯头像，将这位半神半人的英雄隐射为马其顿皇室的祖先。背面刻画了奥利匹亚山上宙斯的坐像。这些神祇显然是想要呼吁各地希腊人的团结统一。

在公元前 323 年亚历山大死后，他的帝国迅速解体，但是他的钱币形制还是被其后继者继续使用。有些后来改成将他们自己的头像放在钱币上，但是其余的继续使用亚历山大的头像，作为他们合法性的有力象征。

图 36

萨第斯（Sadis）的阿尔忒弥斯神庙的柱子，属于希腊化时期，约公元前 300 年。大理石，高 361 cm。

这段凹槽爱奥尼式柱原本矗立在阿尔忒弥斯神庙，高 17.68 米。柱头上雕刻的精美覆叶纹是神庙现存石柱里独一无二的，其花座（覆叶纹底座）雕有鳞片状植物纹饰，同样非常复杂精巧。该柱头比神庙发现的其他柱头稍小些，表明它不属于外部廊道。神庙东西门廊高高的柱础上立着两对相似的柱子。这段石柱现已经过修复，大部分柱身已经没了，它或许原本是神庙这两对柱子中的一部分。或者，它可能是内殿（内屋）或内部后廊的柱子。凹槽柱身的若干部分经过修复，花座下方、轮廓分明的台基是原柱的仿制品。

图 37

青铜男子像，属于希腊化时期，约公元前 2 世纪中叶至公元前 1 时期。高 185.4 cm。

这件引人瞩目的人像以对立式平衡的姿态站立。他右手从大长袍里伸出，手掌摊开，手指弯曲向上，作出演讲的手势。他的左臂紧贴身体。大长袍部分通过甩过左肩的流苏垂而加以固定，流苏垂挂在他腿边。人物肌肉与骨骼在衣袍下展现出来。装饰布料的水平条纹可能上过彩或鎏金，这是少见的细节。像这样的荣誉雕像，通常是杰出人物的形象，由城邦或统治者授予，以表彰他们的丰功伟绩。这类雕像是城市能够提供的最高荣誉。

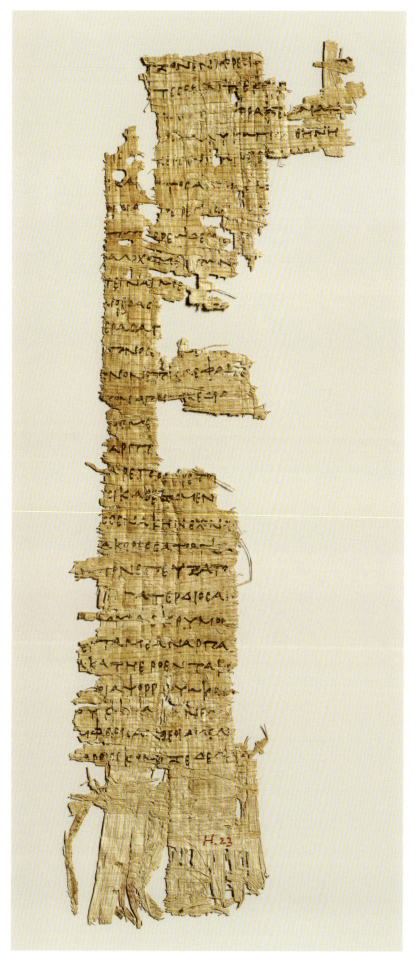

图 38

有荷马《奥德赛》诗句的草纸残片,约公元前 285—前 250 年。出土于埃及的希贝赫(Hibeh),草纸墨书,高 19 cm。

对古希腊人而言,纸莎草纸——用纸莎草秆做成的纸,是用来记录婚姻契约等永久文书的首选材料,在这里则记录了一部书。在纸莎草纸上书写要用尖笔,一种用芦苇削制、尖笔分叉的工具或者有笔尖的青铜钢笔,写字墨水通常是由灯黑加水制成。

这件现今发现最早的托勒密王国的荷马《奥德赛》的残片,包括了《奥德赛》第 20 卷中的三行内容,是今天保留下来的标准文本里没有的部分,并且是一项物证,证明在公元前 3 世纪存在《奥德赛》的地方改编本。

在希腊化世界里,荷马作品最重要的宝库就是埃及的亚历山大图书馆,它是最早的综合性公共图书馆,由托勒密国王建于公元前 3 世纪初。荷马是最卓越的诗人,他的作品是图书馆藏书的核心部分,包括来自许多不同城邦包括克俄斯岛(Chios)、阿尔戈斯(Argos)、锡诺普(Sinope)的荷马史诗的各种版本。亚历山大的学者们最初的努力之一,就是为这些最珍贵的希腊文学作品确立一套标准文本。

图 39

托勒密三世（Ptolemy III）钱币，币面是托勒密二世（Ptolemy II）和阿尔希诺埃二世（Arsinoe）的联合头像。约公元前 246—前 221 年，埃及亚历山大港铸造，金质，直径 2.5 cm。

钱币上有阿尔西诺伊二世的头像，从公元前 278 年到公元前 270 年过世，她一直与自己的兄弟托勒密二世联合统治。在她的一生里，女皇是王朝统治者崇拜的一部分。她死后，也被她兄弟转变为一位独立的神。她被当作与伊西丝（Isis）有联系的埃及神来崇拜，也被当作一位有自己的神庙与节日的希腊神来崇拜。

图 40

一对臂环，有抱着爱神厄洛斯（Erotes）的人身鱼尾海神与女海神，属于希腊化时期，约公元前 200 年。金质，人身鱼尾女海神高 15.9 cm，人身鱼尾海神高 15.6 cm。

这对抢眼的弯弯曲曲的臂环再现了男性、女性两位人身鱼尾海神，他们各抱一个有翅膀的小爱神厄洛斯。海神脑后的环是用来将臂环与衣袖系在一起，否则其重量会导致臂环从手臂上滑下来。

图 41

祭酒碗（Phiale），属于古典时期或希腊化时期，公元前 4—前 3 世纪。金质，直径 23.5 cm。

这件浅底碗用蜜蜂、橡子和山毛榉坚果来装饰，用敲花细工制成。用橡子装饰的浅底碗制作于公元前 6 世纪，而且一定是有传统的。橡子也出现在雅典卫城的厄瑞克忒翁神庙柱上女神手拿的浅底碗上，就如同我们从蒂沃利（Tivoli）的哈德良（Hadrian）别墅中的罗马复制品上所了解的那样。

图 42

披纱蒙面舞者青铜小雕像,公元前 3—前 2 世纪。高 20.6 cm。

通过贴在身上的层层衣裙,舞者复杂的身姿得以展现。人物所着内裙,衣皱重重、裙摆拖沓,外罩一件轻薄的大长袍,右臂、左手及右腿用力,使其紧紧蒙住头部与身体。自下向上拉出的层层褶皱和随意翻卷的轻柔衣边,表现出人物的实体。女子的脸被极薄面纱盖住,可以认出发线以下及眼睛部分的轮廓。她伸出的右脚上穿着系鞋带的便鞋。这位舞者肯定是一位职业表演者,集合演员和舞者于一身。在古代,国际大都市亚历山大港就曾因此而闻名遐迩。

图 43

睡着的爱神厄洛斯青铜像,属于希腊化时代或者奥古斯丁时期。公元前 3 世纪—公元 1 世纪初。长 85.4 cm。

希腊化时期引入了对人像年纪的准确刻画。幼童非常受喜爱,无论是像幼儿时的赫拉克利斯 或小爱神厄洛斯那样的神话人物,还是一起玩耍或与宠物玩耍的孩子们。这件小爱神厄洛斯是落入凡间、没有神力的,这个概念非常不同于古代史诗里常讲到的那种强大的,常常是冷酷的,且喜怒无常的人物。这件是古典时期幸存的少量青铜像之一,四肢放松的胖胖的孩童形象展现出青铜材质实现的一种亲历感和自然逼真的细节。他肯定是基于亲身的观察。爱神休息的支撑座是现代添加物,但是作品最初可能有一个独立的基座,很可能是石质的。

这座雕像是同类里最精美的。从大量的现存复制品来看,这种类型流行于希腊化时期,通常是罗马时期。在罗马时期,睡着的爱神厄洛斯雕像用来装饰别墅花园和喷泉。在希腊化时期,他们的功能不甚清楚。他们可能是献给爱神阿佛洛狄忒神庙的祭品,或者可能被竖立在公园或者私人甚至皇家花园。

图 44

碗,刻有长翅膀的神杀死雄狮,周围有两圈东方风格的图案。来自塞浦路斯,属于古风时期,约公元前 725—前 675 年。鎏银,直径 16.8 cm。

约公元前 707 年,亚述攻占塞浦路斯,并持续统治到约公元前 600 年。其影响在许多形式的塞浦路斯艺术品上都有所反映,范围从雕像到最繁复的奢侈品,例如这件碗。碗的圆浮雕是亚述式样的长翅膀的神用剑刺倒一头站立起身的狮子。周边纹饰带展现各种动物和叙事图案,包括两种特有的埃及题材——戴双层王冠的狮身人面像,以及脚踏死人的狮子,象征着法老对敌人的统治。外层的宽纹饰展现了许多打斗场面。最重要的是两句铭文。在碗口,亚述化的人物杀死狮子的上面,用塞浦路斯音节文字刻有铭文:"帕福斯(Paphos)国的国王阿克斯托(Akestor)的碗"。这段铭文部分被磨掉,改成"我是提墨克里特(Timokretes)的碗",推测那是后一位器物主人。这件碗非常重要,因为它保存好、质量好,而且混合了希腊、亚述和腓尼克人的风格。

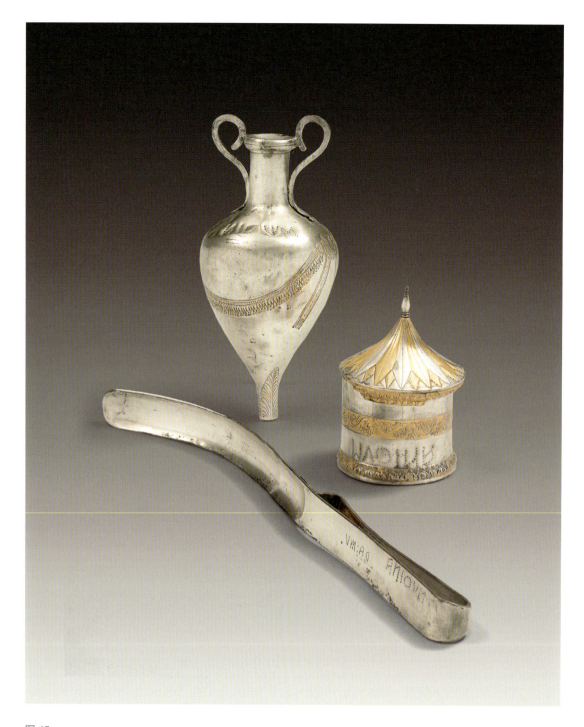

图 45

香油瓶，有盖盒以及刮刀，香油瓶和有盖盒属于希腊化时期，公元前 3 世纪初，镀银，高分别为 15.4 cm 和 8.6 cm。刮刀可能来自意大利南部或者是伊特鲁里亚，公元前 3 世纪初期。银质，长 27.3 cm。

这三件银器出自靠近博尔塞纳（Bolsena）的一座墓中，一起发现的还有各种青铜器、陶器、铁器以及一枚金环。虽然最初认为这些银器如墓中其他制品一样，属于伊特鲁里亚，但是它们最后被认定为进口自古希腊在意大利南部的殖民地。这件香油瓶和刮刀刻有伊特鲁里亚文字，可明确现实中拥有它们的主人，而且有这三件都刻有"SUTHINA"字样，表明它们是用于墓葬的。

图 46

赫拉克利斯石灰石雕像，来自塞浦路斯，属于古风时代，约公元前 530—前 520。高 217.2 cm。

在古风时代，赫拉克利斯是杰出的希腊英雄。在塞浦路斯他也很受喜爱。这座雕像被塞斯诺拉（Cesnola）的"修复师"大幅度地重新加工，因而原作许多特点已不再清晰。左臂和双腿当然经过重新拼接，右臂的原本位置也已模糊不清。赫拉克利斯穿着外衣、腰带、改良短裙和狮皮。他左手握弓，一半弓贴在身上。他挥动几十年的黄瓜形状的棍子是现代加上的，已经被取走。他右大腿上是右手所持的箭的尾端。

图 47

手持小盒的青年男子石灰石雕像，来自塞浦路斯，属于古典时期，公元前 4 世纪中叶，高 161.9 cm。

人物的头部和身体来自不同的雕像。对称的特征、宁静的面部表情，以及凸显人物站姿、精心塑造的衣褶，均展现了高超的古典希腊风格的影响力。该男子一手拿树枝，一手拿圆形小盒，可能其中装有香料。像大多数奉献给神的雕像那样，他还头戴一顶花环。

图 48

东方骑士的陶质雕像,来自塞浦路斯,模制,属于希腊化时期初期,公元前 3 世纪。高 18.4 cm。

塞浦路斯自约公元前 525 年起受波斯人的统治,直到公元 333 年臣服于亚历山大。这件陶器值得关注是因为对骑士和马的服饰的精确细致地描绘。彩绘痕迹表明它原本有鲜亮的色彩。

作者 / 肖恩·海明威(Seán Hemingway) / 纽约大都会博物馆研究员

作者 / 克里斯多夫·莱特福特(Christopher Lightfoot)

纽约大都会博物馆研究员

翻译 / 俞蕙

埃尔米塔什博物馆与古希腊文明

埃尔米塔什博物馆是世界上最著名的博物馆之一。博物馆藏有受文明史推崇的独一无二的收藏品，这些来自多个大陆的古文物，涵盖了自石器时代迄今的人类文明的历史。它同样也是一个巨大的建筑群，由五个以廊道相连接的部分所组成：冬宫、小埃尔米塔什、旧埃尔米塔什、埃尔米塔什剧院和新埃尔米塔什。作为俄国沙皇的宫邸，冬宫建造于1754年。皇家埃尔米塔什则由伟大的叶卡捷琳娜女皇建造于1764年，而自建成之日起，古希腊罗马的收藏品就于其内占据了重要的位置。冬宫建造于启蒙时代，当时古希腊罗马艺术品被当做竞相模仿的对象，古希腊罗马文明则被视为西欧世界的基础。

如今，埃尔米塔什所收藏的古希腊罗马艺术品，已达世界最著名收藏品之列。这些收藏品超过17万件，属于公元前21世纪至公元4世纪古希腊与古罗马。展列品占据了位于新埃尔米塔什一层的22个展厅，以及不久前在修缮保存中心的新建筑中设立的5个开放仓库。收藏品的一半属于自古典时代至罗马时代的古希腊艺术与文化史。这些文物多产自地中海地区和希腊化的东方城邦：古希腊（雅典、斯巴达、彼奥提亚、科林斯）、爱琴海群岛、爱奥尼亚、小亚细亚、塞浦路斯、亚历山大城、罗得斯岛、帕伽马、叙利亚、安提拉。一部分收藏品讲述了公元前8世纪时南俄罗斯以希腊人为基础的殖民城市艺术与文化的发展，这些城市是：优卑亚、别列赞、潘提卡帕姆、赫尔松涅斯、尼姆菲、博斯普鲁斯王国。

在创建初期，埃尔米塔什同法国、西班牙、意大利、德国成熟于18世纪欧洲君主宫廷博物馆关系密切。不过，俄罗斯的历史为博物馆的命运注入了自己鲜明的特性。历史情势决定了古希腊罗马收藏品的组成与特点。

俄罗斯沙皇的收藏风格体现为空前的规模与收藏品形成的速度。宫廷博物馆建成于1760年，然而，在至19世纪中期的短短百年间，古希腊罗马的收藏品就已经赶上了欧洲的水平，并且就某些标准而言已经超过了欧洲水平。在18—19世纪，罗曼诺夫王朝宫廷的不断购买在欧洲掀起了追逐古希腊罗马文物的时风。在俄罗斯，同古希腊罗马文化并无直接历史联系的古典遗产，则成为了启蒙与发展的象征，以及欧洲传统渗透俄罗斯文化的一种重要形态。也许，圣彼得堡的建筑是对古希腊罗马典范倾心的最好体现。在18—19世纪的俄罗斯首都中，欧洲建筑师获得了实现标杆立意的新古典设计的可能。整体协调的建筑格局——宫殿广场与瓦西里岛岬角、证券交易所、科学院、巴甫洛夫与皇村的宫殿公园体系，均呈现了罗马与雅典的庄严埋念。在18世纪70年代的圣彼得堡，埃尔米塔什的古希腊罗马的雕像与石刻收藏品的基础已经形成；到19世纪60年代，对古希腊罗马瓷器、赤陶与铜质奖章的集中购买，使其成为了世界上最著名的古希腊罗马收藏博物馆之一。

对于埃尔米塔什而言，补充古希腊罗马收藏品的取之不尽、独一无二的来源是在黑海北岸不断被发掘出的希腊化城市。偶然的发现，以及继而逐渐形成的对古希腊罗马村落与墓地的系统发掘，在自19世纪初以降的150余年内，丰富了埃尔米塔什的大理石雕像、彩饰花瓶（图1）与出土文物。这就出现了独有的

图 1
饰有两色壁画的黏土高柄瓶,出自塞浦路斯,约公元前 750—前 600,高 33.2cm。

出土文物收藏品，这样的收藏品在欧洲博物馆是没有的——黄金与宝石制品、古希腊织物、木质棺椁、青铜艺术品和玻璃制品。

俄罗斯历史上的革命性事件决定了收藏品的规模。在1917年革命期间，俄罗斯贵族私邸与宫殿均被收归国有，同时，新政府采取的艺术珍品集中化的政策，使得此前两个世纪间为俄罗斯贵族、科研机关与科学组织所收集到的珍品，均被集中到了埃尔米塔什。

基于300年的收集之功，形成了俄罗斯最大的收藏，这也是世界上最大的收藏之一。属于希腊文明最宝贵的部分：公元前4—前6世纪的希腊花瓶瓷器，特别是阿提卡彩绘花瓶瓷器（图2）、古典与希腊化时代的希腊黄金（图3）、希腊时代的石刻（图4）、塔纳格拉赤陶（图5、6）。与埃尔米塔什收藏品中恰恰以雕像为主的罗马部分不同，古希腊雕像的原件并不多。不过，希腊雕像原件的罗马复制品，以高质量与丰富度著称，它们显著地展现了希腊主要大师——菲迪亚斯[1]、波留克列特斯[2]、留西波斯[3]、斯科帕斯[4]、普拉克西特列斯[5]的创作。在黑海北岸发现的物品是罕见的珍品，其中最著名的当属珠宝、刻赤花瓶（图7）、木质棺椁、古希腊织品与雕像。以年代学的观点来看，除了最早的克里特—迈锡尼时期，收藏品展现了古希腊文化与艺术的所有主要的历史阶段：古风时代、古典时代、希腊化时代、希腊—罗马时代。埃尔米塔什陈列的收藏品，讲述了处于各自发展阶段中的古希腊文明，形象地展示了其主要阶段、生产中心、基本风格与流派。

古老修复品的完整保存可被视为收藏品的突出特点。如今，古希腊罗马艺术品构成了埃尔米塔什收藏品中很大一部分，它们均来自具有历史性意义的馆藏，于18—19世纪间经历过修复，当时文物的完整性是基本的原则，而其真实性的标准也不同于今日通行的概念。

对古希腊罗马雕像残片的补充是必须的，通常来说，修复主要是增添手、脚、头、嘴、耳朵、头发、雕像标志。在埃尔米塔什中有不少充满幻想的修复案例，比如由不同时空残片组成的雕像，并且躯干和头部是不同的风格。大理石的表面几乎都被处理过，为了消除各部分间的褶皱而实现统一。在19世纪的博物馆大厅，观众站在距离文物相当远的位置，展品不是各个都受到理解，而是在同内部装修优美如画的融合中被感受。1960—1970年间，当修缮原件的方式占据主流之后，欧美国家往往会对雕像进行最新的补充，同时期的埃尔米塔什博物馆却停滞不前。现在，古老修缮的历史与艺术价值得到广泛的认可。在著名大师的修缮文物中，保存在埃尔米塔什的雕像出自许多大师，如：卡瓦切波、皮拉内西[6]、比拉涅兹、阿里戈基、戈那盖里尼。

收藏品的第二个特征是大量具有考古背景的古希腊罗马文物。因为物品基本出自发掘工作，博物馆拥有大量关于出土文物地物品的独特信息，以及关于附近布局的精确信息。艺术品与日常物品构成了整休的考古，通常被称为出自某一地方的一套物品：陵墓、住所、教堂或其他社会建筑。博物馆的藏品很少拥有那种信息，以增加更好诠释与甄别赝品的可能性。与此同时，文物并未经过修复，因此其表面上保持了原件的色调、古希腊罗马工具的痕迹以及其他珍贵的证明。

今天很难想象到的是，同西欧国家相比，在俄罗斯文物的收集工作开始得并不早，是在彼得大帝统治下的18世纪第一个十年。彼得大帝是作为传奇式的改革领导者走进俄罗斯历史的，他追求将西方文明的成果注入俄罗斯。他是购买古希腊罗马雕像以装点宫殿和花园的第一位俄罗斯沙皇。多亏他的强力推动，著名的"塔夫里达的维纳斯"雕像流入了俄罗斯，这一雕像至今被视为博物馆的艺术精品之一。这一雕像在1717年被发现于罗马，被教皇彼耶九世所买。到达俄罗斯后，维纳斯雕像被安置在夏宫花园的陈列馆内，裸露的仙女得到了禁卫军的守护。19世纪初，雕像被安放到了以其命名的塔夫里达宫。在新埃尔米塔什竣工后，"塔夫里达的维纳斯"被迁移到古希腊罗马雕像大厅。

"塔夫里达的维纳斯"是希腊阿佛洛狄忒·科尼茨卡[7]雕像原件的罗马复制品，这一雕像由普拉克西特列斯[8]创作于公元前4世纪下半期。根据普鲁塔克[9]的信息，普拉克西特列斯按照科斯岛公民的命令，拒绝了裸露的阿佛洛狄忒；当时，科西嘉人得到了雕像，后来又得到了这个著名的岛。阿佛洛狄忒·科尼茨卡被视为第一个裸露的希腊女神的雕像。埃尔米塔什的版本是较好的复制版本，它复制于罗马时代并获得"阿佛洛狄忒·美第奇"的称号。遮挡女神怀抱、展现其童贞的手的姿态并未保存至今。虽然雕像原件的风格曾于公元前3世纪后期被希腊风格的临摹家所改变，但其优美的姿态、苗条的身体比例和流畅的线条依然传递着普拉克西特列斯的完美形象。

图 2
阿提卡红绘储酒罐,公元前 440—前 435。高 39.8cm,凸缘直径 24.2cm,基座直径 14cm。1901 年得自阿巴扎的收藏。

图 3
两条饰有浮雕的珐琅吊坠,1864 年由扎别林发现于塔曼半岛的大波利斯尼察古墓。

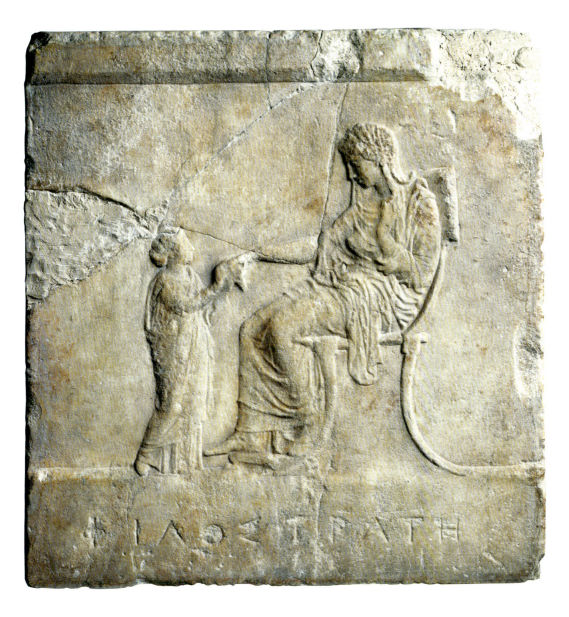

图 4
大理石菲洛斯特拉托墓碑,购自希腊雅典,公元前 420 年。

图 5
两个妇女赤陶俑之一,公元前 325—前 300 年。高 23.3cm。

图 6
两个妇女赤陶俑之一,公元前325—前300年。高 23.3cm。

图7
阿提卡红绘花瓶,绘有厕所场景,公元前360年间,1859年发掘于刻赤半岛尤兹沃博雕像群中的墓塚。

在百年之后,当叶卡捷琳娜女皇对宫廷博物馆展开系统收藏工作时,"塔夫里达的维纳斯"与其他一些古希腊雅典雕像早已出现在俄罗斯了。在努力赶超欧洲君主的过程中,政府在全欧洲范围内购买著名的收藏品。叶卡捷琳娜在伦敦、巴黎、罗马、威尼斯、柏林打造了广泛的代理网络。在她的代理人与中间商中,有沃龙佐夫、戈利岑、格林、哲学家德尼·狄德罗、卡瓦切波、卡桑诺瓦、画家与商人德日格斯与汉密尔顿,以及其他许多人。叶卡捷琳娜的主要喜好是欧洲写生画,同时也爱好石刻,对于这种爱好,她称之为"石头病"或者"热病"。1787年,叶卡捷琳娜女皇完成了一批大规模购买,博物馆收藏了波旁王朝代表,路易·菲利普·奥尔良公爵的一套石刻收藏品,总计有1500件凹雕与宝石。在叶卡捷琳娜统治末期,埃尔米塔什的古希腊罗马的石刻收藏品已超过10000件。

在叶卡捷琳娜时代之前的俄罗斯,古希腊罗马雕像相当罕见,尚未被作为收藏品得到重新审视,并且基本上也不为花园和宫殿装饰所用。与此同时,对古希腊雅典文物的崇尚,自19世纪30年代起即笼罩着所有的欧洲国家,并在俄罗斯女皇登上王位之前,达到了顶峰。在对古希腊罗马收藏品的追逐中,艺术家、代理人均对罗马趋之若鹜,后者已然成为欧洲的主要艺术中心与庞大的古董交易市场。欧洲所有的宫廷都在购买古希腊罗马雕像,如:瑞典国王施·古斯塔夫,普鲁士皇帝腓特烈二世,西班牙、法国与波兰皇宫。18世纪时,古希腊罗马雕像中最大的罗马收藏品——卡皮托利收藏品、红衣主教阿里巴尼的收藏品——形成了。同时,在俄罗斯也形成了收集古希腊罗马艺术品的显贵圈子:尤苏波夫家族、舒瓦洛夫家族、斯特罗加诺夫家族、戈利岑家族,他们在私邸与圣彼得堡宫廷中建造了私人博物馆。

18世纪80年代,叶卡捷琳娜果断采取举措,将俄罗斯的古希腊罗马雕像收藏提升到欧洲水平。1785至1787年间,政府从大英帝国银行经理莱德·布朗处,购买了一套雕像收藏品。女皇醉心于古希腊罗马文物,她所受到的影响不仅来自欧洲风味,还有她的新宫邸。新宫邸建筑格局的设计者首先是英国建筑师查尔斯·卡梅伦,其本人受到了古希腊罗马文物的鼓舞,而女皇在精选花园与宫殿雕像装饰时,也努力将自己的功绩同古希腊罗马时代英雄的伟大相比较。

莱德·布朗出色的收藏品在18世纪就已声名远扬。收藏品的形成开始于1740年代末,止于1779年,总计已收藏了236件雕像。文物基本上是通过汉密尔顿和德日格斯购自巴尔别里尼、马斯西密、维洛斯比、阿里巴尼、德如斯基阿尼的古老的罗马收藏,以及汉密尔顿在亚得里亚别墅的考古发掘。根据文物的构成与属性,莱德·布朗的收藏在18世纪是具有典型意义的,同英国其他的收藏品相比,尺寸与质量都较高。收藏品中主要的是古希腊罗马肖像画,这也是收藏中声誉较高的物品。莱德·布朗所曾拥有的古希腊罗马肖像画中的许多件,直至今日,仍被视为埃尔米塔什古希腊罗马艺术部的瑰宝,如阿拉伯人菲利普[10]、柳齐娅·薇拉的半身雕像、沙龙画像、一些可追溯到希腊原件的文物都曾享有极高的声誉。比如巨大的、可追溯到克雷西勒斯原件的雅典娜半身雕像。温克尔曼期望购买半身雕像,他认为半身雕像是"地球上最完美的收藏品"。在莱德·布朗之前,庞大的半身雕像属于红衣主教阿里巴尼。众所周知,在大师卡瓦切波手中完成了"受难的赫拉克利斯"的修复工作,赫拉克利斯的躯干上被安放了古希腊式的头,因而兼具了古典时代的形象。古希腊罗马的雕像被安置在皇村的岩穴中。经过叶卡捷琳娜女皇的努力而被创建起来的俄罗斯第一座古希腊罗马雕像博物馆,存放着来自莱德·布朗和伊万·舒瓦洛夫[11]收藏品中的一流的古希腊罗马艺术品,也是彼得堡宫廷与新埃尔米塔什未来雕像陈列馆的雏形。

罗曼诺夫王朝对收藏品的积极补充一直持续到19世纪。1814年,沙皇亚历山大一世得到了一件礼物,是贡扎戈的浮雕宝石,也是最大最珍贵的宝石雕刻中的一件(图8)。这一浮雕宝石由拿破仑·波拿巴的妻子约瑟芬·博阿尔内赠与亚历山大一世,在此之前,这一古希腊罗马的宝物曾经历了许多有名的主人,如:马其顿公爵甘扎克依扎别尔戴思杰夫妇、布拉格的哈布斯堡王朝、瑞典女王克里斯蒂娜,以及梵蒂冈。约瑟芬将其赠与了在战争中击败了拿破仑的俄罗斯沙皇,作为回馈,后者负责保护她的安全与财产。如今,贡扎戈的浮雕宝石在希腊化时代的雕刻收藏品中享有荣耀的地位。它属于公元前3世纪中期的文物,是托勒密·菲拉德尔夫和阿尔西诺伊二世的肖像。肖像描绘了"高尚的婚姻"时的两位君主,皇后的头上戴着的是婚礼的面纱与月桂花环,皇帝则戴着装饰着星星与带翅膀的飞龙的皇冠。在统治者的肩上,在军事长官铠甲服的表面遮有宙斯与水母和火卫头的保护。就肖像、尺寸与形象艺术完美度而言,浮雕宝石在希腊化时代雕刻艺术中是独一无二的展现形式(图9)。著名的佛拉芒画家彼得·保罗·鲁本斯称这一浮雕宝石为"欧洲所有的成双雕刻中最宝贵的"。浮雕宝石吸引了许多研究不同人物造型的学者,如:奥古斯都皇帝和他的母亲利维娅、罗马统帅盖尔马尼库斯[12]和他的母亲阿格里平娜、亚历山大马其顿和他的母亲奥林匹娅。现如今,大量的研究者将君主伴侣视为埃及的统治者托勒密二世与阿尔西诺伊二世。

1833年,圣彼得堡迎来了安东尼奥·维多里奥·彼查基博士的收藏品。收藏品的鉴定在沃尔孔斯基公爵的家中举行,艺术科学院的领导奥列宁负责专门小组。这些藏品首先被保存在艺术科学院,直至新埃尔米塔什开放,被迁移到埃尔米塔什古希腊罗马艺术的陈列品中。收藏品总计超过1000件,主要是古希腊罗马的花瓶,其中有很多艺术珍品。这些收藏品有出自阿玛塞斯与埃克森珂的创作——黑纹瓶绘,是繁荣时代的产物。在埃尔米塔什的埃克森珂创作的双耳瓶上,描绘着战争送别——马车、军人、妇女(图10)。在双耳瓶的两肩上画着狩猎野猪的情景,瓶身下侧绘有野猪和狮子的狭峭的檐壁(图11)。埃克森珂是阿提卡黑纹绘瓶的大师,作为陶器师与瓶绘师生活于公元前6世纪中后期。他是一个绘画创作大师,其创作主要涉及战争、英雄以及特洛伊战争的主题。大师阿玛塞斯——这是科学家们根据瓶绘师的资料推测出的名字,这些瓶绘师曾同一名叫做阿玛塞斯的陶器工匠一同工作,而保存于花瓶上的签名是"阿玛塞斯制造"。他的创作中精巧的花纹,以及从插图发展中衍生出的多式图画,具有典型的特征。在埃尔米塔什双耳瓶的一侧,绘有坐在腾起双蹄马身上的骑士、拴着锁链的狗、战士,在另一侧,则是一个拿着长矛奔跑的男人,与登上前蹄腾起的马背上的青年(图12、13)。这件来自埃尔米塔什的双耳瓶,由著名的大师创作完成,这些大师们的创作陈列于最好的世界性的收藏品中。

19世纪前半期,对南俄罗斯古希腊罗马文物的兴趣在增长并不断强化。这些收藏品的形成同18世

图 8
贡扎戈的浮雕宝石：托勒密·菲拉德尔夫和阿尔西诺伊二世的一对肖像画，公元前 3 世纪，15.7×11.8cm。

图9
宙斯头像浮雕宝石,来自亚历山大里亚,公元前3世纪。

图 10
阿提卡黑纹双耳罐，描绘战争送别场景，公元前 540—前 530 年，高 39.4cm，凸缘直径 18.3cm，基座直径 15.1cm。1851 年来自艺术科学院。

纪后半期俄罗斯帝国在俄土战争中获得的新领土密切相关。第一批物品由科学家与爱好者们在克里木和塔曼地方居民处获得。许多文物爱好者与旅行家们造访黑海北岸，如帕拉斯[13]、苏马罗珂夫[14]、古特利，埃尔米塔什古希腊罗马文物保管员盖烈尔考察了古希腊罗马的遗址。在克里米亚半岛和塔曼半岛，第一个关于保护古遗址的法令被颁布，同时，在刻赤、赫索尼索斯、塔曼也展开了考古勘探的相关活动。南俄罗斯文物研究史的转折点是在1830年距离刻赤不远的库里·沃博古墓的开启。在这座带有梯式拱门的古墓中发现了被埋葬的男人和女人。男人的衣服均装饰着黄金片儿，脖子里挂着黄金项链，手和腿上都有镯子（图14、15、16、17）。一旁梳着长发的妇女，躺在臻于完美的双开的象牙木榻上，上面布满了极为精致的雕刻，描绘着帕里斯的审判，以及列夫格彼得或者叶莲娜的女儿绑架案的场景（图18）。女人的盛装装饰了很多金子：奢华的头冠、项链与项圈，一对带有雅典娜肖像的挂坠、耳环和手镯，在头部附近放着镀金的青铜镜子，双腿之间放有描绘赛艇的器皿。在珠宝饰品中，最著名的是金吊坠（图19），每一个金吊坠上都镌刻着雅典娜的肖像，这些都是菲迪亚斯的作品；在肖像的边缘悬挂着镂花的网状饰物，这些饰物均装饰着镀着绿色和黄色釉质的金银细珠。

库里·沃博古墓中的宝藏吸引了科学家们、社会以及宫廷的关注。此后，管辖埃尔米塔什的宫廷部拨出了大量的资金，用于购买黑海北岸的古希腊罗马文物。在1841年，沙皇尼古拉一世访问了刻赤，这个城市的区域曾经坐落着博斯普鲁斯王国[15]的都城潘提卡帕姆[16]。在访问期间，好像都出于意外，尼古拉一世获赠了许多物品，包括里斯库波里德[17]的金质头像、银质盘子和高水罐。1859年，对收藏品的研究与补充迎来了新阶段。皇家考古委员会以搜集出土文物、购买古董、研究与系统出版艺术珍品为主要使命。19世纪下半期，发掘工作越来越严肃、有序，一系列重要的刻赤古墓（铁米尔山、阿珂·布隆、巴甫洛夫、尤兹·沃博古墓）和塔曼半岛古墓（大波利斯尼察、七兄弟）被发掘。最著名的发掘物被送进了埃尔米塔什，而数量巨大的手工制品充实了刻赤博物馆的收藏（图20）。

如今，在博斯普鲁斯王国墓葬中发现的珠宝制品，已经成为了博物馆特别的骄傲。这些收藏多在公元前5世纪末至前6世纪间，由希腊人创作于博斯普鲁斯王国的城市中。这些贵重金属的产物被保存在西徐亚显贵的墓葬中，它们是形象与意义都具地方色彩的物品，具有希腊风格，可以被视为古典时代的希腊饰品。显而易见，公元前5世纪末，在博斯普鲁斯生活着文雅的小型玉器雕刻大师德科萨门。在普鲁斯库里·沃博和大波利斯尼察的古墓群中，以及费奥多西亚[18]和赫尔松涅斯[19]的公墓群中，均发现了古希腊罗马珠宝艺术珍品：装饰有金银细珠的耳环和小型雕像群。在阿尔久哈夫斯基古墓的藏品中，显而易见，希腊化时代的大师们爱好彩饰。对于多色调的爱好是新时代第一个世纪中装饰物的突出特征。

在黑海北岸发掘出的一系列古董收藏中，"刻赤花瓶"较为出众，这是一组镌刻着图画的花瓶，以出土地刻赤命名。这一流派中，最著名是玛西亚大师，他因在一个花瓶上描绘了阿波罗[20]与玛西亚辩论的场景而得名，这个花瓶现保存在埃尔米塔什。遍布瓶身的雅致的线条极具复杂性，且结构臻于完美。刻赤花瓶通常装饰复杂的多图案格局，然而，红色图案的壁画由多色调、浮雕似的细节填充。在壁画风格的刻赤花瓶中，最为典型的形象是刻赤匠工珂塞诺法特完成于约公元前380年的古希腊油罐（图21）。这里也描绘了狩猎，参加者中也有波斯和罗马人，其中有波斯总督阿波拉克穆、大流士国王和居鲁士大帝[21]（他们的名字均被刻在花瓶上）。这些人狩猎或真实或假想中的鹿、野猪和猎狗，在器皿的两肩部位装饰着小浮雕图案，这些图案描绘的是同怪物和巨人的战斗情形。上面的部位刻着"珂塞诺法特雅典人所制"。花瓶上的代表性情节似乎同罗马对于英雄和来世的想象相关，来世，他们能因着自己的功绩得以免于死亡，而油罐自身是指定于珂塞诺法特名下，为博斯普鲁斯贵族的葬礼仪式而制作。花瓶是希腊式样式，轮廓的风格、壁画结构、地方订购人的影响等体现在了情节的选择上，特别是铺张奢华的装饰与强烈的色彩（图22）。

带有图案的雅致容器组成了一批稀有的陶瓷，这些容器多发现于法纳珂里公墓，如：由贝壳制造的阿佛洛狄忒[22]（图23）、斯芬克斯[23]、塞壬[24]。精致的、不寻常的色调漂亮的绘画被很好地保存下来，如：浅蓝色、紫色、青色、红色和黄色。这些饰有花纹的容器为形象地观察画家们的表现手法创造了可能性，比如颜色搭配、鲜明度和微差——也就是明显可察觉的古希腊罗马的写生画作品、红褐色的花纹与大理石

图 11
科林斯黑纹克拉蒂尔双耳杯，描绘马车游行场景，
公元前 570 年，高 42cm。

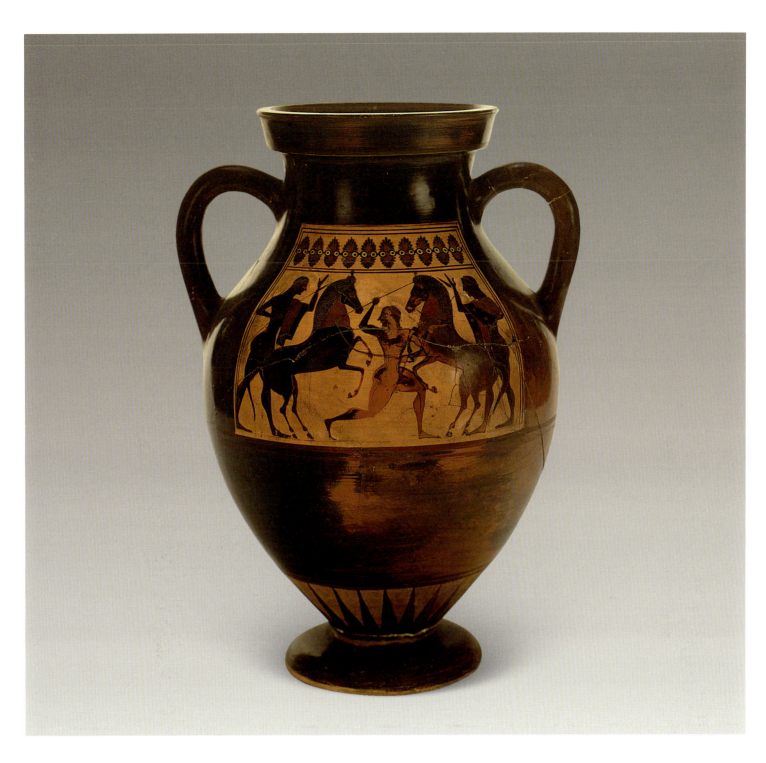

图 12
阿提卡黑纹双耳瓶,描绘战争场景,公元前 540 年,高 31cm,凸边直径 11.3cm。1851 年来自艺术科学院。

图 13
阿提卡黑纹双耳罐,描绘战争送别场景,公元前540—前530,高39.4cm,凸缘直径18.3cm,基座直径15.1cm。1851年来自艺术科学院。

图 14
饰有两个骑马者的金颈饰,公元前 4 世纪中期,1830 年被发现于库里·沃博古墓。1831 年入馆。

图 15
带有狮身人面半身像的金手镯,公元前 4 世纪上半期,1830 年被发现于库里·沃博古墓。1831 年入馆。

图 16
带有三排吊坠的金项链,公元前 330—前 200,1864 年由扎别林发现于塔曼半岛的大波利斯尼察古墓。1864 年来自考古委员会。

图 17
绘有飞翔的鹭的宝石,公元前 5 世纪,1860 年被发现。

图 18
带有雕刻画的象牙饰板,描绘帕里斯审判的场景,公元前 4 世纪,1830 年被发现于库里沃博古墓。

图 19
两个饰有浮雕的黄金吊坠之一,刻有雅典娜的头像,公元前 4 世纪上半期 1830 年发现于库里沃博墓葬。1831 年入馆。

图 20
饰有赫拉与阿波罗形象浮雕的石棺,公元前 4 世纪。

图 21

阿提卡色诺芬尼大油罐，绘有狩猎场景，高 37cm。约公元前 380 年，来自刻赤，1837 年阿西克的发掘。

图 22

白底油罐，公元前 490 年，高 38cm。

图24
赫拉克利斯大厅之一

图25
赫拉克利斯大厅之二

图23
容器：贝壳中的阿佛洛狄忒，公元前400—前375。由提森豪森发现于临近先诺伊的塔曼的法纳珂里墓葬。1869年来自考古委员会。

雕像。鲜明的彩饰和鲜活而自然的形象是这些艺术品区别于内敛保守的古典希腊创作的主要特征。

在埃尔米塔什古希腊罗马收藏品的历史上，正如同其他欧洲的收藏品，决定性的时代是19世纪。收藏品的急速增加，同时对它们艺术价值与历史文化意义的认可、对古希腊罗马出土文物的整理，激发了博物馆扩大与建设的迫切需求。1852年，根据沙皇尼古拉一世的命令，新埃尔米塔什被建立起来，它作为专门的博物馆建筑，主要是展示帝国艺术收藏品。这一计划是处于全欧洲的行动的轨道上，当时的宫廷收藏开始转变为公开的博物馆，以供观众欣赏。1816年，英国政府向公众展示了帕台农神庙[25]的大理石，后者是英国政府自额尔金勋爵处购买的。1830年，建筑师克伦采[26]根据路德维希·巴伐利斯基的命令完成了雕刻品陈列馆的建筑，建筑师申克尔[27]则完成了柏林博物馆的建筑。沙皇尼古拉一世邀请了建筑师克伦采担任博物馆的建造工作。彼得堡建筑的装饰采用了许多品种的大理石和花岗岩、珍稀的木材，以及形象众多的装饰画和雕像饰品。在博物馆的正面树立了雕像，这些雕像展现了那些著名艺术家与思想家的形象。

古希腊罗马收藏品位于第一层（图24）。尚在设计阶段，每一个大厅就先确定了将被陈列的藏品类型。建筑物的内部装饰和方案的设计均按照克伦采的非希腊风格的方案完成，而后者则与古希腊罗马的艺术创作形成统一的格调。克伦采方案存在有一些基本的特征，他根据宫廷的合理建议完成了新埃尔米塔什，使得后者同宫廷的建筑群协调一致，并使其内部的陈设穷尽奢华。与此同时，他创造了能同大博物馆相和谐的新结构。与油画馆（彩色画博物馆）和雕像馆（雕像博物馆）不同的是，这里陈列的几乎是所有可能类型的艺术品：彩饰、雕像、瓷器、硬币、奖章、石刻、珠宝艺术和绘画。图书馆在新埃尔米塔什中占据了第一层的很大空间。

关于博物馆大厅与展陈空间、明暗配置、设备和装饰相协调的思想，成为克伦采的重要创新。为了每一份资料，根据他的设计，建造了博物馆橱窗和可供不同类型文物照明的方式。这就解决了那些对于当时博物馆建设者来说迫切需要解决的问题——古董的历史性解读与逝去时代环境的感受。克伦采他努力地建造对于参观者具有魅力的博物馆。按照他的观点，当古迹同建筑内部装饰达到协调一致的时候，它们所能产生的影响将会得到极大的提升。他写道："整体的奢华能够使欣赏者的心灵产生欢喜的感受，增强对于古老艺术品之美与高雅的敏感。"克伦采相信，这样的博物馆将会成为"能够推动民族教化与提升的学院"（图25）。

对于在黑海北岸发现的文物，在新埃尔米塔什专门辟出了以"刻赤厅"命名的单独厅。其中陈列着由博斯普鲁斯王国与其他古希腊罗马城市出土的文物，后者多是随着古墓葬和公墓发掘展开调研的城市，如：赫尔松涅斯[28]、优卑亚[29]、潘提卡帕姆[30]。

为了进一步补充埃尔米塔什，1851年，在公共博物馆开放后即迅速迈出重要的步伐，购买了俄罗斯企业家杰米多夫家族的收藏品，在1852年又购买了拉瓦尔家族的收藏品。对于埃尔米塔什的收藏，1861

年，侯爵夫人贾恩—彼得罗—坎帕纳娜的购买是收藏历史中的重大事件。坎帕纳侯爵是抵押信贷行的经理和古物收集爱好者，一部分文物出自由他组织发掘的墓葬，一部分则购买自古老的意大利收藏品。坎帕纳在罗马的别墅成了真正的艺术宝库。只不过，就像所体现的那样，他私自盗用抵押信贷行和顾客的资金用以收藏品。坎帕纳被判了罪，而他的财产被全部拍卖以支付债款。埃尔米塔什购买了其中三分之一的著名收藏品，余下的三分之二则被运进了卢浮宫。罗马教皇给了俄罗斯代理人斯捷潘·格杰奥诺夫[31]挑选的可能性。这种优先权招致了法国方面的抗议，只不过，格杰奥诺夫已经成功地购买到了最著名的物品，花瓶皇后——来自库玛的带有彩饰画和浮雕缘饰的珍稀三耳瓶（图26、27）、500件花瓶、193件青铜器和78件雕像。著名的文物、整套的伊特鲁里亚青铜器意大利花瓶和肖像画等收藏品丰富了部门。庞大的雕像"坐着的朱庇特"[32]奥古斯都[33]雕像和雅典娜[34]雕像（图28）决定了埃尔米塔什展厅的面貌，赋予了博物馆古希腊罗马陈列馆的名字。在这些藏品之中，也包括有其他埃尔米塔什古希腊罗马艺术品，如浮雕"尼阿彼得之死"、缪斯雕像、德摩斯梯尼[35]肖像（图29）。

得益于坎帕纳的收藏品，实际上补充了希腊的希腊化时代雕像的原件和希腊肖像画的复制品。其中较为著名的是，苏格拉底[36]画像——肖似留西波斯[37]的原件。雕塑家创造了思想家的形象以及幻想的形象：轻微眯起的双眼、炯炯的眼神、高高的前额和如炬的视线体现出思想的一贯创作。埃尔米塔什的头属于苏格拉底画像的类型，而后者最好的复制品保存在罗马国家博物馆中（图30）。在坎帕纳勋爵拥有的希腊化时代雕像中值得特别关注的，当属来自"玛西亚的惩罚"雕像群中悬挂在树干上的玛西亚（图31）。在这一雕像群中也包括被拘禁蹲着工作的西徐亚人[38]。按照阿波罗的命令，他应该剥下狮尾猴的皮，后者竟敢同神比赛长笛并输掉了比赛。雕像群的一系列独创性方案，大概出自青铜器，当时，玛西亚的形象能够直接固定在活树干上。那种与周围环境融为一体的雕像在古希腊罗马时代非常普遍。很可能，这种题材来源于历史上塞琉古王朝[39]在小亚细亚的统治，人们推测，雕像群"玛西亚的惩罚"是对阿哈伊亚篡位者安条克三世的讽喻，当时后者已被砍掉四肢和头部，并被钉在十字架上。

修饰着红色图案、描绘了参加酒宴的交际花的塞克特尔瓶，在埃尔米塔什古希腊罗马花瓶部的出版物中，已经成为埃尔米塔什的象征，它被完成于约公元前505—前500年的雅典（图32）。在席位上躺卧着四名裸露的妓女，她们喝酒，在音乐的伴奏下起舞，其中的一位正在玩珂踏波（коттаб），该游戏的实质是击中酒滴。在妓女的身旁写着："扔给你，列奥格尔。"——她正将酒滴洒向一个漂亮的青年。花瓶上有埃弗罗马的签名，他是一个著名的红色花瓶彩绘的大师。

文化价值如此之高，以及对配置广场的收藏品的大需求，均推动着埃尔米塔什古希腊罗马展馆改造与扩大。"书的博物馆"被改组为公共博物馆，而为了古色古香的韵味，配置了新埃尔米塔什一层大厅中几乎所有的穿廊。收藏品的摆放，主要基于专题分组的原则（根据材料不同划分），而其陈列则遵循了布景的原则。在博物馆的入口处，经过带有阿特拉斯[40]雕像的柱廊，摆放着古老东方的收藏品（图33）。接下来的7个大厅，则是古希腊罗马的雕像，不过，尚未按着希腊和罗马而划分，这些陈列品被命名为《远古雕像博物馆》。瓷器占据了4个大厅，挨着它们的，则是青铜器和赤陶的不大的展览，吉梅利亚博斯普鲁斯的文物并展列在力量有20根圆柱大厅的两个陈列厅中（图34）。

19世纪60年代，是图书馆科学发展的重要时期，是收藏品系统科学分类的奠基时代。图书馆科学的奠基者是彼得堡科学家盖烈尔和斯特凡，他们根据瓷器、青铜器、赤陶的陈列完成了一次旅行，斯特凡与日里一起出版了《吉梅利亚博斯普鲁斯的文物》，由此出现了考古委员会定期的分册报告。埃尔米塔什的经理格杰奥诺夫向宫廷部撰写了报告："所有的博物馆关注收藏品的整体价值，在这方面我们拥有独一无二的吉梅利亚博斯普鲁斯文物。埃尔米塔什与整体俄罗斯密不可分，它是具有世界意义的考古收藏品的唯一拥有者。"

对于埃尔米塔什来说，下一个文物狂热的浪潮在19世纪最后10天到来了，当时在希腊打开了塔纳格拉墓地。在古董市场上出现了大量赤陶陶俑，陶俑上描绘着风姿优美的站着的、舞动着的、坐着的姑娘和小伙子。曼妙的身姿给考古者与艺术品爱好者留下了强烈的印象，并且迅速征服了整个欧洲。在19世纪70年代，这些赤陶的收藏品由沙俄驻希腊大使萨布罗夫所收藏。收藏品的一部分——青铜器和大理

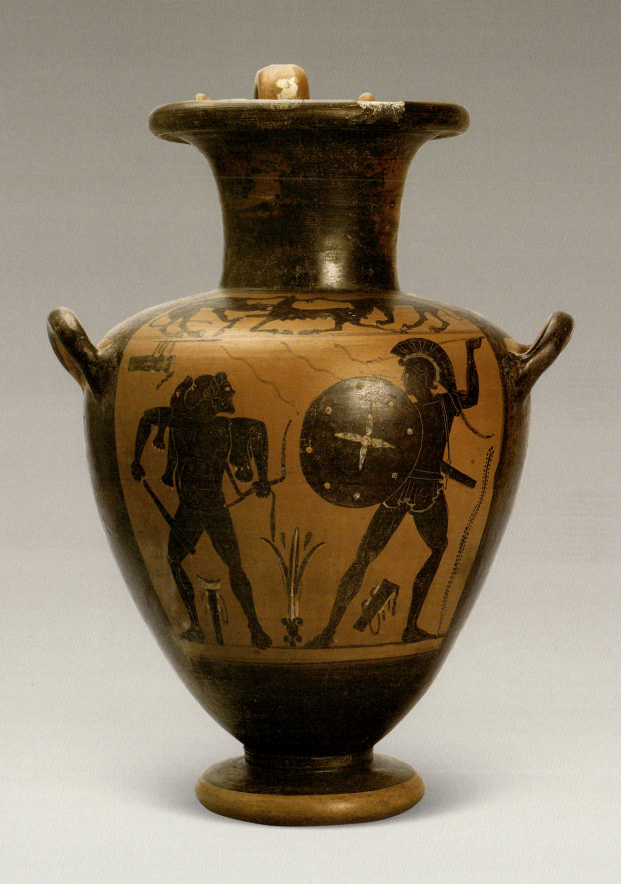

图 26
黑纹三耳瓶,绘有赫拉克利斯和库克诺斯之间的决斗,公元前 500—前 475 年。

图 27
阿提卡红纹三耳瓶,绘有雅典娜与波塞冬的争论场景,公元前 4 世纪。高 51cm。

图 28
雅典娜大理石雕像,公元 2 世纪罗马创作,根据公元前 5 世纪末的希腊原件,直追菲迪亚斯的水准。

图 29
德摩斯梯尼大理石雕像,公元 2 世纪罗马创作,根据公元前 3 世纪上半期希腊雕塑家波利耶夫克特的原件复制。

图 30
苏格拉底大理石雕像,公元 2 世纪罗马创作。根据公元前 350—前 325 年希腊雕塑家的原件复制。

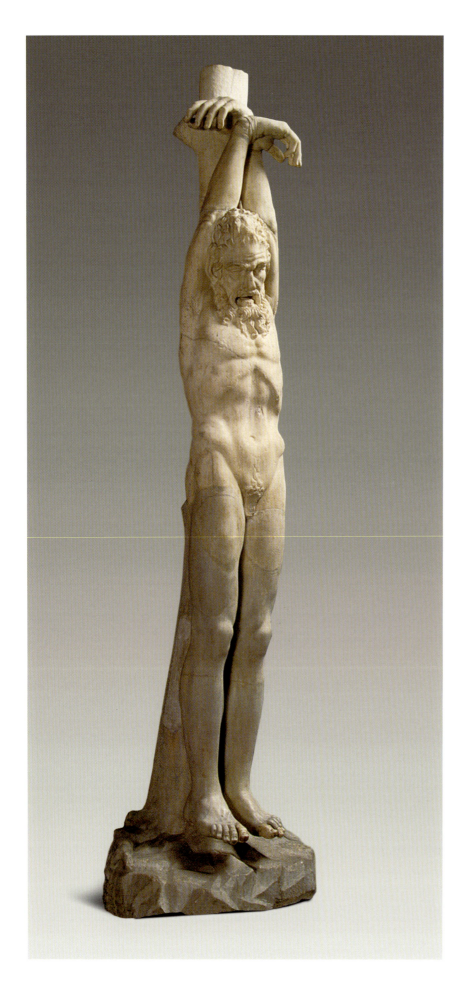

图 31

玛西亚大理石雕像,公元 1—2 世纪罗马创作,源自公元前 3 三世纪的雕像群的原件复制。

图 32
阿提卡红纹塞克特尔瓶,绘有酒宴交际花形象,公元前 505—前 500,高 35.5cm,凸处直径 13.8cm。

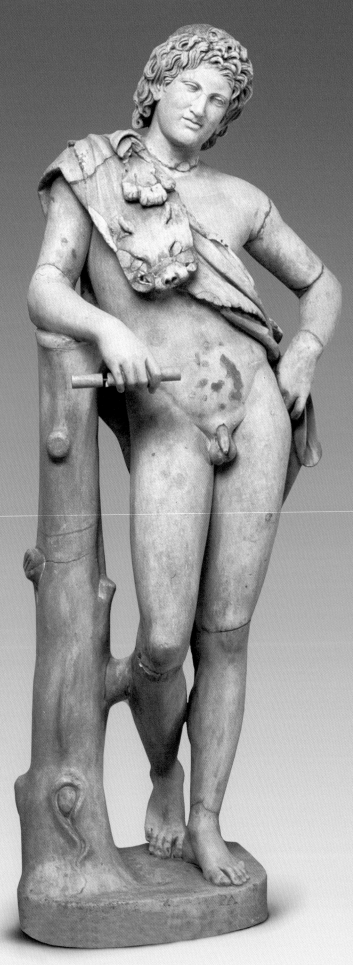

图 33
斜倚的萨梯，大理石雕像，公元前 2 世纪罗马创作，根据公元前 4 世纪普拉克西特列斯的原件复制。

图 34
博斯普鲁王国展厅

石——被大使卖到了柏林的许多博物馆,一部分则流入了俄罗斯。关于这些赤陶,大使写道:"看来,在即将来临的冬天,它们将成为季节的星星。"得益于这次的购买,埃尔米塔什拥有了塔纳格拉收藏品中最著名的一部分。它们属于大约公元前330年至前200年时期,发源于不同的中心——彼奥提亚、小亚细亚、亚历山大城。收藏的艺术精品是"使厄洛斯[41]开心的阿佛洛狄忒雕像",其主要特征是自然而不做作的姿态,以及独特且富情感的心情表现(图35)。雕像上的彩色花纹极其艳丽,这要得益于扇面、耳环以及项链表面的镀金。爱与美的女神就像年轻的母亲,逗着自己的小儿子,厄洛斯的小翅膀给了他神圣的庇护。1886年,俄罗斯画家瓦伦丁·谢罗夫写道:"在我最后一次的旅行中,我到了埃尔米塔什。我已经很久未能感受到那种鲜活的美感,它由这些塑像,几乎是玩具中流出,只不过,这些玩具拥有冰冷的罗马雕像的一半优点。"(图36)

对罗马文明早期艺术价值的认可,与在特洛伊以及埃伊德岛和塞浦路斯岛上的新发现,反映在了埃尔米塔什的收藏品中。埃尔米塔什博物馆迎来了先前自己所缺乏的塞浦路斯文物,这些文物均购自吉普利斯基,同时,博物馆也从布卢多夫处购买了米诺斯时期的文物。

1901年,与阿巴扎收藏品同时出现了因不寻常的主题和完美的图画而闻名于世的,由雅典瓶绘师埃弗罗马[42]创作的花瓶"带小燕子的别里噶"(图37)。在1833年发现于伊特鲁里亚陵墓中的别里噶,位于古里耶夫伯爵的领地上,曾经被作为赌注输给了金融大臣阿巴扎。花瓶上描绘了春天的场景——正凝视着飞过的燕子的、留着胡子的青年与少年。题词讲述了他们快乐的谈话("看,燕子","以赫拉克利斯[43]之名保证","已经是春天了","看她")。花瓶的另一面,两个赤膊青年正在相互掰手腕,他们的前额相互顶着。在他们之间刻着"出色的列奥格尔"字样。

19世纪末20世纪初,古希腊罗马学在欧洲和俄罗斯,均经历了鼎盛期。对于古希腊罗马艺术的收藏,作为研究中心以及人道主义思想传播机关的博物馆,开始扮演起重要的社会角色。卢浮宫、柏林博物馆的收藏品,以及晚些时候的柏林收藏品,获得了具有无可比拟的文化价值的民族收藏品的地位。博物馆的较高政治价值,也激发了对收藏品的积极补充。在19世纪,最大规模的古希腊罗马收藏品的历史,也是收藏品以及对其科学整理急剧提升的历史。文献资料的急剧增加,造成了分类的必要性。对于俄罗斯而言,所有研究派别最高效的时期当属1910—1920年代。瓦利德加乌耶尔[44]一本接一本的出版物——《古希腊罗马雕像收藏品目录》,是游览的指南。瓦利德加乌耶尔对固定的陈列品展开了正式的改编,并创作了奠定随后20—21世纪间所有改组基础的结构。与装饰方式所不同的是,瓦利德加乌耶尔采取了科学系统的文献甄选原则,并且提出了在当时看来颇为新颖的思想"综合陈列品"。展品被依时间顺序摆放,为了使得欣赏者能依次地认识古希腊罗马文化的发展。在1920—1930年代,在南俄罗斯古希腊罗马城市展开了系统考古发掘工作。如今,不仅富有价值的发现文物受到关注,考古系统的全面研究也得到了关注,这些关注同黑海北岸古希腊罗马城市的历史学、社会学和经济学过程的研究结合在了一起。这是由法尔马科夫斯基[45]所主持的对优卑亚的发掘,以及在姆祐佳珂、斯库德诺娃、格拉奇主持下的对尼姆菲[46]的研究,别洛夫[47]在赫尔松涅斯古城的工作,以及戈尔布诺娃在别列赞[48]的考古发掘促成的。收藏品目录的不断出版同1960—1980年代密切相关,当时问世了部中著名收藏品的目录——安提卡黑彩陶器(戈尔布诺娃)、红彩陶器(别列塔利斯卡雅)、古典时代的希腊雕像(萨维尔京娜)、浮雕与凹雕宝石目录(涅韦罗夫)、罗马肖像画(瓦西妮娜)。

如今,古希腊罗马文化部已经成为了现代科学中心,并已经实施了大量项目方案。它的主要使命是对古希腊罗马艺术中的固定藏品进行修缮。自1998年起,在该计划的框架内启动了对20个陈列馆的修缮。

图 35
与厄洛斯玩耍的阿佛洛狄忒，公元前 300—前 275。

图 36
拉弓的厄洛斯大理石雕像,公元前 2 世纪罗马创作,根据公元前 4 世纪留西波斯的原件复制。

图 37
别里噶红绘花瓶，约公元前 510 年，高 37.5cm，凸缘直径 17cm，基座直径 19cm。

关键性的思想观点是，对博物馆自 19 世纪形成的独特风格的保护，以及模拟古希腊罗马艺术展品中的新古典主义。展厅中正进行内部装修的完善，以及安置现代照明系统。在陈列品上采用了 19 世纪为这些展厅专门设计的橱窗。这些橱窗均得到了修复并配置了现代照明设备。对于未能保存至今的橱窗，为了收藏而仿造了橱窗的复制品，或是照着新埃尔米塔什的设备进行模仿。所有最具价值的收藏品被由库房迁到了陈列厅。在材料的组织方面，采取了收藏品综合的原则，不同的物品根据材料与意义被归入一个历史文化阶段之内——古代厅、希腊化时代厅、新古典厅、希腊化时代厅。最完整的收藏品分散在专门的陈列厅，按照艺术品的历史所阐述的类型——阿提卡瓶绘、石刻艺术。展览品是照着时间顺序进行摆放的，为了能依次向观赏者讲述主要的艺术品，以及艺术的发展；一些橱窗被用来提供给专门的、最重要的主题或者一组主题陈列之用（古希腊罗马的艺术中心、有关特洛伊战争的神话、送葬仪式、军备）。如同在 19 世纪的博物馆中，展品同内部装修达到了统一，每一件展品均同展厅的建筑形态相契合。如此，图拉真[49]与阿德里安时代的肖像展,被放到了与罗马别墅较为相似的木星厅,罗马帝国的艺术在朱庇特厅,这个厅的空间类似于古罗马广场(遗址)。收藏品对参观者的感觉产生了影响。装修形态同收藏品的既定甄选,以及它们艺术性的排列,一起恢复了艺术史时代的"肖像画"。

古希腊罗马艺术厅重新布展构想的基本思路,在《献给历史博物馆重新陈列的理论与实践》的文章中得到了阐释。在2008年一次专门国际性会议上,计划的成果曾被提交给了国际博物馆协会。这次国际会议的与会者包括俄罗斯、欧洲、美国最大博物馆的代表:"21世纪中的世界博物馆:修缮、改造、重新排列"。

如今,在部中有7支考古队,继续着先驱们的研究。发掘工作在克里木、南俄罗斯和乌克兰进行着——在别列赞[50]岛(奇斯托夫),在米尔米基[51](布佳金),在尼姆菲[52](格拉奇和索科洛娃),在依鲁拉特(荷德沙诺夫斯基),在阿克拉(索洛维约夫),在赫尔松涅斯(卡拉什尼克)。自2006年起,俄罗斯第一探险队组织了在意大利的勘察,以及继续古斯塔比亚古希腊时代罗马别墅的研究工作(布佳金)。与此同时,收藏者们展开了研究埃尔米塔什收藏品中黑海北岸古希腊罗马文物的工作。这是献给希腊黄金(卡拉什尼克)、瓷器(伊琳娜和彼得拉科娃)、雕像(达维多娃和特罗菲莫娃)的出版物。在生动形象的陈列形式中,最近数年的思想与开放代表了在博斯普鲁斯厅(2007—2009年)的新收藏品中均得到了展现。

在保罗·格蒂博物馆中,南俄罗斯古希腊罗马城市的艺术品是完整的艺术历史题材图画形成的重要里程碑。在科学的目录中,出版了根据历史、史料研究以及本都北部希腊人艺术史写成的概述。其中,被用以研究其发展规律的古希腊罗马艺术,其黑海之滨版本的主要且独特的特征得到了精练的阐述。

部门出版活动非常多,两套国际性文献丛书的系统出版,被认为是最近10年最重要的成果:《古希腊罗马花瓶全集》(阿纳尼伊奇、彼得拉科娃、布京娜)与《古希腊罗马雕像全集》(特罗菲莫娃)。在专门性领域形成了对希腊化时代艺术的研究:这首先是雕刻术的出版物(涅韦罗夫),这项工作是专供亚历山大·马其顿肖像及其对希腊化时代英雄和神灵肖像研究的影响之用的(特罗菲莫娃)。这次专供希腊化与亚历山大·马其顿历史角色之用的展览会得到了广泛

图38
埃尔塔米什博物馆工作人员与帕台农神庙河神雕像合照

的国际赞誉,展览会的题目是"亚历山大的征途及其结果,希腊化时代作为文化与文明相互影响的全球进程"。展览会展示了,伟大的文明之间是如何遭遇的——希腊世界、古老的东方帝国与游牧世界,就像在阿列克桑德经过的所有地方,开始了希腊化进程。在希腊化的时代,希腊艺术风格包罗万象,它曾被不同的人所感受和领会,而这并非取决于宗教或者国家制度。

历史的修复工作是最新兴的工作流派。在古希腊罗马文化的部门科学计划中,这个流派在积极地发展,尤其是出于在国际丛书目录中的收藏品的公布的原因。收藏家和修复专家一同致力于研究来自坎帕纳和彼查基对花瓶收藏品的修复工作。

国际合作的长久方案,在同古希腊罗马斯塔比修复基金、洛桑大学考古学院、德国考古学院及其他组织签署的框架内展开。同国外博物馆及其他组织的合作,在共同发掘、进修、会议与展出方面得以实现。具有较大的文化与社会意义大事,是2014年大英博物馆帕台农神庙西边三角楣饰中的希腊河神雕像伊利斯的展出(图38)。这是帕台农神庙的雕像首次走出大英博物馆的展厅,正值埃尔米塔什250周年纪念之际被运到了与埃尔米塔什古希腊雕像相邻的古罗马庭。

圣彼得堡的大学与高等学院,均有较多地关注古希腊艺术史的教授,尤其是在教育孩子们的方面。在7年间,部门的工作人员每年都会在古希腊罗马艺术厅举行儿童创作汇演"经典作品日",这一汇演得到了圣彼得堡中小学生们的喜爱,使得他们在每个春天都能同古希腊罗马文化相遇。

〔1〕 公元前5世纪初—前约432/431年，古希腊古典艺术盛期雕塑家。
〔2〕 公元前5世纪后半期古希腊雕塑家、艺术理论家，古典盛期的代表。
〔3〕 公元前4世纪后半期古希腊雕塑家。
〔4〕 公元前4世纪古希腊雕塑家、建筑师。
〔5〕 公元前约390—前约330年，古希腊雕塑家。
〔6〕 1720—1778年，意大利版画家。
〔7〕 希腊神话中爱与美的女神，相当于罗马神话中的Венера。
〔8〕 公元前约390—前约330年，古希腊雕塑家。
〔9〕 约公元45—约127年，古希腊作家、历史学家。
〔10〕 全名为马尔库斯·尤利乌斯·菲利普，罗马帝国皇帝，在244年至249年统治罗马帝国。
〔11〕 舒瓦洛夫（1727—1797），俄国国务活动家、伊丽莎白·彼得罗夫娜女皇的宠臣、副官长。
〔12〕 公元前15年—公元19年，古罗马统帅、执政官。
〔13〕 1741—1811，俄国自然科学家、彼得堡科学院院士，德国人。
〔14〕 1717—1777，俄国作家、古典主义的主要代表之一。
〔15〕 公元前5世纪—公元4世纪在黑海北岸由希腊殖民地组成的国家。
〔16〕 乌克兰城市刻赤的古称。
〔17〕 1—4世纪几位博斯普鲁斯王国国王的名字
〔18〕 乌克兰城市
〔19〕 古城，公元前5世纪—前1世纪是古罗马城邦，自公元1世纪起为隶属于罗马的贵族共和国，自4世纪起隶属于拜占庭。
〔20〕 希腊神话人物，太阳神、艺术庇护神。
〔21〕 居鲁士大帝，古波斯帝国阿契美尼德王朝的第一代国王。
〔22〕 希腊语，希腊神话中爱与美的女神。
〔23〕 希腊神话中的人面狮身女妖，专叫过往行人猜谜，猜不中者都被她吃掉，后因谜底被奥狄浦斯道破，跳岩身死。
〔24〕 希腊神话中半人半鸟的海妖，住在海盗上，以歌声诱惑航海者，使船只沉没。
〔25〕 帕台农庙，古希腊盛期的建筑物之一，雅典卫城的雅典娜处女神庙。
〔26〕 克伦采（1784—1864）德国建筑师。
〔27〕 申克尔，1781—1841，德国建筑师，古典主义的代表。
〔28〕 古城，公元前5世纪—前1世纪是古罗马城邦，自公元1世纪起为隶属于罗马的贵族共和国，自4世纪起隶属于拜占庭。
〔29〕 公元前6世纪—公元4世纪城市，在今乌克兰境内。
〔30〕 乌克兰城市刻赤的古称。
〔31〕 格杰奥诺夫（1815—1878）俄国历史学家、戏剧活动家。
〔32〕 罗马神话人物朱庇特，最高的天神，即希腊神话中的宙斯。
〔33〕 公元前27年名盖约·屋大维，公元前63年至公元14年为古罗马皇帝。
〔34〕 希腊神话人物雅典娜，战争和胜利女神，智慧、知识、艺术和技艺女神。
〔35〕 公元前约384—前322年，雅典雄辩家、民主派政治家。
〔36〕 公元前约470—前399年，古希腊哲学家。
〔37〕 公元前4世纪后半期，古希腊雕塑家。
〔38〕 斯基泰人，约在公元前7世纪至公元3世纪居住于黑海北岸的部落的统称。
〔39〕 塞琉西王朝，公元前312—前64年统治中东和近东的一个王朝。
〔40〕 希腊神话人物，天的托持者。
〔41〕 希腊神话人物，爱神。
〔42〕 公元前6世纪末—前5世纪初古希腊瓶画家和陶工。

〔43〕希腊神话人物,伟大的英雄,宙斯与凡间女子阿尔克墨涅所生之子,以力大闻名。

〔44〕瓦利德加乌耶尔(1883—1935)苏联古希腊罗马艺术家。

〔45〕法尔马科夫斯基,1870—1928,苏联考古学家。

〔46〕公元前6世纪—公元3世纪,刻赤半岛的博斯普鲁斯王国城市。

〔47〕1825—1895年,俄国历史学家。

〔48〕乌克兰城市。

〔49〕53—117年,古罗马安东尼王朝皇帝。

〔50〕乌克兰城市。

〔51〕公元前6世纪—公元3世纪克里木半岛的博斯普鲁斯王国城市。

〔52〕公元前6世纪—公元3世纪刻赤半岛的博斯普鲁斯王国城市。

作者 / 安娜·特罗夫莫娃(Anna Trofimova)
埃尔米塔什博物馆研究员

翻译 / 郝江东

梵蒂冈博物馆中的古希腊艺术

梵蒂冈博物馆的收藏几乎清一色是近五、六个世纪以来罗马或教皇国家的作品，这些名人的收藏为艺术品附加了更高的价值。

为了介绍古希腊艺术，艺术史经常研究并参考起源于古希腊的古罗马藏品，梵蒂冈博物馆保留了一些知名的古希腊大师作品的高品质复制品。有一种驳论坚持认为，古希腊博物馆中除了部分著名青铜制品外，还保存了相当数量的大理石原作，然而在古罗马时期，很多最知名古希腊艺术家的青铜作品被数目巨大的古罗马复制品所替代，它们遍布在古罗马帝国的土地之上。

用于找寻古罗马作品中古希腊原型痕迹的一个重要工具就是对于古老来源的研究（首当其冲的当属老普林尼的《自然史》）；事实上，通过这些雕像或绘画及马赛克古老典籍的描述，有可能追溯到那些已经消失的著名古希腊原型的原始模样。

举例说明，另一个涉及出口古希腊艺术品的特殊情况是部分公元前7—前5世纪的陶土器皿生产。这使得人们在伊特鲁里亚主要城市的墓穴中发掘出大量古希腊花瓶，因此，在梵蒂冈博物馆的格里高利—伊特鲁里亚博物馆（Museo Gregoriano Etrusco）中，我们可以找到古希腊陶瓷杰作的精美收藏。意大利境内的其他古希腊作品还包括无数从古希腊被带到罗马帝国首都的雕像组品，它们在古罗马时期已经是非常流行的艺术收藏。还需一提的是那些无论是在大希腊和西西里殖民地，还是在那些最重要的古老中心和最受尊敬的宫廷中的古希腊艺术家们。

在梵蒂冈博物馆中，与大量古希腊作品的古罗马复制品共同被收藏的还有一些古希腊艺术杰作，其中包括"残躯"、"拉奥孔"等，还有不计其数的小艺术品也价值不菲。然而，人们更愿意用文字提及其中的一些古典艺术品，通常都是古罗马作品，因为当时的罗马人是主要购买者，并且他们的文化和政治环境也是推动这些艺术品产生和制造的本源。

前拉特朗的格里高利世俗博物馆（Museo Gregoriano Profano）的情况不尽相同。事实上，从雕像的角度来看这里很有意义，尽管数量很多，创建的时间也不长，但都被视为所谓的古希腊原作。1933年后，考古学家菲利普·玛吉（Filippo Magi）被授命负责古典考古学部分，他第一次希望能够创建一个有关古希腊原作的展览中心[1]。事实上，在拉奥孔研究室的一层架子上放着两个碎片，几年前，瓦尔特·阿梅隆（Walther Amelung）已经敏锐地辨认出它们是属于帕台农神庙的装饰部分[2]。帕台农神庙（Partenone）（公元前447—前432），在伯里克利（Pericle）的授意下被律造于雅典卫城之上，是古代经典中最著名的庙宇；这座神圣建筑的形象装饰由天才的雅典雕塑家菲迪亚斯（Fidia）[3]创作。这两件碎片之一是一个大胡子的男性头像，属于与半人马之战的柱间壁饰之一[4]。十几年之后，藏品的改变或许会带来更加令人震惊的发现。女考古学家赫梅·斯派尔（Hermine Speier）在八角庭院下的仓库里找到了第三块来自帕台农神庙的雕刻碎片——雅典四马战车的马匹头颅之一[5]。

这三块潘特里克大理石碎片于19世纪来到梵蒂冈，辗转于不同的收藏之间。如前所述，来自建筑西

图 1
雅典娜战车上的马头残件

侧三角墙的马头，描述的是雅典娜和海神之间关于对阿提卡统治权的争论（图1）；人们在碎片中还辨认出了一匹雅典娜战车的马匹。在少男头颅的碎片中，发现了装饰中与庙宇神像室有关的人物（图2），以及一名在泛雅典娜节的仪式队伍中拿着饼（拿托盘）的人。留着大胡子的男性头颅则存在于大楼南侧的柱间壁饰上，那里描绘了阿庇泰人之间的战争，特萨利亚（古希腊一个虚构的民族），以及半人马，另一个神话的特萨利亚民族，他们都是半人半马（图3）。

从1947年至1960年，三个碎片在阿波罗实验室的八角庭院中展出。1960年8月24日，值罗马奥林匹克运动会之际，它们与其他原作一起被安置于古希腊原作展览厅[6]中，直到1988年才被最终迁至前拉特兰的格里高利世俗博物馆中[7]。

在帕台农神庙的三块碎片旁边，摆放着古希腊的其他大理石雕刻作品。

雕像"德尔·帕莱斯特利达"（del Palestrita）是一个高品质的墓穴浮雕，背后隐藏着一个复杂的故事（图4）[8]：1527年，它收藏于罗马的切西枢机主教花园内；1622年，它似乎又被证实在路德维希（Ludovisi），17世纪辗转到了圣罗伦佐小教堂的双鱼小广场，在帕德利·斯科罗彼（Padri Scolopi）于1701年被分割为两个部分。靠下的部分成为了圣尼古拉信徒们的骸骨堆炉门，这在背面有所记录；

图 2
头部雕像

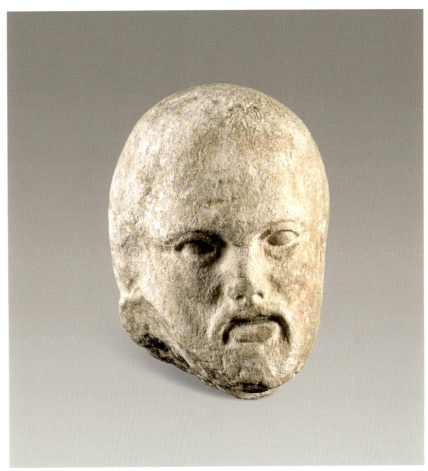

图 3
留着胡须的男子浮雕（也许是厄瑞克忒翁）

图 4
德尔·帕莱斯特利达雕像

直到1902年，考古学家奥拉齐奥·马鲁齐（Razio Marucchi）才在教堂的仓库中找到它。上面的部分则成为了一个下水道的盖子，直到1949年施工过程中才被人们发现。1955年，雕像经过了重新组合，成为现在的样子。

这是一个古希腊雅典风格的浮雕，年代为公元前5世纪中叶后，开始可能被放置于一个公墓纪念碑的顶端，然后来到了罗马，并可能在那里被重新安置在梅切纳特宫（Horti di Mecenate），并呈现其他一些素材的特点。关于这一雕像，福克斯（Il Fuchs）想到一个当时活跃在雅典的艺术家——萨摩斯（Samo），他是受一位客死在古希腊首都的外国人的委托来完成这一作品的。死者被刻画成一个抬着左手的裸体年轻运动员形象，并且在向他的小仆人致敬，这当然也可以作为一种对尘世的告别；而他的右手则正要去抓一个油瓶，并准备涂油，他前面的一个小奴隶正将东西传递给他。后者的左手拿着一个洗澡时擦洗皮肤的用具和一把弯曲的凹勺，用它们擦拭溢出的油；在小仆人的背后可以看到运动员的衣角，人们猜测它是被放在一根柱子之上的。尽管该浮雕很低，但所有解剖学的细节都以非常精致和专业的手法被呈现出来；高品质的做工一方面反映了对死者的无限哀思与怀念，另一方面通过运动员艰苦的训练和严格的理论要求，体现了当时古希腊人对完美人体的向往与崇尚。

雅典娜的头像也非常有意思，它是一尊躯体为木头，而头和四肢为石头的雕像的一部分（图5）[9]。此类雕像在古希腊雕刻中非常常见，它见于以大理石、金属及其他高贵材质制成的大型赤裸雕像（例如脸部、胳膊、腿）中。在这尊雕像中，可以注意到女性的头颅是以白色帕洛斯大理石（Paros）制成，眼睛用玉髓制成，未见其他材料。从其头部的孔的呈现来看，这也许是一个女神的雕像，一个用青铜制成的头盔以孔中的轴固定住；以此可以辨别出这就是古希腊的雅典娜女神雕像。雕像很可能来自大希腊（Magna Grecia），雕刻于公元前470—前460年之间。

旁边是一个白色大理石的驴或骡子头颅，是在皮奥六世教皇职期（1775—1799）被卖到博物馆的，由雕刻家巴尔托罗梅奥·卡瓦切皮（Bartolomeo Cavaceppi）[10]完成。这也许是某个雕像群中的一部分，位于动物臀部的是古希腊酒神形象。这一作品可能是公元前4世纪的塔兰托地区作品。

旁边是一个骑士的浮雕碎片（图6）[11]。这个作品是1687年威尼斯远征军在古希腊战场的战利品，由弗朗西斯科·莫洛西尼（Francesco Morosini）获取；之后交给执政官马尔坎托尼奥·朱斯蒂尼亚尼（Marcantonio Giustiniani），后者将其转移至罗马的朱斯蒂尼亚尼宫（Palazzo Giustiniani）。最终，它归于意大利绘画大师卡穆齐尼（Camuccini）的收藏，并于1823年被梵蒂冈的基亚拉蒙蒂博物馆（Museo Chiaramonti）收藏。而特斯皮耶（Tespie）大理石浮雕作品则很可能属于一个古希腊或贝奥茨亚人的墓穴纪念碑的一个部分，时间为公元前430—前420年，作品风格受到帕台农神庙装饰的影响。

另一组美丽的浮雕是公元前5世纪末和前4世纪末的作品，其中相当一部分可以看出是许愿类的浮雕作品，主要用于供奉女神阿佛洛狄忒（Afrodite）、酒神狄奥尼索斯（Dioniso）、医药神阿斯克勒庇俄斯（Asklepios）、卫生之神海吉亚（Hygieia）、地狱之神哈迪斯（Hades）、科尔-珀尔赛福涅（Kore-Persefone）和仙女们[12]。在这些艺术品中值得一提的还有顶饰，是山尖饰形状的一座墓碑，死者的上半身则被埋葬在潘泰列克大理石高浮雕中（图7）[13]。这个顶饰许是参考了雅典风格的墓碑，并加以花状平纹装饰，女性的上半身披着带有褶皱的纱衣，呈著名的"维纳斯"的端庄姿势。这是一个雅典的古希腊后期制作，埋葬时间应为公元前2世纪末左右，灵感则来源于公元前5世纪的作品。

如前所述，格里高利-伊特鲁里亚博物馆保留了一大批古希腊时期的艺术杰作，其中相当一部分是陶瓷制品。一个非常知名的青铜像是伊特鲁里亚的战神托迪（Marte di Todi）（图8）[14]。它于1835年在托迪附近的圣山地区被发现，那是一片被伊特鲁里亚控制的翁布里亚地区。古代雕像的埋葬情况是不确定的，但人们猜想这个雕像曾被雷电击中，之后成为神圣和不可触碰的象征；它与其他"被雷电击中"的物品埋葬于一个专门的洞穴里，时间应该在公元前1世纪或前2世纪，当时这一地区已经被古罗马控制了几个世纪。可以推测，这个美丽的伊特鲁里亚青铜作品的埋葬时间大约在公元前5世纪末期；在盔甲一侧还可见神圣的题词，是从左至右篆刻的翁布里亚大区语言，但使用的是南部伊特鲁里亚字母表。尽管作品的翁布里亚—伊特鲁里亚起源非常明确，但不得不承认其直接属于那一时期的古典希腊艺术作品。

相当一部分的花瓶也是直接源自古希腊的作品。

图 5
雅典娜的头像

在过去，这些花瓶是从意大利中部伊特鲁里亚的那些大城市的墓穴中被发掘出来的，人们自然地认为它们产自伊特鲁里亚，但在 19 世纪时，科学家和学者们便从它们身上识别出了古代雅典、拉科尼亚，以及古希腊其他一些地区和岛屿的重要价值。它们中的许多出自古希腊的陶瓷大家和陶艺专家之手，还有一些可以归属为在风格和技术评论方面极具特色的作品。在这些花瓶中，不乏享誉世界的古希腊手工艺术珍品。

古希腊最早在伊特鲁里亚产生影响的就是科林斯陶瓷制品。公元前 8 世纪到前 7 世纪，科林斯成为古希腊陶瓷生产中心，而富足的伊特鲁里亚可以用它著名而丰富的矿产资源来回报这座城市。公元前 6 世纪时，拉哥尼亚、罗得斯岛，特别是雅典的生产统治了与所有地中海中心的贸易，它们生产的手工制品很多是专门为出口而制的。这种最古老的贸易在梵蒂冈收藏的杰作中也留下了明显的印记。

收藏中最为著名的花瓶或许是一个黑色图案的雅典双耳细颈酒瓶，由雅典著名艺术家艾克塞克亚斯（Exekias）同时创作的绘画及花瓶本身（图 9）。在艾克塞克亚斯花瓶的一侧，绘制了古希腊的战士阿喀琉斯（Achille）和伊亚斯（Aiace）一同玩掷骰子的场景（如在两个人物中列出的希腊文字幕）；另一侧则是两个神灵狄奥斯库里（Dioscuri）和卡斯托雷（Castore），以及他的马匹奇拉罗斯（Kylaros），

图6
骑士浮雕碎片

图 7
山尖饰形状的墓碑顶饰

图 8
伊特鲁里亚的战神托迪青铜像

图9
雅典双耳细颈瓶

图 10
雅典基利克斯陶杯

还有波卢切（Polluce），附近是他们的父母，廷达雷奥（Tindareo）和莱达（Leda）。酒瓶的制造时间为公元前540年—前530年，被发掘于武尔奇（Vulci）的一座大公墓中，并于1834年被坎德罗利（Candelori）家族赠予了教皇格里高利十六世。

同样精美优雅的还有一个绘制着画家阿玛西斯（Amasis）的黑色肖像的雅典酒壶（水壶），大约为公元前525年的作品，同样来自佛尔西。上面绘制的不仅有神灵或英雄，还有一些平民，他们生活在舒适并具文化的古代雅典时代：一个女人、一个坐着的男人和两个年轻人，其中一人手拿皮盾。

著名的多里斯（Douris）的作品是两个红色图案的雅典基利克斯陶杯（kylikes），均是公元前490—前480年的作品。第一件是在切尔维特利被发现的，在内部一个圆形场地上的是神灵伊阿宋（Giasone），他来到科尔基斯是为了向厄忒斯国王（Aietes）索要金羊毛（被挂在一棵橡树的树枝上），就在他行将被守护羊毛的魔鬼吞噬的时候，被雅典娜救了下来（图10）；外部则是根据古希腊世界的标准做法，绘有一些正在向少年求爱的男人。在第二个雅典基利克斯陶杯上，内部绘制的是一个被一位年轻女士救出来的饮酒过量的男人；外部则是五个正在喝酒、唱歌、奏乐和玩科塔波斯游戏（kottabos，一种典型的宴会游戏）的人，由一名长笛演奏家和一名仆人陪伴。

还有很多是画家贝尔利诺（Berlino）的花瓶，这是一位活跃在公元前500到前460年间的著名陶瓷专家。值得一提的还有一只泛雅典双耳罐，罐子里面装的是在古代雅典为雅典娜女神组织的节日期间，专供古希腊体育、诗歌等竞赛的获奖运动员的油，还有就是一个在梅里迪亚纳厅（Sala della Meridiana）里为纪念画家本人的一个完整橱窗。

还有很多属于其他古希腊著名陶瓷专家和陶瓷器皿制造者的花瓶，其中的一部分并非来自它们的祖国，而是来自一些殖民地国家。公元前5到前4世纪，产生了来自古希腊殖民地的意大利南部居民的陶瓷产品，大部分为红色图案，例如来自西西里、阿普利亚（Apulia）、卢卡尼亚（Lucania）、坎佩尼亚（Campania）和佩斯塔诺的花瓶作品。后者主要体现在一个双柄大口酒坛（用来混合葡萄酒和水的瓶子）上，由阿斯特阿斯（Assteas）绘制，来自波塞冬尼亚（Poseidonia, Paestum）的画家，活跃于公元前350—前325年。

希腊化时代的开端通常与公元前323年亚历山大大帝（Alessandro Magno）的死相关联，意大利南部的古希腊殖民地（西西里和大希腊）相继与古罗马的扩张发生关联，甚至发生冲突。众所周知，希腊化时代与罗马时代前期相互交融，最终进入了罗马人的时代。

〔1〕 几十年后在格利高利世俗博物馆中将会出现的真正的区域。

〔2〕 这一消息在很多地方被公布，这里由 W. 阿梅隆提出，梵蒂冈博物馆中的发现，在《罗马研究室》中，3，1922 年，第 73—76 页。

〔3〕 F. BROMMER，帕台农神庙，1977 年，第 28—29 页，n°NV13—15，tavv.49—57；V. 法里内拉，梵蒂冈博物馆，《古典艺术》，佛罗伦萨，1985 年，第 53 页，n° 36; I. 吉金斯，帕台农神庙饰条，1994 年，第 86 页，fig. 15; J.B. 科内利，in AJA，100．1996 年，第 69 页，fig. 13; E. 伯格，M. 吉斯勒·胡威勒，巴塞尔的帕台农神庙。Dokumentation zu Fries，1996 年，第 64 页，tav. 46; AAVV.，古希腊经典。《想法与现实，展览中的教堂》，柏林，2002 年，第 391 页，n° 260; F. 西恩，梵蒂冈博物馆。前拉特兰的格里高利世俗博物馆。罗马的文化与装饰风格。原始的古希腊雕像。《东方异教古迹》。美因茨吕德斯海姆，2006 年，第 20—27 页，nn. 2—4.

〔4〕 F. 西恩，R 罗马的文化与装饰风格。原始的古希腊雕像。《东方异教古迹》，威斯巴登，2006 年，第 20—23 页，n. 2，figg. 1—2，tav. 3，1—4.

〔5〕 H. 斯派尔，《宗教科学院中的考古》，23—24，1947—48/1948—49，p. 57 ss.

〔6〕 《罗马教廷的活动》，1977 年，第 809—810 页.

〔7〕 《罗马教廷的活动》，1988 年，第 1782—1783 页; P. 里维拉尼，古典古物部（1984—1989），《教皇纪念碑与博物馆公报》（*BollMonMusPont*），XII，1992 年，第 77—79 页; F. 西恩，梵蒂冈博物馆。前拉特兰的格里高利世俗博物馆。罗马的浮雕装饰与文化生活，古希腊雕像原作．东方异教古迹，美因茨吕德斯海姆，2006 年。

〔8〕 W. 阿梅隆，《梵蒂冈博物馆的雕像》，II，柏林，1908 年，第 666—667 页，n° 421，tav. 74; W. 弗切斯，古希腊雕像，米兰，1982 年，第 425—426 页，图 564; 德尔·帕莱斯特利达的墓穴雕像，in A.M. 雷吉亚尼，M. 萨佩利，《英雄与运动员，从罗马奥利匹亚到 2006 都灵艺术中的审美理想》，都灵，2006 年，L 第 109—110 页; 西恩，op. cit. 2006 年，第 28—32 页，n° 5，figg. 4—5，tavv. 6，1—3 e 9，3.

〔9〕 西恩，op. cit. 2006 年，第 17—20 页，n° 1，tav. 2，1 4.

〔10〕 西恩，op. cit. 2006 年，第 51—53 页，n° 12，tavv. 12，3 e 13，2.

〔11〕 SINN，op. cit. 2006，第 34—37 页，n° 6，图 6，tav. 9，1—2.

〔12〕 SINN，op. cit. 2006，第 38—41 页，n° 7，第 41—44 页，n° 8，第 45—47 页，n° 9，第 47—49 页，n° 10，第 49—51 页，n° 11，第 54—55 页，n° 13，第 56—60 页，n° 14，第 60—65 页，n° 15，第 65—72 页，n° 16.

〔13〕 SINN，op. cit. 2006，第 72—76 页，n° 17，tav. 17，1—2.

〔14〕 F. 隆卡利，《战神托迪，埃特鲁斯青铜器和古典的灵感》，MemPontAcc，系列 III，第 11 卷，2，1973 年; C. 卡吉亚内利，格里高利—埃特鲁斯博物馆目录，5，青铜器，梵蒂冈城，1999 年，n. 1.

作者 / 詹多梅尼科·斯皮诺拉（Giandomenico Spinola）

梵蒂冈博物馆研究员

翻译 / 金京

博物馆以其名称首字母为序排列

In alphabetical order by the names of museums

图书在版编目（CIP）数据

博物馆与古希腊文明 / 上海博物馆编 . —北京：北京大学出版社，2016.4
（博物馆与世界文明系列）
ISBN 978-7-301-25765-4

Ⅰ.①博… Ⅱ.①上… Ⅲ.①文化史—古希腊 Ⅳ.①K125

中国版本图书馆 CIP 数据核字（2015）第 088626 号

书　　　名	博物馆与古希腊文明 BOWUGUAN YU GUXILA WENMING
著作责任者	上海博物馆　编
主　　　编	杨志刚
顾　　　问	陈燮君
学 术 顾 问	朱孝远　　黄洋（以姓氏笔画为序）
统　　　筹	高秀芹　　邱慧蕾
责 任 编 辑	张丽娉
特 约 编 辑	邱慧蕾　　吕维敏
校　　　对	陈瀚霖
书 籍 设 计	曹文涛
标 准 书 号	ISBN 978-7-301-25765-4
出 版 发 行	北京大学出版社
地　　　址	北京市海淀区成府路 205 号　100871
网　　　址	http://www.pup.cn　新浪官方微博：@ 北京大学出版社 @ 培文图书
电 子 信 箱	pkupw@qq.com
电　　　话	邮购部 62752015　发行部 62750672　编辑部 62750883
印 刷 者	北京启航东方印刷有限公司
经 销 者	新华书店
	787 毫米 ×1092 毫米　16 开本　47 印张　1460 千字 2016 年 4 月第 1 版　2018 年 1 月第 2 次印刷
定　　　价	398.00 元

未经许可，不得以任何方式复制或抄袭本书部分或全部内容。
版权所有，侵权必究
举报电话：010-62752024　电子信箱：fd@pup.pku.edu.cn
图书如有印装质量问题，请与出版部联系，电话：010-62756370